suhrkamp taschenbuch 4572

Gut zwanzig Jahre sind vergangen, seit dem Zusammenbruch des Sowjetimperiums, die Russen entdeckten die Welt, und die Welt entdeckte die Russen. Inzwischen aber gilt Stalin wieder als großer Staatsmann, die sozialistische Vergangenheit wird immer öfter, vor allem von jungen Menschen, nostalgisch verklärt.

Russland, so Swetlana Alexijewitsch, lebt in einer Zeit des »Secondhand«, der gebrauchten Ideen und Worte. Die Reporterin befragt Menschen, die sich von der Geschichte überrollt, gedemütigt, betrogen fühlen. Sie spricht mit Frauen, die in der Roten Armee gekämpft haben, mit Soldaten, Gulag-Häftlingen, Stalinisten. »Historiker sehen nur die Fakten, die Gefühle bleiben draußen …, ich aber sehe die Welt mit den Augen der Menschenforscherin.«

Wer das Russland von heute verstehen will, muss dieses Buch lesen. Swetlana Alexijewitsch formt aus den erschütternden Erfahrungen von Menschen, die zwischen Neuanfang und Nostalgie schwanken, den Lebensroman einer noch nicht vergangenen Epoche.

Swetlana Alexijewitsch, 1948 in der Ukraine geboren und in Weißrussland aufgewachsen, lebt heute in Minsk. Ihre Werke, in ihrer Heimat verboten, wurden in mehr als 30 Sprachen übersetzt. Sie wurde vielfach ausgezeichnet, 1998 mit dem Leipziger Buchpreis zur Europäischen Verständigung und 2013 mit dem Friedenspreis des deutschen Buchhandels.

Swetlana Alexijewitsch

SECONDHAND-ZEIT

Leben auf den Trümmern
des Sozialismus

Aus dem Russischen von
Ganna-Maria Braungardt

Suhrkamp

Die russische Originalausgabe erschien 2013 unter dem Titel
Vremja second-hand. Konec krasnogo čeloveka
bei Vremja in Moskau.

Erste Auflage 2015
suhrkamp taschenbuch 4572

Druck und Bindung: CPI – Ebner & Spiegel, Ulm
Umschlag: Peter-Andreas Hassiepen, München,
unter Verwendung einer Photographie von © Andrei Liankevich
Printed in Germany
ISBN 978-3-518-46572-1

Die Wahrheit ist, dass Opfer und Henker schändlich waren;
dass die Lehre der Lager die Verbrüderung
in der Niedertracht ist.
David Rousset, *Les Jours de notre mort*

Zumindest müssen wir daran denken, dass für den Sieg
des Bösen in der Welt nicht in erster Linie seine blinden
Vollstrecker verantwortlich sind, sondern die geistig
sehenden Diener des Guten.
Fedor Stepun, *Vergangenes und Unvergängliches*

INHALT

Zweiter Teil

DER REIZ DER LEERE

ZEHN GESCHICHTEN OHNE INTERIEUR

AUFZEICHNUNGEN EINER BETEILIGTEN

Wir nehmen Abschied von der Sowjetzeit. Von unserem damaligen Leben. Ich versuche, alle Beteiligten am sozialistischen Drama, mit denen ich mich treffe, fair anzuhören …

Der Kommunismus hatte einen aberwitzigen Plan – den »alten« Menschen umzumodeln, den alten Adam. Und das ist gelungen … es ist vielleicht das Einzige, das gelungen ist. In den etwas über siebzig Jahren ist im Laboratorium des Marxismus-Leninismus ein neuer Menschentyp entstanden: der *Homo sovieticus*. Die einen betrachten ihn als tragische Gestalt, die anderen nennen ihn »Sowok«[1]. Ich glaube, ich kenne diesen Menschen, er ist mir vertraut, ich habe viele Jahre Seite an Seite mit ihm gelebt. Er ist ich. Das sind meine Bekannten, meine Freunde, meine Eltern. Ich bin mehrere Jahre durch die ganze ehemalige Sowjetunion gereist, denn der *Homo sovieticus*, das sind nicht nur Russen, das sind auch Weißrussen, Turkmenen, Ukrainer, Kasachen … Heute leben wir in verschiedenen Staaten, sprechen verschiedene Sprachen, aber wir sind unverwechselbar. Man erkennt uns auf Anhieb! Wir alle, die Menschen aus dem Sozialismus, ähneln einander und sind anders als andere Menschen – wir haben unsere eigenen Begriffe, unsere eigenen Vorstellungen von Gut und Böse, von Helden und Märtyrern. Wir haben ein besonderes Verhältnis zum Tod. In den Erzählungen der Menschen, die ich aufschreibe, klingen mir immer wieder Wörter in den Ohren wie: »schießen«, »erschießen«, »liquidieren«, »aus dem Weg räumen« oder sowjetische Varianten des Verschwindens wie »Verhaftung«, »zehn Jahre ohne Recht auf Briefwechsel«[2], »Emigration«. Wie viel kann ein Menschenleben wert sein, wenn man bedenkt, dass vor kurzem Millionen umgekommen sind? Wir sind voller Hass und Vorurteile. Wir stammen alle von dort, wo es einen Gulag und einen schrecklichen Krieg gegeben hat. Und die Kollektivierung, die Entkulakisierung[3], die Zwangsumsiedlung ganzer Völker …

Es war Sozialismus, und es war einfach unser Leben. Damals sprachen wir selten darüber. Nun aber, da sich die Welt unwiderruflich verändert hat, ist unser damaliges Leben plötzlich interessant, egal, wie es war – es war unser Leben. Ich schreibe mit, ich suche Körnchen für Körnchen, Krume für Krume nach der Geschichte unseres »alltäglichen«, unseres »inneren« Sozialismus. Danach, wie er in der Seele der Menschen wirkte. Dieser Maßstab hat mich schon immer fasziniert – der Mensch … der einzelne Mensch. Denn im Grunde passiert alles dort.

Warum gibt es in diesem Buch so viele Geschichten über Selbstmörder statt über sowjetische Menschen mit normalen sowjetischen Biographien? Schließlich bringen sich Leute auch aus Liebe um, aus Altersgründen oder einfach so, aus Neugier, aus dem Wunsch heraus, das Geheimnis des Todes zu ergründen … Ich habe nach Menschen gesucht, die fest mit der Idee verwachsen waren, sie so in sich aufgenommen hatten, dass sie sie nicht mehr auslöschen konnten – der Staat war ihr Universum geworden, er ersetzte ihnen alles, sogar das eigene Leben. Sie konnten sich nicht aus der großen Geschichte herauslösen, sich von ihr verabschieden und auf andere Weise glücklich werden – abtauchen ins Privatleben, sich zurückziehen, wie viele heute, da das Kleine zum Großen geworden ist. Die Menschen möchten einfach nur leben, ohne große Idee. So etwas hat es in der russischen Geschichte noch nie gegeben, so etwas kennt auch die russische Literatur nicht. Im Grunde sind wir Menschen des Krieges. Immer haben wir entweder gekämpft oder uns auf einen Krieg vorbereitet. Etwas anderes kannten wir nicht. Darauf ist unsere Psyche ausgerichtet. Auch im friedlichen Leben war alles militärisch organisiert. Ein Trommelwirbel, die Fahne wird entrollt … und das Herz hüpft in der Brust … Die Menschen bemerkten ihre Sklaverei gar nicht, sie liebten sie sogar. Auch ich erinnere mich: Nach der Schule wollte sich unsere ganze Klasse als Neulandfahrer[4] verpflichten, wir verachteten jeden, der sich weigerte; wir bedauerten sehr, dass Revolution und Bürgerkrieg, dass das alles ohne uns stattgefunden hatte. Wenn ich heute zurückschaue – waren das wirklich wir? War das ich? Zusammen mit den Helden meines Buches erinnerte ich mich. Einer von ihnen sagte: »Nur ein Sowjetmensch kann einen Sowjetmenschen verstehen.« Wir waren Menschen mit dem gleichen kommunistischen Gedächtnis. Gefährten der Erinnerung.

Mein Vater erzählte oft, er habe nach dem Raumflug von Juri Gagarin angefangen, an den Kommunismus zu glauben. Wir waren die Ersten! Wir können alles! So haben er und meine Mutter auch uns erzogen. Ich war Oktoberkind[5], trug das Abzeichen mit dem lockenköpfigen kleinen Jungen darauf, ich war Pionierin und Komsomolzin. Die Enttäuschung kam später.

Nach der Perestroika warteten alle auf die Öffnung der Archive. Sie wurden geöffnet. Und wir erfuhren vieles aus der Geschichte, das man vor uns geheim gehalten hatte …

»Wir müssen neunzig der hundert Millionen, die Sowjetrussland bevölkern, für uns gewinnen. Mit den Übrigen ist nicht zu reden – sie müssen vernichtet werden.« (Sinowjew[6], 1918)

»Mindestens 1000 notorische Kulaken und Reiche aufhängen (unbedingt aufhängen, damit das Volk es sieht) … ihnen alles Getreide wegnehmen, Geiseln bestimmen … Dafür sorgen, dass das Volk im Umkreis von Hunderten Werst das sieht und zittert …« (Lenin, 1918)

»Moskau verhungert buchstäblich.« (Professor Kusnezow an Trotzki) »Das ist kein Hunger. Als Titus Jerusalem einnahm, aßen jüdische Mütter ihre eigenen Kinder. Wenn ich eure Mütter dazu bringe, die eigenen Kinder zu essen, dann können Sie kommen und sagen: Wir hungern.« (Trotzki, 1919)

Die Menschen lasen das alles in Zeitungen und Zeitschriften und verstummten. Ein so unvorstellbares Grauen! Wie sollten sie damit leben? Viele nahmen die Wahrheit auf wie einen Feind. Und auch die Freiheit. »Wir kennen unser Land nicht. Wir wissen nicht, was die Mehrheit der Menschen denkt, wir sehen sie, begegnen ihnen jeden Tag, doch was sie denken, was sie wollen, das wissen wir nicht. Aber wir erdreisten uns, sie zu belehren. Bald werden wir alles erfahren –

und entsetzt sein«, sagte ein Bekannter von mir, mit dem ich oft in meiner Küche saß. Ich stritt mit ihm. Das war 1991 … Eine glückliche Zeit! Wir glaubten, morgen, buchstäblich morgen würde die Freiheit anbrechen. Aus dem Nichts, allein aus unseren Wünschen.

Aus den »Notizbüchern« von Warlam Schalamow[7]: »Ich habe teilgenommen an der großen verlorenen Schlacht für eine wahre Erneuerung des Lebens.« Das schrieb jemand, der siebzehn Jahre in Stalins Lagern gesessen hat. Die Sehnsucht nach dem Ideal war geblieben … Ich würde die Sowjetmenschen in vier Generationen einteilen: die Stalin-, die Chruschtschow-, die Breschnew- und die Gorbatschow-Generation. Ich gehöre zur letzten. Uns fiel es leichter, den Zusammenbruch der kommunistischen Idee zu akzeptieren, denn wir haben die Zeit nicht mehr erlebt, da die Idee noch jung und stark war, noch die unverbrauchte Magie fataler Romantik und utopischer Hoffnungen besaß. Wir sind unter den Kremlgreisen aufgewachsen. In enthaltsamen, »vegetarischen« Zeiten[8]. Das große Blutvergießen des Kommunismus war schon vergessen. Das große Pathos war allgegenwärtig, aber ebenso das Wissen darum, dass sich die Utopie nicht in die Wirklichkeit umsetzen lässt.

Es war während des ersten Tschetschenien-Krieges … Auf einem Bahnhof in Moskau lernte ich eine Frau kennen, die aus der Gegend von Tambow kam. Sie wollte nach Tschetschenien, um ihren Sohn aus dem Krieg wegzuholen. »Ich will nicht, dass er stirbt. Ich will nicht, dass er tötet.« Über ihre Seele hatte der Staat keine Macht mehr. Sie war ein freier Mensch. Solche Menschen gab es damals nicht viele. Die Mehrheit fühlte sich von der Freiheit genervt: »Ich habe drei Zeitungen gekauft, und in jeder steht eine andere Wahrheit. Wo ist die richtige Wahrheit? Früher hast du morgens die *Prawda* gelesen und wusstest Bescheid. Hast alles verstanden.« Aus der Narkose der Idee erwachten die Menschen nur langsam. Wenn ich mit jemandem über Reue reden wollte, bekam ich zur Antwort: »Was soll ich denn bereuen?« Jeder fühlte sich als Opfer, niemand als Beteiligter. Der eine sagte: »Ich habe auch gesessen«, der Nächste: »Ich war an der Front«, der Dritte: »Ich habe meine Stadt aus Trümmern wieder aufgebaut, hab Tag und Nacht Ziegelsteine geschleppt.« Das war sehr überraschend: Alle waren berauscht von der Freiheit, aber nicht bereit für die Freiheit. Wo war sie denn, die Freiheit? Nur in der Küche, wo nach alter Gewohnheit weiter auf die Regierenden geschimpft wurde. Auf Jelzin und auf Gorbatschow. Auf Jelzin, weil er Russland verändert hat. Und auf Gorbatschow? Auf Gorbatschow, weil er alles verändert hat. Das ganze 20. Jahrhundert. Nun würde bei uns alles so sein wie anderswo. Wie überall. Wir dachten, diesmal würde es gelingen.

Russland veränderte sich und hasste sich dafür, dass es sich veränderte. »Ein träger Mongole«, schrieb Karl Marx über Russland.

Die sowjetische Zivilisation … Ich beeile mich, ihre Spuren festzuhalten. Die vertrauten Gesichter. Ich frage nicht nach dem Sozialismus, ich frage nach Liebe, Eifersucht, Kindheit und Alter. Nach Musik, Tanz und Frisuren. Nach Tausenden Einzelheiten des verschwundenen Lebens. Das ist die einzige Möglichkeit, die Katastrophe in den Rahmen des Gewohnten zu zwingen und etwas darüber zu erzählen. Etwas zu verstehen. Ich staune immer wieder, wie interessant das normale menschliche Leben ist. Unendlich viele menschliche Wahrheiten … Historiker interessieren sich nur für Fakten, die Gefühle bleiben draußen. Sie werden von der Geschichtsschreibung nicht erfasst. Ich aber sehe die Welt mit den Augen der Menschenforscherin, nicht mit denen eines Historikers. Ich bestaune den Menschen …

Mein Vater lebt nicht mehr. Ein Gespräch, das wir beide miteinander hatten, kann ich mit ihm nicht mehr zu Ende führen … Er sagte, das Sterben sei ihnen damals im Krieg leichter gefallen als den unerfahrenen Jungen, die in Tschetschenien umkämen. Seine Generation sei in den vierziger Jahren von einer Hölle in die andere geraten. Vor dem Krieg studierte mein Vater am Institut für Journalistik in Minsk. Er erzählte, wenn sie nach den Semesterferien wiederkamen, hätten sie oft keinen einzigen früheren Dozenten mehr angetroffen, weil alle verhaftet worden waren. Sie verstanden nicht, was da geschah, aber sie hatten Angst. Angst wie im Krieg.

Ich habe mit meinem Vater selten offene Gespräche geführt. Er hatte Mitleid mit mir. Hatte ich Mitleid mit ihm? Die Antwort darauf fällt mir schwer … Wir waren hart gegen unsere Eltern. Wir dachten, Freiheit, das sei ganz einfach. Nun ist einige Zeit vergangen, und diese Bürde lastet schwer auf uns, denn niemand hat uns Freiheit gelehrt. Nur, wie man für die Freiheit stirbt.

Da ist sie – die Freiheit! Hatten wir sie uns so vorgestellt? Wir waren bereit, für unsere Ideale zu sterben. Dafür zu kämpfen. Doch dann begann ein Leben wie bei Tschechow. Ohne große Geschichte. Alle Werte zerstört, bis auf den Wert des Lebens. Des Lebens an sich. Neue Träume: ein Haus bauen, ein schönes Auto kaufen, Stachelbeeren pflanzen … Die Freiheit entpuppte sich als Rehabilitierung des Kleinbürgertums, das im russischen Leben gewöhnlich unterdrückt wurde. Als Freiheit Seiner Majestät Konsum. Als eine Größe der Finsternis. Der Finsternis der Bedürfnisse, der Instinkte – jenes privaten Lebens, von dem wir nur eine ungefähre Vorstellung hatten. Wir haben im gesamten Verlauf unserer Geschichte immer nur überlebt, nie gelebt. Jetzt aber wird die Kriegserfahrung nicht mehr gebraucht, wir mussten sie vergessen. Tausende neue Emotionen, Zustände, Reaktionen … Irgendwie war plötzlich alles anders: die Plakate, die Dinge, das Geld, die Staatsflagge … Auch die Menschen selbst. Sie waren auf einmal farbiger, individueller, der Monolith war gesprengt, das Leben in einzelne Inseln, Atome, Zellen zerfallen. Das große Böse war zu einer fernen Legende geworden, zu einem Politkrimi. Niemand sprach mehr von einer Idee, alle redeten von Krediten, Prozenten und Wechseln, Geld wurde nicht verdient, sondern »gemacht«, »gewonnen«. Ob das von Dauer ist? »Das Bewusstsein vom Unrecht des Geldes ist in der russischen Seele unausrottbar«, schrieb Marina Zwetajewa in ihrem Tagebuch. Doch nun scheint es, als wären die Helden von Ostrowski[9] und Saltykow-Schtschedrin[10] auferstanden und spazierten durch unsere Straßen.

Jeden, mit dem ich sprach, habe ich gefragt: »Was ist Freiheit?« Die Väter antworteten darauf anders als ihre Kinder. Diejenigen, die in der UdSSR geboren wurden, und diejenigen, die nicht in der UdSSR geboren wurden, haben keine gemeinsamen Erfahrungen. Sie sind Menschen von verschiedenen Sternen.

Die Väter: Freiheit ist die Abwesenheit von Angst; die drei Tage im August, als wir den Putsch besiegten; wer im Laden aus hundert Wurstsorten auswählen kann, ist freier als jemand, der nur aus zehn Sorten auswählt; nicht geprügelt werden – aber eine Generation, die nicht geprügelt wurde, wird es bei uns nie geben, der Russe versteht die Freiheit nicht, er braucht Kosaken und die Peitsche.

Die Kinder: Freiheit ist Liebe; innere Freiheit ist ein absoluter Wert; wenn man keine Angst vor seinen Wünschen hat; viel Geld, dann kann man alles haben; wenn man leben kann, ohne sich Gedanken über die Freiheit zu machen. Freiheit ist normal.

Ich suche nach der Sprache. Der Mensch hat viele Sprachen: die Sprache, in der er mit seinen Kindern spricht, die Sprache der Liebe … und die Sprache, in der wir mit uns selbst reden, die Sprache der inneren Selbstgespräche. Auf der Straße, auf der Arbeitsstelle, auf Reisen – jedes Mal eine andere Sprache, nicht nur die Worte sind verschieden. Es ist sogar ein Unterschied, ob man morgens oder abends spricht. Und was in der Nacht zwischen zwei Menschen geschieht, fehlt in der Geschichtsschreibung ganz. Wir haben es nur mit der Geschichte des Tagmenschen zu tun. Selbstmord ist ein Nachtthema, da steht der Mensch an der Grenze zwischen Sein und Nichtsein. Oder Schlaf. Das möchte ich verstehen, mit der Gründlichkeit des Tagmenschen. Ich wurde gefragt: »Haben Sie keine Angst, dass Sie Gefallen daran finden könnten?«

Wir fahren durch das Gebiet Smolensk. In einem Dorf halten wir vor einem Laden. Was für vertraute, schöne, gute Gesichter (ich bin selbst auf dem Land aufgewachsen) – und was für eine demütigende, bettelarme Existenz. Wir kommen ins Gespräch, reden über das Leben. »Nach der Freiheit fragen Sie? Gehen Sie in unseren Laden, da kriegen Sie jeden Wodka, den Sie wollen: Standard, Gorbatschow, Putinka, und jede Menge Wurst, Käse und Fisch. Sogar Bananen. Was für eine Freiheit brauchen wir noch? Die reicht uns.« »Haben Sie auch Land bekommen?« »Wer soll sich da krummmachen? Wer wollte, konnte Land haben. Bei uns hat nur Waska Krutoi gewollt. Sein Jüngster, er ist erst acht, der läuft schon mit dem Vater hinterm Pflug. Wenn man sich bei dem zum Arbeiten verdingt – da ist nichts mit Klauen oder Pennen. Ein Faschist!«

Bei Dostojewski gibt es einen Streit über die Freiheit. Darüber, dass der Weg zur Freiheit schwierig ist, voller Leid und Tragik … »Warum zum Teufel müssen wir überhaupt erkennen, was gut und böse ist, wenn es uns so teuer zu stehen kommt?«[11]

Der Mensch muss sich die ganze Zeit entscheiden: Freiheit oder Wohlstand und gutes Leben, Freiheit mit Leiden oder Glück ohne Freiheit. Die meisten Menschen gehen den zweiten Weg.

Der Großinquisitor sagt zu Jesus, der auf die Erde zurückgekehrt ist: »Was bist Du gekommen, uns zu stören? Denn uns zu stören bist Du gekommen, und Du selbst weißt es wohl.«

»Indem Du ihn [den Menschen] so hoch achtetest, hast du gehandelt, als hättest Du kein Erbarmen mehr mit ihm, denn zuviel hast Du von ihm gefordert. […] Hättest Du ihn geringer geachtet, hättest Du auch weniger von ihm gefordert, und das wäre der Liebe näher gekommen, hätte es doch sein Joch erleichtert. Schwach ist der Mensch und gemein. […] Was kann die schwache Seele dafür, daß sie nicht die Kraft hat, so furchtbare Gaben aufzunehmen?«

»Es gibt für den Menschen, solange er frei ist, keine dauernde und bedrückendere Sorge als so bald wie möglich etwas zu finden, das er anbeten kann. […] und keine quälendere Sorge, als jemanden zu finden, dem er so schnell wie möglich das Geschenk der Freiheit abtreten kann, mit der dieses beklagenswerte Geschöpf geboren wird.«

In den Neunzigern … ja, da waren wir glücklich, zu dieser Naivität von damals können wir nicht mehr zurück. Wir glaubten, die Entscheidung sei gefallen, der Kommunismus hätte ein für alle Mal verloren. Dabei fing alles erst an …

Zwanzig Jahre sind seitdem vergangen … »Mit dem Sozialismus macht ihr uns keine Angst«, sagen die Kinder zu ihren Eltern.

Aus einem Gespräch mit einem Unidozenten aus meiner Bekanntschaft: »Ende der neunziger Jahre lachten mir die Studenten ins Gesicht, wenn ich von der Sowjetunion sprach, sie waren überzeugt, dass vor ihnen eine neue Zukunft liege. Jetzt hat sich das Bild gewandelt … Die heutigen Studenten wissen bereits, was Kapitalismus ist, sie haben es zu spüren bekommen: Ungleichheit, Armut, dreist zur Schau getragener Reichtum; sie haben das Leben ihrer Eltern vor Augen, die von dem geplünderten Land nichts abbekommen haben. Sie sind radikal eingestellt. Träumen von ihrer eigenen Revolution. Sie tragen rote T-Shirts mit Bildern von Lenin und Che Guevara.«

In der Gesellschaft gibt es ein neues Bedürfnis nach der Sowjetunion. Nach dem Stalin-Kult. Die Hälfte der jungen Menschen zwischen neunzehn und dreißig hält Stalin für einen »großartigen Politiker«. Ein neuer Stalin-Kult in dem Land, in dem Stalin nicht weniger Menschen vernichtet hat als Hitler? Sowjetisches ist wieder in Mode. »Sowjetische« Cafés mit sowjetischen Namen und sowjetischen Speisen. »Sowjetisches« Konfekt und »sowjetische« Wurst – die so riecht und schmeckt, wie wir es aus unserer Kindheit kennen. Und natürlich »sowjetischer« Wodka. Es gibt Dutzende Fernsehsendungen und Dutzende nostalgische »sowjetische« Internetseiten. Die stalinschen Lager sind Touristenziele geworden. Die Werbung verspricht ein perfektes Erlebnis – inklusive Lagerkleidung und Spitzhacke. Und Besichtigung der restaurierten Baracken. Zum Abschluss gibt es einen Angelausflug ...

Veraltete Ideen leben wieder auf: vom großen Imperium, von der »eisernen Hand«, vom »besonderen russischen Weg« ... Die sowjetische Hymne ist zurück, es gibt wieder einen Komsomol, nur heißt er jetzt »Die Unseren«, es gibt eine Partei der Macht, die die Kommunistische Partei kopiert. Der Präsident hat die gleiche Macht wie früher der Generalsekretär. Die absolute Macht. Statt Marxismus-Leninismus haben wir jetzt die Orthodoxie ...

Vor der Revolution von 1917 schrieb Alexander Grin[12]: »Die Zukunft ist nicht mehr an ihrem Platz.« Seitdem sind hundert Jahre vergangen, und wieder ist die Zukunft nicht mehr an ihrem Platz. Wir leben in einer Secondhand-Zeit.

Die Barrikade ist ein gefährlicher Ort für einen Künstler. Eine Falle. Dort verdirbt man sich die Augen, die Pupille verengt sich, die Welt büßt ihre Farben ein. Dort ist die Welt schwarzweiß. Von dort aus sieht man den Menschen nur noch als schwarzen Punkt, als Zielscheibe. Ich stand mein Leben lang auf Barrikaden, und ich möchte weg davon. Möchte lernen, mich am Leben zu freuen. Wieder normal zu sehen. Aber Zigtausende Menschen gehen erneut auf die Straße. Nehmen sich bei den Händen. Sie tragen weiße Bänder an den Jacken. Ein Symbol der Wiedergeburt. Des Lichts. Und ich gehe mit.

Auf der Straße habe ich junge Leute mit Hammer und Sichel und einem Lenin-Bild auf dem T-Shirt gesehen. Ob sie wissen, was Kommunismus bedeutet?

Erster Teil

TROST DURCH APOKALYPSE

AUS STRASSENLÄRM UND KÜCHENGESPRÄCHEN (1991–2001)

Vom dummen Iwanuschka und dem goldenen Fischlein

»Was ich begriffen habe? Ich habe begriffen, dass die Helden der einen Zeit selten auch die Helden einer anderen Zeit sind, bis auf den dummen Iwanuschka. Und Jemelja.[1] Die Lieblingshelden aus den russischen Märchen. Unsere Märchen vom Glückspilz, von einem Augenblick des Glücks. Vom Warten auf wundersame Hilfe, auf dass einem alles von selbst in den Mund fliegt. Dass man auf dem Ofen liegt und alles bekommt. Dass der Ofen von selber Pfannkuchen bäckt und das goldene Fischlein alle Wünsche erfüllt. Ich will dies, und ich will jenes. Ich will die schöne Königstochter! Und ich will in einem anderen Königreich leben – wo die Flüsse aus Milch sind und die Ufer aus Pudding. Wir sind Träumer, natürlich. Die Seele plagt sich und leidet, doch die eigentliche Arbeit geht nicht voran, denn dafür reicht unsere Kraft nicht mehr. Die Arbeit kommt nicht voran. Die rätselhafte russische Seele … Alle bemühen sich, sie zu verstehen … lesen Dostojewski … Was steckt hinter dieser Seele? Eben nichts als die Seele. Wir sitzen gern in der Küche und reden, und wir lesen gern. Im Hauptberuf sind wir Leser. Zuschauer. Und dabei fühlen wir uns als etwas Besonderes, Einmaliges, obwohl wir dafür keinen Grund haben – außer Öl und Gas. Einerseits verhindert genau das Veränderungen, andererseits gibt es uns das Gefühl eines Sinns. Immer liegt die Idee in der Luft, dass Russland etwas schaffen, der Welt etwas Außergewöhnliches beweisen muss. Ein von Gott auserwähltes Volk. Ein besonderer russischer Weg. Bei uns ist jeder ein Oblomow, liegt auf dem Sofa und wartet auf ein Wunder, keiner ist ein Stolz.[2] Die tätigen, tüchtigen Stolzes, die verachten wir, weil sie unseren geliebten Birkenwald oder unseren Kirschgarten abholzen. Und dort Fabriken bauen, Geld verdienen. Sie sind uns fremd, die Stolzes …«

»Die russische Küche … Die armselige Chruschtschowka-Küche – neun, wenn man Glück hatte, zwölf Quadratmeter, hinter der dünnen Wand die Toilette. Sowjetische Bauweise. Auf dem Fensterbrett Zwiebellauch in Mayonnaisegläsern, ein Blumentopf mit Aloe gegen Schnupfen. Die Küche ist bei uns nicht nur der Ort, wo gekocht wird, sie ist zugleich Esszimmer, Wohnzimmer, Arbeitszimmer und Tribüne. Ort kollektiver psychotherapeutischer Sitzungen. Im 19. Jahrhundert entstand die ganze russische Kultur auf Adelsgütern, im 20. entstand sie in der Küche. Auch die Perestroika. Die ganze Bewegung der ›Sechziger‹[3] war eine Küchenbewegung. Dank Chruschtschow! Unter ihm kamen wir aus den Gemeinschaftswohnungen raus, erhielten eigene Küchen, wo man auf den Staat schimpfen konnte und wo man vor allem keine Angst haben musste, denn in der Küche war man unter sich. Dort wurden Ideen geboren und Phantasieprojekte. Wurden Witze erzählt … Die Witze gediehen! Ein Kommunist ist einer, der Marx gelesen hat, und ein Antikommunist ist einer, der ihn verstanden hat. Wir sind in den Küchen aufgewachsen, unsere Kinder auch, sie haben mit uns zusammen Galitsch und Okudshawa gehört. Und Wyssozki. Und Radiosendungen der *BBC*. Geredet wurde über alles: darüber, wie beschissen alles ist, über den Sinn des Lebens, über das Glück für alle. Ich erinnere mich an eine lustige Sache … Wir saßen einmal bis nach Mitternacht zusammen, und unsere Tochter, sie war damals zwölf, war auf dem kleinen Küchensofa eingeschlafen. Plötzlich fingen wir laut an zu streiten. Da rief sie halb im Schlaf: ›Hört auf mit der Politik! Dauernd Sacharow, Solschenizyn … Stalin …‹ *(Er lacht.)*

Endlos wurde Tee getrunken. Kaffee. Und Wodka. In den Siebzigern tranken wir kubanischen Rum. Alle waren verliebt in Fidel! In die kubanische Revolution! In Che mit seiner Baskenmütze. Schön wie ein Hollywood-Star! Endloses Gerede. Die Angst, abgehört zu werden, ja, ganz bestimmt. Mitten im Gespräch schaute irgendwer meist lachend auf die Lampe oder auf die Steckdose und sagte: ›Hören Sie, Genosse Major?‹ Es war irgendwie riskant … und irgendwie ein Spiel … Dieses verlogene Leben machte sogar fast Spaß. Nur verschwindend wenige leisteten öffentlich Widerstand, die meisten waren ›Küchendissidenten‹. Sie ballten die Faust nur in der Tasche …«

»Heutzutage muss man sich schämen, wenn man arm ist, unsportlich … Wenn man nicht mithalten kann. Aber ich gehöre noch zur Generation der Hauswarte und Pförtner. Das war eine Art innerer Emigration. Man ignorierte einfach, was um einen herum geschah, das war wie eine Landschaft draußen vorm Fenster. Meine Frau und ich haben beide an der philosophischen Fakultät der Petersburger (damals noch Leningrader) Universität studiert, danach suchte sie sich eine Stelle als Hauswart, ich wurde Heizer. Vierundzwanzig Stunden Arbeit, zwei Tage frei. Ein Ingenieur verdiente damals 130 Rubel, als Heizer bekam ich 90 Rubel, doch diese 40 Rubel weniger bedeuteten absolute Freiheit. Wir lasen, wir lasen sehr viel. Und redeten. Wir glaubten, wir würden Ideen entwickeln. Wir träumten von Revolution und fürchteten, sie nicht mehr zu erleben. Wir lebten im Grunde ziemlich abgeschottet, hatten keine Ahnung, was in der Welt los war. Wir waren ›Zimmerpflanzen‹. Alles, was wir uns so zusammenphantasierten, erwies sich später als Illusion – der Westen, der Kapitalismus, das russische Volk. Wir lebten von Illusionen. Ein Russland wie in den Büchern oder in den Küchen, das hat es nie gegeben. Nur in unseren Köpfen.

Mit der Perestroika war das alles vorbei … Der Kapitalismus brach herein … Aus 90 Rubeln wurden 10 Dollar. Davon konnte man nicht leben. Wir verließen die Küchen und gingen auf die Straße, und da stellte sich heraus, dass wir gar keine Ideen hatten, dass wir die ganze Zeit nur dagesessen und geredet hatten. Plötzlich tauchten ganz andere Leute auf – junge Männer in weinroten Jacketts und mit Goldringen. Und mit neuen Spielregeln: Wenn du Geld hast, bist du ein Mensch, hast du keins, bist du ein Niemand. Wen interessiert es, dass du den ganzen Hegel gelesen hast? Geisteswissenschaftler – das klang wie eine Diagnose. Wie: Die können nichts weiter als einen Band Mandelstam in der Hand halten. Plötzlich offenbarte sich vieles, was wir nicht gekannt hatten. Die Intelligenzija verarmte entsetzlich. In unserem Park schlugen Krischna-Anhänger am Wochenende eine Feldküche auf und verteilten Suppe und einfache Gerichte. Der Anblick der kultivierten alten Leute, die dort Schlange standen, schnürte einem die Kehle zu. Manche verbargen ihr Gesicht. Wir hatten zu der Zeit schon zwei kleine Kinder. Wir hungerten ganz real. Meine Frau und ich wurden Händler. Wir kauften vier bis sechs Kisten Eis in der Fabrik und fuhren auf den Markt, wo viele Menschen waren. Einen Kühlschrank hatten wir nicht, nach einigen Stunden schmolz das Eis. Dann verteilten wir es an hungrige kleine Jungen. Das war eine Freude! Meine Frau verkaufte, ich holte die Ware heran, schleppte die Kisten – ich tat alles, wenn ich nur nicht verkaufen musste. Ich fühlte mich lange sehr unbehaglich.

Früher dachte ich oft an unser ›Küchenleben‹ zurück … An die Liebe damals! Die Frauen! Diese Frauen verachteten die Reichen. Sie ließen sich nicht kaufen. Heute hat niemand mehr Zeit für Gefühle – alle verdienen Geld. Die Entdeckung des Geldes war wie die Explosion einer Atombombe …«

Davon, wie wir Gorbi liebten und wie diese Liebe endete

»Die Gorbatschow-Zeit … Massen von Menschen mit glücklichen Gesichtern. Frei-heit! Alle waren davon beseelt. Die Zeitungen fanden reißenden Absatz. Die Zeit der großen Hoffnungen – jeden Moment würde das Paradies anbrechen. Die Demokratie war für uns eine unbekannte Kreatur. Wir rannten wie verrückt auf Kundgebungen: Jetzt werden wir die Wahrheit über Stalin erfahren, über den Gulag, werden Rybakows verbotenen Roman *Die Kinder vom Arbat* lesen und andere gute Bücher – und werden Demokraten. Wie sehr wir uns irrten! Alle Radiosender schrien die Wahrheit hinaus …

Schnell, schnell! Lest! Hört! Nicht alle waren dazu bereit … Die meisten Menschen waren nicht antisowjetisch eingestellt, sie wollten nur eines: gut leben. Wollten sich Jeans kaufen können, Videorecorder und, der Gipfel der Träume, ein Auto! Alle wollten schicke Kleidung und schmackhaftes Essen. Als ich Solschenizyns *Archipel Gulag* mit nach Hause brachte, war meine Mutter entsetzt: ›Wenn du dieses Buch nicht sofort wegbringst, werfe ich dich raus.‹ Der Mann meiner Großmutter war vor dem Krieg erschossen worden, und sie meinte: ›Waska tut mir nicht leid. Er wurde zu Recht verhaftet. Wegen seiner spitzen Zunge.‹ ›Warum hast du mir nie davon erzählt, Großmutter?‹, fragte ich. ›Mag mein Leben mit mir zusammen sterben, ihr sollt nicht darunter leiden.‹ So lebten unsere Eltern … und deren Eltern … Alles war glattgebügelt. Nicht das Volk hat die Perestroika gemacht, das war ein einziger Mann: Gorbatschow. Gorbatschow und ein Häuflein Intelligenzler …«

»Gorbatschow ist ein amerikanischer Geheimagent … Ein Freimaurer … Er hat den Kommunismus verraten. Hat die Kommunisten auf den Müll geworfen, die Komsomolzen auf den Abfall. Ich hasse Gorbatschow, weil er mir die Heimat weggenommen hat. Meinen sowjetischen Ausweis bewahre ich auf wie meinen wertvollsten Besitz. Ja, wir mussten Schlange stehen nach bläulichen Hühnchen und faulen Kartoffeln, aber das war unsere Heimat. Ich habe sie geliebt. Für Sie war das vielleicht ›Obervolta mit Raketen‹, aber für mich war das ein großes Land. Russland ist für den Westen immer ein Feind, es wird gefürchtet. Ist ihnen ein Dorn im Auge. Keiner will ein starkes Russland – ob mit Kommunisten oder ohne. Sie betrachten uns als Rohstofflager – für Öl, Gas, Holz und Buntmetalle. Wir tauschen Öl gegen Unterhosen. Aber wir hatten mal eine Zivilisation ohne Klamotten und Plunder. Die sowjetische Zivilisation! Irgendwer wollte, dass sie verschwindet. Eine Operation der CIA … Wir werden schon von den Amerikanern regiert. Dafür haben sie Gorbatschow gut bezahlt … Früher oder später wird er dafür verurteilt werden. Ich hoffe, dieser Judas erlebt den Volkszorn noch. Ich würde ihm mit Vergnügen auf dem Schießplatz Butowo[4] einen Kopfschuss verpassen. *(Er schlägt mit der Faust auf den Tisch.)* Jetzt ist das Glück ausgebrochen, ja? Es gibt Wurst und Bananen. Wir wälzen uns in Scheiße und essen nur noch Fremdes. Statt der Heimat ein großer Supermarkt. Wenn sich das Freiheit nennt, dann brauche ich diese Freiheit nicht. Pfui Teufel! Sie haben das Volk erniedrigt bis zum Gehtnichtmehr, wir sind Sklaven. Sklaven! Unter den Kommunisten hat die Köchin den Staat regiert, wie Lenin gesagt hat: Arbeiter, Melkerinnen, Weberinnen – heute sitzen nur Banditen im Parlament. Dollarmillionäre. Die gehören ins Gefängnis, nicht ins Parlament. Beschissen haben sie uns mit der Perestroika!

Ich bin in der UdSSR geboren, und mir gefiel es dort. Mein Vater war Kommunist, er hat mir mit der *Prawda* das Lesen beigebracht. An jedem Feiertag bin ich mit ihm zur Demonstration gegangen. Mit Tränen in den Augen ... Ich war Pionier, habe das rote Halstuch getragen. Dann kam Gorbatschow, und ich konnte nicht mehr Komsomolze werden – das bedaure ich. Ich bin ein Sowok, ja? Meine Eltern sind Sowki, meine Großeltern – alles Sowki, ja? Mein Sowok-Großvater ist 1941 vor Moskau gefallen ... Und meine Sowok-Großmutter war bei den Partisanen ... Die Herren Liberalen arbeiten ihren Lohn ab. Sie wollen, dass wir unsere Vergangenheit als schwarzes Loch betrachten. Ich hasse sie alle: gorbatschow, schewardnadse, jakowlew – schreiben Sie die klein, so sehr hasse ich sie. Ich will nicht nach Amerika, ich will in die UdSSR ...«

»Das waren wunderbare, naive Jahre ... Wir haben Gorbatschow geglaubt, heute glauben wir niemandem mehr so leicht. Viele Russen kehrten damals aus der Emigration nach Russland zurück ... Das war ein solcher Enthusiasmus! Wir dachten, wir würden diese Baracke einreißen. Etwas Neues errichten. Ich habe an der philologischen Fakultät der Moskauer Universität studiert und eine Doktorandenstelle angetreten. Ich träumte von der Wissenschaft. Unser Idol war damals Awerinzew[5], zu seinen Vorlesungen strömte das ganze aufgeklärte Moskau zusammen. Wir bestärkten einander in der Illusion, dass unser Land bald ein anderes sein würde und dass wir dafür kämpften. Als ich erfuhr, dass eine Kommilitonin nach Israel ausreisen würde, war ich ganz erstaunt. ›Tut es dir denn nicht leid, jetzt wegzugehen? Bei uns fängt doch alles erst an!‹

Je mehr von Freiheit geredet und geschrieben wurde, desto rascher verschwanden nicht nur Fleisch und Käse aus den Läden, sondern auch Salz und Zucker. Die Geschäfte waren leer. Es war schlimm. Alles gab es nur noch auf Marken, wie im Krieg. Unsere Rettung war meine Großmutter, sie lief den ganzen Tag durch die Stadt und beschaffte alles, was es auf diese Marken gab. Unser Balkon war vollgestellt mit Waschpulver, im Schlafzimmer standen Säcke mit Zucker und Graupen. Als Karten für Socken ausgegeben wurden, weinte mein Vater. ›Das ist das Ende der UdSSR.‹ Er hat es gefühlt … Mein Vater arbeitete im Konstruktionsbüro eines Rüstungsbetriebs, sein Spezialgebiet waren Raketen, und er liebte seine Arbeit. Er hatte zwei Hochschulabschlüsse. Anstelle der Raketen produzierte der Betrieb nun Waschmaschinen und Staubsauger. Mein Vater wurde entlassen. Er und meine Mutter waren glühende Perestroika-Anhänger, sie malten Plakate, verteilten Flugblätter – und dann dieses Ende. Sie waren fassungslos. Sie konnten nicht glauben, dass dies die Freiheit war. Damit konnten sie sich nicht abfinden. Auf den Straßen wurde schon geschrien: ›Gorbatschow kommt nicht mehr an, Jelzin ist jetzt unser Mann!‹ Auf Plakaten sah man Breschnew, mit Orden behängt, und Gorbatschow, mit Zuteilungsmarken behängt. Dann begann Jelzins Herrschaft: Gaidars Reformen und das mir so verhasste ›Kaufen und Verkaufen‹. Um zu überleben, fuhr ich mit Säcken voller Glühlampen und Spielzeug nach Polen. Der Waggon war voller Lehrer, Ingenieure, Ärzte … Alle mit Säcken und Taschen beladen. Die ganze Nacht saßen wir zusammen und redeten über Pasternaks *Doktor Shiwago*, über die Stücke von Schatrow … Wie in Moskau in der Küche.

Wenn ich an meine Studienfreunde denke … Wir sind alles Mögliche geworden, nur keine Philologen: Topmanager von Werbeagenturen, Bankangestellte, Tschelnoki* … Ich arbeite in einer

* *Tschelnoki* – russ. »Weberschiffchen« –, Bezeichnung für die kleinen Händler, die in den neunziger Jahren zwischen der Sowjetunion und der Türkei, China, den Arabischen Emiraten und Polen hin- und herpendelten.

Immobilienagentur, bei einer Dame aus der Provinz, sie war mal Komsomolfunktionär. Wer besitzt denn heute Firmen? Und Häuser auf Zypern und in Miami? Die ehemalige Parteinomenklatura. Das zum Thema, wo das Geld der Partei geblieben ist ... Und unsere Anführer ... die ›Sechziger‹ ... Sie hatten im Krieg so viel Blut gesehen, aber sie waren naiv wie die Kinder ... Wir hätten Tag und Nacht auf den Plätzen bleiben müssen. Die Sache zu Ende bringen – einen Nürnberger Prozess für die KPdSU erzwingen. Wir sind zu schnell wieder nach Hause gegangen. Schieber und Geldwechsler haben die Macht übernommen. Und entgegen der Lehre von Marx bauen wir nun nach dem Sozialismus den Kapitalismus auf. *(Sie schweigt.)* Aber ich bin glücklich, dass ich diese Zeit erlebt habe. Der Kommunismus ist gestürzt! Es ist vorbei, er wird nicht mehr zurückkehren. Wir leben jetzt in einer anderen Welt und betrachten die Welt mit anderen Augen. Den freien Atem jener Tage werde ich nie vergessen ...«

Davon, wie die Liebe kam und draußen Panzer fuhren

»Ich war verliebt, ich konnte an nichts anderes denken. Ich lebte nur damit. Eines Morgens weckte mich meine Mutter: ›Panzer – draußen sind Panzer! Ich glaube, das ist ein Umsturz!‹ Ich murmelte halb im Schlaf: ›Mama, das ist eine Übung.‹ Von wegen! Draußen standen echte Panzer, ich hatte noch nie Panzer aus solcher Nähe gesehen. Im Fernsehen lief *Schwanensee* ... Mutters Freundin kam angerannt, sie war ganz aufgeregt, weil sie mehrere Monate lang keinen Parteibeitrag gezahlt hatte. Sie sagte, in ihrer Schule habe eine Lenin-Büste gestanden, die habe sie in eine Abstellkammer gebracht – was sollte sie nun damit machen? Sofort war wieder alles beim Alten: Dies darf man nicht, und jenes darf man nicht. Ein Sprecher verlas die Erklärung über die Verhängung des Ausnahmezustands ... Mutters Freundin zuckte bei jedem Wort zusammen. ›Mein Gott! Mein Gott!‹ Mein Vater spuckte den Fernseher an ...

Ich rief Oleg an ... ›Fahren wir zum Weißen Haus?‹ ›Klar!‹ Ich habe mir ein Gorbatschow-Abzeichen angesteckt. Und Brote gemacht. In der Metro waren die Leute nicht sehr gesprächig, alle rechneten mit dem Schlimmsten. Überall waren Panzer ... Panzer ... Darauf saßen keine Mörder, sondern verschreckte Jungs mit schuldbewusster Miene. Alte Frauen brachten ihnen gekochte Eier und Pfannkuchen. Mir wurde leichter ums Herz, als ich sah, dass sich vor dem Weißen Haus Zehntausende Menschen versammelt hatten. Die Stimmung war großartig. Wir hatten das Gefühl, alles zu können. Wir riefen: ›Jelzin! Jelzin! Jelzin!‹ Selbstverteidigungstrupps formierten sich. Nur junge Leute wurden genommen, Ältere wurden abgewiesen und ärgerten sich darüber. Ein alter Mann war empört. ›Die Kommunisten haben mir mein Leben gestohlen! Gönnt mir wenigstens einen schönen Tod!‹ ›Gehen Sie beiseite, Vater ...‹ Heute heißt es, wir hätten den Kapitalismus verteidigen wollen ... Das ist nicht wahr! Ich wollte den Sozialismus verteidigen, aber einen anderen Sozialismus ... nicht den sowjetischen ... Und ich habe ihn auch verteidigt! Das dachte ich. So dachten wir alle ... Nach drei Tagen zogen die Panzer aus Moskau ab, und nun waren es gute Panzer. Sieg! Wir küssten uns immer wieder ...«

Ich sitze in der Küche bei Moskauer Bekannten. Eine große Truppe ist versammelt – Freunde, Verwandte aus der Provinz. Wir erinnern uns, dass am nächsten Tag der Jahrestag des Augustputsches ist.

»Morgen ist ein Feiertag ...«

»Was gibt es da zu feiern? Eine Tragödie. Das Volk hat verloren.«

»Zur Musik von Tschaikowsky wurde die Sowjetunion begraben ...«

»Das Erste, was ich getan habe, ich hab mir mein Geld gegriffen und bin schnell einkaufen gegangen. Ich wusste, wie immer es ausgehen würde, auf jeden Fall würden die Preise steigen.«

»Ich hab mich gefreut: Gorbi wird abgesetzt! Ich hatte genug von diesem Schwätzer.«

»Die Revolution war reine Dekoration. Ein Spektakel fürs Volk. Ich erinnere mich an die absolute Gleichgültigkeit, egal, mit wem man redete. Alle warteten ab.«

»Ich rief auf meiner Arbeitsstelle an und ging Revolution machen. Ich habe alle Messer aus der Anrichte gekramt. Mir war klar, das war Krieg, und da braucht man Waffen …«

»Ich war für den Kommunismus! Alle in unserer Familie sind Kommunisten. Meine Mutter hat uns zum Einschlafen Revolutionslieder vorgesungen. Die singt sie jetzt auch den Enkeln vor. ›Bist du verrückt?‹, hab ich sie gefragt. Und sie: ›Andere Lieder kenne ich nicht.‹ Mein Großvater war Bolschewik … meine Großmutter auch …«

»Sagen Sie bloß noch, der Kommunismus sei ein schönes Märchen. Die Eltern meines Vaters sind in den Lagern in Mordwinien verschwunden …«

»Ich bin mit meinen Eltern zum Weißen Haus gegangen. Mein Vater hat gesagt: ›Wir gehen hin. Sonst wird es bei uns nie Wurst und gute Bücher geben.‹ Wir haben Pflastersteine rausgerissen und Barrikaden gebaut.«

»Jetzt urteilt das Volk nüchterner, und das Verhältnis zu den Kommunisten hat sich verändert. Da muss ich nichts mehr verheimlichen … Ich habe im Kreiskomitee des Komsomol gearbeitet. Am ersten Tag habe ich alle Komsomolausweise, -anträge und -abzeichen mit nach Hause genommen und in meinen Keller gebracht, später wusste ich nicht, wohin mit den Kartoffeln. Keine Ahnung, was ich damit wollte, aber ich stellte mir vor, wie sie kommen und das alles vernichten würden – und für mich waren das doch wertvolle Symbole.«

»Wir hätten losziehen und einander töten können … Gott hat uns davor bewahrt!«

»Unsere Tochter lag in der Entbindungsklinik. Als ich sie besuchte, fragte sie: ›Mama, wird es eine Revolution geben? Bricht jetzt ein Bürgerkrieg aus?‹«

»Also, ich habe die Militärfachschule absolviert. Ich habe in Moskau gedient. Hätten wir den Befehl bekommen, Leute zu verhaften, wir hätten diesen Befehl zweifellos ausgeführt. Viele sogar voller Eifer. Wir hatten das Durcheinander im Land satt. Früher war alles klar und einfach, alles war vorgeschrieben. Es herrschte Ordnung. Militärs mögen ein solches Leben. Im Grunde mögen das alle Menschen.«

»Ich habe Angst vor der Freiheit – da kommt ein betrunkener Kerl und brennt mir die Datscha nieder.«

»Was soll die Ideologie, Leute … Das Leben ist kurz. Lasst uns was trinken!«

19. August 2001 – zehnter Jahrestag des Augustputsches. Ich bin in Irkutsk, der Hauptstadt von Sibirien. Ich mache ein paar Blitzinterviews auf der Straße.

Frage:
»Was wäre, wenn das GKTschP[6] gesiegt hätte?«

Die Antworten:

»Das große Land wäre erhalten geblieben …«

»Sehen Sie sich China an, da hat das GKTschP gesiegt. China ist heute die zweitgrößte Wirtschaftsmacht der Welt …«

»Gorbatschow und Jelzin wären als Vaterlandsverräter vor Gericht gestellt worden.«

»Sie hätten das Land mit Blut getränkt … Und die Konzentrationslager gefüllt.«

»Der Sozialismus wäre nicht verraten worden. Es gäbe keine Trennung in Arme und Reiche.«

»Es hätte keinen Krieg in Tschetschenien gegeben.«

»Keiner würde zu behaupten wagen, die Amerikaner hätten Hitler besiegt.«

»Ich habe selbst vor dem Weißen Haus gestanden. Und ich habe das Gefühl, dass ich betrogen wurde.«

»Was wäre, wenn der Putsch gesiegt hätte? Er hat doch gesiegt! Das Dserschinski-Denkmal wurde gestürzt, aber die Lubjanka ist geblieben. Wir bauen den Kapitalismus unter Führung des KGB auf.«

»Mein Leben hätte sich nicht verändert …«

Davon, wie Dinge plötzlich den gleichen Wert bekamen wie Ideen und Worte

»Die Welt ist in Dutzende bunte Splitter zerbrochen. Wie sehr hatten wir uns gewünscht, dass sich der graue sowjetische Alltag in die süßen Bilder aus amerikanischen Filmen verwandelt! Daran, wie wir vor dem Weißen Haus gestanden hatten, dachte kaum noch jemand … Jene drei Tage haben die Welt erschüttert, aber uns haben sie nicht erschüttert … Zweitausend Menschen nehmen an einer Kundgebung teil, und die Übrigen gehen vorbei und schauen sie an, als wären das Idioten. Es wurde viel getrunken, bei uns wird immer viel getrunken, aber damals ganz besonders. Die Gesellschaft war erstarrt: Wohin gehen wir? Wird nun der Kapitalismus kommen oder ein guter Sozialismus? Kapitalisten sind fett und böse – das hat man uns von klein auf eingetrichtert … *(Sie lacht.)*

Plötzlich war das ganze Land voller Banken und Verkaufskioske. Ganz neue Dinge tauchten auf. Andere als die derben Stiefel und Omakleider, Sachen, von denen wir immer geträumt hatten: Jeans, Lammfellmäntel … Damenunterwäsche und gutes Geschirr … Alles schön und farbenfroh. Unsere sowjetischen Dinge waren grau und asketisch, sie sahen immer nach Militär aus. Die Theater und Bibliotheken waren nun leer … An ihre Stelle traten Märkte und kommerzielle Geschäfte … Alle wollten glücklich sein, und zwar sofort. Wie Kinder entdeckten sie eine ganz neue Welt … Sie fielen nun im Supermarkt nicht mehr in Ohnmacht … Ein Bekannter von mir wurde Geschäftsmann. Er erzählte: Beim ersten Mal habe ich tausend Büchsen löslichen Kaffee mitgebracht – die waren in ein paar Tagen alle, dann habe ich hundert Staubsauger gekauft, auch die gingen im Nu weg. Jacken, Pullover, jeder erdenkliche Krimskrams – nur her damit! Alle kauften sich neue Klamotten und Schuhe. Tauschten ihre Haushaltsgeräte aus und ihre Möbel. Renovierten ihre Datscha … Wollten hübsche Zäune und Dächer … Wenn meine Freunde und ich heute daran zurückdenken, müssen wir furchtbar lachen … Wie die Wilden! Die Menschen bei uns waren bettelarm. Sie mussten alles erst lernen … Zu Sowjetzeiten war es in Ordnung, viele Bücher zu besitzen, aber kein teures Auto oder Haus. Wir lernten, uns gut zu kleiden, gutes Essen zu kochen, zum Frühstück Saft zu trinken und Joghurt zu essen … Bis dahin hatte ich Geld verachtet, weil ich es nicht kannte. In unserer Familie durfte nicht über Geld gesprochen werden. Das galt als peinlich. Wir sind in einem Land aufgewachsen, in dem es quasi kein Geld gab. Ich verdiente wie alle meine hundertzwanzig Rubel – und das reichte mir. Das Geld kam mit der Perestroika. Mit Gaidar. Richtiges Geld. Statt der Spruchbänder ›Unsere Zukunft ist der Kommunismus‹ hing nun überall Werbung: ›Kauft …‹ Mach Reisen, wenn du willst. Paris … Spanien … Fiesta … Stierkampf … Davon hatte ich bei Hemingway gelesen – ich las davon und wusste, dass ich das niemals sehen würde. Bücher ersetzten das Leben … So endeten unsere nächtlichen Küchengespräche, und es begann das Geldverdienen, das Dazuverdienen. Geld wurde zum Synonym für Freiheit. Das beschäftigte alle. Die Stärksten und Aggressivsten wurden Unternehmer. Lenin und Stalin waren vergessen. So bewahrten wir uns vor einem Bürgerkrieg, sonst hätte es wieder ›Weiße‹ und ›Rote‹ gegeben. ›Für uns‹ und ›gegen uns‹. Dinge statt Blutvergießen … Das Leben! Wir wählten das schöne Leben. Niemand wollte einen schönen Tod, alle wollten ein schönes Leben. Etwas anderes ist, dass ›das Zuckerbrot nicht für alle reichte‹.«[7]

»Die Sowjetzeit … Das Wort hatte einen heiligen, magischen Wert. Aus alter Gewohnheit wurde in den Küchen der Intelligenzija noch immer über Mandelstam geredet, hatte man beim Suppekochen einen Band Astafjew oder Bykau in der Hand, aber das Leben demonstrierte ständig, dass das nun nicht mehr wichtig war. Worte bedeuteten nichts mehr. 1991 … Wir hatten unsere Mutter mit einer schweren Lungenentzündung ins Krankenhaus gebracht, und sie kam als Heldin wieder, sie hatte dort ununterbrochen geredet. Sie hatte von Stalin erzählt, von der Ermordung Kirows, von Bucharin … Die anderen hätten ihr am liebsten Tag und Nacht zugehört. Damals wünschten sich die Menschen, dass man ihnen die Augen öffnete. Vor kurzem war meine Mutter wieder im Krankenhaus, und diesmal hat sie die ganze Zeit geschwiegen. Nur fünf Jahre sind vergangen, aber die Wirklichkeit hat die Rollen neu verteilt. Die Heldin war diesmal die Frau eines großen Unternehmers … Allen stand der Mund offen, wenn sie erzählte … Von ihrem Haus – dreihundert Quadratmeter! Von ihren Dienstboten: Köchin, Kindermädchen, Chauffeur, Gärtner … Urlaub machte sie mit ihrem Mann in Europa … Museen, klar, aber vor allem Boutiquen. Die Boutiquen! Ein Ring mit soundso viel Karat, ein anderer … und Anhänger … und goldene Ohrclips … Das war was! Über den Gulag oder solche Dinge kein Wort. Was war, ist vorbei. Wozu jetzt noch mit den alten Leuten streiten.

Ich ging aus Gewohnheit noch manchmal ins Antiquariat – dort standen alle zweihundert Bände der ›Bibliothek der Weltliteratur‹ und die ›Abenteuerbibliothek‹ mit den orangeroten Einbänden, nach der ich mal verrückt gewesen war. Ich betrachtete die Buchrücken und atmete ihren Geruch ein. Da lagen Berge von Büchern! Die Intelligenzija verkaufte ihre Bücher. Natürlich sind die Menschen ärmer geworden, aber nicht deshalb haben sie ihre Bücher aus dem Haus gegeben, nicht nur wegen des Geldes – die Bücher haben sie enttäuscht. Auf ganzer Linie. Es gehörte sich nicht mehr, jemanden zu fragen: ›Was liest du denn gerade?‹ Zu vieles hat sich verändert im Leben, und davon steht in den Büchern nichts. Aus den russischen Romanen lernt man nicht, wie man im Leben erfolgreich ist. Wie man reich wird … Oblomow liegt auf dem Sofa, und Tschechows Helden trinken die ganze Zeit Tee und beklagen sich über das Leben … *(Sie schweigt.)* Gott behüte dich davor, in einer Zeit der Veränderungen zu leben, sagen die Chinesen. Kaum jemand von uns ist geblieben, wie er war. Die anständigen Leute sind irgendwie verschwunden. Überall Ellenbogen und Zähne …«

»Wenn es um die Neunziger geht … Ich würde nicht sagen, dass das eine schöne Zeit war, sie war abscheulich. Eine Hundertachtzig-Grad-Wende in den Köpfen … Manche haben das nicht ausgehalten, die Kliniken für psychisch Kranke waren überfüllt. Ich habe dort meinen Freund besucht. Einer brüllte: ›Ich bin Stalin! Ich bin Stalin!‹, ein anderer: ›Ich bin Beresowski! Ich bin Beresowski!‹ Eine ganze Station voller Stalins und Beresowskis. Auf den Straßen wurde ständig geschossen. Unglaublich viele Menschen wurden ermordet. Jeden Tag gab es kriminelle Auseinandersetzungen. Jeder wollte etwas an sich reißen. Den anderen zuvorkommen. Bevor die auch noch ihre Kinder und Enkel versorgten. Manche wurden ruiniert, manche eingesperrt. Vom Thron in den Keller. Andererseits war es auch toll – das alles mitzuerleben …

In den Banken standen die Leute Schlange, die ein Unternehmen gründen wollten – eine Bäckerei, einen Elektronikladen … Auch ich stand da. Und ich staunte, wie viele wir waren. Eine ältere Frau mit einer Strickmütze, ein Junge in einer Trainingsjacke, ein Kerl wie ein Schrank, der aussah wie ein Krimineller … Über siebzig Jahre hatte man uns erzählt: Geld macht nicht glücklich, das Beste im Leben bekommt der Mensch kostenlos. Liebe zum Beispiel. Aber kaum hatte man öffentlich verkündet: Treibt Handel, werdet reich – da war das vergessen. Alle sowjetischen Bücher waren vergessen. Diese Menschen waren ganz anders als die, mit denen ich zusammengesessen und auf meiner Gitarre geklimpert hatte. Ich konnte mit Müh und Not drei Akkorde spielen. Das Einzige, was diese Leute mit denen in den Küchen gemeinsam hatten, war, dass auch sie die Nase voll hatten von den roten Fahnen und diesem ganzen Mist: Komsomolversammlungen, Politunterricht … Der Sozialismus hielt den Menschen für dumm …

Ich weiß sehr gut, was ein Traum ist. Meine ganze Kindheit lang wünschte ich mir ein Fahrrad, aber ich bekam keins. Wir waren arm. In der Schule habe ich unter der Hand mit Jeans gehandelt, am Institut mit sowjetischen Armeeuniformen und diversem Sowjetkram. Die Ausländer kauften das. Das war gewöhnlicher Schwarzhandel. Zu Sowjetzeiten bekam man dafür zwischen drei und fünf Jahren Gefängnis. Mein Vater rannte mit dem Riemen hinter mir her und schrie: ›Du Spekulant! Ich habe vor Moskau Blut vergossen, und mein Sohn macht solche Scheiße!‹ Was gestern noch als Verbrechen gegolten hatte, war nun ein Geschäft. Ich kaufte an einem Ort Nägel und woanders Absatzflicken, packte das zusammen in eine Plastiktüte und verkaufte es als neue Ware. Ich brachte Geld nach Hause und kaufte ein, der Kühlschrank war immer voll. Meine Eltern rechneten dauernd damit, dass man mich verhaften würde. *(Er lacht laut.)* Ich handelte mit Haushaltswaren … Schnellkochtöpfe und Dampfgarer … Einen ganzen Autoanhänger voll hab ich aus Deutschland hergeschafft. Alles in großen Mengen. In meinem Zimmer stand ein alter Computerkarton voller Geld, nur so war das Geld für mich real. Du nimmst immer wieder Geld aus dem Karton, und es wird nicht alle. Ich hatte mir im Grunde schon alles gekauft: ein Auto, eine Wohnung … eine Rolex … Ich erinnere mich an diesen Rausch … Du kannst dir alle deine Wünsche erfüllen, alle deine geheimen Phantasien. Ich habe viel über mich selbst erfahren: erstens, dass ich keinen Geschmack habe, und zweitens, dass ich Komplexe habe. Ich kann nicht mit Geld umgehen.

Ich wusste nicht, dass viel Geld arbeiten muss, dass es nicht einfach so rumliegen darf. Geld ist für den Menschen genauso eine Versuchung wie Macht oder die Liebe … Ich träumte … Und fuhr nach Monaco. Im Casino von Monte Carlo verspielte ich sehr viel Geld, einen ganzen Haufen. Ich konnte nicht aufhören … Ich war ein Sklave meines Kartons. Ist noch Geld drin oder nicht? Wie viel? Es musste immer mehr und mehr sein. Ich interessierte mich für nichts mehr, wofür ich mich früher interessiert hatte. Politik … Kundgebungen … Sacharow war gestorben. Ich ging mit zum Abschiednehmen. Hunderttausende Menschen … Alle weinten, auch ich. Und jetzt stand kürzlich über ihn in einer Zeitung: ›Ein großer Narr Russlands ist gestorben.‹ Da dachte ich: Er ist zur rechten Zeit gestorben. Als Solschenizyn aus Amerika zurückkam, haben sich alle auf ihn gestürzt. Aber er verstand uns nicht, und wir verstanden ihn nicht. Ein Ausländer. Er wollte zurück nach Russland, aber draußen war Chicago …

Was ich ohne die Perestroika heute wäre? Ein kleiner Ingenieur mit lächerlichem Gehalt … *(Er lacht.)* Und jetzt habe ich meine eigene Augenklinik. Mehrere Hundert Menschen mitsamt ihren Familien, ihren Großmüttern und Großvätern sind von mir abhängig. Leute wie Sie wühlen in ihrem Inneren herum, reflektieren – ich habe dieses Problem nicht. Ich arbeite Tag und Nacht. Ich habe neue Ausrüstungen gekauft und meine Chirurgen zum Praktikum nach Frankreich geschickt. Aber ich bin kein Altruist, ich verdiene gut. Ich habe alles selbst erreicht … Ich hatte nur dreihundert Dollar in der Tasche … Angefangen habe ich mit Partnern, bei deren Anblick Sie in Ohnmacht fallen würden, wenn die jetzt hier reinkämen. Gorillas! Grimmiger Blick! Die sind nicht mehr da, sie sind verschwunden wie die Dinosaurier. Ich bin mit einer kugelsicheren Weste rumgelaufen, auf mich wurde auch schon geschossen. Wenn jemand schlechtere Wurst isst als ich, kümmert mich das nicht. Ihr habt den Kapitalismus doch alle gewollt. Habt davon geträumt! Also schreit jetzt nicht, dass man euch betrogen hat …«

Davon, dass wir unter Tätern und Opfern aufgewachsen sind

»Eines Abends gingen wir ins Kino. Da lag ein Mann in einer Blutlache. Sein Mantel hatte auf dem Rücken ein Einschussloch. Daneben stand ein Milizionär. So habe ich zum ersten Mal einen Ermordeten gesehen. Bald gewöhnte ich mich daran. Unser Haus ist groß, zwanzig Eingänge. Jeden Morgen wurde auf dem Hof eine Leiche gefunden, das entsetzte uns schon nicht mehr. So begann der echte Kapitalismus. Mit Blutvergießen. Ich meinte, ich müsste erschüttert sein, aber das war ich nicht. Seit Stalin haben wir ein anderes Verhältnis zum Blutvergießen … Wir erinnern uns noch daran, wie Menschen von den eigenen Leuten getötet wurden … An die massenhafte Ermordung von Menschen, die nicht wussten, warum sie getötet wurden … Das ist im Gedächtnis geblieben, das gehört zu unserem Leben. Wir sind unter Tätern und Opfern aufgewachsen … Für uns ist dieses Zusammenleben normal. Es gibt keine Grenze zwischen Krieg und Frieden. Es herrscht immer Krieg. Wenn man den Fernseher anmacht – da reden alle Kriminellenjargon, Politiker, Unternehmer … auch der Präsident. Ablöse, schmieren, absahnen … Ein Menschenleben ist einen Scheißdreck wert. Wie im Lager …«

»Warum haben wir Stalin nicht verurteilt? Das kann ich Ihnen sagen … Um Stalin zu verurteilen, müssten wir unsere Angehörigen und Freunde verurteilen. Menschen, die uns nahestehen. Ich will Ihnen von meiner Familie erzählen … Mein Vater wurde 1937 eingesperrt, Gott sei Dank kam er wieder, aber er hat zehn Jahre gesessen. Er kam zurück und hatte einen unbändigen Drang zu leben, er wollte leben … Er staunte selbst, dass er nach allem, was er gesehen und erlebt hatte, so sehr leben wollte … Das war nicht bei allen so, längst nicht bei allen … Meine Generation ist mit Vätern aufgewachsen, die entweder aus dem Lager oder aus dem Krieg kamen. Das Einzige, wovon sie uns erzählen konnten, war Gewalt. Und Tod. Sie lachten selten, waren schweigsam. Und sie tranken … sie tranken … Und wurden schließlich zu Trinkern. Die andere Variante …

Wenn jemand verhaftet worden war, hatten sie die ganze Zeit Angst, auch verhaftet zu werden. Und das nicht einen Monat lang oder zwei, nein, jahrelang! Wer nicht verhaftet wurde, fragte sich: Warum werden alle verhaftet, nur ich nicht? Was mache ich falsch? Man konnte verhaftet werden, aber man konnte auch zum Dienst beim NKWD verpflichtet werden ... Die Partei bittet, die Partei befiehlt. Eine unangenehme Entscheidung, aber viele mussten sie treffen ... Und nun zu den Tätern ... Den ganz gewöhnlichen, nicht schlimmen ... Mein Vater wurde von unserem Nachbarn denunziert ... von Onkel Jura ... Wegen einer Lappalie, wie meine Mutter sagte. Ich war sieben Jahre alt. Onkel Jura nahm immer seine Kinder und mich mit zum Angeln, er ließ uns auf einem Pferd reiten. Er reparierte unseren Zaun. Verstehen Sie, das ist ein ganz anderes Bild eines Täters – ein ganz normaler Mensch, ein guter sogar ... Ein ganz normaler Mensch ... Mein Vater wurde verhaftet, ein paar Monate später auch sein Bruder. Unter Jelzin habe ich seine Akte bekommen, sie enthielt mehrere Denunziationen, eine von Tante Olja ... seiner Nichte ... Sie war eine schöne, fröhliche Frau ... Konnte gut singen ... Sie war schon alt, und ich fragte sie: ›Tante Olja, erzähl mir von 1937 ...‹ ›Das war das glücklichste Jahr meines Lebens. Ich war verliebt‹, antwortete sie ... Vaters Bruder kehrte nicht nach Hause zurück. Er ist verschollen. Im Gefängnis oder im Lager – das weiß niemand. Obwohl es mir schwerfiel, stellte ich Tante Olja die Frage, die mich so quälte: ›Warum hast du das getan, Tante Olja?‹ *(Er schweigt.)* Und dann war da noch Onkel Pawel, der hat in Sibirien bei den NKWD-Truppen gedient ... Verstehen Sie, das Böse, das ist nie chemisch rein ... Das sind nicht nur Stalin und Berija ... Das sind auch Onkel Jura und die schöne Tante Olja ...«

1. Mai. An diesem Tag marschieren viele Tausend Kommunisten durch die Straßen von Moskau. Die Hauptstadt wird wieder rot: rote Fahnen, rote Luftballons, rote T-Shirts mit Hammer und Sichel. Lenin- und Stalin-Bilder. Die Stalin-Bilder überwiegen. Plakate: »Wir haben euren Kapitalismus satt!«, »Hisst die rote Fahne auf dem Kreml!«. Das gewöhnliche Moskau steht am Straßenrand, das

»rote« wälzt sich wie eine Lawine den Fahrdamm entlang. Zwischen ihnen gibt es ständig Wortgefechte, die hier und da in Prügeleien ausarten. Die Polizei ist außerstande, diese beiden Moskaus auseinanderzuhalten. Und ich komme kaum nach mit dem Mitschreiben des Gehörten …

»Beerdigt Lenin, und zwar ohne Ehren.«

»Amerika-Lakaien! Wofür habt ihr das Land verkauft?«

»Ihr seid dumm, Brüder …«

»Jelzin und seine Bande haben uns alles weggenommen. Trinkt! Werdet reich! Irgendwann wird das alles ein Ende haben …«

»Sie trauen sich nicht, dem Volk offen zu sagen, dass wir den Kapitalismus aufbauen? Alle sind bereit, zur Waffe zu greifen, sogar meine Mutter, eine Hausfrau.«

»Mit einem Bajonett kann man allerhand erreichen, aber es sitzt sich darauf unbequem.«

»Ich würde die verfluchten Burshuis[8] mit Panzern zerquetschen!«

»Den Kommunismus hat sich der Jude Marx ausgedacht …«

»Uns kann nur einer retten – der Genosse Stalin. Wenn wir den nur zwei Tage lang hätten … Er würde alle erschießen, dann könnte er wieder gehen und sich ins Grab legen.«

»Ruhm dir, Herr! Ich bete zu allen Heiligen.«

»Stalin-Schergen! Das Blut an euren Händen ist noch nicht trocken. Warum habt ihr die Zarenfamilie ermordet? Nicht einmal die Kinder habt ihr verschont.«

»Ein großes Russland ist ohne den großen Stalin nicht zu schaffen.«

»Sie haben dem Volk das Hirn zugeschissen …«

»Ich bin ein einfacher Mann. Die einfachen Leute hat Stalin nicht angerührt. In unserer Familie hat niemand gelitten – das waren alles Arbeiter. Bei den Natschalniks sind Köpfe gerollt, der einfache Mensch wurde in Ruhe gelassen.«

»Rote KGB-Bande! Bald behauptet ihr noch, dass es keine Lager gegeben hat außer Pionierlagern. Mein Großvater war Hauswart.«

»Meiner Landvermesser.«

»Meiner Lokomotivführer …«

Vor dem Weißrussischen Bahnhof hat eine Kundgebung begonnen. Die Menge bricht mal in Beifallklatschen aus, mal in Rufe: »Hurra! Hurra! Es lebe …« Am Ende hallt der ganze Platz wider von Gesang, zur Melodie der Warschawjanka, der russischen Marseillaise, wird ein neuer Text gesungen: »Werft die liberalen Ketten nun nieder, stürzen wir das kriminelle Regime!« Danach werden die roten Fahnen eingerollt, manche eilen zur Metro, andere stellen sich in die Schlangen vor den Kiosken mit Piroggen und Bier. Nun beginnt das Volksfest. Sie tanzen und amüsieren sich. Eine alte Frau mit einem roten Kopftuch tanzt stampfend um einen Ziehharmonikaspieler herum und singt: »Wir tanzen voll Freude um die Tanne herum, in unserer Heimat, da haben wir's gut, drum tanzen wir fröhlich und singen vergnügt, unser Lied ist für Stalin, damit er sich freut …« Schon an der Metro, höre ich betrunkenes Grölen: »Fick das Schlechte aus mir raus, fick das Gute in mich rein.«

Davon, dass wir uns entscheiden müssen: Die große Geschichte oder das banale Leben?

Vor dem Bierkiosk in unserem Hof ist es ständig laut. Da stehen immer ganz unterschiedliche Leute: ein Professor, ein Arbeiter, ein Student, ein Obdachloser … Sie trinken und philosophieren. Hören Sie die Stimme des Volkes …

»Ich bin ein Trinker. Warum ich trinke? Mein Leben gefällt mir nicht. Ich möchte mit Hilfe des Alkohols einen phantastischen Salto machen, der mich plötzlich an einen anderen Ort versetzt. Wo alles gut und schön ist.«

»Für mich lautet die Frage konkreter: Wo will ich leben – in einem großen Land oder in einem normalen?«

»Ich habe das Imperium geliebt … Das Leben nach dem Imperium ist langweilig geworden. Uninteressant.«

»Eine große Idee verlangt Blutvergießen. Heutzutage will niemand mehr irgendwo sterben. In irgendeinem Krieg. Alles dreht sich nur um Geld. Aber wenn sie so darauf bestehen, dass wir ein Ziel haben, wie soll das denn aussehen? Jedem einen Mercedes und eine Reise nach Miami?«

»Der russische Mensch muss an etwas glauben … An etwas Lichtes, Erhabenes. Das Imperium und der Kommunismus, das steckt tief in uns. Das Heroische ist uns nahe.«

»Der Sozialismus hat den Menschen gezwungen, in der Geschichte zu leben … an etwas Großem teilzuhaben …«

»Scheiße! Wir sind ja so spirituell, wir sind ja so besonders!«

»Wir hatten keine Demokratie. Was sind wir schon für Demokraten?«

»Das letzte große Ereignis in meinem Leben war die Perestroika.«

»Russland kann nur groß sein oder gar nicht. Wir brauchen eine starke Armee.«

»Scheiße, wozu brauche ich ein großes Land? Ich möchte lieber in einem kleinen Land wie Dänemark leben. Ohne Atomwaffen, ohne Öl und Gas. Damit mir keiner eins mit dem Revolver über den Kopf zieht. Oder mit einem Spaten. Vielleicht lernen wir dann auch, die Bürgersteige mit Seifenlauge zu scheuern.«

»Der Kommunismus ist eine Aufgabe, die der Mensch nicht bewältigen kann ... Bei uns ist es immer das Gleiche: Uns verlangt es immer nach irgendwas – vielleicht nach einer Verfassung, vielleicht auch nach Stör mit Meerrettich.«[9]

»Wie ich die Menschen beneide, die eine Idee hatten – heute leben wir ohne jede Idee. Ich wünsche mir ein großes Russland! Ich erinnere mich nicht mehr daran, aber ich weiß, dass es einmal groß war.«

»Ein großes Land mit Schlangen nach Toilettenpapier. Ich erinnere mich noch genau, wie die sowjetischen Kantinen rochen und die sowjetischen Geschäfte.«

»Russland wird die Welt retten! Dann rettet es auch sich selbst!«

»Mein Vater ist neunzig Jahre alt geworden. Er hat immer gesagt, das einzig Gute in seinem Leben sei der Krieg gewesen. Er ist bis Warschau gekommen. In irgendeinem Dorf hat eine alte Polin zu ihm gesagt: ›Du riechst schlecht. Komm, ich wasch dir deine Sachen.‹ Sie hat geweint und gesagt: ›Ihr seid so schrecklich dünn. Ihr riecht schlecht. Ihr habt alle Husten. Wie konntet ihr siegen?‹«

»Gott ist das Unendliche in uns ... Wir sind nach seinem Bild geschaffen.«

»Ich bin zu neunzig Prozent sowjetisch … Ich verstand nicht, was da passierte. Ich erinnere mich, wie Gaidar im Fernsehen sprach und sagte: Lernt, Handel zu treiben. Man kauft in einer Straße eine Flasche Mineralwasser und verkauft sie in der nächsten wieder – das ist ein Geschäft. Die Leute hörten ihm befremdet zu. Ich kam nach Hause, schloss die Tür und weinte. Meine Mutter bekam einen Schlaganfall, so sehr hat sie das alles aufgeregt. Vielleicht haben sie etwas Gutes gewollt, aber sie hatten kein Mitgefühl mit dem eigenen Volk. Nie werde ich die alten Menschen vergessen, die reihenweise am Straßenrand standen. Verwaschene Wollmützen, geflickte Jacketts … Von der Arbeit rannte ich förmlich nach Hause, ich wagte kaum aufzusehen … Ich arbeitete in einer Kosmetikfabrik. Unseren Lohn bekamen wir nicht in Geld, sondern in Parfüm … in Kosmetik.«

»In unsere Klasse ging ein sehr armes Mädchen, ihre Eltern waren bei einem Autounfall ums Leben gekommen. Sie lebte bei ihrer Großmutter. Sie trug das ganze Jahr über ein und dasselbe Kleid. Und niemand hatte mit ihr Mitleid. Sehr schnell wurde es peinlich, arm zu sein …«

»Die Neunziger bedaure ich nicht … Das war eine brodelnde, helle Zeit. Ich, die ich mich nie für Politik interessiert und nie Zeitung gelesen hatte, ich ließ mich als Kandidatin für die Wahlen aufstellen. Und wer waren die Vordenker der Perestroika? Schriftsteller und Künstler … Dichter … Auf dem Ersten Kongress der Volksdeputierten der UdSSR hätte man Autogramme sammeln können. Mein Mann ist Ökonom, ihn machte das verrückt. ›Die Herzen brennen mit dem Wort[10], das können die Dichter. Eine Revolution machen, das werdet ihr. Aber dann – wie weiter? Wie werdet ihr die Demokratie aufbauen? Wer wird das tun? Ist doch klar, was dabei rauskommt.‹ Er hat mich ausgelacht. Deshalb ließen wir uns scheiden. Aber er hatte recht.«

»Die Leute hatten Angst, darum gingen sie plötzlich in die Kirche. Als ich noch an den Kommunismus glaubte, brauchte ich keine Kirche. Und meine Frau geht mit, weil der Priester in der Kirche zu ihr sagt: ›Meine Liebe …‹«

»Mein Vater war ein aufrechter Kommunist. Ich gebe den Kommunisten keine Schuld, ich gebe dem Kommunismus die Schuld. Ich weiß bis heute nicht, was ich von Gorbatschow halten soll … Von diesem Jelzin … Schlangestehen und leere Geschäfte vergisst man leichter als die rote Fahne auf dem Reichstag …«

»Wir haben gesiegt. Aber wen haben wir besiegt? Und wozu? Im Fernsehen läuft auf einem Sender ein Film, in dem die Roten die Weißen schlagen, auf einem anderen Sender schlagen die tapferen Weißen die Roten. Das ist doch schizophren!«

»Wir reden dauernd vom Leiden … Das ist unser Weg der Erkenntnis. Die Menschen im Westen erscheinen uns naiv, weil sie nicht so leiden wie wir, sie haben gegen jeden Pickel eine Medizin. Aber wir haben im Lager gesessen, im Krieg war der Boden mit unseren Leichen übersät, wir haben in Tschernobyl mit bloßen Händen radioaktiven Graphit eingesammelt … Und nun sitzen wir auf den Trümmern des Sozialismus. Wie nach dem Krieg. Wir haben so vieles durchgemacht, so viele Schläge eingesteckt. Wir haben unsere eigene Sprache … Die Sprache des Leidens …

Ich habe versucht, mit meinen Studenten darüber zu sprechen … Sie lachten mir ins Gesicht: ›Wir wollen nicht leiden. Leben ist für uns etwas anderes.‹ Wir haben die Welt, in der wir bis vor kurzem gelebt haben, noch nicht verstanden und leben schon in einer neuen. Eine ganze Zivilisation auf den Müll geworfen …«

ZEHN GESCHICHTEN IN ROTEM INTERIEUR

VOM SCHÖNEN AN DER DIKTATUR UND VON SCHMETTERLINGEN IN ZEMENT

Jelena Jurjewna S. –
Dritter Sekretär des Partei-Kreiskomitees, 49 Jahre alt

Sie erwarteten mich zu zweit – Jelena Jurjewna, mit der ich verabredet war, und ihre Moskauer Freundin Anna Iljinitschna M., die zu Besuch gekommen war. Sie schaltete sich sofort in unser Gespräch ein: »Ich wünsche mir schon lange, dass mir jemand erklärt, was mit uns geschieht.« Nichts in ihrer beider Berichten war identisch, bis auf die Kennzeichnungen durch die Namen: Gorbatschow, Jelzin ... Aber jede hatte ihren eigenen Gorbatschow, ihren eigenen Jelzin. Und ihre eigenen neunziger Jahre.

Jelena Jurjewna
Muss man etwa schon vom Sozialismus erzählen? Wem denn? Noch sind alle Zeitzeugen. Ehrenwort, es wundert mich, dass Sie zu mir kommen. Ich bin Kommunistin ... Nomenklaturkader ... Uns lässt doch jetzt keiner mehr zu Wort kommen ... Sie verbieten uns den Mund ... Lenin ist ein Bandit, Stalin ... Wir sind alle Verbrecher, dabei habe ich keinen Tropfen Blut an den Händen. Aber wir sind gebrandmarkt, wir alle ...

Vielleicht wird man in hundert oder fünfzig Jahren über unser Leben, das sich Sozialismus nannte, einmal objektiv berichten. Ohne Tränen und Verwünschungen. Wird es ausgraben wie das antike Troja. Vor kurzem durfte man überhaupt nichts Gutes über den Sozialismus sagen. Im Westen hat man nach dem Zusammenbruch der UdSSR begriffen, dass die marxistischen Ideen nicht erledigt sind, dass man sie weiterentwickeln muss. Statt sie anzubeten. Marx war dort kein Idol gewesen wie bei uns. Kein Heiliger! Erst haben wir ihn angebetet, dann haben wir ihn verflucht. Alles negiert. Auch die

Wissenschaft hat der Menschheit unermessliches Leid gebracht. Dann rotten wir doch die Wissenschaftler aus! Verfluchen wir die Väter der Atombombe, oder fangen wir am besten mit denen an, die das Schießpulver erfunden haben! Mit denen … Habe ich nicht recht? *(Sie lässt mir keine Zeit, darauf zu antworten.)* Es ist richtig … ganz richtig, dass Sie aus Moskau rausgekommen sind. Nach Russland sozusagen. Wenn man durch Moskau geht, sieht es so aus, als wären auch wir Europa: schicke Autos, Restaurants … Funkelnde goldene Kuppeln! Aber hören Sie sich mal an, worüber die Menschen bei uns reden, hier in der Provinz … Russland, das ist nicht Moskau, Russland, das ist die Provinz: Samara, Toljatti[1], Tscheljabinsk, ein x-beliebiges Nest … Was kann man in Moskauer Küchen schon über Russland erfahren? Auf Partys? Bla-bla-bla … Moskau ist die Hauptstadt eines anderen Landes, nicht von dem jenseits des Stadtrings. Ein Touristenparadies. Glauben Sie Moskau nicht …

Wenn man zu uns kommt, heißt es gleich: Na, das ist noch sowjetisch. Die Menschen hier sind arm, selbst für russische Verhältnisse. Sie schimpfen auf die Reichen, sind auf alle wütend. Schimpfen auf den Staat. Sie fühlen sich betrogen. Niemand hatte ihnen gesagt, dass der Kapitalismus kommen würde. Sie dachten, der Sozialismus würde verbessert werden. Das Leben, das sie alle kannten. Das sowjetische Leben. Während sie sich auf Kundgebungen heiser schrien: »Jelzin! Jelzin!«, wurden sie ausgeplündert. Ohne sie wurden Betriebe und Fabriken aufgeteilt. Auch das Öl und das Gas, das, was sozusagen von Gott kommt. Doch das haben sie erst jetzt begriffen … Aber 1991, da sind alle zur Revolution gelaufen. Auf die Barrikaden. Sie wollten Freiheit, und was haben sie bekommen? Jelzins … Banditenrevolution. Der Sohn meiner Freundin wurde beinahe erschlagen, weil er die sozialistischen Ideen verteidigt hat. Das Wort »Kommunist« galt als Beleidigung. Die Jungs auf dem eigenen Hof haben ihn fast totgeschlagen. Jungs, die er kannte. Sie saßen im Pavillon, spielten Gitarre und redeten: Bald ziehen wir los gegen die Kommunisten, wir hängen sie an Laternenpfählen auf. Mischka Sluzer, ein belesener Junge, sein Vater arbeitete bei uns im Kreiskomitee, der zitierte ihnen den englischen Schriftsteller Chesterton: »Ein Mensch ohne

Utopie ist weit schrecklicher als ein Mensch ohne Nase ...« Dafür haben sie ihn halb totgeprügelt, ihn getreten ... mit Schuhen, mit Stiefeln. »Ach, du Judenbalg! Wer hat denn 1917 die Revolution gemacht?!« Ich erinnere mich an das böse Glitzern in den Augen der Menschen zu Beginn der Perestroika, das werde ich nie vergessen. Sie hätten die Kommunisten am liebsten gelyncht ... in Lager deportiert ... Die Müllcontainer waren voll mit Büchern von Majakowski, Gorki ... Die Schriften Lenins landeten im Altpapier ... Ich habe sie aufgesammelt ... ja! Da!! Ich sage mich von nichts los! Ich schäme mich für nichts! Ich habe nicht die Farbe gewechselt von Rot zu Grau. Es gibt solche Menschen: Wenn die Roten kommen, begrüßen sie freudig die Roten, kommen die Weißen, begrüßen sie freudig die Weißen. Die Wendemanöver waren unglaublich: Gestern war einer noch Kommunist, heute ist er Ultrademokrat. Vor meinen Augen wurden »aufrichtige« Kommunisten zu Gläubigen und Liberalen. Ich dagegen, ich liebe das Wort »Towarischtsch«* und werde es immer lieben. Ein gutes Wort! Sowok? Hüten Sie Ihre Zunge! Der sowjetische Mensch war ein großartiger Mensch, er ging in den Ural und in die Wüste – um der Idee willen, nicht für Dollars. Nicht für fremde grüne Scheine. Das Wasserkraftwerk DneproGES, die Stalingrad-Schlacht, der Aufbruch in den Kosmos – das alles war er. Der große Sowok! Ich schreibe noch immer gern UdSSR. Das war mein Land, jetzt dagegen lebe ich in einem Land, das nicht meins ist. Ich lebe in einem fremden Land.

Ich bin sowjetisch geboren ... Unsere Großmutter glaubte nicht an Gott, sie glaubte an den Kommunismus. Und mein Vater hat bis zu seinem Tod darauf gewartet, dass der Sozialismus wiederkehrt. Die Berliner Mauer war schon gefallen, die Sowjetunion zusammengebrochen, aber er wartete noch immer. Mit seinem besten Freund hat er sich für immer entzweit, weil der die Fahne einen roten Lappen genannt hat. Unsere rote Fahne! Das rote Banner! Vater war im Finnischen Krieg, wofür sie dort kämpften, verstand er eigent-

* *Towarischtsch* – die deutsche Übersetzung mit »Genosse« ist zu eng; der ursprüngliche Wortsinn entspricht eher dem deutschen »Kamerad«.

lich nicht, aber es musste sein, also ging er. Über diesen Krieg wurde geschwiegen, er wurde nicht als Krieg bezeichnet, sondern als »Finnische Kampagne«. Aber mein Vater hat uns davon erzählt … Leise. Zu Hause. Selten, aber er erzählte. Wenn er etwas getrunken hatte. Die Landschaft seines Krieges war eine Winterlandschaft: Wald und meterhoher Schnee. Die finnischen Soldaten kamen auf Skiern und in weißen Tarnumhängen, sie tauchten unerwartet auf wie Engel. »Wie Engel« – das waren Vaters Worte … Manchmal töteten sie in einer Nacht eine ganze Grenzkompanie. Die Toten … In Vaters Erinnerung lagen die Toten immer in Blutlachen. Es war so viel Blut, dass es den meterhohen Schnee durchtränkte. Nach dem Krieg konnte Vater nicht einmal ein Huhn töten. Oder ein Kaninchen. Er litt unter dem Anblick eines getöteten Tieres, unter dem Geruch von warmem Blut. Er fürchtete große Bäume mit dichter Krone, auf solchen Bäumen hatten oft finnische Scharfschützen gelauert, »Kuckuck« nannten sie die. *(Sie schweigt.)* Ich will noch etwas ergänzen … Von mir … Ich erinnere mich … Daran, wie nach dem Sieg unsere kleine Stadt in Blumen ertrank, eine wahre Orgie war das. Vor allem Dahlien, ihre Knollen müssen im Winter gut geschützt aufbewahrt werden, damit sie nicht erfrieren. Gott bewahre! Sie wurden eingehüllt und gebettet wie Babys. Blumen wuchsen vor den Häusern, hinter den Häusern, an Brunnen und Zäunen. Nach all der Angst möchte man besonders gern leben, sich freuen. Später verschwanden die Blumen, jetzt ist das alles nicht mehr da. Aber ich erinnere mich daran … Gerade eben musste ich daran denken … *(Sie schweigt.)* Mein Vater … Gekämpft hat unser Vater nur ein halbes Jahr, dann geriet er in Gefangenschaft. Wie er in Gefangenschaft geriet? Sie rückten über einen gefrorenen See vor, und die gegnerische Artillerie beschoss das Eis. Nur wenige erreichten das Ufer, und diejenigen, die es schafften, waren völlig entkräftet und unbewaffnet. Halbnackt. Die Finnen streckten ihnen die Hände entgegen. Retteten sie. Manche griffen nach den Händen, andere … Es gab viele, die vom Feind keine Hilfe annahmen. So waren sie erzogen. Aber mein Vater griff nach einer Hand, und er wurde herausgezogen. Ich erinnere mich noch gut an seine erstaunten Worte: »Sie gaben mir Schnaps zum Aufwärmen. Und etwas Trockenes zum Anziehen. Sie lachten und klopften mir auf die Schulter: ›Du lebst, Iwan!‹« Vater hatte vorher noch nie einen Feind aus der Nähe gesehen. Er verstand nicht, warum sie sich freuten …

1940 endete die Finnische Kampagne … Die sowjetischen Kriegsgefangenen wurden ausgetauscht gegen Finnen, die bei uns in Gefangenschaft gewesen waren. Sie marschierten in Kolonnen aufeinander zu. Als die Finnen bei ihren Leuten ankamen, gab es Umarmungen … Händeschütteln … Unsere wurden anders empfangen, sie wurden empfangen wie Feinde. »Brüder! Ihr Lieben!«, so liefen sie auf ihre Landsleute zu. »Stehen bleiben! Einen Schritt zur Seite, und es wird geschossen!« Soldaten mit Schäferhunden umzingelten die Kolonne und brachten die Männer in eigens eingerichtete Baracken. Um die Baracken herum – Stacheldraht. Dann begannen die Verhöre. »Wie bist du in Gefangenschaft geraten?«, fragte der Vernehmer meinen Vater. »Die Finnen haben mich aus einem See gefischt.« »Du bist ein Verräter! Du hast an deine eigene Haut gedacht statt an deine Heimat.« Vater hielt sich auch selbst für schuldig. So waren sie erzogen … Eine Gerichtsverhandlung gab es nicht. Sie mussten alle auf dem Appellplatz antreten, dann wurde der Befehl verlesen: sechs Jahre Lager wegen Vaterlandsverrats. Sie kamen nach Workuta. Dort verlegten sie Eisenbahngleise im Permafrostboden. Mein Gott! 1941 … Die Deutschen standen schon vor Moskau … Doch denen im Lager sagte man nicht, dass der Krieg ausgebrochen war. Sie waren ja Feinde, sie würden sich freuen. Ganz Weißrussland war schon von den Deutschen besetzt. Smolensk eingenommen. Als sie es erfuhren, wollten sie alle sofort an die Front, schrieben Briefe an den Lagerchef … an Stalin … Sie bekamen zur Antwort: Nichts da, ihr Schweine, arbeitet gefälligst im Hinterland für den Sieg, an der Front können wir keine Verräter gebrauchen. Und sie … mein Vater … das hat mein Vater mir erzählt … Sie alle weinten … *(Sie schweigt.)* Mit ihm sollten Sie sich treffen … Aber Vater lebt nicht mehr. Das Lager hat ihm das Leben verkürzt … und die Perestroika … Er hat sehr darunter gelitten. Er verstand nicht, was da passierte. Mit dem Land, mit der Partei. Unser Vater … In den sechs Jahren Lager hatte er vergessen, wie ein Apfel aussieht und ein Kohlkopf. Ein Laken und ein Kissen …

Dreimal am Tag bekamen sie eine dünne Suppe, einen Laib Brot für fünfundzwanzig Mann. Zum Schlafen hatten sie ein Holzscheit unterm Kopf und statt Matratzen den Bretterfußboden. Und er … er war seltsam, anders als die Väter der anderen … Er konnte kein Pferd und keine Kuh schlagen, keinen Hund treten. Mir tat mein Vater immer leid. Die anderen Männer lachten über ihn: »Du willst ein Kerl sein? Du bist ein Weib!« Meine Mutter weinte, weil er … na ja, weil er nicht so war wie die anderen. Er nimmt einen Kohlkopf in die Hand und betrachtet ihn … Eine Tomate … Die erste Zeit schwieg er überhaupt nur, gar nichts erzählte er uns. Erst nach zehn Jahren fing er an zu reden. Nicht früher … Ja … Eine Zeitlang musste er im Lager Tote transportieren. Jeden Tag kamen zehn, fünfzehn Leichen zusammen. Die Lebenden kehrten zu Fuß in die Baracken zurück, die Toten auf Schlitten. Sie mussten den Toten die Kleider ausziehen, dann lagen sie nackt auf den Schlitten, wie tote Hasen. Das sind Vaters Worte … Ach, ich erzähle so durcheinander. Das sind die Gefühle … das wühlt mich auf, ja … Die ersten zwei Jahre im Lager glaubte niemand ans Überleben, von zu Hause sprachen nur diejenigen, die fünf, sechs Jahre absitzen mussten, wer zu zehn bis fünfzehn Jahren verurteilt war, redete nicht von zu Hause. Nicht von der Ehefrau, nicht von den Kindern. Nicht von den Eltern. »Wenn du anfängst, daran zu denken, überlebst du nicht« – Vaters Worte. Doch wir warteten auf ihn … »Wenn Papa erst zurückkommt … Er wird mich nicht erkennen …« »Unser lieber Papa …« So oft wie möglich sagten wir »Papa«. Und er kam zurück. Großmutter entdeckte an der Gartenpforte einen Mann in einem Militärmantel. »Zu wem wollen Sie, Soldat?« »Mama, erkennst du mich nicht?« Großmutter fiel um, wo sie stand. So kehrte mein Vater heim … Mit Erfrierungen am ganzen Körper, seine Hände und Füße wurden nie warm. Meine Mutter? Mutter erzählte immer, Vater sei sehr sanftmütig aus dem Lager zurückgekommen, dabei hatte sie befürchtet … andere hatten ihr Angst gemacht und gesagt, von dort kämen die Menschen böse zurück. Unser Vater aber wollte sich am Leben freuen. Für alle Wechselfälle des Lebens hatte er einen Wahlspruch: »Nur Mut – das Schlimmste kommt erst noch!«

Ich weiß nicht mehr … Ich weiß nicht mehr, wo das war … an

welchem Ort. Im Durchgangslager vielleicht? Sie krochen auf allen vieren über einen großen Hof und aßen Gras. Dystrophiker, Unterernährte mit Hautausschlag. Bei unserem Vater durfte man sich über nichts beklagen, er wusste: »Zum Überleben braucht der Mensch nur drei Dinge: Brot, Zwiebeln und Seife.« Nur drei Dinge … mehr nicht … Diese Menschen gibt es nicht mehr, Menschen wie unsere Eltern … Die noch übrig sind, sollte man im Museum ausstellen, hinter Glas, und nicht anfassen. Was haben sie alles durchgemacht! Als Vater rehabilitiert wurde, bekam er als Entschädigung zwei Soldatensolde für all sein Leid. Trotzdem hing bei uns zu Hause lange ein Stalin-Bild an der Wand. Sehr lange … daran kann ich mich gut erinnern … Vater hegte keinen Groll, er meinte, das sei eben die Zeit gewesen. Eine harte Zeit. Wir mussten schließlich ein großes Land aufbauen. Das haben wir geschafft, und wir haben Hitler besiegt! Vaters Worte …

Ich war ein ernstes Mädchen, ein echter Pionier. Heute heißt es ja, dass man in die Pionierorganisation gezwungen wurde. Ganz und gar nicht! Alle Kinder träumten davon, Pionier zu werden. Dabei zu sein. Mit Trommel, mit Trompete. Die Pionierlieder zu singen: »Heimatland, du bist auf ewig mir das liebste Land der Welt!«[2] »Wir sind Millionen, wir jungen Adler, und stolz ist auf uns unser Land …«[3]. Unsere Familie hatte ja diesen »Makel«, dass Vater gesessen hatte, und Mutter fürchtete, dass ich deshalb nicht Pionier werden dürfe oder jedenfalls nicht gleich. Aber ich wollte doch genauso sein wie alle. Unbedingt, ja … »Für wen bist du – für den Mond oder für die Sonne?«, fragten mich die Jungen in meiner Klasse. Da hieß es auf der Hut sein! »Für den Mond!« »Richtig! Für das Sowjetland!« Antwortete man: »Für die Sonne!«, riefen sie: »Für den verfluchten Japaner!«, und man wurde ausgelacht und verspottet. Wenn wir einander etwas versprachen, sagten wir »Pionierehrenwort« oder »Leninehrenwort«. Das höchste war das »Stalinehrenwort«. Meine Eltern wussten, wenn ich mein »Stalinehrenwort« gab, dann konnten sie sich darauf verlassen. Mein Gott! Ich denke nicht an Stalin, ich denke an unser Leben … Ich meldete mich in einem Zirkel an und lernte Akkordeon spielen. Mama wurde für ihre gute Arbeit mit einer Medaille ausgezeichnet. Es gab nicht nur Schlimmes … nicht nur Kasernenhofleben … Im Lager hat Vater viele gebildete Menschen kennengelernt. Nirgendwo sonst hat er so interessante Menschen getroffen. Manche schrieben Gedichte, und sie überlebten öfter. Genau wie die Priester – die beteten. Vater wünschte sich, dass alle seine Kinder studierten. Das war sein Traum. Wir alle, wir waren vier Kinder, wir haben alle studiert. Aber er hat uns auch beigebracht, mit einem Pflug umzugehen und eine Wiese zu mähen. Ich kann einen Heuwagen beladen und Garben binden. »Alles kann einem mal nützen«, meinte unser Vater. Er hatte recht.

Ich möchte zurückschauen … Ich möchte verstehen, was wir erlebt haben. Nicht nur mein eigenes Leben, sondern unseres … unser sowjetisches Leben … Ich bin nicht begeistert von meinem eigenen Volk … Auch nicht von den Kommunisten und von unseren kommunistischen Führern. Besonders heute. Alle sind so seicht geworden, so verbürgerlicht, alle wollen ein schönes und süßes Leben. Wollen konsumieren und konsumieren. Raffen! Auch die Kommunisten sind nicht mehr dieselben. Bei uns gibt es Kommunisten mit einem Jahreseinkommen von Hunderttausenden Dollar. Millionäre! Eine Wohnung in London … ein Schloss auf Zypern … Was sind das für Kommunisten? Woran glauben die denn noch? Wenn du so etwas fragst, wirst du angeschaut wie ein kleines Dummchen. »Erzählen Sie uns keine sowjetischen Märchen. Hören Sie bloß auf.« Ein solches Land haben sie zerstört! Zu Schleuderpreisen verhökert. Unsere Heimat … Damit die Leute auf Marx schimpfen und Europa bereisen können. Diese Zeit ist genauso schlimm wie unter Stalin … Ich weiß, was ich sage! Werden Sie das schreiben? Das glaube ich nicht. *(Ich sehe es – sie glaubt mir nicht.)* Es gibt keine Kreiskomitees mehr, keine Gebietskomitees. Es ist aus mit der Sowjetmacht. Und was haben wir stattdessen bekommen? Einen Boxring, einen Dschungel … Eine Herrschaft der Diebe … Totgeschossen haben sie sich gegenseitig beim Verteilungskampf … um den großen Kuchen … Mein Gott! Tschubais … der »Vorarbeiter der Perestroika« … Heute brüstet er sich, hält in der ganzen Welt Vorträge. Sagt, in anderen Ländern habe der Kapitalismus Jahrhunderte gebraucht für seine Entwicklung, bei uns nur drei Jahre. Mit chirurgischen Methoden … Und wenn sich dabei Leute etwas zusammengestohlen haben – na wenn schon, vielleicht werden ihre Enkel anständige Menschen. Brrr!! Und das sind Demokraten … *(Sie schweigt.)* Sie haben die amerikanischen Kleider anprobiert, haben auf *Uncle Sam* gehört. Aber die amerikanischen Kleider passen nicht. Sitzen schief und krumm. So ist das!! Nicht auf Freiheit waren sie aus, sondern auf Jeans … auf Supermärkte … Haben sich verführen lassen von bunten Verpackungen … Jetzt sind auch bei uns die Läden voll. Im Überfluss. Aber Berge von Wurst haben nichts mit Glück zu tun. Mit Ruhm. Das war einmal ein großes Volk! Es wurde zu Krämern und Plünderern gemacht … zu Geschäftemachern und Managern …

Als Gorbatschow kam … da war die Rede von der Rückkehr zu den leninschen Prinzipien. Alle waren begeistert. Mitgerissen. Das Volk wartete seit langem auf Veränderungen. Seinerzeit hatten die Leute an Andropow geglaubt … Schön, er war ein KGB-Mann, ja … Wie soll ich Ihnen das erklären? Vor der KPdSU hatte niemand mehr Angst. Sogar die Männer am Bierkiosk schimpften ungeniert auf die Partei, auf den KGB dagegen niemals. O nein! Das saß tief im Gedächtnis … Jeder wusste, diese Jungs würden für Ordnung sorgen … mit harter Hand, mit glühenden Eisen, mit eisernem Besen. Ich will keine Binsenweisheiten wiederholen. Aber Dschingis Khan hat unsere Gene verdorben … und die Leibeigenschaft … Wir waren daran gewöhnt, dass man uns prügeln muss, dass ohne Prügel bei uns nichts geht. Und genau damit hat Andropow angefangen – er hat die Schrauben angezogen. Es herrschte allgemeine Schlamperei: Die Leute gingen während der Arbeitszeit ins Kino, in die Sauna und einkaufen, tranken endlos Tee. Die Miliz organisierte Kontrollen, Razzien. Sie überprüften die Papiere, griffen Arbeitsbummler auf der Straße, in Cafés und in Geschäften auf und machten Mitteilung an die Arbeitsstelle. Es gab Geldstrafen und Entlassungen. Aber Andropow war schwer krank. Er starb bald. Einen nach dem anderen haben wir begraben … Breschnew, Andropow, Tschernenko … Der populärste Witz damals, bis zu Gorbatschow, ging so: »Wir verlesen eine TASS-Meldung. Sie werden lachen, aber wieder ist der Generalsekretär des ZK der KPdSU gestorben …« Hahaha. Das Volk lachte in seinen Küchen, wir in unseren … Auf dem Fußbreit Freiheit. Küchengeschwätz … *(Sie lacht.)* Ich weiß noch genau, bei bestimmten Gesprächen wurden Radio oder Fernseher laut gestellt. Das war eine richtige Wissenschaft. Wir erklärten uns gegenseitig, was man tun müsse, damit die KGB-Leute nicht mithören konnten: Man hält die Wählscheibe nach der letzten Zahl fest und klemmt einen Bleistift rein, der Finger tat einem ja schnell weh, wenn man die Wählscheibe lange festhielt … Das hat man Ihnen bestimmt auch beigebracht, oder? Erinnern Sie sich? Wenn man etwas »Geheimes« sagen wollte, ging man zwei, drei Meter weg vom Telefon, vom Hörer. Spitzeleien, Abhören – das gab es überall, in der ganzen Gesellschaft, von ganz oben bis ganz unten. Auch wir im Kreiskomitee rätselten immer: Wer ist bei uns Spitzel? Später stellte sich heraus, dass ich einen völlig Unschuldigen in Verdacht gehabt hatte und dass es nicht nur einen Spitzel gegeben hatte, sondern mehrere. Und gerade auf die wäre ich nie gekommen … Eine davon war unsere Putzfrau. Eine freundliche, herzliche Frau. Unglücklich. Ihr Mann war ein Trinker. Mein Gott! Selbst Gorbatschow, der Generalsekretär der KPdSU … In einem Interview mit ihm habe ich gelesen, dass er bei vertraulichen Gesprächen in seinem Büro ebenfalls den Fernseher laut stellte oder das Radio. Das war einfach eine Grundregel. Zu ernsthaften Gesprächen lud er die Leute auf seine Präsidentendatscha außerhalb der Stadt ein. Und dort … Dort gingen sie in den Wald, gingen spazieren und redeten. Die Vögel denunzieren niemanden … Alle hatten vor etwas Angst, auch diejenigen, vor denen man Angst hatte. Ich hatte Angst.

Die letzten sowjetischen Jahre … Was ist mir davon in Erinnerung? Ein ständiges Gefühl der Scham. Ich schämte mich für den mit Orden und Heldensternen behängten Breschnew und dafür, dass der Volksmund den Kreml ein komfortables Altersheim nannte. Für die leeren Regale in den Geschäften. Die Pläne wurden erfüllt und übererfüllt, aber in den Läden gab es nichts zu kaufen. Wo war unsere Milch? Unser Fleisch? Ich verstehe bis heute nicht, wo das alles blieb. Die Milch war eine Stunde nach Ladenöffnung alle. Ab mittags standen die Verkäufer hinter leeren Ladentischen. In den Regalen Dreilitergläser mit Birkensaft und Packungen mit Salz, die merkwürdigerweise immer nass waren. Und Heringsbüchsen. Sonst nichts! Gab es mal Wurst zu kaufen, war sie im Nu weg. Würstchen und Pelmeni waren Delikatessen. Im Kreiskomitee teilten wir ständig irgendetwas zu: dem einen Betrieb zehn Kühlschränke und fünf Pelzmäntel, jenem Kolchos zwei jugoslawische Möbelgarnituren und zehn polnische Handtaschen. Töpfe und Damenunterwäsche … Strumpfhosen … Eine solche Gesellschaft konnte sich nur durch Angst erhalten. Durch einen ständigen Ausnahmezustand – viel schießen und viel einsperren. Aber der Sozialismus mit Solowki-Inseln und Weißmeerkanal war am Ende. Gebraucht wurde ein irgendwie anderer Sozialismus …

Die Perestroika … Eine Zeitlang kamen die Menschen wieder zu uns. Traten in die Partei ein. Alle hegten große Erwartungen. Alle waren damals naiv, die Linken wie die Rechten, Kommunisten wie Antisowjetschiki. Alle waren Romantiker. Heute schämen sie sich dafür, für ihre Naivität. Und beten Solschenizyn an. Der große weise alte Mann aus Vermont! Nicht nur Solschenizyn, viele begriffen schon damals, dass es so, wie wir lebten, nicht weitergehen konnte. Zu viele Lügen. Auch die Kommunisten, ob Sie es glauben oder nicht, auch sie wussten das. Unter den Kommunisten gab es viele kluge und ehrliche Menschen. Aufrichtige. Ich persönlich kannte eine Menge solcher Leute, besonders häufig waren sie in der Provinz. Leute wie mein Vater … Mein Vater wurde nicht in die Partei aufgenommen, er hat unter der Partei gelitten, aber er glaubte an sie. Glaubte an die Partei und an das Land. Jeden Morgen schlug er als Erstes die *Prawda* auf und las sie von A bis Z. Es gab mehr Kommunisten ohne Parteibuch als solche mit, Kommunisten im Herzen. *(Sie schweigt.)* Auf jeder Demonstration stand auf einem der obligaten Spruchbänder: »Partei und Volk sind eins!« Das war nicht erfunden, das war die Wahrheit. Ich will niemanden agitieren, ich erzähle nur, wie es war. Das ist alles schon vergessen … Viele gingen aus Überzeugung in die Partei, nicht nur wegen der Karriere oder aus pragmatischen Erwägungen: »Wenn ich parteilos bin und klaue, komme ich ins Gefängnis, wenn ich in die Partei gehe und klaue, fliege ich aus der Partei, aber ich komme nicht ins Gefängnis.« Es ärgert mich, wenn verächtlich vom Marxismus gesprochen wird, voller Spott. Schnell in die Tonne damit! Auf den Müll! Das ist eine große Lehre, sie wird alle Verfolgungen überleben. Auch unseren sowjetischen Misserfolg. Denn … Es gibt viele Gründe … Der Sozialismus, das sind nicht nur Lager, Spitzeleien und Eiserner Vorhang, das ist auch eine gerechte, klare Welt: mit allen teilen, die Schwachen schützen, Mitgefühl haben, nicht alles an sich raffen. Man sagt zu mir: Man konnte kein Auto kaufen – aber es hatte eben niemand ein Auto. Niemand trug Anzüge von Versace, niemand kaufte sich ein Haus in Miami. Mein Gott! Die Regierenden der UdSSR lebten auf dem Niveau eines kleinen Unternehmers, kein Vergleich mit den Oligarchen. O nein! Sie besaßen keine Jachten mit Champagnerdusche. Das muss man sich mal überlegen! Im Fernsehen werben sie: Kauft Kupferwannen – dabei kosten die so viel wie eine Zweizimmerwohnung. Für wen sind die, frage ich Sie? Vergoldete Türklinken … Ist das Freiheit? Der »kleine«, der »einfache« Mensch ist heute ein Nichts, eine Null. Er ist ganz unten. Damals konnte er an die Zeitung schreiben, ins Kreiskomitee gehen und sich beschweren: über einen Natschalnik, über schlechte Bedienung … über einen untreuen Ehemann … Manches war dumm, das bestreite ich nicht, aber wer hört diese einfachen Menschen heute überhaupt an? Wer interessiert sich für sie? Erinnern Sie sich an die sowjetischen Straßennamen? Straße der Metallurgen, der Enthusiasten … Sawodskaja, Proletarskaja* … Der kleine Mensch … er war der Wichtigste … Nichts als Phrasen, bloße Deklaration, Tarnung, wie Sie sagen, aber heute muss sich niemand mehr tarnen. Du hast kein Geld – hau ab! Kusch! Die Straßen werden umbenannt: Meschtschanskaja, Kupetscheskaja, Dworjanskaja** … Ich habe sogar schon Wurst gesehen, die »Knjasheskaja«*** hieß, und Wein namens »Generalskoje«. Nur der Stärkste überlebt, der mit den stahlharten Muskeln. Aber nicht jeder kann

* *Sawodskaja, Proletarskaja* – Fabrik-, Proletarierstraße.

** *Meschtschanskaja, Kupetscheskaja, Dworjanskaja* – Kleinbürger-, Kaufmanns-, Adelsstraße.

*** *Knjasheskaja* – von russ. »knjas« – Fürst.

rücksichtslos über andere hinweggehen, anderen etwas wegreißen. Die einen sind von Natur aus so beschaffen, dass sie es nicht können, anderen ist es einfach zuwider.

Sie und ich … *(Sie nickt zu ihrer Freundin hinüber.)* Wir streiten natürlich … Sie sagt, für wahren Sozialismus brauche man ideale Menschen, doch die gebe es nicht. Die Idee sei ein Hirngespinst … ein Märchen. Unsere Menschen würden heute um keinen Preis mehr ihren klapprigen ausländischen Wagen und ihren Pass mit dem Schengen-Visum gegen den sowjetischen Sozialismus tauschen. Doch ich glaube an etwas anderes: Die Menschheit bewegt sich in Richtung Sozialismus. In Richtung Gerechtigkeit. Einen anderen Weg gibt es nicht. Schauen Sie nach Deutschland … Nach Frankreich … Es gibt das »schwedische« Modell. Welche Werte hat denn der russische Kapitalismus? Verachtung für die »Masse«, für diejenigen, die keine Million besitzen, keinen Mercedes. Statt der roten Fahne – Christ ist erstanden! Und Konsumkult … Der Mensch schläft nicht mit dem Gedanken an etwas Erhabenes ein, sondern mit dem Gedanken daran, dass er sich heute irgendetwas nicht kaufen konnte. Meinen Sie, das Land wäre zusammengebrochen, weil die Menschen die Wahrheit über den Gulag erfahren haben? Das denken die Leute, die Bücher schreiben. Doch der Mensch … der normale Mensch lebt nicht mit der Geschichte, der lebt einfacher: Er verliebt sich, heiratet, kriegt Kinder. Baut ein Haus. Das Land ist untergegangen, weil es keine Damenstiefel gab, kein Toilettenpapier und keine Apfelsinen. Keine verfluchten Jeans! Heute sehen unsere Geschäfte aus wie Museen. Wie Theater. Man will mir einreden, Klamotten von Versace und Armani, das sei alles, was der Mensch braucht. Das sei genug. Das Leben bestehe aus Finanzpyramiden und Wechseln. Freiheit, das sei Geld und Geld sei Freiheit. Unser Leben dagegen sei keine Kopeke wert gewesen. Nein, das ist doch … das ist … verstehen Sie … Ich finde gar keine Worte, ich weiß nicht, wie ich das nennen soll … Mir tun meine kleinen Enkelinnen leid. Ja, sie tun mir leid. Ihnen wird das Tag für Tag vom Fernsehen eingehämmert. Ich bin damit nicht einverstanden. Ich war und bleibe Kommunistin …

Wir machen eine lange Pause. Der obligate Tee, diesmal mit Kirschkonfitüre, von der Gastgeberin nach eigenem Rezept eingekocht.

Das Jahr 89 … Ich war damals schon Dritter Sekretär des Partei-Kreiskomitees. Ich bin vom Schuldienst zur Parteiarbeit gekommen, ich habe russische Sprache und Literatur unterrichtet. Meine Lieblingsschriftsteller – Tolstoi, Tschechow … Als der Vorschlag kam, war ich erschrocken. So eine Verantwortung! Doch ich zögerte keinen Augenblick, ich verspürte den aufrichtigen Drang, der Partei zu dienen. In jenem Sommer fuhr ich im Urlaub nach Hause. Normalerweise trage ich keinen Schmuck, aber damals hatte ich mir eine billige Kette gekauft, und meine Mutter gleich: »Wie eine Königin.« Sie war begeistert von mir … Natürlich nicht wegen der Kette! Vater sagte: »Keiner von uns wird dich je um etwas bitten. Du musst sauber sein vor den Menschen.« Meine Eltern waren stolz! Sie waren glücklich! Und ich … ich … was empfand ich? Vertraute ich der Partei? Ganz ehrlich – ja, ich vertraute ihr. Das tue ich noch heute. Von meinem Parteibuch werde ich mich niemals trennen, egal, was passiert. Ob ich an den Kommunismus glaubte? Ich will ehrlich sein, ich will nicht lügen: Ich glaubte an die Möglichkeit, das Leben gerecht einzurichten. Noch heute … das habe ich ja schon gesagt … noch heute glaube ich daran. Ich habe es satt, dauernd zu hören, wie schlecht es uns im Sozialismus ging. Ich bin stolz auf die Sowjetzeit! Es war kein besonders schickes Leben, aber es war ein normales Leben. Es gab Liebe und Freundschaft … Kleider und Schuhe … Wir hörten begierig, was unsere Schriftsteller und Schauspieler sagten, das tut heute keiner mehr. Anstelle der Dichter füllen nun Zauberer und Wunderheiler die Stadien. Die Leute glauben an Zauberer, wie in Afrika. Unser … unser sowjetisches Leben, das war der Versuch einer alternativen Zivilisation, wenn Sie so wollen. Pathetisch gesprochen … Eine Macht des Volkes! Nein, ich kann mich nicht beruhigen. Wo sehen Sie heute noch Melkerinnen, Dreher oder Metrofahrer? In keiner Zeitung, nicht im Fernsehen und nicht im Kreml, wenn Orden und Medaillen verliehen werden. Nirgendwo. Überall neue Helden: Banker und Geschäftsleute, Models und Interdewotschki* … Manager … Die Jungen können sich noch anpassen, die Alten aber sterben schweigend, hinter verschlossenen Türen. Bettelarm und vergessen. Ich bekomme umgerechnet fünfzig Dollar Rente … *(Sie lacht.)* Ich habe gelesen, Gorbatschow bekommt genauso viel … Man sagt über uns: »Die Kommunisten haben in Palästen gewohnt und schwarzen Kaviar gelöffelt. Für sich hatten sie schon den Kommunismus!« Mein Gott! Ich habe Ihnen meinen »Palast« gezeigt: eine ganz normale Zweizimmerwohnung, siebenundfünfzig Quadratmeter. Ich habe nichts verborgen: sowjetisches Kristall, sowjetisches Gold …

»Und die Sonderpolikliniken und die Sonderversorgung, die ›internen‹ Wartelisten für Wohnungen und staatliche Datschas, die Partei-Sanatorien?«

Ganz ehrlich? Das gab es … ja, das gab es … aber mehr dort … *(Sie zeigt nach oben.)* Ich war immer unten, auf der untersten Machtebene. Nah bei den Menschen. Immer auf dem Präsentierteller. Es mag so manches gegeben haben … das bestreite ich nicht … Das bestreite ich nicht! Ich habe in der Perestroika-Presse gelesen, genau wie Sie … dass die Kinder der ZK-Sekretäre mit Sondermaschinen nach Afrika zur Jagd flogen. Brillanten kauften … Trotzdem ist das nicht zu vergleichen damit, wie die »neuen Russen« heute leben. Mit ihren Schlössern und Jachten. Schauen Sie sich an, was die im Moskauer Umland gebaut haben. Paläste! Zwei Meter hohe Mauern, elektrisch geladener Stacheldraht, Videoüberwachung. Bewaffnete Wachposten. Wie im Lager oder einem geheimen militärischen Objekt. Und wer wohnt da – Bill Gates, das Computergenie? Oder Garri Kasparow, der Schachweltmeister? Dort leben die Sieger. Es hat zwar keinen Bürgerkrieg gegeben, aber Sieger, die gibt es. Da leben sie – hinter hohen Mauern. Vor wem verstecken sie sich? Vor dem Volk? Das Volk

* *Interdewotschki* – »Intermädchen«, Bezeichnung für Russinnen, die im Ausland als Prostituierte arbeiten, nach dem Titel eines Romans von Wladimir Kunin (1988).

dachte, es verjagt die Kommunisten, und dann kommen herrliche Zeiten. Ein paradiesisches Leben. Statt freier Menschen haben wir nun diese … mit den Millionen und Milliarden. Gangster! Schießen am helllichten Tag um sich … Sogar bei uns wurde einem Geschäftsmann der Balkon in die Luft gejagt. Sie fürchten niemanden. Sie benutzen Privatflugzeuge mit vergoldeten Klobecken und geben noch damit an. Ich habe im Fernsehen gesehen … da hat einer von denen seine Uhr hergezeigt, die so viel kostet wie ein Bomber. Und ein anderer sein brillantenbesetztes Mobiltelefon. Und keiner! Keiner ruft laut, damit ganz Russland es hört, dass das beschämend ist. Widerlich. Es gab bei uns einmal einen Uspenski[4], einen Korolenko[5]. Scholochow hat sich für die Bauern eingesetzt, hat einen Brief an Stalin geschrieben. Jetzt möchte ich … Sie stellen mir Fragen, aber ich möchte Sie auch einmal etwas fragen: Wo ist unsere Elite? Warum lese ich täglich in der Zeitung zu jedem beliebigen Anlass die Meinung von Beresowski[6] und Potanin[7], aber nie die von Okudshawa[8] … von Iskander[9] … Wie ist es gekommen, dass ihr euren Platz geräumt habt, euer Podium? Und als Erste zu den Brosamen vom Tisch der Oligarchen gelaufen seid. Um ihnen zu dienen. Das hat die russische Intelligenz nie getan, und nie hat sie jemandem gedient. Aber heute ist niemand mehr da, keiner redet mehr über Geistiges, bis auf den Popen. Wo sind die Perestroika-Aktivisten?

Die Kommunisten meiner Generation hatten wenig gemein mit Pawel Kortschagin[10]. Mit den ersten Bolschewiki mit Aktentasche und Revolver. Von ihnen war nur die militärische Lexik geblieben: »Parteisoldaten«, »Arbeitsfront«, »Ernteschlacht«. Wir fühlten uns nicht mehr als Parteisoldaten, wir waren Parteiangestellte. Clerks. Es gab ein Ritual – ein Symbol für die lichte Zukunft. Im Saal hing ein Lenin-Bild, in der Ecke stand die rote Fahne … Ein Ritual … ein Zeremoniell … Soldaten wurden nicht mehr gebraucht, benötigt wurden Leute, die Beschlüsse umsetzten: »Dawai, dawai«, andernfalls hieß es: »Parteibuch auf den Tisch.« Befohlen – getan. Bericht erstattet. Die Partei war kein militärischer Stab, sondern ein Apparat. Eine Maschine. Eine bürokratische Maschine. Leute aus geisteswissenschaftlichen Berufen wurden selten in den Parteiapparat geholt, die Partei misstraute ihnen seit Lenin, der über die Schicht der Intelligenz geschrieben hat: »... nicht das Gehirn, sondern die Scheiße der Nation ...« Solche wie ich waren selten. Philologen. Parteikader wurden aus Ingenieuren und Zootechnikern geschmiedet, aus Leuten, deren Beruf Maschinen, Fleisch und Getreide waren, nicht der Mensch. Kaderschmieden der Partei waren Landwirtschaftsinstitute. Gebraucht wurden Arbeiter- und Bauernkinder. Leute aus dem Volk. Das ging bis zur Lächerlichkeit: Ein Tierarzt zum Beispiel konnte Parteifunktionär werden, ein praktischer Arzt hingegen nicht. Ich habe dort weder Lyriker noch Physiker getroffen. Was noch? Strikte Unterordnung, wie beim Militär ... Der Aufstieg war langwierig, von Stufe zu Stufe: Lektor des Kreiskomitees, dann Leiter des Parteikabinetts ... Instrukteur ... Dritter Sekretär ... Zweiter Sekretär ... Ich habe alle Stufen in zehn Jahren durchlaufen. Heute, da regieren kleine wissenschaftliche Mitarbeiter und Laborleiter das Land, ein Kolchosvorsitzender oder ein Elektriker wird Präsident. Erst leitet er einen Kolchos, dann gleich das ganze Land! So etwas gibt es nur bei einer Revolution. *(Sie redet weiter, vielleicht auch mit sich selbst.)* Ich weiß nicht, wie man das nennen soll, was 1991 geschehen ist ...

Revolution oder Konterrevolution? Niemand versucht auch nur zu erklären, in was für einem Land wir leben. Was für eine Idee wir nun haben, außer Wurst. Was wir aufbauen ... Wir gehen »vorwärts« zum Sieg des Kapitalismus. Ja? Hundert Jahre lang haben wir ihn beschimpft: als Ungeheuer, als Monster ... Und nun sind wir stolz darauf, dass bei uns bald alles genauso sein wird wie überall. Wenn wir werden wie alle anderen, wer interessiert sich dann noch für uns? Das Gottesträgervolk ... die Hoffnung der gesamten progressiven Menschheit ... *(Ironisch.)* Vom Kapitalismus haben alle etwa die gleiche Vorstellung wie vor kurzem noch vom Kommunismus. Träume! Sie verurteilen Marx ... geben der Idee die Schuld ... Eine mörderische Idee! Nein, ich gebe denen die Schuld, die sie umsetzten. Was wir hatten, war Stalinismus, kein Kommunismus. Und jetzt haben wir weder Sozialismus noch Kapitalismus. Weder das östliche noch das westliche Modell. Weder Imperium noch Republik. Wir hängen in der Luft wie ... Ich sage lieber nichts ... Stalin! Stalin! Immer wieder wird er zu Grabe getragen … immer wieder … Aber er lässt sich einfach nicht begraben. Ich weiß nicht, wie es in Moskau ist, aber bei uns kleben sich manche sein Bild an die Windschutzscheibe im Auto. Im Bus. Die Fernfahrer lieben ihn besonders. In der Uniform des Generalissimus … Das Volk! Das Volk! Aber was ist das Volk? Das Volk sagt selbst, dass aus ihm ebenso ein Knüppel werden kann wie eine Ikone. Wie aus einem Baum … Was man daraus macht, das wird daraus … Unser Leben schwankt zwischen Baracke und Bordell. Im Moment steht das Pendel in der Mitte … Das halbe Land wartet auf einen neuen Stalin. Dass er kommt und für Ordnung sorgt … *(Sie schweigt erneut.)* Bei uns im Kreiskomitee … da wurde natürlich viel über Stalin geredet. Parteimythen. Die wurden von Generation zu Generation weitergegeben. Alle erzählten gern, wie es unter dem großen Hausherrn war … Die stalinsche Ordnung sah zum Beispiel so aus: Die Abteilungsleiter des ZK bekamen bei Sitzungen Tee und Brote serviert, die Lektoren nur Tee. Dann wurde der Posten des stellvertretenden Abteilungsleiters eingeführt. Was nun? Sie bekamen Tee ohne Brote, aber auf einer weißen Serviette. Sie waren bereits hervorgehoben … schon näher an den Olymp gerückt, an ihre Helden. Nun mussten sie sich noch ihren Platz an der Futterkrippe sichern … So war es schon unter Cäsar und unter Peter I. Und so wird es immer sein … Schauen Sie sich Ihre Demokraten an … Kaum waren sie an der Macht, sind sie losgerannt – wohin? An die Futtertröge. Zum Füllhorn. Die Futtertröge haben schon so manche Revolution kaputtgemacht. Wir haben es ja selber gesehen … Jelzin hat erst gegen die Privilegien gekämpft und sich als Demokraten bezeichnet, und jetzt hat er es gern, wenn man ihn Zar Boris nennt. Ist Taufpate geworden …

Vor kurzem habe ich Iwan Bunins *Verfluchte Tage* noch einmal gelesen. *(Sie nimmt ein Buch aus dem Regal. Findet ihr Lesezeichen und liest vor.)* »Ich erinnere mich an einen alten Arbeiter vor dem Tor des Hauses, in dem früher die ›Odessaer Nachrichten‹ saßen, am ersten Tag der Machtübernahme durch die Bolschewiki. Plötzlich kam aus dem Tor eine Horde Jungen mit Kiepen voller druckfrischer *Iswestija* und schrie: ›Die Burshuis wurden mit Kontributionen in

Höhe von 500 Millionen belegt!‹ Der Arbeiter krächzte, keuchte vor Zorn und Schadenfreude: ›Zu wenig! Zu wenig!‹« Erinnert Sie das nicht an etwas? Mich ja … Es erinnert mich an die Gorbatschow-Jahre … die ersten Unruhen … Als das Volk auf die Straße strömte und Forderungen stellte – es forderte mal Brot, mal Freiheit, mal Wodka und Tabak … Ein Schock! Viele Parteiarbeiter erlitten Schlaganfälle und Herzinfarkte. »Umringt von Feinden«, wie die Partei uns lehrte, hatten wir gelebt wie in einer »belagerten Festung«. Wir wappneten uns für einen Krieg … Unsere größte Angst war ein Atomkrieg, aber mit einem Zusammenbruch hatten wir nicht gerechnet. Nein, damit nicht. In keiner Weise … Wir waren gewöhnt an die Feiertagsdemonstrationen im Mai und im November, an die Marschkolonnen mit Plakaten wie »Die Sache Lenins wird die Jahrhunderte überdauern«, »Die Partei ist unser Steuermann«. Doch dies waren keine geordneten Marschkolonnen, das war eine Elementargewalt. Das war nicht das sowjetische Volk, das war ein anderes Volk, eines, das wir nicht kannten. Auch die Plakate waren andere: »Kommunisten vor Gericht!« »Nieder mit dem Ungeheuer Kommunismus!«. Ich musste sofort an Nowotscherkassk denken … Die Information darüber war damals geheim gewesen, aber wir wussten davon … Dass unter Chruschtschow hungrige Arbeiter auf die Straße gegangen waren … Sie wurden zusammengeschossen. Wer überlebt hatte, kam ins Lager, bis heute wissen die Angehörigen nichts über ihren Verbleib. Wo sie sind. Aber nun … nun herrschte Perestroika … Schießen ging nicht mehr, auch Einsperren nicht. Es musste geredet werden. Aber wer von uns konnte hinausgehen zur Menge und eine Rede halten? Den Dialog beginnen … agitieren … Wir waren Apparatschiks, keine Redner. Ich zum Beispiel hielt oft Vorträge, beschimpfte die Kapitalisten, verteidigte die Neger in Amerika. In meinem Büro stand eine Lenin-Gesamtausgabe … fünfundfünfzig Bände … Aber wer hat die wirklich gelesen? Während des Studiums blätterten wir vor der Prüfung mal darin: »Religion ist Opium fürs Volk« und »jeder Gott ist Leichenschändung«[11].

Wir hatten panische Angst … Die Lektoren, Instrukteure und Sekretäre der Kreis- und Gebietskomitees – wir alle hatten Angst, zu den Arbeitern in die Betriebe zu gehen oder zu den Studenten ins Wohnheim. Wir hatten Angst vor Anrufen. Wenn man uns nun nach Sacharow oder Bukowski fragte … Was antworten? Waren sie Feinde der Sowjetmacht, oder waren sie keine Feinde mehr? Wie Rybakows Roman *Kinder des Arbat* beurteilen oder die Stücke von Schatrow? Es gab keinerlei Anweisung von oben … Früher hast du etwas gesagt bekommen und es gemacht, hast die Linie der Partei in die Praxis umgesetzt. Aber nun: Die Lehrer streikten, forderten höhere Gehälter, ein junger Regisseur probte in einem Betriebsklub ein verbotenes Theaterstück … Mein Gott! In der Kartonagenfabrik schafften die Arbeiter ihren Direktor auf einem Karren zum Werktor hinaus. Krakeelten. Zerschlugen Fensterscheiben. In der Nacht schlangen sie ein Stahlseil um das Lenin-Denkmal und stürzten es. Mit obszönen Gesten. Die Partei war verstört … Ich erinnere mich an eine verstörte Partei … Wir saßen in unseren Büros hinter zugezogenen Vorhängen. Vorm Eingang des Kreiskomitees wachten Tag und Nacht verstärkte Milizposten. Wir hatten Angst vorm Volk, und das Volk hatte aus alter Gewohnheit noch Angst vor uns. Später legte sich die Angst … Tausende Menschen versammelten sich auf dem Platz … An ein Plakat erinnere ich mich: »Es lebe das Jahr 1917! Revolution!« Ich war erschüttert. Berufsschüler standen da … junge Leute … Küken! Einmal kamen Parlamentäre zu uns ins Kreiskomitee: »Zeigt uns euren Sonderladen! Ihr habt dort alles, und unsere Kinder fallen in der Schule vor Hunger in Ohnmacht.« Sie fanden in unserer Kantine weder Nerze noch schwarzen Kaviar, aber sie glaubten uns trotzdem nicht. »Ihr betrügt das einfache Volk!«

Alles geriet in Bewegung. Ins Wanken. Gorbatschow war schwach. Er lavierte. Er war eigentlich für den Sozialismus … wollte aber auch den Kapitalismus … Ihm war mehr daran gelegen, Europa zu gefallen. Und Amerika. Dort wurde er bejubelt: »Gorbi! Gorbi! Bravo, Gorbi!« Er hat die Perestroika zerredet … *(Sie schweigt.)*

Der Sozialismus starb vor unseren Augen. Und dann kamen diese stahlharten Jungs …

Anna Iljinitschna

Es ist noch gar nicht lange her ... aber es war in einem anderen Zeitalter ... In einem anderen Land ... Dort ist unsere Naivität geblieben, unsere Romantik. Unsere Gutgläubigkeit. Manch einer mag sich nicht daran erinnern, weil es ihm peinlich ist, wir haben viele Enttäuschungen erlebt. Aber wer sagt, dass sich nichts verändert hat? Früher durfte man keine Bibel über die Grenze bringen. Ist das vergessen? Wenn ich zu meinen Verwandten nach Kaluga fuhr, brachte ich ihnen aus Moskau Mehl und Makkaroni mit. Und sie waren glücklich darüber. Vergessen? Niemand steht mehr Schlange nach Zucker und Seife. Und man braucht keinen Bezugsschein mehr für einen Mantel ...

Ich mochte Gorbatschow sofort! Heute wird er verflucht: »Verräter der UdSSR!« »Gorbatschow hat das Land für eine Pizza verkauft!«. Aber ich erinnere mich noch an unser Staunen. Unsere Erschütterung! Endlich hatten wir einen normalen Staatschef. Für den man sich nicht schämen musste! Wir erzählten uns gegenseitig, wie er in Leningrad den ganzen Konvoi angehalten hat und sich unters Volk mischte und wie er bei einer Betriebsbesichtigung ein teures Geschenk ablehnte. Wie er bei dem traditionellen Essen nur ein Glas Tee trank. Er lächelte. Redete frei. War jung. Keiner von uns glaubte, dass die Sowjetmacht je enden, dass es in den Geschäften eines Tages gute Wurst und gute Bücher geben würde und sich nach Import-Büstenhaltern keine kilometerlangen Schlangen mehr bilden würden. Wir hatten uns daran gewöhnt, alles über Beziehungen zu besorgen: ein Abonnement für die »Bibliothek der Weltliteratur«, Schokoladenkonfekt und Trainingsanzüge aus der DDR. Mit dem Fleischer Freundschaft zu schließen, um ein Stück Fleisch zu bekommen. Wir hielten die Sowjetmacht für ewig. Noch für unsere Kinder und Enkel! Doch dann war sie für alle überraschend plötzlich zu Ende. Heute ist klar, dass Gorbatschow das selbst nicht erwartet hatte, er wollte etwas verändern, wusste aber nicht, wie. Niemand war darauf vorbereitet ... Niemand! Nicht einmal diejenigen, die die Mauer niederrissen. Ich bin eine einfache Ingenieurin. Keine Heldin, nein ... und keine Kommunistin ... Durch meinen Mann, er ist Maler, kam ich sehr früh in

Boheme-Kreise. Dichter, Maler … Keiner von uns war ein Held, keiner war mutig genug, Dissident zu werden, für seine Überzeugungen im Gefängnis zu landen oder in der Psychiatrie. Wir ballten nur heimlich die Faust.

Wir saßen in unseren Küchen, schimpften auf die Sowjetmacht und erzählten politische Witze. Lasen Samisdat-Literatur. Wenn jemand ein neues Buch beschafft hatte, konnte er damit zu jeder Tages- und Nachtzeit zu seinen Freunden kommen, auch nachts um zwei oder drei, er war ein willkommener Gast. Ich erinnere mich noch gut an dieses Moskauer Nachtleben … ein besonderes Leben … Es hatte seine eigenen Helden … seine eigenen Feiglinge und Verräter … Seine eigene Begeisterung! Einem Uneingeweihten kann man das nicht erklären. Vor allem unsere Begeisterung kann ich nicht erklären. Und noch etwas anderes … Nämlich … Unser nächtliches Leben … Also, das hatte nichts gemein mit unserem Leben am Tag. Kein Stück! Morgens gingen wir alle zur Arbeit und wurden ganz normale Sowjetmenschen. Wie alle anderen. Schufteten für das Regime. Entweder man passte sich an, oder man wurde Hausmeister oder Nachtwächter, anders konnte man nicht man selbst bleiben. Dann kamen wir nach Hause … Und saßen wieder in der Küche, tranken Wodka und hörten die verbotenen Lieder von Wyssozki. Suchten im Radio die von Knistern und Rauschen gestörte *Stimme Amerikas*. An dieses herrliche Rauschen erinnere ich mich noch heute. Wir hatten endlos Affären. Verliebten uns, trennten uns wieder. Und viele fühlten sich dabei als das Gewissen der Nation und meinten, sie hätten ein Recht, ihr Volk zu belehren. Aber was wussten wir schon vom Volk? Was wir in Turgenjews *Aufzeichnungen eines Jägers* gelesen hatten und bei unseren Dorfschriftstellern. Bei Rasputin … bei Below … Ich verstand nicht einmal meinen eigenen Vater … Ich schrie ihn an: »Papa, wenn du denen nicht dein Parteibuch hinwirfst, rede ich nicht mehr mit dir.« Mein Vater weinte.

Gorbatschow hatte mehr Macht als ein Zar. Uneingeschränkte Macht. Aber er kam und sagte: »So können wir nicht weiterleben.« Seine berühmten Worte. Und das ganze Land wurde zum Debattierklub. Überall wurde gestritten: zu Hause, auf der Arbeit, in der Metro.

Wegen unterschiedlicher Ansichten entzweiten sich Familien, zerstritten sich Kinder mit ihren Eltern. Eine Bekannte von mir hat sich mit ihrem Sohn und ihrer Schwiegertochter wegen Lenin so entzweit, dass sie die beiden aus der Wohnung rausgeschmissen hat, sie mussten im Winter in der kalten Datscha vor der Stadt leben. Die Theater waren leer, alle saßen zu Hause vorm Fernseher. Da liefen Direktübertragungen vom ersten Kongress der Volksdeputierten der UdSSR. Davor hatten wir diese Abgeordneten gewählt, das war eine Geschichte für sich. Die ersten freien Wahlen! Echte Wahlen! In unserem Kreis waren zwei Kandidaten aufgestellt: ein Parteifunktionär und ein junger Demokrat, ein Universitätsdozent. Ich erinnere mich noch heute an seinen Namen: Jura Malyschew. Inzwischen, das weiß ich zufällig, ist er im Gemüsegeschäft, handelt mit Tomaten und Gurken. Aber damals war er ein Revolutionär! Er hat öffentlich Sachen gesagt – unglaublich! Er bezeichnete die marxistisch-leninistische Literatur als Ladenhüter … als verstaubt … Er forderte die Streichung von Artikel 6 aus der Verfassung – das war der Artikel über die führende Rolle der KPdSU. Ein Eckstein des Marxismus-Leninismus … Ich hörte ihm zu und konnte es nicht glauben. Irrsinn! Wer würde zulassen, dass daran gerührt wurde? Dann würde alles zusammenbrechen … Das waren doch die Stützpfeiler … So sehr waren wir alle schon zu Zombies geworden. Ich habe den Sowjetmenschen jahrelang aus mir herausgepresst, eimerweise. *(Sie schweigt.)* Unsere Mannschaft … Zwanzig Leute hatten sich als freiwillige Wahlhelfer gemeldet, nach der Arbeit klapperten wir die Wohnungen in unserem Bezirk ab und agitierten. Wir malten Plakate: »Deine Stimme für Malyschew!« Und stellen Sie sich vor – er hat gewonnen! Mit großer Mehrheit. Unser erster Sieg! Anschließend waren wir alle süchtig nach den Direktübertragungen vom Kongress – die Abgeordneten redeten noch offener als wir in unseren Küchen. Oder höchstens zwei Meter entfernt von der Küche. Alle hockten vorm Fernseher wie Junkies. Wir konnten uns nicht losreißen. Da – jetzt geigt Trawkin ihnen die Meinung! Jawohl! Und Boldyrew? Gleich wird er … Ja, toll!

Eine unbeschreibliche Gier nach Zeitungen und Zeitschriften, mehr als nach Büchern. Die Auflagen der »dicken Zeitschriften«[12]

stiegen auf mehrere Millionen. Morgens in der Metro Tag für Tag das gleiche Bild: Der ganze Waggon sitzt da und liest. Auch wer steht, liest. Die Leute tauschten die Zeitungen untereinander aus. Leute, die sich überhaupt nicht kannten. Mein Mann und ich hatten zwanzig Blätter abonniert, ein Gehalt ging vollständig dafür drauf. Nach der Arbeit lief ich auf schnellstem Weg nach Hause, zog mich um und las. Vor kurzem ist meine Mutter gestorben, und sie sagte: »Ich sterbe wie eine Ratte im Müll.« Ihre Einzimmerwohnung sah aus wie ein Lesesaal – stapelweise Zeitungen und Zeitschriften – auf den Bücherregalen, im Schrank, auf dem Fußboden, sogar im Flur. Die kostbaren *Nowy mir, Snamja, Daugawa*[13] … Überall Kartons mit Zeitungsausschnitten. Große Kartons. Ich habe alles auf die Datscha gebracht. Wegwerfen wäre schade, verschenken – an wen? Alles Makulatur heute! Aber zigmal gelesen. Vieles ist unterstrichen – rot, gelb. Mit Rot das Wichtigste. Ich hab bestimmt eine halbe Tonne davon liegen. Die ganze Datscha ist voll damit.

Unser Glaube war aufrichtig … ein naiver Glaube … Wir glaubten, dass jetzt gleich … Dass schon die Busse dastünden, die uns in die Demokratie bringen würden. Wir würden in schönen Häusern wohnen statt in grauen Chruschtschowkas*, Autobahnen bauen anstelle unserer verrotteten Straßen und alle gute Menschen werden. Nach rationalen Beweisen suchte niemand. Die gab es nicht. Wozu auch? Wir glaubten mit dem Herzen, nicht mit dem Verstand. Und stimmten im Wahllokal mit dem Herzen ab. Niemand sagte genau, was zu tun sei – Freiheit, das war die Hauptsache. Wenn du in einem Lift eingesperrt bist, hast du nur einen Wunsch: dass die Tür aufgeht. Und bist glücklich, wenn es endlich geschieht. Euphorisch! Du denkst nicht daran, was du nun tun musst … du kannst endlich frei atmen … Und bist schon glücklich! Meine Freundin hat einen Franzosen geheiratet, er arbeitete in Moskau bei der Botschaft. Er kriegte von ihr die ganze Zeit zu hören: »Sieh nur, was wir Russen für eine

* *Chruschtschowkas* – in der Chruschtschow-Zeit errichtete billige Neubauten mit meist sehr kleinen Wohnungen, eine Maßnahme, um das Wohnungsproblem der Nachkriegszeit schneller zu lösen.

Energie haben.« »Aber erklär mir doch mal, wofür all diese Energie?«, fragte er sie. Weder sie noch ich konnten es ihm erklären. Ich antwortete nur: »Sie sprudelt eben, diese Energie.« Ich sah um mich herum lebendige Menschen, lebendige Gesichter. Alle waren damals so schön! Woher kamen diese Menschen plötzlich? Gestern waren sie doch noch nicht da gewesen!

Zu Hause lief die ganze Zeit der Fernseher ... Jede Stunde schauten wir die Nachrichten. Mein Sohn war gerade geboren, wenn ich mit ihm runter auf den Hof ging, nahm ich immer ein Radio mit. Die Leute nahmen ein Radio mit, wenn sie mit dem Hund rausgingen. Heute sagen wir lachend zu unserem Sohn: »Du hattest schon als Baby den Kopf voller Politik«, aber er interessiert sich nicht dafür. Er hört Musik und lernt Sprachen. Er möchte reisen, die Welt sehen. Er lebt für andere Dinge. Unsere Kinder sind uns nicht ähnlich. Wem ähneln sie eigentlich? Ihrer Zeit und einander. Aber wir damals ... Oh! Gleich redet Sobtschak[14] auf dem Kongress ... Wir ließen alles stehen und liegen und liefen zum Fernseher. Es gefiel mir, dass Sobtschak ein schickes Sakko trug, aus Cord, glaube ich, und die Krawatte »auf europäische Art« gebunden. Sacharow am Rednerpult ... Also konnte der Sozialismus ein »menschliches Gesicht« haben? Ja, da war es ... Für mich war es das Gesicht von Akademiemitglied Lichatschow, nicht das von General Jaruzelski. Wenn ich »Gorbatschow« sagte, ergänzte mein Mann immer »Gorbatschow ... und Raïssa Maximowna«. Die erste Ehefrau eines Generalsekretärs, für die wir uns nicht zu schämen brauchten. Gute Figur, gut angezogen. Und die beiden liebten sich. Irgendwer brachte uns eine polnische Zeitschrift mit, darin stand, Raïssa sei schick! Waren wir stolz! Endlose Kundgebungen ... Die Straßen ertranken in Flugblättern. Kaum war eine Kundgebung zu Ende, fing die nächste an. Die Leute gingen immer wieder hin, jeder hoffte auf eine Offenbarung. Dass die richtigen Leute gleich die richtigen Antworten geben würden. Vor uns lag ein unbekanntes Leben, das faszinierte alle. Das Reich der Freiheit schien unmittelbar vor der Tür zu stehen.

Aber das Leben wurde immer schlechter. Bald gab es außer Büchern nichts mehr zu kaufen. Nur noch Bücher ...

Jelena Jurjewna
Am 19. August 1991 ... Ich komme ins Kreiskomitee. Gehe durch den Flur und höre: In allen Büros ... auf allen Etagen läuft das Radio. Die Sekretärin sagt, der »Erste« wolle mich sehen. Ich zu ihm, der Fernseher läuft mit voller Lautstärke, und er selbst sitzt mit finsterem Gesicht vorm Radio und sucht *Swoboda, Deutsche Welle, BBC* ... Egal, was. Auf seinem Tisch liegt eine Liste der Mitglieder des GKTschP. »Warennikow ist der Einzige«, sagt er zu mir, »der einigermaßen Respekt einflößt. Immerhin ein kampferprobter General. War in Afghanistan.« Der Zweite Sekretär kommt herein ... der Leiter der Organisationsabteilung ... Wir fangen an zu reden. »Schrecklich! Es wird Blut fließen. Wir werden in Blut ertrinken.« »Nicht alle, nur die, die es verdienen.« »Es ist längst an der Zeit, die Sowjetunion zu retten.« »Es wird Berge von Toten geben.« »Nun ist es aus mit Gorbatschow. Endlich kommen vernünftige Männer an die Macht, Generäle. Dann ist Schluss mit dem Chaos.« Der Erste erklärte, er wolle die übliche morgendliche Plansitzung ausfallen lassen – was sollte er auch sagen? Es gab keinerlei Anweisungen. In unserem Beisein rief er bei der Miliz an: »Habt ihr irgendetwas gehört?« »Nein, nichts.« Wir sprachen noch eine Weile über Gorbatschow – ob er nun krank sei oder verhaftet. Die meisten neigten zu einer dritten Version – dass er sich mit seiner Familie nach Amerika abgesetzt habe ... Wohin sonst?

So saßen wir den ganzen Tag zusammen. Vorm Fernseher und am Telefon. Voller Sorge – wer wird da oben gewinnen? Wir warteten. Ich sage Ihnen ehrlich, wir warteten. Das Ganze erinnerte ein wenig an den Sturz Chruschtschows. Wir hatten ja inzwischen eine Menge Memoiren gelesen ... Die Gespräche drehten sich natürlich vor allem um eines: Freiheit. Unsere Menschen brauchen die Freiheit wie ein Affe eine Brille. Niemand weiß damit etwas anzufangen. All diese Kioske und Basare ... nein, ich mag sie einfach nicht. Ich erzählte, dass ich unseren ehemaligen Kraftfahrer getroffen hätte. Das ist so eine Geschichte ... Er war gleich nach dem Militär zum Kreiskomitee gekommen. Durch Beziehungen. Er war sehr zufrieden gewesen. Doch dann begannen die Veränderungen, Kooperativen wurden erlaubt, und er kündigte. Ging ins Business. Er war nicht wiederzuerkennen: kahlgeschoren, Lederjacke, Trainingsanzug. Das war bei denen wohl so eine Art Uniform. Er prahlte, er verdiene an einem Tag mehr als der Erste Kreissekretär in einem ganzen Monat. Mit einem sicheren Geschäft: Jeans. Zusammen mit einem Freund hatte er ein Waschhaus gemietet, und dort stellten sie *stone-washed* Jeans her. Nach ihrer eigenen Technologie (Not macht erfinderisch): Normale … simple … Jeans wurden in eine Lösung aus Entfärber oder Chlorreiniger gelegt, dazu Ziegelsteinsplitter. Das Ganze wurde ein paar Stunden gekocht – und die Hosen bekamen Streifen, Muster … Abstrakte Kunst! Dann wurden sie getrocknet und mit Montana-Labels versehen. Mir war sofort klar: Wenn sich nichts ändert, dann werden diese Jeans-Händler bald das Kommando übernehmen. Diese NÖP-Leute[15]! Sie werden alle mit Lebensmitteln versorgen und einkleiden. So lächerlich das klingt … In Kellern werden sie Betriebe einrichten … Genauso ist es ja auch gekommen … Ja! Dieser Junge ist inzwischen Millionär oder Milliardär (eine Million und eine Milliarde sind für mich gleichermaßen phantastisch), Abgeordneter der Staatsduma. Ein Haus auf den Kanaren, eins in London … Zur Zarenzeit lebten Herzen und Ogarjow[16] in London, und heute sie … unsere »neuen Russen« … Die Jeans-, Möbel- und Schokoladenkönige. Die Ölmagnaten.

Um neun Uhr abends rief der Erste uns noch einmal alle zusammen. Der Kreischef des KGB war da. Er informierte uns über die Stimmung der Menschen. Er erklärte, das Volk sei im Großen und Ganzen für das GKTschP. Es sei nicht empört. Gorbatschow hätten alle satt … Alles nur auf Marken, außer Salz … kein Wodka … Die KGB-Leute sind durch die Stadt gelaufen und haben Gespräche mitgeschrieben. Was in den Schlangen so geredet wurde: »Ein Umsturz! Was wird nun aus dem Land?« »Was ist denn bei dir umgestürzt? Dein Bett steht ja wohl noch an seinem Platz.« »Der Wodka bleibt derselbe.« »Die Freiheit ist dahin!« »Klar! Die Freiheit zur Abschaffung der Wurst.« »Manche wollten ja unbedingt Kaugummi kauen und Marlboro rauchen.« »Es war längst Zeit! Das Land steht kurz vor dem Zusammenbruch!« »Dieser Judas Gorbatschow! Er wollte die Heimat für Dollars verkaufen.« »Es wird Blut fließen ...« »Ohne Blut geht's doch bei uns nicht ...« »Um das Land zu retten und die Partei, brauchen wir Jeans. Schöne Damenunterwäsche und Wurst, keine Panzer.« »Ein schönes Leben wolltet ihr? Pustekuchen! Das könnt ihr vergessen!« *(Sie schweigt.)*

Kurz, das Volk wartete ... genau wie wir ... In der Parteibibliothek gab es am Ende dieses Tages keine Krimis mehr, die waren alle ausgeliehen. *(Sie lacht.)* Lenin hätten wir lesen sollen statt Krimis. Lenin und Marx. Unsere Apostel.

Ich erinnere mich an die Pressekonferenz des GKTschP ... Janajew zitterten die Hände. Er stand da und rechtfertigte sich: »Gorbatschow verdient allen Respekt ...« »Er ist mein Freund ...« Seine Augen irrten unstet umher ... Erschrockene Augen ... Mir sank das Herz. Das waren nicht die Leute, die in der Lage wären ... auf die wir gewartet hatten ... Diese ... Pygmäen ... ganz gewöhnliche Partei-Apparatschiks ... Das Land retten! Den Kommunismus retten! Es waren keine Retter da ... Im Fernsehen: Die Moskauer Straßen – ein Menschenmeer. Ein Meer! Mit Zügen und Vorortbahnen strömte das Volk nach Moskau. Jelzin auf einem Panzer. Er verteilt Flugblätter ... »Jelzin! Jelzin!«, skandiert die Menge. *(Sie nestelt nervös am Saum der Tischdecke.)* Die Tischdecke hier ... die ist aus China ... Die ganze Welt ist mit Waren aus China überschwemmt. China ist ein Land, in dem das GKTschP gesiegt hat. Und wo stehen wir? Ein Dritte-Welt-Land. Wo sind diejenigen, die damals »Jelzin! Jelzin« geschrien haben? Sie dachten, sie würden bald leben wie in Amerika oder in Deutschland, stattdessen leben wir nun wie in Kolumbien. Wir haben verloren ... das Land haben wir verloren ... Dabei zählten wir Kommunisten damals fünfzehn Millionen! Die Partei hätte ... Sie wurde verraten ... Unter den fünfzehn Millionen fand sich keine einzige Führungspersönlichkeit. Keine einzige! Auf der anderen Seite aber gab es eine. Ja, die gab es – Jelzin! So dumm haben wir alles verloren! Das halbe Land hat darauf gewartet, dass wir gewinnen ... Das Land war kein Ganzes mehr. Es war schon gespalten.

Leute, die sich Kommunisten genannt hatten, gestanden plötzlich, dass sie den Kommunismus von klein auf gehasst hätten. Sie gaben ihr Parteibuch zurück ... Manche legten ihr Parteibuch wortlos auf den Tisch, andere knallten die Tür hinter sich zu. Manche warfen es nachts vor das Gebäude des Kreiskomitees ... Wie Diebe. Trennt euch wenigstens ehrlich vom Kommunismus! Aber nein – heimlich! Morgens sammelten die Hausmeister die Dokumente auf dem Hof ein – Parteibücher, Komsomolausweise – und brachten sie uns. In Tüten, in großen Plastiksäcken ... Was tun damit? Wo abgeben? Es gab keine Weisungen. Von oben kein einziges Zeichen. Totenstille. *(Sie denkt nach.)* Das war so eine Zeit ... die Menschen fingen an, alles zu verändern. Absolut alles. Radikal. Manche gingen weg – wechselten die Heimat. Andere wechselten die Überzeugungen und Prinzipien. Die Nächsten die Sachen in der Wohnung, sämtliche Sachen wurden ausgewechselt. Das Alte ... Sowjetische wurde weggeworfen. Alles wurde neu gekauft, Importware ... Die Tschelnoki schafften sofort alles herbei: Wasserkessel, Telefone, Möbel ... Kühlschränke ... Plötzlich war das alles massenweise vorhanden. »Ich habe eine Waschmaschine von Bosch.« »Ich hab mir einen Siemens-Fernseher gekauft.« Dauernd hörte man: »Panasonic«, »Sony«, »Philips« ... Ich traf eine Nachbarin. »Es ist ja eigentlich eine Schande, sich über eine deutsche Kaffeemühle zu freuen ... Aber ich bin glücklich!« Dabei hatte sie gerade noch ... gerade noch hatte sie die ganze Nacht nach einem Band Achmatowa angestanden, und nun war sie verrückt nach einer Kaffeemühle. Nach einer Nichtigkeit ... Und von den Parteibüchern trennten sie sich wie von etwas Unnützem. Es war schwer zu glauben ... Aber binnen weniger Tage veränderte sich alles. Das zaristische Russland, so liest man es in Memoiren, war binnen drei Tagen weg, und genauso der Kommunismus. Binnen weniger Tage. Das wollte mir nicht in den Kopf ... Es gab allerdings auch andere, Leute, die ihr rotes Büchlein gut versteckten, es für alle Fälle aufbewahrten. Vor kurzem hat man in einer Familie für mich eine Lenin-Büste vom Hängeboden geholt. Sie heben sie auf ... vielleicht wird sie noch einmal gebraucht ... Wenn die Kommunisten zurückkommen, werden sie als Erste eine rote Schleife tragen. *(Sie schweigt lange.)* Auf meinem Tisch lagen Hunderte Austrittserklärungen ... Das alles wurde bald darauf eingesammelt und auf den Müll gebracht. Zum Verrotten auf der Müllkippe. *(Sie kramt in mehreren Mappen auf dem Tisch.)* Ein paar Briefe habe ich aufgehoben … Eines Tages wird man sie haben wollen, für ein Museum. Wird danach suchen.

Sie liest vor.

»Ich war eine treue Komsomolzin … bin ehrlichen Herzens in die Partei eingetreten. Nun muss ich sagen, dass die Partei keinerlei Macht mehr über mich hat …«

»Die Zeit hat mich in die Irre geführt … Ich habe an die Große Oktoberrevolution geglaubt. Nachdem ich Solschenizyn gelesen hatte, begriff ich, dass die ›schönen Ideale des Kommunismus‹ voller Blut sind. Das ist Betrug …«

»Mich hat die Angst gezwungen, in die Partei einzutreten … Die leninschen Bolschewiki haben meinen Großvater erschossen, die stalinschen Kommunisten haben in den mordwinischen Lagern meine Eltern vernichtet …«

»In meinem Namen und im Namen meines verstorbenen Mannes erkläre ich meinen Austritt aus der Partei …«

Das musste man erst einmal aushalten … nicht krepieren vor Angst. Im Kreiskomitee bildeten sich Schlangen wie in den Geschäften. Schlangen von Leuten, die ihr Parteibuch zurückgeben wollten. Eine einfache Frau kam zu mir. Eine Melkerin. Sie weinte … »Was soll ich mit meinem Parteibuch machen? In der Zeitung steht, man soll es wegwerfen.« Sie rechtfertigte sich, sie habe drei Kinder und sie habe Angst um sie. Irgendwer verbreitete Gerüchte, dass die Kommunisten vor Gericht gestellt werden sollten. In die Verbannung geschickt. In Sibirien würden schon die alten Baracken repariert … und die Miliz habe Handschellen geliefert bekommen … Irgendwer wollte gesehen haben, wie sie von geschlossenen LKW abgeladen wurden. Schlimme Dinge, ja! Aber ich erinnere mich auch an echte Kommunisten. Die der Idee treu waren. An einen jungen Lehrer … Er war kurz vor dem Putsch in die Partei aufgenommen worden, hatte aber noch kein Parteibuch, und er bat: »Man wird Sie ja bald schließen. Stellen Sie mir bitte rasch mein Parteibuch aus, sonst bekomme ich nie mehr eins.« In dieser Situation offenbarten sich die Menschen ganz unverstellt. Ein Frontsoldat kam zu uns … Die ganze Brust voller Orden. Ein richtiger Ikonostas! Er gab sein Parteibuch ab, das er an der Front bekommen hatte, mit den Worten: »Ich will nicht in einer Partei sein mit diesem Verräter Gorbatschow!« Ja, ganz unverstellt … Ganz unverstellt offenbarten sich die Menschen … Fremde wie Bekannte. Sogar Verwandte. War man sich früher begegnet, hatte es geheißen: »Ach, Jelena Jurjewna!« »Wie geht es Ihnen, Jelena Jurjewna?« Und auf einmal – wenn sie mich sahen, wechselten sie auf die andere Straßenseite, um mich nicht grüßen zu müssen. Der Direktor der besten Schule in unserem Kreis … Kurz vor all diesen Ereignissen hatten wir in seiner Schule eine wissenschaftliche Parteikonferenz zu Breschnews Büchern *Kleines Land* und *Wiedergeburt* durchgeführt. Er hatte einen glänzenden Vortrag gehalten über die führende Rolle der Kommunistischen Partei während des Großen Vaterländischen Krieges … und des Genossen Breschnew persönlich … Ich hatte ihm eine Urkunde des Kreiskomitees überreicht. Ein treuer Kommunist! Ein Leninist! Mein Gott! Keinen Monat später …. Da begegnete er mir auf der Straße und beschimpfte mich: »Eure Zeit ist vorbei! Ihr werdet euch für alles verantworten! Vor allem für Stalin!« Mir blieb die Luft weg, so verletzt war ich. Das sagte er zu mir! Zu mir? Zu mir, deren Vater im Lager gesessen hat … *(Sie braucht einige Minuten, um sich zu beruhigen.)* Ich habe Stalin nie gemocht. Mein Vater hat ihm verziehen, ich nicht. Ich habe nicht verziehen … *(Sie schweigt.)* Mit der Rehabilitierung der »Politischen« war gleich nach dem 20. Parteitag begonnen worden. Nach Chruschtschows Rede …

Unter Gorbatschow … Ich wurde zur Vorsitzenden der Kreiskommission für die Rehabilitierung der Opfer politischer Repressionen ernannt. Ich weiß, dass man das erst anderen angeboten hatte: unserem Staatsanwalt und dem Zweiten Sekretär des Kreiskomitees. Sie hatten abgelehnt. Warum? Vielleicht aus Angst. Bei uns hat man ja noch heute Angst vor allem, was mit dem KGB zu tun hat. Doch ich zögerte keinen Augenblick – ja, ich bin einverstanden. Mein Vater hatte gelitten. Wovor sollte ich Angst haben? Am ersten Tag wurde ich in einen Kellerraum geführt. Sie zeigten mir alles .... Zehntausende Akten ... Manche enthielten nur zwei Blätter, andere füllten einen dicken Band. Genauso, wie es 1937 einen Plan gegeben hatte ... eine Quote ... zur »Entlarvung und Vernichtung der Volksfeinde«, genauso gab es in den achtziger Jahren in jedem Kreis und jedem Gebiet Vorgaben zur Rehabilitierung. Der Plan musste erfüllt und übererfüllt werden. Ganz im stalinschen Stil: Sitzungen, Schulungen, Rügen ... Dawai, dawai! *(Sie schüttelt den Kopf.)* Nächtelang saß ich und las, durchforstete Aktenbände. Ganz ehrlich ... ich sage Ihnen ehrlich ... Mir standen die Haare zu Berge ... Der Bruder denunzierte den Bruder, der Nachbar den Nachbarn ... Weil sie Streit hatten wegen eines Gemüsegartens, wegen eines Zimmers in der Gemeinschaftswohnung. Jemand hatte auf einer Hochzeitsfeier einen Spottvers gesungen: »Dank Stalin, dem großen weisen Mann, haben alle Gummischuhe an.« Das genügte. Einerseits hatte der Staat kein Erbarmen mit den Menschen, aber andererseits hatten die Menschen auch kein Erbarmen miteinander. Die Menschen waren bereit ...

Eine ganz normale Gemeinschaftswohnung ... Fünf Familien, siebenundzwanzig Personen. Eine Küche und eine Toilette. Zwei Frauen waren befreundet – die eine hatte eine Tochter, fünf Jahre alt, die andere lebte allein. In Gemeinschaftswohnungen bespitzelten die Leute einander natürlich. Belauschten einander. Wer ein Zimmer von zehn Quadratmetern besaß, beneidete diejenigen, die fünfundzwanzig Quadratmeter bewohnten. So ist das Leben nun mal ... Eines Nachts fährt ein »schwarzer Rabe« vor ... Die Frau mit der kleinen Tochter wird verhaftet. Bevor sie abgeführt wird, ruft sie ihrer Freundin noch zu: »Wenn ich nicht wiederkommen sollte, nimm meine Kleine zu dir. Gib sie nicht ins Heim.« Die Frau nahm das Mädchen zu sich. Und bekam auch das andere Zimmer ... Das Mädchen nannte sie Mama, »Mama Anja«. Es vergingen siebzehn Jahre ... Nach siebzehn Jahren kam die leibliche Mutter zurück. Sie küsste ihrer Freundin Hände und Füße. Ein Märchen wäre an dieser Stelle zu Ende, aber im Leben endet es anders. Ohne Happy End. Als man unter Gorbatschow die Archive öffnete, wurde die ehemalige Gefangene gefragt: »Wollen Sie Ihre Akte einsehen?« »Ja.« Sie bekam ihre Akte, schlug sie auf ... Ganz vorn lag eine Denunziation ... Sie kannte die Handschrift ... Die Nachbarin ... »Mama Anja« hatte sie denunziert ... Verstehen Sie das? Ich nicht. Und jene Frau verstand es auch nicht. Sie ging nach Hause und erhängte sich. *(Sie schweigt.)* Ich bin Atheistin. Ich habe viele Fragen an Gott ... Ich erinnere mich ... Ich muss immer an Vaters Worte denken: »Das Lager kann man überleben, aber die Menschen nicht.« Und: »Stirb du heute, ich sterbe morgen – diese Worte habe ich nicht im Lager zum ersten Mal gehört, sondern von unserem Nachbarn. Von Karpuscha ...« Karpuscha lag sein Leben lang mit meinen Eltern im Streit wegen der Hühner, die über seine Beete liefen. Er rannte mit einem Jagdgewehr vor unseren Fenstern herum ... *(Sie schweigt.)*

Am 23. August ... Die Mitglieder des GKTschP wurden verhaftet. Innenminister Pugo erschoss sich ... vorher hatte er seine Frau erschossen ... Die Leute freuten sich: »Pugo hat sich erschossen!« Marschall Achromejew erhängte sich in seinem Büro im Kreml. Es gab noch einige merkwürdige Todesfälle ... Der Büroleiter des ZK, Nikolai Krutschin, stürzte aus einem Fenster im vierten Stock ... Mord oder Selbstmord? Darüber wird bis heute gerätselt ... *(Sie schweigt.)* Wie weiterleben? Wie auf die Straße gehen? Einfach auf die Straße gehen und jemandem begegnen. Ich habe damals ... Ich lebte schon seit mehreren Jahren allein. Meine Tochter hatte einen Offizier geheiratet und lebte in Wladiwostok. Mein Mann war an Krebs gestorben. Abends kam ich in eine leere Wohnung. Ich bin kein schwacher Mensch ... Aber die Gedanken ... schlimme Gedanken ... sie kamen mir ... Das sage ich ehrlich ... Ja, sie waren da ... *(Sie schweigt.)* Eine Zeitlang gingen wir noch zur Arbeit ins Kreiskomitee. Schlossen uns dort in unseren Büros ein. Schauten die Nachrichten im Fernsehen. Warteten. Hofften auf irgendetwas. Wo war unsere Partei? Unsere unbesiegbare leninsche Partei! Die Welt war zusammengebrochen ... Aus einem Kolchos kam ein Anruf: Männer mit Sensen, mit Mistgabeln und Jagdgewehren hatten sich vor der Kolchosverwaltung versammelt, um die Sowjetmacht zu verteidigen. Der Erste befahl:

»Schickt die Leute nach Hause.« Wir waren verschreckt … wir alle waren verschreckt … Aber diese Leute waren entschlossen. Ich kenne mehrere solche Fälle. Wir aber waren verschreckt …

Und dann … dieser Tag … Ein Anruf aus der Kreisverwaltung: »Wir müssen eure Büros versiegeln. Ihr habt zwei Stunden, um eure Sachen zu packen.« *(Sie kann vor Erregung nicht weitersprechen.)* Zwei Stunden … Eine Kommission versiegelte die Büros … Demokraten! Ein Schlosser, ein junger Journalist, eine Mutter von fünf Kindern … Ich kannte sie von den Kundgebungen her. Von ihren Briefen ans Kreiskomitee … an unsere Zeitung … Sie lebte mit ihrer großen Familie in einer Baracke. Sie meldete sich überall zu Wort und verlangte eine Wohnung. Verfluchte die Kommunisten. Ihr Gesicht hat sich mir eingeprägt … In diesem Moment triumphierte sie … Als sie zum Ersten kamen, warf er einen Stuhl nach ihnen. In meinem Büro ging eine Frau aus der Kommission zum Fenster und zerriss demonstrativ die Gardine. Damit ich sie nicht mit nach Hause nahm, oder warum? Mein Gott! Ich musste meine Tasche öffnen … Einige Jahre später traf ich die kinderreiche Mutter auf der Straße. Ich weiß sogar noch ihren Namen: Galina Awdej. Ich fragte sie: »Haben Sie eine Wohnung bekommen?« Sie erhob drohend die Faust gegen das Gebäude der Gebietsregierung. »Auch diese Schweine haben mich betrogen!« Und dann … Was war dann? Als wir das Gebäude verließen, erwartete uns eine Volksmenge. »Stellt die Kommunisten vor Gericht! Jetzt kommen sie nach Sibirien!« »Man sollte mit Maschinengewehren auf alle Fenster schießen.« Ich drehte mich um – hinter mir standen zwei angetrunkene Männer, von ihnen kam das mit dem Maschinengewehr. Ich sagte: »Aber dass ihr Bescheid wisst, ich schieße zurück.« Ein Milizionär stand dabei und tat, als hätte er nichts gehört. Ein Milizionär, den ich kannte.

Ich hatte die ganze Zeit das Gefühl … als hörte ich es hinter mir flüstern: Bu-bu-bu … Nicht nur mir ging es so … Zur Tochter eines unserer Instrukteure sagten zwei Mädchen aus ihrer Klasse: »Du bist nicht mehr unsere Freundin. Dein Papa hat im Kreiskomitee der Partei gearbeitet.« »Mein Papa ist gut.« »Ein guter Papa kann nicht da gearbeitet haben. Wir waren gestern auf einer Kundgebung …«

Fünfte Klasse … Kinder … Und schon kleine Gavroches[17], bereit, die Patronen zu reichen. Der Erste erlitt einen Herzinfarkt. Er starb im Krankenwagen, auf dem Weg ins Krankenhaus. Ich dachte, es würde wie früher viele Kränze geben, ein Orchester, aber nein – nichts und niemand. Nur ein paar Leute begleiteten den Sarg. Seine Frau hatte einen Grabstein in Auftrag gegeben, da sollten Hammer und Sichel eingemeißelt werden und Zeilen der sowjetischen Hymne: »… vom Willen der Völker gegründet, die einig und mächtige Sowjetunion …« Sie wurde ausgelacht. Ich hörte die ganze Zeit dieses Flüstern: »Bu-bu-bu …« Ich dachte, ich würde verrückt werden … Eine vollkommen fremde Frau in einem Laden: »Die Kommunisten haben das Land in die Scheiße geritten!« Mir ins Gesicht.

Was mich gerettet hat? Anrufe haben mich gerettet … Von einer Freundin: »Wenn sie dich nach Sibirien schicken, hab keine Angst. Es ist schön da.« *(Sie lacht.)* Sie war mit einer Reisegruppe dort gewesen. Es hat ihr gefallen. Ein Anruf von meiner Cousine aus Kiew: »Komm zu uns. Ich geb dir einen Schlüssel. Du kannst dich auf unserer Datscha verstecken. Da findet dich keiner.« »Ich bin keine Verbrecherin.« Meine Eltern riefen jeden Tag an: »Was machst du gerade?« »Gurken einlegen.« Bis zum frühen Morgen habe ich Gläser ausgekocht. Gurken eingelegt. Ich habe keine Zeitungen gelesen und nicht ferngesehen. Ich las Krimis, sobald ich einen ausgelesen hatte, griff ich zum nächsten. Fernsehen machte mir Angst. Die Zeitungen auch.

Anschließend fand ich lange keine Arbeit … Alle meinten, wir hätten das Geld der Partei unter uns aufgeteilt und jeder von uns besäße ein Stück Erdölleitung oder wenigstens eine kleine Tankstelle. Ich besitze keine Tankstelle, auch keinen Laden oder Kiosk. Kioske … »Komki« nennt man die heute. »Komki«*, »Tschelnoki« … Die große russische Sprache ist nicht wiederzuerkennen: Voucher, Devisenkorridor … IWF-Tranche … Wir sprechen eine fremde Sprache. Ich bin in den Schuldienst zurückgekehrt. Nun lese ich mit meinen Schülern wieder meinen geliebten Tolstoi und Tschechow. Die anderen?

* *Komki* – russ. »Klumpen«. Slangwort für Verkaufsstände.

Das Schicksal meiner Genossen ist unterschiedlich verlaufen … Einer hat Selbstmord begangen … Die Leiterin des Parteikabinetts hatte einen Nervenzusammenbruch, lag lange im Krankenhaus. Manche sind ins Business eingestiegen … Unser zweiter Sekretär leitet ein Kino. Und einer der Instrukteure ist heute Priester. Ich habe mich mit ihm getroffen. Mich mit ihm unterhalten. Er lebt ein zweites Leben. Ich habe ihn beneidet. *(Sie schweigt.)* Ich habe ihn beneidet und mich an etwas erinnert … An eine Kunstausstellung, in der ich mal war … Auf einem Bild, das weiß ich noch, gab es ganz viel Licht – und eine Frau auf einer Brücke. Sie schaut in die Ferne … und da ist ganz viel Licht … Ich mochte mich nicht trennen von diesem Bild. Immer wieder kehrte ich dorthin zurück. Es zog mich an. Auch ich hätte ein anderes Leben haben können. Ich weiß nur nicht, was für eines …

Anna Iljinitschna

Ich erwachte von einem Dröhnen … Ich öffnete das Fenster … Panzer! In Moskau! Durch die Hauptstadt fuhren Panzer und Schützenpanzerwagen. Das Radio! Schnell das Radio an! Im Radio lief eine Ansprache an das sowjetische Volk: »… unsere Heimat schwebt in tödlicher Gefahr … Das Land gerät in einen Strudel von Gewalt und Gesetzlosigkeit … Wir werden die Straßen von diesen kriminellen Elementen säubern … Wir werden diese wirre Zeit beenden.« Es war nicht recht klar, ob Gorbatschow aus gesundheitlichen Gründen zurückgetreten oder verhaftet worden war. Ich rief meinen Mann an, er war auf der Datscha. »Wir haben einen Staatsstreich! Die Macht liegt jetzt in den Händen von …« »Dummchen! Leg auf, sonst wirst du gleich abgeholt.« Ich den Fernseher angeschaltet. Auf allen Sendern läuft *Schwanensee*. Doch ich habe ganz andere Bilder vor Augen, wir sind ja alle Kinder der sowjetischen Propaganda: Santiago in Chile … der brennende Präsidentenpalast … Die Stimme von Salvador Allende … Freunde rufen an: Die Stadt ist voller Militärfahrzeuge, Panzer auf dem Puschkinplatz, auf dem Theaterplatz … Meine Schwiegermutter war gerade bei uns zu Besuch, sie war furchtbar erschrocken. »Geh nicht raus. Ich habe in einer Diktatur gelebt, ich weiß, was das heißt.« Aber ich wollte nicht in einer Diktatur leben!

Am Nachmittag kam mein Mann zurück. Wir saßen in der Küche. Rauchten viel. Wir hatten Angst, dass wir über das Telefon abgehört wurden … Wir legten ein Kissen auf den Apparat … *(Sie lacht.)* Wir hatten ja genug Dissidentenliteratur gelesen. Und so manches gehört. Das war nun sehr hilfreich … Man hatte uns eine Weile frei atmen lassen, und nun würde man uns die Luft wieder abdrehen. Uns zurück in den Käfig sperren, uns wieder einbetonieren … Dass wir uns fühlten wie Schmetterlinge in Zement … Wir dachten an die jüngsten Ereignisse auf dem Tiananmen-Platz. Daran, wie in Tbilissi Demonstranten mit Pionierspaten auseinandergejagt worden waren. An den Sturm auf das Fernsehzentrum in Vilnius … »Während wir Schalamow und Platonow gelesen haben«, sagte mein Mann, »ist ein Bürgerkrieg ausgebrochen. Früher haben wir in den Küchen debattiert und Kundgebungen besucht, jetzt werden wir aufeinander schießen.« Die Stimmung war so … als stünde etwas Katastrophales unmittelbar bevor … Das Radio lief ununterbrochen. So viel wir auch suchten – überall nur Musik. Klassische Musik. Endlich, ein Wunder! *Radio Rossija* sendete: »… der rechtmäßig gewählte Präsident entmachtet … Ein zynischer Umsturzversuch …« So erfuhren wir, dass Tausende Menschen bereits auf der Straße waren. Gorbatschow war in Gefahr … Hingehen oder nicht, das war für uns keine Frage. Wir gehen! Meine Schwiegermutter versuchte erst, mich davon abzubringen: Denk an dein Kind, du bist verrückt, was willst du da? Ich schwieg. Als sie sah, dass wir tatsächlich loswollten, sagte sie: »Also, wenn ihr wirklich solche Idioten seid, dann nehmt wenigstens Sodalösung mit, damit tränkt ihr Mulltücher und legt sie euch aufs Gesicht, wenn sie Gas einsetzen.« Ich füllte ein Dreiliterglas mit dieser Lösung und riss ein Laken in Streifen. Außerdem nahmen wir alles Essen mit, das wir im Haus hatten, ich holte sämtliche Konserven aus dem Büfett.

Viele Menschen waren wie wir unterwegs zur Metro … Aber manche standen auch Schlange nach Eis. Oder kauften Blumen. Wir kamen an einer fröhlichen Gruppe vorbei … Ich hörte jemanden sagen: »Wenn ich morgen wegen der Panzer nicht zum Konzert kann, das verzeihe ich denen nie.« Ein Mann in kurzen Hosen mit einem

Netz in der Hand kam uns entgegengerannt, in dem Netz waren leere Flaschen. Als wir auf gleicher Höhe waren, fragte er: »Sagen Sie, die Stroítelnaja, wo ist die?« Ich zeigte ihm, wo er rechts abbiegen musste, dann geradeaus. Und er – danke schön. Er pfiff auf alles, Hauptsache, er konnte seine Flaschen abgeben. Aber war das 1917 etwa anders gewesen? Die einen schossen, andere tanzten auf Bällen … Lenin auf einem Panzerwagen …

Jelena Jurjewna

Eine Farce! Das Ganze war eine Farce! Hätte das GKTschP gesiegt, würden wir heute in einem anderen Land leben. Wenn Gorbatschow nicht so feige gewesen wäre … Dann wären die Löhne nicht in Reifen und Puppen ausgezahlt worden. In Shampoo. Oder wenn ein Betrieb Nägel herstellte, in Nägeln. Wenn er Seife herstellte, in Seife. Ich sage zu jedem: Schaut euch die Chinesen an … Sie gehen ihren eigenen Weg. Sie sind von niemandem abhängig, ahmen niemanden nach. Und die ganze Welt hat heute Angst vor den Chinesen … *(Wieder wendet sie sich an mich.)* Ich bin sicher, Sie werden meine Worte streichen.

Ich verspreche, dass es zwei Geschichten sein werden. Ich möchte ein nüchterner Historiker sein, kein Historiker mit brennender Fackel. Mag die Zeit der Richter sein. Die Zeit ist gerecht, aber die weit entfernte Zeit, nicht die nahe. Die Zeit, die wir nicht mehr erleben werden. Die Zeit ohne unsere Voreingenommenheit.

Anna Iljinitschna

Man mag über diese Tage lachen, sie operettenhaft nennen. Spott ist ja heute Mode. Aber damals war alles ernst gemeint. Aufrichtig. Alles war echt, und wir alle waren echt. Unbewaffnete Menschen standen vor den Panzern und waren bereit zu sterben. Ich habe auf diesen Barrikaden gesessen und diese Menschen gesehen, sie waren aus dem ganzen Land gekommen. Alte Moskauerinnen, Mütterchen mit Pusteblumenköpfen, brachten Buletten und noch warme gekochte Kartoffeln, in ein Handtuch eingewickelt. Die verteilten sie an alle …

Auch an die Panzersoldaten. »Esst nur, Kinder. Aber schießt nicht. Das werdet ihr doch nicht, oder?« Die Soldaten begriffen überhaupt nichts … Als sie ihre Luken öffneten und aus den Panzern kletterten, waren sie verblüfft. Ganz Moskau war auf der Straße! Junge Mädchen kletterten zu ihnen hinauf, umarmten und küssten sie. Brachten ihnen Brötchen. Die Soldatenmütter, deren Söhne in Afghanistan gefallen waren, weinten. »Unsere Kinder sind auf fremdem Boden gestorben, und ihr – wollt ihr etwa auf eurem eigenen Boden sterben?« Ein Major verlor die Nerven, als die Frauen ihn umringten, und brüllte: »Ich bin ja selbst Vater. Ich werde nicht schießen! Das schwöre ich euch – ich werde nicht schießen! Gegen das Volk marschieren wir nicht!« Es gab eine Menge Komisches da und zu Tränen Rührendes. Plötzlich ein Schrei in der Menge: »Hat jemand Validol dabei, hier ist jemandem schlecht.« Sofort fand sich Validol. Eine Frau war da mit einem Kind im Kinderwagen (das hätte meine Schwiegermutter sehen sollen!), sie nahm eine Windel aus dem Wagen, um ein rotes Kreuz darauf zu malen. Aber womit? »Hat jemand einen Lippenstift?« Frauen warfen ihr Lippenstifte zu – Billigware und welche von Lancôme, Dior, Chanel … Niemand hat das gefilmt, in allen Einzelheiten festgehalten. Schade. Sehr schade. Eine klare Struktur und Schönheit, das bekommt ein Ereignis immer erst hinterher, all die Fahnen und die Musik … Alles wird »in Bronze gegossen« … Die Wirklichkeit aber ist zersplittert, schmutzig und lila: Die Menschen saßen die ganze Nacht am Feuer, auf dem nackten Boden. Auf Zeitungen und Flugblättern. Hungrig und wütend. Sie fluchten und tranken, aber keiner war betrunken. Irgendwer brachte Wurst, Käse und Brot. Kaffee. Es hieß, das seien Leute von Kooperativen … *Businessmen* … Einmal sah ich sogar einige Büchsen Kaviar. Die steckte sich gleich jemand in die Tasche. Auch Zigaretten wurden kostenlos verteilt. Neben mir saß ein junger Bursche, von Kopf bis Fuß voller Knasttätowierungen. Zum Fürchten! Rocker, Punks, Studenten mit Gitarren. Und Professoren. Seite an Seite. Das Volk! Das war mein Volk! Ich traf dort alte Studienfreunde wieder, die ich an die fünfzehn Jahre nicht gesehen hatte, wenn nicht länger. Der eine lebte in Wologda … ein anderer in Jaroslawl … Aber sie hatten sich in den Zug gesetzt und waren nach Moskau gekommen! Um etwas zu verteidigen, das uns allen wichtig war. Am Morgen nahmen wir sie alle mit zu uns nach Hause. Wir duschten, frühstückten und gingen wieder zurück. Am Metro-Ausgang bekam jeder eine Eisenstange oder einen Stein in die Hand gedrückt. »Pflastersteine sind die Waffen des Proletariats«, sagten wir lachend. Wir errichteten Barrikaden. Kippten Trolleybusse um, fällten Bäume.

Eine Rednertribüne stand schon. Darüber hingen Plakate: »Nein zur Junta!«, »Das Volk ist kein Schmutz, den man mit Füßen tritt«. Die Redner sprachen durch ein Megaphon. Sie begannen alle mit ganz normalen Worten ... einfache Menschen wie bekannte Politiker. Doch bald reichten die normalen Worte nicht mehr aus, und dann begannen sie zu fluchen. »Wir werden diese alten Säcke ...« Kraftausdrücke! Gute, deftige russische Worte! »Ihre Zeit ist vorbei ...« Und weiter ging es mit der großen, mächtigen russischen Sprache! Mat* als Schlachtruf! Das verstand jeder. Es entsprach dem Augenblick. Momente von solcher Energie! Voller Kraft! Die alten Worte reichten nicht aus, und neue gab es noch nicht. Wir rechneten die ganze Zeit mit dem Sturm auf das Weiße Haus. Eine unglaubliche Stille, besonders nachts. Alle waren schrecklich angespannt. Tausende Menschen – und Stille. Ich erinnere mich an den Geruch nach Benzin, das in Flaschen gefüllt wurde. Es roch nach Krieg ...

Dort standen gute, dort standen wunderbare Menschen! Heute schreiben sie viel von Wodka und von Drogen. Von wegen, was war das schon für eine Revolution? Betrunkene und Drogensüchtige waren auf den Barrikaden. Das ist gelogen! Alle waren ehrlich gekommen, um zu sterben. Wir wussten, dass diese Maschinerie die Menschen zu Staub zermalmte ... Niemand glaubte, dass sie so leicht zu zerstören wäre ... Ohne großes Blutvergießen ... Gerüchte machten die Runde: Die Brücke ist vermint, bald wird Gas eingesetzt. Ein Medizinstudent erklärte, wie man sich bei einem Gasangriff verhalten muss. Die Lage änderte sich alle halbe Stunde. Eine schreck-

* *Mat* – von »Materstschina«, abgeleitet von dem berühmten »Mutterfluch«; russisches Obszönvokabular.

liche Nachricht: Drei Jungs wurden von einem Panzer überrollt. Aber keiner wankte, keiner verließ den Platz. Das hier war so wichtig für dein Leben, egal, was später daraus werden würde. Wie viele Enttäuschungen es auch geben mochte. Aber das haben wir erlebt … So waren wir damals! *(Sie weint.)* Gegen Morgen erscholl es über dem Platz: »Hurra!« Und wieder Flüche … Tränen … Schreie … Von einem zum anderen wurde weitergegeben: Die Armee ist auf die Seite des Volkes übergelaufen, die Alpha-Sondertruppen haben sich geweigert, das Weiße Haus zu stürmen. Die Panzer werden aus der Hauptstadt abgezogen. Und als die Nachricht kam, die Putschisten seien verhaftet, umarmten sich die Leute – so ein Glück war das! Wir hatten gewonnen! Wir hatten unsere Freiheit verteidigt! Zusammen hatten wir es geschafft! Wir können es also! Schmutzig, durchnässt vom Regen, wollten wir lange nicht nach Hause gehen. Wir tauschten unsere Adressen aus. Schworen uns, das nie zu vergessen. Freunde zu bleiben. Die Milizionäre in der Metro waren sehr höflich, nie habe ich so höfliche Milizionäre erlebt, weder davor noch danach.

Wir hatten gesiegt … Gorbatschow kehrte aus Foros in ein vollkommen anderes Land zurück. Die Menschen liefen durch die Stadt und lächelten einander an. Wir hatten gesiegt! Dieses Gefühl hat mich lange nicht verlassen … Ich lief herum und erinnerte mich … sah die Szenen wieder vor mir … Wie jemand rief: »Panzer! Die Panzer kommen!« Wir fassten uns alle bei den Händen und bildeten eine Kette. Um zwei oder drei Uhr nachts. Der Mann neben mir holte eine Packung Kekse hervor: »Möchten Sie einen Keks?«, und alle nahmen von den Keksen. Ohne jeden Grund lachten wir laut. Wer Kekse will … der will leben! Und ich … bis heute … Ich bin glücklich, dass ich dabei war, mit meinem Mann, mit meinen Freunden. Damals waren wir alle noch sehr aufrichtig. Es ist schade um uns, wie wir damals waren … dass wir nicht mehr so sind. Besonders früher habe ich das bedauert.

Beim Abschied frage ich die beiden, wie sie es geschafft haben, ihre Freundschaft, die, wie ich erfahren hatte, noch vom Studium herrührte, zu bewahren.

Wir haben eine Absprache – diese Themen nicht zu berühren. Einander nicht wehzutun. Eine Zeitlang waren wir zerstritten, hatten die Beziehung abgebrochen. Haben jahrelang nicht miteinander geredet. Aber das ist vorbei.

Jetzt reden wir nur noch über die Kinder, über die Enkel. Was bei uns auf der Datscha wächst.

Wenn unsere Freunde uns besuchen … Auch dann kein Wort über Politik. Jeder ist auf seinem eigenen Weg dahin gekommen. Wir leben Seite an Seite: die Herren und die Genossen … »Rote« und »Weiße«. Aber niemand will mehr schießen. Es ist genug Blut geflossen.

VON BRÜDERN UND SCHWESTERN, HENKERN UND OPFERN ... UND DEM ELEKTORAT

Alexander Porfirjewitsch Scharpilo –
Rentner, 63 Jahre alt

Aus dem Bericht der Nachbarin Marina Tichonowna Issaitschik

Ihr fremden Leute, was wollt ihr? Dauernd laufen sie hier herum. Kein Tod ist ohne Grund, es gibt immer einen Grund. Der Tod findet einen Grund.

Auf seinem Gurkenbeet hat der Mann gebrannt ... Hat sich Azeton über den Kopf gegossen und mit einem Streichholz angezündet. Ich saß vorm Fernseher, da hörte ich plötzlich Schreie. Eine alte Stimme ... die ich kenne ... Klang wie Saschka ... und eine junge Stimme. Ein Student war vorbeigekommen, das Technikum ist hier gleich in der Nähe, und hat gesehen – da brennt ein Mensch. Nein, was sagt man dazu! Er ist hingerannt, löschen. Hat sich selber dabei verbrannt. Als ich angelaufen kam, lag Saschka schon auf der Erde, hat gestöhnt ... sein Kopf war ganz gelb ... Ihr seid doch Fremde, was wollt ihr ... Was geht euch fremdes Leid an?

Alle wollen den Tod sehen. Oje! Also ... also ... In unserem Dorf, wo ich als junges Mädchen mit den Eltern wohnte, da lebte ein alter Mann, der ging gern zuschauen, wie jemand starb. Die Frauen schimpften mit ihm, jagten ihn aus der Hütte: »Geh weg, Teufel!«, aber er blieb sitzen. Er hat lange gelebt. Vielleicht war er wirklich der Teufel! Was gibt es da zu sehen? Wohin soll man schauen? In welche Richtung? Nach dem Tod ist nichts. Du stirbst und Schluss, wirst begraben. Wer noch lebt, auch wenn er unglücklich ist ... der geht mal ins Freie, läuft durch den Garten ... Doch wenn der Geist ausgefahren ist, dann ist der Mensch nicht mehr, dann ist er Erde. Der Geist, das ist der Geist, der Rest ist Erde. Erde und sonst nichts. Der eine stirbt schon in der Wiege, ein anderer lebt, bis er graue Haare bekommt. Glückliche Menschen wollen nicht sterben … und der … wer geliebt wird, der will das auch nicht. Der bittet um Aufschub. Aber wo sind sie, die glücklichen Menschen? Im Radio haben sie damals gesagt, dass nach dem Krieg alle glücklich werden, und Chruschtschow, das weiß ich noch, der hat versprochen, dass bald Kommunismus herrschen wird. Gorbatschow hat geschworen, er hat so schön gesprochen … Jetzt schwört Jelzin … dass er sich auf die Gleise legen will, wenn es uns schlechter gehen sollte … Ich habe gewartet und gewartet auf ein gutes Leben. Als ich klein war, hab ich gewartet … und als ich erwachsen war … Nun bin ich alt … Kurz gesagt, alle haben uns betrogen, das Leben ist noch schlechter geworden. Warte, hab Geduld, warte, hab Geduld. Warte, hab Geduld … Mein Mann ist gestorben. Ging raus auf die Straße, fiel hin, und aus war's – das Herz hat versagt. Was wir durchgemacht haben, lässt sich mit keinem Maß messen, mit keiner Waage wiegen. Aber ich lebe immer noch. Ich lebe. Die Kinder sind fortgegangen: Der Sohn lebt in Nowosibirsk, die Tochter mit ihrer Familie in Riga, jetzt sozusagen im Ausland. In der Fremde. Dort sprechen sie nicht mehr Russisch.

Ich habe in der Ecke meine Ikone, und ich halte mir einen Hund, damit ich wen zum Reden habe. Ein einzelnes Scheit gibt auch in der Nacht kein Licht … aber ich gebe mir Mühe. A-ach … Gut, dass Gott dem Menschen den Hund und die Katze geschenkt hat … den Baum und den Vogel … Das alles hat er ihm geschenkt, damit der Mensch sich freut und das Leben ihm nicht zu lang wird. Ihm nicht über wird. Mir wird eines nie über – zu sehen, wie der Weizen gelb wird. Ich habe so viel Hunger gelitten im Leben, dass ich nichts mehr liebe als zu sehen, wie das Korn reift, wie sich die Ähren wiegen. Das ist für mich wie für Sie ein Bild im Museum … Ich bin auch jetzt nicht hinter weißem Brot her, am besten schmeckt mir Schwarzbrot mit Salz und süßem Tee dazu. Warte, hab Geduld … warte und hab Geduld … Gegen jeden Schmerz haben wir nur eine Medizin – Geduld. So ist das Leben vergangen. Auch Saschka … unser Porfirjewitsch … Hat sich geduldet und geduldet, bis die Geduld zu Ende war. Er war erschöpft. Ja, der Körper wird in der Erde liegen, aber die Seele muss Rede und Antwort stehen. *(Sie wischt sich die Tränen ab.)* So ist das! Hier weinen wir … und wenn wir gehen, weinen wir auch …

Die Leute glauben nun wieder an Gott, denn es gibt ja keine andere Hoffnung. Aber in der Schule haben wir damals gelernt – Lenin ist ein Gott, und Karl Marx ist ein Gott. Wir haben Korn in die Kirchen geschüttet, Rüben dort gelagert. Bis der Krieg begann. Als der Krieg begann … Da machte Stalin die Kirchen wieder auf, damit die Menschen für den Sieg der russischen Waffen beteten, und wandte sich an das Volk: »Brüder und Schwestern … meine Freunde …« Aber davor, wer waren wir da? Volksfeinde … Kulaken und Kulakenknechte … Bei uns im Dorf wurden alle starken Familien entkulakisiert, wer zwei Pferde und zwei Kühe auf dem Hof hatte, der war schon ein Kulak. Nach Sibirien wurden sie geschafft und dort im nackten Taiga-Wald ausgesetzt … Frauen erdrosselten ihre Kinder, damit die nicht leiden mussten. Ach, so viel Kummer … und menschliche Tränen …; die gab es mehr als Wasser auf der Erde. Und dann bat Stalin: »Brüder und Schwestern …« Wir haben ihm geglaubt. Ihm verziehen. Und haben Hitler besiegt! Hitler war gepanzert zu uns gekommen … in Eisenpanzern … Trotzdem haben wir ihn besiegt! Und jetzt – wer bin ich jetzt? Wer sind wir? Das Elektorat … Ich sehe fern. Ich lasse keine Nachrichten aus … Jetzt sind wir das Elektorat. Wir sollen zur Wahl gehen, richtig abstimmen – und basta. Einmal war ich krank und bin nicht zum Wahllokal gegangen, da kamen sie extra hergefahren. Mit einem kleinen roten Kasten. An so einem Tag denken sie an uns … Tja-a-a …

Wie wir leben, so sterben wir auch … Ich gehe in die Kirche und trage ein Kreuz um den Hals, aber Glück – nein, das kenne ich nach wie vor nicht. Glück habe ich nicht angehäuft. Und nun hilft kein Bitten mehr darum. Bald geht's ans Sterben … Wenn es nur bald käme, das Himmelreich, ich bin das Dulden leid. Genauso ging es Saschka … Nun liegt er auf dem Friedhof … ruht sich aus … *(Sie bekreuzigt sich.)* Mit Musik wurde er begraben und mit Tränen. Alle haben geweint. An so einem Tag wird viel geweint. Und bedauert. Aber wozu bereuen? Wer hört das noch nach dem Tod? Was ist geblieben? Zwei kleine Zimmer in der Baracke, ein Beet, rote Urkunden und eine Medaille »Sieger im sozialistischen Wettbewerb«. Ich hab genau so eine Medaille im Schrank liegen. Stachanow-Arbeiterin war ich und Abgeordnete. Zu essen gab es nicht immer genug, aber eine rote Urkunde haben sie dir gegeben. Dich fotografiert. Wir sind drei Familien hier in der Baracke. Beim Einzug waren wir noch ganz jung, wir dachten – das ist nur für ein, zwei Jahre, doch schließlich haben wir das ganze Leben hier gewohnt. In der Baracke werden wir auch sterben. Zwanzig Jahre standen wir auf der Warteliste für eine Wohnung, manche dreißig Jahre … haben gewartet … Und jetzt kommt Gaidar und lacht: Geht und kauft euch eine. Wovon? Unser Geld haben wir verloren … eine Reform, dann noch eine … beraubt haben sie uns! Ein solches Land die Toilette runtergespült! Jede Familie hat zwei winzige Zimmer, einen kleinen Schuppen und ein Beet. Wir sind alle gleich. Das haben wir uns erarbeitet! Das ist unser Reichtum! Das ganze Leben haben wir geglaubt, dass wir eines Tages gut leben würden. Betrug! Ein großer Betrug! Und das Leben … lieber nicht daran denken … Wir haben uns geduldet, gearbeitet und gelitten. Jetzt leben wir nicht mehr, jetzt verbringen wir nur noch unsere Tage.

Saschka und ich stammen aus demselben Dorf … Von hier … in der Nähe von Brest … Manchmal saßen wir abends auf der Bank und redeten über unsere Erinnerungen. Worüber auch sonst? Er war ein guter Mensch. Getrunken hat er nicht, nein, er war kein Trinker … o nein … obwohl er allein lebte. Was soll ein einsamer Mann tun? Er betrinkt sich – und schläft … betrinkt sich … Ich gehe über den Hof. Laufe herum. Ich gehe herum und denke: Das irdische Leben ist nicht das Ende von allem. Der Tod, das ist für die Seele – Weite … Wo ist er dort? Noch zum Schluss hat er an die Nachbarn gedacht. Hat sie nicht vergessen. Unsere Baracke ist alt, kurz nach dem Krieg gebaut, das Holz ist morsch und hätte sich entzündet wie Papier, wäre im Nu in Flammen aufgegangen. In einem Augenblick! In einer einzigen Sekunde! Wir wären heruntergebrannt bis aufs Gras … bis auf den Sand … Er hat einen Brief an seine Kinder geschrieben: »Zieht meine Enkel groß. Lebt wohl.« Und ihn gut sichtbar hingelegt. Dann ist er in den Garten gegangen … auf sein Beet …

Oje, oje! Also … also … Der Krankenwagen kam, sie haben ihn auf eine Trage gelegt, aber er will aufstehen, will selber gehen. »Was hast du nur angerichtet, Saschka?« Ich begleitete ihn bis zum Krankenwagen. »Ich bin müde vom Leben. Ruf meinen Sohn an, er soll ins Krankenhaus kommen.« Er hat noch mit mir gesprochen … Sein Jackett war versengt, aber die Schulter war ganz weiß und rein. Fünftausend Rubel hat er hinterlassen … Das war mal viel Geld! Er hat es von seinem Sparbuch abgehoben und auf den Tisch gelegt, neben den Brief. Das ganze Leben hat er gespart. Vor der Perestroika hätte man davon ein Auto kaufen können, einen Wolga. Das teuerste Auto! Und jetzt? Es reichte gerade für neue Schuhe und einen Kranz. So ist das! Er lag auf der Trage und wurde schwarz … Vor meinen Augen wurde er schwarz … Die Ärzte nahmen auch den Jungen mit, der ihn retten wollte, er hat meine nassen Laken von der Leine gerissen (ich hatte an dem Tag gewaschen) und über ihn geworfen. Ein fremder Junge … ein Student … er kam vorbei und sah – da brennt ein Mensch! Sitzt auf einem Beet, ganz zusammengekrümmt, und brennt. Ganz voller Ruß. Und schweigt! So hat er es uns hinterher erzählt: »Schweigt und brennt.« Ein lebendiger Mensch … Am Morgen klopfte sein Sohn an meine Tür: »Papa ist gestorben.« Als er im Sarg lag … der Kopf war ganz verbrannt und die Hände … Schwarz, alles schwarz … Er hatte goldene Hände! Er konnte alles. Tischlern und mauern. Hier hat jeder noch ein Andenken an ihn – einen Tisch, Bücherregale … Manchmal stand er bis in die Nacht auf dem Hof und hobelte, das sehe ich noch genau vor mir – er steht da und hobelt. Er liebte Holz. Er erkannte jedes Holz am Geruch und an den Hobelspänen. Jedes Holz, sagte er, riecht anders, den kräftigsten Geruch hat die Kiefer: »Die Kiefer riecht wie guter Tee, und der Ahorn hat einen heiteren Geruch.« Bis zum letzten Tag hat er gearbeitet. Das Sprichwort hat ganz recht: Solange die Zügel nicht reißen, hat man auch Brot zu beißen. Von der Rente kann man heutzutage nicht leben. Ich selber, ich hüte fremde Kinder. Das bringt ein paar Kopeken, davon kaufe ich mir Zucker und ein bisschen Wurst. Denn was ist schon unsere Rente? Davon kaufst du Brot und Milch, aber kein Paar Schuhe für den Sommer. Dafür reicht es nicht mehr. Früher saßen die alten Leute sorglos auf der Bank im Hof. Klatschten und tratschten. Heute nicht mehr … Der eine sammelt in der Stadt leere Flaschen, ein anderer steht vor der Kirche und bettelt … Der Nächste verkauft an der Bushaltestelle Sonnenblumenkerne oder Zigaretten. Oder Wodkamarken. Neulich wurde bei uns in der Spirituosenabteilung ein Mensch zu Tode getrampelt. Wodka ist heute wertvoller als … wie heißt das gleich? Na, der amerikanische Dollar. Für Wodka kriegt man bei uns alles. Da kommt sogar der Klempner, der Elektriker. Sonst nicht. Also … also … Das Leben ist vorbei … Nur Zeit, die kann man für kein Geld der Welt kaufen. Da kannst du vor Gott weinen oder nicht – das kannst du nicht kaufen. So ist es eingerichtet.

Aber Saschka wollte selber nicht mehr leben. Hat drauf verzichtet. Hat sein Los Gott zurückgegeben … O mein Gott! Nun kommt dauernd die Miliz. Fragt uns aus … *(Sie lauscht.)* A-ach … Ein Zug … Das ist der Moskauer, Brest–Moskau. Ich brauche gar keine Uhr. Ich stehe auf, wenn der Warschauer ruft – früh um sechs. Dann kommt der Minsker, dann der erste Moskauer … Morgens und nachts rufen sie mit verschiedenen Stimmen. Manchmal lausche ich ihnen die ganze Nacht. Im Alter flieht uns der Schlaf … Mit wem soll ich mich jetzt unterhalten? Jetzt sitze ich allein auf der Bank … Ich habe immer zu ihm gesagt: »Such dir eine gute Frau, Saschka. Heirate.« »Liska wird zurückkommen. Ich werde warten.« Ich habe sie sieben Jahre nicht gesehen, seit sie von ihm weg ist. Mit einem Offizier hat sie sich eingelassen. Sie war jung … viel jünger als er. Er hat sie sehr geliebt. Sie schlug immer wieder mit dem Kopf auf den Sarg: »Ich habe Saschkas Leben zerstört!« Oje, oje. Also … Die Liebe ist kein Haar, die reißt du dir nicht so schnell aus. Und du kannst sie auch mit dem heiligen Kreuz nicht binden. Wozu jetzt die Tränen? Wozu nach dem Tod bereuen … *(Sie schweigt.)* O mein Gott! Bis vierzig kann man alles tun … auch sündigen … Aber nach vierzig, da muss man bereuen. Dann vergibt dir Gott. *(Sie lacht.)* Du schreibst immer noch? Na, schreib nur, schreib. Ich erzähle dir noch mehr … Ich hab genug Kummer, mehr als einen Sack voll … *(Sie hebt den Kopf.)* A-ach … Die Schwalben sind da. Dann wird's bald warm. Ehrlich gesagt, es war schon einmal ein Reporter bei mir … Hat mich über den Krieg ausgefragt … Ich würde das Letzte vom Hof weggeben, Hauptsache, es gibt keinen Krieg. Nichts ist schlimmer als Krieg! Wir wurden von deutschen Maschinengewehren beschossen, und unsere Hütten knisterten vom Feuer. Auch die Gärten brannten … Oje, oje! Saschka und ich redeten jeden Tag vom Krieg … Sein Vater ist verschollen, sein Bruder bei den Partisanen umgekommen. Einmal wurden Gefangene nach Brest getrieben – Menschen über Menschen! Sie wurden die Straße entlanggetrieben und wie Pferde im Pferch gehalten, sie starben und lagen herum wie Müll. Den ganzen Sommer lief Saschka herum und suchte mit seiner Mutter nach seinem Vater. Wenn er davon sprach … dann konnte er nicht mehr aufhören … Sie suchten unter den Toten und unter den Lebenden. Niemand hatte mehr Angst vorm Tod, der Tod war etwas Normales geworden. Vor dem Krieg haben wir gesungen: »Von der Taiga bis zum britischen Meer, keiner ist stärker als unser Rotes Heer …«[1] Voller Stolz sangen wir das! Im Frühjahr taute das Eis … brach auf … Der ganze Fluss hinter unserem Dorf war voller Leichen, nackt und schwarz waren sie, nur die Koppel glänzten. Die Koppel mit dem roten Stern. So wie es kein Meer gibt ohne Wasser, so gibt es keinen Krieg ohne Blut. Gott schenkt das Leben, aber im Krieg nimmt es jeder … *(Sie weint.)* Ich laufe und laufe über den Hof. Gehe herum. Und mir ist, als ob Saschka hinter mir steht … Auch seine Stimme höre ich … Ich drehe mich um – da ist niemand. Also … also … Was hast du angerichtet, Saschka? Eine solche Qual zu wählen! Aber vielleicht ist es so: Er hat hier auf Erden gebrannt, dann wird er vielleicht im Himmel nicht brennen. Hat ausgelitten. Irgendwo werden ja alle unsere Tränen gesammelt … Wie wird man ihn dort empfangen? Krüppel schleppen sich auf der Erde herum, Gelähmte liegen da, Stumme leben. Es ist nicht an uns, zu entscheiden … nicht unser Wille … *(Sie bekreuzigt sich.)*

Mein Lebtag werde ich den Krieg nicht vergessen … Die Deutschen marschierten ins Dorf ein … Junge, fröhliche Kerle. Und ein Lärm! Sie kamen mit riesigen Autos, und Motorräder hatten sie, mit drei Rädern. Ich hatte zuvor noch nie ein Motorrad gesehen. Die Autos im Kolchos, das waren Anderthalbtonner mit Holzwänden, nicht sehr groß. Aber diese! Wie ein Haus! Dann sah ich ihre Pferde, jedes

Pferd wie ein Berg. An die Wand der Schule schrieben sie mit Farbe: »Die Rote Armee hat euch im Stich gelassen!« Dann begann die deutsche Ordnung … Bei uns lebten viele Juden: Awram, Jankel, Morduch … Sie wurden alle zusammengeholt und ins Schtetl gebracht. Sie hatten Kissen und Decken dabei … und wurden gleich alle geschlagen … Sie haben sie aus dem ganzen Kreis zusammengeholt und am selben Tag erschossen. In eine Grube geworfen … Tausende … Tausende Menschen … Es hieß, das Blut sei drei Tage lang nach oben gestiegen … Die Erde hat geatmet … sie war lebendig, die Erde … An der Stelle ist heute ein Park. Ein Erholungsgebiet. Aus einem Sarg dringt keine Stimme. Da schreit niemand … Ja-a … So denke ich … *(Sie weint.)*

Ich weiß nicht … wie war das? Sind sie ihr selber zugelaufen, oder hat sie sie im Wald gefunden? Unsere Nachbarin, die hat im Schuppen zwei jüdische Jungen versteckt, wunderhübsche Kinder. Kleine Engel! Alle wurden erschossen, aber die beiden haben sich versteckt. Sind weggelaufen. Der eine war acht, der andere zehn. Unsere Mutter brachte ihnen Milch … »Kinder, kein Wort«, bat sie uns. »Zu keinem ein Wort.« In jener Familie lebte ein uralter Großvater, der erinnerte sich noch an den anderen Krieg mit den Deutschen … Den ersten … Er gab den beiden zu essen und weinte: »Ach, Kinder, wenn sie euch fangen, werden sie euch quälen. Wenn ich könnte, würde ich euch lieber selber töten.« Solche Worte … Und der Teufel hört alles … *(Sie bekreuzigt sich.)* Dann kamen drei Deutsche, auf einem schwarzen Motorrad und mit einem großen schwarzen Hund. Irgendwer hatte sie denunziert … Solche Menschen gibt es immer, sie haben eine schwarze Seele. Sie leben … wie ohne Seele … ihr Herz ist nur ein medizinisches Organ, nicht menschlich. Sie haben mit niemandem Mitleid. Die Jungen liefen aufs Feld … ins Korn … Die Deutschen hetzten den Hund auf sie … Die Leute sammelten sie hinterher stückchenweise auf … fetzenweise … Es gab nichts zu begraben, und es wusste auch keiner ihre Namen. Die Nachbarin banden die Deutschen an ihr Motorrad … sie rannte, bis ihr Herz versagte … *(Vor lauter Tränen kann sie lange nicht weitersprechen.)* Im Krieg fürchtete der Mensch die Menschen. Die Seinen ebenso wie fremde. Was du am Tag sagst, das hören die Vögel, sagst du es in der Nacht, hören es die Mäuse. Mama brachte uns Gebete bei. Ohne Gott verschlingt dich sogar ein Wurm.

Am 9. Mai ... an unserem Feiertag ... Da tranken Saschka und ich immer ein Gläschen ... weinten ein bisschen ... Es ist schwer, die Tränen runterzuschlucken ... Also ... also ... Mit zehn Jahren musste er in der Familie den Vater und den Bruder ersetzen. Und ich, als der Krieg aus war, da war ich sechzehn. Ich ging ins Zementwerk arbeiten. Ich musste meine Mutter unterstützen. Wir schleppten Zementsäcke von fünfzig Kilo, beluden LKW mit Sand, Splitt und Armiereisen. Aber ich wollte studieren ... Mit einer Kuh haben wir geeggt und gepflügt ... Die Kuh heulte bei dieser Arbeit ... Und was wir aßen! Was wir aßen! Wir zerstampften Eicheln, sammelten im Wald Kiefernzapfen. Trotzdem habe ich geträumt ... Den ganzen Krieg lang träumte ich: Wenn ich mit der Schule fertig bin, werde ich Lehrerin. Der letzte Kriegstag ... Es war ganz warm ... Mama und ich gingen aufs Feld ... Auf einem Kavalleriepferd kam ein Milizionär angeritten: »Sieg! Die Deutschen haben die Kapitulation unterzeichnet!« Er ritt über die Felder und rief allen zu: »Sieg! Sieg!« Die Leute liefen ins Dorf ... Schrien, weinten, fluchten. Am meisten wurde geweint. Doch am nächsten Tag begann das Nachdenken: Wie weiter? Die Hütten waren leergefegt, durch die Scheunen pfiff der Wind. Trinkbecher machten wir aus alten Konservendosen ... die Dosen waren noch von den Deutschen geblieben ... Kerzen aus leeren Patronenhülsen. Salz kannten wir im Krieg gar nicht mehr, unsere Knochen waren ganz weich geworden. Die Deutschen hatten beim Abzug unseren Eber mitgenommen und die letzten Hühner eingefangen. Und davor hatten die Partisanen eines Nachts die Kuh weggeholt ... Mama wollte die Kuh nicht hergeben, da schoss ein Partisan nach oben. Ins Dach. Sie packten auch die Nähmaschine in einen Sack und Mamas Kleider. Waren das Partisanen – oder Banditen? Sie hatten Waffen ... Also ... also ... Der Mensch will immer leben, auch im Krieg. Im Krieg erfährt man vieles ... Kein Tier ist schlimmer als der Mensch. Der Mensch ist es, der den Menschen tötet, nicht die Kugel. Der Mensch den Menschen ... Ach, meine Liebe!

Meine Mutter holte eine Wahrsagerin … Die Wahrsagerin prophezeite: »Alles wird gut.« Und wir hatten nichts, was wir ihr geben konnten. Mama fand im Keller zwei Rüben und freute sich. Auch die Wahrsagerin freute sich. Ich fuhr zur Aufnahmeprüfung, wie ich es mir erträumt hatte, an die pädagogische Fachschule. Dort musste ich einen Fragebogen ausfüllen … Ich schrieb und kam zu der Frage: Waren Sie oder Ihre Eltern in Gefangenschaft oder auf besetztem Gebiet? Ich antwortete, ja, natürlich, das waren wir. Der Direktor der Fachschule rief mich in sein Büro: »Mädchen, nimm deine Papiere zurück.« Er war Frontsoldat gewesen, ihm fehlte ein Arm. Da baumelte ein leerer Ärmel. So erfuhr ich, dass wir … alle, die in besetztem Gebiet gelebt hatten … dass wir als unzuverlässig galten. Unter Verdacht standen. Keiner sagte mehr »Brüder und Schwestern« … Erst vierzig Jahre später wurde dieser Fragebogen abgeschafft. Vierzig Jahre! Darüber ist mein Leben vergangen, bis er abgeschafft wurde. »Wer hat uns denn unter den Deutschen gelassen?« »Sei still, Mädchen, sei still …« Der Direktor schloss die Tür, damit uns niemand hörte. »Sei still … sei still …« Wie kann man seinem Schicksal entgehen? Wasser mit einer Sense schneiden … Saschka hat sich an einer Militärschule beworben … Er hat in den Fragebogen geschrieben, dass seine Familie unter der Besatzung gelebt hatte und dass sein Vater verschollen war. Er wurde sofort weggeschickt … *(Sie schweigt.)* Es macht doch nichts, dass ich Ihnen auch von mir, dass ich mein Leben erzähle? Wir haben alle gleich gelebt. Dass man mich bloß nicht einsperrt für dieses Gespräch. Gibt es die Sowjetmacht noch, oder ist sie ganz und gar weg?

Über dem Kummer habe ich das Gute ganz vergessen … Von unserer Jugend und der Liebe. Ich war auf Saschkas Hochzeit … Er liebte Liska, hat lange um sie geworben. Verzehrt hat er sich nach ihr! Einen weißen Schleier hat er ihr aus Minsk mitgebracht. Auf den Armen hat er die Braut in die Baracke getragen … Ein alter Brauch bei uns … Der Bräutigam trägt die Braut auf dem Arm, wie ein Kind, damit der Hausgeist sie nicht erwischt. Sie nicht bemerkt. Der Hausgeist mag keine Fremden, die vertreibt er. Er ist schließlich der Herr im Haus, man muss ihm gefallen. Ach … *(Sie winkt ab.)* Jetzt glaubt keiner mehr an irgendwas. Nicht an den Hausgeist und nicht an den Kommunismus. Die Menschen leben ohne jeden Glauben! Na, vielleicht glauben sie noch an die Liebe … »Bitter! Bitter!«*, haben wir an Saschkas Hochzeitstafel gerufen. Und wie haben wir damals getrunken? Eine Flasche für den ganzen Tisch … für zehn Leute … Heute musst du für jeden eine Flasche hinstellen. Die Kuh musst du verkaufen, um Sohn oder Tochter zu verheiraten. Er hat sie geliebt, die Liska … Aber wen du mit dem Herzen nicht lockst, den bindest du auch mit Gewalt nicht. Also … also … Sie trieb sich herum, wie eine Katze. Als die Kinder groß waren, hat sie ihn endgültig verlassen. Ohne sich umzusehen. Ich hab ihm oft geraten: »Saschka, such dir eine gute Frau. Sonst wirst du noch zum Trinker.« »Ich gieß mir ein Gläschen ein … Schaue Eiskunstlaufen und leg mich schlafen.« Wer allein schläft, den wärmt auch die Decke nicht … Selbst im Paradies ist es öde allein. Er trank, aber nie zu viel. Nein … nicht wie andere. Oh! Ein Nachbar hier bei uns … der trinkt Eau de Cologne, Rasierwasser, vergällten Spiritus und Putzmittel. Eine Flasche Wodka kostet heute so viel wie früher ein Mantel. Und der Imbiss dazu? Ein halbes Kilo Wurst, das ist die Hälfte meiner Rente. Trinkt doch die Freiheit! Esst die Freiheit! Ein solches Land haben sie aufgegeben! Eine Macht! Ohne einen einzigen Schuss … Eines verstehe ich nicht – warum hat uns keiner gefragt? Ich habe mein ganzes Leben für den Aufbau eines großen Landes gearbeitet. So hat man es uns gesagt. Hat es uns versprochen.

Ich habe Bäume gefällt und Bahnschwellen geschleppt … Ich bin mit meinem Mann nach Sibirien gegangen. Auf eine kommunistische Baustelle. Ich erinnere mich an die Flüsse: Jenissej, Birjussa, Mana … Wir bauten die Bahnlinie Abakan–Taischet. In Güterwaggons wurden wir dorthin gebracht: Roh zusammengezimmerte Doppelstockliegen, keine Matratzen, keine Bettwäsche, unterm Kopf die eigene Faust. Im Fußboden ein Loch … Für die große Notdurft ein Eimer (wir hielten ein Laken davor). Wenn der Zug auf freier Strecke hielt, rafften wir

* *Bitter!* – Mit diesem Ruf wird das Brautpaar aufgefordert, sich zu küssen, um das Hochzeitsmahl zu versüßen.

Heu zusammen: Das war unser Bett! Licht gab es im Waggon nicht. Aber wir sangen die ganze Fahrt über Komsomollieder! Bis wir heiser waren. Sieben Tage fuhren wir … Dann waren wir endlich da! Rundum dichte Taiga, mannshoher Schnee. Bald bekamen wir Skorbut, jeder Zahn wackelte. Läuse. Aber die Norm – oho! Die Männer, die was vom Jagen verstanden, gingen auf Bären. So kriegten wir auch mal Fleisch in den Topf, sonst gab es immer nur Kascha, nichts als Kascha*. Ich weiß noch, dass man bei einem Bären nur aufs Auge zielt. Wir wohnten in Baracken … keine Dusche, keine Banja** … Im Sommer fuhren wir in die Stadt und wuschen uns im Springbrunnen. *(Sie lacht.)* Wenn du noch mehr hören willst, rede ich weiter …

Ich habe noch gar nicht erzählt, wie ich geheiratet habe … Ich war achtzehn. Da arbeitete ich schon in der Ziegelei. Das Zementwerk war geschlossen worden, und ich war in die Ziegelei gegangen. Zuerst arbeitete ich in der Lehmaufbereitung. Damals wurde der Lehm mit der Hand gewendet … mit Schaufeln … Wir entluden die Laster und breiteten den Lehm auf dem Hof zu einer gleichmäßigen Schicht aus, damit er »reifte«. Nach einem halben Jahr schob ich schon beladene Loren von der Presse zum Ofen: hin mit rohen Ziegeln, zurück mit gebrannten, heißen. Die Ziegel holten wir selbst aus dem Ofen … Eine irrsinnige Hitze! In einer Schicht holst du vier- bis sechstausend Ziegel raus. Bis zu zwanzig Tonnen. Dort arbeiteten nur Frauen … und Mädchen … Es gab auch ein paar junge Männer, aber die saßen meist am Steuer, fuhren die Laster. Einer fing an, mir den Hof zu machen … Kommt zu mir, lacht und legt mir die Hand auf die Schulter … Einmal fragt er: »Kommst du mit mir mit?« »Ja.« Ich habe nicht einmal gefragt, wohin. So ließen wir uns nach Sibirien anwerben … Den Kommunismus aufbauen! *(Sie schweigt.)* Und jetzt … ach! Also … also … Alles umsonst … wir haben uns vergebens gequält … Das ist schwer einzugestehen … und es ist schwer, damit zu leben … Wir haben so viel gearbeitet! Aufgebaut. Alles mit den Händen. Eine harte Zeit! Als ich in der Ziegelei arbeitete … da habe ich einmal verschlafen. Nach

* *Kascha* – Brei, Grütze, meist Buchweizen.

** *Banja* – russisches Dampfbad.

dem Krieg, wenn man da zu spät zur Arbeit kam … zehn Minuten zu spät, das bedeutete Gefängnis … Der Brigadier hat mich gerettet: »Sag, ich hätte dich zur Lehmgrube geschickt …« Wenn ihn jemand denunziert hätte, wäre er auch vor Gericht gestellt worden. Nach 1953 wurde man für Verspätungen nicht mehr bestraft. Nach Stalins Tod begannen die Menschen zu lächeln, vorher waren sie ständig auf der Hut gewesen. Ein Leben ohne Lächeln.

Ach … wozu jetzt noch daran denken? Die Nägel von der Brandstätte aufsammeln? Alles ist verbrannt! Unser ganzes Leben … Alles, was unser war, ist dahin … Wir haben aufgebaut und aufgebaut … Saschka war auf dem Neuland … Den Kommunismus aufbauen! Die lichte Zukunft. Er hat erzählt, sie hätten im Winter in Zelten geschlafen, ohne Schlafsäcke. In ihren Kleidern. Die Hände hat er sich dort erfroren … Aber er war trotzdem stolz! »Lang sind die Wege übers Land, die Zukunft liegt in unsrer Hand …«[2] Er hatte ein Parteibuch, das rote Büchlein mit Lenin drauf, das war ihm teuer. Er war Abgeordneter und Stachanow-Arbeiter, genau wie ich. Das Leben ist vergangen, verflogen. Keine Spur ist davon geblieben … nichts … Gestern habe ich drei Stunden nach Milch angestanden – und als ich dran war, war sie alle. Vor einer Weile hat man mir ein deutsches Paket ins Haus gebracht, mit Geschenken: Grieß, Schokolade, Seife … Von den Besiegten für die Sieger. Ich brauche keine deutschen Pakete. Nein, nein … Ich habe es nicht genommen … *(Sie bekreuzigt sich.)* Die Deutschen mit den Hunden … das Fell der Hunde glänzte … Sie liefen durch den Wald, und wir saßen im Moor. Bis zum Hals im Wasser. Frauen, Kinder. Auch die Kühe zusammen mit den Menschen. Alle schwiegen. Auch die Kühe, sie schwiegen genau wie die Menschen. Verstanden alles. Nein, ich will keine deutschen Süßigkeiten und keine deutschen Kekse! Wo ist das, was mir zusteht? Für meine Arbeit? Wir haben so sehr geglaubt! Geglaubt, dass eines Tages ein gutes Leben kommen würde. Warte, hab Geduld … ja, warte, hab Geduld … Das ganze Leben in Kasernen, in Wohnheimen, in Baracken.

Nun, was kann man da machen? Sei's drum … Alles kann man überleben, bis auf den Tod. Den Tod kann man nicht überleben …

Dreißig Jahre lang hat Saschka in der Möbelfabrik gearbeitet. Sich krumm geschuftet. Vor einem Jahr haben sie ihn in Rente geschickt. Eine Uhr haben sie ihm geschenkt. Aber er blieb nicht ohne Arbeit. Die Leute kamen mit Aufträgen zu ihm. Tjaa … Trotzdem war er nicht froh. Ganz bedrückt war er. Hat sich nicht mehr rasiert. Dreißig Jahre in einer Fabrik, im Grunde das halbe Leben! Das ist wie ein Zuhause. Von der Fabrik haben sie auch den Sarg für ihn gebracht. Einen prächtigen Sarg! Geglänzt hat er, und innen war Samt. In solchen Särgen werden heutzutage nur Banditen und Generäle begraben. Alle wollten ihn anfassen – ein Schmuckstück! Als sie den Sarg aus der Baracke trugen, wurde Korn auf die Schwelle gestreut. Das macht man, damit das Zurückbleiben für die Lebenden leichter ist. Ein alter Brauch bei uns … Sie stellten den Sarg auf den Hof … Einer der Verwandten sagte: »Gute Menschen, vergebt.« »Gott wird vergeben«, antworteten alle. Aber was denn vergeben? Wir haben einträchtig gelebt, wie eine Familie. Was dir fehlt, gebe ich dir, wenn mir etwas fehlt, bringst du es mir. Wir haben unsere Feiertage geliebt. Wir haben den Sozialismus aufgebaut, und nun sagen sie im Radio, dass der Sozialismus zu Ende ist. Aber wir … wir sind noch da …

Die Züge rattern … und rattern … Fremde Menschen, was wollt ihr? Was? Kein Tod gleicht dem anderen … Ich habe meinen ersten Sohn in Sibirien geboren, dann kam die Diphtherie, und hopp! ist er erstickt. Trotzdem lebe ich weiter. Gestern war ich an Saschkas Grab, hab eine Weile bei ihm gesessen. Ihm erzählt, wie Liska geweint hat. Und mit dem Kopf auf den Sarg gehämmert. Die Liebe zählt die Jahre nicht …

Wir werden sterben … und dann wird alles gut …

VON FLÜSTERN UND SCHREIEN … UND VON BEGEISTERUNG

Margarita Pogrebizkaja –
Ärztin, 57 Jahre alt

Mein Feiertag … Der 7. November … Groß und bunt. Das größte Erlebnis meiner Kindheit war die Militärparade auf dem Roten Platz …

Ich sitze auf den Schultern meines Vaters, und an meine Hand ist ein roter Luftballon gebunden. Am Himmel über den Marschkolonnen riesige Bilder von Lenin und Stalin … Marx … Girlanden und Sträuße aus roten, blauen und gelben Luftballons. Viel Rot. Meine Lieblingsfarbe. Die Farbe der Revolution, die Farbe des in ihrem Namen vergossenen Blutes … Die Große Oktoberrevolution! Heute heißt es: ein Militärputsch … eine bolschewistische Verschwörung … die russische Katastrophe … Lenin sei ein deutscher Agent gewesen und die Revolution hätten Deserteure und betrunkene Matrosen gemacht. Ich halte mir die Ohren zu, so etwas will ich nicht hören! Das geht über meine Kräfte … Das ganze Leben habe ich in dem Glauben gelebt: Wir sind die glücklichsten Menschen der Welt, wir sind in einem einzigartigen, wunderbaren Land geboren. Ein anderes solches Land gibt es nicht! Wir haben den Roten Platz, und dort auf dem Spasski-Turm schlägt die Uhr, nach der in der ganzen Welt die Zeit gemessen wird. Das hat mein Vater gesagt … auch meine Mutter … und meine Großmutter … »Der 7. November – ein roter Tag im Kalender …«[1] Am Tag davor blieb die ganze Familie lange auf, wir bastelten Papierblumen, schnitten Herzen aus Pappe aus. Und bemalten sie. Am Morgen blieben Mutter und Oma zu Hause und bereiteten das Festtagsessen vor. An diesem Tag kamen immer Gäste. In einem Einkaufsnetz brachten sie eine Torte im Karton mit und Wein … Plastiktüten gab es damals noch nicht … Meine Oma buk ihre berühmten Piroggen mit Kohl und Pilzen, Mama zauberte Olivier-Salat und kochte die obligatorische Sülze. Und ich ging mit Vater!

Auf der Straße waren viele Menschen, alle trugen rote Bänder an Mänteln und Jacketts. Rotes Fahnentuch leuchtete, eine Militärblaskapelle spielte. Die Tribüne mit unseren Staatsführern ... Und das Lied: »Unsere Hauptstadt, Hauptstadt der Welt, dein Kreml-Sternbild leuchtet hell, auf dich blickt stolz das ganze Universum, mein Moskau, Schönheit aus Granit ...«[2] Ich hätte am liebsten die ganze Zeit »Hurra!« gerufen. Aus dem Lautsprecher tönte es: »Es leben die Werktätigen des zweifach mit dem Lenin-Orden und mit dem Rotbannerorden geehrten Moskauer Lichatschow-Werks! Hurra, Genossen!« »Hurra! Hurra!« »Es lebe unser heldenhafter leninscher Komsomol« ... »Die Kommunistische Partei« ... »Unsere ruhmreichen Veteranen!« »Hurra! Hurra!« Das war so schön! Diese Begeisterung! Die Menschen weinten ... übervoll von Freude ... Ein Blasorchester spielte Märsche und Revolutionslieder: »Er marschiert in Richtung Westen, sie an eine andre Front. Ja, so ziehn die Komsomolzen tapfer in den Bürgerkrieg.«[3] Ich kenne die Lieder alle auswendig, ich habe nichts vergessen, ich singe sie oft. Nur für mich. *(Sie singt leise.)* »Vaterland, kein Feind soll dich gefährden! Teures Land, das unsre Liebe trägt! Denn es gibt kein andres Land auf Erden, wo das Herz so frei dem Menschen schlägt.«[4] Vor kurzem habe ich im Schrank alte Schallplatten gefunden, das Grammophon vom Hängeboden geholt und den ganzen Abend mit Erinnerungen verbracht. Die Lieder von Dunajewski und Lebedew-Kumatsch ... wie haben wir die geliebt! *(Sie schweigt.)* Und ich bin hoch oben ... ganz weit oben ... Mein Vater hebt mich hoch ... höher, immer höher ... Dann der wichtigste Augenblick – gleich dröhnen über das Straßenpflaster die mächtigen Sattelschlepper mit den verhüllten Raketen, die Panzer, dann die Artillerie. »Präge dir das fürs ganze Leben ein!«, ruft mein Vater gegen den Lärm an. Und ich weiß – das werde ich mir einprägen! Auf dem Heimweg gehen wir in einen Laden, und ich bekomme meine geliebte Buratino-Brause. An diesem Tag darf ich alles haben: Pfeifen, Zuckerhähnchen-Lutscher ...

Ich liebte das nächtliche Moskau … diese Lichter … Als ich achtzehn war … Achtzehn Jahre! Da habe ich mich verliebt! Als mir klarwurde, dass ich verliebt bin, da bin ich – Sie kommen nie darauf, wohin ich gefahren bin! Ich bin auf den Roten Platz gefahren, das war das Erste, was ich wollte – in diesem Moment auf dem Roten Platz sein. Die Kremlmauer, die schwarzen, schneebedeckten Tannen und der Alexandergarten voller Schneewehen. Ich betrachtete das alles und wusste, dass ich glücklich sein würde. Ja, unbedingt!

Vor kurzem war ich mit meinem Mann wieder in Moskau. Und zum ersten Mal … Zum ersten Mal sind wir nicht auf den Roten Platz gegangen. Haben uns dort nicht verbeugt. Zum ersten Mal … *(Sie hat Tränen in den Augen.)* Mein Mann ist Armenier, wir haben als Studenten geheiratet. Er besaß eine Decke, ich ein Klappbett – so begannen wir unser gemeinsames Leben. Nach dem Studium an der Moskauer Medizinischen Hochschule wurden wir nach Minsk geschickt. Meine Freundinnen wurden in alle Himmelsrichtungen verstreut: die eine nach Moldawien, die Nächste in die Ukraine, manche nach Irkutsk … Diejenigen, die nach Irkutsk gingen, nannten wir »Dekabristen«[5]. Es war alles ein Land – fahr, wohin du willst! Damals gab es keine Grenzen … keine Visa und Zollstationen. Mein Mann wollte eigentlich zurück in seine Heimat. Nach Armenien. »Du wirst den Sewan-See sehen, den Ararat. Und echten armenischen Lawasch probieren«, versprach er mir. Aber wir sollten nach Minsk. Und wir: »Auf nach Weißrussland!« »Ja, auf!« Das ist die Jugend, man hat noch so viel Zeit vor sich – man glaubt, sie reiche für alles. Wir kamen nach Minsk, und uns gefiel es hier. So weit man auch fährt: Seen und Wälder, Partisanenwälder … Sümpfe und dichte Wälder … selten mal ein Feld dazwischen. Unsere Kinder sind hier aufgewachsen, ihre Lieblingsspeisen sind Reibekuchen und weißrussische Motschanka*. »Bulwen brät man, Bulwen kocht man …«** Der armenische Chasch***

* *Motschanka* – im Ofen geschmorte Rippchen.

** *Bulwen brät man, Bulwen kocht man* – Zitat aus einem weißrussischen Lied. *Bulwen* – Kartoffeln.

*** *Chasch* – Suppe aus Rinderfüßen und -schwänzen.

kommt an zweiter Stelle … Aber jedes Jahr fuhren wir mit der ganzen Familie nach Moskau. Unbedingt! Ohne das konnte ich nicht leben, ich musste durch Moskau laufen. Seine Luft atmen … Ich erwartete … Voller Ungeduld erwartete ich immer den Augenblick, wenn der Zug auf dem Weißrussischen Bahnhof einfuhr und der Marsch erklang; mein Herz hüpfte bei den Worten: »Genossen Passagiere, unser Zug ist angekommen in der Hauptstadt unserer Heimat – der Heldenstadt Moskau!« »Wie Sonnenlicht die Nacht durchbricht, in jedem Kampf wirst du bestehn. Mein Heimatland, mein Vaterland, mein Moskau, herrlich, stolz und schön!«[6] Mit dieser Musik steigst du aus dem Zug.

Was … Wo waren wir? Uns empfing eine fremde, unbekannte Stadt … Der Wind fegte schmutziges Einwickelpapier und Zeitungspapierfetzen durch die Straßen, zu unseren Füßen schepperten Bierdosen. Auf dem Bahnhof … und an der Metro … Überall graue Reihen von Menschen, die irgendetwas verkauften: Damenwäsche und Laken, alte Schuhe und Spielzeug, Zigaretten, die man stückweise kaufen konnte. Wie in Kriegsfilmen. Nur da hatte ich so etwas gesehen … Auf Papierfetzen und Pappkartons direkt auf der Erde lagen Wurst, Fleisch und Fisch. Manchmal mit Plastikfolie abgedeckt, manchmal nicht. Und die Moskauer kauften. Feilschten. Gestrickte Socken, Servietten. Hier Nägel und gleich daneben Lebensmittel, Kleidung. Gesprochen wurde ukrainisch, weißrussisch, moldauisch. »Wir kommen aus Winniza …« »Wir aus Brest …« Viele Bettler … Wo kamen die alle her? Krüppel … Wie im Film … Mir fällt kein anderer Vergleich ein – wie in einem alten sowjetischen Film. Als würde ich einen Film sehen …

Auf dem Alten Arbat, auf meinem geliebten Arbat, sah ich Verkaufsstände – mit Matrjoschkas, Samowaren, Ikonen, Fotos des letzten Zaren und seiner Familie. Porträts weißgardistischer Generäle – Koltschak, Denikin … Eine Lenin-Büste … Matrjoschkas in jeder Gestalt – »Gorbi-Matrjoschkas« und »Jelzin-Matrjoschkas«. Ich erkannte mein Moskau nicht wieder. Was war das für eine Stadt? Auf dem Asphalt saß ein alter Mann auf Ziegelsteinen und spielte Akkordeon. Die Brust voller Orden. Er sang Lieder aus dem Krieg, vor ihm lag eine Mütze mit Münzen. Vertraute, geliebte Lieder … Ich wollte zu ihm gehen … doch er war schon von Ausländern umringt … zum Fotografieren. Sie riefen ihm etwas zu – auf Italienisch, Französisch und Deutsch. Klopften ihm auf die Schulter: »Dawai! Dawai!« Sie waren fröhlich, sie waren zufrieden. Kein Wunder! Sie hatten uns so gefürchtet, und nun … Da! Nur noch ein Haufen Gerümpel. Das Imperium – futsch! Neben den Matrjoschkas und Samowaren bergeweise rote Fahnen und Wimpel, Parteibücher und Komsomolausweise. Und sowjetische Auszeichnungen! Lenin-Orden und Rotbannerorden. Medaillen! »Für Tapferkeit« und »Für militärische Verdienste«. Ich berührte sie … streichelte sie … Ich konnte es nicht glauben! Nein! »Für die Verteidigung von Sewastopol« und »Für die Verteidigung des Kaukasus«. Alles echt. Unser Ureigenstes. Sowjetische Militäruniformen: Jacken, Mäntel … Mützen mit rotem Stern … Und die Preise – in Dollar … »Wie viel?«, fragte mein Mann und zeigte auf eine Tapferkeitsmedaille. »Zwanzig Dollar. Na schön, gib mir tausend Rubel.« »Und der Lenin-Orden?« »Hundert Dollar …« »Und das Gewissen?!« Mein Mann hätte ihn am liebsten verprügelt. »Was soll das, bist du verrückt? Aus welchem Loch bist du denn gekrochen? Das sind Gegenstände aus der Zeit des Totalitarismus.« Ja, das hat er gesagt … Von wegen, das ist nur noch Blech, aber den Ausländern gefällt's, bei denen ist Sowjetsymbolik in Mode. Eine gängige Ware. Ich hab geschrien … Einen Milizionär herbeigerufen … Ich schrie: »Sehen Sie sich das an! Sehen Sie …« Der Milizionär bestätigte: »Gegenstände aus der Zeit des Totalitarismus … Strafbar sind nur Drogen und Pornographie …« Und ein Parteibuch für zehn Dollar – ist das keine Pornographie? Ein Ruhmesorden … Oder eine rote Fahne mit Lenin-Porträt – für Dollar? Wir fühlten uns, als wären wir in irgendwelche Kulissen geraten. In ein Spiel … Als wären wir am falschen Ort gelandet … Ich stand da und weinte. Neben mir probierten Italiener Militärmäntel und Mützen mit rotem Stern an. »Karascho! Karascho!« *À la russe* …

Im Mausoleum war ich das erste Mal mit meiner Mutter. Ich weiß noch, es regnete, ein kalter Herbstregen. Wir standen sechs Stunden in der Schlange. Die Stufen hinunter … Halbdunkel … Kränze …

Flüstern: »Gehen Sie weiter. Nicht stehenbleiben.« Vor lauter Tränen konnte ich nichts erkennen. Aber Lenin ... es kam mir vor, als ob er leuchtete ... Als ich klein war ... da sagte ich zu meiner Mutter: »Mama, ich werde nie sterben.« »Warum denkst du das?«, fragte Mama. »Alle sterben. Sogar Lenin ist gestorben.« Sogar Lenin ... Ich weiß nicht, wie ich das alles erzählen soll ... Aber ich muss ... ich will es. Ich möchte gern reden ... reden, aber ich weiß nicht, mit wem. Worüber? Darüber, wie unglaublich glücklich wir waren! Heute bin ich davon absolut überzeugt. Wir sind bettelarm und naiv aufgewachsen, aber das ahnten wir nicht, und deshalb haben wir niemanden beneidet. In die Schule gingen wir mit billigen Federmappen und Stiften für vierzig Kopeken. Im Sommer trugen wir Segeltuchschuhe, die putzten wir mit Zahnpulver. Das war schick! Im Winter Gummischuhe, der Frost versengte die Fußsohlen. Das war lustig! Ich erinnere mich gern daran ... Wir glaubten, morgen würde es besser sein als heute, und übermorgen besser als gestern. Wir hatten eine Zukunft. Und eine Vergangenheit. Wir hatten alles!

Wir liebten die Heimat, grenzenlos liebten wir sie – die alleraller-beste! Das erste sowjetische Auto – hurra! Ein ungebildeter sowjetischer Arbeiter hat das Geheimnis nichtrostenden Stahls erfunden – ein Sieg! Dass dieses Geheimnis der ganzen Welt längst bekannt war, erfuhren wir erst später. Aber damals: Wir werden als Erste den Nordpol überfliegen, das Nordlicht steuern lernen ... werden den Lauf gigantischer Flüsse umkehren ... ewige Wüsten bewässern ... Glauben! Glauben! Glauben! Das geht über die Vernunft. Statt vom Weckerklingeln erwachte ich von den Klängen der Hymne: »Von Russland, dem großen, auf ewig verbündet, steht machtvoll der Volksrepubliken Bastion.«[7] In der Schule sangen wir viel ... *(Sie singt.)* »Von Glück und von Freiheit träumten die Väter und stritten dafür manches Mal. Im siegreichen Kampf haben Lenin und Stalin ein Vaterland für uns erbaut ...«[8] Meine Eltern haben mir erzählt ... Am Tag nachdem ich Pionier geworden war, als da am Morgen die Hymne erklang, bin ich aufgesprungen und habe bis zum Ende der Hymne auf dem Bett gestanden. Im Gelöbnis der Pioniere hieß es: »Ich ... trete ein in die Reihen ... Vor meinen Kameraden ... gelobe ich feierlich: meine

Heimat leidenschaftlich zu lieben …« Zu Hause gab es ein Fest, mir zu Ehren roch es nach Piroggen. Von dem roten Halstuch trennte ich mich nie, ich wusch und bügelte es jeden Tag, damit es keine einzige Falte hatte. Selbst als Studentin band ich mein Halstuch immer zu einem Pionierknoten. Mein Komsomolausweis … ich besitze ihn noch immer … Ich habe mich ein Jahr älter gemacht, um eher in den Komsomol eintreten zu können. Ich war gern auf der Straße, dort lief immer das Radio … Das Radio, das war unser Leben, das war alles. Du machst das Fenster auf, und da ist Musik, eine Musik, dass du aufstehst und durch die Wohnung marschierst. Wie in Reih und Glied, als wären neben dir andere Menschen, viele Menschen. Vielleicht war das ja ein Gefängnis, aber mir war in diesem Gefängnis wärmer. So waren wir es gewohnt … Ist Ihnen mal aufgefallen, wie wir in der Schlange stehen? Dicht beieinander … Um zusammen zu sein! *(Sie singt wieder leise.)* »Stalin, das ist unser Kampfesruhm, Stalin ist der Jugend Höhenflug, singend ziehn wir in den Kampf und siegen, Stalin folgen wir, das ganze Volk.«[9]

Und – ja! Ja! Ja! Unser größter Traum war es, zu sterben! Sich aufzuopfern. Das Gelöbnis der Komsomolzen: »Ich bin bereit, mein Leben zu geben, wenn mein Volk es braucht.« Das waren keine bloßen Worte, so waren wir tatsächlich erzogen. Wenn auf der Straße ein Trupp Soldaten vorbeimarschierte, blieben alle stehen … Nach dem Sieg … da war der Soldat ein gewöhnlicher Mensch. Als ich in die Partei eintreten wollte, schrieb ich in meinem Antrag: »Mit dem Programm und dem Statut bin ich vertraut und erkenne sie an. Ich bin bereit, alle meine Kräfte und wenn nötig auch mein Leben einzusetzen für die Heimat.« *(Sie sieht mich aufmerksam an.)* Was denken Sie über mich? Dass ich eine Idiotin bin, ja? Infantil … Einige … einige meiner Bekannten … die lachen ganz offen über mich … Emotionaler Sozialismus … papierne Ideale … So sehen sie mich … Eine Idiotin! Eine Schwachsinnige! Sie sind doch ein Ingenieur der menschlichen Seele.[10] Wollen Sie mich trösten? Ein Schriftsteller ist bei uns mehr als ein Schriftsteller. Ein Lehrer. Ein geistiger Vater. Das war früher, heute ist das nicht mehr so. Heute stehen viele Menschen beim Gottesdienst in der Kirche. Warum? In der Kirche suchen sie

Trost. Wirklich Gläubige gibt es nur wenige, die meisten sind Leidende. Genau wie ich … mit einem Trauma … Ich glaube nicht nach dem Kanon, sondern nach dem Herzen. Ich kenne keine Gebete … aber ich bete … Unser Priester ist ein ehemaliger Offizier, in seinen Predigten geht es dauernd um die Armee, um die Atombombe. Um die Feinde Russlands und um Freimaurer-Verschwörungen. Doch ich wünsche mir andere Worte … ganz andere … Nicht solche. Aber überall höre ich nur das … So viel Hass … Es gibt keinen Ort, wo meine Seele Zuflucht findet. Wenn ich den Fernseher einschalte – auch da das Gleiche … Nur Verwünschungen. Alle sagen sich los von dem, was war. Verfluchen es. Mein Lieblingsregisseur Mark Sacharow, jetzt mag ich ihn nicht mehr so und vertraue ihm nicht mehr so wie früher … Er hat … das wurde im Fernsehen gezeigt, er hat sein Parteibuch verbrannt. Öffentlich. Das ist doch kein Theater! Das ist das Leben! Mein Leben. Kann man denn so damit umgehen? Mit meinem Leben … Was sollen diese Shows … *(Sie weint.)*

Ich komme nicht mehr mit … Ich gehöre zu denen, die nicht mitkommen … Aus dem Zug, der in den Sozialismus eilte, steigen alle schnell um in den Zug, der in den Kapitalismus fährt. Ich erreiche ihn nicht … Sie lachen über den »Sowok« … Nennen ihn »Vieh« oder »Trottel«. Sie lachen über mich … Die »Roten« sind heute Bestien, die »Weißen« dagegen Ritter. Mein Herz und mein Verstand sträuben sich dagegen, rein körperlich wehre ich mich dagegen. Akzeptiere es nicht. Ich kann es nicht … nein … Gorbatschow habe ich begrüßt, obwohl ich ihn auch kritisierte … Aber er war … das ist heute klar, er war, wie wir alle, ein Träumer. Ein Projektemacher. So kann man sagen. Aber auf Jelzin war ich nicht vorbereitet … Auf Gaidars Reformen. Das Geld war an einem einzigen Tag futsch. Das Geld … und unser Leben … Alles wurde in einem einzigen Augenblick wertlos. Anstelle der lichten Zukunft hieß es nun: Bereichert euch, liebt das Geld … Betet dieses Tier an! Das ganze Volk war darauf nicht vorbereitet. Niemand hatte vom Kapitalismus geträumt, von mir weiß ich das ganz genau, ich habe nicht davon geträumt … Mir gefiel der Sozialismus. Die Breschnew-Jahre … die waren schon harmlos … Die blutrünstige Zeit habe ich nicht mehr erlebt … Ich habe die Lieder von Alexandra

Pachmutowa gesungen: »Unter unserem Flugzeug, da summt vor sich hin das sattgrüne Meer der Taiga …«[11] Ich träumte von fester Freundschaft und davon, in der Taiga »himmelblaue Städte«[12] zu bauen. Träume! »Ich weiß, die Stadt wird werden …« »… und an dieser Statt steht Gorod-Sad, die Gartenstadt.«[13] Ich liebte Majakowski. Patriotische Gedichte und Lieder. Das war so wichtig damals. Das bedeutete uns so viel. Niemand wird mich je davon überzeugen, dass uns das Leben nur gegeben ist, damit wir gut essen und schlafen. Und dass derjenige ein Held ist, der an einem Ort etwas kauft und es woanders für drei Kopeken mehr wieder verkauft. Das wird uns ja heute eingeredet … Also waren alle Dummköpfe, die ihr Leben für andere hingegeben haben. Für erhabene Ideale. Nein! Nein! Gestern stand ich im Laden an der Kasse … Eine alte Frau vor mir zählte die Kopeken in ihrem Portemonnaie, sie zählte und zählte und kaufte schließlich hundert Gramm von der billigsten Wurst … »Hundewurst« … und zwei Eier. Ich kenne sie … sie hat ihr ganzes Leben als Lehrerin gearbeitet …

Ich kann mich über dieses neue Leben nicht freuen! Ich werde mich darin nie wohlfühlen, allein werde ich mich nie wohlfühlen. So vereinzelt. Doch das Leben zieht mich hinunter, zieht mich in diesen Lehm. Auf die Erde. Meine Kinder müssen schon nach diesen Regeln leben. Mich brauchen sie nicht, ich bin vollkommen lächerlich. Mein ganzes Leben … Vor kurzem habe ich meine Papiere durchgesehen und bin auf mein Tagebuch aus der Jugendzeit gestoßen: die erste Liebe, der erste Kuss und ganze Seiten darüber, wie sehr ich Stalin liebe und dass ich sterben würde, nur um ihn einmal zu sehen. Aufzeichnungen einer Verrückten … Ich wollte es wegwerfen – ich konnte es nicht. Ich habe es versteckt. Aus Angst: Dass das nur niemandem unter die Augen kommt. Sie würden witzeln und lachen. Ich habe es niemandem gezeigt. *(Sie schweigt.)* Ich erinnere mich an viele Dinge, die mit dem gesunden Menschenverstand nicht zu erklären sind. Ein seltenes Exemplar, ja! Jeder Psychotherapeut hätte seine Freude … Stimmt's?! Mit mir haben Sie richtig Glück … *(Sie weint und lacht zugleich.)*

Sie werden fragen … Sie müssen fragen, wie das alles zusammenpasste: unser Glück und dass nachts Leute abgeholt wurden. Manche verschwanden, manche weinten hinter der Tür. Daran kann ich mich irgendwie nicht erinnern. Ich erinnere mich nicht! Dafür erinnere ich mich, wie im Frühling der Flieder blühte, ich erinnere mich an die Volksfeste, die Trottoirs aus Holz, die warm waren von der Sonne. An den Geruch der Sonne. An die glanzvollen Sportlerparaden und die aus lebendigen Leibern und Blumen gebildeten Namen auf dem Roten Platz: Lenin – Stalin. Ich habe auch meiner Mutter oft diese Frage gestellt …

Was wissen wir noch über Berija? Über die Lubjanka? Meine Mutter schwieg dazu immer … Nur einmal erzählte sie, wie sie und mein Vater im Sommer aus dem Urlaub auf der Krim heimkehrten. Sie fuhren durch die Ukraine. Das war in den dreißiger Jahren … Kollektivierung … In der Ukraine herrschte eine große Hungersnot, auf Ukrainisch – Holodomor. Millionen starben, ganze Dörfer … Keiner konnte sie mehr begraben … Die Ukrainer wurden getötet, weil sie nicht in die Kolchose wollten. Getötet durch Hunger. Heute weiß ich das … Sie hatten einmal freie Kosakengemeinschaften gehabt wie die Saporoschjer Sitsch, das Volk hatte die Erinnerung an die Freiheit bewahrt. Der Boden dort – steck einen Stock in den Boden, und es wächst ein Baum daraus. Und dort verhungerten die Menschen, verreckten wie Vieh. Man hatte ihnen alles weggenommen, bis zum letzten Korn. Und sie mit bewaffneten Truppen abgeriegelt, wie im Konzentrationslager. Heute weiß ich das … Auf meiner Arbeitsstelle bin ich mit einer Ukrainerin befreundet, und sie hat von ihrer Großmutter gehört … Dass in ihrem Dorf eine Mutter eines ihrer Kinder eigenhändig mit einer Axt erschlagen hat, um es zu kochen, damit die anderen etwas zu essen hatten. Ihr eigenes Kind … Das alles ist geschehen … Sie hatten Angst, die Kinder aus dem Haus zu lassen. Genau wie Katzen und Hunde wurden auch Kinder eingefangen. Sie buddelten im Garten Regenwürmer aus und aßen sie. Wer konnte, schleppte sich in die Stadt oder zu den Zügen. Wartete, dass jemand einen Kanten Brot aus dem Zug warf … Die Soldaten traten mit Stiefeln nach ihnen, schlugen sie mit Gewehrläufen … Die Züge rasten vorbei, mit Höchstgeschwindigkeit rasten sie vorbei. Die Zugbegleiter schlossen die Fenster, zogen die Vorhänge vor. Und keiner stellte

Fragen, niemandem. Sie kamen nach Hause, nach Moskau. Brachten Wein mit und Obst, waren stolz auf ihre Bräune und erzählten vom Meer. *(Sie schweigt.)* Ich habe Stalin geliebt ... Lange habe ich ihn geliebt. Selbst dann noch, als geschrieben wurde, dass er klein gewesen sei und rothaarig und einen verkrüppelten Arm gehabt habe. Dass er seine Frau erschossen habe. Als er entlarvt wurde. Aus dem Mausoleum geworfen. Ich liebte ihn trotzdem noch.

Ich war lange ein Stalin-Mädchen. Sehr lange. Sehr lange ... Ja, so war das! Mit mir ... mit uns ... Ohne das stehe ich mit leeren Händen da. Ohne alles – eine Bettlerin! Ich war stolz auf unseren Nachbarn, Onkel Wanja – er war ein Held! Im Krieg hatte er beide Beine verloren. Er rollte in einem selbstgebauten Wägelchen aus Holz über den Hof. Er nannte mich »meine Margaritka«, er reparierte für alle Stiefel, aus Filz und aus Leder. Wenn er betrunken war, sang er: »Ihr meine lieben Brüder und Schwestern, im Krieg war ich ein tapferer Held.«[14] Ein paar Tage nach Stalins Tod komme ich zu ihm, und er: »Na, meine Margaritka, jetzt ist er krepiert, dieser ...« Das sagte er über meinen Stalin! Ich entriss ihm meine Filzstiefel: »Wie können Sie es wagen! Sie, ein Held! Mit einem Orden.« Zwei Tage lang überlegte ich: Ich bin Pionier, also muss ich ins NKWD gehen und von Onkel Wanja erzählen. Ihn anzeigen. Das meinte ich vollkommen ernst ... ja! Wie Pawlik Morosow[15] ... Ich hätte meinen Vater denunzieren können ... meine Mutter ... Ich hätte es gekonnt ... Ja! Ich war dazu bereit! Als ich aus der Schule kam, lag Onkel Wanja betrunken im Hausflur. Er war mit seinem Wagen umgekippt und konnte sich nicht wieder aufrichten. Da tat er mir leid.

Auch das war ich ... Ich saß da, das Ohr ans Radio gepresst, und hörte jede Stunde das Bulletin zum Gesundheitszustand des Genossen Stalin. Und weinte. Von ganzem Herzen. Das war so! So war es! Das war die Stalin-Zeit ... und wir, die Stalin-Menschen ... Meine Mutter stammte aus einer adligen Familie. Ein paar Monate vor der Revolution heiratete sie einen Offizier, später war er bei den Weißgardisten. In Odessa trennten sie sich – er emigrierte mit den Resten der geschlagenen Denikin-Truppen, doch sie konnte ihre gelähmte Mutter nicht im Stich lassen. Sie wurde von der Tscheka verhaftet –

als Frau eines Weißgardisten. Der Ermittler, der den Fall bearbeitete, verliebte sich in sie. Und rettete sie irgendwie … Aber er zwang sie, ihn zu heiraten. Vom Dienst kam er meist betrunken nach Hause und schlug sie mit dem Revolver auf den Kopf. Irgendwann ist er verschwunden. Und diese meine Mutter … eine Schönheit … die die Musik liebte und mehrere Sprachen beherrschte – sie liebte Stalin abgöttisch. Wenn mein Vater irgendwie Unmut äußerte, drohte sie ihm: »Ich gehe ins Kreiskomitee und erzähle dort, was du für ein Kommunist bist.« Und Vater … Er hat die Revolution mitgemacht … 1937 wurde er verhaftet … Aber er wurde rasch wieder freigelassen, weil einer der namhaften Bolschewiki, die ihn persönlich kannten, sich für ihn einsetzte. Sich für ihn verbürgte. Aber in die Partei wurde er nicht wieder aufgenommen. Ein Schlag, den er nicht verwinden konnte. Im Gefängnis hatten sie ihm die Zähne ausgeschlagen, ihm fast den Schädel zertrümmert. Und trotzdem blieb er sich treu, ist Kommunist geblieben … Erklären Sie mir das … Meinen Sie, sie waren Dummköpfe? Naiv? Nein, das waren kluge, gebildete Menschen. Meine Mutter las Shakespeare und Goethe im Original, und mein Vater hat an der Timirjasew-Akademie studiert. Na, und Block … Majakowski … Inessa Armand[16]? Meine Idole … meine Ideale … Mit ihnen bin ich aufgewachsen … *(Sie denkt nach.)*

Ich habe mal Flugstunden genommen, in einem Aeroklub. Womit wir da geflogen sind, da wundert man sich heute nur – dass wir das überlebt haben! Das waren keine richtigen Segelflugzeuge, das waren selbstgebastelte Kisten – ein paar Holzleisten, mit Mull bespannt. Zum Steuern ein Knüppel und ein Pedal. Aber wenn du fliegst, siehst du die Vögel, siehst du die Erde von oben. Du spürst die Flügel! Der Himmel verändert den Menschen … die Höhe verändert ihn … Verstehen Sie, wovon ich rede? Ich rede von unserem Leben damals … Es tut mir nicht um mich leid, es tut mir leid um das, was wir liebten …

Ich habe alles ehrlich erzählt … ich weiß gar nicht recht … Irgendwie ist es heute peinlich, jemandem das alles zu erzählen …

Als Gagarin in den Kosmos geflogen war … Da liefen die Leute hinaus auf die Straße, lachten, umarmten sich, weinten. Leute, die einander gar nicht kannten. Arbeiter in Arbeitskombis, Mediziner mit weißen Mützen, die warfen sie in die Luft: »Wir sind die Ersten! Unser Mann ist im Kosmos!« Das kann man nicht vergessen! Das war wie ein Taumel, so ein großes Staunen. Bis heute bin ich gerührt, wenn ich dieses Lied höre: »Wir träumen nicht vom Donner der Raketen und nicht vom eisig kalten blauen Raum, wir träumen von dem Gras bei uns zu Hause, von diesem weichen grünen, grünen Gras.«[17] Die kubanische Revolution … Der junge Castro … Ich schrie: »Mama! Papa! Sie haben gesiegt! Viva Kuba!« *(Sie singt.)* »Kuba, geliebtes Land, Insel der Morgenröte, dies Lied umrundet die Erde und tönt: Kuba, geliebtes Land!«[18] Zu uns in die Schule kamen Veteranen des Spanienkrieges … Wir sangen zusammen *Granada*: »Ich ging aus dem Haus, das Gewehr in der Hand – der Bauer Granadas ist arm und braucht Land …«[19] Über meinem Schreibtisch hing ein Foto von Dolores Ibárruri[20]. Ja … Wir träumten von Granada … und später von Kuba … Ein paar Jahrzehnte später waren andere Jungen genauso verrückt nach Afghanistan. Wir waren leicht zu betrügen. Und trotzdem … Trotzdem! Ich werde das nicht vergessen! Ich werde nicht vergessen, wie unsere gesamte zehnte Klasse ins Neuland aufbrach. In Reih und Glied, mit Rucksäcken und wehender Fahne. Einige hatten eine Gitarre umgeschnallt. Das sind Helden!, dachte ich. Viele von ihnen sind später krank zurückgekehrt: Sie waren nicht im Neuland gewesen, sie hatten irgendwo in der Taiga eine Bahnlinie gebaut, hatten Schienen geschleppt, bis zur Hüfte im eiskalten Wasser. Es gab nicht genügend Technik … Sie aßen verfaulte Kartoffeln, alle bekamen Skorbut. Aber es hat sie gegeben, diese jungen Menschen! Und auch das Mädchen, das sie so begeistert verabschiedet hat. Das war ich! Das ist meine Erinnerung … Die lasse ich mir von niemandem nehmen – weder von den Kommunisten noch von den Demokraten oder von den Brokern. Sie gehört mir! Nur mir! Ich kann ohne alles auskommen: Ich brauche nicht viel Geld, kein teures Essen und keine modische Kleidung … kein schickes Auto … Wir haben mit unserem Shiguli die ganze Sowjetunion bereist: Ich habe Karelien gesehen … den Sewansee … und den Pamir. Das alles war meine Heimat. Meine Heimat, die UdSSR. Ich kann ohne vieles leben. Nur nicht ohne das, was war. *(Sie schweigt lange. So lange, dass ich sie anspreche.)*

Keine Angst … Mit mir ist alles in Ordnung … jetzt ja … Ich sitze einstweilen zu Hause … streichle die Katze, stricke Handschuhe. Eine so simple Tätigkeit wie das Stricken hilft am besten … Was hat mich zurückgehalten? Ich bin nicht bis zum Ende gegangen … nein … Als Ärztin habe ich mir das Ganze genau vorgestellt … in allen Einzelheiten … Der Tod ist hässlich, er ist nie schön. Ich habe Erhängte gesehen … In den letzten Augenblicken haben sie eine Erektion, oder sie sind voller Urin, voller Kot. Vom Gas wird der Mensch ganz blau … violett … Allein der Gedanke ist für eine Frau schrecklich. Ich hatte keinerlei Illusionen über einen schönen Tod. Aber … Plötzlich war da dieser Schubs, ein Antrieb, ein Anstoß. Eine verzweifelte Aufwallung … ein Durchatmen … und diese Aufwallung … Dann ist es schwer, sich zurückzuhalten. Die Notbremse zu ziehen. Stopp! Ich habe mich irgendwie zurückgehalten. Habe die Wäscheleine hingeworfen. Bin hinausgelaufen auf die Straße. Bin im Regen nass geworden. Was für eine Freude, nach alldem im Regen nass zu werden! Wie schön! *(Sie schweigt.)* Ich habe lange nicht gesprochen … Acht Monate lag ich mit Depressionen im Bett. Ich habe das Laufen verlernt. Schließlich stand ich wieder auf. Lernte wieder laufen. Ich bin da … wieder auf festem Boden … Aber es ging mir schlecht … Die Luft war entwichen, wie aus einem Ballon … Aber wovon rede ich da? Genug! Ja, genug … *(Sie sitzt da und weint.)* Genug …

Das Jahr 1990 … In unserer Minsker Dreizimmerwohnung lebten fünfzehn Personen, dazu ein Säugling. Als Erste kamen die Verwandten meines Mannes aus Baku – seine Schwester mit Familie und seine Cousins. Sie kamen nicht zu Besuch, sie brachten das Wort »Krieg« mit. Schreiend kamen sie ins Haus … mit erloschenen Augen … Das war irgendwann im Herbst oder im Winter … es war schon kalt. Ja, im Herbst sind sie gekommen, denn im Winter waren wir noch mehr. Im Winter kamen aus Tadschikistan … Aus Duschanbe kam meine Schwester mit ihrer Familie und mit den Eltern ihres Mannes. Genauso war es … Ja … Sie schliefen überall, im Sommer sogar auf dem Balkon. Und … sie sprachen nicht, sie schrien … Wie sie geflüchtet waren und der Krieg ihnen nachsetzte. Ihnen die Fersen ansengte. Und sie … sie alle waren, genau wie ich, sowjetisch, absolut sowjetisch … Hundertprozentig! Darauf waren sie stolz gewesen. Und plötzlich war das alles weg. Ja, weg! Sie wachten eines Morgens auf, schauten aus dem Fenster – und da wehte bereits eine andere Fahne. In einem anderen Land. Sie waren plötzlich Fremde.

Ich hörte ihnen zu. Hörte zu. Sie erzählten …

»… was war das für eine Zeit! Als Gorbatschow kam … Und plötzlich wird unter unseren Fenstern geschossen. In der Hauptstadt … in Duschanbe … Alle saßen vorm Fernseher, aus Angst, die Nachrichten zu verpassen. In der Fabrik waren wir ein Frauenkollektiv, überwiegend Russinnen. Ich habe gefragt: ›Mädels, was wird jetzt?‹ ›Es gibt Krieg, sie töten schon Russen.‹ Nach ein paar Tagen wurde ein Geschäft geplündert … dann ein zweites …«

»… die ersten Monate habe ich geweint, dann nicht mehr. Die Tränen sind schnell aufgebraucht. Am meisten Angst hatte ich vor den Männern, vor bekannten wie unbekannten. Sie zerren dich in ein Haus, in ein Auto … ›Scheene! Medchen, komm, ficken …‹ Die Nachbarstochter wurde von ihren Klassenkameraden vergewaltigt. Von tadschikischen Jungen, die wir kannten. Ihre Mutter ist zur Familie des einen gegangen … ›Wozu seid ihr hergekommen?‹, wurde sie angeschrien. ›Hau ab in dein Russland. Bald wird's hier überhaupt keine Russen mehr geben. In Unterhosen werdet ihr von hier fliehen.‹«

»… wozu wir dorthin gekommen waren? Mit einem Komsomol-Auftrag. Um das Wasserkraftwerk Nurek zu bauen und das Aluminiumwerk … Ich habe Tadschikisch gelernt: Tschaichana, Piala, Aryk, Artscha, Tschinara … ›Schurawi‹. So nannten sie uns. ›Russische Brüder.‹«

»… ich träume von den rosa Bergen – wenn die Mandelbäume blühen. Und dann wache ich tränenüberströmt auf …«

»… in Baku … Wir wohnten in einem achtstöckigen Haus. Am Morgen führten sie die armenischen Familien auf den Hof … Alle versammelten sich um sie, und jeder Einzelne trat zu ihnen und schlug sie, egal, womit. Ein kleiner Junge … etwa fünf Jahre alt … er ging hin und schlug mit einem Kinderspaten zu. Eine alte Aserbaidschanerin hat ihm den Kopf gestreichelt.«

»… aber unsere Freunde, sie waren auch Aserbaidschaner, die haben uns bei sich im Keller versteckt. Haben Gerümpel vor uns aufgeschichtet und Kisten. Nachts brachten sie uns zu essen …«

»… ich laufe am Morgen zur Arbeit – da liegen Leichen auf den Straßen. Liegen herum oder sitzen an der Wand, sitzen da, als wären sie lebendig. Manche sind mit einem Dastarchan (das heißt Tischtuch) zugedeckt, andere nicht. Dazu war keine Zeit. Die meisten waren nackt … Männer wie Frauen … Diejenigen, die saßen, wurden nicht ausgezogen, sie waren ja schon steif.«

»… früher dachte ich, die Tadschiken wären wie Kinder und könnten niemandem etwas zuleide tun. Nach einem halben Jahr, vielleicht war es sogar weniger, war Duschanbe nicht mehr wiederzuerkennen, und die Menschen auch nicht. Die Leichenhallen waren überfüllt. Am Morgen lagen auf dem Asphalt Klumpen von erstarrtem Blut … wie Sülze … bis sie breitgetreten wurden …«

»… tagelang liefen sie an unserem Haus vorbei mit Plakaten: ›Tod den Armeniern! Tod!‹ Männer und Frauen. Alte und Junge. Eine rasende Menge, kein einziges menschliches Gesicht. Die Zeitungen waren voll mit Anzeigen: ›Tausche Dreizimmerwohnung in Baku gegen beliebige Wohnung in beliebiger Stadt in Russland …‹ Wir haben unsere Wohnung für dreihundert Dollar verkauft. Wie einen Kühlschrank. Hätten wir mehr verlangt, wären wir womöglich getötet worden …«

»… von dem, was wir für unsere Wohnung bekommen hatten, haben wir eine chinesische Daunenjacke gekauft und warme Schuhe für meinen Mann. Möbel, Geschirr … Teppiche … das haben wir alles dagelassen …«

»… wir lebten ohne Strom und Gas … ohne Wasser … Auf dem Markt war alles furchtbar teuer. Neben unserem Haus machte ein Kiosk auf. Dort gab es Blumen und Grabkränze. Nur Blumen und Grabkränze …«

»… eines Nachts hatte jemand mit Farbe an die Wand des Nachbarhauses geschrieben: ›Fürchte dich, Russenschwein! Deine Panzersoldaten werden dir nicht helfen.‹ Russen auf leitenden Posten wurden abgelöst … auf Russen wurde aus Hinterhalten geschossen … Die Stadt war bald schmutzig wie ein Kischlak*. Eine fremde Stadt. Keine sowjetische Stadt mehr …«

»… getötet werden konnte man für alles … Weil du am falschen Ort geboren warst, die falsche Sprache sprachst. Weil du irgendwem mit einer Waffe in der Hand nicht gefallen hast … Und vorher, wie haben wir davor gelebt? Bei Festen war unser erster Trinkspruch immer ›auf die Freundschaft‹, ›Es kes sirum em‹ (das ist Armenisch und heißt ›ich liebe dich‹). ›Man sani sewiram‹ (das heißt ›ich liebe dich‹ auf Aserbaidschanisch). Wir lebten zusammen …«

»… einfache Menschen … Tadschikische Bekannte von uns schlossen ihre Söhne ein, ließen sie nicht aus dem Haus, damit sie nicht gezwungen wurden … damit man ihnen nicht das Töten beibrachte …«

»… nur weg … Wir saßen schon im Zug, unter den Rädern quoll schon Dampf hoch … Die letzten Minuten. Irgendwer feuerte aus einer Maschinenpistole auf die Räder. Soldaten bildeten einen Korridor zu unserem Schutz. Ohne die Soldaten hätten wir nicht einmal lebend die Waggons erreicht … Wenn sie im Fernsehen den Krieg zeigen, dann nehme ich ihn sofort wahr … diesen Geruch … den Geruch nach versengtem Menschenfleisch. Ein ekelerregender … ein widerlich süßer Geruch …«

* *Kischlak* – mittelasiatisches Dorf, Siedlung.

Ein halbes Jahr später bekam mein Mann den ersten Herzinfarkt ... nach einem weiteren halben Jahr den zweiten ... Seine Schwester erlitt einen Schlaganfall. Von alldem ... Ich wurde verrückt ... Wissen Sie, wie die Haare verrückt werden? Sie werden hart wie Angelsehne. Die Haare werden zuerst verrückt ... Wer kann das alles auch ertragen? Die kleine Karina ... Tagsüber ist sie ein ganz normales Kind, aber sobald es draußen dunkel wird, zittert sie. Sie schreit: »Mama, geh nicht weg! Sonst schlafe ich ein, und sie töten Papa und dich!« Manchmal schreit sie die ganze Nacht ... bis sie von den Tabletten einschläft ... Ich lief morgens zur Arbeit und betete darum, von einem Auto überfahren zu werden. Ich war früher nie in die Kirche gegangen, aber nun kniete ich stundenlang da und betete: »Heilige Gottesmutter! Hörst du mich?« Ich konnte nicht mehr schlafen, nicht mehr essen. Ich bin kein Politiker, ich verstehe nichts von Politik. Ich habe einfach Angst. Was wollen Sie mich noch fragen? Ich habe alles erzählt ... Alles!!

VON EINEM EINSAMEN ROTEN MARSCHALL UND DREI TAGEN EINER VERGESSENEN REVOLUTION

Sergej Fjodorowitsch Achromejew (1923–1991),
Marschall der Sowjetunion, Held der Sowjetunion (1982).
Chef des Generalstabs der Streitkräfte der UdSSR (1984–1988).
Träger des Leninpreises (1980).
Ab 1990 militärischer Berater des Präsidenten der UdSSR.

Aus Interviews auf dem Roten Platz (Dezember 1991)

»Ich war Studentin …

Das Ganze ging sehr schnell … Nach drei Tagen war die Revolution vorbei … Im Fernsehen hieß es in den Nachrichten: Die Mitglieder des GKTschP verhaftet … Innenminister Pugo hat sich erschossen, Marschall Achromejew hat sich aufgehängt … In unserer Familie wurde darüber lange gesprochen. Ich weiß noch, mein Vater sagte: ›Das sind Kriegsverbrecher. Sie müsste das gleiche Schicksal treffen wie die deutschen Generale Speer und Hess.‹ Alle warteten auf ein Nürnberg …

Wir waren jung … Revolution! Ich war plötzlich stolz auf mein Land, als die Menschen gegen die Panzer auf die Straße gingen. Davor hatte es schon die Ereignisse in Vilnius, Riga und Tbilissi gegeben. In Vilnius hatten die Litauer ihr Fernsehzentrum verteidigt, das hatten wir alle gesehen, und wir – waren wir etwa stumpfe Kreaturen? Auf die Straße gingen plötzlich Menschen, die früher nie irgendwohin gegangen waren – sie hatten nur in ihren Küchen gesessen und sich aufgeregt. Doch nun gingen sie auf die Straße … Meine Freundin und ich nahmen jede einen Schirm mit, gegen den Regen und zum Prügeln. *(Sie lacht.)* Ich war stolz auf Jelzin, als er auf dem Panzer stand, ich begriff: Das ist mein Präsident! Meiner! Ein richtiger Präsident! Dort waren viele junge Leute. Studenten. Wir alle waren mit dem *Ogonjok* von Korotitsch[1] aufgewachsen, mit den Sechzigern. Es herrschte eine Art Kriegszustand … Jemand brüllte in ein Megaphon, flehte, eine Männerstimme: ›Mädchen, geht weg. Es wird eine Schießerei geben und viele Tote.‹ Neben mir schickte ein junger Mann seine schwangere Frau nach Hause, und sie weinte. ›Warum bleibst du hier?‹ ›Es muss sein.‹

Ich habe noch etwas sehr Wichtiges ausgelassen … Wie dieser Tag begonnen hatte … Am Morgen war ich vom lauten Weinen meiner Mutter aufgewacht. Sie schluchzte. Sie fragte meinen Vater: ›Was bedeutet Ausnahmezustand? Was meinst du, was haben sie mit Gorbatschow gemacht?‹ Und Großmutter lief zwischen dem Fernseher und dem Küchenradio hin und her: ›Ist schon jemand verhaftet worden? Erschossen?‹ Großmutter ist 1922 geboren, ihr Leben lang war geschossen, waren Menschen erschossen worden. Verhaftet. So war ihr Leben verlaufen … Nach Großmutters Tod hat Mutter mir ein Familiengeheimnis offenbart. Den Vorhang gelüftet … diesen Vorhang … 1956 hatte man Großmutter ihren Mann, Mutters Vater, aus dem Lager zurückgebracht – er war nur noch Haut und Knochen. Er kam aus Kasachstan. Mit einem Begleiter, so krank war er. Und sie verrieten niemandem, dass er ihr Mann war … der Vater … Aus Angst … Sie sagten, er sei nur ein entfernter Verwandter. Er lebte einige Monate bei ihnen, dann musste er ins Krankenhaus. Dort erhängte er sich. Ich muss … Jetzt muss ich damit irgendwie leben, mit diesem Wissen. Ich muss es verstehen … *(Sie wiederholt:)* Irgendwie damit leben … Am meisten Angst hatte Großmutter vor einem neuen Stalin und vor Krieg, ihr Leben lang rechnete sie mit Verhaftung und Hunger. Sie zog in Kästen auf dem Fensterbrett Zwiebeln und legte immer große Töpfe Sauerkraut ein. Kaufte Zucker und Butter auf Vorrat. Unser Hängeboden war voll mit Vorräten. Graupen. Sie schärfte mir immer ein: ›Halt immer schön den Mund‹ In der Schule … an der Universität … So bin ich aufgewachsen, unter solchen Menschen. Wir hatten keinen Grund, die Sowjetmacht zu lieben. Wir sind alle für Jelzin! Meine Freundin dagegen wurde von ihrer Mutter nicht aus dem Haus gelassen: ›Nur über meine Leiche! Begreifst du denn nicht, dass alles wieder zurückgekommen ist?‹ Wir studierten an der Patrice-Lumumba-Universität der Völkerfreundschaft. Dort gab es Studenten aus der ganzen Welt, viele von ihnen waren mit der Vorstellung gekommen, die UdSSR, das wäre das Land der Balalaikas und der Atombomben. Das kränkte uns. Wir wollten in einem anderen Land leben …«

»Ich war Schlosser in einem Betrieb …

Vom Putsch habe ich im Gebiet Woronesch erfahren … Ich war zu Besuch bei meiner Tante. Das ganze Geschrei von der Größe Russlands – das ist totaler Scheiß. Kostümierte Patrioten! Sitzen vor der Zombiekiste. Die sollten mal fünfzig Kilometer aus Moskau rausfahren … Sich die Häuser ansehen, sich ansehen, wie die Leute da leben. Wie sie sich an Feiertagen besaufen … Auf dem Land gibt's kaum noch Männer. Die sind ausgestorben. Ein Bewusstsein wie Hornvieh – saufen sich zu Tode. Bis sie umkippen. Sie trinken alles, was Prozente hat: von Gurkenlotion bis zu Benzin. Erst saufen sie, dann prügeln sie sich. In jeder Familie hat irgendwer schon mal im Gefängnis gesessen oder sitzt gerade. Die Miliz ist machtlos. Nur die Frauen geben nicht auf, die buddeln weiter in ihrem Gemüsegarten. Wenn irgendwo noch ein paar Männer übrig geblieben sind, die nicht trinken, dann sind die weg nach Moskau, Geld verdienen. Dem einzigen Farmer (in dem Dorf, wo ich immer hinfahre), dem haben sie dreimal den ›roten Hahn‹ aufs Dach gesetzt, bis er abgehauen ist! Weg von da! Aus den Augen! Sie haben ihn echt gehasst … richtig physisch gehasst …

Die Panzer in Moskau … die Barrikaden … Auf dem Land hat sich keiner groß darum geschert. Oder aufgeregt. Da hatten die Leute andere Sorgen – den Kartoffelkäfer und die Kohlmotte. Ein zäher Bursche, dieser Kartoffelkäfer … Und die jungen Männer, die haben sowieso nur Sonnenblumenkerne und Mädchen im Kopf. Und wo sie am Abend einen zur Brust nehmen können. Aber das Volk war trotzdem in seiner Mehrheit für das GKTschP. So kam es mir jedenfalls vor … Nicht alle waren Kommunisten, aber alle waren für das große Land. Sie hatten Angst vor Veränderungen, denn bei allen Veränderungen war der Bauer am Ende immer der Dumme gewesen. Ich weiß noch, wie unser Großvater oft sagte: ›Früher haben wir beschissen gelebt, ganz beschissen, und dann wurde es immer schlimmer und schlimmer.‹ Bis zum Krieg und nach dem Krieg besaßen sie keinen

Ausweis. Die Leute auf dem Land bekamen keinen Ausweis, sie durften nicht weggehen in die Stadt. Sie waren Sklaven. Gefangene. Aus dem Krieg kamen sie mit Orden zurück. Halb Europa hatten sie erobert! Aber sie bekamen noch immer keinen Ausweis.

In Moskau habe ich erfahren, dass alle meine Freunde auf den Barrikaden waren. Dass sie mitgemacht haben bei dem Ganzen. *(Er lacht.)* Auch ich hätte eine Medaille kriegen können ...«

»Ich bin Ingenieur ...

Wer war dieser Marschall Achromejew? Ein Sowok-Fanatiker. Ich habe in der Sowok gelebt, ich will nicht dahin zurück. Er aber war ein Fanatiker, der kommunistischen Idee aufrichtig ergeben. Das war mein Feind. Er weckte in mir Hass, wenn ich ihn reden hörte. Ich wusste: Dieser Mann wird kämpfen bis zum Schluss. Sein Selbstmord? Klar, das ist eine außergewöhnliche Tat, und die verdient Respekt. Vor dem Tod muss man Achtung haben. Aber ich frage mich: Und wenn sie gesiegt hätten? Nehmen Sie jedes beliebige Lehrbuch ... Kein einziger Umsturz in der Geschichte ist ohne Terror ausgekommen, alles endete unweigerlich mit Blutvergießen. Mit dem Herausreißen von Zungen und dem Ausstechen von Augen. Mit Mittelalter. Da muss man kein Historiker sein ...

Am Morgen hörte ich im Fernsehen, Gorbatschow sei ›wegen schwerer Krankheit außerstande, das Land zu regieren‹, und als ich aus dem Fenster schaute, waren da Panzer ... Ich meine Freunde angerufen – alle waren für Jelzin. Gegen die Junta. Wir werden Jelzin verteidigen! Ich hab den Kühlschrank aufgemacht und mir ein Stück Käse in die Tasche gesteckt. Auf dem Tisch lagen Kringel – die hab ich auch eingesammelt. Und eine Waffe? Ich musste doch irgendetwas mitnehmen ... Auf dem Tisch lag ein Küchenmesser ... ich nahm es in die Hand und legte es wieder zurück. *(Er wird nachdenklich.)* Und wenn ... wenn sie gesiegt hätten?

Jetzt zeigen sie im Fernsehen schöne Bilder: Maestro Rostropowitsch ist aus Paris gekommen und sitzt mit einer Maschinenpistole da, junge Mädchen bringen den Soldaten Eis ... Ein Blumenstrauß auf einem Panzer ... Meine Bilder sehen anders aus ... Moskauer

Omas bringen den Soldaten belegte Brote und nehmen die jungen Männer mit zu sich nach Hause, zum Pinkeln. Eine ganze Panzerdivision haben sie nach Moskau geschickt – ohne jeden Proviant, ohne Toiletten. Aus den Panzerluken schauen die dünnen Hälse der Jungs und riesengroße! erschrockene Augen. Sie kapieren rein gar nichts. Sie sitzen schon den dritten Tag in ihrem Panzer – wütend und hungrig. Unausgeschlafen. Frauen umringen sie: ›Söhnchen, werdet ihr auf uns schießen?‹ Die Soldaten schweigen, doch ein Offizier brüllt: ›Wenn man es uns befielt, werden wir schießen.‹ Die Soldaten verschwinden blitzschnell in ihrer Luke. So war das! Meine Bilder sehen anders aus als eure ... Wir stehen in der Menschenkette, warten auf den Angriff. Gerüchte: Bald werden sie Gas einsetzen, auf den Dächern sitzen Scharfschützen ... Eine Frau kommt zu uns, mit Ordensbändern an der Jacke ... ›Wen verteidigt ihr? Die Kapitalisten?‹ ›Nicht doch, Oma! Wir stehen hier für die Freiheit.‹ ›Und ich habe für die Sowjetmacht gekämpft – für die Arbeiter und Bauern. Nicht für Krämerstände und Kooperativen. Wenn man mir jetzt eine Maschinenpistole geben würde ...‹

Alles hing an einem seidenen Faden. Es roch nach Blut. Ein Fest war das in meiner Erinnerung nicht ...«

»Ich bin Patriot ...

Lassen Sie mich was sagen ... *(Ein Mann in offenem Lammfellmantel mit einem massiven Kreuz auf der Brust tritt zu mir.)* Wir erleben gerade die schändlichste Zeit unserer Geschichte. Wir sind eine Generation von Feiglingen und Verrätern. So wird das Urteil unserer Kinder lauten. ›Ein großes Land haben unsere Eltern verkauft, für Jeans, für Marlboro und Kaugummi‹, werden sie sagen. Wir haben es nicht geschafft, die UdSSR zu verteidigen – unsere Heimat. Ein schreckliches Verbrechen. Alles haben wir verkauft!! Ich werde mich nie an die russische Trikolore gewöhnen, ich werde immer die rote Fahne vor Augen haben. Die Fahne eines großen Landes! Eines großen Sieges! Was muss man mit uns gemacht haben ... mit den sowjetischen Menschen ... dass wir die Augen verschlossen haben und in dieses beschissene kapitalistische Paradies gerannt sind?

Sie haben uns gekauft mit bunten Verpackungen, mit Wursttheken und grellen Etiketten. Haben uns geblendet und vollgequatscht. Wir haben alles hergegeben für Karren und Klamotten. Und erzählt mir keine Märchen ... von wegen, die CIA hätte die Sowjetunion gestürzt, die Intrigen von Brzeziński[2]... Und wieso hat der KGB nicht Amerika gestürzt? Nicht ›die blöden Kommunisten haben das Land in die Scheiße geritten‹, und nicht ›die Scheißintelligenzler haben es vernichtet, damit sie ins Ausland fahren und *Archipel Gulag* lesen können‹ ... Und suchen Sie auch nicht nach einer ›jüdisch-freimaurerischen Verschwörung‹ ... Wir selbst haben alles zerstört ... Mit unseren eigenen Händen. Wir haben davon geträumt, dass es auch bei uns McDonald's mit heißen Hamburgern gibt, dass jeder sich einen Mercedes kaufen kann und ein Plastik-Videogerät, dass man am Kiosk Pornofilme bekommt ...

Russland braucht eine starke Hand. Eine eiserne Hand. Einen Aufseher mit Knüppel. Also – den großen Stalin! Hurra! Hurra! Achromejew hätte unser Pinochet werden können ... unser General Jaruzelski ... Ein großer Verlust ...«

»Ich bin Kommunist ...

Ich war für das GKTschP, besser gesagt, für die UdSSR. Ich war ein leidenschaftlicher GKTschPist, denn ich habe gern in einem Imperium gelebt. ›Vom Amur bis fern zum Donaustrande ...‹[3] 1989 wurde ich auf eine Dienstreise nach Vilnius geschickt. Vor der Abreise rief mich der Chefingenieur unseres Betriebes zu sich (er war schon dort gewesen) und warnte mich: ›Sprich dort nicht russisch. Sie verkaufen dir nicht mal Streichhölzer, wenn du russisch sprichst. Hast du dein Ukrainisch noch parat? Rede ukrainisch.‹ Ich habe ihm nicht geglaubt – was sollte der Unsinn? Doch er: ›Sei in der Kantine vorsichtig – sie könnten dich vergiften oder dir Glassplitter ins Essen streuen. Du bist für die dort jetzt ein Besatzer, klar?‹ Ich aber hatte noch die Völkerfreundschaft im Kopf und all das. Die sowjetische Brüderlichkeit. Ich habe es nicht geglaubt, bis ich auf dem Bahnhof von Vilnius ankam. Ich stieg auf dem Bahnsteig aus ... Vom ersten Augenblick an, als ich russisch sprach, gab man mir zu verstehen, dass ich in ein fremdes Land gekommen sei. Ich war ein Besatzer. Aus dem schmutzigen, rückständigen Russland. Ein russischer Iwan. Ein Barbar.

Und dann dieser Tanz der kleinen Schwäne[4] … Also, vom GKTschP habe ich am Morgen beim Einkaufen gehört. Ich bin nach Hause gelaufen, habe den Fernseher eingeschaltet: Wurde Jelzin getötet oder nicht? In wessen Hand ist das Fernsehzentrum? Wer hat das Kommando über die Armee? Ein Bekannter rief an: ›Ach, diese Hunde, jetzt werden sie wieder die Schrauben anziehen. Dann werden wir alle wieder Schräubchen und Rädchen.‹ Ich wurde wütend: ›Ich bin mit beiden Händen dafür. Ich bin für die UdSSR!‹ Augenblicklich machte er eine Kehrtwendung um hundertachtzig Grad: ›Das ist das Aus für Michail mit dem Feuermal! Jetzt kann er in Sibirien schuften!‹ Verstehen Sie? Man hätte mit den Leuten reden müssen. Sie beeinflussen. Bearbeiten. Man hätte als Erstes Ostankino besetzen müssen und rund um die Uhr verkünden: Wir werden das Land retten! Die sowjetische Heimat ist in Gefahr! Und ganz schnell abrechnen müssen mit den Sobtschaks, den Afanassjews und den übrigen Verrätern. Das Volk war dafür!

An Achromejews Selbstmord glaube ich nicht. Ein kampferprobter Offizier kann sich nicht mit einem Bindfaden erhängt haben … mit einem Band von einer Tortenschachtel … Wie ein Strafgefangener. So erhängt man sich in einer Gefängniszelle – im Sitzen, mit angezogenen Beinen. In Einzelhaft. Das ist gegen die militärische Tradition. Offiziere verachten den Strick. Das war kein Selbstmord, das war Mord. Er wurde ermordet, von denen, die die Sowjetunion ermordet haben. Sie hatten Angst vor ihm – Achromejew besaß große Autorität in der Armee, er hätte den Widerstand organisieren können. Das Volk war noch nicht so desorientiert und vereinzelt wie jetzt. Damals lebten und dachten noch alle gleich. Lasen die gleichen Zeitungen.

Aber das … das habe ich selbst gesehen … Junge Leute haben Leitern an das ZK-Gebäude auf dem Alten Platz gelehnt, es wurde schon nicht mehr bewacht. Hohe Feuerwehrleitern. Sie sind raufgestiegen … Und haben mit Hämmern und Meißeln die goldenen Buchstaben »ZK der KPdSU« abgehackt. Unten haben andere sie zersägt und die Stücke als Souvenirs verteilt. Als die Barrikaden zerlegt wurden, wurde auch der Stacheldraht zu Souvenirs.

So habe ich den Fall des Kommunismus in Erinnerung ...«

Aus den Ermittlungsakten

»Am 24. August 1991 um 21 Uhr 50 entdeckte der diensthabende Offizier Korotejew im Büro Nr. 19a im Haus 1 des Moskauer Kreml den Leichnam des Marschalls der Sowjetunion, Sergej Fjodorowitsch Achromejew (geb. 1923), der als Berater des Präsidenten der UdSSR tätig war.

Der Tote befand sich in sitzender Position unter dem Fensterbrett des Büros. Mit dem Rücken lehnte der Tote am Holzgitter vor dem Heizkörper. Der Tote trug die Uniform des Marschalls der Sowjetunion. Die Kleidung wies keinerlei Beschädigungen auf. Am Hals des Toten befand sich eine Würgeschlinge aus doppelt gelegtem synthetischem Bindfaden, die den gesamten Hals umschlang. Das obere Ende der Schlinge war mit Scotch-Klebeband am Fenstergriff befestigt. Am Toten wurden keinerlei Verletzungen außer den vom Erhängen herrührenden festgestellt ...«

»Bei der Durchsuchung des Schreibtischinhalts wurden ganz oben, an auffälliger Stelle, fünf Briefe gefunden. Alle handschriftlich verfasst. Die Briefe lagen säuberlich übereinander. Sie sind in der Reihenfolge aufgeführt, in der sie gelegen haben ...

Den ersten Brief bittet Achromejew seiner Familie zu übergeben, darin teilt er mit, dass er sich zum Selbstmord entschlossen habe: ›Meine Pflicht als Militär und Bürger stand für mich immer an erster Stelle. Ihr kamt an zweiter Stelle. Heute stelle ich die Pflicht Euch gegenüber zum ersten Mal an die erste Stelle. Ich bitte Euch, diese Tage mutig zu ertragen. Seid einander eine Stütze. Gebt unfreundlich Gesinnten keinen Anlass zu Schadenfreude ...‹

Der zweite Brief ist an den Marschall der Sowjetunion S. Sokolow gerichtet. Er enthält die Bitte an Sokolow und an Armeegeneral

Lobow, bei der Beerdigung behilflich zu sein und seine Familie in den für sie schweren Tagen nicht allein zu lassen.

Der dritte Brief enthält die Bitte, eine Schuld in der Kremlkantine zu begleichen, daran ist ein 50-Rubel-Schein geheftet.

Der vierte Brief ist nicht persönlich adressiert. ›Ich kann nicht weiterleben, wenn mein Vaterland untergeht und alles zerstört wird, was ich als den Sinn meines Lebens betrachtet habe. Mein Alter und mein vergangenes Leben geben mir das Recht, aus dem Leben zu scheiden. Ich habe gekämpft bis zum Schluss.‹

Der letzte Brief lag einzeln: ›Ich bin ein schlechter Meister im Fertigen von Selbstmordwaffen. Der erste Versuch (um 9.40 Uhr) schlug fehl – der Strick ist gerissen. Ich sammle meine Kräfte, um den Versuch zu wiederholen ...‹

Die Gutachten des Schriftsachverständigen bestätigten: Alle Briefe wurden von Achromejew verfasst ...«

»Achromejews jüngste Tochter, Natalja, bei deren Familie Achromejew seine letzte Nacht verbrachte, erzählte: ›Noch vor dem August haben wir unseren Vater oft gefragt: Könnte es bei uns zum Staatsstreich kommen? Viele waren unzufrieden mit Gorbatschows Perestroika – mit seiner Geschwätzigkeit, seiner Schwäche, seinen einseitigen Zugeständnissen in den sowjetisch-amerikanischen Abrüstungsverhandlungen, mit der sich verschlechternden wirtschaftlichen Lage des Landes. Doch Vater mochte solche Gespräche nicht, er war überzeugt: ›Es wird keinen Staatsstreich geben. Wenn die Armee einen Umsturz wollte, würde sie die Sache binnen zwei Stunden erledigen. Aber in Russland erreicht man mit Gewalt gar nichts. Einen nicht genehmen Regierungschef aus dem Weg zu räumen ist kein großes Problem. Aber was weiter?‹

Am 23. August kam Achromejew nicht sehr spät von der Arbeit nach Hause. Die Familie aß zusammen zu Abend. Sie hatten eine große Melone gekauft und saßen lange zusammen. Der Vater, so berichtete die Tochter, sei sehr offen gewesen. Er habe bekannt, dass er mit seiner Verhaftung rechne. Niemand würde im Kreml zu ihm kommen und mit ihm reden. ›Ich weiß‹, sagte er, ›es wird schwer sein für euch, unsere Familie wird zur Zeit mit so viel Dreck beworfen. Aber ich konnte nicht anders handeln.‹ Die Tochter fragte ihn: ›Bereust du nicht, dass du nach Moskau gekommen bist?‹ Achromejew antwortete: ›Hätte ich es nicht getan, würde ich mich mein Leben lang dafür verfluchen.‹

Vorm Schlafengehen versprach Achromejew seiner Enkelin, am nächsten Tag mit ihr in den Park zu gehen, zur Schaukel. Er war besorgt, wer seine Frau abholen würde, die am Morgen aus Sotschi zurückkommen sollte. Er bat darum, ihn gleich anzurufen, wenn sie angekommen sei. Er bestellte in der Kreml-Garage einen Wagen für sie …

Die Tochter rief ihren Vater um 9.35 Uhr an. Seine Stimme klang ganz normal … Die Tochter, die ihren Vater sehr gut kannte, glaubt nicht an Selbstmord …«

Aus den letzten Äußerungen

»Ich habe der Union der Sozialistischen Sowjetrepubliken meinen Eid geleistet … und ihr mein Leben lang gedient. Was soll ich also jetzt tun? Wem soll ich dienen? Also, solange ich lebe, solange ich atme, werde ich für die Sowjetunion kämpfen …«

Fernsehprogramm Wsgljad, *1990*

»Heute wird alles schwarzgemalt … Es wird alles negiert, was nach der Oktoberrevolution im Land geschehen ist … Ja, es gab Stalin, es gab den Stalinismus. Ja, es gab die Repressalien, die Gewalt gegen das Volk, das leugne ich nicht. Das alles hat es gegeben. Und dennoch, man muss das objektiv und gerecht erforschen und beurteilen. Mir braucht man darüber nichts zu erzählen, ich stamme selbst aus dieser Zeit. Ich habe mit eigenen Augen gesehen, wie die Menschen arbeiteten, mit welchem Glauben … Es geht nicht darum, etwas zu glätten oder zu verstecken. Es gibt nichts zu verstecken, zu verbergen. Angesichts dessen, was im Land geschehen ist und was bereits alle wissen – was sollten da Versteckspiele? Aber den Krieg gegen den

Faschismus haben wir gewonnen und nicht verloren. Wir haben den Sieg errungen.

Ich erinnere mich an die dreißiger Jahre ... Menschen wie ich waren herangewachsen. Dutzende Millionen. Und wir bauten bewusst den Sozialismus auf. Wir waren zu jedem Opfer bereit. Ich bin nicht einverstanden mit General Wolkogonow, der schreibt, in den Vorkriegsjahren habe es nur Stalinismus gegeben. Er ist Antikommunist. Aber das Wort ›Antikommunist‹ ist heute bei uns kein Schimpfwort mehr. Ich bin Kommunist, er ist Antikommunist. Ich bin Antikapitalist, und er – ich weiß nicht, was er ist: ein Verteidiger des Kapitalismus oder nicht? Das ist lediglich die Feststellung einer Tatsache. Und ein ideologischer Streit. Ich werde nicht nur kritisiert, sondern regelrecht beschimpft, weil ich ihn einen Wendehals genannt habe ... Noch vor kurzem hat Wolkogonow die sowjetische Ordnung, die kommunistischen Ideale zusammen mit mir verteidigt. Und plötzlich diese radikale Wende. Soll er doch einmal sagen, warum er seinen militärischen Eid gebrochen hat ...

Viele haben heute den Glauben verloren. Als Ersten würde ich da Boris Nikolajewitsch Jelzin nennen. Der russische Präsident war schließlich Sekretär des ZK der KPdSU, Kandidat des Politbüros. Und jetzt sagt er ganz offen, dass er nicht an den Sozialismus und den Kommunismus glaubt, dass er alles für falsch hält, was die Kommunisten getan haben. Er ist ein militanter Antikommunist geworden. Aber es gibt auch Menschen, die anders denken. Übrigens gar nicht so wenige. Aber Sie fragen ja mich ... Ich bin prinzipiell anderer Meinung ... Ich sehe eine Bedrohung für die Existenz unseres Landes, sie ist ganz offensichtlich. Sie ist heute ebenso groß wie 1941 ...«

N. Zenkovič, XX vek. Vysšij generalitet v gody potrjasenij. (Das 20. Jahrhundert. Die oberste Generalität in den Jahren der Erschütterungen). Moskau 2005

»Die UdSSR hat in den siebziger Jahren zwanzigmal so viele Panzer produziert wie die USA.

Frage von G. Schachnasarow, Stellvertreter des Generalsekretärs der KPdSU Gorbatschow (in den 1980er Jahren): ›Warum müssen wir so viele Waffen produzieren?‹

Antwort des Generalstabschefs S. Achromejew: ›Weil wir unter gewaltigen Opfern erstklassige Betriebe aufgebaut haben, die nicht schlechter sind als die der Amerikaner. Sollen die Ihrer Meinung nach etwa die Produktion einstellen und Töpfe produzieren?‹«

Jegor Gaidar, Gibel imperii. (Der Untergang des Imperiums). Moskau 2007

»Am neunten Sitzungstag des Ersten Kongresses der Volksdeputierten der UdSSR tauchten im Saal Flugblätter auf, in denen es hieß, Sacharow habe in einem Interview mit einer kanadischen Zeitung erklärt: ›Während des Afghanistan-Krieges wurde aus sowjetischen Hubschraubern auf die in eine Umzingelung geratenen eigenen Soldaten geschossen, damit sie sich nicht ergeben und nicht in Gefangenschaft geraten konnten.‹

Am Rednerpult steht der erste Sekretär des Komsomol-Stadtkomitees von Tscherkassk, der Afghanistan-Veteran S. Tscherwonopiski, er hat keine Beine mehr, er wird zum Rednerpult getragen. Er verliest eine Erklärung von Afghanistan-Veteranen: ›Herr Sacharow behauptet, er habe Informationen über die Erschießung sowjetischer Soldaten aus sowjetischen Hubschraubern heraus … Wir sind ernsthaft beunruhigt über diese beispiellose Hetze gegen die Sowjetarmee in den Massenmedien. Wir sind zutiefst empört über diese verantwortungslose, provozierende Äußerung des prominenten Wissenschaftlers. Das ist ein vorsätzlicher Angriff auf unsere Armee, eine Herabsetzung ihrer Ehre und Würde, ein neuerlicher Versuch, die heilige Einheit von Armee, Volk und Partei zu zerstören … *(Beifall.)* Hier im Saal sitzen 80 Prozent Kommunisten. Aber kein Einziger, den Bericht des Genossen Gorbatschow eingeschlossen, hat das Wort ›Kommunismus‹ erwähnt. Doch ich will die drei Begriffe nennen, für die wir meiner Ansicht nach alle zusammen kämpfen müssen: Staatsmacht, Heimat, Kommunismus …‹

(Beifall. Alle Abgeordneten stehen auf – bis auf die Demokraten und Metropolit Alexi.)

Eine Lehrerin aus Usbekistan:
›Genosse Akademiemitglied! Sie haben mit einer einzigen Tat Ihre gesamte Tätigkeit zunichtegemacht. Sie haben unsere ganze Armee, alle unsere Gefallenen beleidigt. Und ich erkläre Ihnen unsere allgemeine Verachtung …‹

Marschall Achromejew:
›Was Akademiemitglied Sacharow gesagt hat, ist eine Lüge. Nichts dergleichen hat es in Afghanistan gegeben. Das erkläre ich mit voller Verantwortung. Erstens habe ich zweieinhalb Jahre in Afghanistan gedient, zweitens war ich erster Stellvertreter des Generalstabschefs und später Chef des Generalstabs und habe mich jeden Tag mit Afghanistan beschäftigt, ich kenne jede Direktive, jeden Tag der Kampfhandlungen. Das hat es nicht gegeben!!‹«

V. Kolesow, Perestroika. Letopis' 1985–1991 (Perestroika, Chronik 1985–1991). Sankt Petersburg/Moskau 2003–2009

Aus einem Interview für die Fernsehnachrichten 1990

»Genosse Marschall, was empfinden Sie in dem Bewusstsein, dass Sie den Titel ›Held der Sowjetunion‹ für Afghanistan erhalten haben? Akademiemitglied Sacharow hat eine Zahl genannt: Die Verluste des afghanischen Volkes – eine Million Menschen …«

»Meinen Sie, ich sei glücklich darüber, dass ich den Heldenstern bekommen habe? Ich habe einen Befehl ausgeführt, aber dort gab es nichts als Blut … Schmutz … Ich habe mehrfach gesagt, dass die militärische Führung gegen diesen Krieg war, weil wir wussten, dass wir in Kampfhandlungen unter schwierigen, unbekannten Bedingungen verwickelt sein würden. Dass sich der ganze östliche Islamismus gegen die UdSSR erheben würde. Dass wir in Europa unser Gesicht verlieren würden. Aber uns wurde barsch erwidert: ›Seit wann mischen sich in unserem Land Generäle in die Politik ein?‹

Wir haben den Kampf um das afghanische Volk verloren … Aber das ist nicht die Schuld unserer Armee …«

Brief an den Präsidenten der UdSSR Michail Gorbatschow, 22. August 1991

»… nehme ich Stellung zum Grad meiner Beteiligung an den kriminellen Handlungen des sogenannten ›Staatlichen Komitees für den Ausnahmezustand‹ …

Am 6. August dieses Jahres reiste ich auf Ihre Anordnung zum Urlaub in das Militärsanatorium in Sotschi, wo ich mich bis zum 19. August befand. Vor der Abreise ins Sanatorium und bis zum Morgen des 19. August war mir von der Vorbereitung einer Verschwörung nichts bekannt. Niemand hat mir gegenüber von deren Organisation und Organisatoren gesprochen, auch nicht in Andeutungen, an ihrer Vorbereitung und Umsetzung war ich also in keiner Weise beteiligt. Am Morgen des 19. August, nachdem ich im Fernsehen die Erklärung des obengenannten ›Komitees‹ gehört hatte, entschied ich selbst, nach Moskau zu fliegen. Um 8 Uhr abends traf ich mich mit G. I. Janajew. Ich sagte ihm, ich billigte das vom ›Komitee‹ formulierte Programm und seinen Aufruf an das Volk, und bot ihm meine Zusammenarbeit als Berater des kommissarischen Präsidenten der UdSSR an. G. I. Janajew war einverstanden, setzte aber, da er sehr beschäftigt sei, ein nächstes Treffen erst für den 20. August gegen 12 Uhr an. Er sagte, das ›Komitee‹ verfüge noch über keine systematischen Informationen über die Lage und es wäre gut, wenn ich mich darum kümmern könnte …

Am Morgen des 20. August traf ich mich mit O. D. Baklanow, der den gleichen Auftrag erhalten hatte. Wir beschlossen, in dieser Frage zusammenzuarbeiten … Wir versammelten eine Gruppe aus Vertretern verschiedener Behörden und organisierten das Sammeln von Informationen und die Analyse der Lage. Praktisch verfasste diese Arbeitsgruppe zwei Berichte: zu 9 Uhr abends am 20. August und zum Morgen des 21. August. Beide wurden auf der Sitzung des ›Komitees‹ ausgewertet.

Außerdem arbeitete ich am 21. August am Entwurf eines Berichts von G. I. Janajew vor dem Präsidium des Obersten Sowjets der UdSSR. Am Abend des 20. August und am Morgen des 21. August nahm ich an den Sitzungen des ›Komitees‹ teil, das heißt, an dem Teil, der in Anwesenheit von eingeladenen Personen stattfand. Das waren meine Aktivitäten am 20. und 21. August. Außerdem traf ich mich am 20. August gegen 3 Uhr nachmittags mit Verteidigungsminister Jasow, auf dessen Bitte hin. Er sagte, die Lage werde komplizierter, und äußerte Zweifel am Erfolg des Vorhabens. Nach unserem Gespräch bat er mich, ihn zum stellvertretenden Verteidigungsminister General Atschalow zu begleiten, wo an einem Plan zur Besetzung des Gebäudes des Obersten Sowjets der RSFSR gearbeitet wurde. Er hörte Atschalow drei Minuten lang an, lediglich zur Zusammensetzung der Truppen und zum Zeitplan des Vorgehens. Ich habe niemandem Fragen gestellt …

Warum bin ich aus eigenem Antrieb nach Moskau gefahren – niemand hatte mich aus Sotschi abberufen – und habe im ›Komitee‹ mitgearbeitet? Ich war doch überzeugt, dass dieses Abenteuer eine Niederlage erleiden würde, und fand mich darin in Moskau erneut bestätigt. Es ist so, dass ich seit 1990 überzeugt war, und das bin ich noch heute, dass unser Land dem Untergang entgegengeht. Dass es bald zersplittert sein wird. Ich habe nach einer Form gesucht, das vernehmlich zu äußern. Ich glaubte, meine Beteiligung an den Aktivitäten des ›Komitees‹ und die anschließende Untersuchung würden mir die Möglichkeit geben, das deutlich zu erklären. Das klingt vermutlich naiv und wenig überzeugend, aber so ist es. Es gab keinerlei eigennützige Motive für diese meine Entscheidung …«

Aus dem Notizbuch, August 1991

»… Gorbatschow ist mir teuer, aber das Vaterland ist mir teurer! Möge in der Geschichte wenigstens eine Spur bleiben – dass gegen den Untergang eines so großen Staates protestiert wurde. Und dann mag die Geschichte entscheiden, wer recht hatte und wer schuld war …«

Aus dem Bericht von N.

(Er hat darum gebeten, seinen Namen und seine Position im Kreml nicht zu erwähnen.)

Ein seltener Zeuge. Aus dem Allerheiligsten – dem Kreml, der wichtigsten Zitadelle des Kommunismus. Ein Zeuge aus jenem Leben, das uns verborgen war. Das bewacht wurde wie das Leben der Kaiser von China. Irdischer Götter. Ich musste ihn lange überreden.

Aus unseren Telefonaten

... von wegen Geschichte! Sie wollen »heiße Fakten«, irgendetwas Pikantes, Anrüchiges? Auf Blut, auf Fleisch beißen doch alle an. Der Tod ist zur Ware geworden. Alles wird zu Markte getragen. Der Spießer wird begeistert sein ... einen Adrenalinstoß kriegen ... Nicht jeden Tag fällt ein Imperium ... Liegt mit der Schnauze im Dreck! Im Blut! Und nicht jeden Tag begeht ein Marschall eines Imperiums Selbstmord ... hängt sich im Kreml an einem Heizkörper auf ...

Warum er gegangen ist? Sein Land war gegangen, und er ist mit ihm gegangen, er hat sich hier nicht mehr gesehen. Er ... so denke ich ... er hat schon geahnt, wie alles kommen würde. Wie der Sozialismus zerstört werden würde. Dass das Geschwätz mit Blutvergießen enden würde. Mit Plünderei. Dass man die Denkmäler stürzen würde. Die sowjetischen Götter zu Schrott erklären. Zu Sekundärrohstoff. Dass man den Kommunisten ein Nürnberg androhen würde ... Und wer würden die Richter sein? Die einen Kommunisten würden über die anderen Kommunisten zu Gericht sitzen – jene, die am Mittwoch aus der Partei ausgetreten sind, über die, die erst am Donnerstag ausgetreten sind. Dass man Leningrad umbenennen würde ... die Wiege der Revolution ... Dass es Mode werden würde, die KPdSU zu beschimpfen, und dass alle es tun würden. Dass sie durch die Straßen laufen würden mit Plakaten: »KPdSU – kaputt!« und »Regiere, Boris!«. Vieltausendköpfige Demonstrationen ... Begeisterte

Gesichter! Das Land ging unter, und sie waren glücklich, alle sahen glücklich aus. Zerstören! Stürzen! So etwas ist für uns immer ein Fest. Ein schönes Fest! Hätte jemand befohlen: »Fass!«, dann hätten Pogrome eingesetzt ... »Juden und Kommissare an die Wand!« Das Volk hat darauf gewartet. Es hätte mit Freuden ... Sie hätten Jagd gemacht auf alte Leute – auf Pensionäre ... Ich selbst habe auf der Straße Flugblätter gefunden mit den Adressen führender ZK-Mitarbeiter – Name, Haus- und Wohnungsnummer, und ihre Fotos klebten überall. Damit man sie im Fall des Falles erkannte. Die Kommunisten flohen aus ihren Büros mit Plastiktüten. Mit Einkaufsnetzen. Viele hatten Angst, zu Hause zu übernachten, und versteckten sich bei Verwandten. Wir hatten Informationen ... Wir wussten, wie es in Rumänien gewesen war ... Ceauşescu und seine Frau wurden erschossen, und bündelweise wurden Tschekisten und die Parteielite eingesammelt und erschossen. In Gruben verscharrt ... *(Lange Pause.)* Aber er ... er war ein idealistischer, romantischer Kommunist. Er glaubte an die »leuchtenden Höhen des Kommunismus«. Buchstäblich. Daran, dass der Kommunismus für immer sei. So ein Bekenntnis klingt heute lächerlich ... idiotisch ... *(Pause.)* Das, was da begonnen hatte, hat er nicht akzeptiert. Er sah, wie sich die jungen Raubtiere regten ... die Pioniere des Kapitalismus ... Sie hatten nicht Marx und nicht Lenin im Kopf ... sondern den Dollar.

Was ist das schon für ein Putsch, wenn nicht geschossen wird? Die Armee ist feige aus Moskau geflohen. Nach der Verhaftung der Mitglieder des GKTschP rechnete er damit, dass sie bald auch zu ihm kommen und ihn in Handschellen abführen würden. Von allen Beratern und Stellvertretern des Präsidenten hat er als Einziger die »Putschisten« unterstützt. Offen unterstützt. Die Übrigen haben abgewartet. Still abgewartet. Der bürokratische Apparat – das ist eine Maschine ... mit großer Manövrierfähigkeit ... Großer Überlebensfähigkeit. Prinzipien? Die Bürokratie hat keine Überzeugungen, keine Prinzipien, nichts von dieser vagen Metaphysik. Hauptsache, man bleibt im Sessel und bekommt weiterhin das Seine, sein »Lämmchen in Papier«[5] oder seine »Windhundwelpen«[6]. Die Bürokratie ist unser Steckenpferd. Schon Lenin hat gesagt, die Bürokratie sei schlimmer als Denikin. Da zählt nur eines – persönliche Ergebenheit, vergiss nie, wer dein Herr ist, welche Hand dich füttert. *(Pause.)* Niemand kennt die Wahrheit über das GKTschP. Alle lügen. Ja … also … In Wirklichkeit war da ein großes Spiel geplant, wir wissen nichts über seine geheimen Motive und kennen auch nicht alle Beteiligten. Nebulös auch die Rolle Gorbatschows … Was hat er zu den Journalisten gesagt, als er aus Foros zurückgekehrt war? »Alles werde ich Ihnen sowieso nie erzählen.« Das wird er wirklich nicht! *(Pause.)* Und das ist vielleicht einer der Gründe, warum er zurückgetreten ist. *(Pause.)* Hunderttausendköpfige Demonstrationen … das hatte eine starke Wirkung … Da war es schwer, gelassen zu bleiben … Er hatte nicht um sich Angst … Aber er konnte sich nicht damit abfinden, dass bald alles niedergetrampelt werden würde, einbetoniert: das sowjetische System, die große Industrialisierung … der große Sieg … Und dass sich herausstellen würde, dass die *Aurora* gar nicht geschossen und der Sturm auf das Winterpalais nicht stattgefunden hatte …

… schimpfen auf die Zeiten … Unsere Zeit ist gemein. Hohl. Alles vollgestopft mit Klamotten und Autos. Wo ist das große Land geblieben? Heute könnten wir niemanden mehr besiegen. Und es würde auch kein Gagarin mehr in den Kosmos fliegen …

Völlig überraschend hörte ich ihn am Ende eines unserer Telefonate schließlich sagen: »Gut, kommen Sie vorbei.« Wir trafen uns am nächsten Tag bei ihm zu Hause. Er trug einen schwarzen Anzug und Krawatte, trotz der Hitze. Die Kreml-Uniform.

Waren Sie schon bei … *(Er nennt einige bekannte Namen.)* Und … *(Ein weiterer Name, den jeder kennt.)* Ihre Hypothese: Er wurde ermordet! Daran glaube ich nicht. Es gibt angeblich Gerüchte über irgendwelche Zeugen … Fakten … Der Bindfaden sei falsch gewesen, viel zu dünn, damit hätte man sich nur erdrosseln können, und der Schlüssel der Bürotür habe von außen gesteckt … Alles Mögliche wird erzählt … Die Leute lieben Geheimnisse des Hofes. Ich will Ihnen etwas anderes sagen: Auch Zeugen sind beeinflussbar. Das sind ja keine Roboter. Sie werden vom Fernsehen beeinflusst. Von den

Zeitungen. Von Freunden … von korporativen Interessen … Wer ist im Besitz der Wahrheit? Ich sehe es so: Nach der Wahrheit suchen Leute, die speziell dafür ausgebildet sind: Richter, Wissenschaftler, Priester. Alle anderen werden von ihren Ambitionen beherrscht … von Emotionen … *(Pause.)* Ich habe Ihre Bücher gelesen … Sie haben zu Unrecht solches Vertrauen zum Menschen … zur menschlichen Wahrheit … Die Geschichte, das sind lebendige Ideen. Nicht die Menschen schreiben sie, sondern die Zeit. Die menschliche Wahrheit, das ist nur ein Nagel, an den jeder seinen eigenen Hut hängt …

… man muss bei Gorbatschow anfangen … Ohne ihn würden wir noch heute in der UdSSR leben. Jelzin wäre Erster Sekretär des Gebietskomitees der Partei in Swerdlowsk, und Jegor Gaidar würde in der Redaktion der *Prawda* Artikel zur Wirtschaft redigieren und an den Sozialismus glauben. Und Sobtschak würde an der Leningrader Universität Vorlesungen halten … *(Pause.)* Die UdSSR hätte noch lange gehalten. Ein Koloss auf tönernen Füßen? Blödsinn! Wir waren eine mächtige Supermacht, wir haben vielen Ländern unseren Willen diktiert. Selbst Amerika hatte Angst vor uns. Es fehlte an Damenstrumpfhosen und Jeans? Um einen Atomkrieg zu gewinnen, braucht man keine Strumpfhosen, sondern moderne Raketen und Bomber. Die hatten wir. Erstklassige. In jedem Krieg hätten wir gesiegt. Der russische Soldat hat keine Angst vorm Sterben. Darin sind wir Asiaten … *(Pause.)* Stalin hat einen Staat geschaffen, den man von unten nicht zerschlagen konnte, da war er unangreifbar. Von oben aber, da war er verletzbar, ungeschützt. Niemand hätte gedacht, dass seine Zerstörung von oben beginnen würde, dass die oberste Führung des Landes den Weg des Verrats einschlagen würde. Diese Wendehälse! Der Generalsekretär entpuppt sich als oberster Revolutionär, der sich im Kreml eingenistet hat. Von oben war dieser Staat leicht zu zerstören. Die strenge Disziplin und die Hierarchie der Partei haben sich gegen sie gekehrt. Ein einzigartiger Fall in der Geschichte … Als ob … als wäre die Zerstörung des Römischen Reichs von Cäsar selbst ausgegangen … Nein, Gorbatschow war kein Pygmäe, auch kein Spielball der Umstände und kein Agent der CIA … Aber was war er?

»Totengräber des Kommunismus« und »Vaterlandsverräter«, »Nobel-Triumphator« und »Sowjetbankrotteur«, »führender Vertreter der ›Sechziger‹« und »besserer Deutscher«, »Prophet« und »Juduschka«, »großer Reformer« und »großer Schauspieler«, »großer Gorbi« und »Gorbatsch«*, »Mann des Jahrhunderts« und »Herostrat« …

Alles in einer Person …

… auf seinen Selbstmord hat sich Achromejew mehrere Tage lang vorbereitet: Zwei Abschiedsbriefe wurden am 22. August geschrieben, einer am 23. und der letzte am 24. Was ist an diesem Tag passiert? Am 24. August übertrugen Radio und Fernsehen Gorbatschows Erklärung seines Rücktritts vom Amt des Generalsekretärs des ZK der KPdSU und seinen Aufruf zur Selbstauflösung der Partei: »Wir müssen eine schwere, aber ehrliche Entscheidung treffen.« Der Generalsekretär zog sich aus dem Kampf zurück … Er hat sich nicht an das Volk gewandt … und an die Millionen Kommunisten … Er hat sie verraten. Hat sie alle ausgeliefert. Ich kann mir vorstellen, was Achromejew in diesen Minuten empfunden haben mag. Es ist nicht ausgeschlossen, es ist sogar sehr wahrscheinlich, dass er auf dem Weg zur Arbeit sah, wie die Fahnen von den staatlichen Institutionen geholt wurden. Von den Kremltürmen. Welche Gefühle mag er dabei gehabt haben? Als Kommunist … als Frontsoldat … Sein ganzes Leben hatte seinen Sinn verloren … Ich kann ihn mir in unserem heutigen Leben nicht vorstellen. Im nicht sowjetischen Leben. In einem Präsidium, unter der russischen Trikolore anstelle der roten Fahne. Nicht unter einem Leninbild, sondern unterm Zarenadler. Er passt einfach nicht in das neue Interieur. Er war ein sowjetischer Marschall … verstehen Sie … Sowjetisch!! Nur das, nichts anderes. Nur das …

Im Kreml fühlte er sich unbehaglich. Eine »weiße Krähe«, ein »Kommisskopf« … Er hat sich dort nie eingelebt, er hat immer gesagt: »Wahre uneigennützige Kameradschaft gibt es nur bei der Truppe.« Sein ganzes … ja, sein ganzes Leben hat er bei der Armee

* *Gorbatsch* – russ. »der Bucklige«.

verbracht. Mit Militärs. Ein halbes Jahrhundert. Mit siebzehn hat er die Uniform angezogen. Ein gewaltiger Zeitraum! Ein ganzes Leben! In das Büro im Kreml zog er nach seinem Rücktritt vom Posten des Generalstabschefs. Das Gesuch hatte er selbst geschrieben. Einerseits fand er, man müsse rechtzeitig abtreten (wir hatten genug Särge gesehen), den Weg für die Jungen freimachen, andererseits war er in Konflikt mit Gorbatschow geraten. Der mochte die Armee nicht, genau wie Chruschtschow, der die Generäle und überhaupt alle Militärs nie anders nannte als Schmarotzer. Unser Land war durch und durch militärisch, rund siebzig Prozent der Wirtschaft bediente die Bedürfnisse der Armee. Genau wie unsere besten Köpfe … Physiker, Mathematiker … Alle arbeiteten für Panzer und Bomben. Auch die Ideologie war militärisch. Gorbatschow aber war ein zutiefst unmilitärischer Mensch. Die vorigen Generalsekretäre hatten den Krieg hinter sich, er dagegen die philosophische Fakultät der Moskauer Universität. »Haben Sie vor, Krieg zu führen?«, fragte er die Militärs. »Ich habe das nicht vor. Aber es gibt bei uns allein in Moskau mehr Generäle und Admiräle als im gesamten Rest der Welt.« So hatte zuvor noch nie jemand mit unseren Militärs gesprochen, sie waren immer die wichtigsten Leute gewesen. Nicht der Wirtschaftsminister erstattete als Erster Bericht vor dem Politbüro, sondern der Verteidigungsminister: wie viele Waffen produziert worden waren, nicht, wie viele Videogeräte. Darum kostete ein Videogerät bei uns auch so viel wie eine Wohnung. Und nun wurde auf einmal alles anders … Und natürlich rebellierten die Militärs dagegen. Wir brauchen eine große und starke Armee, bei unserem gewaltigen Territorium und unseren Grenzen mit der halben Welt. Man rechnet mit uns, solange wir stark sind, doch wenn wir plötzlich schwach werden, dann wird kein »neues Denken« irgendwen von irgendetwas überzeugen. Achromejew persönlich erstattete ihm mehrfach Bericht … Das war die wesentliche Kontroverse zwischen ihnen … Von kleinen Konflikten, von so etwas will ich hier nicht reden. Aus Gorbatschows Reden verschwanden einige jedem Sowjetmenschen vertraute Formulierungen: »die Machenschaften des internationalen Imperialismus«, »Gegenschlag«, »transatlantische Geschäftemacher« … Das alles hat er gestrichen. Für ihn gab es nur »Gegner der Glasnost« und »Gegner der Perestroika«. Bei sich im Büro fluchte er (darin war er ein Meister!) und nannte sie »alte Säcke«. *(Pause.)* »Dilettant«, »russischer Gandhi« … Das war noch nicht das Beleidigendste, was in den Kremlfluren über ihn gesagt wurde. Die »alten Urgesteine« waren natürlich schockiert, sie ahnten Böses: Er wird selber untergehen und alle mitreißen. Für Amerika waren wir das »Reich des Bösen«, man drohte uns mit einem Kreuzzug … mit einem »Krieg der Sterne« … Aber unser Oberbefehlshaber redete plötzlich wie ein buddhistischer Mönch: »die Welt als gemeinsames Haus«, »Veränderungen ohne Gewalt und Blutvergießen«, »Krieg ist nicht mehr die Fortsetzung der Politik« und so weiter. Achromejew kämpfte lange, aber er war müde … Die erste Zeit dachte er, dass nach oben falsch berichtet würde, gelogen … dann begriff er: Es war Verrat … Er reichte sein Gesuch ein. Gorbatschow nahm seinen Rücktritt an, behielt ihn aber in seiner Nähe. Ernannte ihn zu seinem militärischen Berater.

… es war gefährlich, an dieser Konstruktion zu rütteln. Der stalinschen … der sowjetischen … nennen Sie es, wie Sie wollen … Unser Staat hat immer im Zustand der Mobilmachung existiert. Von den ersten Tagen an. Für das friedliche Leben war er nicht gedacht. Und dann … Meinen Sie, wir hätten nicht massenweise moderne Frauenstiefel und schöne Büstenhalter produzieren können? Oder Plastik-Videogeräte? Jederzeit. Aber wir hatten andere Ziele … Und das Volk? *(Pause.)* Das Volk wünscht sich einfache Dinge. Zuckerbrot im Überfluss. Und – einen Zaren! Gorbatschow wollte kein Zar sein. Er hat sich geweigert. Aber Jelzin … Als er 1993 spürte, dass sein Präsidentenstuhl ins Wanken geriet, gab er geistesgegenwärtig den Befehl, das Parlament zu beschießen. Die Kommunisten hatten sich 1991 gescheut zu schießen … Gorbatschow hat die Macht ohne Blutvergießen abgegeben … Jelzin dagegen ließ aus Panzern schießen. Ein Blutbad anrichten. Ja … so … Und er wurde unterstützt. Unser Land ist ein Zarenland, von der Mentalität her, im Unterbewusstsein. Von den Genen her. Alle brauchen einen Zaren. An Iwan den Schrecklichen, der die russischen Städte mit Blut überschwemmt und den Livländischen Krieg verloren hat, erinnert man sich voller Angst und Begeisterung. Genau wie an Peter I. und an Stalin. Doch Alexander II., der Befreier[7] … der Zar, der Russland die Freiheit geschenkt hat … wurde ermordet … Bei den Tschechen ist ein Václav Havel möglich, wir aber brauchen keinen Sacharow, wir brauchen einen Zaren. Ein Väterchen Zar! Ob Generalsekretär … oder Präsident – bei uns ist das immer ein Zar … *(Lange Pause.)*

Er zeigt mir sein Notizbuch mit Zitaten aus den Werken der marxistischen Klassiker. Ich schreibe mir ein Leninzitat ab: »Ich bin bereit, in einem Schweinestall zu leben – wenn darin nur die Sowjetmacht herrscht.« Ich bekenne, dass auch ich Lenin nicht gelesen habe.

… nun, jetzt mal zu einer anderen … einer anderen Seite … Zur Entspannung … Wir sind ja hier sozusagen unter uns, im engsten Kreis. Im Kreml gab es einen eigenen Koch. Alle Politbüro-Mitglieder bestellten bei ihm Hering, Speck, schwarzen Kaviar, Gorbatschow aber meist Kascha. Salat. Er bat, ihm keinen schwarzen Kaviar zu servieren: »Kaviar ist gut zum Wodka, aber ich trinke nicht.« Er und Raïssa Maximowna hielten ab und zu Diät, legten Fastentage ein. Er war anders als alle früheren Generalsekretäre. Ganz unsowjetisch liebte er seine Frau zärtlich. Sie gingen Hand in Hand spazieren. Jelzin dagegen, das weiß ich, verlangt oft am Morgen schon ein Gläschen und eine Salzgurke. Das ist russisch. *(Pause.)* Der Kreml ist ein Terrarium. Ich will Ihnen etwas erzählen … Aber nennen Sie nicht meinen Namen … Ich bin seit kurzem in Pension. Jelzin hat seine eigene Mannschaft zusammengeholt, die »Gorbatschowzy« wurden hinweggefegt. So oder so waren sie alle bald raus. Darum sitze ich auch hier mit Ihnen, als Pensionär, sonst würde ich schweigen wie ein Partisan. Ich habe keine Angst vor dem Diktiergerät, es stört mich nicht. Ich bin es gewohnt, wissen Sie. Wir wurden durchleuchtet wie mit Röntgenstrahlen … *(Pause.)* Scheinbar eine Kleinigkeit, aber sie zeigt den Charakter dieses Menschen … Achromejew zog in den Kreml und verzichtete sofort auf die Erhöhung seines Gehalts auf ein Mehrfaches. Er bat darum, es bei seinem alten Gehalt zu belassen. »Das genügt mir.« Wer von uns ist ein Don Quichotte? Und wer, frage ich

Sie, hält Don Quichotte für normal? Als das ZK der KPdSU und die Regierung eine Verordnung erließen (damals begann der Kampf gegen die Privilegien), ausländische Geschenke im Wert von über fünfhundert Dollar seien der Staatskasse zu übergeben, war er der Erste und einer der wenigen, die sich daran hielten. Die Kremlsitten … Dienen, katzbuckeln, wissen, wen man denunzieren kann und über wessen Witze man rechtzeitig kichern muss. Wen man richtig grüßen und wem man nur kurz zunicken muss. Alles vorausberechnen … Wo haben Sie ein Büro bekommen? In der Nähe des Präsidenten – auf derselben Etage? Wenn nicht – sind Sie kein Mensch. Nur ein kleines Licht. Was für Telefone stehen bei Ihnen? Haben Sie eine »Wertuschka«*? Und einen Apparat mit der Aufschrift »Präsident« für die direkte Verbindung zu ihm »persönlich«? Bekommen Sie einen Wagen aus dem Wagenpark zur besonderen Verfügung? …

… ich lese gerade Trotzki, *Mein Leben*. Darin beschreibt er sehr gut das Innenleben der Revolution … Heute berufen sich ja alle auf Bucharin. Seine Losung: »Bereichert euch, häuft Kapital an« – passt allen in den Kram. Haargenau. »Buchartschik« (wie Stalin ihn nannte) hat vorgeschlagen, »in den Sozialismus hineinzuwachsen«, und nannte Stalin einen Dschingis Khan. Aber auch er war keine so eindeutige Figur … Genau wie alle anderen war auch er bereit, die Menschen ins Feuer der Weltrevolution zu werfen, ohne jede Rücksicht. Den neuen Menschen durch Erschießungen zu erziehen. Das hat sich nicht Stalin als Erster ausgedacht … Sie alle waren Militärs – hatten die Revolution hinter sich, den Bürgerkrieg. Das große Blutvergießen … *(Pause.)* Bei Lenin gibt es eine Notiz, Revolutionen kämen, wenn sie selbst es wollten, nicht, wenn irgendjemand es wolle. Ja … so … so ist das … Perestroika … Glasnost … Wir haben uns alles entgleiten lassen … Warum? In den oberen Etagen der Macht gab es nicht wenige kluge Leute. Sie alle haben Brzeziński gelesen … Aber sie dachten: Wir bessern hier und da ein bisschen aus, ölen alles schön, und weiter geht's. Sie wussten nicht, wie sehr unsere Menschen alles

* *Wertuschka* – Bezeichnung für kremlinterne Telefone für Direktverbindungen.

Sowjetische satthatten. Sie selbst glaubten kaum an die »lichte Zukunft«, aber sie meinten, das Volk würde daran glauben ... *(Pause.)* Nein ... Achromejew wurde nicht ermordet ... Lassen wir die Verschwörungstheorien beiseite ... Der Selbstmord – das war sein letztes Argument. Mit seinem Abgang hat er gesagt, was ihm am wichtigsten war: Wir rasen in einen Abgrund. Das war einmal ein riesiges Land, dieses Land hat einen schrecklichen Krieg gewonnen – und nun bricht es zusammen. China ist nicht zusammengebrochen. Auch Nordkorea nicht, wo die Menschen verhungern. Auch das kleine sozialistische Kuba existiert noch, wir aber verschwinden. Man hat uns nicht mit Panzern und Raketen besiegt, sondern zerstört, was unsere größte Stärke war. Unseren Geist. Das System ist verfault, die Partei ist verfault. Und vielleicht deshalb ... vielleicht war das auch ein Grund für seinen Selbstmord ...

Er wurde in einem entlegenen mordwinischen Dorf geboren und verlor früh seine Eltern. In den Krieg ging er als Kadett einer Marineschule. Freiwillig. Den Tag der Befreiung erlebte er im Lazarett – physisch und psychisch vollkommen erschöpft, er wog nur noch 38 Kilo. *(Pause.)* Den Sieg hat eine gequälte, kranke Armee errungen. Erschöpft und hustend. Geplagt von Radikulitis, Arthritis ... Magengeschwüren ... So habe ich sie in Erinnerung ... Er und ich gehörten zur selben Generation – der Kriegsgeneration. *(Pause.)* Er ist vom Kadetten in die oberste Etage der Militärpyramide aufgestiegen. Die Sowjetmacht hat ihm alles gegeben: den höchsten militärischen Rang – Marschall –, den Heldenstern, den Leninpreis ... Keinem Erbprinzen, sondern einem Jungen aus einer einfachen Bauernfamilie. Aus der entlegenen Provinz. Tausenden wie ihm hat die Sowjetmacht eine Chance gegeben. Mittellosen ... kleinen Leuten ... Und er liebte die Sowjetmacht.

Es klingelt an der Tür. Einer seiner Bekannten. Im Flur besprechen sie lange etwas. Als N. zurückkommt, sehe ich: Er ist leicht verstimmt und redet weniger gern, doch dann lässt er sich zum Glück wieder mitreißen.

Wir haben zusammengearbeitet … ich wollte ihn zu uns holen … Er hat abgelehnt: Das ist Parteigeheimnis, das darf man nicht verbreiten. Warum es Fremden zugänglich machen? *(Pause.)* Ich war nicht mit Achromejew befreundet, aber ich habe ihn viele Jahre gekannt. Niemand sonst hat freiwillig das Kreuz auf sich genommen um der Rettung des Landes willen. Nur er. Wir anderen kümmerten uns um Sonderpensionen und darum, dass wir unsere vom Staat zugeteilte Datscha behalten durften. Das kann ich nicht verschweigen …

… vor Gorbatschow hat das Volk unsere Regierenden nur auf der Tribüne des Mausoleums zu sehen bekommen: Bisammützen und steinerne Gesichter. Ein Witz: »Warum gibt es keine Bisammützen mehr?« »Weil sich die Nomenklaturkader schneller vermehren als die Bisams.« *(Er lacht.)* Nirgends wurden so viele Witze erzählt wie im Kreml. Politische Witze … antisowjetische … *(Pause.)* Perestroika … Ich weiß es nicht mehr genau, aber ich glaube, zum ersten Mal habe ich das Wort im Ausland gehört, von ausländischen Journalisten. Bei uns sagte man meist »Beschleunigung« und »leninscher Weg«. Im Ausland aber begann ein regelrechter Gorbatschow-Boom, überall in der Welt grassierte die »Gorbomanie«. Dort bezeichnete man alles, was bei uns geschah, als Perestroika. Alle Veränderungen. Wenn ein Autokorso mit Gorbatschow durch die Straßen fuhr, standen Tausende Menschen am Straßenrand. Tränen, Lächeln. An das alles erinnere ich mich … Plötzlich mochte man uns! Verschwunden war die Angst vorm KGB, und vor allem – der atomare Wahnsinn sollte beendet werden … Und dafür war die Welt uns dankbar. Jahrzehntelang hatten alle Angst vor einem Atomkrieg gehabt, sogar die Kinder. Alle waren daran gewöhnt, einander aus der Schützengrabenperspektive zu betrachten. Durchs Zielfernrohr … *(Pause.)* In europäischen Ländern lernte man auf einmal Russisch … in den Restaurants wurden russische Speisen serviert: Borschtsch, Pelmeni … *(Pause.)* Ich habe zehn Jahre in den USA und in Kanada gearbeitet. Nach Hause kehrte ich in der Gorbatschow-Zeit zurück … Ich begegnete vielen aufrichtigen, ehrlichen Menschen, die mitmachen wollten. Solche Menschen hatte ich bis dahin nur gesehen, als Gagarin in den Kosmos geflogen war. Solche Gesichter … Gorbatschow hatte viele Gleichgesinnte, am wenigsten allerdings unter den Nomenklaturkadern. Im ZK … in den Gebietskomitees … »Kurortsekretär« wurde er genannt – weil er aus Stawropol geholt worden war, wo die Generalsekretäre und Politbüromitglieder gern Urlaub gemacht hatten. »Mineralsekretär« und »Saftsohn«* wegen seiner Anti-Alkohol-Kampagne. Man sammelte kompromittierendes Material gegen ihn: Bei einem London-Aufenthalt hatte er das Grab von Marx nicht besucht … Ein unerhörter Vorfall! Aus Kanada zurückgekehrt, erzählte er allen, wie schön es dort sei. Das sei dort gut und jenes … bei uns dagegen … Klar, was bei uns war … Irgendwer konnte sich nicht zurückhalten: »Michail Sergejewitsch, so wird es auch bei uns sein, in hundert Jahren etwa.« »Na, du bist ja ein Optimist.« Er duzte übrigens jeden … *(Pause.)* Bei einem »demokratischen« Publizisten habe ich gelesen, die Kriegsgeneration … also wir … sei zu lange an der Macht geblieben. Sie hätten gesiegt, das Land wieder aufgebaut, und dann hätten sie gehen müssen, weil sie das ganze Leben nur nach ihren Kriegsmaßstäben beurteilten. Deshalb seien wir so hinter der übrigen Welt zurückgeblieben … *(Aggressiv:)* Die »Chicago-Boys«[8] … die »Reformer in rosa Höschen«[9] … Wo ist das große Land geblieben? Wäre das ein Krieg gewesen, hätten wir gewonnen. Wäre das ein Krieg gewesen … *(Er braucht lange, um sich wieder zu beruhigen.)*

… aber dann ähnelte Gorbatschow immer mehr einem Prediger als einem Generalsekretär. Er wurde zum Fernsehstar. Bald hatten alle seine ewigen Predigten satt: »zurück zu Lenin«, »Sprung in den entwickelten Sozialismus« … Das warf die Frage auf: Was haben wir denn dann aufgebaut – einen »unterentwickelten Sozialismus«? Was ist das bei uns … *(Pause.)* Ich weiß noch, dass wir im Ausland einen anderen Gorbatschow erlebten, dort erinnerte er kaum an den Gorbatschow, den wir zu Hause kannten. Dort fühlte er sich frei. Er machte gelungene Scherze, formulierte seine Gedanken klar. Zu Hause dagegen intrigierte und lavierte er. Und wurde darum als schwach empfunden. Als Schwätzer. Aber er war nicht schwach. Und auch nicht feige. Das alles ist nicht wahr. Er war ein kühler und erfahrener

* *Saftsohn* – russ. »sokin syn«, Anspielung auf »sukin syn« – »Hundesohn«.

Politiker. Warum gab es zwei Gorbatschows? Wäre er zu Hause so offen gewesen wie »draußen«, hätten die »Alten« ihn augenblicklich durchschaut und vernichtet. Und es gibt noch einen anderen Grund ... Er ... so denke ich ... er war schon lange kein Kommunist mehr ... er glaubte nicht mehr an den Kommunismus ... Heimlich oder unterbewusst war er Sozialdemokrat. Obwohl es nicht besonders breitgetreten wurde, wusste jeder, dass er in seiner Jugend an der Moskauer Universität zusammen mit dem Kopf des Prager Frühlings Alexander Dubček und seinem Mitstreiter Zdeněk Mlynář studiert hatte. Sie waren befreundet. Mlynář schreibt in seinen Erinnerungen, sie seien, nachdem man ihnen auf einer internen Parteiversammlung der Universität Chruschtschows Rede auf dem 20. Parteitag vorgelesen habe, so erschüttert gewesen, dass sie die ganze Nacht durch Moskau gelaufen seien. Und am Morgen hätten sie auf den Leninbergen, wie einst Herzen und Ogarjow[10], etwas geschworen: ihr Leben lang gegen den Stalinismus zu kämpfen. *(Pause.)* Da hat die ganze Perestroika ihren Ursprung ... Im chruschtschowschen Tauwetter ...

Wir haben dieses Thema schon angeschnitten ... Von Stalin bis Breschnew wurde das Land von Leuten regiert, die Frontsoldaten gewesen waren. Die die Zeit des Terrors erlebt hatten. Ihre Psyche war in einem System der Gewalt geprägt worden. Der ständigen Angst. Auch das Jahr 1941 konnten sie nicht vergessen ... Den schändlichen Rückzug der Sowjetarmee bis kurz vor Moskau. Wie die Soldaten in den Kampf geschickt wurden mit den Worten: Eine Waffe beschafft ihr euch im Gefecht. Die Menschen wurden nicht gezählt, nur die Patronen. Da ist es normal ... Es ist logisch, dass Menschen mit diesen Erinnerungen glaubten, um den Gegner zu besiegen, müsse man Panzer und Flugzeuge bauen. Je mehr, desto besser. Es gab auf der Welt so viele Waffen, dass die UdSSR und Amerika einander tausendmal hätten vernichten können. Trotzdem wurden weiter Waffen geschmiedet. Und dann kam plötzlich eine neue Generation ... Gorbatschows gesamte Mannschaft – das waren Kinder der Kriegsjahre ... Ihr Bewusstsein war geprägt von der Freude am Frieden: Marschall Schukow, der auf einem weißen Pferd die Siegesparade abnimmt ... Das war schon eine andere Generation ... und eine andere Welt ...

Erstere hatten dem Westen misstraut, in ihm einen Feind gesehen, Letztere wollten leben wie im Westen. Natürlich waren die »Alten« entsetzt über Gorbatschow … über seine Worte von der »Schaffung einer kernwaffenfreien Welt« (ade, Nachkriegsdoktrin vom »Gleichgewicht des Schreckens«), darüber, dass es »in einem Atomkrieg keine Sieger geben kann« … Also lasst uns die Verteidigungsindustrie abbauen, die Armee reduzieren. Erstklassige Rüstungsbetriebe sollten also nun Töpfe herstellen und Saftpressen, oder wie? Es gab einen Moment, da befand sich die oberste Generalität beinahe im Kriegszustand mit der politischen Führung. Mit Gorbatschow. Sie konnte ihm den Verlust des Ostblocks nicht verzeihen, unseren Rückzug aus Europa. Besonders aus der DDR. Selbst Kanzler Kohl war erstaunt, wie wenig berechnend Gorbatschow dabei vorging: Man hatte uns enorme Summen für den Abzug aus Europa angeboten, doch er verzichtete darauf. Seine Naivität erstaunte. Seine russische Einfalt. Er wollte so gern geliebt werden … dass französische Hippies T-Shirts mit seinem Bild trugen … Die Interessen unseres Landes wurden dilettantisch und schmählich verraten. Die abgezogene Armee wurde in den Wald geschickt, aufs russische Feld. Offiziere und Soldaten lebten in Zelten. In Erdhütten. Die Perestroika … das war wie Krieg … Das hatte nichts von Wiedergeburt …

Bei den sowjetisch-amerikanischen Abrüstungsverhandlungen bekamen die Amerikaner immer, was sie wollten. Achromejew beschreibt in seinem Buch *Mit den Augen eines Marschalls und Diplomaten*, wie die Verhandlungen über die Oka-Raketen (im Westen nannte man sie SS 23) verliefen. Das war eine Rakete ganz neuen Typs, so etwas besaß sonst niemand, und die amerikanische Seite wollte sie vernichten. Doch sie fiel nicht unter die Vertragsbedingungen: Vernichtet werden sollten Mittelstreckenraketen mit einer Reichweite von 1000 bis 5500 Kilometern und Kurzstreckenraketen mit einer Reichweite von 500 bis 1000 Kilometern. Die Reichweite der Oka-Rakete betrug 400 Kilometer. Der sowjetische Generalstab schlug den Amerikanern vor: Dann lasst uns fair sein, verbieten wir alle Raketen mit einer Reichweite nicht ab 500, sondern von 400 bis 1000 Kilometern. Doch dann hätten die Amerikaner ihre modernisierte Lance-2-Rakete mit einer Reichweite von 450 bis 470 Kilometern opfern müssen. Ein zäher Kampf hinter den Kulissen … Hinter dem Rücken der Militärs entschied Gorbatschow persönlich, die Oka-Raketen zu vernichten. Und da sagte Achromejew seinen berühmten Satz: »Vielleicht sollten wir gleich um politisches Asyl in der Schweiz bitten und gar nicht erst nach Hause zurückkehren?« Er konnte sich nicht an der Zerstörung dessen beteiligen, dem er sein ganzes Leben gewidmet hatte … *(Pause.)* Die Welt ist unipolar geworden, sie gehört jetzt voll und ganz Amerika. Wir sind nun schwach, wir wurden sofort an die Peripherie gedrängt. Zu einem drittrangigen, besiegten Land gemacht. Im Zweiten Weltkrieg haben wir gesiegt … Den dritten Weltkrieg haben wir verloren … *(Pause.)* Und er … Für ihn war das unerträglich …

… 14. Dezember 1989 … Die Beerdigung von Sacharow. Tausende Menschen auf den Straßen von Moskau. Laut Angaben der Miliz siebzig- bis hunderttausend. Am Sarg stehen Jelzin, Sobtschak, Starowoitowa … Der amerikanische Botschafter Jack Matlock schreibt in seinen Memoiren, die Anwesenheit dieser Menschen bei der Beerdigung des »Symbols der russischen Revolution«, »des obersten Dissidenten des Landes«, sei für ihn folgerichtig gewesen, gewundert habe er sich jedoch, als er »ein wenig abseits die einsame Gestalt von Marschall Achromejew entdeckte«. Zu Lebzeiten Sacharows waren sie Gegner gewesen, unversöhnliche Opponenten. *(Pause.)* Aber Achromejew war gekommen, um Abschied zu nehmen … Aus dem Kreml war sonst niemand dort … auch nicht vom Generalstab …

… kaum war ein bisschen Freiheit da, zeigte sich sofort überall die Fratze des Kleinbürgers. Für Marschall Achromejew, den bescheidenen Asketen, war das ein Schlag. Mitten ins Herz. Er konnte nicht glauben, dass bei uns Kapitalismus herrschen könnte. Mit unseren sowjetischen Menschen, mit unserer sowjetischen Geschichte … *(Pause.)* Ich habe bis heute diese Bilder vor Augen: Durch die staatliche Datscha, die Achromejew mit seiner achtköpfigen Familie bewohnte, läuft ein blondes junges Mädchen und schreit: »Seht euch das an – zwei Kühlschränke und zwei Fernseher! Wer ist er denn, dieser Marschall Achromejew, dass er zwei Fernseher und zwei Kühlschränke besitzt?« Heute herrscht Schweigen … kein Ton mehr … Dabei sind alle früheren Rekorde in Sachen Datscha, Wohnung, Auto und sonstige Privilegien längst geschlagen. Luxuriöse Wagen, westliche Möbel in den Büros, Urlaub nicht auf der Krim, sondern in Italien … In unseren Büros standen sowjetische Möbel, und wir fuhren sowjetische Autos. Trugen sowjetische Anzüge und Schuhe. Chruschtschow stammte aus einer Bergarbeiterfamilie … Kossygin aus einer Bauernfamilie … Sie alle kamen, wie gesagt, aus dem Krieg. Ihre Lebenserfahrung war natürlich begrenzt. Nicht nur das Volk, auch die Regierenden lebten ja hinter dem Eisernen Vorhang. Alle lebten wie in einem Aquarium … *(Pause.)* Und auch … das ist vielleicht ein unwesentliches Detail, aber dass Marschall Schukow nach dem Krieg in Ungnade fiel, hat nicht nur mit Stalins Eifersucht auf dessen Ruhm zu tun, sondern auch mit der Anzahl der aus Deutschland mitgebrachten Teppiche, Möbel und Jagdgewehre, die er auf seiner Datscha aufbewahrte. Obwohl das alles zusammen in zwei PKW Platz gefunden hätte. Aber ein Bolschewik durfte nicht so viel Zeug besitzen … Heute klingt das lächerlich … *(Pause.)* Gorbatschow liebte Luxus … In Foros hat er sich eine Datscha bauen lassen … Marmor aus Italien, Fliesen aus Deutschland … Sand für den Strand aus Bulgarien … Kein westlicher Regierungschef besaß dergleichen. Stalins Datscha auf der Krim erinnerte gegen die von Gorbatschow eher an ein Wohnheim. *(Pause.)* Die Generalsekretäre veränderten sich … Besonders ihre Frauen …

Und wer verteidigte den Kommunismus? Nicht Professoren und nicht ZK-Sekretäre … nein, eine Leningrader Chemiedozentin blies zur Verteidigung des Kommunismus … Ihr Artikel *Ich kann meine Prinzipien nicht verleugnen* erregte großes Aufsehen. Auch Achromejew hat viel geschrieben … öffentlich geredet … Er sagte zu mir: »Wir müssen zurückschlagen.« Er bekam Drohanrufe: »Kriegsverbrecher« – wegen Afghanistan. Kaum jemand wusste, dass er gegen den Afghanistan-Krieg gewesen war. Und dass er keine Diamanten und Edelsteine aus Kabul mitgebracht hatte, keine Bilder aus der Nationalgalerie, wie andere Generäle. In der Presse wurde ständig gegen ihn gehetzt … Weil er den »neuen Historikern« im Weg war, die beweisen mussten, dass wir nichts vorzuweisen hätten, dass hinter uns eine Wüste liege. Dass es auch den Sieg nicht gegeben hätte. Nur NKWD-Truppen und Strafbataillone. Den Krieg hätten angeblich Kriminelle gewonnen, sie seien mit Maschinengewehren im Rücken bis Berlin marschiert. Von wegen Sieg! Ganz Europa mit Leichen übersät … *(Pause.)* Die Armee wurde beleidigt und gedemütigt. Hätte eine solche Armee etwa 1991 siegen können? *(Pause.)* Und hätte ihr Marschall das überleben können?

Achromejews Beerdigung … Am Grab standen Angehörige und einige Freunde. Es gab keinen militärischen Salut. Die *Prawda* würdigte den einstigen Chef des Generalstabs einer Vier-Millionen-Armee keines Nachrufs. Der neue Verteidigungsminister Schaposchnikow (Exminister Jasow saß wie die anderen »Putschisten« im Gefängnis), war wohl ganz damit beschäftigt, die Wohnung von Jasow in Besitz zu nehmen, aus der man dessen Frau umgehend hinausgesetzt hatte. Egoistische Interessen … Aber … ich will noch etwas sagen … das ist wichtig … Man kann den Mitgliedern des GKTschP alles Mögliche vorwerfen, aber keine egoistischen Ziele. Keinen Eigennutz … *(Pause.)* In den Kremlfluren wurde über Achromejew geflüstert: »Er hat aufs falsche Pferd gesetzt.« Die Beamten liefen zu Jelzin über … *(Er fragt zurück:)* Die Ehre? Seien Sie nicht naiv … Normale Menschen kommen aus der Mode … Ein Nachruf erschien im amerikanischen *Time Magazine*. Verfasst vom amerikanischen Admiral William Crowe, der unter Präsident Reagan Vorsitzender der Vereinigten Stabschefs der USA war (das entspricht unserem Generalstabschef). Die beiden hatten sich mehrfach bei Verhandlungen über militärische Fragen getroffen. Crowe achtete Achromejew für seinen Glauben, auch wenn dieser ihm fremd war. Der Gegner hat sich verneigt … *(Pause.)*

Nur ein sowjetischer Mensch kann einen sowjetischen Menschen verstehen. Einem anderen hätte ich das nicht erzählt …

Aus dem Leben nach dem Leben

»Am ersten September wurde auf dem Trojekurow-Sonderfriedhof für hochgestellte Persönlichkeiten in Moskau (einer Filiale des Nowodewitschje-Friedhofs) der Marschall der Sowjetunion S. F. Achromejew beigesetzt.

In der Nacht vom 1. auf den 2. September öffneten Unbekannte das Grab Achromejews und das Nachbargrab des eine Woche zuvor beerdigten Generaloberst Srednew. Die Ermittler vermuten, dass Srednews Grab zuerst geöffnet wurde, wahrscheinlich irrtümlich … Die Grabschänder stahlen Achromejews Marschallsuniform mit den goldenen Epauletten … und die Marschallsmütze, die nach militärischer Tradition auf den Sarg genagelt war. Außerdem zahlreiche Orden und Medaillen.

Die Ermittler sind sich sicher, dass Achromejews Grab nicht aus politischen, sondern aus rein materiellen Motiven geschändet wurde. Uniformen hoher Militärs sind bei Antiquitätenhändlern sehr gefragt. Eine Marschallsuniform findet vermutlich reißenden Absatz …«

Zeitung Kommersant, *9. September 1991*

Aus Interviews auf dem Roten Platz (Dezember 1997)

»Ich bin Konstrukteur …

Bis zum August 1991 haben wir in einem Land gelebt, nach dem August in einem anderen. Bis zum August hieß mein Land UdSSR …

Wer ich bin? Ich bin einer von den Idioten, die Jelzin verteidigt haben. Ich habe vor dem Weißen Haus gestanden und war bereit, mich vor einen Panzer zu werfen. Die Menschen sind einem Impuls gefolgt und auf die Straße gegangen. Sie waren bereit zu sterben, aber für die Freiheit, nicht für den Kapitalismus. Ich fühle mich betrogen. Ich möchte den Kapitalismus nicht, zu dem man uns geführt hat … den man uns untergeschoben hat … in keiner Form – weder in der amerikanischen noch in der schwedischen. Nicht wegen der ›Kohle‹ von irgendwem habe ich die Revolution gemacht. Wir haben ›Russland!‹ gerufen, dabei hätten wir ›UdSSR!‹ rufen müssen. Ich bedaure, dass man uns damals nicht mit Wasserwerfern auseinandergejagt und nicht ein paar Maschinengewehre auf den Platz gerollt hat … Man hätte zwei-, dreihundert Leute verhaften sollen, die übrigen hätten sich in ihre Ecken verzogen. *(Pause.)* Wo sind heute die Leute, die uns auf den Platz gerufen haben – ›Nieder mit der Kreml-Mafia!‹ ›Morgen herrscht Freiheit!‹ Die haben uns heute nichts mehr zu sagen. Sie sind in den Westen abgehauen und schimpfen jetzt dort auf den Sozialismus. Sitzen in Labors in Chicago … Und wir … sind hier …

Russland … Sie haben sich die Füße daran abgeputzt. Jeder kann ihm eins in die Fresse hauen. Sie haben es zu einer westlichen Müllkippe für gebrauchte Klamotten und überlagerte Medikamente gemacht. Für Gerümpel! *(Er flucht.)* Zu einem Rohstoffanhängsel, einem Gashahn … Die Sowjetmacht? Sie war nicht ideal, aber sie war besser als das, was wir jetzt haben. Würdiger. Überhaupt war ich mit dem Sozialismus zufrieden: Es gab weder übermäßig Reiche noch ganz Arme … keine Obdachlosen und Straßenkinder … Die Alten konnten von ihrer Rente leben, sie haben nicht auf der Straße Flaschen gesammelt. Oder Essensreste. Sie haben nicht mit ausgestreckter Hand dagestanden … Wer mehr Menschen getötet hat – Stalin oder die Perestroika –, das muss man erst mal nachrechnen. *(Pause.)* Unser früheres Leben wurde komplett niedergerissen, da ist kein Stein auf dem anderen geblieben. Bald kann ich mit meinem Sohn nicht mehr reden. ›Papa, Pawlik Morosow war ein skrupelloser Typ und Marat Kasej[11] ein Spinner‹, sagt mein Sohn, wenn er aus der Schule kommt. ›Und du hast mir erzählt …‹ Ich habe ihm das erzählt, was ich selbst gelernt habe. Das Richtige. ›Die schreckliche sowjetische Erziehung …‹ Aber diese ›schreckliche sowjetische Erziehung‹ hat mir beigebracht, nicht nur an mich selbst zu denken, sondern auch an andere. An diejenigen, die schwächer sind, an die, denen es schlechtgeht. Für mich war Gastello[12] ein Held, nicht diese … diese Kerle in den weinroten Jacketts … deren Philosophie darin besteht, dass einem das Hemd näher ist als der Rock, dass das eigene Fett besser wärmt und die eigene Münze heller klingt. Verschon mich mit deinem ›Ideologiegequatsche‹, deinem ›humanistischen Gesäusel‹ … Wo lernt er so was? Die Menschen heute sind anders … kapitalistisch … Verstehen Sie! Er saugt das auf, er ist zwölf Jahre alt. Ich bin für ihn kein Vorbild mehr.

Warum ich Jelzin verteidigt habe? Eine einzige Rede von ihm, dass man der Nomenklatura die Privilegien wegnehmen muss, hat ihm Millionen Anhänger eingebracht. Ich war bereit, zur Maschinenpistole zu greifen und Kommunisten zu erschießen. Ich habe mich überzeugen lassen … Wir haben damals nicht begriffen, was wir stattdessen bekommen würden. Untergeschoben. Ein grandioser Betrug! Jelzin hat gegen die ›Roten‹ geredet und sich zum ›Weißen‹ erklärt. Eine Katastrophe … Die Frage ist: Was haben wir gewollt? Einen sanften Sozialismus … einen menschlichen … Und was haben wir jetzt? Wilden Kapitalismus. Schießereien. Verteilungskämpfe. Darum, wem ein Laden gehört und wem ein Betrieb. Ganz oben sind heute die Banditen … Schwarzhändler und Geldwechsler haben jetzt die Macht … Überall nur Feinde und Räuber. Schakale! *(Pause.)* Ich kann nicht vergessen … ich kann nicht vergessen, wie wir vorm Weißen Haus gestanden haben … Für wen haben wir die Kastanien aus dem Feuer geholt? *(Er flucht.)* Mein Vater war ein echter Kommunist. Ein aufrechter. Er war Parteisekretär in einem großen Betrieb. Kriegsveteran. Ich sagte zu ihm: ›Freiheit! Wir werden endlich ein normales … zivilisiertes Land …‹ Und er darauf: ›Deine Kinder werden einem Herrn dienen. Willst du das?‹ Ich war jung … und dumm … Ich habe ihn ausgelacht … Wir waren furchtbar naiv. Ich weiß nicht – warum ist alles so gekommen? Ich weiß es nicht. Nicht so, wie wir eigentlich wollten. Wir hatten etwas anderes im Sinn … Perestroika … das hatte etwas Großes … *(Pause.)* Nach einem Jahr wurde unser Konstruktionsbüro geschlossen, und meine Frau und ich standen auf der Straße. Wie wir gelebt haben? Wir haben alles, was Wert hatte, auf den Markt getragen. Kristall, sowjetisches Gold und das Wertvollste, das wir besaßen – Bücher. Wochenlang haben wir uns nur von Kartoffelbrei ernährt. Ich zog ein ›Geschäft‹ auf. Ich verkaufte auf dem Markt Kippen – Zigarettenstummel. Ein Literglas voll Kippen ... ein Dreiliterglas ... Meine Schwiegereltern (Uni-Dozenten) sammelten die Kippen auf der Straße auf, und ich verkaufte sie. Und die Leute kauften. Und rauchten das Zeug. Ich selber auch. Meine Frau putzte in Büros. Eine Zeitlang haben wir für einen Tadschiken Pelmeni verkauft. Wir haben für unsere Naivität teuer bezahlt. Wir alle ... Jetzt züchten meine Frau und ich Hühner, sie weint ohne Ende. Wenn man doch alles zurückdrehen könnte ... Da brauchen Sie gar keinen Schuh nach mir zu werfen ... Das ist keine Nostalgie nach grauer Wurst für zwei Rubel zwanzig Kopeken ...«

»Ich bin Geschäftsmann ...

Die verfluchten Kommunisten und die KGB-Bande ... Ich hasse die Kommunisten. Die sowjetische Geschichte, das sind NKWD, Gulag, SMERSCH. Mir wird übel von roter Farbe. Von roten Nelken ... Meine Frau hat sich mal eine rote Bluse gekauft – ›Was soll das, du bist wohl verrückt!‹. Ich setze Stalin und Hitler gleich. Und ich verlange ein Nürnberg für unsere roten Schweinehunde. Tod allen roten Hunden!

Überall sind wir von fünfzackigen roten Sternen umgeben. Die bolschewistischen Idole stehen nach wie vor auf den Plätzen. Ich gehe mit meinem Kind die Straße entlang, und es fragt: ›Wer ist das?‹ Es ist ein Denkmal für Rosa Semljatschka[13], die die Krim in Blut getaucht hat. Junge weiße Offiziere erschoss sie gern persönlich ... Und ich weiß nicht, was ich meinem Kind antworten soll.

Solange die Mumie ... der sowjetische Pharao ... solange der noch in seinem Tempel auf dem Roten Platz liegt, so lange werden wir weiter leiden. Werden verflucht sein ...«

»Ich bin Konditorin ...

Mein Mann könnte was erzählen ... Wo ist er? *(Sie schaut sich nach allen Seiten um.)* Aber ich? Ich knete nur Kuchen ...

Das Jahr 1991? Gut waren wir damals ... Schön ... Wir waren nicht mehr bloße Masse. Ich habe einen Mann tanzen gesehen. Er tanzte und rief: ›Die Junta ist im Arsch! Die Junta ist im Arsch!‹ *(Sie schlägt die Hände vors Gesicht.)* Oh, schreiben Sie das nicht auf! Oje, oje! Das waren seine Worte, aber das kann man doch nicht drucken. Der Mann war nicht mehr jung … er tanzte … Wir hatten sie besiegt und freuten uns. Sie sollen schon fertige Erschießungslisten gehabt haben, hieß es. Jelzin stand ganz oben drauf … Vor kurzem habe ich sie alle im Fernsehen gesehen … diese Junta … Alte Männer, und nicht klug. Aber damals herrschte drei Tage lang furchtbare Verzweiflung: Ist das etwa das Ende? Eine physische Angst. Dieser Geist der Freiheit … den hatten alle gespürt … Und nun die Angst, das wieder zu verlieren. Gorbatschow ist ein großer Mann … er hat die Schleusen geöffnet … Er war beliebt, aber nicht lange, bald fand man alles an ihm ärgerlich: Wie er redet, was er sagt, seine Manieren, seine Frau. *(Sie lacht.)* Durch das Land jagt eine Troika: Raika, Mischka, Perestroika. Nehmen Sie … Naïna Jelzina … sie ist beliebter, sie hält sich immer hinter ihrem Mann. Raïssa dagegen stellte sich meist neben ihren Mann oder gar vor ihn. Aber bei uns ist es ja so: Entweder du bist selber Zarin, oder halt dich zurück und behindere den Zaren nicht.

Der Kommunismus ist wie das Alkoholverbot: eine gute Idee, aber sie funktioniert nicht. Das sagt mein Mann … Rote Heilige … die hat es gegeben … nehmen Sie Nikolai Ostrowski[14] … Ein Heiliger! Aber sie haben so viel Blut vergossen. Russland hat sein Limit an Blut, an Kriegen und Revolutionen ausgeschöpft … Für neues Blutvergießen ist keine Kraft mehr da und auch nicht genug Verrücktheit. Die Menschen haben genug gelitten. Jetzt gehen sie auf die Märkte – suchen sich Gardinen und Tüll aus, Tapeten, alle möglichen Pfannen. Sie mögen alles Bunte. Weil früher bei uns alles grau und hässlich war. Wir freuen uns wie Kinder über eine Waschmaschine mit siebzehn Programmen. Meine Eltern leben nicht mehr, meine Mutter ist sieben Jahre tot, mein Vater acht Jahre, aber ich benutze noch immer die Streichhölzer, die meine Mutter gehortet hat, auch der Grieß ist noch da. Und das Salz. Meine Mutter hat das alles gekauft (damals hieß es nicht ›kaufen‹, sondern ›besorgen‹) und für einen schwarzen Tag gehortet … Jetzt gehen wir auf Märkte und in Läden wie durch Ausstellungen – alles ist im Überfluss da. Man möchte sich verwöhnen, sich etwas Gutes tun. Das ist wie eine Psychotherapie … wir sind alle krank … *(Sie wird nachdenklich.)* Wie sehr muss man gelitten haben, um Streichhölzer so zu horten. Ich bringe es nicht über mich, das Spießertum zu nennen. Besitzgier. Das ist eine Therapie. *(Sie schweigt.)* Je mehr Zeit vergeht, desto weniger wird von dem Putsch gesprochen. Aus Scham. Das Gefühl eines Sieges ist weg. Weil … ich wollte nicht, dass der sowjetische Staat zerstört wird. Und mit welcher Begeisterung wir ihn zerstört haben! Wie haben wir gejubelt! Aber ich habe mein halbes Leben darin verbracht … Das kann man nicht einfach so durchstreichen … Stimmen Sie mir zu? *(Sie wiederholt:)* Stimmen Sie mir zu? *(Natürlich stimme ich ihr zu.)* In meinem Kopf ist alles sowjetisch sortiert. Zu etwas anderem muss man erst einmal kommen. Die Menschen erinnern sich heute kaum noch an das Schlechte, sie sind stolz auf den Sieg, darauf, dass wir als Erste in den Kosmos geflogen sind. Dass die Läden leer waren … Das ist vergessen … Das glaubt keiner mehr …

Gleich nach dem Putsch war ich bei meinem Großvater auf dem Land … Ich habe das Radio nicht aus der Hand gelegt. Am Morgen sind wir rausgegangen, die Beete umgraben. Nach fünf oder zehn Minuten hab ich den Spaten hingeworfen und: Großvater, hör mal … Jelzin spricht … Und dann wieder: Großvater, komm her … Großvater blieb eine Weile geduldig, dann reichte es ihm: ›Grab lieber tiefer und hör nicht auf das, was die da schwatzen. Unsere Rettung liegt hier in der Erde – ob die Kartoffeln gute Ernte bringen oder nicht.‹ Er war weise, mein Großvater. Am Abend kam ein Nachbar. Ich schnitt das Thema Stalin an. Der Nachbar: ›Er war ein guter Mann, aber er hat zu lange gelebt.‹ Mein Großvater: ›Aber ich hab ihn überlebt, den Mistkerl.‹ Und ich lief ständig mit dem Radio in der Hand rum. Ich bebte vor Begeisterung. Der größte Kummer war, wenn die Abgeordneten Mittagspause machten. Eine Unterbrechung.

… Was habe ich heute? Was ist mir geblieben? Ich besitze eine riesige Bibliothek und Phonotek – das ist alles! Und meine Mutter, sie war Doktor der Chemie, sie besaß ebenfalls Bücher und eine Sammlung seltener Minerale. Einmal ist ein Dieb bei ihr eingebrochen … Mitten in der Nacht wacht sie auf, und in der Wohnung steht ein junger Kerl. Er hat den Schrank aufgemacht und wirft alles raus. Er wirft die Sachen auf den Boden und sagt: ›Verfluchte Intelligenzija … Nicht mal ein anständiger Pelzmantel …‹ Dann hat er einfach die Tür zugeschlagen und ist gegangen. Es gab nichts zu holen. So ist unsere Intelligenzija. Das ist uns geblieben. Und um uns herum bauen irgendwelche Leute Häuser, kaufen teure Autos. Ich habe noch nie einen Brillanten gesehen …

Das Leben in Russland – das ist Belletristik. Aber ich will hier leben … mit sowjetischen Menschen … Und sowjetische Filme sehen. Auch wenn sie vielleicht Lüge sind, auch wenn es Auftragswerke waren, aber ich liebe sie heiß und innig. *(Sie lacht.)* Hoffentlich sieht mein Mann mich nicht im Fernsehen …«

»Ich bin Offizier …

Jetzt ich … Ich bitte ums Wort. *(Ein junger Mann, vielleicht fünfundzwanzig.)* Schreiben Sie das auf: Ich bin ein orthodoxer russischer Patriot. Ich diene unserem Gott. Ich diene mit Eifer … mit Hilfe von Gebeten … Wer hat Russland verkauft? Die Juden. Die Wurzellosen. Der Jude hat auch Gott oft zum Weinen gebracht.

Eine weltweite Verschwörung … Wir haben es mit einer Verschwörung gegen Russland zu tun. Einem Plan der CIA … Da höre ich gar nicht hin … Erzählen Sie mir nicht, das sei eine Fälschung! Ruhe! Der Plan von CIA-Direktor Allen Dulles … ›Verbreiten wir Chaos in der Sowjetunion, ersetzen wir ihre Werte unmerklich durch Scheinwerte. Wir werden unsere Verbündeten und Gesinnungsgenossen in Russland selbst finden. Wir werden die jungen Leute zu Zynikern und Kosmopoliten machen. So werden wir vorgehen …‹ Klar? Die Juden und die Amis – das sind unsere Feinde. Die blöden Yankies. Clinton hat auf einer internen Sitzung der amerikanischen politischen Elite gesagt: ›Wir haben geschafft, was Präsident Truman mit Hilfe der Atombombe erreichen wollte … Wir haben es geschafft, ohne in einem Krieg um die Weltherrschaft den Staat aus dem Weg zu räumen, der Amerikas wichtigster Konkurrent war …‹ Wie lange sollen unsere Feinde noch über uns triumphieren? Jesus hat gesagt: Fürchtet euch nicht und ängstigt euch nicht, seid getrost und unverzagt. Der

Herr wird Erbarmen haben mit Russland und es auf dem Weg des Leidens zu großem Ruhm führen …

(Ich kann ihn nicht stoppen.)

1991 habe ich die Militärschule absolviert, mit zwei Sternen. Als Unterleutnant. Ich war stolz auf meine Uniform und habe sie immer getragen. Ein sowjetischer Offizier! Ein Verteidiger! Doch nach dem Scheitern des GKTschP bin ich in Zivil zum Dienst gefahren und habe mich erst dort umgezogen. Jeder Opa konnte mich an der Haltestelle ansprechen und fragen: ›Warum hast du denn die Heimat nicht verteidigt, Junge? Du Hundesohn! Du hast doch einen Eid geleistet.‹ Die Offiziere hungerten. Für einen Offizierssold bekam man ein Kilo billige Wurst. Ich nahm meinen Abschied von der Armee. Eine Zeitlang habe ich nachts Prostituierte bewacht. Jetzt arbeite ich als Wachmann bei einer Firma. Jidden! Alles Unglück kommt von denen … Der russische Mensch aber hat keine Chance. Sie haben Jesus gekreuzigt … *(Er drängt mir ein Flugblatt auf.)* Lesen Sie … Weder die Miliz noch die Armee wird die Sobtschaks und Tschubaisse … und die Nemzows[15] … vor dem gerechten Volkszorn schützen. ›Chaim, hast du gehört, es wird bald ein Pogrom geben!‹ ›Ich habe keine Angst. Laut Ausweis bin ich Russe.‹ ›Dummkopf, Prügel gibt's nach der Fresse, nicht nach dem Ausweis.‹ *(Er bekreuzigt sich.)*

Auf russischem Boden eine russische Ordnung! Die Namen von Achromejew, Makaschow[16] … und anderen Helden … die stehen auf unseren Bannern! Der Herr wird uns nicht verlassen …«

»Ich bin Student …

Achromejew? Wer ist das? Wer ist der Typ?«

»Das GKTschP … die Augustrevolution …«

»Verzeihung … Ich habe keine Ahnung ….«

»Wie alt sind Sie?«

»Neunzehn. Ich interessiere mich nicht für Politik. Ich hab keinen Bock auf diese Shows. Aber Stalin gefällt mir. Der ist interessant. Vergleichen Sie nur unsere heutigen Regierenden mit dem Führer im Soldatenmantel. Zu wessen Gunsten fällt der Vergleich aus? Eben … Ich brauche kein großes Russland. Ich werde keine albernen Stiefel anziehen und mir keine MPi um den Hals hängen. Ich will nicht sterben! *(Er schweigt eine Weile.)* Der ewige russische Traum: Koffer packen und nichts wie weg aus Russland! Nach Amerika! Aber weggehen und dann dort mein Leben lang kellnern, das will ich nicht. Ich überlege noch.«

VON DEN ALMOSEN DER ERINNERUNG UND DER GIER NACH EINEM SINN

Igor Poglasow, Schüler der achten Klasse, 14 Jahre alt

Aus der Erzählung der Mutter

Mir kommt das vor wie Verrat … Ich verrate meine Gefühle, verrate unser Leben. Verrate unsere Worte … Sie waren nur für uns bestimmt, und nun lasse ich einen fremden Menschen in unsere Welt. Ob dieser Mensch gut ist oder schlecht, spielt dabei keine Rolle. Ob er mich versteht oder nicht … Ich erinnere mich, wie einmal eine Frau, die auf dem Markt stand und Äpfel verkaufte, allen erzählte, wie sie ihren Sohn begraben hat. Damals habe ich mir geschworen: Das wird mir nie passieren. Mein Mann und ich schweigen zu diesem Thema nur, wir weinen, aber jeder für sich, damit es der andere nicht sieht. Ein Wort, und ich fange an zu heulen. Das erste Jahr konnte ich mich gar nicht beruhigen: Warum? Wieso hat er das getan? Ich möchte gern denken … Ich tröste mich: Er wollte uns nicht verlassen … er wollte es nur ausprobieren … einen Blick werfen … In der Jugend beschäftigt einen die Frage: Was ist dort? Besonders Jungen beschäftigt das … Nach seinem Tod habe ich seine Hefte durchstöbert, seine Gedichte. Wie ein Spürhund. *(Sie weint.)* Eine Woche vor jenem Sonntag … da stand ich vorm Spiegel und kämmte mich … Er trat zu mir, legte den Arm um mich. Wir standen zusammen vorm Spiegel, schauten hinein und lächelten. »Igorjok«, ich schmiegte mich an ihn, »was bist du doch für ein hübscher Junge. Das kommt, weil du aus Liebe entstanden bist. Aus großer Liebe.« Er umarmte mich noch heftiger. »Mama, du bist wie immer unvergleichlich.« Mich fröstelt bei dem Gedanken: Damals vorm Spiegel, hat er da schon daran gedacht oder nicht?

Liebe … Ich finde es seltsam, dieses Wort auszusprechen. Mich daran zu erinnern, dass es die Liebe gibt. Dabei habe ich einmal gedacht, die Liebe sei größer als der Tod … sie sei stärker als alles andere … Mein Mann und ich haben uns in der zehnten Klasse kennengelernt. Die Jungs aus der Nachbarschule kamen zu uns zum Tanzen. An unseren ersten Abend erinnere ich mich nicht, denn da habe ich Vadik, so heißt mein Mann, nicht bemerkt, er mich zwar schon, aber er hat mich nicht angesprochen. Er hat nicht einmal mein Gesicht gesehen, nur meine Silhouette. Und es sei gewesen, als hätte ihm eine Stimme zugeflüstert: »Das ist deine künftige Frau.« Das hat er mir hinterher gestanden … *(Sie lächelt.)* Aber vielleicht hat er sich das nur ausgedacht? Er hat viel Phantasie. Aber der Zauber war immer bei uns, und er trug mich durchs Leben. Ich war fröhlich, irrsinnig fröhlich, unbezähmbar – so war ich. Ich liebte meinen Mann, aber ich flirtete auch gern mit anderen Männern, das war wie ein Spiel: Du gehst die Straße entlang, du wirst angeschaut, und es gefällt dir, dass man dich anschaut, sogar ein bisschen verliebt. »Womit hab ich das alles verdient?«, sang ich wie meine geliebte Maja Kristallinskaja. Ich eilte durchs Leben, und heute bedaure ich, dass ich mich nicht an alles erinnere – ich werde nie wieder so voller Freude sein. Zum Lieben braucht man viel Kraft, und ich bin jetzt anders. Ich bin jetzt normal. *(Sie schweigt.)* Manchmal möchte ich mich daran erinnern, wie ich früher war … aber meistens ist es mir peinlich …

Igorjok war drei oder vier … Ich badete ihn. »Mama, ich hab dich so lieb wie die Schöne Wassilissa.«* *(Sie lächelt.)* Davon kann man zehren, davon zehre ich jetzt. Almosen der Erinnerung … ich sammle jeden Krümel auf … Ich bin Lehrerin, ich unterrichte russische Sprache und Literatur. Das gewohnte Bild zu Hause: Ich sitze über Büchern, er im Küchenschrank. Während er Töpfe, Pfannen, Löffel und Gabeln ausräumt, bereite ich mich auf den Unterricht am nächsten Tag vor. Später, er ist schon größer, sitze ich da und schreibe, und auch er sitzt an seinem Tisch und schreibt. Er hat früh lesen gelernt. Und schreiben. Als er drei war, lernte ich mit ihm Verse von

* *Schöne Wassilissa* – russische Märchenfigur.

Michail Swetlow auswendig: »Kachowka, Kachowka – geliebtes Gewehr, du Kugel, so heiß, fliege weit!«[1] Hier muss ich etwas weiter ausholen … Ich wollte, dass er klug und stark wird, und wählte für ihn Gedichte über Helden aus, über den Krieg. Über die Heimat. Und eines Tages verblüffte mich meine Mutter: »Vera, hör auf, ihm Kriegsgedichte vorzulesen. Er spielt immer nur Krieg.« »Alle Jungen spielen gern Krieg.« »Ja, aber Igor spielt gern, dass auf ihn geschossen wird und er umfällt. Dass er stirbt! Er fällt mit solcher Freude, mit solcher Begeisterung, dass ich manchmal Angst bekomme. Er ruft den anderen Jungen zu: ›Ihr schießt, ich falle um.‹ Nie umgekehrt.« *(Nach einer langen Pause.)* Warum habe ich nicht auf meine Mutter gehört?

Ich schenkte ihm Kriegsspielzeug: einen Panzer, Zinnsoldaten, ein Scharfschützengewehr … Er war doch ein Junge, er sollte ein Soldat werden. In der Spielanleitung zum Gewehr stand: »Ein Scharfschütze muss ruhig und mit Bedacht töten … er muss zuerst sein Ziel genau kennenlernen …« Das galt als ganz normal, niemanden erschreckte das. Warum? Unsere Psyche war auf Krieg ausgerichtet. »Und ist morgen schon Krieg, ziehn wir morgen ins Feld …«[2] Anders kann ich mir das nicht erklären. Ich finde keine andere Erklärung … Heute bekommen die Kinder schon seltener Säbel und Pistolen geschenkt – Piff, paff! Aber wir … Ich weiß noch, wie erstaunt ich war, als ein Lehrer bei uns in der Schule erzählte, in Schweden oder so sei Kriegsspielzeug verboten. Wie soll man da einen Jungen zum Mann erziehen? Zum Verteidiger? *(Mit versagender Stimme.)* »Dem Tod schau kühn ins Angesicht, du Sänger hoch zu Pferde.«[3] Wenn wir zusammenkommen, egal aus welchem Anlass, reden wir nach fünf Minuten vom Krieg. Wir sangen oft Kriegslieder. Gibt es noch irgendwo solche Menschen wie uns? Auch die Polen haben im Sozialismus gelebt, die Tschechen, die Rumänen, aber sie sind trotzdem anders … *(Sie schweigt.)* Jetzt weiß ich nicht, wie ich überleben soll. Woran soll ich mich festhalten? Woran …

(Sie flüstert nur noch. Aber mir kommt es vor, als würde sie schreien.)

… wenn ich die Augen schließe, sehe ich ihn im Sarg liegen …

Wir waren doch glücklich ... Warum meinte er, der Tod habe so viel Schönes ...

... meine Freundin ging mit mir zur Schneiderin: »Du musst dir ein neues Kleid machen lassen. Wenn ich Depressionen habe, lasse ich mir immer ein neues Kleid machen.«

... im Schlaf streichelt jemand meinen Kopf ... Das erste Jahr lief ich oft aus dem Haus in den Park und schrie dort ... die Vögel erschraken jedes Mal ...

Er war zehn, nein, wahrscheinlich elf ... Ich schleppte mich mit zwei schweren Taschen mühsam nach Hause. Nach einem ganzen Tag in der Schule. Ich komme rein. Beide liegen auf dem Sofa: der eine mit einer Zeitung, der andere mit einem Buch. In der Wohnung herrscht ein Durcheinander, unglaublich! Ein Berg schmutziges Geschirr! Und die beiden empfangen mich begeistert! Ich greife zum Besen. Sie verbarrikadieren sich mit Stühlen. »Kommt raus!« »Niemals!« »Ihr könnt auslosen – wen soll ich mir als Ersten vornehmen?« »Mamotschka-dewotschka*, nicht böse sein!«, ruft Igor und kommt als Erster raus, er ist schon so groß wie sein Vater. »Mamotschka-dewotschka«, das ist mein Kosename zu Hause. Den hat er sich ausgedacht.

... Im Sommer fuhren wir meist in den Süden, »zu den Palmen, die der Sonne am nächsten sind«. *(Freudig.)* Solche Dinge fallen mir wieder ein ... unsere Worte ... Die Wärme war gut für seine chronische Nasenhöhlenentzündung. Danach zahlten wir bis zum März unsere Schulden ab und lebten sehr sparsam: Pelmeni als Vorsuppe, Pelmeni als Hauptgericht und Pelmeni zum Tee. *(Sie schweigt.)* Ich erinnere mich an ein buntes Werbeplakat. Das sommerlich heiße Gursuf[4]. Das Meer ... Steine und Sand, weiß von den Wellen und der Sonne ... Wir haben noch viele Fotos, die verstecke ich nun vor mir. Ich habe Angst ... das könnte in mir eine Explosion auslösen ... Ja, eine Explosion! Einmal fuhren wir ohne ihn. Auf halbem Weg sind wir umgekehrt. »Igorjok«, so stürmten wir in die Wohnung, »du kommst mit. Wir können nicht ohne dich!« Er schrie »Hurra!« und

* *dewotschka* – russ. »Mädchen«.

warf sich mir an den Hals. *(Nach einer langen Pause.)* Wir können nicht ohne ihn …

Warum hat unsere Liebe ihn nicht zurückgehalten? Ich hatte doch geglaubt, die Liebe könne alles. Wieder muss ich … wieder …

Es war schon passiert … er war nicht mehr bei uns … Ich war lange wie erstarrt. »Vera«, rief mein Mann, und ich hörte ihn nicht. »Vera …« Ich hörte nichts. Und dann wurde ich plötzlich hysterisch. Ich schrie, stampfte mit den Füßen auf – meine eigene Mutter, meine geliebte Mutter, schrie ich an: »Du Ungeheuer, du Ungeheuer – du Tolstojanerin! Und genau solche Ungeheuer hast du großgezogen! Was hast du uns ein Leben lang erzählt? Man soll für andere leben … für ein erhabenes Ziel … Sich unter einen Panzer werfen, in einem Flugzeug verbrennen für die Heimat. Der Donner der Revolution … Heldentod … Der Tod war schöner als das Leben. Wir sind zu Ungeheuern und Unmenschen herangewachsen. Auch Igorjok habe ich so erzogen. Du bist an allem schuld! Du!« Meine Mutter krümmte sich zusammen und wurde auf einmal ganz klein. Eine kleine alte Frau. Es versetzte mir einen Stich ins Herz. Zum ersten Mal seit vielen Tagen spürte ich wieder Schmerz; davor hatte mir einmal jemand im Bus einen schweren Koffer auf den Fuß gestellt, und ich hatte nichts gespürt. In der Nacht schwollen alle Zehen an, da fiel mir der Koffer wieder ein. *(Unter Tränen.)* Hier muss ich kurz von meiner Mutter erzählen … Meine Mutter gehört zur Generation der Vorkriegsintelligenz. Zu den Leuten, denen Tränen in die Augen stiegen, wenn die Internationale erklang. Sie hat den Krieg überlebt und immer wieder daran erinnert, dass ein sowjetischer Soldat die rote Fahne auf dem Reichstag gehisst hat: »Einen solchen Krieg hat unser Land gewonnen!« Zehn … zwanzig … vierzig Jahre lang … sagte sie das immer wieder, wie eine Beschwörung. Wie ein Gebet … Das war ihr Gebet … »Wir hatten nichts, aber wir waren glücklich« – davon war meine Mutter absolut überzeugt. Da war jeder Streit sinnlos. Lew Tolstoi, den »Spiegel der russischen Revolution«[5], liebte sie für *Krieg und Frieden* und dafür, dass der Graf seinen ganzen Besitz an die Armen verteilen wollte, um seine Seele zu retten. So war nicht nur meine Mutter, so waren auch alle ihre Freunde – die erste

Generation der sowjetischen Intelligenz, aufgewachsen mit Tschernyschewski[6], Dobroljubow[7], Nekrassow[8] … mit dem Marxismus … Mir vorzustellen, dass meine Mutter mit einem Stickrahmen dasitzt oder unsere Wohnung irgendwie schmückt – mit Vasen, Porzellanfigürchen – nicht doch! Das war sinnlose Zeitverschwendung. Kleinbürgerlich! Die Hauptsache war das Geistige … Bücher … Einen Anzug konnte man zwanzig Jahre lang tragen, und zwei Mäntel reichten fürs ganze Leben, aber ohne Puschkin oder ohne eine vollständige Gorki-Ausgabe konnte man nicht leben. Wer teilhat an großen Gedanken, der hat auch selbst große Gedanken … So haben sie gelebt …

… bei uns im Stadtzentrum gibt es einen alten Friedhof. Mit vielen Bäumen. Fliederbüschen. Dort gehen die Leute spazieren wie in einem botanischen Garten. Nur wenige alte Leute, die Jungen lachen und küssen sich. Hören Musik … Einmal kam er spät nach Hause. »Wo warst du?« »Auf dem Friedhof.« »Wieso gehst du auf den Friedhof?« »Da ist es interessant. Man schaut in die Augen von Menschen, die nicht mehr leben.«

… öffne ich seine Zimmertür … Er steht aufrecht auf dem Fenstersims, der Sims ist uneben und bröckelig. Fünfter Stock! Ich erstarre. Ich kann nicht schreien wie damals, wenn er als Kind auf die dünne oberste Spitze eines Baumes oder die hohe alte Mauer einer zerstörten Kirche geklettert war: »Wenn du fühlst, dass du dich nicht mehr halten kannst, fall auf mich.« Ich schrie nicht und weinte nicht, um ihn nicht zu erschrecken. An der Wand entlang schlich ich zurück. Nach fünf Minuten, die mir vorkamen wie eine Ewigkeit, bin ich wieder rein – er war wieder vom Sims gesprungen und lief im Zimmer herum. Ich stürzte mich auf ihn, küsste und – schüttelte ihn. »Warum hast du das gemacht? Warum?« »Ich weiß nicht. Ich hab's mal ausprobiert.«

Einmal sah ich vor dem Nachbareingang am Morgen Trauerkränze. Jemand war gestorben. Irgendwer. Als ich von der Arbeit komme, erfahre ich von meinem Mann, dass der Junge dort war. Ich frage: »Warum? Wir kennen die Leute doch gar nicht.« »Es war ein junges Mädchen. Sie war so schön, wie sie dalag. Und ich dachte, der Tod wäre gruselig …« *(Sie schweigt.)* Er kreiste immer darum herum … es zog ihn dorthin … *(Sie schweigt.)* Aber die Tür ist verschlossen … der Weg dorthin ist uns versperrt …

… er schmiegt sich auf meinen Schoß. »Mama, wie war ich, als ich klein war?« Und ich erzähle … Wie er an der Tür auf Väterchen Frost gewartet hat. Wie er gefragt hat, mit welchem Bus man dreimal drei Königreiche weit komme. Wie er, als er im Dorf einen alten russischen Ofen sah, die ganze Nacht darauf wartete, dass der losfährt wie im Märchen. Er glaubte das alles …

… ich erinnere mich, dass schon Schnee lag … Er kommt nach Hause gelaufen. »Mama! Ich hab heute jemanden geküsst!« »Du hast jemanden geküsst?!« »Ja. Ich hatte heute mein erstes Rendezvous.« »Und du hast mir nichts davon gesagt?« »Das hab ich nicht mehr geschafft. Ich hab's Dimka und Andrej gesagt, und wir sind zu dritt hingegangen.« »Geht man denn zu dritt zu einem Rendezvous?« »Ach, allein hab ich mich irgendwie nicht getraut.« »Und, wie war das Rendezvous zu dritt?« »Sehr schön. Wir beide sind Arm in Arm um die Rodelbahn gelaufen und haben uns geküsst. Und Dimka und Andrej haben Wache gestanden.« O mein Gott! »Mama, kann ein Junge aus der Fünften ein Mädchen aus der Neunten heiraten? Wenn es Liebe ist, natürlich …«

… aber das … das … *(Sie weint lange.)* Darüber kann ich nicht sprechen …

… unser Lieblingsmonat, der August. Wir fahren ins Grüne und bewundern ein Spinnennetz. Wir lachen … lachen … lachen … *(Sie schweigt.)* Warum weine ich? Wir hatten doch ganze vierzehn Jahre … *(Sie weint.)*

Ich stehe in der Küche, koche und brate. Das Fenster steht offen. Ich höre, wie er und sein Vater sich auf dem Balkon unterhalten. Igor: »Papa, was ist ein Wunder? Ich glaube, ich weiß es. Hör zu … Es waren einmal ein Alter und eine Alte, und sie hatten ein geflecktes Hühnchen. Das Hühnchen legte ein Ei, kein einfaches Ei, sondern ein goldenes. Der Großvater schlägt und schlägt darauf – es geht nicht kaputt. Die Großmutter schlägt und schlägt darauf – es geht nicht kaputt. Da kommt eine Maus vorbei, wedelt mit dem Schwanz, das Ei fällt herunter und geht kaputt. Der Großvater weint, die Großmutter weint …« Der Vater: »Vom Standpunkt der Logik betrachtet, vollkommen absurd. Sie versuchen immer wieder, das Ei aufzuschlagen, und kriegen es nicht kaputt, und als es kaputt ist – fangen sie an zu weinen! Aber seit vielen Jahren, ach was, seit Jahrhunderten hören sich die Kinder dieses Märchen an wie Verse.« Igor: »Und ich dachte früher immer, mit dem Verstand könne man alles erfassen.« Der Vater: »Viele Dinge kann man mit dem Verstand nicht erfassen. Zum Beispiel die Liebe.« Igor: »Und den Tod.«

Seit seiner Kindheit schrieb er Gedichte … Auf dem Tisch, in seinen Taschen, unterm Sofa – überall fand ich vollgeschriebene Seiten. Er verlor sie, warf sie weg, vergaß sie. Ich konnte gar nicht immer glauben, dass er das geschrieben hatte. »Hast du das etwa geschrieben?« »Was denn?« Ich lese vor: »Sie gehen einander besuchen, die Menschen, sie gehen einander besuchen, die Tiere …« »Ach, das ist alt. Das hab ich schon vergessen.« »Und das hier?« »Was?« Ich lese vor: »Nur an einem dünnen Zweiglein hängen die Sternentröpfchen …« Mit zwölf schrieb er, dass er sterben möchte. Liebe und sterben – das waren seine beiden Wünsche. »Uns beide hat getraut das Wasser tief und blau …« Noch mehr? Hier: »Ich gehöre nicht euch, ihr silbernen Wolken, ich gehöre nicht dir, blauer Schnee auf dem Feld …« Er hat mir das doch vorgelesen. Vorgelesen hat er es mir! Aber in der Jugend schreibt man ja oft über den Tod …

Bei uns zu Hause wurden ständig Verse rezitiert, das war ganz normal: Majakowski, Swetlow … Mein geliebter Semjon Gudsenko: »Wer in den Tod zieht, singt ein Lied, davor darf man auch weinen. Im Kampf die schlimmste Stunde ist das Warten auf den Angriff.« Sehen Sie? Ja, natürlich … Warum frage ich? Wir alle sind damit aufgewachsen … Die Kunst liebt den Tod, unsere ganz besonders. Der Opfer- und Todeskult liegt uns im Blut. Bis zum Äußersten gehen. »Ach, das russische Volk, es stirbt nicht gern seinen eigenen Tod!«, schrieb Gogol. Und Wyssozki sang: »Ich möchte nur kurz noch am Abgrund verharrn …« Am Abgrund! Die Kunst liebt den Tod, aber es gibt doch auch die französische Komödie. Warum gibt es bei uns kaum Komödien? »Vorwärts für die Heimat!« »Vaterland oder Tod!«

Ich brachte meinen Schülern bei: »Andern zu leuchten, verbrenne ich.«[9] Sprach mit ihnen über Gorkis Helden Danko, der sich das Herz aus der Brust reißt und damit anderen den Weg erleuchtet. Über das Leben sprachen wir nicht … jedenfalls wenig … Ein Held! Ein Held! Ein Held! Das Leben bestand aus Helden … aus Opfern und Henkern … Andere Menschen existierten nicht. *(Sie schreit. Weint.)* Jetzt ist das für mich wie eine Folter – in die Schule zu gehen. Die Kinder erwarten etwas … Worte und Gefühle … Was soll ich sagen … was kann ich ihnen sagen?

Das war tatsächlich so … genau so … Später Abend, ich lag schon im Bett, las den Roman *Der Meister und Margarita* (er galt noch als Dissidentenliteratur, ich hatte eine maschinengetippte Abschrift bekommen). Ich las die letzten Seiten … Erinnern Sie sich, Margarita bittet Voland, den Meister gehen zu lassen, und Voland, der Geist Satans, sagt: »Schreit nicht in den Bergen, er ist Steinschläge gewohnt, sie beunruhigen ihn nicht. Ihr braucht nicht für ihn zu bitten, Margarita, denn für ihn hat schon jener gebeten, mit dem er so gern sprechen möchte.«[10] Und plötzlich trieb mich eine unbekannte Macht ins Nebenzimmer, zum Sofa, wo mein Sohn schlief. Ich kniete mich vor ihn und flüsterte, wie ein Gebet: »Igorjok, tu's nicht. Mein Liebling, bitte nicht. Nicht!« Ich tat etwas, das ich nicht mehr durfte, seit er herangewachsen war: Ich küsste seine Hände, seine Füße … Er öffnete die Augen: »Mama, was hast du?« Ich kam sofort zu mir. »Deine Decke ist runtergerutscht. Ich hab sie zurechtgelegt.« Er schlief wieder ein. Und ich … Ich verstand nicht, was mit mir los war. Wenn er fröhlich war, neckte er mich immer: »loderndes springendes Flämmchen«. Ich lief leichtfüßig durchs Leben.

Sein Geburtstag rückte näher … und Neujahr … Ein Freund hatte versprochen, uns eine Flasche Sekt zu besorgen, damals bekamen wir in den Geschäften kaum noch etwas, alles musste besorgt werden. Über Beziehungen. Über Bekannte und Bekannte von Bekannten. Wir besorgten Räucherwurst, Schokoladenkonfekt … Zu Neujahr ein Kilo Mandarinen zu beschaffen, das war ein Riesenglück! Mandarinen waren nicht irgendein Obst, das war etwas Exotisches, nur zu Neujahr roch es nach Mandarinen. Die Delikatessen für den

Neujahrstisch wurden monatelang zusammengesammelt. Diesmal hatte ich eine Dose Dorschleber und ein Stück Lachs besorgt. Das alles gab es dann beim Totenmahl … *(Sie schweigt.)* Nein, ich will nicht so schnell aufhören zu erzählen. Wir hatten ganze vierzehn Jahre. Vierzehn Jahre minus zehn Tage …

Eines Tages räumte ich den Hängeboden auf und fand dort eine Mappe mit Briefen. Als ich in der Entbindungsklinik lag, schrieben mein Mann und ich uns jeden Tag, lange Briefe und ganz kurze, manchmal mehrmals am Tag. Ich las und lachte … Igor war schon sieben … Er konnte nicht begreifen, dass er damals noch nicht da gewesen war, aber sein Vater und ich schon. Das heißt, er war irgendwie auch schon da, in unseren Briefen sprachen wir ständig von ihm: Jetzt hat das Kind sich gedreht, jetzt hat er mich getreten … er bewegt sich … »Ich bin schon mal gestorben, und dann bin ich wieder zu euch gekommen, ja?« Seine Frage ließ mich erstarren. Aber Kinder … sie drücken sich ja manchmal so aus … wie Philosophen, wie Dichter … Ich hätte mitschreiben sollen … »Mama, Großvater ist gestorben … das heißt, er wurde begraben, und nun wächst er …«

In der siebten Klasse hatte er schon ein Mädchen. Er war ernsthaft verliebt. »Du heiratest mir weder deine erste Liebe noch eine Verkäuferin!«, mahnte ich drohend. Ich gewöhnte mich langsam an den Gedanken, ihn eines Tages teilen zu müssen. Bereitete mich innerlich darauf vor. Meine Freundin hat auch einen Sohn, er und Igor waren gleich alt, und meine Freundin gestand mir einmal: »Ich kenne meine Schwiegertochter noch gar nicht, aber ich hasse sie schon.« So sehr liebt sie ihren Sohn. Sie kann sich gar nicht vorstellen, ihn einmal einer anderen Frau zu überlassen. Wie wäre das bei uns? Bei mir? Ich weiß es nicht … Ich habe ihn wahnsinnig geliebt … wahnsinnig … Wie schwer mein Tag auch gewesen sein mochte, wenn ich nach Hause kam und die Tür aufmachte – kam von irgendwoher Licht. Nein, nicht von irgendwoher – von der Liebe.

Ich habe zwei Albträume. Der erste – wir beide ertrinken. Er war ein guter Schwimmer, einmal war ich mit ihm gefährlich weit aufs Meer hinausgeschwommen. Ich drehte um und spürte, dass meine Kräfte schwanden – ich klammerte mich an ihn, ganz fest. Er schrie:

»Lass los!« »Ich kann nicht!« Ich klammerte mich an ihn und zog ihn hinab. Irgendwie riss er sich los und stieß mich vor sich her, zum Ufer. Hielt mich fest und stieß mich vor sich her. So kamen wir beide ans Ufer. Im Traum wiederholt sich das Ganze, aber ich lasse ihn nicht los. Wir ertrinken nicht und schwimmen auch nicht ans Ufer. Ein heftiges Handgemenge im Wasser … Der zweite Traum – es fängt an zu regnen, aber ich spüre, das ist kein Regen, vom Himmel fällt Erde. Sand. Es fängt an zu schneien, aber ich höre am Rascheln, dass das kein Schnee ist, sondern Erde. Eine Schaufel klopft wie ein Herz – poch-poch, poch-poch …

Wasser … Wasser faszinierte ihn … Er liebte Seen, Flüsse, Brunnen. Und besonders das Meer. Er hat viele Gedichte über das Wasser geschrieben. »Nur ein stiller, sanfter Stern wurde weiß, wie Wasser ist. Finsternis.« Und: »Einsam fließt das Wasser, kühl. Es ist still.« *(Pause.)* Wir fahren jetzt nicht mehr ans Meer.

Das letzte Jahr … Wir saßen abends oft zusammen beim Essen. Wir sprachen natürlich über Bücher. Lasen gemeinsam Samisdat-Literatur … *Doktor Shiwago*, die Gedichte von Mandelstam … Ich erinnere mich, dass wir einmal darüber stritten, was ein Dichter ist. Wie sein Schicksal in Russland aussieht. Igors Meinung: »Ein Dichter muss früh sterben, sonst ist er kein Dichter. Ein alter Dichter ist einfach lächerlich.« Ja … auch das habe ich überhört … Habe dem keine Bedeutung beigemessen. Aus mir purzelten die Verse meist wie aus einem Weihnachtsmannsack … Fast jeder russische Dichter hat über die Heimat geschrieben. Ich kenne vieles auswendig. Ich rezitierte meinen geliebten Lermontow: »Ich lieb mein Vaterland – auf sonderbare Art.« Und Jessenin: »Doch ich liebe dich, sanfte Heimat!«[11] Ich war glücklich, als ich die Briefe von Alexander Block gekauft hatte … Einen ganzen Band! Sein Brief an die Mutter nach seiner Rückkehr aus dem Ausland … Er schreibt, Russland habe ihm sogleich seine Schweineschnauze und sein göttliches Antlitz gezeigt … Ich legte die Betonung natürlich auf das göttliche Antlitz … *(Ihr Mann kommt herein. Er umarmt sie und setzt sich neben sie.)* Was noch? Igor ist nach Moskau gefahren, ans Grab von Wyssozki. Er hat sich den Kopf kahlgeschoren und sah plötzlich Majakowski sehr ähnlich.

(Sie wendet sich an ihren Mann.) Erinnerst du dich? Wie ich mit ihm geschimpft habe? Er hatte wunderschöne Haare.

Der letzte Sommer … Er war braungebrannt. Groß und stark. Die meisten schätzten ihn auf achtzehn. In den Ferien fuhr ich mit ihm nach Tallinn. Er war zum zweiten Mal dort und führte mich überall herum, in alle möglichen Gassen und Winkel. In drei Tagen verprassten wir einen Haufen Geld. Wir übernachteten in einem Wohnheim. Einmal kamen wir von einem nächtlichen Spaziergang durch die Stadt nach Hause – Hand in Hand, lachend, öffneten wir die Tür. Die Pförtnerin wollte uns nicht reinlassen: »Nach elf dürfen Sie hier nicht mit einem Mann rein.« Ich flüsterte Igor ins Ohr: »Geh schon hoch, ich komme gleich nach.« Er ging, und ich leise zu ihr: »Dass Sie sich nicht schämen! Das ist doch mein Sohn!« Es war alles so heiter … so schön! Plötzlich bekam ich dort … in der Nacht … Angst. Angst, ihn nie wiederzusehen. Angst vor etwas Neuem. Da war noch nichts passiert.

Der letzte Monat … Mein Bruder war gestorben. In unserer Familie gibt es nur wenige Männer, und ich nahm Igor zur Unterstützung mit. Wenn ich gewusst hätte … Er interessierte sich doch für den Tod, er interessierte sich dafür … »Igor, stell die Blumen woandershin. Hol Stühle. Geh Brot holen.« Diese Normalität im Umfeld des Todes … die ist gefährlich … Da kann man den Tod leicht mit dem Leben verwechseln. Das ist mir jetzt klar … Der Bus kam. Alle Angehörigen saßen schon, aber mein Sohn fehlte. »Igor, wo bist du? Komm her.« Er stieg ein – alle Plätze waren besetzt. Ein Omen nach dem anderen … Durch den Ruck oder was … Der Bus fuhr an, und mein Bruder öffnete für einen Moment die Augen. Ein schlechtes Omen – in der Familie würde es bald noch einen Toten geben. Wir machten uns sofort Sorgen um meine Mutter, um ihr krankes Herz. Als der Sarg in die Grube hinuntergelassen wurde, fiel etwas mit hinein … Auch ein ungutes Zeichen …

Der letzte Tag … Am Morgen. Ich wasche mich und spüre: Er steht in der Tür, hält sich mit beiden Händen am Rahmen fest und schaut mich unverwandt an. Schaut und schaut. »Was ist mit dir? Setz dich an deine Hausaufgaben. Ich bin bald zurück.« Er dreht sich schweigend um und geht in sein Zimmer. Nach der Arbeit traf ich mich mit meiner Freundin. Sie hatte für ihn einen modischen Pullover gestrickt, das war mein Geburtstagsgeschenk für ihn. Als ich damit nach Hause kam, schimpfte mein Mann: »Begreifst du denn nicht, dass es für ihn noch zu früh ist, so schicke Sachen zu tragen?« Zum Mittag machte ich Hühnerbuletten, die er sehr mochte. Normalerweise verlangte er immer Nachschlag, aber diesmal stocherte er nur im Essen herum und ließ es stehen. »Ist in der Schule was passiert?« Er schwieg. Da fing ich an zu weinen, plötzlich liefen die Tränen wie Sturzbäche. Zum ersten Mal seit Jahren weinte ich so laut, das hatte ich nicht einmal bei der Beerdigung meines Bruders getan. Und er erschrak. Er erschrak so, dass ich ihn sofort tröstete: »Probier mal den Pullover an.« Er zog ihn an. »Gefällt er dir?« »Sehr.« Nach einer Weile schaute ich zu ihm ins Zimmer – er lag da und las. Im Nebenzimmer tippte sein Vater etwas auf der Schreibmaschine. Ich hatte Kopfschmerzen und schlief ein. Wenn es brennt, schlafen die Menschen fester als sonst ... Als ich ihn verließ, las er Puschkin ... Timka, unser Hund, lag im Flur. Er bellte nicht und jaulte nicht. Ich weiß nicht, wie viel Zeit verging; als ich die Augen öffnete, saß mein Mann bei mir. »Wo ist Igor?« »Er hat sich im Bad eingeschlossen. Murmelt bestimmt Gedichte vor sich hin.« Eine wilde, animalische Angst jagte mich hoch. Ich rannte zum Bad, klopfte, hämmerte gegen die Tür. Mit Händen und Füßen. Stille. Ich rief, schrie, flehte. Stille. Mein Mann suchte einen Hammer, eine Axt. Brach die Tür auf ... In einer alten Hose, einem Pulli und Hausschuhen ... An einem Gürtel ... Ich riss ihn herunter, trug ihn raus. Er war weich und warm. Wir versuchten es mit künstlicher Beatmung. Riefen den Notarzt ...

Wie hatte ich schlafen können? Warum hatte Timka nichts gespürt? Hunde sind doch so sensibel, sie hören zehnmal besser als wir. Warum ... Ich saß da und starrte vor mich hin. Sie gaben mir eine Spritze, und ich sank in Schlaf. Am Morgen wurde ich geweckt. »Vera, steh auf. Sonst verzeihst du dir das nicht.« Na warte, gleich kannst du was erleben für diesen Streich. Dich knöpf ich mir vor, dachte ich. Und dann begriff ich, dass ich ihn mir nicht mehr vorknöpfen konnte.

Er liegt im Sarg … Er trägt den Pullover, den ich ihm zum Geburtstag schenken wollte …

Ich fing nicht gleich an zu schreien … erst nach ein paar Monaten … Aber ich hatte keine Tränen. Ich schrie, aber ich weinte nicht. Nur als ich einmal ein Glas Wodka getrunken hatte, fing ich an zu weinen. Ich begann zu trinken, um zu weinen … ich klammerte mich an die Menschen … Bei einer befreundeten Familie saßen wir ganze zwei Tage. Heute ist mir klar, wie schwer das für sie war, wie sehr wir sie damit gequält haben. Wir flohen aus unserer Wohnung … In der Küche ging der Stuhl kaputt, auf dem er immer gesessen hatte, doch ich rührte ihn nicht an, ich ließ ihn stehen – womöglich würde es ihm nicht gefallen, wenn ich etwas wegwürfe, an dem er hing? Die Tür zu seinem Zimmer konnten mein Mann und ich nicht öffnen. Zweimal wollten wir die Wohnung tauschen, hatten schon alle Papiere beschafft, Leuten Hoffnungen gemacht, packten unsere Sachen. Doch ich kann hier nicht ausziehen, ich habe das Gefühl, dass er hier irgendwo ist, ich kann ihn nur nicht sehen … Aber er ist hier irgendwo … Ich lief durch Geschäfte und wählte Sachen für ihn aus: Die Hose da, das ist genau seine Farbe, und das Hemd. In irgendeinem Frühling … im wievielten, weiß ich nicht mehr … Da komme ich nach Hause und sage zu meinem Mann: »Weißt du was, heute hat mich ein Mann angesprochen. Er wollte sich mit mir verabreden.« Und mein Mann antwortet: »Das freut mich sehr für dich, Verotschka. Du kehrst zurück …« Ich war ihm unendlich dankbar für diese Worte. Ich möchte noch etwas über meinen Mann sagen … Er ist Physiker, und unsere Freunde necken uns immer: »Habt ihr ein Glück – ein Physiker und eine Lyrikerin.« Ich habe ihn geliebt … Warum geliebt und nicht »liebe«? Weil ich die, die ich jetzt bin, die überlebt hat, noch nicht kenne. Ich fürchte … ich bin nicht bereit … ich kann nicht mehr glücklich sein …

Eines Nachts liege ich mit offenen Augen da. Es klingelt. Ich höre das Klingeln deutlich. Am Morgen erzähle ich meinem Mann davon. Er: »Ich habe nichts gehört.« In der Nacht klingelt es wieder. Ich schlafe nicht, ich schaue zu meinem Mann hinüber – auch er ist aufgewacht. »Hast du das gehört?« »Ja.« Wir haben beide das Gefühl, nicht allein in der Wohnung zu sein. Auch Timka läuft immer um das Bett herum, als verfolgte er eine Spur. Ich falle – in etwas Warmes. Und träume … Igor kommt mir entgegen, in dem Pullover, in dem wir ihn begraben haben. »Mama, du rufst nach mir und begreifst nicht, wie schwer es mir fällt, zu dir zu kommen. Hör auf zu weinen.« Ich berühre ihn, er ist ganz weich. »Hast du dich wohl gefühlt zu Hause?« »Ja, sehr.« »Und dort?« Er kommt nicht mehr zum Antworten, er verschwindet. Seit jener Nacht weine ich nicht mehr. Und wenn ich jetzt von ihm träume, ist er noch klein. Doch ich warte auf ihn als großen Jungen, damit ich mit ihm reden kann …

Das war kein Traum. Ich hatte gerade die Augen geschlossen … Die Zimmertür ging weit auf, und für einen Moment kam er herein, als Erwachsener, wie ich ihn nie gesehen hatte. An seinem Gesicht sah ich sofort: Alles, was hier geschieht, ist ihm längst gleichgültig. Unsere Gespräche über ihn, unsere Erinnerungen. Er ist schon ganz weit fort. Aber ich kann die Verbindung nicht abreißen lassen. Ich kann es nicht … Ich habe lange überlegt … und beschlossen, noch ein Kind zu bekommen … Die Ärzte rieten mir ab, sie befürchteten, es sei schon zu spät, aber ich bekam ein Kind. Ein Mädchen. Wir behandeln sie, als wäre sie nicht unsere Tochter, sondern die von Igor. Ich habe Angst, sie so zu lieben … wie ich ihn geliebt habe … und ich kann sie nicht so lieben. Ach, ich bin doch verrückt! Verrückt! Ich weine viel und gehe dauernd auf den Friedhof. Die Kleine ist immer bei mir, aber ich kann nicht aufhören, an den Tod zu denken. Das geht doch nicht. Mein Mann sagt, wir sollten weggehen. In ein anderes Land. Wo alles neu wäre: die Landschaft, die Menschen, das Alphabet. Freunde sagen, wir sollen nach Israel kommen. Sie rufen oft an. »Was hält euch dort?« *(Sie schreit fast.)* Was? Was?

Mich beschäftigt ein schrecklicher Gedanke: Vielleicht würde er Ihnen eine ganz andere Geschichte erzählen … Eine ganz andere …

Aus Gesprächen mit Freunden

»Dieser wunderbare Klebstoff hielt alles zusammen …«

Wir waren damals noch ganz jung … Die Jugend, das ist eine furchtbare Zeit, ich weiß nicht, wer behauptet hat, das sei ein herrliches Alter. Du bist linkisch, unbeholfen, du willst aus allem ausbrechen, du bist von allen Seiten ungeschützt. Und für deine Eltern bist du noch immer die Kleine, sie machen Pläne für dich. Du bist ständig wie unter einer Glocke, und niemand kann zu dir durchdringen. Ein Gefühl … ich erinnere mich gut an dieses Gefühl … Ein Gefühl wie damals im Krankenhaus, als ich in einer Box unter Glas lag. Mit irgendeiner Infektion. Die Eltern tun so (glaubst du jedenfalls), als wollten sie bei dir sein, in Wirklichkeit aber leben sie in einer ganz anderen Welt. Sie sind weit weg … scheinbar bei dir, aber im Grunde weit weg … Die Eltern ahnen nicht, wie ernst bei ihren Kindern alles ist. Die erste Liebe – das ist schrecklich. Lebensgefährlich. Meine Freundin glaubte, Igor hätte sich aus Liebe zu ihr umgebracht. Unsinn! Kleinmädchenquatsch … Alle unsere Mädchen waren in ihn verliebt. O ja! Er sah sehr gut aus, und er verhielt sich, als wäre er älter als wir alle, aber man hatte das Gefühl, dass er sehr einsam war. Er schrieb Gedichte. Und ein Dichter muss frieren und einsam sein. Bei einem Duell sterben. Wir alle hatten viel jugendlichen Blödsinn im Kopf.

Das waren noch die sowjetischen Jahre … die kommunistischen … Leitbilder für unsere Erziehung war Lenin, waren die glühenden, die heftig glühenden Revolutionäre, wir betrachteten die Revolution nicht als einen Fehler, interessierten uns aber auch nicht sonderlich für das marxistisch-leninistische Zeug. Die Revolution war schon etwas Abstraktes … Am besten erinnere ich mich an die Feiertage und die Vorfreude darauf. Daran erinnere ich mich ganz deutlich … Die Straßen voller Menschen. Aus Lautsprechern tönen irgendwelche Worte, die einen glauben diesen Worten absolut, andere teilweise, manche gar nicht. Aber alle scheinen glücklich zu sein. Es gibt viel Musik. Meine Mutter ist noch jung und schön. Das alles zusammen … das alles zusammen ist in meiner Erinnerung Glück … Diese

Gerüche, diese Töne … Das Klappern der Schreibmaschine, die morgendlichen Rufe der Milchfrauen vom Lande: »Milch! Milch!« Noch nicht alle besaßen einen Kühlschrank, die Gläser mit Milch wurden auf den Balkon gestellt. Und vor den Fenstern hingen Einkaufsnetze mit Hühnern. Zwischen den Doppelrahmen der Fenster lagen Watte mit Flitter, damit es hübsch aussah, und Antonow-Äpfel. Aus den Kellern roch es nach Katzen … Und der unnachahmliche Wischlappen-und-Chlor-Geruch der sowjetischen Kantinen? Das alles hat scheinbar nichts miteinander zu tun, aber es ist für mich zu einem einzigen Empfinden verschmolzen. Zu einem einzigen Gefühl. Die Freiheit hat andere Gerüche … anderen Müll … andere Bilder … Alles ist anders … Als mein Freund von seiner ersten Auslandsreise zurückkam, das war schon unter Gorbatschow, sagte er: »Die Freiheit riecht nach guter Soße.« Ich selbst erinnere mich sehr gut an meinen ersten Supermarkt, den ich in Berlin gesehen habe – hundert Sorten Wurst, hundert Sorten Käse. Unfassbar. Nach der Perestroika warteten viele neue Entdeckungen auf uns, viele neue Gefühle und neue Gedanken. Sie wurden noch nicht beschrieben, sie sind noch nicht in die Geschichte eingegangen. Es gibt dafür noch keine Formeln … Aber ich bin zu schnell … ich springe von einer Zeit in die andere … Die große Welt werden wir erst später entdecken. Damals träumten wir nur davon … von etwas, das wir nicht hatten, aber gern haben wollten … Es war schön, von einer Welt zu träumen, die wir nicht kannten. Wir träumten … Und lebten das sowjetische Leben, in dem einheitliche Spielregeln galten, an die sich alle hielten. Da steht zum Beispiel jemand auf einer Tribüne. Er lügt, und alle klatschen, aber alle wissen, dass er lügt, auch er weiß, dass alle wissen, dass er lügt. Aber er sagt das alles und freut sich über den Beifall. Wir hatten keinen Zweifel daran, dass auch wir so leben würden und uns eine Nische suchen mussten. Meine Mutter hörte den verbotenen Liedermacher Galitsch … und auch ich hörte Galitsch …

Da fällt mir noch etwas ein … Wie wir nach Moskau fahren wollten, zu Wyssozkis Beerdigung, und die Miliz uns aus dem Zug holte … Wir röhrten: »Schnell, rettet unsre Seelen! Der Mief wird uns ersticken …«[12] und »Viel zu kurz. Viel zu weit. Viel zu kurz. Sie beschießen die eignen Reihn …«[13] Ein Skandal! Der Direktor zitierte uns mit unseren Eltern in die Schule. Meine Mutter begleitete mich, und sie reagierte großartig … *(Sie überlegt.)* Unser Leben spielte sich in der Küche ab … das Leben des ganzen Landes spielte sich in den Küchen ab … Wir saßen zusammen, tranken Wein, hörten Lieder, redeten über Gedichte. Eine offene Konservenbüchse, Schwarzbrot. Wir fühlten uns wohl. Wir hatten unsere eigenen Rituale: Paddelboote, Zelte und Wanderungen. Lieder am Lagerfeuer. Es gab Zeichen, an denen wir einander erkannten. Wir hatten unsere eigene Mode, unseren eigenen Schick. Diese heimlichen Küchengesellschaften existieren schon lange nicht mehr. Genau wie jene Freundschaft, von der wir glaubten, sie sei ewig. Ja … sie sollte ewig halten … Nichts ging über unsere Freundschaft. Dieser wunderbare Klebstoff hielt alles zusammen …

In Wirklichkeit lebte keiner von uns in der UdSSR, jeder lebte in seinem Kreis. Dem Kreis der Rucksacktouristen, dem der Bergsteiger … Wir trafen uns nach dem Unterricht oft in einer Wohnungsverwaltung, dort hatte man uns einen Raum zugeteilt. Wir gründeten ein Theater, da spielte ich mit. Es gab einen Literaturzirkel. Ich weiß noch, wie Igor dort seine Gedichte vortrug, er eiferte Majakowski nach und war unwiderstehlich. Sein Spitzname bei uns war »Student«. Zu uns kamen erwachsene Dichter, und sie redeten ganz offen mit uns. Von ihnen erfuhren wir die Wahrheit über die Ereignisse in Prag. Über den Krieg in Afghanistan. Was … was noch? Wir lernten Gitarre spielen. Ja, das war obligatorisch. In jenen Jahren gehörte die Gitarre zu den lebenswichtigsten Dingen. Auf Knien hätten wir unseren geliebten Dichtern und Barden zugehört. Dichter füllten ganze Stadien. Unter dem Schutz von berittener Miliz. Das Wort war Tat. Auf einer Versammlung aufstehen und die Wahrheit sagen – das war eine Tat, denn das war gefährlich. Auf die Straße zu gehen … Das war ein solcher Drive, ein solcher Adrenalinschub, ein solches Ventil. Alles wurde in das Wort gelegt … Heute ist das kaum zu glauben, heute geht es ums Tun, nicht ums Sagen. Sagen kannst du absolut alles, aber das Wort hat keinerlei Macht mehr. Wir würden gern glauben, aber wir können es nicht. Allen ist alles scheißegal, und die Zukunft ist ein Dreck. Bei uns war das anders … O ja! Gedichte, Gedichte … Worte, Worte …

(Sie lacht.) In der zehnten Klasse hatte ich einen Freund. Er wohnte in Moskau. Ich fuhr für nur drei Tage zu ihm. Am Morgen bekamen wir auf dem Bahnhof von seinen Freunden eine Rotaprintausgabe der Memoiren von Nadeschda Mandelstam, die lasen damals alle. Am nächsten Morgen um vier sollten wir das Buch zurückgeben. Es zu einem durchfahrenden Zug bringen. Wir lasen den ganzen Tag ununterbrochen, nur einmal liefen wir Milch und Brot holen. Sogar das Küssen vergaßen wir, wir reichten einander nur die bedruckten Blätter zu. Wir waren wie im Fieber, weil wir dieses Buch in der Hand hielten … es lasen … An nächsten Tag vor vier Uhr früh liefen wir durch die menschenleere Stadt zum Bahnhof, Verkehrsmittel fuhren noch nicht. Ich erinnere mich gut an diese nächtliche Stadt, daran, wie wir durch die Straßen liefen, und das Buch lag in meiner Handtasche. Wir trugen es wie eine Geheimwaffe … So sehr glaubten wir, das Wort könne die Welt erschüttern.

Die Gorbatschow-Jahre … Freiheit und Marken. Bezugsscheine … Marken … Für alles: von Brot über Grieß und Buchweizen bis hin zu Socken. Fünf, sechs Stunden Schlange stehen … Aber du hast ein Buch dabei, das du früher nicht kaufen konntest, und weißt, dass am Abend im Fernsehen ein Film laufen wird, der früher verboten war und zehn Jahre auf Eis gelegen hat. Wahnsinn! Oder du denkst den ganzen Tag an die abendliche Sendung *Wsgljad* … Ihre Moderatoren Alexander Ljubimow und Wladislaw Listjew waren Nationalhelden. Wir erfuhren die Wahrheit … dass es nicht nur einen Gagarin gegeben hat, sondern auch einen Berija … Tatsächlich hätte mir Dummchen die Freiheit des Wortes gereicht, denn ich war, wie sich bald herausstellte, ein durch und durch sowjetisches Mädchen, ich hatte alles Sowjetische tiefer verinnerlicht, als wir geglaubt hatten. Mich brauchte man nur die verbotenen Bücher von Dowlatow und Viktor Nekrassow lesen und Galitsch hören lassen. Das hätte mir gereicht. Ich habe nicht davon geträumt, nach Paris zu fahren, über den Montmartre zu laufen … oder Gaudís *Sagrada Familia* zu sehen … Lasst uns nur lesen und reden. Lesen! Unsere Oletschka wurde krank, sie war erst vier Monate alt und hatte eine schwere Bronchialobstruktion. Ich war halb verrückt vor Angst. Wir lagen beide im Krankenhaus, ich durfte sie keinen Augenblick hinlegen, nur aufrecht auf meinem Arm schlief sie ein. Aufgerichtet. Ich lief mit ihr endlos durch die Flure. Wenn sie mal für eine halbe Stunde einschlief, was meinen Sie, was ich da tat? Ich ... unausgeschlafen und erschöpft, wie ich war ... Was tat ich? Ich hatte immer den *Archipel Gulag* unterm Arm – den schlug ich dann auf. Auf einem Arm mein todkrankes Kind, unter dem anderen Solschenizyn. Die Bücher ersetzten uns das Leben. Das war unsere Welt.

Dann geschah etwas ... Wir kamen auf den Boden herunter. Glücksgefühl und Euphorie schlugen plötzlich um. Vollkommen. Ich begriff, dass diese neue Welt nicht meine war, nichts für mich. Sie brauchte irgendwie andere Menschen. Tritt die Schwachen mit Stiefeln ins Gesicht! Das Unterste kam nach oben ... im Grunde eine weitere Revolution ... Aber diese Revolution hatte irdische Ziele: Jedem ein eigenes Haus und ein Auto. Ist das nicht recht kleinkariert für den Menschen? Die Straßen waren plötzlich voller Muskelpakete in Trainingsanzügen. Wölfe! Sie haben alle niedergetrampelt. Meine Mutter war Meisterin in einer Näherei. Bald ... sehr bald wurde der Betrieb geschlossen ... und meine Mutter saß zu Hause und nähte Unterhosen. Auch alle ihre Freundinnen nähten Unterhosen, egal, wo wir hinkamen. Wir wohnten in einem Haus, das die Näherei für Betriebsangehörige gebaut hatte, und so nähten nun alle – Unterhosen und Büstenhalter. Badeanzüge. In großem Stil wurden aus alten Sachen – eigenen und denen von Bekannten – die Label rausgetrennt, vor allem ausländische, und in diese Badeanzüge genäht. Dann fuhren die Frauen mit Säcken voller Sachen alle zusammen durch Russland. Ich war zu der Zeit Doktorandin. *(Fröhlich.)* Ich erinnere mich ... das war eine echte Komödie ... in der Unibibliothek und im Büro des Dekans standen Fässer mit eingelegten Gurken und Tomaten, mit Pilzen und Sauerkraut. Das wurde verkauft, und von den Einnahmen bekamen die Dozenten ihr Gehalt. Oder die ganze Fakultät schwamm plötzlich in Apfelsinen. Oder überall lagen Packungen mit Herrenoberhemden herum ... Die große russische Intelligenzija versuchte zu überleben, so gut sie konnte. Alte Kochrezepte wurden ausgegraben … was die Leute im Krieg gegessen hatten … In entlegenen Ecken in Parks und auf Bahndämmen wurden Kartoffeln angebaut … Wochenlang nichts zu essen als Kartoffeln – ist das Hunger oder nicht? Oder nichts als Sauerkraut? Ich kriege für alle Zeiten keins mehr runter. Wir lernten, Chips aus Kartoffelschalen zu machen, und gaben dieses wunderbare Rezept untereinander weiter: Die Kartoffelschalen in heißes Sonnenblumenöl werfen und viel Salz dazu. Es gab keine Milch, aber Eis, also wurde Grießbrei mit Eis gekocht. Ob ich das heute noch essen würde?

Das erste Opfer war unsere Freundschaft … Alle hatten plötzlich zu tun – jeder musste Geld verdienen. Früher hatten wir geglaubt, dass Geld … dass es keinerlei Macht über uns hätte … Doch nun lernten alle den Reiz der grünen Scheinchen schätzen, das war etwas anderes als die sowjetischen Rubel, die nur »Papierschnipsel« genannt wurden. Wir Bücherkinder … Zimmerpflanzen … Wir waren nicht vorbereitet auf das neue Leben, auf das wir doch gewartet hatten. Wir hatten etwas anderes erwartet, nicht das. Wir hatten einen Haufen romantischer Bücher gelesen, doch das Leben stieß uns mit Fußtritten und Kopfnüssen in eine andere Richtung. Statt Wyssozki – der Schlagersänger Kirkorow. Popmusik! Das sagt alles … Vor kurzem haben wir uns bei mir in der Küche versammelt, das kommt nur noch selten vor, und gestritten: Würde Wyssozki für Abramowitsch[14] singen? Die Meinungen gingen auseinander. Die meisten waren überzeugt: Natürlich würde er. Die Frage ist nur – für wie viel?

Igor? Er ähnelt in meiner Erinnerung Majakowski. Schön und einsam. *(Sie schweigt.)* Habe ich Ihnen irgendetwas erklärt? Konnte ich das überhaupt?

»Der Basar wurde unsere Universität …«

Viele Jahre sind seitdem vergangen … aber ich frage mich noch immer: Warum? Warum … hat er sich so entschieden … Wir waren befreundet … aber er hat alles allein entschieden … allein … Ja, was sagt man zu einem Menschen, der auf dem Dach steht? Was? In meiner Jugend habe ich auch an Selbstmord gedacht, aber warum – keine Ahnung. Ich liebe meine Mutter … meinen Vater … meinen Bruder … zu Hause ist alles gut … Trotzdem dieser Drang. Irgendwo dort … irgendetwas ist dort … Was? Irgendetwas … es ist dort … Eine ganze Welt, leuchtender, bedeutender als die, in der du lebst, dort geschieht etwas Wichtigeres. Und dort kannst du jenes Geheimnis berühren, auf anderem Weg kannst du es nicht erfahren, rational kommst du da nicht ran. Daher der Wunsch … es mal zu probieren … Auf den Fenstersims zu steigen … vom Balkon zu springen … Aber du willst gar nicht sterben, du willst hinaufsteigen, du möchtest fliegen, dir scheint, du könntest fliegen. Du handelst wie im Traum … wie in einer Ohnmacht … Wenn du wieder zu dir kommst, erinnerst du dich an ein Licht, einen Klang … und daran, dass du dich in diesem Zustand wohlgefühlt hast … viel wohler als hier …

Unsere Truppe … Ljoschka gehörte dazu … Er ist vor kurzem an einer Überdosis gestorben. Wadim ist in den Neunzigern verschwunden. Er ist ins Büchergeschäft eingestiegen. Es begann als Scherz … eine verrückte Idee … Aber sobald er damit Geld machte, kamen die Schutzgelderpresser, Jungs mit Revolvern. Mal hat er sich freigekauft, mal ist er untergetaucht, hat im Wald unter Bäumen geschlafen. In jenen Jahren wurde nicht mehr geprügelt, da wurde meist getötet. Wo mag er jetzt sein? Es gibt nicht die geringste Spur … die Miliz hat bis heute nichts gefunden … Bestimmt wurde er irgendwo verscharrt. Arkadi ist nach Amerika abgehauen: »Ich lebe lieber in New York unter einer Brücke.« Nur ich und Iljuscha sind noch übrig … Iljuscha hat seine große Liebe geheiratet. Seine Frau hat seine Eigenheiten geduldet, solange Dichter und Maler in Mode waren, aber dann kamen Broker und Buchhalter in Mode. Seine Frau hat ihn verlassen. Er ist in eine schwere Depression gefallen, wenn er auf die Straße geht, bekommt er sofort Panikattacken, zittert vor Angst. Er sitzt zu Hause. Bei seinen Eltern – ein großes Kind. Er schreibt Gedichte – ein Aufschrei der Seele … Als wir jung waren, hörten wir die gleichen Kassetten und lasen die gleichen sowjetischen Bücher. Fuhren das gleiche Fahrrad … In jenem Leben war alles ganz einfach: ein paar Schuhe für alle Jahreszeiten, eine Jacke, eine Hose. Wir wurden erzogen wie die jungen Krieger im alten Sparta: Wenn die Heimat es befiehlt, opfern wir uns.

… irgendein Kriegsfeiertag … Unser Kindergarten wurde zum Denkmal für den Pionierhelden Marat Kasej geführt. »Seht ihr, Kinder«, sagte die Erzieherin, »das ist ein junger Held, er hat sich mit einer Handgranate in die Luft gesprengt und viele Faschisten getötet. Wenn ihr groß seid, müsst ihr genauso werden.« Uns auch mit einer Granate in die Luft sprengen? Ich selbst erinnere mich nicht mehr daran … das hat mir meine Mutter erzählt … In der Nacht habe ich heftig geweint: Ich muss sterben, ich werde irgendwo liegen, ganz allein, ohne Mama und Papa … und ich weine, also bin ich kein Held … Ich wurde krank.

Als ich zur Schule ging, hatte ich einen Traum – in die Gruppe zu kommen, die am Ewigen Feuer im Stadtzentrum die Ehrenwache hielt. Dafür wurden nur die Besten genommen. Für sie wurden Militärmäntel und Ohrenklappenmützen genäht, und sie bekamen Militärhandschuhe. Das war keine öde Pflicht, jeder war stolz, wenn er ausgewählt wurde. Wir hörten westliche Musik, waren hinter Jeans her, die gab es damals schon bei uns … ein Symbol des 20. Jahrhunderts, wie die Kalaschnikow … Meine ersten Jeans waren von Montana – das war so toll! Aber nachts träumte ich davon, dass ich mich mit einer Handgranate auf den Feind stürze …

… meine Großmutter war gestorben, und Großvater zog zu uns. Ein hoher Offizier, Oberstleutnant. Er hatte viele Orden und Medaillen, und ich löcherte ihn die ganze Zeit: »Großvater, wofür hast du diesen Orden bekommen?« »Für die Verteidigung von Odessa.« »Und was für eine Heldentat hast du vollbracht?« »Ich habe Odessa verteidigt.« Und Punkt. Ich war beleidigt. »Großvater, erzähl mir doch mal was Großes, Erhabenes.« »Da bist du bei mir falsch, geh in die Bibliothek. Hol dir ein Buch und lies.« Mein Großvater war klasse, zwischen uns stimmte einfach die Chemie. Er starb im April, dabei wollte er noch den Mai erleben. Den Tag des Sieges.

Mit sechzehn wurde ich wie alle ins Wehrbezirkskommando bestellt. »Zu welchem Truppenteil möchtest du?« Ich erklärte, ich möchte die Schule beenden und mich dann nach Afghanistan melden. »Dummkopf«, sagte der Offizier. Aber ich bereitete mich lange darauf vor: Ich lernte Fallschirmspringen, mit der Maschinenpistole umgehen … Wir sind die letzten Pioniere des Sowjetlandes. Seid bereit!

… Die Familie eines Jungen aus unserer Klasse wollte nach Israel ausreisen … Auf einer extra einberufenen Schulversammlung wurde auf ihn eingeredet: Wenn deine Eltern ausreisen wollen – sollen sie, aber bei uns gibt es gute Kinderheime, dort kannst du die Schule beenden und in der UdSSR bleiben. Für uns war er ein Verräter. Er wurde aus dem Komsomol geworfen. Am nächsten Tag fuhr unsere Klasse in den Kolchos zur Kartoffelernte, er kam auch, musste aber aus dem Bus wieder aussteigen. Die Schuldirektorin warnte beim Appell: Wer ihm schreibt, wird Schwierigkeiten bekommen, die Schule zu beenden. Als er weg war, schrieben wir ihm trotzdem alle …

… während der Perestroika … Dieselben Lehrer sagten: Vergesst alles, was wir euch früher beigebracht haben, lest Zeitung. Wir lernten nach Zeitungen. Die Abschlussprüfung in Geschichte wurde ganz gestrichen, wir mussten keine KPdSU-Parteitage mehr pauken. Auf der letzten Demonstration zum Jahrestag der Oktoberrevolution bekamen wir noch Plakate und Funktionärsporträts in die Hand gedrückt, aber das war für uns schon so was wie der Karneval für die Brasilianer.

… ich weiß noch, wie die Leute mit Säcken voll sowjetischem Geld durch die leeren Geschäfte liefen …

Ich ging an die Uni … Tschubais agitierte für die Vouchers, er versprach, ein Voucher würde so viel wert sein wie zwei Wolgas – und jetzt ist er zwei Kopeken wert. Eine bewegte Zeit! Ich verteilte in der Metro Flugblätter … Alle träumten von einem neuen Leben … Träumten … Träumten von massenhaft Wurst an den Ladentheken, zu sowjetischen Preisen, und dass die Politbüromitglieder sich wie alle anderen danach anstellen würden. Wurst als Maß aller Dinge. Die Liebe zur Wurst ist bei uns etwas Existentielles … Stürzt die Götter! Die Fabriken den Arbeitern! Den Boden den Bauern! Die Flüsse den Bibern! Die Höhlen den Bären! An die Stelle der Demonstrationen auf den Straßen und der Übertragungen der Kongresse der Volksdeputierten traten nun mexikanische Serien … Ich studierte zwei Jahre lang … Dann schmiss ich das Studium. Mir taten meine Eltern leid, man sagte ihnen offen: Ihr seid jämmerliche Sowki, euer Leben ist keine Prise Tabak wert, ihr seid schuld an allem, seit Noahs Arche, ihr werdet nicht mehr gebraucht. Das ganze Leben schuften, und am Ende – nichts. Das alles hat sie erschüttert, hat ihre Welt zerstört, sie haben sich nicht davon erholt, sie konnten die scharfe Wendung nicht mitmachen. Mein jüngerer Bruder wusch nach dem Unterricht Autos, handelte in der Metro mit Kaugummi und allem Möglichen und verdiente mehr als mein Vater … Mein Vater war Wissenschaftler. Dr. habil.! Sowjetische Elite! In den nichtstaatlichen Geschäften gab es nun Wurst, alle liefen hin, zum Schauen. Und sahen die Preise! So kam der Kapitalismus in unser Leben …

Ich wurde Transportarbeiter. Das war ein Glück! Wenn ich mit meinem Freund eine Fuhre Zucker entlud, bekamen wir Geld und jeder einen Sack Zucker. Ein Sack Zucker, das war in den Neunzigern ein Vermögen! Geld! Geld! Der Beginn des Kapitalismus … Man konnte an einem Tag Millionär werden oder eine Kugel in den Kopf bekommen. Wenn heute davon die Rede ist … Dann heißt es: Es hätte zum Bürgerkrieg kommen können … Wir standen kurz vor dem Abgrund! Ich habe das nicht gespürt. Ich erinnere mich, dass die Straßen sich geleert hatten, niemand war mehr auf den Barrikaden. Kaum jemand abonnierte und las noch Zeitungen. Die Männer auf der Straße schimpften erst auf Gorbatschow und dann auf Jelzin, weil der Wodka teurer geworden war. Ein Anschlag auf das Allerheiligste! Ein wilder, unbegreiflicher Eifer erfasste alle. Es roch nach Geld. Nach großem Geld. Und es herrschte absolute Freiheit – keine Partei mehr und keine Regierung. Alle wollten »Kohle« machen, und wer keine Kohle machen konnte, beneidete die, die es konnten. Der eine verkaufte, ein anderer kaufte … der eine deckte illegale Geschäfte, ein anderer kassierte Schutzgeld … Als ich meine erste Kohle verdient hatte, ging ich mit Freunden ins Restaurant. Wir bestellten Wodka-Martini, Royal – das war damals super! Wir wollten auch mal so ein Cocktailglas in der Hand halten. Ein bisschen angeben. Dazu rauchten wir Marlboro.

Genau wie wir es bei Remarque gelesen hatten. Wir lebten lange nach solchen Bildern. Die neuen Geschäfte … die Restaurants … das alles war wie eine Kulisse aus einem fremden Leben …

… ich verkaufte heiße Würstchen. Da kam irre Kohle zusammen …

… exportierte Wodka in die Türkei … Eine ganze Woche lang saß ich mit meinem Partner in einem Güterwaggon. Die Axt immer griffbereit. Und eine Brechstange. Hätte jemand erfahren, was wir transportierten – wir wären getötet worden! Zurück deckten wir uns mit Frotteehandtüchern ein …

… dann Kinderspielzeug … Einmal wurde ich eine ganze Partie auf einmal los und bekam dafür eine Ladung kohlensäurehaltige Getränke, die tauschte ich gegen einen LKW Sonnenblumenkerne, dafür kriegte ich in der Ölmühle Öl, das habe ich teils verkauft, teils gegen Teflonpfannen und -bügeleisen getauscht …

… jetzt bin ich im Blumengeschäft … Ich habe gelernt, Rosen »einzusalzen« … Man schüttet heißes Salz in einen Pappkarton – mindestens einen Zentimeter dick, legt die halb aufgeblühten Rosen darauf und schüttet noch einmal Salz darüber. Dann einen Deckel drauf und das Ganze in einen großen Plastiksack. Fest zubinden. Nach einem Monat … einem Jahr rausholen, mit Wasser abspülen … Sie können jederzeit kommen. Hier, meine Visitenkarte …

Der Basar wurde unsere Universität … Ein großes Wort – Universität, aber die Grundschule des Lebens war er auf jeden Fall. Dorthin ging man wie ins Museum. Wie in eine Bibliothek. Junge Männer und Mädchen liefen wie Zombies durch die Reihen … mit irren Gesichtern … Ein Paar bleibt vor chinesischen Epilatoren stehen … Sie erklärt ihm, wie wichtig das Epilieren ist. »Das möchtest du doch, nicht? Du möchtest, dass ich aussehe wie …« An den Namen der Schauspielerin erinnere ich mich nicht … Marina Vlady vielleicht oder Catherine Deneuve … Millionen diverser neuer Schachteln und Dosen. Sie wurden nach Hause getragen wie heilige Texte, und wenn die Schachteln und Dosen leer waren, wurden sie nicht weggeworfen, sie bekamen einen Ehrenplatz auf dem Bücherregal oder in der Anrichte hinter Glas. Die ersten Hochglanzmagazine wurden gelesen wie Klassiker, in dem ehrfürchtigen Glauben, in dieser Verpackung, unter dieser Schale stecke das schöne Leben. Vor dem ersten McDonald's kilometerlange Schlangen … Fernsehreportagen. Gebildete, erwachsene Menschen hoben die Schachteln und Servietten von dort auf. Zeigten sie stolz ihren Gästen.

Ein guter Bekannter von mir … Seine Frau schuftet auf zwei Arbeitsstellen, aber er hat seinen Stolz: »Ich bin Dichter. Ich werde keine Töpfe verkaufen. Das ist unter meiner Würde.« Damals waren wir, wie alle, zusammen durch die Straßen gelaufen und hatten gerufen: »Demokratie! Demokratie!« – ohne zu ahnen, was darauf folgen würde. Niemand hatte vorgehabt, Töpfe zu verkaufen. Und jetzt … Man hat keine Wahl: Entweder du ernährst deine Familie, oder du klammerst dich an deine sowjetischen Ideale. Entweder-oder … es gibt keine andere Alternative … Wenn du Gedichte schreibst, auf der Gitarre herumzupfst, klopft man dir auf die Schulter: »Schön, weiter! Schön!«, aber deine Taschen sind leer. Diejenigen, die ins Ausland gegangen sind? Dort verkaufen sie Töpfe, fahren Pizza aus … kleben in Kartonagefabriken Schachteln zusammen … Dort ist das keine Schande …

Haben Sie mich verstanden? Ich habe von Igor erzählt … Von unserer verlorenen Generation – eine kommunistische Kindheit und ein kapitalistisches Leben. Ich hasse die Gitarre … Ich kann sie Ihnen schenken …

VON EINER ANDEREN BIBEL UND ANDEREN GLÄUBIGEN

Wassili Petrowitsch N. –
Mitglied der Kommunistischen Partei
seit 1922, 87 Jahre alt

Nun ja … ich wollte … Die Ärzte haben mich von dort zurückgeholt … Wissen die denn, von wo sie einen da zurückholen? Ich bin natürlich Atheist, aber jetzt im Alter schon ein weniger sicherer Atheist. Du bist ganz allein damit … mit dem Gedanken, dass du gehen musst … irgendwohin … Ja, ja … Ein anderer Blick ja-a-a … Auf die Erde … auf den Sand … Ganz gewöhnlichen Sand kann ich nicht ohne Gefühle ansehen. Ich bin schon lange alt. Ich sitze mit der Katze am Fenster. *(Er hat die Katze auf dem Schoß. Streichelt sie.)* Wir schalten den Fernseher ein …

Und natürlich … Ich hätte nie gedacht, dass ich mal eine Zeit erleben würde, da man Denkmäler für weiße Generäle aufstellt. Früher, wer waren da die Helden? Die roten Kommandeure … Frunse, Schtschors … Und heute – Denikin, Koltschak … Obwohl noch Menschen leben, die sich daran erinnern, wie die Koltschak-Leute uns an Laternenpfählen aufhängten. Die »Weißen« haben gesiegt … So ist es doch? Und ich habe gekämpft, gekämpft und gekämpft. Wofür? Habe aufgebaut und aufgebaut … Was? Wenn ich Schriftsteller wäre, würde ich mich selbst an meine Memoiren machen. Vor kurzem habe ich im Radio eine Sendung über meinen Betrieb gehört. Ich war der erste Direktor. Sie redeten von mir, als gäbe es mich nicht mehr, als wäre ich tot. Aber ich … ich lebe noch … Sie konnten sich nicht vorstellen, dass ich noch da bin … Ja! Ja, ja … *(Wir lachen – zu dritt. Sein Enkel sitzt bei uns. Hört zu.)* Ich fühle mich wie ein vergessenes Exponat in einem Museumsmagazin. Wie eine verstaubte Scherbe. Es war ein großes Imperium – von einem Meer bis ans andere, vom Polarkreis bis zu den Subtropen. Wo ist es hin? Besiegt ohne Bombe … ohne Hiroshima … Gesiegt hat Ihre Majestät die Wurst! Gutes Fressen hat gesiegt! Mercedes-Benz. Mehr braucht der Mensch nicht, mehr braucht ihr ihm gar nicht zu bieten. Kein Bedarf. Nur Brot und Spiele, mehr will er nicht! Und das ist die größte Entdeckung des 20. Jahrhunderts. Die Antwort auf alle großen Humanisten. Die Antwort auf alle Träumer im Kreml … Doch wir … meine Generation … wir hatten große Pläne. Träumten von der Weltrevolution: »Den Burshuis zum Unglück wollen einen Weltbrand wir entrollen.«[1] Wir werden eine neue Welt errichten und alle glücklich machen. Wir glaubten, das sei möglich, ich glaubte es aufrichtig! Ganz aufrichtig! *(Er hustet und keucht.)* Das Asthma … das plagt mich … Warten Sie … *(Pause.)* Ja, nun erlebe ich sie noch … die Zukunft, von der wir träumten. Für die gestorben wurde und getötet. Es ist viel Blut geflossen … unseres und fremdes … »Aus Liebe gibt er hin sein Leben; Ruhm krönt sein makelloses Streben, belohnt und überdauert ihn.«[2] »Niemals wird lieben lernen jenes Herz, das schon zu müde ist, um noch zu hassen …«[3] *(Erstaunt.)* Ich erinnere mich noch … habe nichts vergessen! Die Sklerose hat nicht alles aus meinem Gedächtnis getilgt. Nicht endgültig. Diese Gedichte haben wir im Politunterricht gelernt … Wie viele Jahre ist das jetzt her? Das wage ich gar nicht zu sagen …

Warum bin ich so erschüttert? So niedergeschlagen? Die Idee ist niedergetrampelt worden! Der Kommunismus verfemt! Alles ist zertrümmert! Ich bin ein seniler alter Mann. Ein blutrünstiger Irrer … ein Massenmörder … So ist es doch, oder? Ich lebe schon zu lange, so lange sollte man nicht leben. Nein … nein, das sollte man nicht … Es ist gefährlich, lange zu leben. Meine Zeit war eher zu Ende als mein Leben. Man sollte zusammen mit seiner Zeit sterben. Wie meine Kameraden … Sie sind früh gestorben, mit zwanzig, dreißig Jahren … Glücklich sind sie gestorben … Mit ihrem Glauben! Mit der Revolution im Herzen, wie es damals hieß. Ich beneide sie. Das werden Sie nicht verstehen … ich beneide sie … »Unser kleiner Trommler, er fiel …«[4] Er fiel ehrenvoll! Für eine große Sache! *(Er denkt nach.)* Ich habe die ganze Zeit in der Nähe des Todes gelebt, aber selten an den Tod gedacht. Doch als ich diesen Sommer auf der Datscha war, da habe ich auf die Erde geschaut, habe geschaut und geschaut ... sie ist lebendig ...

»Tod und Mord – ist das etwa ein und dasselbe? Sie haben inmitten von Morden gelebt.«

(Er schweigt lange.) Für solche Fragen ... Dafür hätte man Sie zu Lagerstaub zermalmt. Hoher Norden oder Erschießung – die Auswahl war klein. Zu meiner Zeit wurden solche Fragen nicht gestellt. Wir hatten keine solchen Fragen! Wir ... Wir stellten uns ein gerechtes Leben vor, ohne Arme und Reiche. Wir starben für die Revolution, starben als Idealisten ... als Habenichtse ... Meine Freunde sind schon lange tot, ich bin allein. Ich habe keine Gesprächspartner mehr ... Nachts rede ich mit den Toten ... Und Sie? Sie kennen unsere Gefühle nicht und unsere Begriffe: Prodraswjorstka, Prodotrjad, Lischenez, Kombed ... Porashenez, Powtornik* ... Für Sie ist das Sanskrit! Hieroglyphen! Das Alter, das ist vor allem Einsamkeit. Der letzte alte Mann, mit dem ich bekannt war, ein Nachbar aus dem Nebenhaus, ist vor fünf Jahren gestorben. Vielleicht ist das auch schon länger her ... sieben Jahre ... Jetzt bin ich von Fremden umgeben. Sie kommen zu mir: aus dem Museum, aus dem Archiv ... von der Lexikonredaktion. Ich bin ein Nachschlagewerk ... ein lebendes Archiv. Aber Gesprächspartner habe ich keine ... Mit wem ich gern reden würde? Zum Bei-

* *Prodraswjorstka* – Abk. für »prodowolstwennaja raswjorstka« – Getreideablieferungspflicht; die Bauern mussten sämtliches Getreide an den Staat abliefern.
Prodotrjad – Abk. für »prodowolstwenny otrjad« – bewaffnete Arbeiter- und Bauerntruppen, die das abzuliefernde Getreide eintrieben.
Lischenez – von »lischitj« – berauben; jemand, der seiner bürgerlichen Rechte beraubt wurde (z. B. wegen seiner Herkunft).
Kombed – Abk. für »komitet bednosti« – Komitee der Dorfarmut.
Porashenez – von »porashenie« – Niederlage: Jemand, dem vorgeworfen wurde, auf die Niederlage des eigenen Landes im Krieg zu hoffen.
Powtornik – von »powtor« – Wiederholung: Wiederholungstäter bzw. jemand, der zum wiederholten Mal verurteilt wurde.

spiel mit Lasar Kaganowitsch ... Wir sind nur noch wenige, und nur wenige von uns sind noch nicht senil ... Er ist älter als ich, schon neunzig. Ich habe in der Zeitung gelesen ... *(Er lacht.)* In der Zeitung stand, die Alten auf seinem Hof wollen nicht mit ihm Domino spielen. Oder Karten. Sie verjagen ihn: »Mörder!« Und er weint vor Kummer. Der einstige eiserne Volkskommissar. Er hat Erschießungslisten unterschrieben, hat Zigtausende Menschen zugrunde gerichtet. Dreißig Jahre lang war er an Stalins Seite. Und im Alter will niemand mit ihm Karten spielen ... nicht mal Schafskopf ... Gewöhnliche Arbeiter verachten ihn. *(Er spricht sehr leise weiter. Ich kann ihn kaum noch verstehen. Nur einzelne Worte.)* Es ist furchtbar ... so lange zu leben.

... Ich bin kein Historiker, überhaupt kein Geisteswissenschaftler. Obwohl ich eine Zeitlang unser Stadttheater geleitet habe. Wo die Partei mich hinstellte, dort diente ich ihr. Ich war der Partei immer treu ergeben. An mein Leben erinnere ich mich kaum, nur an meine Arbeit. Das ganze Land war eine Baustelle ... ein Hochofen ... Eine Schmiede! So arbeitet heute niemand mehr. Ich schlief täglich nur drei Stunden. Drei Stunden ... Wir waren fünfzig bis hundert Jahre hinter den fortschrittlichen Ländern zurück. Ein ganzes Jahrhundert. Der stalinsche Plan lautete: aufholen in fünfzehn, zwanzig Jahren. Der berühmte stalinsche Sprung. Und wir glaubten daran – wir würden aufholen! Heute glauben die Menschen an nichts mehr, aber damals haben sie geglaubt. Unbeschwert geglaubt. Unsere Losungen: »Mit revolutionären Träumen gegen den industriellen Verfall!«, »Bolschewiki müssen die Technik beherrschen!« »Den Kapitalismus einholen!« Ich war kaum zu Hause ... ich lebte im Betrieb ... auf der Baustelle. Ja, ja ... Um zwei ... um drei in der Nacht konnte das Telefon klingeln. Stalin schlief nicht, er ging spät ins Bett, und dementsprechend schliefen auch wir nicht. Die leitenden Kader. Von ganz oben bis ganz unten. Ich habe zwei Orden bekommen und drei Herzinfarkte. Ich war Direktor eines Reifenwerks, Chef eines Bautrusts, von dort wurde ich ins Fleischkombinat versetzt. Ich habe das Parteiarchiv geleitet. Nach dem dritten Infarkt gaben sie mir das Theater ... Unsere Zeit ... meine Zeit ... Das war eine große Zeit! Darum kränkt es mich … Vor kurzem hat mich ein hübsches Fräulein interviewt. Sie fing an, mich »aufzuklären«, in was für einer schrecklichen Zeit wir gelebt hätten. Sie hat in Büchern davon gelesen, aber ich habe damals gelebt. Das sind meine Wurzeln. Und sie erzählt mir: »Sie waren Sklaven. Stalins Sklaven.« Diese Rotznase! Ich war kein Sklave! Das war ich nicht! Ich komme selbst aus dem Zweifeln nicht heraus … Aber ein Sklave war ich nicht … In den Köpfen der Menschen herrscht Chaos. Alles geht da durcheinander: Koltschak[5] und Tschapajew[6], Denikin[7] und Frunse[8] … Lenin und der Zar … Ein weiß-roter Salat. Ein Mischmasch. Ein Tanz auf den Gräbern! Das war eine große Zeit! Wir werden nie mehr in einem so starken und großen Land leben. Ich habe geweint, als die Sowjetunion zerfiel … Wir wurden sofort verflucht. Verleumdet. Der Spießer hat gesiegt. Die Laus. Der Wurm.

Meine Heimat ist der Oktober. Lenin … der Sozialismus … Ich habe die Revolution geliebt! Die Partei ist mir das Teuerste. Ich bin seit siebzig Jahren in der Partei. Das Parteibuch ist meine Bibel. *(Er deklamiert.)* »Reinen Tisch macht mit dem Bedränger! Heer der Sklaven, wache auf! Ein Nichts zu sein, tragt es nicht länger; alles zu werden, strömt zuhauf!« Wir wollten das Himmelreich auf Erden errichten. Ein schöner, aber nicht zu verwirklichender Traum, der Mensch ist dazu nicht bereit. Er ist unvollkommen. Ja, ja … Aber von Pugatschow[9] und den Dekabristen … bis hin zu Lenin … träumten alle von Gleichheit und Brüderlichkeit. Ohne die Idee der Gerechtigkeit wird Russland anders sein, und die Menschen werden andere sein. Ein ganz anderes Land wird das sein. Wir haben die Krankheit des Kommunismus noch nicht hinter uns. Machen Sie sich keine Hoffnungen. Und die Welt auch nicht. Der Mensch wird immer von einem Sonnenstaat träumen. Schon als er noch in Fellen herumlief und in Höhlen lebte, wünschte er sich Gerechtigkeit. Denken Sie an die sowjetischen Lieder und Filme … Darin ging es um einen Traum! Um Glauben … Ein Mercedes, das ist kein Traum ….

Der Enkel schweigt während des gesamten Gesprächs. Als Antwort auf meine Fragen erzählt er nur ein paar Witze.

Ein Witz, den der Enkel erzählt hat:
»Das Jahr 1937 … Zwei alte Bolschewiki sitzen in einer Zelle. Der eine sagt: ›Nein, wir werden den Kommunismus nicht mehr erleben, aber unsere Kinder …‹ Darauf der andere: ›Unsere armen Kinder!‹«

Ich bin alt … schon lange … Aber das Alter, das ist auch interessant. Du begreifst, dass der Mensch ein Tier ist … viel Animalisches tritt auf einmal zutage … Das ist die Zeit, wie die Ranewskaja[10] mal gesagt hat, wenn die Kerzen auf der Geburtstagstorte mehr kosten als die Torte selbst und die Hälfte deines Urins für Urinproben draufgeht. *(Er lacht.)* Nichts schützt vor dem Alter … keine Orden … keine Medaillen … Nein … Der Kühlschrank brummt, die Uhr tickt. Sonst passiert gar nichts. *(Wir reden über den Enkel. Er kocht in der Küche Tee.)* Die Kinder heute … die haben nur noch den Computer im Kopf … Als der Enkel hier, er ist der jüngere, als er in die neunte Klasse ging, hat er zu mir gesagt: »Das über Iwan den Schrecklichen lese ich, aber nichts über Stalin. Ich hab ihn satt, deinen Stalin!« Sie wissen nichts, aber sie haben ihn satt. Sie sind durch damit! Alle verfluchen das Jahr 1917. »Dummköpfe!«, sagen sie über uns. »Warum haben sie die Revolution gemacht?« Aber in meiner Erinnerung … Ich erinnere mich an Menschen mit glühenden Augen … Unsere Herzen glühten! Keiner glaubt mir! Aber ich bin doch nicht verrückt … Ich erinnere mich … Ja-a-a … Diese Menschen wollten nichts für sich selbst, damals stand an erster Stelle nicht das Ich wie heute. Ein Topf Kohlsuppe … ein Häuschen … ein kleiner Garten … Es gab ein Wir. Wir! Wir!! Mich besucht manchmal ein Freund meines Sohnes, ein Professor von der Universität. Er fährt oft ins Ausland, hält dort Vorträge. Wir beide streiten uns, bis wir heiser werden. Ich rede von Tuchatschewski, und er darauf: Dass der rote Kommandeur die Bauern mit Gas vergiftet hat … und die Matrosen von Kronstadt aufgehängt … Erst, sagt er, habt ihr die Adligen erschossen und die Popen … das war 1917 … und 1937 wart ihr selber an der Reihe … Sogar an Lenin vergreifen sie sich. Lenin gebe ich niemals preis! Mit Lenin im Herzen werde ich sterben! Augenblick … Warten Sie … *(Heftiger Husten. Wegen des Hustens ist das Weitere wieder schlecht zu verstehen.)* Früher bauten die Menschen die Flotte auf, eroberten den Kosmos, und heute – Häuser, Jachten … Ehrlich gesagt, ich denke oft über gar nichts mehr nach … Ist mein Darm in Ordnung oder nicht? Das ist am Morgen wichtig. So geht das Leben zu Ende.

… Wir waren achtzehn, zwanzig Jahre alt … Worüber sprachen wir? Wir sprachen von Revolution und von der Liebe. Wir waren Fanatiker der Revolution. Aber wir stritten auch viel über das damals sehr populäre Buch von Alexandra Kollontai[11] *Die Liebe der Arbeitsbienen.* Sie verteidigte die freie Liebe, das heißt, die Liebe ohne alles Überflüssige … »wie ein Glas Wasser trinken« … Ohne Seufzer und ohne Blumen, ohne Eifersucht und Tränen. Liebe mit Küssen und Liebesbriefchen galt als bürgerliches Vorurteil. Das alles sollte ein echter Revolutionär in sich besiegen. Wir veranstalteten sogar Versammlungen zu diesem Thema. Unsere Ansichten waren geteilt: Die einen waren für die freie Liebe, aber mit »Flieder«, das heißt mit Gefühlen, die anderen – ohne allen »Flieder«. Ich war für »mit Flieder«, wenigstens mit Küssen. Ja! Ja, ja … *(Er lacht.)* Zu der Zeit hatte ich mich gerade verliebt, ich umwarb meine künftige Frau. Wie? Wir lasen zusammen Gorki: »Tobe, Sturmwind! Tobe stärker! … Der Pinguin, der dumme Fettwanst, feige klebt er an der Felswand …«[12] Das ist dumm? Naiv? Aber auch schön. Schön, verdammt noch mal! *(Er lacht ganz jugendlich. Und ich entdecke, wie schön er noch immer ist.)* Tanzen … ganz normales Tanzen, das fanden wir kleinbürgerlich. Wir saßen zu Gericht über das Tanzen und bestraften Komsomolzen, die tanzten und ihren Mädchen Blumen schenkten. Ich war eine Zeitlang sogar Vorsitzender des Gerichts über das Tanzen. Wegen dieser meiner »marxistischen« Überzeugung habe ich nie tanzen gelernt. Später habe ich das bereut. Ich konnte nie mit einer schönen Frau tanzen. Ein Bär! Wir feierten Komsomolhochzeiten. Ohne Kerzen, ohne Blumenkränze. Ohne Popen. Statt Ikonen Bilder von Lenin und Marx. Meine Braut hatte langes Haar, doch zur Hochzeit ließ sie es sich abschneiden. Schönheit verachteten wir. Nun, das war natürlich nicht richtig. Eine Überspitzung, wie es später hieß … *(Erneut Husten. Er winkt ab, ich soll das Diktiergerät nicht ausschalten.)* Schon gut, schon gut … ich habe keine Zeit mehr zum Aufschieben … Bald werde ich zerfallen zu Phosphor, Kalzium und so weiter. Von wem werden Sie dann noch die Wahrheit erfahren? Geblieben sind nur noch die Archive. Papier. Ja, ja … Ich habe im Archiv gearbeitet, und ich weiß: Papier lügt noch schlimmer als die Menschen.

Wovon sprach ich? Von der Liebe … von meiner ersten Frau … Als unser Sohn geboren wurde, nannten wir ihn Oktjabr*. Zu Ehren des zehnten Jahrestages des Großen Oktober. Ich wollte noch eine Tochter. »Wenn du ein zweites Kind von mir willst, heißt das wohl, dass du mich liebst«, lachte meine Frau. »Und wie wollen wir unser Mädchen nennen?« Mir gefiel der Name Ljublena, zusammengesetzt aus den Worten »ljublju Lenina«**. Meine Frau schrieb alle ihre liebsten Mädchennamen auf ein Blatt Papier: Marxana, Stalina, Engelsina … Iskra[13] … Die waren damals am meisten in Mode. Dieses Blatt blieb dann auf dem Tisch liegen …

Den ersten Bolschewiken habe ich in meinem Dorf gesehen … Ein junger Student im Soldatenmantel. Er sprach auf dem Platz vor der Kirche: »Jetzt laufen die einen in Stiefeln herum, die anderen in Bastschuhen. Aber wenn die Bolschewiki an der Macht sind, werden alle gleich sein.« Die Bauern riefen: »Wie denn?« »Es wird eine schöne Zeit anbrechen, eure Frauen werden Seidenkleider und Absatzschuhe tragen. Es wird keine Reichen und Armen mehr geben. Allen wird es gutgehen.« Meine Mutter wird ein Seidenkleid anziehen, meine kleine Schwester Absatzschuhe. Ich werde studieren … Alle werden Brüder sein, alle werden gleich sein. Wie soll man einen solchen Traum nicht liebgewinnen! Den Bolschewiki haben die Armen geglaubt, die Besitzlosen. Die Jugend folgte den Bolschewiki. Wir liefen durch die Straßen und riefen: »Die Glocken runter – für Traktoren!« Von Gott wussten wir nur, dass es keinen Gott gibt. Wir lachten über die Popen, zerhackten zu Hause die Ikonen. Statt Kreuzprozessionen Demonstrationen mit roten Fahnen … *(Er hält inne.)* Das habe ich wohl schon erzählt? Die Sklerose … Ich bin alt … schon lange … Ja, ja … Der Marxismus wurde unsere Religion. Ich war glücklich, dass ich

* *Oktjabr* – russ. »Oktober«.
** *ljublju Lenina* – russ. »Ich liebe Lenin«.

zur selben Zeit wie Lenin lebte. Wenn wir zusammensaßen, sangen wir die Internationale. Mit fünfzehn, sechzehn war ich schon Komsomolze. Kommunist. Ein Soldat der Revolution. *(Er schweigt.)* Den Tod fürchte ich nicht ... in meinem Alter ... Unangenehm ist nur ... Unangenehm ist er mir aus einem einzigen Grund: Irgendwer muss herkommen und sich um meinen Körper kümmern. Die Scherereien mit dem Körper ... Ich bin einmal in die Kirche gegangen. Habe den Priester kennengelernt. Er sagte: »Man muss beichten.« Ich bin alt ... Und ob es Gott gibt oder nicht, das erfahre ich auch so bald. *(Er lacht.)*

... Wir waren ständig hungrig ... schlecht gekleidet ... Aber Subbotniks machten wir das ganze Jahr über, auch im Winter. Bei Frost! Meine Frau besaß nur einen leichten Mantel, und sie war schwanger. Wir luden auf der Bahnstation karrenweise Kohle und Brennholz ab. Ein fremdes junges Mädchen, das neben uns arbeitete, fragte meine Frau: »Du hast so einen leichten Mantel an. Hast du nichts Wärmeres?« »Nein.« »Weißt du was, ich habe zwei. Ich hatte einen guten Mantel und habe vom Roten Kreuz noch einen neuen bekommen. Sag mir, wo du wohnst, ich bringe ihn dir heute Abend vorbei.« Am Abend brachte sie den Mantel, nicht ihren alten, nein, den neuen. Sie kannte uns gar nicht, es genügte, dass wir Parteimitglieder waren und sie auch. Wir waren wie Brüder und Schwestern. In unserem Haus lebte ein blindes Mädchen, sie war seit ihrer Kindheit blind, und sie weinte, wenn wir sie nicht mitnahmen zum Subbotnik. Sie könne zwar kaum helfen, aber sie würde mit uns zusammen singen. Unsere Revolutionslieder!

Meine Kameraden ... sie liegen unter Steinplatten ... Auf den Steinen ist eingemeißelt: Mitglied der Partei der Bolschewiki seit 1920 ... 1924 ... 1927 ... Auch nach dem Tod war wichtig: Welchen Glauben hattest du? Parteimitglieder wurden gesondert begraben, in einem Sarg mit rotem Fahnentuch. Ich erinnere mich an den Tag, als Lenin starb ... Wie? Lenin ist tot? Das kann nicht sein! Er ist doch ein Heiliger ... *(Er bittet seinen Enkel, kleine Lenin-Büsten und -Figuren vom Regal zu nehmen, und zeigt sie mir. Sie sind aus Bronze, aus Gusseisen, aus Porzellan.)* Eine ganze Sammlung ... Alles Geschenke. Und gestern ... Da höre ich im Radio: Dem Lenin-Denkmal im Stadtzentrum wurde ein Arm abgesägt. Für Schrott … für ein paar Kopeken … Das war mal eine Ikone. Ein Gott! Und jetzt – Buntmetall. Das kilogrammweise verkauft und gekauft wird … Aber ich lebe noch … Der Kommunismus ist verfemt! Der Sozialismus ist schon ein Dreck! Sie sagen zu mir: »Wer nimmt denn heute den Marxismus noch ernst? Er gehört in die Geschichtsbücher.« Doch wer von euch kann behaupten, dass er den späten Lenin gelesen hat? Dass er den ganzen Marx kennt? Es gibt den frühen Marx … und Marx am Ende seines Lebens … Das, was heute als Sozialismus beschimpft wird, hat mit der sozialistischen Idee überhaupt nichts zu tun. Die Idee ist nicht schuld. *(Er hustet wieder und spricht undeutlich.)* Die Menschen haben ihre Geschichte verloren … und sind nun ohne Glauben … Was du auch fragst – nur leere Blicke. Die Natschalniks haben gelernt, sich zu bekreuzigen, aber die Kerze halten sie in der rechten Hand, wie ein Wodkaglas. Den naphtalingetränkten zweiköpfigen Adler haben sie wieder herausgeholt … die Kirchenfahnen und Ikonen … *(Plötzlich ganz deutlich:)* Das ist mein letzter Wunsch – schreiben Sie die Wahrheit. Aber meine Wahrheit … nicht Ihre eigene … Damit meine Stimme bleibt …

Er zeigt mir seine Fotos. Hin und wieder kommentiert er etwas.

… Sie brachten mich zum Kommandeur. »Wie alt bist du?«, fragte der Kommandeur. »Siebzehn«, log ich. Ich war noch keine sechzehn. So wurde ich Rotarmist. Wir bekamen Wickelgamaschen und einen roten Stern für die Mütze. Budjonny-Mützen gab es nicht, aber immerhin rote Sterne. Was wäre die Rote Armee ohne roten Stern? Wir bekamen Gewehre. Und wir fühlten uns als Verteidiger der Revolution. Ringsum – Hunger, Epidemien. Rückfalltyphus … Bauchtyphus … Fleckfieber … Aber wir waren glücklich.

… Aus einem zerstörten Gutshaus hat jemand ein Klavier herausgeschleppt … Es steht im Garten, wird im Regen nass. Die Hirten treiben ihre Kühe näher heran und spielen mit Knüppeln darauf. Das Gut haben sie im Suff abgebrannt. Und geplündert. Aber welcher Mushik braucht schon ein Klavier?

... haben wir die Kirche gesprengt. Noch heute habe ich die Schreie der alten Frauen im Ohr: »Bitte, Kinder, tut das nicht!« Angefleht haben sie uns. Unsere Beine umklammert. Zweihundert Jahre hatte die Kirche gestanden. Ein durch Gebete gesegneter Ort, wie man so sagt. An die Stelle der Kirche wurde eine öffentliche Toilette gebaut. Die Priester mussten dort saubermachen. Die Scheiße wegputzen. Heute ... natürlich ... da verstehe ich ... Aber damals ... da fand ich das lustig ...

... auf dem Feld lagen unsere Kameraden ... Auf Stirn und Brust waren Sterne aus der Haut geschnitten. Rote Sterne. Die Bäuche aufgeschlitzt und mit Erde gefüllt: Ihr wolltet Boden[14] haben – da habt ihr! Was wir fühlten – Tod oder Sieg! Mögen wir sterben, aber wir wissen, wofür wir sterben.

... am Fluss lagen mit Bajonetten durchbohrte weiße Offiziere. Ganz schwarz waren sie geworden in der Sonne. »Ihre Wohlgeboren ...« In den Bäuchen steckten Schulterstücke ... die Bäuche waren vollgestopft mit Schulterstücken ... Sie taten uns nicht leid! Ich habe so viele Tote gesehen, genauso viele wie Lebende ...

»Heute tun einem alle leid, die Weißen genauso wie die Roten. Mir tun sie leid.«

Ihnen tun sie leid ... Sie tun Ihnen leid? *(Ich hatte das Gefühl, dass unser Gespräch an dieser Stelle zu Ende sein könnte.)* Ja, ja ... natürlich ... »Allgemeinmenschliche Werte« ... »abstrakter Humanismus« ... Ich sehe ja fern, lese Zeitung ... Für uns war Barmherzigkeit ein Popenwort. Schlagt die weißen Schurken! Es lebe die revolutionäre Ordnung! Die Losung der ersten Revolutionsjahre: Mit eiserner Hand treiben wir die Menschheit ins Glück! Wenn es die Partei sagte – ich vertraue der Partei! Ich glaube.

Die Stadt Orsk bei Orenburg. Tag und Nacht Güterzüge mit Kulakenfamilien. Auf dem Weg nach Sibirien. Wir bewachen die Bahnstation. Ich öffne einen Waggon: In einer Ecke hängt ein halbnackter Mann an einem Gürtel. Eine Mutter wiegt ein Kind auf den Armen, ein älterer Junge sitzt daneben. Mit den Händen isst er seinen eigenen

Kot, als wäre es Brei. »Mach zu!«, schreit der Kommissar mich an. »Das sind Kulakenschweine! Sie taugen nicht für das neue Leben!« Die Zukunft ... sie sollte doch schön sein ... Später würde es schön sein ... Ja, ich habe geglaubt! *(Er schreit fast.)* Wir glaubten an ein schönes Leben. Eine Utopie ... das war eine Utopie ... Und ihr? Ihr habt eure eigene Utopie – den Markt. Das Marktparadies. Der Markt wird alle glücklich machen! Eine Schimäre! Auf den Straßen laufen Gangster in weinroten Jacketts und mit Goldketten bis zum Bauch herum. Ein Karikatur-Kapitalismus, wie auf den Abbildungen in der sowjetischen Zeitschrift *Krokodil*. Eine Parodie! Anstelle der Diktatur des Proletariats das Dschungelgesetz: Beiß jeden, der schwächer ist als du, und verbeuge dich vor dem, der stärker ist als du. Das älteste Gesetz der Welt ... *(Ein Hustenanfall. Atempause.)* Mein Sohn trug eine Budjonny-Mütze mit rotem Stern ... Das war in seiner Kindheit sein liebstes Geburtstagsgeschenk. Ich gehe seit langem nicht mehr in Geschäfte. Gibt es noch Budjonny-Mützen? Sie wurden lange getragen. Noch unter Chruschtschow. Was ist denn jetzt Mode? *(Er versucht zu lächeln.)* Ich bin zurückgeblieben ... natürlich ... Ich bin schon uralt ... Mein einziger Sohn ... er ist tot ... Ich verbringe den Rest meines Lebens mit meiner Schwiegertochter und den Enkeln. Mein Sohn war Historiker und überzeugter Kommunist. Und die Enkel? *(Spöttisch:)* Die Enkel lesen den Dalai Lama. Statt des *Kapitals* lesen sie das *Mahabharata*. Die *Kabbala* ... Heute glaubt jeder an etwas anderes. Ja, ja ... so ist das heute ... Der Mensch möchte immer an irgendetwas glauben. An Gott oder an den technischen Fortschritt. An die Chemie, an die Polymere, an die kosmische Vernunft ... Und jetzt – an den Markt. Na schön, aber wenn wir alle satt sind, was dann weiter? Manchmal gehe ich in das Zimmer meiner Enkel – dort ist alles fremd: die Hemden, die Jeans, die Bücher, die Musik, sogar die Zahnbürste ist nicht von uns. Auf den Regalen stehen leere Pepsi- und Coca-Cola-Dosen ... Pappbecher von McDonald's ... Wie bei den Papuas! Sie gehen in den Supermarkt wie ins Museum. Bei McDonald's Geburtstag feiern ist cool! »Opa, wir waren heute bei Pizza Hut!« Das reinste Mekka! Sie fragen mich: »Hast du wirklich an den Kommunismus geglaubt, warum nicht gleich an Humanoide?«

Mein Traum war – Friede den Hütten, Krieg den Palästen, sie dagegen möchten Millionäre werden. Manchmal kommen ihre Freunde zu Besuch. Ich höre, worüber sie reden: »Ich lebe lieber in einem ›schwachen‹ Land, aber mit Joghurt und gutem Bier.« »Der Kommunismus ist überholt!« »Russlands Weg ist die Monarchie. Gott schütze den Zaren!« Sie hören Lieder wie »Es wird alles wieder, Herr Leutnant Golyzin, den Kommissaren, den zahlen wir's heim«. Und ich lebe noch … ich bin noch da … Tatsächlich … Ich bin doch nicht verrückt … *(Er blickt zu seinem Enkel. Der schweigt.)* Im Laden liegen hundert Sorten Wurst, aber glückliche Menschen gibt es keine. Ich sehe keine Menschen mit glühenden Augen.

Ein Witz, den der Enkel erzählt hat:
»Eine spiritistische Sitzung. Ein Professor und ein alter Bolschewik. Der Professor: ›In die Idee des Kommunismus hat sich von Anfang an ein Fehler eingeschlichen. Erinnern Sie sich an das Lied: 'Unsere Lokomotive fliegt voran, in der Kommune hält sie an …' Der alte Bolschewik: ›Natürlich erinnere ich mich. Aber wo ist der Fehler?‹ Der Professor: ›Lokomotiven können nicht fliegen …‹«

Zuerst wurde meine Frau verhaftet … Sie ist ins Theater gegangen und nicht wieder nach Hause gekommen. Ich komme von der Arbeit – mein Sohn schläft mit dem Kater auf dem Läufer im Flur. Er hat auf seine Mama gewartet und gewartet und ist eingeschlafen. Meine Frau hat in der Schuhfabrik gearbeitet. Ein roter Ingenieur. »Es ist etwas Merkwürdiges im Gange«, hatte sie gesagt. »Alle meine Freunde sind verhaftet worden. Bestimmt irgendein Verrat …« »Na, wir beide tragen keine Schuld, uns wird man nicht verhaften.« Davon war ich überzeugt … Absolut überzeugt. Aufrichtig! Ich war erst Leninist, dann Stalinist. Bis 1937 war ich Stalinist. Ich habe an Stalin geglaubt. Ich glaubte alles, was Stalin sagte und tat. Ja … der große … der geniale … der Führer aller Zeiten und Völker. Selbst als Bucharin, Tuchatschewski und Blücher zu Volksfeinden erklärt wurden, habe ich ihm geglaubt. Ich hielt mich an einem rettenden Gedanken fest … der war naiv … dumm … Das ist mir heute selber klar … Ich dachte:

Stalin wird hintergangen, ganz oben sind Verräter eingedrungen. Die Partei wird das klären. Und nun war meine Frau verhaftet worden … ein ehrlicher und treuer Kämpfer der Partei.

Drei Tage später kamen sie mich holen … Als Erstes schnüffelten sie im Ofen: ob es nach Rauch roch, ob ich vielleicht etwas verbrannt hatte. Sie waren zu dritt. Einer lief herum und suchte sich Sachen aus: »Das brauchen Sie nicht mehr.« Er nahm die Wanduhr ab. Das erschütterte mich … das hatte ich nicht erwartet … Und zugleich lag darin etwas Menschliches, und das machte mir Hoffnung. Diese menschliche Niedertracht … Ja-a-a … Diese Leute hatten also Gefühle … Die Haussuchung dauerte von zwei Uhr nachts bis zum Morgen. Es waren sehr viele Bücher im Haus, sie blätterten in jedem Buch. Tasteten die Kleider ab. Schlitzten Kissen auf … Ich hatte genug Zeit zum Nachdenken. Ich versuchte mich zu erinnern … fieberhaft … Die Verhaftungen hatten bereits Massencharakter. Jeden Tag wurde irgendwer abgeholt. Eine ziemlich beängstigende Atmosphäre. Jemand wurde verhaftet, und alle um ihn herum schwiegen. Fragen war sinnlos. Im Gefängnis erklärte mir der Vernehmer beim ersten Verhör: »Sie sind schon deshalb schuldig, weil Sie Ihre Frau nicht gemeldet haben.« Aber das war schon im Gefängnis … Bei der Verhaftung aber versuchte ich mich zu erinnern … ging im Kopf alles durch. Alles … Mir fiel die letzte Parteikonferenz ein. Wie das Grußwort an Genossen Stalin verlesen wurde und der ganze Saal aufstand und in Ovationen ausbrach: »Ruhm dem Genossen Stalin – dem Organisator und geistigen Vater unserer Siege!« »Ruhm Stalin!« »Ruhm dem Führer!« Fünfzehn Minuten lang … eine halbe Stunde … Alle drehten sich zueinander um, aber niemand setzte sich als Erster. Alle standen. Ich setzte mich hin. Ganz mechanisch. Zwei Männer in Zivil kamen zu mir. »Genosse, warum sitzen Sie?« Ich wieder aufgesprungen! Bin aufgesprungen, als hätte ich mich verbrüht. In der Pause schaute ich mich die ganze Zeit um. Ich rechnete damit, dass sie gleich kommen und mich verhaften würden … *(Pause.)*

Am Morgen war die Haussuchung beendet. Sie befahlen: »Machen Sie sich fertig.« Die Kinderfrau weckte meinen Sohn … Bevor ich ging, konnte ich ihm noch zuflüstern: »Erzähl niemandem von

Papa und Mama.« So hat er überlebt. *(Er zieht das Diktiergerät näher zu sich heran.)* Halten Sie das fest, solange ich noch lebe. »S. i. n. l.« »solange ich noch lebe« – das schreibe ich unter meine Glückwunschkarten. Inzwischen ist allerdings keiner mehr da, dem ich Karten schicken kann ... Ich werde oft gefragt: »Warum haben Sie alle geschwiegen?« »So war die Zeit eben.« Ich glaubte, an allem seien Verräter schuld – Jagoda, Jeschow[15] –, aber nicht die Partei. Fünfzig Jahre später kann man leicht urteilen. Kichern ... über die alten Dummköpfe ... Aber damals lief man eben im Gleichschritt mit allen, doch nun ist keiner von ihnen mehr da ...

... einen Monat in Einzelhaft. Eine Art Steinsarg – am Kopfende breiter, am Fußende schmaler. Ich hatte einen Raben an mein Fenster gewöhnt, ich fütterte ihn immer mit Graupen aus der Suppe. Seitdem ist der Rabe mein Lieblingsvogel. Im Krieg ... Das Gefecht ist vorbei. Alles ist still. Die Verwundeten sind weggebracht, nur die Toten liegen noch da. Da lässt sich kein anderer Vogel blicken, nur die Raben.

... Zum Verhör geholt wurde ich erst nach zwei Wochen. Ob ich gewusst hätte, dass meine Frau eine Schwester im Ausland hat? »Meine Frau ist eine aufrechte Kommunistin.« Auf dem Tisch des Vernehmers lag eine Denunziation, unterschrieben – ich konnte es nicht glauben! – von unserem Nachbarn. Ich erkannte die Schrift. Die Unterschrift. Wir waren Kameraden, kann man sagen. Seit dem Bürgerkrieg. Ein Militär ... von hohem Rang ... Er war sogar ein wenig verliebt in meine Frau, ich war eifersüchtig auf ihn. Ja, ja ... eifersüchtig ... Ich liebte meine Frau sehr ... meine erste Frau ... Der Vernehmer erzählte Einzelheiten von Gesprächen zwischen uns. Da wusste ich, dass ich mich nicht täuschte ... ja, das war unser Nachbar ... die Gespräche hatten in seinem Beisein stattgefunden ... Die Geschichte meiner Frau ist folgende: Sie stammt aus der Gegend von Minsk, sie ist Weißrussin. Nach dem Brester Frieden ging ein Teil dieser Gebiete an Polen. Ihre Eltern blieben dort. Und ihre Schwester. Die Eltern sind bald gestorben, doch die Schwester schrieb uns: »Ich gehe lieber nach Sibirien, als in Polen zu bleiben.« Sie wollte in der Sowjetunion leben. Der Kommunismus war damals sehr populär in Europa.

Auf der ganzen Welt. Viele Menschen glaubten an ihn. Nicht nur einfache Menschen, auch die westliche Elite. Schriftsteller: Aragon, Barbusse ... Die Oktoberrevolution war »Opium für Intellektuelle«. Das habe ich irgendwo gelesen ... Ich lese jetzt viel. *(Eine Atempause.)* Meine Frau war also ein »Feind« ... Deshalb musste eine »konterrevolutionäre Tätigkeit« her ... Sie wollten ihr eine »Organisation« anhängen ... »terroristischen Untergrund« ... »Mit wem traf sich Ihre Frau? ... Wem hat sie technische Zeichnungen übergeben?« Was für Zeichnungen! Ich leugnete alles. Sie schlugen mich. Traten mich mit Stiefeln. Die eigenen Leute. Ich hatte ein Parteibuch, und sie hatten ein Parteibuch. Auch meine Frau hatte ein Parteibuch.

... eine Gemeinschaftszelle ... In der Zelle fünfzig Leute. Zur Notdurft wurden wir zweimal am Tag hinausgeführt. Und in der übrigen Zeit? Wie erkläre ich das einer Dame? An der Tür stand ein riesiger Bottich ... *(Böse.)* Versuchen Sie mal, sich da hinzusetzen und vor aller Augen zu scheißen! Wir bekamen Salzhering zu essen und kein Wasser. Fünfzig Leute ... Englische Spione ... japanische ... Ein alter Mann aus einem Dorf, Analphabet ... Er saß wegen eines Brandes im Pferdestall. Ein Student wegen eines Witzes ... An der Wand hängt ein Stalinbild. Ein Referent hält einen Vortrag über Stalin. Der Chor singt ein Lied über Stalin. Ein Schauspieler rezitiert ein Gedicht über Stalin. Was ist das? Ein Abend zum hundertsten Todestag von Puschkin. *(Ich lache, doch er lacht nicht.)* Ein Kraftfahrer saß, weil er Stalin ähnlich sah. Er sah ihm tatsächlich ähnlich. Der Leiter einer Wäscherei, ein parteiloser Friseur, ein Schleifer ... Überwiegend einfache Menschen. Aber auch ein Gelehrter, ein Folkloreforscher. Der erzählte uns nachts Märchen ... Märchen für Kinder ... Und alle hörten zu. Den Folkloreforscher hatte die eigene Mutter denunziert. Eine alte Bolschewikin. Nur ein einziges Mal hat sie ihm Papirossy gebracht, bevor er auf Transport ging ... Ja-a-a ... Ein alter Sozialrevolutionär saß mit uns zusammen, der freute sich: »Ich bin ja so glücklich, dass auch ihr Kommunisten hier sitzt und genau wie ich nichts begreift.« Ein Konterrevolutionär! Ich dachte, es gäbe die Sowjetmacht nicht mehr. Und Stalin auch nicht.

Ein Witz, den der Enkel erzählt hat:
»Ein Bahnhof ... Hunderte Menschen. Ein Mann in einer Lederjacke sucht verzweifelt jemanden. Endlich sieht er einen anderen Mann in einer Lederjacke und spricht ihn an: ›Genosse, bist du Parteimitglied oder parteilos?‹ ›Parteimitglied.‹ ›Dann sag mir, wo ist hier das Klo?‹«

Sie hatten mir alles abgenommen: Gürtel, Schal, die Schnürsenkel aus den Schuhen gezogen, aber umbringen konnte man sich trotzdem. Ich hatte den Gedanken. Ja, ja ... den hatte ich ... Mich mit meiner Hose zu erdrosseln oder mit dem Unterhosengummi. Sie schlugen mich mit einem Sack voll Sand auf den Bauch. Alles wurde aus mir herausgepresst wie aus einem Regenwurm. Sie hängten mich an Haken auf. Mittelalter! Alles läuft aus dir raus, du hast deinen Körper nicht mehr unter Kontrolle. Überall fließt es aus dir heraus ... Diesen Schmerz auszuhalten ... Diese Scham! Lieber sterben ... *(Er schweigt lange.)* Im Gefängnis traf ich einen alten Kameraden ... Nikolai Werchowzew, Parteimitglied seit 1924. Er unterrichtete an der Arbeiterfakultät. Alle kannten dort einander ... ein enger Kreis ... Jemand las laut aus der *Prawda* vor, darin stand eine Notiz: Im Büro des ZK gab es eine Anhörung zur Befruchtung von Stuten. Na, da hat er gewitzelt: Was für ein ZK, hat nichts anderes zu tun, als sich um die Befruchtung von Stuten zu kümmern. Am Vormittag hatte er das gesagt, und in der Nacht wurde er schon verhaftet. Sie klemmten ihm die Finger mit einer Tür ein, brachen ihm die Finger wie Bleistifte. Stundenlang musste er eine Gasmaske tragen. *(Er schweigt.)* Ich weiß nicht, wie man heute davon erzählen soll ... Das ist Barbarei. Erniedrigend. Du bist ein Stück Fleisch ... liegst in deinem Urin ... Werchowzew war an einen sadistischen Vernehmer geraten. Einen jungen Sadisten. Sie waren nicht alle Sadisten ... Von oben bekamen sie Vorgaben, soundso viele Feinde – im Monat, im Jahr. Sie lösten einander ab, tranken Tee, riefen zu Hause an, flirteten mit den Krankenschwestern, die gerufen wurden, wenn jemand bei den Folterungen das Bewusstsein verlor. Für sie war das nichts als Dienst ... ihre Schicht ... Doch für dich war das ganze Leben aus den Fugen. Tja, solche Dinge … Der Vernehmer, der meinen Fall bearbeitete, war früher Schuldirektor gewesen, und er versicherte mir: »Sie sind sehr naiv. Wir knallen Sie einfach ab und setzen ein Protokoll auf – auf der Flucht erschossen. Sie wissen doch, was Gorki gesagt hat: Wenn der Feind sich nicht ergibt, wird er vernichtet.« »Ich bin kein Feind.« »Verstehen Sie doch: Harmlos ist für uns nur derjenige, der Reue bekennt, der zerstört ist.« Wir führten Diskussionen über dieses Thema … Der zweite Vernehmer war Berufsoffizier … Ich merkte, dass er zu faul war, all diese Papiere auszufüllen. Sie schrieben die ganze Zeit irgendetwas. Einmal hat er mir eine Papirossa gegeben. Die Menschen saßen lange. Monate. Zwischen Henkern und Opfern entstanden menschliche … nein, menschlich kann man das nicht nennen, aber doch Beziehungen. Aber das eine schloss das andere nicht aus … »Unterschreiben Sie.« Ich lese das Protokoll. »Das habe ich nicht gesagt.« Sie schlagen mich. Später wurden sie alle selbst erschossen. Oder ins Lager geschickt.

Eines Morgens … Die Zellentür geht auf. »Raustreten!« Ich bin nur im Hemd. Ich will mich anziehen. »Nein!« Sie führen mich in einen Keller … Dort wartet schon der Vernehmer mit dem Papier: »Unterschreiben Sie – ja oder nein?« Ich weigere mich. »Dann an die Wand!« Bumm! Ein Schuss knapp über den Kopf … »Na, was ist, unterschreiben Sie?« Bumm! Und das dreimal. Dann führten sie mich zurück, durch irgendwelche Labyrinthe … das Gefängnis hatte eine Menge Keller! Das hatte ich gar nicht geahnt. Die Gefangenen wurden so geführt, dass keiner einen anderen sehen konnte. Und erkennen. Wenn einem jemand entgegenkam, stieß der Bewacher einen Pfiff aus: »Visage zur Wand!« Aber ich war bereits erfahren. Ich schaute heimlich. So begegnete ich meinem Chef von den Lehrgängen für rote Kommandeure. Und einem ehemaligen Professor von der Parteihochschule … *(Er schweigt.)* Werchowzew und ich sprachen offen miteinander: »Das sind Verbrecher! Sie richten die Sowjetmacht zugrunde. Sie werden sich dafür verantworten.« Einige Male wurde er von einer Frau verhört. »Wenn sie mich foltern, wird sie richtig schön. Verstehst du, dann wird sie schön.« Ein sensibler Mensch. Von ihm erfuhr ich, dass Stalin in seiner Jugend Gedichte geschrieben hat.

(Er schließt die Augen.) Noch heute wache ich manchmal in kalten Schweiß gebadet auf: Auch ich hätte zum Dienst beim NKWD geschickt werden können. Und ich wäre gegangen. Ich hatte ein Parteibuch in der Tasche. Mein rotes Parteibuch.

Es klingelt. Die Krankenschwester. Sie misst seinen Blutdruck. Gibt ihm eine Spritze. Währenddessen geht unser Gespräch weiter, wenn auch etwas stockend.

... Vor einer Weile kam mir der Gedanke: Der Sozialismus hat keine Lösung für das Problem des Todes. Des Alters. Für den metaphysischen Sinn des Lebens. Das lässt er links liegen. Nur in der Religion gibt es Antworten darauf. Ja-a-a ... 1937 hätte man mich für solche Reden ...

... Kennen Sie das Buch *Der Amphibienmensch* von Alexander Beljajew? Ein genialer Wissenschaftler will seinen Sohn glücklich machen und verwandelt ihn in einen Amphibienmenschen. Doch der Sohn fühlt sich bald einsam im Ozean. Er möchte sein wie alle: an Land leben, ein normales Mädchen lieben. Aber das ist ihm verwehrt. Und er stirbt. Dabei hatte sein Vater geglaubt, er wäre in das große Geheimnis eingedrungen ... Er wäre Gott! Das ist sie, die Antwort auf alle großen Utopisten!

... Die Idee war wunderbar! Aber was soll man mit dem Menschen machen? Der Mensch hat sich seit dem alten Rom nicht geändert ...

Die Krankenschwester ist gegangen. Er schließt die Augen.

Warten Sie ... ich will doch zu Ende erzählen ... Für eine Stunde reicht meine Kraft noch ... Im Gefängnis habe ich ein knappes Jahr gesessen. Ich stellte mich schon auf einen Prozess ein. Auf den Transport. Ich wunderte mich: Warum lassen sie sich mit mir so viel Zeit? Heute glaube ich, sie hatten gar keine Logik. Tausende Fälle ... Ein Chaos ... Nach einem Jahr hatte ich einen neuen Vernehmer ... Mein Fall ging in die Revision. Ich wurde entlassen, sämtliche Anschuldigungen wurden fallengelassen. Das Ganze war also ein Irrtum gewesen.

Die Partei glaubte mir! Stalin war ein großer Regisseur ... Zu diesem Zeitpunkt hatte er gerade den »blutigen Gnom« abgelöst, Volkskommissar Jeschow. Er wurde verurteilt. Erschossen. Rehabilitationen setzten ein. Das Volk atmete auf: Stalin hat die Wahrheit erfahren ... Doch das war nur eine Atempause vor neuem Blutvergießen ... Ein Spiel! Aber alle glaubten daran. Ich auch. Ich verabschiedete mich von Werchowzew ... Er zeigte mir seine gebrochenen Finger. »Ich bin schon neunzehn Monate und sieben Tage hier. Mich wird niemand mehr rauslassen. Aus Angst.« Nikolai Werchowzew ... Parteimitglied seit 1924 ... wurde 1941 erschossen, als die Deutschen immer näher rückten. Die NKWD-Leute erschossen alle Gefangenen, die nicht rechtzeitig evakuiert worden waren. Die Kriminellen ließen sie frei, sämtliche »Politischen« aber wurden als Verräter liquidiert. Als die Deutschen in die Stadt kamen, öffneten sie die Gefängnistore – drinnen lag ein Berg Leichen. Die Einwohner der Stadt wurden zum Gefängnis getrieben, solange die Leichen noch nicht verwesten – damit sie sich die Sowjetmacht anschauten.

Meinen Sohn habe ich bei fremden Menschen wiedergefunden, die Kinderfrau hatte ihn aufs Land gebracht. Er stotterte und hatte Angst im Dunkeln. Nun lebten wir beide zusammen. Ich versuchte, etwas über meine Frau in Erfahrung zu bringen. Und bemühte mich gleichzeitig um meine Wiederaufnahme in die Partei. Darum, mein Parteibuch zurückzubekommen. Dann, Silvester ... Der Tannenbaum ist geschmückt. Mein Sohn und ich warten auf die Gäste. Es klingelt. Ich mache auf. Draußen steht eine schlechtgekleidete Frau. »Ich bin gekommen, um Ihnen einen Gruß von Ihrer Frau auszurichten.« »Sie lebt!?« »Vor einem Jahr hat sie noch gelebt. Wir haben eine Zeitlang zusammen im Schweinestall gearbeitet. Wir stahlen den Schweinen gefrorene Kartoffeln, deshalb sind wir nicht krepiert. Ob sie jetzt noch lebt, weiß ich nicht.« Sie ging rasch wieder. Ich habe sie nicht aufgehalten ... die Gäste sollten gleich kommen ... *(Er schweigt.)* Die Kremluhr schlug. Wir öffneten den Sekt. Der erste Trinkspruch: »Auf Stalin!« Ja-a-a ...

... Das Jahr 1941 ...

Alle weinten ... Aber ich schrie vor Glück – Krieg! Ich werde an die

Front gehen! Das werden sie mir doch erlauben. Sie werden mich hinschicken ... Ich meldete mich. Und wurde lange nicht genommen. Der Chef des Wehrbezirks war ein Bekannter von mir. »Ich kann nicht. Ich bin an die Vorschriften gebunden – ›Feinde‹ darf ich nicht nehmen.« »Wer ist hier ein Feind? Ich bin ein Feind?« »Deine Frau verbüßt eine Lagerhaft nach Paragraph 58 – konterrevolutionäre Tätigkeit.« Kiew fiel ... Kämpfe bei Stalingrad ... Ich beneidete jeden in Militäruniform – er verteidigte die Heimat! Junge Mädchen gingen an die Front ... Und ich? Ich schrieb einen Brief an das Kreiskomitee der Partei: Erschießt mich oder schickt mich an die Front! Zwei Tage später wurde mir die Einberufung ausgehändigt – binnen vierundzwanzig Stunden sollte ich mich am Sammelpunkt einfinden. Der Krieg war meine Rettung ... die einzige Chance, meinen ehrlichen Namen wiederherzustellen. Ich freute mich.

... An die Revolution erinnere ich mich gut. Aber an später, entschuldigen Sie, schon schlechter. Sogar an den Krieg erinnere ich mich weniger gut, obwohl er noch nicht so lange zurückliegt. Ich weiß noch, dass sich nichts verändert hatte. Nur Waffen hatten wir gegen Kriegsende andere – nicht mehr Säbel und Gewehre, sondern »Katjuschas«. Aber das Soldatenleben? Genau wie früher aßen wir jahrelang Graupensuppe und Weizenbrei, trugen monatelang dieselbe Unterwäsche. Konnten uns nicht waschen. Schliefen auf der nackten Erde. Wären wir anders gewesen, wie hätten wir dann siegen können?

... wir stürmten ins Gefecht ... Sie beschossen uns aus Maschinengewehren! Alle warfen sich auf den Boden ... Da feuerte noch ein Granatwerfer los, die Menschen wurden in Stücke gerissen. Neben mir lag der Kommissar: »Was liegst du hier rum, Kontra! Los, vorwärts! Sonst knall ich dich ab!«

... Bei Kursk traf ich auf meinen Vernehmer ... Den ehemaligen Schuldirektor ... Ich dachte: Na, du Schwein, jetzt habe ich dich in der Hand. Im Gefecht knalle ich dich klammheimlich ab! Das war so! Ja, ja ... Ich wollte ... Aber ich kam nicht dazu ... *(Er schweigt.)* Wir haben sogar einmal miteinander gesprochen. »Wir haben beide dieselbe Heimat« – seine Worte. Er war ein tapferer Mann. Voller Heldenmut. Er ist bei Königsberg gefallen. Was soll ich sagen ... Ich kann sagen ... ich dachte: Gott hat mir meine Arbeit abgenommen ... Da will ich nicht lügen ...

Zweifach verwundet bin ich heimgekehrt. Mit drei Orden und Medaillen. Ich wurde ins Kreisparteikomitee bestellt: »Ihre Frau können wir Ihnen leider nicht zurückgeben. Ihre Frau ist gestorben. Aber die Ehre geben wir Ihnen zurück ...« Sie gaben mir mein Parteibuch wieder. Und ich war glücklich! Ich war glücklich ...

Ich sage ihm, dass ich das niemals verstehen werde. Er explodiert.

Man darf uns nicht nach den Gesetzen der Logik beurteilen. Ihr Buchhalter! Verstehen Sie doch! Uns kann man nur nach den Gesetzen der Religion beurteilen. Des Glaubens! Ihr werdet uns noch mal beneiden! Was habt ihr denn Großes? Nichts. Nur den Komfort. Alles für den Bauch ... für den Zwölffingerdarm ... Sich den Bauch vollschlagen und sich mit Klunkern behängen ... Aber ich ... meine Generation ... Alles, was ihr heute habt, haben wir aufgebaut. Die Betriebe, die Staudämme ... die Kraftwerke ... Und wo ist eures? Auch Hitler haben wir besiegt. Nach dem Krieg ... Wenn irgendwem ein Kind geboren wurde – das war eine Freude! Eine andere Freude als vor dem Krieg. Eine andere. Manchmal habe ich sogar geweint ... *(Er schließt die Augen. Er ist erschöpft.)* Ach ... Wir haben geglaubt ... Und jetzt kommen Sie und sagen, wir hätten an eine Utopie geglaubt ... Mein Lieblingsbuch ist der Roman *Was tun?* von Tschernyschewski ... Den liest heute keiner mehr ... Langweilig. Die meisten lesen nur den Titel – die ewige russische Frage: Was tun? Aber für uns war das ein Katechismus. Ein Lehrbuch der Revolution. Ganze Seiten lernten wir auswendig. Der vierte Traum von Vera Pawlowna ... *(Er zitiert ihn wie ein Gedicht.)* »Häuser aus Kristall und Aluminium ... Kristallpaläste! Zitronen- und Orangenhaine mitten in den Städten. Es gibt kaum alte Menschen, die Menschen altern sehr spät, weil das Leben so schön ist. Alles erledigen Maschinen, die Menschen steuern sie nur ... Maschinen mähen und binden das Getreide ... Die Äcker sind fett und ertragreich. Blumen, so groß wie Bäume. Alle sind glücklich. Fröhlich. Sie sind schön gekleidet – Männer wie Frauen. Sie führen ein freies Leben der Arbeit und des Genusses. Es gibt viel Platz für alle und genügend Arbeit. Sind das wirklich wir? Ist das wirklich unsere Erde? Und alle werden so leben? Die Zukunft ist hell und schön …«[16] Da … *(Er nickt zu seinem Enkel hinüber.)* Er lacht … Für ihn bin ich ein Dummkopf. So leben wir zusammen.

»Dostojewski lässt seinen Helden der Aufzeichnungen aus dem Untergrund *sinngemäß sagen: Baut ihn nur, euren Kristallpalast, und dann komme ich und werfe einen Stein darauf … Nicht, weil ich hungrig bin und in einem Kellerloch lebe, nein, einfach so – aus Mutwillen …«*

(Er wird wütend.) Sie glauben, der Kommunismus … diese Pest, wie sie heute in den Zeitungen schreiben, der wäre in einem verplombten Waggon aus Deutschland zu uns gekommen? Was für ein Unsinn! Das Volk hat sich erhoben. Das »Goldene Zeitalter« unterm Zaren, von dem heute alle reden, das hat es nicht gegeben. Das sind Märchen! Auch, dass wir ganz Amerika mit Getreide versorgt und die Schicksale Europas bestimmt hätten. Gestorben ist der russische Soldat für alle, das ist wahr. Aber das Leben … In unserer Familie gab es für fünf Kinder nur ein Paar Schuhe. Wir aßen Kartoffeln mit Brot, im Winter ohne Brot. Nur Kartoffeln … Und ihr fragt: Woher kamen die Kommunisten?

Ich erinnere mich an so vieles … Aber wozu? Wozu … hm? Was soll ich mit diesen Erinnerungen? Wir liebten die Zukunft. Die Menschen der Zukunft. Wir stritten darüber, wann diese Zukunft anbrechen würde. In hundert Jahren ganz bestimmt. Aber das erschien uns zu weit weg … *(Er atmet schwer.)*

Ich schalte das Diktiergerät aus.

Ohne Diktiergerät … Gut … Irgendwem muss ich das erzählen …

Ich war fünfzehn Jahre alt. Auf Pferden. Betrunken. Kamen sie in unser Dorf geritten, Rotarmisten. Ein Prodotrjad. Sie schliefen bis zum Abend, und am Abend holten sie alle Komsomolzen zusammen.

Der Kommandeur hielt eine Rede: »Die Rote Armee hungert. Lenin hungert. Und die Kulaken verstecken Getreide. Verbrennen es.« Ich wusste, dass Mamas leiblicher Bruder … Onkel Semjon … dass er Säcke voll Korn in den Wald gebracht und dort vergraben hatte. Ich war Komsomolze … Hatte ein Gelöbnis abgelegt. In der Nacht ging ich zu den Rotarmisten und führte sie zu der Stelle im Wald. Sie beluden ein ganzes Fuhrwerk. Der Kommandeur drückte mir die Hand: »Werde schnell groß, Bruder.« Am Morgen erwachte ich vom Schrei meiner Mutter: »Semjons Hütte brennt!« Onkel Semjon haben wir dann im Wald gefunden … die Rotarmisten hatten ihn mit Säbeln in Stücke gehackt … Ich war fünfzehn Jahre alt. Die Rote Armee hungert … Lenin … Ich traute mich nicht mehr hinaus. Ich saß in der Hütte und weinte. Meine Mutter hat alles erraten. In der Nacht drückte sie mir einen Leinensack in die Hand: »Geh weg, mein Sohn! Möge Gott dir Unglücklichem verzeihen.« *(Er schlägt die Hände vor die Augen. Aber ich sehe trotzdem, dass er weint.)*

Ich will als Kommunist sterben. Das ist mein letzter Wunsch …

In den neunziger Jahren habe ich nur einen Teil dieser Beichte veröffentlicht. Mein Protagonist hatte den Text jemandem zum Lesen gegeben, sich beraten und sich überzeugen lassen, dass eine vollständige Veröffentlichung »einen Schatten auf die Partei« werfen würde. Und das fürchtete er am allermeisten. Nach seinem Tod wurde sein Testament gefunden: Seine große Dreizimmerwohnung im Stadtzentrum vererbte er nicht seinen Enkeln, sondern »der geliebten Kommunistischen Partei, der ich alles verdanke«. Darüber wurde sogar in der lokalen Abendzeitung geschrieben. Eine solche Tat war schon damals unverständlich. Die Leute lachten über den verrückten alten Mann. Auf seinem Grab steht bis heute kein Grabstein.

Jetzt habe ich entschieden, seine Geschichte vollständig zu veröffentlichen. Das alles gehört bereits mehr der Zeit als einem einzelnen Menschen.

VON DER GRAUSAMKEIT DER FLAMMEN UND DER RETTUNG VON OBEN

Timerjan Sinatow –
Frontveteran, 77 Jahre alt

Aus kommunistischen Medien

Timerjan Chabulowitsch Sinatow ist einer der heldenhaften Verteidiger der Festung Brest, die als Erste den Überfall der Hitlertruppen am Morgen des 22. Juni 1941 erlebte.

Nationalität – Tatar. Vor dem Krieg – Schüler einer Regimentsschule (42. Schützenregiment der 44. Schützendivision). In den ersten Tagen der Verteidigung der Festung wurde er verwundet. Geriet in Gefangenschaft. Floh zweimal aus einem deutschen Konzentrationslager – das zweite Mal mit Erfolg. Er beendete den Krieg in der kämpfenden Truppe, wie er ihn begonnen hatte – als einfacher Soldat. Für die Verteidigung der Festung Brest wurde er mit dem Orden des Vaterländischen Krieges 2. Klasse ausgezeichnet. Nach dem Krieg zog er durch das ganze Land, arbeitete auf Baustellen im hohen Norden und beim Bau der BAM[1] und blieb dann als Rentner in Sibirien. In Ust-Kut.

Obwohl es von Ust-Kut bis Brest viele Tausend Kilometer sind, kam Timerjan Sinatow jedes Jahr in die Festung Brest und brachte den Mitarbeitern des Museums immer eine Torte mit. Alle kannten ihn. Warum er die Festung so oft besuchte? Genau wie seine Regimentskameraden, mit denen er sich hier traf, fühlte er sich nur in der Festung geschützt. Hier bezweifelte nie jemand, dass sie echte Helden waren, keine ausgedachten. In der Festung wagte ihnen niemand ins Gesicht zu sagen: »Wenn ihr nicht gesiegt hättet, würden wir heute bayerisches Bier trinken. Und in Europa leben.« Diese erbärmlichen Perestroika-Anhänger! Wenn sie wüssten – hätten ihre Großväter nicht gesiegt, wären wir ein Land der Dienstmädchen und Schweinehirten geworden. Hitler hat geschrieben, die slawischen Kinder müssten nur bis hundert zählen lernen …

Zum letzten Mal kam Sinatow im September 1992 nach Brest, alles war wie immer: Er traf sich mit seinen Frontkameraden, lief durch die Festung. Natürlich bemerkte er, dass der Besucherstrom deutlich nachgelassen hatte. Es ist inzwischen ja Mode geworden, unsere sowjetische Vergangenheit und ihre Helden zu verleumden.

Dann wurde es Zeit für die Heimreise … Am Freitag verabschiedete er sich von allen und sagte, er werde am Wochenende nach Hause fahren. Niemand hätte gedacht, dass er diesmal in die Festung gekommen war, um für immer hierzubleiben.

Als die Mitarbeiter des Museums am Montag zur Arbeit kamen, erhielten sie einen Anruf von der Staatsanwaltschaft: Ein Verteidiger der Festung Brest, der den blutigen Kessel 1941 überlebt hatte, habe sich unter einen Zug geworfen …

Irgendwer erinnerte sich dann an einen akkurat gekleideten alten Mann mit einem Koffer, der lange auf dem Bahnsteig stand. Er hatte 7000 Rubel bei sich, die er für seine Beerdigung von zu Hause mitgebracht hatte, und einen Brief mit Verwünschungen gegen die Regierung Jelzin–Gaidar – für die bittere Armut, in die sie alle gestürzt habe. Für den Verrat am Großen Sieg. Und mit der Bitte, ihn in der Festung zu begraben.

Aus dem Abschiedsbrief:

»… wäre ich damals im Krieg an meinen Wunden gestorben, hätte ich gewusst: Ich sterbe für die Heimat. Nun aber sterbe ich an diesem Hundeleben. Schreibt das ruhig auf meinen Grabstein. Haltet mich nicht für verrückt …

… Ich möchte lieber stehend sterben als auf Knien um die erbärmliche Unterstützung für mein Alter bitten und bis ans Grab mit ausgestreckter Hand leben! Also, meine Lieben, verurteilt mich nicht zu hart und versetzt Euch in meine Lage. Etwas Geld hinterlasse ich, wenn es nicht gestohlen wird, ich hoffe, es reicht, um mich zu begraben … ein Sarg ist nicht nötig … Was ich anhabe, genügt, aber vergesst nicht, mir den Ausweis des Verteidigers der Festung Brest in die Tasche zu legen – für unsere Nachfahren. Wir waren Helden, aber wir sterben in Armut! Lebt wohl, trauert nicht um einen Tataren, der allein für alle protestiert: ›Ich sterbe, aber ich ergebe mich nicht. Leb wohl, Heimat!‹«

Nach dem Krieg wurde im Keller der Festung eine Inschrift gefunden, die jemand mit einem Bajonett in die Wand gekratzt hatte: »Ich sterbe, aber ich ergebe mich nicht. Leb wohl, Heimat! 22.7.41.« Auf Beschluss des ZK wurde diese Zeile zum Symbol des Heldenmuts des sowjetischen Volkes und seiner Treue zur Sache der KPdSU. Überlebende Verteidiger der Festung erklärten, Autor dieser Inschrift sei ein Schüler der Regimentsschule, der parteilose Tatar Timerjan Sinatow, aber die kommunistischen Ideologen schrieben sie lieber einem gefallenen unbekannten Soldaten zu.

Die Kosten für das Begräbnis übernahm die Stadt. Beerdigt wurde der Held aus dem Fonds für »laufende Unterhaltskosten baulicher Objekte«.

KPRF. Sistemny wsgljad[2]. *Ausgabe 5*

Warum hat sich der alte Soldat Timerjan Sinatow vor einen Zug geworfen? Dazu möchte ich weiter zurückgehen … Zu einem Brief von Viktor Jakowlewitsch Jakowlew aus dem Dorf Leningradskaja im Gebiet Krasnodar an die *Prawda*. Er ist Veteran des Großen Vaterländischen Krieges, hat 1941 Moskau verteidigt und an der Moskauer Parade anlässlich des 55. Jahrestages des Sieges teilgenommen. Eine große Kränkung veranlasste ihn, an die Zeitung zu schreiben.

Vor kurzem war er mit einem Freund (einem ehemaligen Oberst und ebenfalls Kriegsveteran) in Moskau. Aus diesem Anlass trugen beide ihr bestes Jackett mit den Ordensspangen. Müde von dem Tag in der lauten Hauptstadt, wollten sie auf dem Leningrader Bahnhof bis zur Abfahrt des Zuges noch irgendwo sitzen. Es gab nirgends freie Plätze, also gingen sie in einen halbleeren Saal, in dem es »ein

Büfett und weiche Sessel« gab. Sofort kam eine junge Frau auf sie zugelaufen, die Getränke austrug, und wies ihnen grob die Tür: »Hier dürfen Sie nicht rein. Das ist der Business-Saal!« Weiter heißt es in dem Brief: »Ich antwortete hitzig: ›Das ist also nur für Diebe und Spekulanten, nicht für uns? Wie früher in Amerika: Zutritt für Neger und Hunde verboten.‹ Was gab es da noch zu sagen, es war ohnehin alles klar. Wir drehten uns um und gingen. Aber ich sah noch, wie einige dieser sogenannten Geschäftsleute – oder schlicht Gauner – da lachten, fraßen und soffen … Es ist schon vergessen, dass wir hier Blut vergossen haben … Alles haben sie uns weggenommen, diese Schweine, die Tschubaisse[3], Wekselbergs[4] und Grefs[5] … Unser Geld, unsere Ehre. Unsere Vergangenheit und unsere Zukunft. Alles! Und jetzt sollen unsere Enkel als Soldaten ihre Milliarden verteidigen. Ich habe eine Frage: Wofür haben wir gekämpft? Wir haben im Schützengraben gesessen, im Herbst bis zu den Knien im Wasser, im Winter bei grimmigem Frost bis zu den Knien im Schnee, haben monatelang nicht die Kleider gewechselt und nicht wie Menschen geschlafen. Vor Kalinin, vor Jachroma, vor Moskau … Dort gab es keine Trennung zwischen ›Armen‹ und ›Reichen‹ …«

Man kann natürlich einwenden, dass der Veteran unrecht hat – nicht alle Geschäftsleute sind »Diebe und Spekulanten«. Aber betrachten wir unser postsowjetisches Land mal mit seinen Augen … Den Hochmut der neuen Herren des Lebens, ihre Geringschätzung gegenüber den »Gestrigen«, von denen, wie es in den Hochglanzmagazinen heißt, »der Geruch der Armut« ausgeht. Danach riechen nach Meinung der Autoren dieser Medien die Festversammlungen in den großen Sälen am Tag des Sieges, zu denen die Veteranen einmal im Jahr eingeladen werden und wo man ihnen heuchlerische Lobreden hält. In Wirklichkeit braucht sie heute niemand mehr. Naiv sind ihre Ideen von Gerechtigkeit. Und ihre Treue zur sowjetischen Lebensweise …

Zu Beginn seiner Präsidentschaft schwor Jelzin, er werde sich auf die Gleise legen, wenn er eine Senkung des Lebensniveaus des Volkes zuließe. Das Lebensniveau ist nicht bloß gesunken, es ist regelrecht in den Abgrund gestürzt. Doch Jelzin hat sich nicht auf die Gleise gelegt.

Vor einen Zug gelegt hat sich im Herbst 1992 zum Zeichen des Protests der alte Soldat Timerjan Sinatow …

Website der Prawda, *1997*

Beim Totenmahl

Das ist bei uns Brauch: Die Toten in die Erde – die Lebenden an den Tisch. Es sind viele Menschen versammelt, einige kommen von weit her: aus Moskau, aus Kiew, aus Smolensk … Alle mit Orden und Medaillen, wie am Tag des Sieges. Sie reden über den Tod wie über das Leben.

»Auf unseren gefallenen Kameraden! Ein bitterer Schluck.« *(Alle stehen auf.)*

»Möge die Erde ihm leicht sein …«

»Ach, Timerjan … Timerjan Chabulowitsch … Er war gekränkt. Wir alle sind sehr gekränkt. Wir waren an den Sozialismus gewöhnt. An unsere sowjetische Heimat, die UdSSR. Und nun leben wir in verschiedenen Ländern, in einer anderen Gesellschaftsordnung. Unter anderen Fahnen. Nicht mehr unter unserem siegreichen roten Banner … Ich bin mit siebzehn heimlich an die Front gegangen …«

»Unsere Enkel hätten den Großen Vaterländischen Krieg verloren. Sie haben keine Idee, keinen großen Traum.«

»Sie lesen andere Bücher und schauen andere Filme.«

»Du erzählst ihnen was … und für sie sind das alles schon Märchen … Sie stellen Fragen wie: ›Warum sind die Soldaten gestorben, um das Regimentsbanner zu retten? Hätte man nicht einfach ein neues nähen können?‹ Wir haben gekämpft, getötet – und für wen? Für Stalin? Nein, für dich, du Dummkopf!«

»Wir hätten uns ergeben sollen, den Deutschen die Stiefel lecken …«

»Als die Nachricht kam, dass mein Vater gefallen war, hab ich mich sofort an die Front gemeldet.«

»Sie plündern unsere sowjetische Heimat aus … verkaufen sie … Hätten wir gewusst, dass es einmal so kommt, hätten wir uns noch überlegt …«

»Meine Mutter ist im Krieg gestorben, mein Vater schon vorher, an Tuberkulose. Ich bin mit fünfzehn arbeiten gegangen. Im Betrieb bekamen wir ein halbes Brot am Tag, sonst nichts, und was war das für ein Brot – Zellulose und Kleister. Ich fiel vor Hunger in Ohnmacht – einmal … ein zweites Mal … Dann ging ich ins Wehrkomitee: Lasst mich nicht sterben. Schickt mich an die Front. Sie erfüllten mir die Bitte. Alle hatten irre Augen – diejenigen, die an die Front gingen, genau wie diejenigen, die sie verabschiedeten. Wir waren ein ganzer Waggon voller Mädchen. Wir sangen: ›Mädels, dieser Krieg, er tobt schon am Ural, ach Mädels, ist die Jugend schon dahin?‹ An den Bahnstationen blühte der Flieder … manche Mädchen lachten, andere weinten …«

»Wir waren alle für die Perestroika. Für Gorbatschow. Aber nicht für das, was daraus geworden ist …«

»Gorbatsch ist ein Agent …«

»Ich habe nicht verstanden, was Gorbatschow redete … er benutzte lauter unverständliche Wörter, die ich noch nie gehört hatte … Was für ein Bonbon hat er uns versprochen? Aber ich hörte ihm gern zu … Doch er hat sich als schwach erwiesen, hat kampflos den Atomkoffer aufgegeben. Und unsere Kommunistische Partei …«

»Der Russe braucht eine Idee, von der er eine Gänsehaut kriegt und die ihm Schauer über den Rücken jagt.«

»Wir waren ein großes Land …«

»Auf unsere Heimat! Auf den Sieg! Auf ex!« *(Sie stoßen an.)*

»Heute sind Sterne auf den Grabsteinen … Aber ich weiß noch, wie wir unsere Jungs begraben haben … Die Grube irgendwie zugeschüttet, Sand drauf, und schon hieß es: Vorwärts, vorwärts! Und wir rannten weiter. Ins nächste Gefecht. Und wieder eine Grube voller Toter. Wir rückten vor und zurück von Grube zu Grube. Wenn wir Verstärkung geschickt kriegten, waren nach zwei, drei Tagen wieder alle tot. Nur wenige überlebten. Glückspilze! Ende 43 hatten wir dann kämpfen gelernt. Nun konnten wir es richtig. Da fielen dann schon weniger Leute … Damals habe ich Freunde gefunden …«

»Den ganzen Krieg an vorderster Front, und nicht ein Kratzer, nichts! Und ich bin Atheist. Ich bin bis Berlin gekommen … habe die Höhle des Untiers gesehen …«

»Wir zogen in den Kampf mit einem Gewehr für vier Mann. Wenn der erste getötet wurde, nahm der zweite das Gewehr, dann der nächste … Die Deutschen hatten nagelneue Automatikgewehre.«

»Anfangs waren die Deutschen hochmütig. Sie hatten schon ganz Europa erobert. Hatten Paris genommen. Sie dachten, in zwei Monaten würden sie mit der UdSSR fertig werden. Wenn sie verwundet in Gefangenschaft gerieten, spuckten sie unseren Krankenschwestern ins Gesicht. Rissen sich die Verbände herunter. Riefen: ›Heil Hitler!‹ Aber gegen Kriegsende dann: ›Russki, nicht schießen! Hitler kaputt!‹«

»Meine größte Angst war, in Schande zu sterben. Wer feige war und weglief, der wurde vom Kommandeur auf der Stelle erschossen … Das war ganz normal …«

»Nun, wie soll ich sagen … Wir waren ja stalinistisch erzogen: Wir werden den Feind auf seinem Territorium schlagen und ›Von der Taiga bis zum britischen Meer, keiner ist stärker als unser Rotes Heer …‹[6]. Kein Erbarmen mit dem Feind! Die ersten Kriegstage … Das war in meiner Erinnerung ein einziger Albtraum … Wir gerieten in einen Kessel … Jeder fragte sich: Was ist los? Wo ist Stalin? Am Himmel kein einziges sowjetisches Flugzeug … Wir vergruben unsere Partei- und Komsomolausweise und irrten durch die Wälder … Schon gut, genug … Darüber sollten Sie nicht schreiben … *(Er schiebt das Diktiergerät von sich.)* Die Deutschen agitierten, rund um die Uhr dröhnten ihre Lautsprecher: ›Russischer Iwan, ergib dich! Die deutsche Armee garantiert dir Leben und Brot.‹ Ich war bereit, mich zu erschießen. Aber womit! Ich hatte nichts! Keine Patronen … Blutjunge Soldaten … wir waren achtzehn, neunzehn Jahre alt … Die Kommandeure erhängten sich reihenweise. Der eine mit seinem Koppel, der Nächste … ganz verschieden … Sie hingen an den Kiefern … Das war das Ende, verdammt!«

»Heimat oder Tod!«

»Stalin hatte einen Plan – die Familien derjenigen, die sich in Gefangenschaft begeben hatten, sollten nach Sibirien verbannt werden. Drei Millionen Gefangene! Alle kann man nicht verbannen! Dieser blutrünstige Schnauzbart!«

»Das verfluchte Jahr 41 …«

»Red ruhig … jetzt darf man …«

»Ich bin's nicht gewohnt …«

»Auch an der Front hatten wir Angst, offen miteinander zu reden. Vor dem Krieg wurden Leute eingesperrt … und während des Krieges auch. Meine Mutter arbeitete in einer Brotfabrik, und bei einer Kontrolle fand man an ihren Handschuhen Brotkrumen, das galt schon als Sabotage. Sie bekam zehn Jahre Gefängnis. Ich an der Front, Vater an der Front, meine beiden kleinen Geschwister blieben mit der Großmutter allein; sie baten sie: ›Oma, du darfst nicht sterben, bevor Papa und Saschka (das bin ich) aus dem Krieg zurückkommen.‹ Mein Vater ist verschollen.«

»Was sind wir schon für Helden? Uns hat nie jemand wie Helden behandelt. Unsere Kinder haben meine Frau und ich in einer Baracke großgezogen, später zogen wir in eine Gemeinschaftswohnung. Heute bekommen wir nur Kopeken … zum Heulen, von wegen Rente … Im Fernsehen zeigen sie, wie gut die Deutschen leben. Den Besiegten geht es hundertmal besser als den Siegern.«

»Gott weiß nicht, was es heißt, ein kleiner Mensch zu sein.«

»Ich war, bin und bleibe Kommunist! Ohne Stalin und ohne die Partei Stalins hätten wir nicht gesiegt. Scheißdemokratie! Ich habe Angst, meine Kriegsorden anzulegen. ›Du seniler Alter, wo hast du denn gedient? An der Front oder in Gefängnissen und Lagern?‹ So was bekomme ich von jungen Leuten zu hören. Sie trinken Bier und verspotten mich.«

»Ich schlage vor, die Denkmäler für unseren Führer, den großen Stalin, wieder aufzustellen. Sie werden in Hinterhöfen versteckt wie Müll.«

»Stell sie bei dir auf der Datscha auf …«

»Sie wollen den Krieg umschreiben. Sie warten nur, bis wir alle abgekratzt sind.«

»Jetzt sind wir also ›Sowjetikus debilius‹ …«

»Russlands Rettung war seine Größe. Der Ural … Sibirien …«

»Das Schlimmste war der Beginn einer Attacke. Die ersten zehn, die ersten fünf Minuten … Wer als Erster aufstand, hatte keine

Chance zu überleben. Die Kugel findet ihren Weg. Kommunisten, voran!«

»Auf die militärische Macht unserer Heimat!« *(Sie stoßen an.)*

»Also … keiner tötet gern. Es ist unangenehm. Aber man gewöhnt sich daran … man lernt es …«

»Vor Stalingrad bin ich in die Partei eingetreten. Ich schrieb in meinen Antrag: ›Ich möchte in den vordersten Reihen der Verteidiger unserer Heimat stehen … Ich werde mein junges Leben nicht schonen …‹ Bei der Infanterie gab es selten Auszeichnungen. Ich habe eine Medaille – ›Für Tapferkeit‹.«

»Die Kopfverletzungen aus dem Krieg machen mir zu schaffen … Ich bin Invalide, aber noch halte ich durch.«

»Ich erinnere mich: Wir hatten zwei Wlassow-Soldaten[7] gefangen genommen. Einer sagte: ›Ich wollte meinen Vater rächen.‹ Sein Vater war vom NKWD erschossen worden. Ein anderer: ›Ich wollte nicht in einem deutschen Konzentrationslager verrotten.‹ Junge Kerle, in unserem Alter. Wenn man mit einem gesprochen hat, ihm in die Augen gesehen … dann ist es schwer, ihn zu töten … Am nächsten Morgen wurden wir alle in der Sonderabteilung verhört: ›Warum habt ihr euch auf Gespräche mit den Verrätern eingelassen? Warum habt ihr sie nicht gleich erschossen?‹ Ich wollte mich rechtfertigen … Der Vernehmer legte seine Pistole auf den Tisch: ›Du Schwein reißt noch das Maul auf?! Noch ein Wort, und …‹ Für die Wlassow-Soldaten gab es keine Gnade. Panzersoldaten banden sie an ihre Panzer, ließen den Motor an … und fuhren los, in verschiedene Richtungen … Sie wurden in Stücke gerissen … Verräter! Aber waren sie wirklich alle Verräter?«

»Vor der Sonderabteilung hatten alle mehr Angst als vor den Deutschen. Selbst die Generale hatten Angst …«

»Angst … den ganzen Krieg hindurch hatte man Angst …«

»Aber wenn Stalin nicht gewesen wäre … Ohne eine eiserne Hand hätte Russland nicht überlebt …«

»Ich habe nicht für Stalin gekämpft, ich habe für die Heimat gekämpft. Ich schwöre bei meinen Kindern und Enkeln, ich habe nie gehört, dass jemand gerufen hätte ›Für Stalin!‹«

»Ohne den Soldaten kann man keinen Krieg gewinnen.«

»Verdammt …«

»Fürchten muss man nur Gott. Er ist der Richter.«

»Wenn es den lieben Gott gibt …«

(Ein unsicherer Chor:) »Wir hoffen auf den einen Sieg nur, dafür ist uns kein Preis zu hoch …«[8]

Geschichte eines Mannes

Das ganze Leben lang – Hände an die Hosennaht! Keinen Mucks hab ich gewagt. Jetzt will ich reden …

Als Kind … Solange ich denken kann … da hatte ich immer Angst, meinen Vater zu verlieren … Die Väter wurden nachts abgeholt, und sie verschwanden im Nichts. So verschwand der Bruder meiner Mutter, mein Onkel Felix. Er war Musiker. Verhaftet wurde er wegen einer Dummheit … einer Bagatelle … Er hatte im Laden laut zu seiner Frau gesagt: »Nun haben wir schon zwanzig Jahre Sowjetmacht, aber anständige Hosen gibt es noch immer nicht zu kaufen.« Heute liest man oft, alle seien dagegen gewesen … Aber ich sage Ihnen – das Volk hat die Verhaftungen unterstützt. Nehmen wir meine Mutter … Ihr Bruder saß, doch sie sagte: »Das mit unserem Felix ist ein

Irrtum. Das wird bestimmt bald geklärt. Aber Verhaftungen müssen sein, bei den vielen schlimmen Dingen um uns herum.« Das Volk hat das unterstützt ... Der Krieg! Nach dem Krieg wagte ich kaum, mich an den Krieg zu erinnern ... An meinen Krieg ... Ich wollte in die Partei eintreten, wurde aber nicht genommen: »Was bist du für ein Kommunist, wenn du im Ghetto warst?« Ich habe geschwiegen ... immer geschwiegen ... In unserer Partisaneneinheit gab es ein junges Mädchen, Rosotschka, ein hübsches jüdisches Mädchen, sie schleppte ständig Bücher mit sich herum. Sechzehn war sie. Die Kommandeure schliefen reihum mit ihr ... »Ihre Haare da unten sind noch wie bei einem Kind ... Haha ...« Rosotschka wurde schwanger ... Sie führten sie ein Stück tiefer in den Wald und erschossen sie wie einen Hund. Kinder wurden öfter geboren, klar, der ganze Wald war voller gesunder Kerle. Die übliche Praxis war: Gleich nach der Geburt wurde das Kind ins nächste Dorf gebracht. In den nächsten Weiler. Aber wer würde schon ein jüdisches Kind nehmen? Juden durften keine Kinder bekommen. Als ich von einem Auftrag zurückkehrte, fragte ich: »Wo ist Rosotschka?« »Was kümmert's dich? Ist die eine weg, findet sich eine andere.« Hunderte Juden, die aus den Ghettos geflohen waren, irrten durch die Wälder. Die Bauern machten Jagd auf sie und lieferten sie an die Deutschen aus, für ein Pud Mehl, für ein Kilo Zucker. Schreiben Sie das auf ... ich habe so lange geschwiegen ... Der Jude hat sein Leben lang vor irgendetwas Angst. Egal, wo ein Stein hinfällt, er trifft immer einen Juden.

Wir hatten es nicht geschafft, das brennende Minsk zu verlassen – wegen meiner Großmutter. Großmutter hatte 1918 die Deutschen erlebt und redete uns allen ein, die Deutschen seien eine kultivierte Nation und würden friedlichen Einwohnern nichts tun. Bei ihnen zu Hause sei ein deutscher Offizier einquartiert gewesen, der hätte jeden Abend Klavier gespielt. Und meine Mutter schwankte – weggehen oder nicht? Wegen dieses Klaviers natürlich ... So verloren wir viel Zeit. Deutsche auf Motorrädern kamen in die Stadt. Leute in bestickten Hemden begrüßten sie mit Brot und Salz. Voller Freude. Viele glaubten: Jetzt sind die Deutschen da, nun beginnt ein normales Leben. Viele hassten Stalin und verbargen das nun nicht mehr. In den ersten Kriegstagen gab es so viel Neues und Unverständliches …

Das Wort »Jidd« hörte ich in den ersten Kriegstagen … Unsere Nachbarn klopften an unsere Tür und riefen: »He, ihr Jidden, jetzt ist es aus mit euch! Für Christus werdet ihr büßen!« Ich war ein sowjetischer Junge, hatte gerade die fünfte Klasse abgeschlossen, ich war zwölf Jahre alt. Ich verstand nicht, was sie da sagten. Warum redeten sie so? Ich verstehe es auch jetzt nicht … Unsere Familie war gemischt, Vater war Jude, Mutter Russin. Wir feierten Ostern, aber auf eine besondere Weise: Mutter sagte, das sei der Geburtstag eines guten Menschen. Und buk einen Kuchen. Und zu Pessach (als Gott sich der Juden erbarmte) brachte Vater von Großmutter Matzen mit. Aber zu der Zeit wurde darüber nicht offen gesprochen … man musste schweigen …

Meine Mutter nähte uns gelbe Sterne an … Mehrere Tage lang konnte keiner von uns aus dem Haus gehen. Aus Scham … So alt, wie ich bin, erinnere ich mich noch immer an dieses Gefühl … Wie ich mich geschämt habe … Überall in der Stadt lagen Flugblätter herum: »Liquidiert die Kommissare und die Juden!« »Befreit Russland von der jüdisch-bolschewistischen Macht!«. Ein solches Flugblatt schob uns jemand unter die Tür … Bald … ja … Bald kamen Gerüchte auf: Die amerikanischen Juden sammelten Gold, um alle Juden freizukaufen und nach Amerika zu bringen. Die Deutschen liebten die Ordnung und könnten die Juden nicht leiden, darum müssten die Juden für die Dauer des Krieges ins Ghetto … Die Menschen suchten einen Sinn in dem, was vorging … irgendeinen roten Faden … Selbst die Hölle möchte der Mensch verstehen. Ich erinnere mich … Ich erinnere mich gut an unseren Umzug ins Ghetto. Tausende Juden liefen durch die Stadt … mit Kindern, mit Kissen … Ich nahm, das ist zum Lachen, ich nahm meine Schmetterlingssammlung mit. Heute ist das zum Lachen … Die Minsker kamen herausgelaufen: Manche schauten uns neugierig an, andere schadenfroh, aber einige weinten auch. Ich blickte mich kaum um, ich fürchtete, einen der Jungen zu sehen, die ich kannte. Ich schämte mich … ich erinnere mich an ein ständiges Gefühl der Scham …

Meine Mutter nahm ihren Ehering ab, wickelte ihn in ein Taschentuch und sagte mir, wohin ich gehen sollte … In der Nacht kroch ich unterm Stacheldrahtzaun hindurch … An der verabredeten Stelle erwartete mich eine Frau, ich gab ihr den Ring und bekam dafür Mehl. Am Morgen sahen wir, dass ich statt Mehl Kreide gebracht hatte. Schlemmkreide. So ging Mutters Ring weg. Weitere Wertsachen besaßen wir nicht … Wir hungerten … Vor dem Ghetto standen immer Bauern mit großen Säcken. Tag und Nacht. Sie warteten auf den nächsten Pogrom. Wenn Juden zur Erschießung fortgebracht wurden, ließ man die Bauern herein, und sie plünderten die verlassenen Häuser. Die Polizisten suchten nach Wertsachen, die Bauern packten alles ein, was sie fanden. »Ihr braucht sowieso nichts mehr«, sagten sie zu uns.

Einmal wurde es im Ghetto plötzlich still wie vor einem Pogrom. Aber es fiel kein einziger Schuss. An diesem Tag wurde nicht geschossen … Autos … viele Autos … Aus den Autos stiegen Kinder in guten Anzügen und Schuhen, Frauen mit weißen Schürzen, Männer mit teuren Koffern. Schicke Koffer waren das! Alle diese Leute sprachen deutsch. Die Begleitmannschaften und Wachsoldaten waren verwirrt, besonders die Polizisten, sie brüllten nicht, schlugen niemanden mit Knüppeln und ließen ihre knurrenden Hunde nicht von der Leine. Ein eigenartiges Schauspiel … Theater … eine Theatervorstellung … Noch am selben Tag erfuhren wir, dass dies Juden aus Europa waren. Sie hießen bald »Hamburger« Juden, denn die meisten von ihnen kamen aus Hamburg. Sie waren diszipliniert und gehorsam. Sie tricksten nicht, betrogen die Wachen nicht, verkrochen sich nicht in Geheimverstecken … sie waren zum Untergang verurteilt … Uns behandelten sie von oben herab. Wir waren arm, schlecht gekleidet. Wir waren anders … sprachen nicht deutsch …

Sie wurden alle erschossen. Zehntausende »Hamburger« Juden …

An diesen Tag erinnere ich mich kaum … es ist alles wie im Nebel … Wie wurden wir aus dem Haus getrieben? Wie transportiert? Ich erinnere mich an ein großes Feld am Waldrand … Die kräftigsten Männer wurden ausgewählt und mussten zwei Gruben ausheben. Tiefe Gruben. Und wir standen einfach da und warteten. Zuerst warfen sie die kleinen Kinder in die eine Grube ... und schaufelten sie zu ... Die Eltern weinten nicht und flehten nicht. Es war ganz still. Sie werden fragen – warum? Ich habe darüber nachgedacht ... Wenn ein Mensch von einem Wolf angefallen wird, fleht er auch nicht und bittet, ihn am Leben zu lassen. Oder von einem wilden Eber ... Die Deutschen schaufelten die Grube zu und lachten, warfen Bonbons hinein. Die Polizisten waren stockbetrunken ... sie hatten die Taschen voller Uhren ... Nachdem sie die Kinder eingegraben hatten ... befahlen sie den anderen, in die zweite Grube zu springen. Wir standen da – meine Mutter, mein Vater, meine kleine Schwester und ich. Irgendwann waren wir an der Reihe ... Der Deutsche, der das Kommando hatte, sah, dass meine Mutter Russin war, und winkte ihr: »Du kannst gehen.« Vater rief ihr zu: »Lauf!« Aber Mutter klammerte sich an Vater und an mich. »Ich bleibe bei euch.« Wir stießen sie weg ... baten sie, zu gehen ... Meine Mutter sprang als Erste in die Grube ...

Das ist alles, woran ich mich erinnere ... Ich kam zu mir, als jemand mit etwas Scharfem heftig gegen mein Bein stieß. Vor Schmerz schrie ich auf. Ich hörte jemanden flüstern: »Hier lebt noch einer.« Männer wühlten mit Spaten in der Grube und zogen den Toten Stiefel und Schuhe aus ... überhaupt alles, was man ihnen noch ausziehen konnte ... Sie halfen mir, hinauszuklettern. Ich setzte mich an den Rand der Grube und wartete ... wartete ... Es regnete. Die Erde war ganz warm. Die Männer gaben mir ein Stück Brot. »Lauf weg, Judenbengel. Vielleicht kannst du dich retten.«

Das Dorf war leer ... Kein Mensch mehr, aber die Häuser unversehrt. Ich hatte Hunger, aber es war niemand da, den ich um etwas bitten konnte. Ganz allein lief ich da herum. Auf dem Weg lag mal ein Gummischuh, mal ein Paar Galoschen ... ein Kopftuch ... Hinter der Kirche entdeckte ich verkohlte Menschen. Schwarze Leichen. Es roch nach Benzin und nach Verbranntem ... Ich lief zurück in den Wald. Ernährte mich von Pilzen und Beeren. Einmal traf ich einen alten Mann, der Brennholz hackte. Der Alte gab mir zwei Eier. »Geh nicht ins Dorf«, warnte er mich. »Sonst fesseln dich die Männer und bringen dich in die Kommandantur. Vor kurzem haben sie zwei Jiddenmädchen gefangen.«

Einmal war ich eingeschlafen und erwachte von einem Schuss über mir. Ich sprang auf. Deutsche? Es waren junge Burschen auf Pferden. Partisanen! Sie lachten und stritten: »Was sollen wir mit dem Judenbengel? Komm, wir ...« »Lass das den Kommandeur entscheiden.« Sie brachten mich in ihre Einheit und sperrten mich in eine Erdhütte. Stellten einen Wachposten davor ... Dann holten sie mich zum Verhör. »Wie bist du in das Gebiet unserer Einheit gelangt? Wer hat dich geschickt?« »Niemand hat mich geschickt. Ich bin aus einer Erschießungsgrube gekrochen.« »Vielleicht bist du ja ein Spion?« Sie schlugen mir zweimal ins Gesicht und warfen mich wieder in die Erdhütte. Gegen Abend stießen sie noch zwei junge Männer hinein, sie waren ebenfalls Juden und trugen gute Lederjacken. Von ihnen erfuhr ich, dass die Einheit keine Juden ohne Waffe aufnahm. Wenn man keine Waffe besaß, musste man Gold mitbringen. Irgendwas aus Gold. Die beiden hatten eine goldene Uhr dabei und ein Zigarettenetui, das haben sie mir gezeigt, und verlangten ein Gespräch mit dem Kommandeur. Sie wurden bald hinausgeführt. Ich habe sie nie wiedergesehen ... Das goldene Zigarettenetui sah ich später beim Kommandeur ... auch eine Lederjacke ... Mich rettete ein Bekannter meines Vaters, Onkel Jascha. Er war Schuster, und Schuster wurden in der Einheit sehr geschätzt, genau wie Ärzte. Ich wurde sein Gehilfe ...

Onkel Jaschas erster Rat war: »Nimm einen anderen Familiennamen an.« Ich heiße Friedman ... Und wurde Lomeiko ... Sein zweiter Rat: »Halt schön den Mund. Sonst kriegst du eine Kugel in den Rücken. Für einen Juden muss sich niemand verantworten.« Genauso war es ... Der Krieg, das ist ein Sumpf, man gerät leicht hinein und kommt schwer wieder raus. Ein anderes jüdisches Sprichwort sagt: Bei starkem Wind kommt vor allem der Unrat hoch. Die nazistische Propaganda hatte alle angesteckt, die Partisanen waren antisemitisch eingestellt. Wir waren elf Juden in der Einheit ... dann fünf ... Wir mussten uns Dinge anhören wie: »Was seid ihr schon für Kämpfer? Ihr lasst euch wie die Schafe zur Schlachtbank führen ...« »Jidden sind feige ...« Ich schwieg dazu. Ich hatte einen Freund, das war ein mutiger Junge ... David Grinberg ... er schwieg nicht. Er stritt mit ihnen. Er wurde mit einem Schuss in den Rücken getötet. Ich weiß, wer das getan hat. Derjenige ist heute ein Held – läuft mit Orden herum. Ein großer Held! Zwei Juden wurden erschossen, weil sie angeblich auf Wachposten geschlafen hatten ... Ein anderer, weil er eine nagelneue Parabellum besaß ... aus Neid ... Aber wohin sollte ich fliehen? Ins Ghetto? Ich wollte die Heimat verteidigen ... Rache nehmen für meine Familie ... Und die Heimat? Die Partisanenkommandeure hatten geheime Order aus Moskau, Juden nicht zu trauen, sie nicht in ihre Einheiten aufzunehmen, sie zu vernichten. Wir galten als Verräter. Heute wissen wir das, dank der Perestroika.

Der Mensch tut einem leid ... Und die Pferde, wie die sterben? Ein Pferd verkriecht sich nicht wie andere Tiere – ein Hund, eine Katze, selbst eine Kuh läuft weg, ein Pferd aber steht da und wartet, bis es getötet wird. Ein schlimmer Anblick ... Im Film stürmen die Kavalleristen mit Geschrei voran und schwingen den Säbel. Blödsinn! Spinnerei! In unserer Einheit hatten wir eine Zeitlang einen Reitertrupp, der wurde schnell wieder aufgelöst. Pferde können nicht über Schneewehen laufen, schon gar nicht galoppieren, sie bleiben darin stecken, die Deutschen aber hatten Motorräder, mit zwei oder drei Rädern, im Winter schnallten sie Skier darunter. Damit fuhren sie herum und knallten lachend unsere Pferde samt Reitern ab. Schöne Pferde verschonten sie manchmal, vermutlich kamen viele von ihnen vom Land ...

Wir hatten den Befehl, die Hütte eines Polizisten niederzubrennen ... Mit der ganzen Familie ... Es war eine große Familie: Frau, drei Kinder, Großvater und Großmutter. In der Nacht wurde die Hütte umstellt ... die Tür vernagelt ... Die Hütte mit Benzin übergossen und angezündet. Da drinnen schrien und heulten sie. Ein Junge versuchte, durchs Fenster rauszukriechen ... Ein Partisan wollte ihn erschießen, aber ein anderer hinderte ihn daran. Er warf den Jungen zurück ins Feuer. Ich war vierzehn Jahre alt ... Ich verstand nichts ... Alles, was ich tun konnte, war, das nicht zu vergessen. Und nun habe ich es erzählt ... Ich mag das Wort »Held« nicht ... im Krieg gibt es keine Helden ... Wenn jemand ein Gewehr in die Hand nimmt, ist er kein guter Mensch mehr. Das kann er nicht mehr sein.

Ich erinnere mich an einen Kessel … Die Deutschen wollten ihr Hinterland säubern und schickten SS-Divisionen gegen die Partisanen. Sie warfen Fallschirme mit Lampions ab und bombardierten uns Tag und Nacht. Danach beschossen sie uns mit Minenwerfern. Unsere Einheit zog sich in kleinen Gruppen zurück, Verwundete wurden mitgenommen, aber man verband ihnen den Mund, und Pferde bekamen spezielle Maulkörbe umgeschnallt. Wir ließen alles stehen und liegen, auch die Haustiere, aber sie liefen uns hinterher. Kühe, Schafe … Wir mussten sie erschießen … Die Deutschen kamen immer näher, so nahe, dass wir schon ihre Stimmen hörten … ihre Zigaretten rochen … Jeder von uns hielt eine letzte Patrone bereit … Aber zum Sterben ist es nie zu spät. In der Nacht … wir waren nur noch drei in der Gruppe … da schlitzten wir toten Pferden den Bauch auf, warfen alle Eingeweide heraus und krochen selbst hinein. Zwei Tage verbrachten wir so, wir hörten die Deutschen hin und her laufen. Und schießen. Schließlich herrschte vollkommene Stille. Da krochen wir heraus: Voller Blut, voller Därme … voller Scheiße … Halb von Sinnen. Es war Nacht … der Mond schien …

Auch die Vögel, sage ich Ihnen, auch die Vögel halfen uns … Wenn die Elster einen fremden Menschen hört, schreit sie. Gibt ein Signal. An uns waren sie gewöhnt, aber die Deutschen rochen anders: Sie hatten Eau de Cologne, duftende Seife, Zigaretten, Mäntel aus gutem Soldatentuch … und gut gewichste Stiefel … Wir hatten selbstangebauten Tabak, Lumpen und Schuhe aus Ochsenleder, die wir mit Riemen festbanden. Sie hatten wollenes Unterzeug … Wir zogen die Toten bis auf die Unterhosen aus! Hunde nagten an ihren Gesichtern, an ihren Händen. Selbst die Tiere wurden in den Krieg hineingezogen …

Viel Zeit ist seitdem vergangen … ein halbes Jahrhundert … Aber sie kann ich nicht vergessen … diese Frau … Sie hatte zwei Kinder. Kleine Kinder. Sie hatte in ihrem Keller einen verwundeten Partisan versteckt. Irgendwer hat sie denunziert … Die Familie wurde mitten im Dorf erhängt. Die Kinder zuerst … Wie sie geschrien hat! So schreit kein Mensch … so schreien Tiere … Muss ein Mensch solche Opfer bringen? Ich weiß es nicht. *(Er schweigt.)* Heute schreiben

Leute über den Krieg, die ihn nie erlebt haben. Ich lese das nicht … Nehmen Sie es mir nicht übel, aber ich lese das nicht …

Dann wurde Minsk befreit … Da war der Krieg für mich zu Ende, die Armee wollte mich wegen meines Alters nicht nehmen. Ich war fünfzehn. Wo sollte ich leben? In unserer Wohnung hatten sich andere Leute niedergelassen. Sie jagten mich davon: »Verdammter Jidd …« Nichts wollten sie wieder rausrücken, weder die Wohnung noch unsere Sachen. Sie hatten sich an den Gedanken gewöhnt, dass die Juden nie mehr zurückkommen würden …

(Ein unsicherer Chor:) »Das Öfchen im Unterstand brennt – eine Träne das Harz auf dem Scheit. Die Harmonika singt mir ein Lied, das von dir spricht, von deinem Gesicht …«[9]

»Nach dem Krieg waren die Menschen nicht mehr die gleichen. Ich selbst bin verbittert heimgekehrt.«

»Stalin mochte unsere Generation nicht. Er hasste sie. Weil wir die Freiheit gespürt hatten. Der Krieg, das war für uns Freiheit! Wir waren in Europa gewesen, hatten gesehen, wie die Menschen dort lebten. Ich kam auf dem Weg zur Arbeit immer am Stalin-Denkmal vorbei, und jedes Mal brach mir der kalte Schweiß aus: Wenn er nun erfährt, was ich denke?«

»›Zurück! In den Stall!‹ – hieß es. Und wir gehorchten.«

»Die Scheißdemokraten! Haben alles zerstört … wir stecken in der Scheiße …«

»Ich habe alles vergessen … die Liebe habe ich vergessen … Aber an den Krieg erinnere ich mich …«

»Zwei Jahre bei den Partisanen. Im Wald. Nach dem Krieg konnte ich sieben … acht Jahre lang keinen Mann sehen. Ich hatte genug gesehen! Ich war völlig apathisch. Ich fuhr mit meiner Schwester in ein

Ferienheim … Männer flirteten mit uns, sie tanzte, aber ich wollte meine Ruhe. Ich habe spät geheiratet. Mein Mann war fünf Jahre jünger als ich. Er war wie ein unschuldiges Mädchen.«

»Ich ging an die Front, weil ich alles glaubte, was in der *Prawda* stand. Ich habe geschossen. Ich wollte töten – wollte es leidenschaftlich! Töten! Früher wollte ich das alles vergessen, nun vergesse ich es ganz von selbst. An eines erinnere ich mich: dass der Tod im Krieg anders riecht … Mord hat einen besonderen Geruch … Wenn nicht viele Tote daliegen, sondern nur ein einzelner, überlegt man: Wer ist er? Woher kommt er? Irgendwer wartet doch bestimmt auf ihn …«

»Bei Warschau … Eine alte Polin brachte mir Sachen ihres Mannes. ›Zieh alles aus. Ich wasche es dir. Ihr seid so schmutzig und so dünn. Wie konntet ihr siegen?‹ Ja – wie konnten wir siegen?«

»Na, na, lass mal die Lyrik beiseite …«

»Wir haben gesiegt, ja. Aber unser großer Sieg hat unser Land nicht groß gemacht.«

»Ich werde als Kommunist sterben. Die Perestroika ist eine Operation der CIA zur Vernichtung der UdSSR.«

»Was ist mir in Erinnerung geblieben? Das Verletzendste war, dass die Deutschen uns verachteten. Wie wir lebten … unsere Lebensbedingungen … Hitler nannte die Slawen Kaninchen …«

»Die Deutschen kamen in unser Dorf. Es war Frühling. Am nächsten Tag legten sie ein Blumenbeet an und bauten eine Toilette. Daran erinnern sich die alten Leute noch heute … dass die Deutschen Blumen pflanzten …«

»In Deutschland … Wir gingen in die Häuser und sahen: in den Schränken solide Kleidung und Wäsche, Nippes. Berge von Geschirr.

Dabei hatte man uns vor dem Krieg erzählt, sie würden unter dem Kapitalismus leiden. Wir schauten und schwiegen. Wehe, du lobst ein deutsches Feuerzeug oder ein Fahrrad. Dann wanderst du ein – Paragraph 58, antisowjetische Propaganda. Irgendwann ... Da durften wir Pakete nach Hause schicken: ein General fünfzehn Kilo, ein Offizier zehn, ein Soldat fünf Kilo. Die Post brach fast zusammen. Meine Mutter schrieb: ›Schick uns keine Pakete. Wegen deiner Pakete werden wir noch umgebracht.‹ Ich hatte ihnen Feuerzeuge geschickt, Uhren, ein Stück Seide ... Und dicke Schokoladenriegel ... sie dachten, das wäre Seife ...«

»Es gab keine Deutsche zwischen zehn und achtzig, die wir nicht gefickt hätten! Alle, die dort 1946 geboren wurden, sind ›russisches Volk‹.«

»Der Krieg rechtfertigt alles ... ja, das hat er ...«

»Und dann war er da, der Sieg! Der Sieg! Den ganzen Krieg über hatten sich die Leute ausgemalt, wie schön das Leben nach dem Krieg sein würde. Zwei, drei Tage lang wurde gefeiert. Aber dann wollte man etwas zu essen haben, etwas zum Anziehen. Wollte leben. Aber es gab nichts. Alle liefen in deutscher Uniform herum. Erwachsene wie Kinder. Die Sachen wurden immer wieder umgearbeitet. Brot gab es nur auf Karten, die Schlangen waren kilometerlang. Verbitterung hing in der Luft. Man konnte einfach so getötet werden.«

»Ich erinnere mich ... den ganzen Tag ein Gepolter ... Invaliden fuhren auf selbstgebastelten Wägelchen auf Kugellagern herum. Rollten über die gepflasterten Straßen. Sie lebten in Kellern und Souterrains. Tranken, wälzten sich im Straßengraben. Bettelten. Tauschten ihre Orden gegen Wodka. Sie kamen zur Brotschlange gefahren und bettelten um Geld für Brot. In der Schlange standen nur erschöpfte Frauen. ›Du lebst noch. Mein Mann liegt im Grab.‹ Sie verscheuchten die Invaliden. Als es allen ein wenig besser ging, wurden die Invaliden noch mehr verachtet. Niemand wollte an den Krieg zurückdenken.

Alle waren mit dem Leben beschäftigt, nicht mehr mit dem Krieg. Eines Tages wurden sämtliche Invaliden aus der Stadt geschafft. Milizionäre fingen sie ein und warfen sie auf Autos wie Ferkel. Ein Gebrüll … ein Gefluche … ein Gekreisch …«

»Bei uns in der Stadt gab es ein Heim für Invaliden. Junge Männer ohne Arme, ohne Beine. Allesamt mit Orden. Man durfte sie zu sich nehmen … ganz offiziell … Die Weiber sehnten sich nach männlicher Zärtlichkeit und rissen sich darum, jemanden zu sich zu nehmen – mit Bollerwagen und Kinderwagen holten sie sich Invaliden nach Hause. Sie wünschten sich, dass es in ihrem Haus nach Mann roch, dass wieder ein Männerhemd auf der Leine hing. Schon bald brachten sie die Invaliden wieder zurück … Das war schließlich kein Spielzeug … und kein Film … Versuch mal, dieses Stück Mann zu lieben. Der böse ist und gekränkt – weil er weiß, dass er verraten wurde.«

»Dieser Tag des Sieges …«[10]

Geschichte einer Frau

Ich will von meiner Liebe erzählen … Die Deutschen kamen mit großen Autos in unser Dorf, man sah nur oben die Helme blitzen. Junge, fröhliche Burschen. Haben mit den Mädels geschäkert. In der ersten Zeit haben sie alles bezahlt: ein Huhn, Eier. Wenn ich das erzähle, glaubt mir niemand. Aber das ist die reine Wahrheit! Sie haben mit deutscher Mark bezahlt … Was scherte mich der Krieg? Ich hatte meine Liebe! Ich hatte nur eines im Kopf: Wann sehe ich ihn wieder? Er kam, setzte sich auf die Bank und schaute mich immerzu an. Lächelte. »Warum lächelst du?« »Nur so.« Vor dem Krieg waren wir zusammen zur Schule gegangen. Sein Vater war an Tuberkulose gestorben, und sein Großvater war entkulakisiert und mit der ganzen Familie nach Sibirien verbannt worden. Er erzählte oft, wie seine Mutter ihn als Mädchen verkleidet und ihm eingeschärft hatte:

Wenn sie abgeholt werden sollten, solle er zur Bahnstation laufen, in einen Zug steigen und wegfahren. Iwan hieß er … Mich nannte er »meine Ljubotschka« … Nur so … Unser Glück stand unter keinem guten Stern. Die Deutschen kamen, und bald kehrte sein Großvater zurück, voller Zorn natürlich. Ganz allein. Seine gesamte Familie hatte er in der Fremde begraben. Er erzählte, wie man sie über die sibirischen Flüsse transportiert hatte. Und irgendwo in der Taiga abgeladen. Für zwanzig, dreißig Leute bekamen sie eine Säge und eine Axt. Sie aßen Blätter … kauten Baumrinde … Der Großvater hasste die Kommunisten! Lenin und Stalin! Vom ersten Tag an nahm er Rache. Er zeigte den Deutschen: Der da ist Kommunist … und der … Diese Männer wurden abgeholt … Ich habe den Krieg lange nicht verstanden …

Wir wuschen am Fluss zusammen ein Pferd. Die Sonne schien! Wir trockneten zusammen Heu, und das duftete so … Früher hatte ich das nicht gekannt – hatte nicht so empfunden … Ohne die Liebe war ich ein einfaches Mädchen gewesen, ein ganz gewöhnliches Mädchen – bis ich die Liebe kennenlernte. Ich hatte einen prophetischen Traum … Unser Fluss ist nicht groß, doch ich bin darin am Ertrinken, die Unterwasserströmung zieht mich hinab, ich bin schon unter Wasser. Dann hebt mich irgendwer hoch, ich weiß nicht, wie, stößt mich hinauf, aber merkwürdigerweise habe ich nichts an. Ich schwimme ans Ufer. Es ist Nacht oder schon Morgen. Am Ufer stehen Leute, unser ganzes Dorf. Ich steige aus dem Wasser – nackt, vollkommen nackt …

In einem Haus gab es ein Grammophon. Dort versammelte sich die Jugend. Zum Tanzen. Und zum Wahrsagen, welcher Bräutigam einem bestimmt war – zum Wahrsagen nahmen wir den Psalter, Harz … Bohnen … Das Harz musste das Mädchen selbst aus dem Wald holen, unbedingt von einer alten Kiefer, ein junger Baum taugt nicht, der hat noch kein Gedächtnis. Keine Kraft. Das ist wahr … Ich glaube noch heute daran … Die Bohnen wurden auf Haufen geworfen und gezählt – gerade oder ungerade. Ich war achtzehn Jahre alt … Und dann, ja … In den Büchern steht davon nichts … Unter den Deutschen ging es uns besser als unter den Sowjets. Die Deutschen öffneten die Kirchen. Lösten den Kolchos auf und teilten den Boden auf – zwei Hektar pro Person, ein Pferd für je zwei Familien. Sie führten strenge Abgaben ein: Im Herbst lieferten wir Getreide, Erbsen und Kartoffeln ab und einen Eber je Hof. Doch auch für uns blieb genug übrig. Alle waren zufrieden. Unter den Sowjets hatten wir Not gelitten. Der Brigadier hatte in seinem Heft Häkchen gemacht – für die geleisteten Arbeitseinheiten. Im Herbst gab es für diese Arbeitseinheiten so gut wie nichts! Nun aber hatten wir Fleisch und Butter. Ein ganz anderes Leben! Die Leute freuten sich, dass sie nun frei waren. Es herrschte deutsche Ordnung … Wer sein Pferd nicht gefüttert hatte, bekam Schläge mit der Knute. Oder wer vor seinem Hof nicht gekehrt hatte … Ich erinnere mich, was so geredet wurde: Wir haben uns an die Kommunisten gewöhnt, wir werden uns auch an die Deutschen gewöhnen. Wir werden lernen, deutsch zu leben. So war das … In der Erinnerung ist das alles noch lebendig … Nachts hatten wir Angst vor den »Waldleuten«, die kamen ohne Einladung ins Haus. Einmal erschienen sie auch bei uns: Der eine hatte eine Axt, ein anderer eine Heugabel: »Speck her, Mutter. Und Selbstgebrannten. Und mach keinen Lärm.« Ich erzähle Ihnen, wie es wirklich war, nicht, wie es in den Büchern steht. Die Partisanen waren in der ersten Zeit nicht beliebt …

Der Tag der Hochzeit wurde festgesetzt … Nach dem Erntefest. Wenn die Feldarbeiten beendet sind und die Frauen Blumen um die letzte Garbe winden … *(Sie schweigt.)* Das Gedächtnis lässt nach, aber das Herz erinnert sich an alles … am Nachmittag fing es an zu regnen. Alle rannten vom Feld nach Hause, auch meine Mutter. Sie weinte. »Mein Gott! Mein Gott! Dein Iwan hat sich zur Polizei gemeldet. Du wirst die Frau eines Polizisten sein.« »Nei-i-in!« Wir weinten beide. Am Abend kam Iwan, setzte sich und schaute mich nicht an. »Iwan, mein Lieber, hast du denn nicht an uns gedacht?« »Ljubka … meine Ljubotschka …« Sein Großvater hatte ihn dazu gezwungen. Der alte Teufel! Er hatte gedroht: »Wenn du nicht Polizist wirst, gehst du nach Deutschland. Dann siehst du deine Ljubotschka nie wieder! Vergiss sie!« Der Großvater wünschte sich … Er hätte gern eine Deutsche als Schwiegertochter gehabt … Die Deutschen zeigten Filme über Deutschland, wie schön das Leben dort war. Viele junge Mädchen und Burschen glaubten das. Und gingen fort. Vor ihrer Abreise gab es immer ein Fest. Eine Blaskapelle spielte. In feinen Schuhen stiegen sie in den Zug … *(Sie holt Tabletten aus ihrer Handtasche.)* Es steht schlecht um mich … Die Ärzte sagen, die Medizin sei machtlos … Ich werde bald sterben … *(Sie schweigt.)* Ich möchte, dass meine Liebe bleibt. Wenn ich nicht mehr bin, sollen die Menschen wenigstens davon lesen …

Ringsum herrschte Krieg, aber wir waren glücklich. Ein Jahr lebten wir zusammen als Mann und Frau. Ich war schwanger. Ganz in unserer Nähe war die Bahnstation. Oft fuhren deutsche Züge an die Front durch, lauter junge, fröhliche Soldaten. Sie sangen lauthals. Wenn sie mich sahen, riefen sie: »Mädchen! Kleines Mädchen!« Und lachten. Dann wurden es weniger Junge, mehr Ältere. Die Jungen waren alle fröhlich gewesen, die Älteren waren traurig. Die Fröhlichkeit war vorbei. Die sowjetische Armee begann zu siegen. »Iwan«, fragte ich, »was wird aus uns?« »Ich habe kein Blut an den Händen. Ich habe nie auf einen Menschen geschossen.« *(Sie schweigt.)* Meine Kinder wissen das alles nicht, ich habe es ihnen nie erzählt. Vielleicht, wenn es zu Ende geht … vor meinem Tod … Ich sage nur eines: Die Liebe ist Gift …

Zwei Häuser weiter wohnte ein Bursche, dem ich auch gefiel, beim Tanz forderte er mich immer auf. Er tanzte nur mit mir. »Ich bringe dich nach Hause.« »Ich habe schon einen Begleiter.« Ein hübscher Kerl … Er ist in den Wald gegangen. Zu den Partisanen. Es hieß, irgendwer habe gesehen, dass er eine Mütze mit einem roten Band trug. Eines Nachts klopfte es an die Tür. »Wer da?« »Partisanen.« Herein kommen dieser Bursche und noch jemand, ein älterer Mann. Mein Kavalier sagt: »Na, wie geht's dir, Polizeifrauchen? Ich wollte dich schon lange mal besuchen. Wo ist denn dein Mann?« »Woher soll ich das wissen? Er ist heute nicht gekommen. Ist wohl in der Garnison geblieben.« Da packte er mich am Arm und schleuderte mich gegen die Wand: deutsches Püppchen … Matratze … als Nutte beschimpft hat er mich und schlimmer … Einen deutschen Lakaien hätte ich genommen, aber ihm gegenüber das Rührmichnichtan gespielt. Dann griff er zur Pistole. Meine Mutter fiel vor ihm auf die Knie. »Schießt nur, Jungs, schießt. Ich war als junges Mädchen mit euren Müttern befreundet. Sollen auch sie weinen.« Irgendwie machten diese Worte auf sie Eindruck. Sie redeten miteinander und gingen dann. *(Sie schweigt.)* Die Liebe, das ist bitter, sehr bitter …

Die Front rückte immer näher. Nachts hörte man schon Kanonendonner. Eines Nachts bekamen wir Besuch. »Wer da?« »Partisanen.« Mein Kavalier kommt herein … und noch einer. Mein Kavalier zeigt mir seine Pistole: »Mit dieser Pistole habe ich deinen Mann getötet.« »Das ist nicht wahr! Nicht wahr!« »Dein Mann lebt nicht mehr.« Ich dachte, ich würde ihn töten … ich würde … ihm die Augen auskratzen … *(Sie schweigt.)* Am Morgen brachten sie meinen Iwan … Mit einem Schlitten … auf einem Mantel … Seine Augen waren geschlossen, sein Gesicht sah ganz kindlich aus. Er hatte doch niemanden getötet … Ich glaubte ihm das! Ich glaube es noch heute! Ich wälzte mich auf dem Fußboden und heulte. Meine Mutter fürchtete, ich würde den Verstand verlieren und mein Kind würde tot oder nicht normal geboren, und lief zur Heilerin. Zu Oma Stassja. »Ich weiß von deinem Kummer«, sagte sie zu meiner Mutter, »aber da bin ich machtlos. Deine Tochter muss sich an Gott wenden.« Und sie lehrte sie, wie … Wenn Iwan zu Grabe getragen würde, sollte ich nicht hinter dem Sarg gehen, wie alle, sondern voran. Bis zum Friedhof. Durch das ganze Dorf … Gegen Kriegsende waren viele Männer im Wald. Als Partisanen. In jeder Hütte war jemand gefallen. *(Sie weint.)* Und ich lief … vor dem Sarg eines Polizisten … Ich voran, meine Mutter hinter dem Sarg. Alle Leute kamen heraus, standen an der Pforte, aber niemand sagte ein böses Wort. Sie schauten und weinten.

Dann kamen die Sowjets zurück … Wieder suchte jener Mann mich auf … Auf einem Pferd kam er geritten. »Man interessiert sich schon für dich.« »Wer?« »Wer schon – die Organe.« »Na und, es ist mir egal, wo ich den Tod finde. Sollen sie mich doch nach Sibirien schicken.« »Was bist du für eine Mutter? Du hast doch ein Kind.« »Du weißt, von wem …« »Ich nehme dich auch so.« Und ich habe ihn geheiratet. Den Mörder meines Mannes. Habe ihm ein Mädchen geboren … *(Sie weint.)* Er hat beide Kinder gleich geliebt, meinen

Sohn und seine Tochter. Das kann ich nicht anders sagen. Aber ich ... ich ... ich war immer voller blauer Flecke, voller Blutergüsse. Nachts schlug er mich, morgens kniete er vor mir nieder und bat um Verzeihung. Eine Leidenschaft verzehrte ihn ... Eifersucht auf einen Toten ... Morgens, ganz früh, wenn alle Leute noch schliefen, stand ich immer auf. Möglichst früh, damit er nicht aufwachte ... und mich umarmte ... Nachts, wenn in keinem Fenster mehr Licht brannte, war ich noch in der Küche. Meine Töpfe waren immer blitzblank. Ich wartete, bis er eingeschlafen war. Fünfzehn Jahre haben wir zusammengelebt, dann wurde er schwer krank. Im Laufe eines Herbstes ist er gestorben. *(Sie weint.)* Ich bin nicht schuld ... ich habe ihm nicht den Tod gewünscht. Als der Augenblick kam ... der letzte ... Er lag immer mit dem Gesicht zur Wand, doch da drehte er sich zu mir um. »Hast du mich geliebt?« Ich schwieg. Er lachte, wie damals in der Nacht, als er mir die Pistole zeigte ... »Aber ich habe mein Leben lang nur dich allein geliebt. So sehr, dass ich dich töten wollte, als ich erfuhr, dass ich sterben werde. Ich habe Jaschka (das ist unser Nachbar, er bearbeitet Tierfelle) um Gift gebeten. Ich kann das nicht ertragen: Ich werde sterben, und du wirst einen anderen haben ... Du bist schön.«

Als er im Sarg lag ... Es sah aus, als ob er lachte ... Ich hatte Angst, näher heranzugehen. Aber ich musste ihn ja küssen.

(Chor:) »Steh auf, steh auf, du Riesenland! Heraus zur großen Schlacht! Es breche über sie der Zorn wie finstre Flut herein. ... Das soll der Krieg des Volkes, der Krieg der Menschheit sein.«[11]

»Wir sterben mit einer Kränkung ...«

»Ich habe meinen Töchtern gesagt: Wenn ich tot bin, will ich nur Musik haben, die Menschen sollen schweigen.«

»Nach dem Krieg haben deutsche Gefangene bei uns Steine geschleppt. Die Stadt wiederaufgebaut. Sie hungerten, bettelten um Brot. Aber ich konnte ihnen kein Stück Brot geben. Manchmal muss ich daran denken … ausgerechnet daran … Merkwürdig, dass solche Dinge im Gedächtnis bleiben …«

Auf dem Tisch stehen Blumen und ein großes Bild von Timerjan Sinatow. Ich habe die ganze Zeit das Gefühl, in diesem Chor auch seine Stimme zu hören, als wäre er bei uns.

Sinatows Frau erzählt

Ich kann nur wenig erzählen … Sein Zuhause, seine Familie – das hat ihn nie interessiert. Immer nur die Festung, die Festung. Den Krieg konnte er nicht vergessen … Seinen Kindern brachte er bei, dass Lenin gut sei, dass wir den Kommunismus aufbauten. Eines Tages kam er von der Arbeit nach Hause, eine Zeitung in der Hand: »Wir gehen auf eine Großbaustelle. Die Heimat ruft.« Unsere Kinder waren noch klein. Wir gehen – und Schluss. Die Heimat befiehlt … So kamen wir an die BAM … auf eine Baustelle des Kommunismus … Und wir bauten! Wir glaubten: Wir haben alles noch vor uns! Wir glaubten sehr an die Sowjetmacht. Von ganzem Herzen. Nun sind wir alt. Glasnost, Perestroika … Wir sitzen da und hören Radio. Der Kommunismus ist nicht mehr … Wo ist der Kommunismus geblieben? Auch Kommunisten gibt es keine mehr … schwer zu sagen, wer jetzt am Ruder ist … Gaidar hat uns völlig ausgeplündert … Das Volk ist bettelarm … Der eine stiehlt was im Betrieb oder im Kolchos … Ein anderer betrügt … So hält man sich über Wasser … Aber mein Mann … Der lebte in den Wolken … immer irgendwo hoch oben … Unsere Tochter arbeitet in einer Apotheke, einmal hat sie begehrte Medikamente mit nach Hause gebracht, um sie zu verkaufen und damit ein bisschen was zu verdienen. Woher er das nur wusste? Hat er es gewittert? »Eine Schande! Was für eine Schande!« Er wollte sie aus dem Haus jagen. Ich konnte ihn nicht beruhigen. Andere Veteranen nutzen ihre Privilegien … das steht ihnen zu … »Geh doch mal hin«, hab ich ihn gebeten. »Vielleicht bekommst du ja auch irgendwas.« Da hat er gebrüllt: »Ich habe für die Heimat gekämpft, nicht für

Privilegien!« Nachts lag er mit offenen Augen da und schwieg. Wenn ich ihn ansprach, reagierte er nicht. Er redete nicht mehr mit uns. Er hat sich große Sorgen gemacht. Nicht um uns, nicht um seine Familie, nein – um alle. Um das Land. So ein Mensch war er. Ich hatte es schwer mit ihm … Ich gestehe Ihnen offen – Ihnen als Frau, nicht als Schriftstellerin … Ich habe ihn nicht verstanden …

Er hat die Kartoffeln geerntet, seine besten Sachen angezogen und ist in seine Festung gefahren. Wenn er uns wenigstens ein Stück Papier hinterlassen hätte. An den Staat hat er geschrieben, an fremde Menschen. Aber an uns – nichts, kein Wort …

VOM SÜSSEN LEIDEN UND DEM FOKUS DES RUSSISCHEN GEISTES

Geschichte einer Liebe

Olga Karimowa, Musikerin, 49 Jahre alt

Nein … nein, das ist unmöglich … unmöglich für mich. Ich dachte, irgendwann einmal … da werde ich das jemandem erzählen … aber nicht jetzt … Nicht jetzt … Ich halte das alles unter Verschluss, ich habe es eingemauert und verputzt. Ja … Unter einem Sarkophag … ich habe es unter einem Sarkophag begraben … es brennt nicht mehr, aber die chemischen Reaktionen gehen weiter. Lassen Kristalle entstehen. Ich fürchte mich, daran zu rühren … Ich fürchte mich …

Die erste Liebe … Kann man das so nennen? Mein erster Mann … Das ist eine wunderbare Geschichte. Zwei Jahre hat er sich um mich bemüht. Ich wollte ihn unbedingt heiraten, denn ich wollte ihn ganz, so dass er mir nicht weglaufen konnte. Ganz für mich! Ich weiß nicht einmal, warum ich ihn so unbedingt ganz für mich wollte. Sich niemals trennen, sich die ganze Zeit sehen, streiten und vögeln, vögeln, ohne Ende vögeln. Er war der erste Mann in meinem Leben. Das erste Mal war eigentlich so … hm … pure Neugier – was passiert da? Das nächste Mal – auch … und eigentlich … irgendwie technisch … Na, eben Körper … Körper, Körper … Körper und sonst nichts! So ging das ein halbes Jahr. Und ihm war es eigentlich nicht unbedingt wichtig, dass gerade ich das war, er hätte auch etwas anderes finden können. Aber aus irgendeinem Grund heirateten wir … Ich war zweiundzwanzig. Wir besuchten zusammen die Musikschule, machten alles gemeinsam. Und dann geschah es … in mir brach etwas auf … Aber mir war dieser Moment gar nicht bewusst … als ich meine Liebe zum männlichen Körper entdeckte … Plötzlich gehört er ganz dir … Ich weiß gar nicht … für mich ist das größer als der einzelne Mensch … etwas Universelles … Du bist nicht mehr hier, sondern irgendwo anders … Das war eine wunderbare Geschichte … Sie hätte endlos weitergehen und ebenso in einer halben Stunde enden können. Ja … Ich ging fort. Ich ging von mir aus. Er flehte mich an zu bleiben. Aber ich hatte aus irgendeinem Grund beschlossen, ihn zu verlassen. Ich war ihn so leid … Mein Gott, war ich ihn leid! Ich war schon schwanger, hatte einen dicken Bauch … Was sollte ich mit ihm? Wir haben gevögelt, uns gestritten, dann habe ich geweint. Ich konnte damals noch nicht dulden … Nicht verzeihen.

Ich habe das Haus verlassen, die Tür hinter mir geschlossen und plötzlich eine große Freude verspürt, weil ich weggehen würde. Für immer. Ich bin zu meiner Mutter gefahren, er kam sofort angerannt, mitten in der Nacht … er war vollkommen verwirrt: Sie ist schwanger, aus irgendeinem Grund ständig unzufrieden, dauernd will sie irgendwas. Sag, was willst du denn noch? Aber ich hatte diese Seite schon umgeblättert … Ich war sehr froh, dass ich ihn gehabt hatte, und sehr froh, dass er nicht mehr da war. Mein Leben ist wie eine Sammelbüchse. Etwas war da – und ist weg, war da – und ist weg.

Ach, die Geburt von Anka war so schön … das hat mir so gefallen … Erst ging das Fruchtwasser ab – ich bin immer viele Kilometer gelaufen, und irgendwo unterwegs, nach etlichen Kilometern im Wald, ging das Fruchtwasser ab. Ich wusste nicht so recht – muss ich nun gleich ins Krankenhaus? Ich habe bis zum Abend gewartet. Es war Winter – heute kann ich das kaum noch glauben –, vierzig Grad minus. Die Baumrinden knackten. Trotzdem beschloss ich zu gehen. Die Ärztin untersuchte mich: »Die Geburt wird wohl zwei Tage dauern.« Ich rief zu Hause an: »Mama, bring mir Schokolade. Ich muss noch lange hier liegen.« Vor der Morgenvisite schaute kurz eine Schwester vorbei. »Hör mal, das Köpfchen kuckt ja schon raus. Ich rufe die Ärztin.« Und dann – ich sitze auf dem Stuhl … Sie sagen: »Da, da. Gleich, gleich.« Ich weiß nicht, wie viel Zeit vergangen ist … Aber bald … sehr bald … Da zeigten sie mir ein Bündel: »Du hast ein Mädchen.« Sie wurde gewogen – vier Kilogramm. »Sieh an, kein einziger Riss. Sie hatte Mitleid mit der Mama.« Ach, und als sie mir am nächsten Morgen gebracht wurde ... Die Augen – nur Pupillen, schwarz und schwimmend. Da sah ich nichts anderes mehr ...

Für mich begann ein neues, ganz anderes Leben. Es gefiel mir, wie ich nun aussah. Überhaupt ... Ich wurde auf Anhieb schöner ... Anka behauptete sofort ihren Platz, ich liebte sie abgöttisch, aber sie hatte für mich irgendwie überhaupt nichts mit einem Mann zu tun. Damit, dass sie einen Papa hatte. Sie war vom Himmel gefallen! Vom Himmel. Als sie dann sprechen konnte, wurde sie gefragt: »Anetschka, hast du denn keinen Papa?« »Statt einem Papa habe ich Oma.« »Hast du denn keinen Hund?« »Statt einem Hund habe ich einen Hamster.« So sind wir alle beide ... Ich hatte mein Leben lang Angst, plötzlich nicht mehr ich zu sein. Selbst beim Zahnarzt bat ich: »Geben Sie mir keine Spritze. Keine Schmerzbetäubung.« Meine Gefühle, das sind meine Gefühle, ob gute oder Schmerzen, schaltet mich nicht ab von mir. Anka und ich mochten uns. Und so trafen wir ihn ... Gleb ...

Wäre er nicht er gewesen, hätte ich niemals wieder geheiratet. Ich hatte alles: ein Kind, eine Arbeit, meine Freiheit. Und plötzlich er ... Linkisch, fast blind ... kurzatmig ... Jemanden in sein Leben aufzunehmen, der diese schwere Vergangenheit mit sich herumschleppte – zwölf Jahre stalinscher Lager ... Bei seiner Verhaftung war er noch ein halbes Kind gewesen, sechzehn Jahre alt. Sein Vater ... ein hoher Parteifunktionär ... wurde erschossen, seine Mutter in einer Tonne mit kaltem Wasser zu Tode gefoltert. Irgendwo weit weg, im Schnee. Vor ihm hatte ich nie an so etwas gedacht ... Ich war Pionier gewesen ... Komsomolzin ... Das Leben ist schön! Wunderschön! Wieso habe ich das auf mich genommen? Wie? Die Zeit vergeht, und der Schmerz wird zu Wissen. Ja, auch zu Wissen. Fünf Jahre ist er nun schon tot ... Fünf Jahre ... Es tut mir sogar leid, dass er mich so, wie ich jetzt bin, nicht gekannt hat. Jetzt verstehe ich ihn besser, ich habe mich weiterentwickelt, aber schon ohne ihn. Ich konnte lange nicht allein leben. Ich wollte überhaupt nicht mehr leben. Ich hatte Angst vor der Einsamkeit ... Aber der Grund ist ein anderer – ich kann nicht ohne Liebe leben. Ich brauche diesen Schmerz ... das Mitleid ... Ohne das … Ohne das fürchte ich mich, wie im Meer … Wenn ich ganz weit hinausschwimme: Ich bin allein … und dort unten ist Finsternis. Ich weiß nicht, was dort ist …

Wir sitzen auf der Terrasse. Die Blätter rauschen – es hat angefangen zu regnen.

Ach, diese Strandromanzen … Nicht für die Dauer gedacht. Kurzlebig. Ein kleines Modell des Lebens. Man kann schön anfangen und schön auseinandergehen, etwas, das uns im Leben nicht gelingt, etwas, das wir gerne hätten. Darum verreisen wir so gern … wo wir jemandem begegnen … Ja … Ich hatte zwei Zöpfe und trug ein Kleid mit blauen Punkten, einen Tag vor der Abreise im Kinderkaufhaus erstanden. Das Meer … Ich schwamm ganz weit hinaus, ich schwimme für mein Leben gern. Morgens machte ich unter einer weißen Akazie Gymnastik … Da kommt ein Mann vorbei, einfach ein Mann, äußerlich nichts Besonderes, nicht mehr jung, er sieht mich und freut sich aus irgendeinem Grund. Er bleibt stehen und schaut mir zu. »Wenn Sie mögen, trage ich Ihnen heute Abend Gedichte vor, ja?« »Vielleicht, aber jetzt schwimme ich ganz weit raus!« »Ich werde auf Sie warten.« Und er hat gewartet, mehrere Stunden hat er gewartet. Die Gedichte hat er schlecht rezitiert und dabei dauernd seine Brille zurechtgerückt. Aber er war rührend … Ich verstand … Ich verstand, was er fühlte … Diese Gesten, diese Brille, diese Erregung. Aber ich erinnere mich absolut nicht, was für Gedichte das waren und warum die so bedeutend sein sollten. Damals fing es auch an zu regnen. Es hat geregnet. Daran erinnere ich mich … ich habe nichts vergessen … Die Gefühle … unsere Gefühle, das sind irgendwie eigenständige Wesen – Leiden, Liebe, Zärtlichkeit. Sie führen ein Eigenleben, unabhängig von uns. Aus irgendeinem Grund wählst du plötzlich diesen einen Menschen und nicht jenen, obwohl jener vielleicht sogar besser ist, oder wirst Teil eines fremden Lebens, ohne es zu ahnen. Aber jemand hat dich gefunden … du hast ein Zeichen empfangen … »Ich habe so auf dich gewartet«, empfing er mich am nächsten Morgen. In einem Ton, dass ich ihm in diesem Moment sofort glaubte, obwohl ich gar nicht dazu bereit war. Im Gegenteil. Aber irgendetwas änderte sich ... Das war noch keine Liebe ... aber ein Gefühl, als hätte ich auf einmal sehr, sehr viel bekommen. Ein Mensch hat einen anderen wahrgenommen. Hat ihn erreicht. Ich schwamm ganz weit hinaus. Kehrte zurück. Er wartete. Und sagte wieder: »Mit uns beiden wird alles gut werden.« Und wieder glaubte ich daran ... Am Abend tranken wir Sekt. »Das ist roter Sekt, aber zum Preis von normalem Sekt.« Der Satz gefiel mir. Er briet Eier: »Mit diesen Eiern ist es etwas Merkwürdiges bei mir. Ich kaufe immer zehn Stück und brate je zwei, trotzdem bleibt immer ein Ei übrig.« Solche rührenden Dinge.

Alle schauten uns an und fragten: »Ist das dein Großvater? Ist das dein Vater?« Ich trug ein ganz kurzes Kleid ... Ich war achtundzwanzig ... Erst später wurde er schön. Bei mir. Mir scheint, ich kenne das Geheimnis ... Diese Tür kann nur durch Liebe geöffnet werden ... nur durch Liebe ... »Ich habe an dich gedacht.« »Wie hast du an mich gedacht?« »Ich habe mir gewünscht, dass wir beide irgendwohin gehen. Ganz weit. Mehr brauche ich nicht, ich muss nur spüren, dass du bei mir bist. So eine Zärtlichkeit empfinde ich für dich – dich einfach nur ansehen und neben dir gehen.« Wir hatten glückliche Stunden zusammen, absolut kindliche Stunden. »Vielleicht ziehen wir beide auf eine Insel, und dann liegen wir dort im Sand.« Glückliche Menschen sind immer Kinder. Man muss sie beschützen, sie sind zerbrechlich und komisch. Schutzlos. Bei uns beiden war das jedenfalls so; wie es eigentlich sein muss, weiß ich nicht. Mit dem einen ist es so, mit einem anderen anders. Wie man es sich schafft ... »Unglück ist der beste Lehrer«, sagte meine Mutter immer. Aber ich träumte vom Glück. Nachts erwachte ich mit dem Gedanken: Was tue ich da? Mir war mulmig zumute, und durch diese Anspannung ... »Dein Nacken ist die ganze Zeit verspannt«, bemerkte er. Was tue ich da? Wohin falle ich? Das ist ein Abgrund.

... Hier, der Brotkorb ... Sobald er Brot sah, begann er es systematisch aufzuessen. In beliebiger Menge. Brot durfte nicht übrig bleiben. Die Ration. Er aß und aß – so viel Brot da war, so viel aß er. Ich habe nicht gleich begriffen ...

... Er erzählte auch von der Schule ... Im Geschichtsunterricht schlugen sie das Lehrbuch auf und malten auf die Bilder der Marschälle Tuchatschewski und Blücher Gefängnisgitter. Auf Befehl der Schuldirektorin. Dabei wurde gelacht und gesungen. Als wäre das ein Spiel. Nach dem Unterricht wurde er oft verprügelt, und die anderen schrieben mit Kreide auf seinen Rücken: »Sohn eines Volksfeindes«.

... Ein Schritt zur Seite, und du wirst erschossen – schaffst du es bis zum Wald, zerreißen dich die wilden Tiere. In der Baracke konnten einen nachts die eigenen Leute erstechen. Einfach so abstechen. Ohne Worte ... nur so ... So ist das Lager, jeder lebt für sich. Das musste ich erst begreifen.

... Nach der Belagerung Leningrads traf bei ihnen ein Transport mit Blokadniki ein. Skelette ... Haut und Knochen ... sie sahen kaum aus wie Menschen ... Sie waren eingesperrt worden, weil sie die Karten für fünfzig Gramm Brot (die Tagesration) ihrer toten Mutter behalten hatten ... oder ihres Kindes. Dafür bekam man sechs Jahre. Zwei Tage lang herrschte im Lager unheimliche Stille. Selbst die Wachsoldaten, selbst die schwiegen ...

... Eine Zeitlang arbeitete er im Kesselhaus ... irgendwer hat ihn, den Halbtoten, gerettet. Der Heizer war ein Moskauer Philologie-Professor, und er karrte für ihn das Brennholz heran. Sie stritten: »Kann jemand, der Puschkin zitiert, auf unbewaffnete Menschen schießen? Jemand, der Bach hört?«

Aber warum gerade er? Ausgerechnet er? Die russische Frau sucht sich mit Vorliebe solche Unglücklichen. Meine Großmutter liebte einen Mann, aber ihre Eltern wollten sie mit einem anderen verheiraten. Er gefiel ihr überhaupt nicht, alles in ihr sträubte sich gegen ihn. Mein Gott! Sie beschloss, wenn der Pope in der Kirche sie fragen würde: Heiratest du aus eigenem Willen?, wollte sie »nein« sagen. Doch der Pope war betrunken, und statt zu fragen, was üblich war, sagte er: »Sei gut zu ihm, er hat sich im Krieg die Füße erfroren.« Tja, da musste sie ihn natürlich heiraten. So bekam meine Großmutter fürs ganze Leben unseren Großvater, den sie nie geliebt hat. Ein bemerkenswerter Leitspruch für unser ganzes Leben: »Sei gut zu ihm, er hat sich im Krieg die Füße erfroren.« War meine Mutter glücklich? Meine Mutter ... Vater war auch aus dem Krieg heimgekehrt ...

1945 … Gebrochen und erschöpft. Krank von seinen Verwundungen. Die Sieger! Nur ihre Frauen wissen, was es hieß, mit einem Sieger zu leben. Mutter weinte oft, nachdem Vater heimgekehrt war. Die Sieger brauchten Jahre, um ins normale Leben zu finden. Sich daran zu gewöhnen. Ich erinnere mich, wie Vater erzählte, dass er die erste Zeit schier verrückt wurde, wenn jemand sagte, »wir heizen die Banja«, »wir gehen angeln«. Unsere Männer sind Märtyrer, sie alle haben ein Trauma – entweder vom Krieg oder vom Gefängnis. Vom Lager. Krieg und Lager – das sind die beiden Hauptwörter in Russland. Für die Russen! Die russische Frau hatte nie einen normalen Mann. Sie pflegt und heilt … Behandelt ihren Mann ein bisschen wie einen Helden und ein bisschen wie ein Kind. Rettet ihn. Bis heute … Sie hat noch immer dieselbe Rolle. Die Sowjetunion ist zerfallen … Jetzt haben wir Opfer des Zerfalls des Imperiums. Des Zusammenbruchs. Dagegen war selbst mein Gleb nach dem Gulag tapferer. Er hatte seinen Stolz: Ich habe überlebt! Ich habe es ausgehalten! Ich habe schreckliche Dinge gesehen! Aber ich schreibe Bücher … küsse Frauen … Er war stolz. Doch denen heute sitzt die Angst in den Augen. Nichts als Angst … Die Armee baut Stellen ab, Betriebe sind stillgelegt … Ingenieure und Ärzte stehen als Verkäufer auf dem Markt … Leute mit Doktortitel … So viele um uns herum wurden aus der Bahn geworfen. Sie sitzen auf dem Abstellgleis … warten auf irgendetwas … Der Mann meiner Nachbarin … Er war Pilot, Kommandeur einer Fliegerschwadron. Er wurde in die Reserve entlassen. Als sie ihre Arbeit verlor, hat sie sofort umgeschult – sie war Ingenieur gewesen und wurde Friseurin. Er aber sitzt zu Hause und trinkt aus Frust, er trinkt, weil er, ein Kampfflieger – er war in Afghanistan –, weil er den Kindern Brei kochen muss. Seine Frau verdient das Geld. Ja … Er ist auf alle böse. Wütend. Er war im Wehrkomitee, hat gebeten, ihn in irgendeinen Krieg zu schicken, zum Sondereinsatz, aber sie haben ihn nicht genommen. Das wollen zu viele. Bei uns gibt es ja Tausende arbeitsloser Militärs, Leute, die nichts anderes kennen als Maschinenpistolen und Panzer. Die untauglich sind für etwas anderes. Unsere Frauen müssen stärker sein als die Männer. Sie reisen mit ihren karierten Taschen durch die ganze Welt. Von Polen bis nach China. Kaufen und verkaufen. Auf ihren Schultern ruhen Haushalt, Kinder und die alten Eltern. Und ihre Männer. Und das Land. Das kann man keinem Fremden erklären … Meine Tochter hat einen Italiener geheiratet … Er heißt Sergio. Er ist Journalist. Wenn sie mich besuchen, diskutieren wir mit ihm in der Küche. Sergio meint, die Russen liebten das Leiden, das sei der Fokus des russischen Geistes. Für uns sei Leiden – eine »private Schlacht«, »der Weg zur Erlösung«. Die Italiener seien ganz anders, sie wollten nicht leiden, sie liebten das Leben, das Leben sei zum Freuen da, nicht zum Leiden. Bei uns ist das anders. Wir reden selten von Freude … Davon, dass das Glück eine ganze Welt ist. Eine unglaubliche Welt! Mit vielen Winkeln, Fenstern und Türen, für die man viele Schlüssel braucht. Doch uns zieht es immer in die dunklen buninschen Alleen[1]. Ja … Wenn er und meine Tochter aus dem Supermarkt kommen, trägt er die Taschen … Abends kann sie Klavier spielen, und er macht das Essen. Bei mir war das ganz anders: Wenn er nach den Taschen griff, nahm ich sie ihm ab: »Das mache ich selbst. Du darfst das nicht.« Wenn er in die Küche kam: »Hier ist nicht dein Platz. Marsch, ab an den Schreibtisch.« Ich habe immer Licht zurückgestrahlt. Erst sollte es ihm gutgehen … und dann erst mir …

Ein Jahr war vergangen, vielleicht auch mehr … Er sollte zu mir nach Hause kommen … na, um alle kennenzulernen. Ich hatte ihn vorgewarnt, meine Mutter sei nett, aber meine Kleine … sie sei sehr … Wie sie ihn empfangen würde, dafür könne ich mich nicht verbürgen. Ach, meine Anka … Sie hielt sich immer alles ans Ohr: Spielsachen, Steine, Löffel … Die meisten Kinder nehmen alles in den Mund, aber sie hielt sich alles ans Ohr – wie es klingt! Ich habe sie sehr früh an Musik herangeführt, aber sie war ein sonderbares Kind, sobald ich eine Platte auflegte, drehte sie sich um und ging weg. Sie mochte keine fremde Musik, sie interessierte sich nur für das, was in ihr selbst klang. Also, Gleb kam, sehr verlegen, mit einem missglückten Haarschnitt, viel zu kurz, besonders schön war er nicht. Und er brachte Schallplatten mit. Er erzählte, wie er unterwegs gewesen sei … wie er diese Platten gekauft habe … Und Anka, die hat ein Gehör … sie hört nicht auf die Worte, sie hört anders … auf die Intonation … Sie griff sofort nach den Platten: »Was für ssöne Platten.«

Ja, so war das … Nach einiger Zeit brachte sie mich in Verlegenheit: »Was, wenn ich plötzlich Papa zu ihm sage?« Er bemühte sich nicht, ihr zu gefallen, er fand es mit ihr einfach interessant. Die Liebe zwischen ihnen entstand auf Anhieb … Ich war sogar eifersüchtig und fand, dass sie einander mehr liebten als mich. Später sagte ich mir, dass meine Rolle eine andere sei … *(Sie schweigt.)* Er fragt sie zum Beispiel: »Anka, stotterst du?« »Jetzt nicht mehr so gut, aber früher habe ich gut gestottert.« Mit ihr war es nie langweilig. Man hätte mitschreiben mögen. Also: »Was, wenn ich plötzlich Papa zu ihm sage?« Wir saßen im Park … Gleb war Zigaretten holen gegangen und kam zurück. »Na, Mädchen, worüber redet ihr?« Ich zwinkere ihr zu – auf keinen Fall, das wäre dumm. Und sie: »Dann sag du.« Tja, was blieb mir übrig? Ich erkläre ihm: »Sie hat Angst, aus Versehen Papa zu dir zu sagen.« Und er: »Das ist natürlich ein schwieriger Fall, aber wenn du es unbedingt willst, sag es ruhig.« »Aber hör zu«, sagt meine Anka darauf, »ich habe schon einen Papa, aber der gefällt mir nicht. Und Mama liebt ihn nicht.« So ist es bei uns beiden immer. Wir brechen alle Brücken ab. Auf dem Heimweg war er für sie schon Papa. Sie lief vor uns her und rief: »Papa! Papa!« Am nächsten Tag verkündete sie im Kindergarten: »Mein Papa bringt mir Lesen bei.« »Wer ist denn dein Papa?« »Er heißt Gleb.« Einen Tag später kam ihre Freundin mit einer Neuigkeit von zu Hause: »Anka, du lügst, du hast keinen Papa. Dieser Papa ist nicht dein richtiger Papa.« »Nein, der andere war nicht mein richtiger Papa, dieser ist mein richtiger Papa.« Mit Anka zu streiten ist sinnlos, er wurde »Papa«, und ich? Ich war noch nicht seine Frau …

Ich hatte Urlaub … Und verreiste wieder. Er lief hinter dem Waggon her und winkte mir lange nach. Aber schon im Zug fing ich eine Romanze an. Zwei junge Ingenieure aus Charkow fuhren nach Sotschi, genau wie ich. Mein Gott! Ich war so jung. Meer. Sonne. Wir badeten, küssten uns, tanzten. Alles fühlte sich leicht und einfach an, denn die Welt war einfach, tscha-tscha-tscha-kasatschok und so weiter – ich war in meinem Element. Ich wurde geliebt … ich wurde auf Händen getragen … zwei Stunden wurde ich hinauf in die Berge getragen … Junge Muskeln, junges Lachen. Ein Lagerfeuer bis zum

Morgen … Dann hatte ich einen Traum … Die Zimmerdecke öffnet sich. Blauer Himmel … Ich sehe Gleb … Wir beide laufen und laufen … am Meer entlang, doch die Steine am Ufer sind nicht von den Wellen rundgeschliffen, sondern ganz spitz, wie Nägel. Ich habe Schuhe an, doch er ist barfuß. »Barfuß«, erklärt er mir, »spürt man besser.« Aber ich weiß – es tut ihm weh. Und vor Schmerzen erhebt er sich plötzlich … schwebt über der Erde … Ich sehe ihn fliegen … Aber seine Arme sind vor der Brust gekreuzt wie bei einem Toten, sie sehen gar nicht aus wie Flügel … *(Sie hält inne.)* Mein Gott! Ich bin verrückt … Das sollte ich niemandem gestehen … meistens habe ich das Gefühl, dass ich in diesem Leben glücklich bin. Glücklich! Wenn ich zu ihm auf den Friedhof gehe … Ich weiß, ich gehe zu ihm. Ich spüre, dass er irgendwo hier ist. Und ich empfinde ein so heftiges Glück – ich möchte weinen vor Glück. Weinen. Es heißt, die Toten kämen nicht zu uns. Glauben Sie das nicht.

Mein Urlaub ging zu Ende, ich fuhr nach Hause. Der Ingenieur begleitete mich bis nach Moskau. Ich versprach ihm, Gleb alles zu erzählen … Ich komme nach Hause … Auf seinem Tisch liegt ein Kalender, ganz und gar vollgekritzelt, auch die Tapeten im Arbeitszimmer sind vollgeschrieben, sogar die Zeitungen, die er gelesen hat … überall nur drei Buchstaben: i … e … a … Groß, klein, in Druckschrift, in Schreibschrift. Und drei Punkte … lauter Punkte … Ich frage: »Was ist das?« Er entschlüsselt es: Ist es aus? Tja, wir werden uns trennen, und das müssen wir irgendwie Anka erklären. Wir fuhren sie abholen, doch bevor sie aus dem Haus geht, muss sie immer etwas malen. Diesmal hatte sie es nicht geschafft, sie saß im Auto und heulte. Er war schon daran gewöhnt, dass sie so verrückt war, er meinte, das sei ein Zeichen von Talent. Das war eine übliche Szene in unserer Familie: Anka weint, er tröstet sie, und ich sitze dazwischen … Er schaute mich an, schaute mich so an … Und ich … Das dauerte nur eine Minute … eine Sekunde … Ich begriff: Er ist wahnsinnig einsam. Wahnsinnig einsam! Und … ich werde ihn heiraten … Ich muss … *(Sie weint.)* Was für ein Glück, dass wir uns nicht verpasst haben. Dass ich nicht an ihm vorbeigegangen bin. Was für ein Glück! Er hat mir ein ganzes Leben geschenkt! *(Sie weint.)* Also, ich wollte ihn heiraten …

Ihm war bange, er hatte Angst, weil er schon zweimal verheiratet war. Die Frauen haben ihn verlassen, sie waren erschöpft ... man darf ihnen keine Vorwürfe machen ... Liebe ist schwere Arbeit. Für mich ist das in erster Linie Arbeit ... Wir heirateten ohne Hochzeitsfeier, ohne weißes Kleid. Ganz bescheiden. Dabei hatte ich immer von einer richtigen Hochzeit geträumt, von einem weißen Kleid und dass ich von einer Brücke einen Strauß weiße Rosen ins Wasser werfen würde. Davon hatte ich geträumt.

Er mochte es nicht, wenn man ihn ausfragte ... Er schwadronierte immer irgendwie ... erzählte Lustiges, Häftlingsgeschichten, hinter denen er alles Ernste versteckte. Er hatte andere Maßstäbe. Er sagte zum Beispiel nie »Freiheit«, sondern immer »draußen«. »Nun bin ich also draußen.« In seltenen Momenten ... Da erzählte er so anschaulich, so leidenschaftlich ... Ich konnte seine dortigen Freuden richtig nachempfinden: Wie er Stücke von einem Gummireifen ergattert und sie unter seine Filzstiefel gebunden hatte, und als sie auf Transport gingen, war er so froh über diese Reifengummi. Einmal bekamen sie einen halben Sack Kartoffeln, und irgendwo »draußen« bei der Arbeit schenkte ihnen jemand ein großes Stück Fleisch. In der Nacht kochten sie im Kesselraum daraus eine Suppe. »Weißt du, wie das geschmeckt hat! So wunderbar!« Als er entlassen wurde, bekam er eine Entschädigung für seinen Vater. Sie sagten zu ihm: »Wir schulden Ihnen Geld für das Haus, für die Möbel ...« Sie blätterten ihm eine Menge Geld hin. Er kaufte sich einen neuen Anzug, ein neues Hemd, neue Schuhe und einen Fotoapparat, und dann ging er ins beste Moskauer Restaurant »National«, bestellte dort das Allerteuerste, trank Kognak und Kaffee und aß dazu die hausgemachte Torte. Als er fertig war und satt, bat er jemanden, ihn in diesem glücklichsten Augenblick seines Lebens zu fotografieren. »Dann komme ich zurück in die Wohnung, wo ich damals lebte«, erzählte er, »und ertappe mich bei dem Gedanken, dass ich kein Glück verspüre. In diesem Anzug, mit diesem Fotoapparat ... Warum empfand ich kein Glück? Ich dachte plötzlich an jene Reifen, an die Suppe im Kesselraum – ja, das war Glück gewesen.« Und wir versuchten zu verstehen ... Ja ... Wo wohnt dieses Glück? Das Lager hätte er um nichts in der Welt hergegeben ... getauscht ...

Das war sein geheimer Schatz, sein Reichtum. Von sechzehn bis fast dreißig war er im Lager … Rechnen Sie es sich aus … Ich fragte ihn oft: »Und wenn sie dich nicht eingesperrt hätten?« Darauf scherzte er: »Dann wäre ich ein Dummkopf und würde einen roten Rennwagen fahren. Den allerneuesten.« Erst ganz am Ende … Am Ende … als er schon im Krankenhaus lag … Da sprach er mit mir zum ersten Mal ernst darüber: »Das ist wie im Theater … Vom Zuschauerraum aus siehst du ein schönes Märchen – die herausgeputzte Bühne, glänzende Schauspieler, geheimnisvolles Licht, aber wenn du hinter die Kulissen kommst … Gleich hinterm Vorhang liegen zerbrochene Bretter herum, Lumpen, nicht zu Ende bemalte und liegengelassene Leinwände … leere Wodkaflaschen … Essensreste … Keine Spur von einem Märchen. Alles dunkel und schmutzig … Ich bin hinter den Kulissen gewesen – verstehst du?«

… Sie haben ihn zu den Kriminellen gesperrt. Ein halbes Kind … Was dort geschah, wird niemand je erfahren …

… unbeschreibliche Schönheit des Nordens! Der stille Schnee … und wie er leuchtet, sogar in der Nacht … Doch du bist nur ein Arbeitsvieh. Sie werfen dich brutal hinein in die Natur und holen dich wieder zurück. »Folter durch Schönheit« nannte er das. Sein Lieblingsspruch: »Die Blumen und Bäume sind Ihm besser gelungen als die Menschen.«

… von der Liebe … Sein erstes Mal … Sie arbeiteten im Wald. Eine Kolonne Frauen wurde an ihnen vorbei zur Arbeit geführt. Die Frauen sahen die Männer und blieben stehen – rührten sich nicht von der Stelle. Der Natschalnik der Wachmannschaft brüllte: »Los, vorwärts! Vorwärts, hab ich gesagt!« Die Frauen rührten sich nicht. »Vorwärts, verdammt!« »Bürger Natschalnik, lassen Sie uns zu den Männern, wir halten es nicht mehr aus. Wir heulen los!« »Was? Ihr seid wohl verrückt! Tollwütig!« Sie standen da. »Wir gehen nicht weiter.« Dann das Kommando: »Ihr habt eine halbe Stunde. Wegtreten!« Im Nu löste sich die Kolonne auf. Aber alle waren rechtzeitig zurück. Pünktlich. Glücklich. *(Sie schweigt.)* Wo wohnt dieses Glück?

… Er schrieb dort Gedichte. Irgendwer denunzierte ihn beim Lagerchef: »Er schreibt.« Der Natschalnik rief ihn zu sich: »Verfass mir einen Liebesbrief in Versen.« Er erzählte, der Natschalnik sei verlegen gewesen bei dieser Bitte. Er hatte irgendwo im Ural eine Liebe wohnen.

... Auf der Heimfahrt lag er auf der oberen Pritsche. Der Zug war zwei Wochen unterwegs. Durch ganz Russland. Er lag die ganze Zeit oben, wagte sich nicht herunter. Rauchen ging er nachts. Er fürchtete, wenn ihm jemand etwas zu essen anbot, würde er anfangen zu weinen. Sie würden reden ... Und die anderen würden erfahren, dass er aus dem Lager kam ... Entfernte Verwandte seines Vaters nahmen ihn auf. Sie hatten eine kleine Tochter. Er umarmte sie, und sie fing an zu weinen. Er hatte irgendetwas an sich ... Er war wahnsinnig einsam ... Auch bei mir ... Das weiß ich: Auch bei mir ...

Nun verkündete er allen stolz: »Ich habe Familie.« Jeden Tag staunte er über das normale Familienleben, war überhaupt sehr stolz darauf. Aber die Angst ... trotz allem die Angst ... er konnte nicht ohne sie leben. Die Angst. Er erwachte nachts schweißnass vor Entsetzen: Dass er sein Buch nicht beenden würde (er schrieb ein Buch über seinen Vater), dass er keinen neuen Übersetzungsauftrag bekommen (er machte technische Übersetzungen aus dem Deutschen), seine Familie nicht ernähren können würde. Dass ich ihn plötzlich verlassen würde ... Erst kam die Angst, dann die Scham für diese Angst. »Gleb, ich liebe dich. Wenn du möchtest, dass ich für dich zum Ballett gehe und tanze, dann tue ich das. Für dich würde ich alles tun.« Im Lager hat er überlebt, aber im normalen Leben – jeder Milizionär, der sein Auto anhielt, konnte bei ihm einen Herzinfarkt auslösen ... oder ein Anruf von der Hausverwaltung ... »Wie hast du nur dort überlebt?« »Ich wurde als Kind sehr geliebt.« Uns rettet nur die Menge der empfangenen Liebe, das ist unsere Kraftreserve. Ja ... Nur die Liebe rettet uns. Die Liebe, das ist ein Vitamin, ohne das der Mensch nicht leben kann, ohne das sein Blut gerinnt, sein Herz stehenbleibt. Ich war Krankenschwester ... Pflegerin ... Schauspielerin ... Ich war alles.

Wir hatten Glück, finde ich ... Es war eine wichtige Zeit ... Die Perestroika! Das fühlte sich an wie ein Fest, ja. Als ob wir jeden Moment fliegen würden. Freiheit lag überall in der Luft. »Gleb, das ist deine Zeit! Jetzt kannst du alles schreiben. Und veröffentlichen.« Das war vor allem ihre Zeit … die Zeit der »Sechziger«[2]. Ihr Triumph. Da habe ich ihn glücklich gesehen: »Ich habe noch den endgültigen Sieg des Antikommunismus erlebt.« Das Wichtigste, wovon er geträumt hatte, war geschehen: Die Kremlmauer war gefallen. Jetzt würde man die kommunistischen Denkmäler abreißen und Lenins Sarkophag vom Roten Platz holen, die Straßen würden nicht mehr die Namen von Mördern und Henkern tragen … Eine Zeit der Hoffnungen! Die »Sechziger«, mag man heute auch alles Mögliche über sie sagen – ich liebe sie alle. Sie waren naiv? Romantiker? Ja!!! Ganze Tage lang las er Zeitungen. Morgens ging er zum Zeitungskiosk vor unserem Haus. Mit einer großen Einkaufstasche. Er hörte Radio und sah fern. Ununterbrochen. Damals waren alle so verrückt. Freiheit! Allein das Wort berauschte uns. Wir alle waren mit »Samisdat«[3] und »Tamisdat«[4] aufgewachsen. Mit dem Wort waren wir aufgewachsen. Mit der Literatur. Wie haben wir geredet! Wie schön damals alle redeten! Ich kochte das Mittag- oder Abendessen, er saß mit der Zeitung neben mir und las vor: »Susan Sontag: Kommunismus, das ist Faschismus mit menschlichem Antlitz …« »Und hier, hör mal …« Wir lasen zusammen Berdjajew[5] … Hayek[6]… Wie hatten wir nur davor gelebt, ohne diese Zeitungen und Bücher? Wenn wir das früher gekannt hätten … Dann wäre alles anders gewesen …. Bei Jack London gibt es eine Erzählung darüber, dass man auch in einer Zwangsjacke leben kann, man muss sich nur dünn machen, sich einzwängen und sich daran gewöhnen. Dann kann man sogar träumen. So hatten wir gelebt. Und wie würden wir nun leben? Ich wusste es nicht, stellte mir aber vor, dass es ein gutes Leben für alle sein würde. Daran hatte ich keine Zweifel. Doch nach Glebs Tod fand ich in seinem Tagebuch eine Notiz: »Ich lese wieder Tschechow … Die Erzählung *Der Schuster und das Böse*. Ein Mann verkauft dem Teufel seine Seele im Austausch für das ›Glück‹. Und wie sieht das Glück in der Vorstellung des Schusters aus? So: in einer Kutsche herumfahren, in einem neuen Hemd und chromledernen Stiefeln, neben sich ein dickes, vollbusiges Weib und in einer Hand einen Schinken, in der anderen ein Viertel Kornbrand. Mehr braucht er nicht …« *(Sie wird nachdenklich.)* Er hatte offensichtlich Zweifel … Aber wir sehnten uns so sehr nach etwas Neuem. Etwas Gutem und Hellem, etwas wirklich Gerechtem. Glücklich liefen wir auf Demonstrationen und Kundgebungen ... Früher hatte ich Angst vor Menschenmassen. Vor der Menge. Ich hatte eine Abneigung gegen die Menge, gegen die Festaufmärsche. Die Fahnen. Hier aber gefiel mir alles ... überall so vertraute Gesichter ... Diese Gesichter werde ich nie vergessen! Ich sehne mich zurück nach dieser Zeit, viele sehnen sich danach zurück, das weiß ich. Meine Freunde sehnen sich alle danach zurück. Unsere erste Touristenreise ins Ausland. Nach Berlin. Zwei junge deutsche Mädchen, die hörten, dass wir russisch sprachen, kamen auf unsere Gruppe zu: »Seid ihr Russen?« »Ja.« »Perestroika! Gorbi!« Sie umarmten uns. Ich frage mich: Wo sind diese Gesichter? Wo sind die schönen Menschen, die ich in den neunziger Jahren auf den Straßen gesehen habe? Sind sie etwa alle ausgereist?

Als ich erfuhr, dass er Krebs hat, habe ich die ganze Nacht geweint, und am Morgen bin ich zu ihm ins Krankenhaus gefahren. Er saß auf dem Fensterbrett, ganz gelb und sehr glücklich, er war immer glücklich, wenn sich in seinem Leben etwas veränderte. Erst das Lager, dann die Verbannung, dann die Freiheit und nun wieder etwas anderes ... Der Tod, das war eine weitere Veränderung ... »Hast du Angst, dass ich sterbe?« »Ja.« »Nun, erstens habe ich dir nichts versprochen. Und zweitens wird das noch nicht so bald sein.« »Wirklich?« Ich glaubte ihm, wie immer. Ich wischte mir die Tränen ab und redete mir zu, dass ich ihm wieder helfen müsse. Ich weinte nicht mehr ... bis zum Schluss weinte ich nicht mehr ... Ich ging jeden Morgen in sein Zimmer, und hier begann unser neues Leben, erst hatten wir zu Hause gelebt, nun lebten wir im Krankenhaus. Ein halbes Jahr verbrachten wir noch im Krebszentrum ...

Er las nur noch wenig ... Er erzählte mehr ...

Er wusste, wer ihn denunziert hatte. Ein Junge ... sie besuchten beide einen Zirkel im Haus der Pioniere. Er hatte, von sich aus oder weil er dazu genötigt wurde, einen Brief geschrieben: Gleb habe auf den Genossen Stalin geschimpft und seinen Vater verteidigt, einen Volksfeind. Der Vernehmer hat Gleb diesen Brief beim Verhör gezeigt. Sein Leben lang befürchtete Gleb ... befürchtete er, der Denunziant könne erfahren, dass er Bescheid wusste ... Als er hörte, dass derjenige ein behindertes Kind bekommen hatte, erschrak er – vielleicht war das eine Strafe? Zufällig wohnten wir sogar eine Zeitlang gar nicht weit voneinander entfernt, begegneten uns oft auf der Straße. Beim Einkaufen. Grüßten einander. Als Gleb tot war, erzählte ich einer gemeinsamen Freundin davon ... Sie konnte es nicht glauben: »N.? Das kann nicht sein, er spricht immer so gut von Gleb, wie eng sie als Kinder befreundet waren.« Ich begriff, dass ich schweigen musste. Ja ... Ein solches Wissen ist gefährlich ... Er wusste das ... Bekannte aus dem Lager kamen nur selten zu uns, er suchte ihre Gesellschaft nicht. Wenn sie da waren, fühlte ich mich fremd; sie kamen aus einer Zeit, da es mich noch nicht gegeben hatte. Sie wussten über ihn mehr als ich. Ich entdeckte, dass er noch ein anderes Leben hatte ... Ich begriff, dass eine Frau über ihre Demütigungen sprechen kann, ein Mann dagegen nicht – eine Frau kann das leichter zugeben, denn sie ist innerlich irgendwie auf Gewalt vorbereitet, selbst der Geschlechtsakt ... Jeden Monat beginnt die Frau das Leben von neuem ... durch ihre Zyklen ... Die Natur selbst hilft ihr. Von den Frauen, die im Lager gesessen haben, sind viele allein. Ich habe nur wenige Paare erlebt, bei denen beide – er und sie – von dort kamen. Sie hatten ein Geheimnis, das sie nicht vereinte, sondern trennte. Zu mir sagten sie »Kindchen«.

»Findest du es interessant mit uns?«, fragte Gleb, wenn die Gäste gegangen waren. »Was für eine Frage?«, antwortete ich dann gekränkt. »Weißt du, was ich befürchte? Als das alles interessant war, hatten wir einen Knebel im Mund, und jetzt, da wir alles erzählen können, ist es zu spät. Das will eigentlich keiner mehr hören. Oder lesen. Die Verleger bekommen immer neue Manuskripte über das Lager, und sie geben sie gleich zurück, ohne sie überhaupt zu lesen. ›Schon wieder Stalin und Berija? Das verkauft sich nicht. Das haben die Leser satt.‹«

... Er war ans Sterben gewöhnt ... Er hatte keine Angst vor diesem kleinen Tod ... Die Brigadiere im Lager, meist Kriminelle, verkauften die Brotrationen der Gefangenen, verspielten sie beim Kartenspiel, und die einfachen Gefangenen aßen Bitumen. Schwarzes Bitumen.

Viele starben daran, weil der Magen verklebte. Er aber hörte einfach auf zu essen, er trank nur noch.

… Ein Junge floh … absichtlich, damit sie ihn erschossen … Durch den Schnee … bei Sonnenschein … Beste Sicht. Sie haben ihn in den Kopf geschossen, ihn an einem Seil durchs Lager geschleift und ihn vor einer Baracke aufgestellt – schaut her! Lange stand er dort … bis zum Frühling …

… Wahltag … Ein Konzert im Wahllokal. Der Lagerchor sang. Da standen sie, Politische, Wlassow-Leute, Prostituierte, Taschendiebe – und sangen ein Lied über Stalin. »Stalin – unser Banner! Stalin – unser Glück!«

… Er hat dort ein Mädchen kennengelernt. Sie erzählte ihm, wie der Vernehmer auf sie eingeredet habe, das Protokoll zu unterschreiben: »Du fährst in die Hölle … Aber du bist hübsch, irgendein Natschalnik findet bestimmt Gefallen an dir. Das wird dich retten …«

… Im Frühling war es besonders schlimm. Alles in der Natur verändert sich … alles erwacht zum Leben … Man fragt lieber niemanden, wie lange er noch sitzen muss. Im Frühling ist jede Frist eine Ewigkeit! Vögel fliegen – niemand hebt den Kopf. Im Frühling schauten sie nicht zum Himmel …

An der Tür habe ich mich noch einmal umgeschaut und ihm zugewinkt. Nach einigen Stunden komme ich wieder, da ist er schon nicht mehr ansprechbar. Er bittet irgendwen: »Warte. Warte.« Dann hat er nichts mehr gesagt, nur noch bewusstlos dagelegen. Noch drei Tage. Ich gewöhnte mich auch daran. Nun, er liegt eben hier, und ich lebe hier. Sie stellten mir ein Bett neben seinem auf. Ja … Am dritten Tag … Es war schon schwierig, ihn intravenös zu spritzen. Blutgerinnsel … Ich musste den Ärzten gestatten, alles einzustellen, er würde keine Schmerzen haben, nichts mehr spüren. Und dann waren wir beide allein. Keine Geräte mehr, keine Ärzte, niemand kam mehr herein. Ich habe mich neben ihn gelegt. Es war kalt. Ich bin zu ihm unter die Decke gekrochen und eingeschlafen. Dann wachte ich auf … und hatte einen Augenblick lang das Gefühl: Wir schlafen bei uns zu Hause, die Balkontür steht offen … er ist noch nicht erwacht … Ich wagte nicht, die Augen zu öffnen … Dann öffnete ich sie – und wusste wieder alles … Ich wurde ganz hektisch … Ich stand auf, legte ihm die Hände aufs Gesicht. »A-a-ach …« Er hörte mich. Dann begann die Agonie … und ich saß so da … hielt seine Hand, hörte seinen letzten Herzschlag. Noch lange saß ich so da … Dann rief ich die Pflegerin, sie half mir, ihm ein Hemd anzuziehen, es war hellblau, seine Lieblingsfarbe. Ich fragte: »Darf ich noch sitzen bleiben?« »Ja, bitte. Wenn Sie sich nicht fürchten?« Wovor sollte ich mich fürchten? Ich kannte ihn … wie eine Mutter ihr Kind kennt … Gegen Morgen wurde er schön … Die Angst war aus seinem Gesicht gewichen, die Anspannung, alle Hektik des Lebens. Und ich entdeckte feine, edle Züge. Das Gesicht eines orientalischen Prinzen. So war er also! So war er in Wirklichkeit! So hatte ich ihn nicht gekannt.

Er hatte nur eine einzige Bitte: »Schreib auf den Stein, der über mir liegen wird, dass ich ein glücklicher Mensch war. Ich wurde geliebt. Die schlimmste Qual ist, wenn du nicht geliebt wirst.« *(Sie schweigt.)* Unser Leben ist so kurz … Ein Augenblick! Ich sehe, wie meine alte Mutter abends in den Garten schaut … mit was für Augen …

Wir sitzen lange da und schweigen.

Ich kann das nicht … ich darf das nicht vergessen … Und nun werde ich wieder umworben. Bekomme Blumen geschenkt …

Am nächsten Tag – ein überraschender Anruf.

Ich habe die ganze Nacht geweint … gestöhnt vor Schmerz … Ich habe mich die ganze Zeit entfernt … immer weiter entfernt … bin in die andere Richtung geflohen. Ich habe mit Mühe überlebt … Und gestern ist alles wieder zurückgekommen … Sie haben mich zurückgeholt … Ich war in Verbände gehüllt, nun habe ich sie abgewickelt und sehe, dass nichts verheilt ist. Ich dachte, unter diesen Verbänden sei neue Haut gewachsen, aber das ist nicht so. Nichts ist verheilt. Nichts ist verschwunden … alles, was war … Ich habe Angst, das wegzugeben … Niemand wird es festhalten können. Mit normalen Händen kann man das nicht festhalten …

Geschichte einer Kindheit

Maria Woiteschonok, Schriftstellerin, 57 Jahre alt

Ich bin eine *Osadniza*. Ich bin in der Familie eines polnischen *Osadnik*-Offiziers geboren. *Osadnik* ist das polnische Wort für »Siedler« und meint jene, die nach dem sowjetisch-polnischen Krieg 1921 Boden in den »Ostgebieten« erhalten hatten. 1939 wurde das heutige westliche Weißrussland der UdSSR angegliedert (entsprechend dem geheimen Zusatzprotokoll zum Molotow-Ribbentrop-Pakt), und Tausende *Osadniki* wurden als »politisch gefährliche Elemente«, wie Berija sie in einer Notiz an Stalin nannte, mit ihren Familien nach Sibirien verbannt. Aber das ist die große Geschichte … ich habe meine eigene … meine kleine Geschichte …

Ich weiß nicht, an welchem Tag ich geboren bin … nicht einmal das Jahr … Bei mir ist alles nur ungefähr. Ich habe keinerlei Papiere gefunden. Ich existiere, und ich existiere auch nicht. Ich erinnere mich an nichts, und ich erinnere mich an alles. Ich glaube, meine Mutter war mit mir schwanger, als sie deportiert wurden. Warum? Das Pfeifen von Lokomotiven macht mich immer unruhig … der Geruch der Bahnschwellen … und weinende Menschen auf Bahnhöfen … Selbst wenn ich mit einem schönen, bequemen Zug fahre, sobald daneben ein Güterzug vorbeidonnert, kommen mir die Tränen. Ich kann keine Viehwaggons sehen, das Brüllen der Tiere nicht ertragen … In solchen Waggons wurden wir deportiert. Da war ich noch gar nicht auf der Welt. Und war doch schon dabei. In meinen Träumen gibt es keine Gesichter … keine Handlung … meine Träume bestehen aus Geräuschen … Gerüchen …

Das Altaigebiet. Die Stadt Smeïnogorsk … der Fluss Smejowka … Die Verbannten wurden vor der Stadt ausgeladen. An einem See. Sie lebten in der Erde. In Erdhütten. Ich bin unter der Erde geboren und dort aufgewachsen. Die Erde riecht seit meiner Kindheit für mich nach zu Hause. Es tropft von der Decke, ein Erdbrocken löst sich, fällt herunter und hüpft auf mich zu. Es ist eine Kröte. Aber ich bin noch klein, ich weiß noch nicht, wovor ich Angst haben muss. Ich schlafe neben zwei Ziegen, auf einer warmen Schicht Ziegenköttel ... Mein erstes Wort ist »mä-äh« ... das waren meine ersten Laute ... nicht »Ma« ... »Mama«. Meine ältere Schwester Wladja erzählte mir später, wie erstaunt ich gewesen sei, dass Ziegen nicht sprechen wie wir. Das verstand ich nicht. Ich hielt die Ziegen für meinesgleichen. Meine Welt war ein Ganzes, alles gehörte zusammen. Noch heute spüre ich keinen Unterschied zwischen uns, zwischen Menschen und Tieren. Ich spreche immer mit ihnen ... und sie verstehen mich ... Und die Käfer, die Spinnen ... auch sie waren immer da, farbige, buntgemusterte Käfer. Das war mein Spielzeug. Im Frühling gingen wir zusammen hinaus in die Sonne, krabbelten auf der Erde herum, suchten etwas zu essen. Wärmten uns. Und im Winter erstarrten wir, wie die Bäume, fielen vor Hunger in Winterschlaf. Ich hatte meine eigene Schule, ich habe nicht nur von den Menschen gelernt. Ich spüre auch die Bäume und das Gras. Was mich am meisten interessiert im Leben, sind die Tiere, sie interessieren mich wirklich. Wie könnte ich mich loslösen von dieser Welt ... von diesen Gerüchen ... Das kann ich nicht. Da, endlich, die Sonne! Sommer! Ich bin oben ... ringsum blendende Schönheit, und niemand macht irgendwem Essen. Überall Klänge, Farben. Ich probiere jeden Grashalm, jedes Blatt ... jede Blume ... jede Wurzel ... Einmal habe ich Bilsenkraut gegessen und wäre beinahe gestorben. Ich habe ganze Bilder vor Augen ... Ich erinnere mich an einen Berg, der »Blaubart« hieß, an das blaue Licht auf diesem Berg ... Das Licht kam von der linken Seite, vom Hang. Es floss von oben nach unten ... Ein unglaubliches Schauspiel! Ich fürchte, ich habe nicht genug Talent, um das zu beschreiben. Es wiederaufleben zu lassen. Worte sind nur das Beiwerk zu einem Zustand. Zu unseren Gefühlen. Roter Mohn, wilde Lilien, Pfingstrosen ... Das alles breitete sich vor mir aus. Zu meinen Füßen. Oder ein anderes Bild ... Ich sitze neben einem Haus ... Über die Wand kriecht ein Sonnenfleck ... er hat viele Farben ... er verändert sich ständig. Lange, lange sitze ich dort. Ohne diese Farben wäre ich wahrscheinlich gestorben. Hätte nicht überlebt. Ich erinnere mich nicht, was wir aßen ... ob wir überhaupt irgendeine menschliche Nahrung hatten ...

Abends sah ich schwarze Menschen vorbeiziehen. Schwarze Kleidung, schwarze Gesichter. Das waren die Verbannten, die aus den Gruben zurückkehrten ... sie sahen alle aus wie mein Vater. Ich weiß nicht, ob mein Vater mich geliebt hat. Ob mich irgendjemand geliebt hat.

Ich habe sehr wenige Erinnerungen ... Ich hätte gern mehr. Ich suche im Dunkeln ... versuche, möglichst viel hervorzuholen ... Selten ... ganz selten fällt mir plötzlich etwas wieder ein, das ich vergessen hatte. Mir ist bitter zumute, aber ich bin glücklich. Dann bin ich furchtbar glücklich ...

An die Winter habe ich keine Erinnerungen ... Im Winter saß ich den ganzen Tag in der Erdhütte. Der Tag sah aus wie der Abend. Ständige Dämmerung. Kein einziger farbiger Fleck ... Besaßen wir irgendwelche Sachen außer Schüsseln und Löffeln? Kleidung ... ich erinnere mich nicht, dass wir richtige Kleider gehabt hätten ... wir hüllten uns in irgendwelche Lumpen. Nirgends ein Farbtupfer. Schuhe ... Was für Schuhe hatten wir? Galoschen ... ich erinnere mich an Galoschen ... ich hatte auch welche, sie waren groß und alt, wie die von Mama. Wahrscheinlich waren es ihre ... Meinen ersten Mantel habe ich im Kinderheim bekommen, auch die ersten Handschuhe. Die erste Mütze. Ich erinnere mich: Im Dunkeln leuchtet ganz schwach Wladjas weißes Gesicht ... Tagelang liegt sie da und hustet, das Bergwerk hat sie krank gemacht, sie hat Tuberkulose. Dieses Wort kenne ich schon ... Mutter weint nicht ... Ich erinnere mich nicht, dass sie je geweint hätte, sie sprach wenig, irgendwann hat sie wohl ganz damit aufgehört. Wenn der Husten nachlässt, ruft Wladja mich zu sich. »Sprich mir nach ... Das ist Puschkin.« Ich spreche ihr nach: »Ein schöner Tag mit Frost und Sonne! Du liegst im Schlaf noch, meine Wonne?«[7] Und ich stelle mir den Winter vor. So, wie er bei Puschkin ist.

Ich bin eine Sklavin des Wortes ... dem Wort vertraue ich absolut ... Ich erwarte immer Worte von einem Menschen, auch von Unbekannten, von Unbekannten sogar noch mehr. Bei Unbekannten kann man noch hoffen. Und ich möchte vielleicht auch selbst gern reden ... manchmal entschließe ich mich. Bin dazu bereit. Doch sobald ich jemandem etwas erzähle, kann ich anschließend an der Stelle, von der ich erzählt habe, nichts mehr finden. Dort ist nur noch Leere, und ich verliere diese Erinnerungen. Dort entsteht augenblicklich ein Loch. Und ich muss lange warten, bis die Erinnerungen wieder zurückkommen. Darum schweige ich. Ich erforsche alles in mir selbst. Alle Wege, Labyrinthe, Höhlen ...

Die Flicken ... Woher hatte ich diese Flicken und Stofffetzen? In verschiedenen Farben, viele dunkelrote. Irgendwer hatte sie mir gebracht. Aus diesen Flicken nähte ich kleine Menschlein, ich schnitt mir die Haare ab und machte ihnen daraus Frisuren. Das waren meine Freundinnen ... Puppen hatte ich noch nie gesehen, so etwas kannte ich gar nicht. Wir lebten schon in der Stadt, aber nicht in einem Haus, sondern in einem Keller. Ein einziges blindes Fenster. Aber wir hatten nun eine Adresse: Stalinstraße 17. Wie andere Leute auch ... wie alle ... wir hatten eine Adresse wie alle anderen. Dort spielte ich mit einem Mädchen ... sie wohnte nicht im Keller, sondern im Haus. Sie trug Kleider und Schuhe. Ich trug Mutters Galoschen ... Ich zeigte ihr meine Flicken, draußen sahen sie noch schöner aus als im Keller. Verlockender. Das Mädchen wollte sie haben, wollte sie gegen irgendetwas bei mir eintauschen. Aber ich – niemals! Dann kam ihr Vater. »Spiel nicht mit dieser Bettlerin«, sagte er. Ich begriff, dass man mich einfach wegschob. Ich musste gehen, möglichst schnell und leise verschwinden. Natürlich fand ich diese Worte erst als Erwachsene, nicht damals, als Kind ... Aber das Gefühl ... an das Gefühl erinnere ich mich ... Es tut so weh, dass man nicht einmal gekränkt ist, man tut sich auch nicht leid, nein, man ist auf einmal ganz frei. Aber Selbstmitleid – nein ... Wer noch Mitleid mit sich hat, der hat noch nicht sehr tief geschaut, sich noch nicht von den Menschen entfernt. Wer das erst einmal getan hat, der braucht die Menschen nicht mehr, dem genügt das, was in ihm selbst ist. Ich hatte zu tief geschaut ... Mich kann man kaum verletzen. Ich weine selten. Normales Unglück kommt mir lächerlich vor, der Kummer der Frauen ... Für mich ist das Show ... Show, nicht das wahre Leben ... Doch wenn ich ein Kind weinen höre ... wenn ich einen Bettler sehe ... Da gehe ich nie vorbei. Diesen Geruch erkenne ich sofort ... den Geruch des Unglücks.

Er sendet Wellen aus, die ich bis heute empfange. Es ist der Geruch meiner Kindheit. Meiner Windeln.

Ich bin mit Wladja unterwegs … wir bringen jemandem ein Mohairtuch … Ein schönes Stück, aus einer anderen Welt. Eine fertige Bestellung. Wladja konnte stricken und häkeln, und davon lebten wir. Die Frau bezahlte, dann sagte sie: »Kommt, ich schneide euch ein paar Blumen.« Wie – ein Blumenstrauß? Für uns? Wir stehen da, zwei Bettlerinnen, in Säcke gehüllt … hungrig, frierend … Und auf einmal schenkt uns jemand Blumen! Wir dachten immer nur an Brot, aber diese Frau wusste, dass wir auch noch an etwas anderes denken konnten! Du bist eingeschlossen, eingemauert, und plötzlich macht jemand ein Fenster auf … ganz weit auf … Und es stellt sich heraus, außer Brot … außer Essen … kann man uns auch einen Strauß Blumen schenken! Das heißt, wir sind nicht anders als die anderen. Wir sind … wie sie … Das war ein Verstoß gegen die Regeln: »Kommt, ich schneide euch ein paar Blumen.« Nicht pflücken, nein, schneiden, im eigenen Garten. Von diesem Moment an … Vielleicht war das mein Schlüssel … ich hatte einen Schlüssel bekommen … Das hat mich umgekrempelt … Ich erinnere mich an diesen Strauß … es war ein großer Strauß Cosmeen. Die pflanze ich jetzt immer auf meiner Datscha. *(Wir sitzen bei ihr auf der Datscha. Hier wachsen nur Blumen und Bäume.)* Vor kurzem bin ich nach Sibirien gefahren … In die Stadt Smeïnogorsk … dorthin … Ich suchte unsere Straße … unser Haus … unseren Keller … Doch das Haus stand nicht mehr, es war abgerissen worden. Ich fragte überall herum: »Erinnern Sie sich …?« Ein alter Mann erinnerte sich – ja, in dem Keller hat damals ein hübsches Mädchen gewohnt, sie war krank. Die Menschen behalten Schönheit besser in Erinnerung als das Leiden. Auch den Blumenstrauß bekamen wir geschenkt, weil Wladja so schön war.

Ich ging auf den Friedhof … am Tor stand eine Pförtnerbude mit zugenagelten Fenstern. Ich klopfte lange. Der Pförtner kam heraus … er war blind … Was war das für ein Zeichen? »Können Sie mir sagen, wo die Verbannten begraben sind?« »Ah … die sind da …« – er schwenkte den Arm; dort oben oder dort unten. Irgendwelche Leute führten mich dann hin … in die entlegenste Ecke … Dort war nur

Gras … nur Gras … In der Nacht konnte ich nicht schlafen, ich bekam keine Luft. Ich hatte Krämpfe, ein Gefühl, als drückte mir jemand die Kehle zu … Ich rannte aus dem Hotel und zum Bahnhof. Zu Fuß durch die ganze menschenleere Stadt. Die Bahnstation war geschlossen. Ich setzte mich auf die Gleise und wartete bis zum Morgen. Auf dem Bahndamm saßen ein junger Mann und ein Mädchen. Sie küssten sich. Im Morgengrauen kam der Zug. Der Wagen war fast leer … Wir stiegen ein: Ich und vier Männer in Lederjacken, kahlgeschoren, sie sahen aus wie Kriminelle … Sie bewirteten mich mit Brot und Gurken. »Spiel'n wir 'ne Runde Karten?« Ich hatte keine Angst.

Vor kurzem fiel mir wieder ein … Ich war unterwegs … saß im O-Bus … Da erinnerte ich mich, wie Wladja früher sang: »Sucht ich, ach, das Grab meiner Liebsten, fragend überall: Wer weiß wo …«[8] Dann erfuhr ich: Das war Stalins Lieblingslied … wenn es gesungen wurde, weinte er … Da mochte ich es sofort nicht mehr, dieses Lied. Zu Wladja kamen oft Freundinnen, sie zum Tanz abholen. Das alles weiß ich noch … Ich war schon sechs oder sieben … Ich sah, wie die Mädchen statt eines Gummis Draht in die Unterhosen einzogen. Damit man sie ihnen nicht herunterreißen konnte … Dort waren ja nur Verbannte … Häftlinge … Es gab viele Morde. Über die Liebe wusste ich auch schon Bescheid. Als Wladja krank war, besuchte sie oft ein hübscher Junge – sie lag da, in Lumpen, und hustete. Aber er schaute sie so an …

Das tut weh, aber es gehört zu mir. Ich laufe nicht davor weg … Ich kann nicht sagen, dass ich alles angenommen hätte, dass ich dankbar wäre für den Schmerz, nein, das wäre nicht das richtige Wort. Das richtige Wort finde ich jetzt nicht. Ich weiß, dass ich in diesem Zustand weit entfernt bin von allen. Ich bin allein. Das Leiden in die eigenen Hände nehmen, es sich vollkommen zu eigen machen und wieder aus ihm heraustreten, etwas daraus mitnehmen. Das ist ein großer Sieg, und nur das hat einen Sinn. Dann steht man nicht mit leeren Händen da … Warum hätte man sonst in die Hölle hinabsteigen müssen?

Jemand führt mich ans Fenster … »Schau, da bringen sie deinen

Vater …« Eine Frau, die ich nicht kannte, zog einen Schlitten vorbei, darauf lag etwas … Etwas oder jemand … in eine Decke gehüllt und mit einem Strick verschnürt … Später begruben meine Schwester und ich meine Mutter. Nun waren wir allein. Wladja konnte schon nicht mehr gut laufen, ihre Beine versagten. Ihre Haut löste sich ab wie Papier. Jemand brachte ihr ein Fläschchen … Ich dachte, das wäre Medizin, aber es war irgendeine Säure. Gift. Sie rief mich zu sich. »Hab keine Angst …«, und gab mir das Fläschchen … Sie wollte, dass wir uns zusammen vergiften. Ich nahm die Flasche … Rannte damit weg und warf sie in den Ofen. Das Glas zersplitterte … Der Ofen war kalt, darauf wurde schon lange nicht mehr gekocht. Wladja weinte: »Du kommst ganz nach Vater.« Irgendwer hat uns gefunden … Vielleicht ihre Freundinnen? … Wladja war schon bewusstlos … Sie kam ins Krankenhaus, ich ins Kinderheim. Unser Vater … Ich möchte mich an ihn erinnern, aber sosehr ich mich auch bemühe, ich sehe sein Gesicht nicht, sein Gesicht fehlt in meiner Erinnerung. Später habe ich ihn gesehen, als jungen Mann, auf einem Foto bei meiner Tante. Es stimmt … ich sehe ihm ähnlich. Das verbindet uns. Vater hatte ein hübsches Bauernmädchen geheiratet. Aus einer armen Familie. Er wollte eine feine Dame aus ihr machen, aber Mutter trug immer ein Kopftuch, das sie ganz tief in die Stirn zog. Sie war keine feine Dame. In Sibirien blieb Vater nicht lange bei uns … er ging zu einer anderen Frau … Da war ich schon geboren … Ich war eine Strafe! Ein Fluch! Niemand hatte die Kraft, mich zu lieben. Auch Mutter hatte sie nicht. Das ist in meine Zellen einprogrammiert: ihre Verzweiflung, ihre Verletztheit … und der Mangel an Liebe … Ich bekomme nie genug Liebe, selbst wenn ich geliebt werde, glaube ich es nicht, ich brauche ständig neue Beweise. Zeichen. Ich brauche sie jeden Tag. In jedem Augenblick. Es ist schwer, mich zu lieben … das weiß ich … *(Sie schweigt lange.)* Ich liebe meine Erinnerungen … Ich liebe meine Erinnerungen, weil darin alle am Leben sind. Da sind sie alle bei mir … Mutter … Vater … Wladja … Ich muss immer an einem langen Tisch sitzen. Mit einem weißen Tischtuch. Ich lebe allein, aber in meiner Küche steht ein großer Tisch. Vielleicht sind sie ja alle bei mir … Manchmal bemerke ich an mir eine Geste, die nicht meine ist. Eine Geste von Wladja … oder von Mutter … Dann habe ich das Gefühl, dass sich unsere Hände berühren …

… Ich bin im Kinderheim … Im Kinderheim der *Osadniki*-Waisen blieb man bis vierzehn, danach ging es ins Bergwerk. Und mit achtzehn – Tuberkulose … wie Wladja … Das war das Schicksal. Irgendwo weit weg, erzählte Wladja, haben wir ein Zuhause. Aber das ist sehr weit weg … Dort lebte noch Tante Maryla, Mamas Schwester … Eine einfache Bäuerin, Analphabetin. Sie lief herum, bat um Auskunft. Fremde Menschen schrieben Briefe für sie. Ich begreife bis heute nicht … wie? Wie hat sie das geschafft? Ins Kinderheim kam eine Anordnung, uns zu der und der Adresse zu schicken. Nach Weißrussland. Beim ersten Mal kamen wir nicht bis Minsk, in Moskau wurden wir aus dem Zug gesetzt. Wieder das Gleiche: Wladja, sie hatte Fieber bekommen, kam ins Krankenhaus, ich in Quarantäne. Und von dort in ein Durchgangskinderheim. Ein Kellerraum, es roch nach Chlor. Fremde Menschen … Immer unter fremden Menschen … Mein ganzes Leben. Aber die Tante schrieb weiter … sie ließ nicht locker … Nach einem halben Jahr machte sie mich in diesem Heim ausfindig. Wieder hörte ich die Worte »Zuhause«, »Tante« … Ich wurde zu einem Zug gebracht … Ein dunkler Waggon, nur der Gang war beleuchtet. Schatten von Menschen. Eine Erzieherin begleitete mich. Wir fuhren bis Minsk und kauften eine Fahrkarte nach Postawy … ich kannte die Namen aller Orte … Wladja hatte gesagt: »Merk dir das gut. Merk dir: unser Ort heißt Sowtschino.« Von Postawy ging es zu Fuß weiter nach Gridki … ins Dorf der Tante … An einer Brücke machten wir eine Verschnaufpause. Ein Nachbar kam gerade auf dem Fahrrad von der Nachtschicht. Er fragte, wer wir seien. Wir sagten, wir wollten zu Tante Maryla. »Ja«, sagte er, »da seid ihr richtig.« Dann hat er wohl meiner Tante erzählt, dass er uns gesehen hatte … sie kam uns entgegengelaufen … Ich sah sie und sagte: »Die Frau da sieht meiner Mama ähnlich.« Das war's.

Ich sitze, den Kopf kahlgeschoren, auf einer langen Bank in der Hütte von Onkel Stach, Mutters Bruder. Die Tür steht offen, und ich sehe Leute kommen, immer mehr Leute … sie bleiben stehen und schauen mich schweigend an … Stehen da wie gemalt! Keiner redet mit dem anderen. Sie stehen da und weinen. Vollkommen still. Das ganze Dorf ist gekommen … Sie schwemmten meinen Tränenstrom weg, jeder von ihnen weinte mit mir. Sie alle kannten meinen Vater, manche hatten bei ihm gearbeitet. Oft sollte ich später hören: »Im Kolchos kriegen wir nur ›Häkchen‹ angerechnet, aber Antek (mein Vater), der hat uns immer bezahlt.« Und da ist es – mein Erbe. Unser Haus wurde aus unserem Hof ins zentrale Kolchosdorf umgesetzt, bis heute sitzt darin der Dorfsowjet. Ich weiß Bescheid über die Menschen, ich weiß mehr, als mir lieb wäre. Am selben Tag, als die Rotarmisten unsere Familie auf einen Wagen luden und zur Bahnstation schafften, haben genau diese Leute … Tante Elzbeta … Josefa … Onkel Matej … sie haben unser Haus ausgeräumt und alles in ihre Hütten geschleppt. Die kleineren Gebäude haben sie abgerissen. Balken für Balken auseinandergenommen. Sogar den frisch angelegten Garten haben sie ausgegraben. Die kleinen Apfelbäume. Meine Tante kam angerannt … und nahm nur einen Blumentopf vom Fensterbrett mit, als Andenken … Daran will ich mich nicht erinnern. Ich verbanne es aus meinem Gedächtnis. Ich erinnere mich daran, wie das ganze Dorf sich um mich kümmerte, mich auf Händen trug. »Komm zu uns, Manetschka, wir haben Pilze gekocht …« »Komm, trink ein bisschen Milch …« Am Tag nach meiner Ankunft war mein ganzes Gesicht voller Eiterbeulen. Meine Augen brannten. Ich konnte die Lider nicht öffnen. Ich wurde an der Hand zum Waschen geführt. Alles Kranke brach aus mir heraus, wurde ausgebrannt, damit ich die Welt mit anderen Augen sehen konnte. Das war der Übergang von meinem alten Leben zum neuen … Wenn ich jetzt die Straße entlangging, wurde ich dauernd angehalten: »Was für ein Mädchen! Ach, was für ein Mädchen!« Wenn das nicht gewesen wäre, dann hätte ich heute einen Blick wie ein Hund, den man aus einem Eisloch gefischt hat. Ich weiß nicht, wie ich die Menschen dann angesehen hätte …

Meine Tante und mein Onkel lebten in einem Schuppen. Ihr Haus war im Krieg abgebrannt. Sie bauten einen Schuppen, für die erste Zeit, dachten sie, und dann blieben sie darin wohnen. Ein Strohdach, ein einziges kleines Fenster. In einer Ecke die Bulwotschki – so nannte meine Tante die Kartoffeln, nicht »Bulwen«, sondern »Bulwotschki« –, in der anderen quiekte ein Ferkel. Keine Dielen auf dem Fußboden – blanke Erde, mit Schilf und Stroh bedeckt. Bald wurde auch Wladja gebracht. Sie lebte noch eine Weile, dann starb sie. Sie war froh, dass sie zu Hause starb. Ihre letzten Worte waren: »Was wird nun aus Manetschka?«

Doch alles, was ich über die Liebe weiß, habe ich in diesem Schuppen meiner Tante gelernt …

»Mein Vögelchen«, nannte mich die Tante. »Mein Sumselchen … mein Bienchen …« Ich plapperte ununterbrochen auf sie ein, zupfte an ihr herum. Ich konnte es nicht glauben … Ich wurde geliebt! Geliebt! Du wächst heran, und du wirst bewundert – das ist ein solcher Luxus! Da recken sich alle deine Knochen, alle deine Muskeln. Ich steppte und tanzte für sie. Das hatte ich in der Verbannung gelernt … Auch die Lieder von dort sang ich ihr vor … »Auf der Straße bei Tschuisk im Altai, da donnern die Laster vorbei …« und »In fremder Erde werd ich liegen, bitter weint mein Mütterlein, mein Weib wird einen andren finden, doch die Mutter nimmermehr …« … Den ganzen Tag rannte ich so viel herum, dass die Füße abends ganz blau und schrundig waren … Schuhe hatten wir ja keine. Wenn ich dann am Abend schlafen ging, wickelte die Tante meine Füße in den Saum ihres Nachthemds, zum Wärmen. Sie wickelte mich richtig ein. Ich lag an ihrem Bauch … wie im Mutterleib … Darum erinnere ich mich nicht an das Böse … Das Böse habe ich vergessen … es tief in mir vergraben … Morgens erwachte ich von der Stimme der Tante: »Ich habe Puffer gebacken. Komm essen.« »Tante, ich will noch schlafen.« »Iss erst was, danach kannst du weiterschlafen.« Sie wusste, für mich war Essen … Plinsen … das war für mich wie Medizin. Plinsen und Liebe. Onkel Vitalik war Schäfer, er hatte immer eine Peitsche über der Schulter und eine lange Pfeife aus Birkenrinde. Er trug eine Militärjacke und Reithosen. Er brachte uns von der Weide immer seinen »Futtersack« mit – darin waren Käse, ein Stück Speck – alles, was ihm die Frauen so gegeben hatten. Heilige Armut! Sie war für die beiden ohne Bedeutung, sie war nicht verletzend, nicht beleidigend. Das alles ist mir so wichtig … so kostbar … Meine Freundinnen klagen: »Ich kann mir kein neues Auto leisten …« oder: »Mein Leben lang habe ich von einem Nerzmantel geträumt und mir nie einen kaufen können …« So etwas höre ich wie durch eine Glasscheibe … Das Einzige, dem ich nachtrauere, ist, dass ich keine kurzen Röcke mehr tragen kann. *(Wir lachen beide.)*

Die Tante hatte eine außergewöhnliche Stimme … mit einem Vibrato, wie Edith Piaf … Die Leute holten sie zum Singen bei Hochzeiten. Oder wenn jemand gestorben war. Ich war immer dabei … lief neben ihr her … Ich weiß noch … Sie steht vor einem Sarg … lange steht sie da … dann löst sie sich plötzlich von den anderen, geht näher heran. Ganz langsam … sie sieht, dass niemand letzte Worte für den Toten sprechen kann. Die Menschen wollen zwar, aber nicht jeder kann das. Und da fängt sie an: »Ach, Anetschka, wo bist du nur hin … hast den hellen Tag verlassen und die liebe Nacht … wer wird nun über deinen Hof laufen … wer deine Kinder küssen … wer wird da sein, wenn die Kuh abends heimkommt …« Leise, ganz leise spricht sie … Ganz alltäglich, einfach und zugleich erhaben. Traurig. Es liegt eine letzte Wahrheit in diesem Einfachen. Etwas Endgültiges. Ihre Stimme vibriert … Und nach ihr fangen alle an zu weinen. Schon ist vergessen, dass die Kuh nicht gemolken ist, dass der Mann betrunken zu Hause sitzt. Die Gesichter verändern sich, die Hast weicht, die Gesichter fangen an zu leuchten. Alle weinen. Ich geniere mich … und die Tante tut mir leid … Wieder zu Hause, ist sie danach immer ganz krank: »Ach, Manetschka, mir dröhnt der Kopf.« Aber so ein Herz hatte meine Tante … Wenn ich aus der Schule gelaufen kam … Das kleine Fenster … eine Nadel, so lang wie ein Finger … Die Tante flickte unsere Kleider und sang: »Mit Wasser löscht man Feuer, die Liebe löschst du nie!« Diese Erinnerungen sind ein strahlendes Licht …

Von unserem Gut … Von unserem Haus sind nur noch ein paar Steine übrig. Aber ich spüre ihre Wärme, es zieht mich zu ihnen. Ich fahre dorthin wie an ein Grab. Dort kann ich auf freiem Feld schlafen. Ich laufe vorsichtig, wage kaum aufzutreten. Die Menschen sind verschwunden, aber dort ist noch Leben. Geräusche des Lebens … von lebenden Wesen … Ich laufe herum und fürchte, jemandes Haus zu zerstören. Auch ich selbst kann mich überall niederlassen, wie eine Ameise. Mein Zuhause, das ist ein Kult für mich. Da müssen Blumen wachsen … schön soll es sein … Schon im Kinderheim … Ich weiß noch, wie ich im Heim in das Zimmer geführt wurde, in dem ich wohnen sollte. Weiße Betten … Ich schaute mich suchend um: Ist das Bett am Fenster noch frei? Werde ich mein eigenes Nachtschränkchen haben? Ich suchte einen Platz, wo mein Zuhause sein würde.

Und jetzt … Wie viele Stunden sitzen wir schon hier und reden? Inzwischen ist ein Gewitter durchgezogen … die Nachbarin war da … das Telefon hat geklingelt … Das alles hat mich beeinflusst, auf all das habe ich reagiert. Doch auf dem Papier bleiben am Ende nur die Worte … Mehr bleibt nicht: Nicht die Nachbarin, nicht das Telefonklingeln … Überhaupt würde ich das alles morgen vielleicht ganz anders erzählen. Die Worte bleiben zurück, doch ich stehe auf und gehe weiter. Ich habe gelernt, damit zu leben. Ich kann das. Ich gehe immer weiter.

Wer hat mir das beschert? Das alles … Gott oder die Menschen? Wenn es Gott war, dann wusste er wohl, wem er es bescherte. Das Leiden hat mich großgezogen. Das ist meine Kreativität … Mein Gebet. Wie oft schon wollte ich jemandem alles erzählen … Manchmal habe ich angefangen. Aber niemand hat mich je gefragt: »Und weiter … was war weiter?« Ich habe immer gewartet, dass jemand kommt, gute Menschen oder böse, das weiß ich nicht, aber dass jemand kommt. Mein ganzes Leben habe ich gewartet, dass mich jemand findet. Und dass ich ihm das alles erzähle … und er fragt: »Und weiter, was war weiter?« Heute heißt es immer: Der Sozialismus ist schuld … Stalin … Als hätte Stalin so viel Macht gehabt wie Gott. Jeder hatte seinen eigenen Gott. Warum hat er geschwiegen? Meine Tante … unser Dorf … Ich erinnere mich noch an Maria Petrowna Aristowa, eine alte Lehrerin, die unsere Wladja oft im Krankenhaus in Moskau besuchte. Eine fremde Frau … sie war es auch, die Wladja zu uns ins Dorf brachte, auf den Armen hat sie sie zu uns getragen. Wladja konnte damals gar nicht mehr laufen. Maria Petrowna schickte mir später Bleistifte, Süßigkeiten. Schrieb mir Briefe. Auch im Durchgangskinderheim, wo ich gewaschen und desinfiziert wurde … Ich saß auf einer hohen Bank … ganz voller Schaum … ich hätte ausrutschen können, auf den Zementboden fallen. Ich rutsche … falle fast … Eine fremde Frau … eine Pflegerin … fängt mich auf und drückt mich an sich: »Hab ich dich, mein Vögelchen.«

Ich habe Gott gesehen …

VON EINER ZEIT, IN DER JEDER, DER TÖTET, GLAUBT, ER DIENE GOTT

Olga W., Topographin, 24 Jahre alt

Es war Morgen. Ich kniete ... Ich kniete und bat: »Herr! Ich bin bereit! Ich will jetzt sterben!« Obwohl Morgen war ... und der Tag anbrach ...

So ein starker Wunsch ... Sterben! Ich bin ans Meer gegangen. Habe mich in den Sand gesetzt. Mir zugeredet, dass ich keine Angst haben müsse vor dem Tod. Der Tod, das ist Freiheit ... Das Meer rauschte, schlug gegen den Strand ... und die Nacht brach an, dann wieder ein Morgen. Beim ersten Mal konnte ich mich nicht entschließen. Ich bin herumgelaufen, bin herumgelaufen und habe meine Stimme gehört: »Herr, ich liebe dich! Herr ...« *Sara bara bsija bsoi* ... Das ist Abchasisch ... Ringsum so viele Farben ... Geräusche ... Aber ich wollte sterben ...

Ich bin Russin ... Ich bin in Abchasien geboren und habe lange dort gelebt. In Suchumi. Bis ich zweiundzwanzig wurde. Bis 1992 ... Bis der Krieg begann ... Wenn das Wasser brennt, wie kann man es dann löschen? – sagen die Abchasen. So sprechen sie vom Krieg ... Alle benutzten dieselben Busse, besuchten dieselben Schulen, lasen die gleichen Bücher, lebten im selben Land, und alle lernten eine Sprache – Russisch. Und nun töten sie einander: der Nachbar den Nachbarn, der Schulkamerad den Schulkameraden. Der Bruder tötet die Schwester! Sie kämpfen gleich hier, vor ihrer Haustür ... Wie lange ist das her? Ein Jahr ... zwei ... Alle lebten wie Brüder ... alle waren Komsomolzen und Kommunisten. Ich habe in einem Schulaufsatz geschrieben: »Brüder auf ewig«, »unverbrüchlicher Bund ...«. Einen Menschen töten! Das ist kein Heldentum, das ist mehr als ein Verbrechen ... Das ist ein Grauen! Ich habe es gesehen ... Es ist nicht zu verstehen … Ich verstehe es nicht … Ich will Ihnen von Abchasien erzählen … ich habe es sehr geliebt … *(Sie hält inne.)* Ich liebe es immer noch, trotzdem. Ich liebe es … In jedem abchasischen Haus hängt ein Dolch an der Wand. Wenn ein Junge geboren wird, schenken die Verwandten ihm einen Dolch und Gold. Neben dem Dolch hängt ein Trinkhorn für Wein an der Wand. Die Abchasen trinken Wein aus einem Horn, man darf das Horn nicht auf den Tisch legen, ehe man es ganz geleert hat. Nach abchasischer Sitte wird die Zeit, die man mit Gästen am Tisch verbringt, nicht auf die Lebenszeit angerechnet, weil der Mensch da Wein trank und Freude hatte. Aber wie zählt die Zeit, wenn man tötet? Auf einen anderen schießt … Ja, wie? Ich denke jetzt viel an den Tod.

(Sie beginnt zu flüstern.) Beim zweiten Mal … da wich ich nicht mehr zurück … Ich schloss mich im Bad ein … Dann habe ich mir sämtliche Fingernägel bis aufs Blut abgebrochen. Ich habe gekratzt, wollte mich festklammern an der Wand, am Lehm, am Kalk, im letzten Augenblick wollte ich wieder leben. Und der Strick riss … Und nun lebe ich noch, kann mich berühren. Nur … ich kann nicht aufhören, daran zu denken … an den Tod.

Als ich sechzehn war, starb mein Vater. Seitdem hasse ich Beerdigungen … diese Musik. Ich verstehe nicht – warum spielen die Menschen dieses Theater? Ich saß neben dem Sarg, ich wusste schon damals, dass das nicht mein Vater war, mein Vater war nicht mehr da. Nur ein fremder, kalter Körper … Eine Hülle. Die ganzen neun Tage* hatte ich einen Traum … Jemand rief nach mir … rief die ganze Zeit nach mir … Ich wusste nicht: Wohin soll ich gehen? Zu wem? Ich dachte an meine Verwandten … viele von ihnen hatte ich nie gesehen und wusste nicht, wie sie aussahen, sie waren gestorben, bevor ich zur Welt kam. Doch plötzlich sah ich meine Großmutter … Meine Großmutter war schon sehr lange tot, wir besaßen nicht einmal ein Foto von ihr, aber im Traum erkannte ich sie. Dort bei ihnen ist alles

* Nach dem orthodoxen Glauben verlässt die Seele am 9. Tag den Körper des Verstorbenen, macht einen Prozess der Reinigung durch und steht noch in Kontakt mit den Angehörigen, bis sie am 40. Tag in den Himmel aufsteigt.

anders … Sie sind da und sind auch wieder nicht da, sie sind vollkommen unverhüllt; uns verhüllt unser Körper, doch sie sind völlig ungeschützt. Dann sah ich meinen Vater … Er war noch fröhlich, noch irdisch, mir ganz vertraut. Aber alle anderen dort waren irgendwie … irgendwie so, als würde ich sie kennen, hätte sie aber vergessen. Der Tod ist ein Anfang, der Anfang von etwas … Wir wissen nur nicht, wovon … Ich grüble und grüble. Ich würde mich gern aus dieser Gefangenschaft befreien, mich verkriechen. Noch vor kurzem … Da habe ich morgens vorm Spiegel getanzt: Ich bin schön, ich bin jung! Ich werde Freuden erleben! Ich werde lieben!

Der Erste … Ein schöner, russischer Junge … Ausnehmend schön! Einer, von dem die Abchasen sagen: »Ein Mann zum Samenspenden.« Er lag da, mit ein wenig Erde bedeckt, in Turnschuhen und Militäruniform. Am nächsten Tag waren die Turnschuhe weg. Da lag er nun, tot … Und weiter, was ist dann? In der Erde? Unter unseren Füßen … unter unseren Sohlen … Dort unten oder – im Himmel … Was ist dort – im Himmel? Ringsum war Sommer, und das Meer lärmte. Und die Zikaden. Meine Mutter hatte mich einkaufen geschickt. Und er war tot. Durch die Straßen fuhren Lastwagen mit Waffen, die Waffen wurden verteilt wie Brot. Ich sah Flüchtlinge, jemand sagte, das seien Flüchtlinge, und ich erinnerte mich wieder an dieses fast vergessene Wort, das ich nur aus Büchern kannte. Es waren viele Flüchtlinge unterwegs: Mit Autos, auf einem Traktor, zu Fuß. *(Sie schweigt.)* Wollen wir lieber von etwas anderem reden? Zum Beispiel darüber, dass ich gern ins Kino gehe – aber ich mag am liebsten westliche Filme. Warum? Darin erinnert nichts an unser Leben hier. Da kann ich mir alles Mögliche ausmalen … mir etwas zusammenphantasieren … Ein anderes Gesicht anprobieren, denn ich habe mein Gesicht satt. Meinen Körper … sogar meine Hände … Mir missfällt mein Körper, ich bin zu eingeengt in alldem. Ich habe noch immer denselben Körper, immer ein und denselben Körper, dabei bin ich doch verschieden … ich verändere mich … Ich höre mir selbst zu und denke, dass ich das nicht gesagt haben kann, weil ich solche Worte gar nicht kenne und weil ich dumm bin und Brötchen mit Butter mag … Weil ich noch nie geliebt habe. Noch nie ein Kind geboren. Aber ich sage das … Ich weiß nicht, warum. Woher habe ich das? Ein anderer … Ein junger Georgier … Er lag im Park. Dort war an einer Stelle Sand, und er lag im Sand … Er lag da und schaute nach oben … Und niemand brachte ihn weg, lange hat ihn niemand weggeräumt. Ich sah ihn … und wusste, dass ich fliehen muss … Ich muss … Aber wohin? Ich lief in die Kirche … Dort war niemand. Ich kniete nieder und betete für alle. Damals konnte ich noch nicht beten, ich hatte noch nicht gelernt, mit Ihm zu sprechen … *(Sie kramt in ihrer Handtasche.)* Meine Tabletten … Ich darf das nicht! Ich darf mich nicht aufregen … Nach alldem bin ich krank geworden und wurde zu einem Psychiater geschickt. Ich gehe die Straße entlang … und plötzlich will ich schreien …

Wo ich gern leben würde? Ich würde gern in der Kindheit leben … Da lebte ich bei meiner Mutter wie in einem Nest. Gott behüte … Gott behüte die Vertrauensseligen und Blinden! In der Schule liebte ich Bücher über den Krieg. Und Filme. Ich stellte mir vor, dort sei es schön. Aufregend … ein aufregendes Leben. Ich bedauerte sogar, dass ich ein Mädchen war und kein Junge: Wenn es Krieg geben sollte, würde man mich nicht nehmen. Jetzt lese ich keine Bücher über den Krieg mehr. Nicht einmal die besten … Die Bücher über den Krieg … sie alle belügen uns. In Wirklichkeit ist Krieg schmutzig und schrecklich. Ein solches Grauen! Heute bin ich nicht mehr sicher – kann man darüber schreiben? Nicht die ganze Wahrheit, nein, aber überhaupt darüber schreiben? Darüber reden … Wie kann man danach glücklich sein? Ich weiß es nicht … ich bin ratlos … Früher – meine Mutter umarmte mich: »Was liest du da, mein Kind?« »*Sie kämpften für die Heimat* von Scholochow. Über den Krieg …« »Warum liest du diese Bücher? Sie handeln nicht vom Leben, mein Kind. Das Leben, das ist etwas anderes …« Mutter liebte Bücher über die Liebe … Meine Mutter! Ich weiß nicht einmal, ob sie noch lebt oder nicht. *(Sie schweigt.)* Erst dachte ich, ich könnte dort nicht mehr … könnte in Suchumi nicht mehr leben … Aber ich kann überhaupt nicht mehr leben. Und Bücher über die Liebe retten mich nicht. Aber es gibt die Liebe, ich weiß, dass es sie gibt. Ich weiß es … *(Zum ersten Mal lächelt sie.)*

Frühjahr 1992 … Unsere Nachbarn – Wachtang und Gunala, er

Georgier, sie Abchasin –, sie hatten ihr Haus und ihre Möbel verkauft und wollten weggehen. Sie kamen sich verabschieden. »Es wird Krieg geben. Geht nach Russland, wenn ihr dort jemanden habt.« Wir haben ihnen nicht geglaubt. Die Georgier hatten sich immer über die Abchasen lustig gemacht, und die Abchasen hatten die Georgier nicht gemocht. Ja … Ah! *(Sie lacht.)* »Kann ein Georgier in den Kosmos fliegen?« »Nein.« »Warum nicht?« »Weil dann alle Georgier vor Stolz sterben würden und alle Abchasen – vor Neid.« »Warum sind die Georgier so klein?« »Die Georgier sind gar nicht so klein, die Berge der Abchasen sind bloß so hoch.« Sie verspotteten einander, aber sie lebten zusammen. Pflegten ihre Weinberge und machten Wein. Der Weinbau ist für die Abchasen so etwas wie eine Religion. Jeder Winzer hat sein eigenes Geheimnis … Der Mai verging … der Juni … Die Strandsaison begann … Die ersten Beeren … Krieg? Mutter und ich dachten nicht an Krieg – wir kochten Kompott und Konfitüre ein. Jeden Samstag fuhren wir auf den Basar. Der abchasische Basar! Die Gerüche dort … die Geräusche … Es riecht nach Weinfässern, nach Maisfladen, nach Schafskäse, nach gerösteten Kastanien. Ein feiner Duft nach Wildpflaumen und Tabak, nach gepressten Tabakblättern. An einigen Ständen hängt Käse … mein geliebter Mazoni … Die Käufer werden auf Abchasisch, auf Georgisch und auf Russisch angelockt. In allen Sprachen: »Wai-wai, mein Süßer. Du musst nichts kaufen, wenn du nicht willst, aber probier doch mal!« Bereits im Juni gab es in der Stadt kein Brot mehr zu kaufen. An einem Samstag beschloss Mutter, sich mit Mehl einzudecken … Wir stiegen in den Bus, neben uns setzte sich eine Bekannte mit ihrem Kind. Das Kind spielte, doch auf einmal fing es an zu weinen, so laut, als hätte es jemand erschreckt. Da fragt unsere Bekannte plötzlich: »Wird da geschossen? Hört ihr das: Sind das Schüsse?« Eine verrückte Frage! Wir erreichen den Basar, und eine Menschenmenge kommt uns entgegen, die Menschen fliehen voller Angst. Große Federn fliegen herum … Kaninchen laufen vor unseren Füßen herum … Enten … Von den Tieren wird nie gesprochen … davon, wie sie leiden … Aber ich erinnere mich an eine verwundete Katze … Und wie ein Hahn schrie, unter seinem Flügel steckte ein Splitter …

Nicht wahr, ich bin nicht normal? Ich denke zu viel an den Tod … ich bin nur noch damit beschäftigt … Und dann – ein Schrei! Dieser Schrei … Da schrie kein einzelner Mensch, da schrie eine Menge. Irgendwelche Bewaffneten ohne Uniform, aber mit Maschinenpistolen liefen den Frauen nach, nahmen ihnen die Handtaschen und die Sachen weg: »Gib das her … Zieh das aus …« »Sind das Kriminelle?«, flüsterte meine Mutter mir zu. Wir stiegen aus dem Bus und entdeckten russische Soldaten. »Was ist das hier?«, fragte meine Mutter sie. »Begreifen Sie das denn nicht?«, antwortete ein Leutnant. »Das ist Krieg.« Meine Mutter ist ein großer Angsthase, sie fiel in Ohnmacht. Ich schleppte sie in einen Hof. Aus einer Wohnung brachte uns jemand eine Karaffe mit Wasser … Irgendwo Krachen … Explosionen … »He, Frauen! Frauen! Braucht ihr Mehl?« Da stand ein junger Bursche mit einem Sack Mehl, er trug einen blauen Kittel, wie ihn die Lastträger bei uns anhaben, aber war ganz weiß, mit Mehl bestäubt. Ich lachte, aber Mutter sagte: »Komm, wir nehmen es. Vielleicht ist ja wirklich Krieg.« Wir haben ihm das Mehl abgekauft. Ihm Geld dafür gegeben. Da erst wurde uns klar, dass wir Gestohlenes gekauft hatten. Von einem Plünderer.

Ich habe unter diesen Menschen gelebt … ich kenne ihre Gewohnheiten, ihre Sprache … Ich liebe sie. Aber wo kamen plötzlich solche Menschen her? So schnell. So unglaublich schnell. Wo kam das her? Woher … wer weiß eine Antwort? Ich nahm mein goldenes Kreuz ab und versteckte es im Mehl, auch das Portemonnaie mit dem Geld versteckte ich. Wie eine alte Oma … ich wusste schon Bescheid … Woher? Das Mehl … zehn Kilo … trug ich bis nach Hause – an die fünf Kilometer. Ich war ganz ruhig … Wäre ich in diesem Moment getötet worden, ich wäre nicht einmal erschrocken … Die Menschen … viele kamen vom Strand … Fremde … Sie waren in Panik und in Tränen aufgelöst. Doch ich war ruhig … Wahrscheinlich stand ich unter Schock? Hätte ich lieber geschrien … geschrien, wie die anderen … Das denke ich heute … An der Bahnlinie blieben wir stehen, um zu verschnaufen. Auf den Gleisen saßen junge Burschen – die einen hatten ein schwarzes Tuch um den Kopf geschlungen, die anderen ein weißes. Und alle waren bewaffnet. Sie lachten und neckten mich noch.

Doch ganz in der Nähe stand ein rauchender Lastwagen … Am Steuer saß der getötete Fahrer … in einem weißen Hemd … Wir das gesehen! Und losgerannt, durch einen Mandarinenhain … Ich ganz voller Mehl … »Lass es fallen! Wirf's hin!«, bat Mama. »Nein, Mama, das tue ich nicht. Es ist Krieg, und wir haben nichts mehr im Haus.« Diese Bilder … Ein Shiguli kam uns entgegen … Wir winkten, wollten ihn anhalten. Der Wagen fuhr ganz langsam an uns vorbei, wie bei einer Beerdigung. Vorn saßen ein junger Mann und ein Mädchen, hinten lag die Leiche einer Frau. Das war schrecklich … Aber nicht so schrecklich, wie ich früher gedacht hatte … *(Sie schweigt.)* Ich möchte die ganze Zeit darüber nachdenken. Darüber nachdenken und nachdenken … Direkt am Meer – noch ein Shiguli: die Windschutzscheibe zerbrochen … eine Blutlache … Frauenschuhe liegen herum … *(Sie schweigt.)* Ich bin natürlich krank … krank … Warum vergesse ich nichts … *(Sie schweigt.)* Schnell! Bloß schnell nach Hause … an einen vertrauten Ort. Irgendwohin fliehen … Plötzlich ein Dröhnen … Auch dort oben war Krieg! Grüne Militärhubschrauber … Und unten … Ich sah Panzer, sie fuhren nicht in geordneter Formation, sondern einzeln, auf den Panzern saßen Soldaten mit Maschinenpistolen. Georgische Fahnen wehten. Die Kolonne bewegte sich ungeordnet: Manche Panzer bewegten sich schnell voran, andere hielten vor Geschäften an. Die Soldaten sprangen herunter und zerschlugen mit ihren Kolben die Schlösser. Sie nahmen Sekt, Konfekt, Cola und Zigaretten. Hinter den Panzern fuhr ein Ikarus-Bus, voll mit Matratzen und Stühlen. Wozu die Stühle?

Zu Hause rannten wir sofort zum Fernseher … Da spielte ein Sinfonieorchester. Und wo war der Krieg? Im Fernsehen wurde der Krieg nicht gezeigt … Bevor wir zum Basar aufgebrochen waren, hatte ich Tomaten und Gurken zum Einmachen vorbereitet. Die Gläser ausgekocht. Nun waren wir zurück, und ich füllte die Gläser, schraubte sie zu. Ich musste etwas tun, mich irgendwie beschäftigen. Am Abend schauten wir die mexikanische Serie *Auch Reiche weinen*. Da geht's um Liebe.

Am anderen Morgen … Ganz früh erwachten wir von einem Dröhnen. Durch unsere Straße fuhren Militärfahrzeuge. Die Leute gingen hinaus und schauten. Ein Auto hielt vor unserem Haus. Darin saßen Russen. Ich begriff: Söldner. Sie riefen meiner Mutter zu: »Mutter, bring uns Wasser.« Mutter brachte ihnen Wasser und Äpfel. Das Wasser tranken sie, aber die Äpfel nahmen sie nicht. Sie sagten: »Gestern wurde einer von uns mit Äpfeln vergiftet.« Auf der Straße traf ich eine Bekannte. »Wie geht es dir? Wo sind deine Leute?« Sie ging an mir vorbei, als würden wir uns nicht kennen. Ich rannte ihr hinterher, packte sie an der Schulter. »Was ist los?« »Hast du noch nichts begriffen? Es ist gefährlich, mit mir zu reden – mein Mann … Mein Mann ist Georgier.« Doch ich … ich hatte nie darüber nachgedacht, was ihr Mann war – Abchase oder Georgier. Was spielte das für eine Rolle! Er war ein wunderbarer Freund. Ich umarmte sie ganz fest! In der Nacht war ihr leiblicher Bruder bei ihr gewesen. Er wollte ihren Mann töten … »Dann töte auch mich«, hat die Schwester zu ihm gesagt. Ich bin mit dem Bruder in eine Klasse gegangen. Wir waren befreundet. Ich fragte mich, wie wir einander jetzt begegnen würden. Was würden wir sagen?

Nach ein paar Tagen begrub unsere ganze Straße Achrik … Achrik … Ein abchasischer Junge. Er war neunzehn Jahre alt. Er war am Abend zu seinem Mädchen gegangen – und mit einem Messer in den Rücken getötet worden. Seine Mutter lief hinter dem Sarg: Sie weinte, dann drehte sie sich plötzlich um – und lachte. Sie hatte den Verstand verloren. Einen Monat zuvor waren wir noch alle sowjetisch gewesen, und nun – Georgier – Abchase … Abchase – Georgier … Russe …

In der Parallelstraße lebte ein anderer Junge … Ich kannte ihn natürlich, nicht beim Namen, aber vom Sehen. Wir grüßten uns immer. Ein ganz normal wirkender Junge. Groß, schön. Er hat seinen alten Lehrer getötet – einen Georgier, er hat ihn getötet, weil der ihn in der Schule in Georgisch unterrichtet hatte. Ihm schlechte Zensuren gegeben hatte. Was ist das? Können Sie das etwa verstehen? In der sowjetischen Schule lernte jeder: Der Mensch ist des Menschen Freund … Freund, Kamerad und Bruder … Meine Mutter, wenn sie so etwas hörte … dann wurden ihre Augen erst ganz klein und dann riesengroß. Gott behüte die Vertrauensseligen und Blinden! Ich knie stundenlang in der Kirche. Dort ist es still … obwohl dort jetzt oft viele Menschen sind, und alle beten nur um eines … *(Sie schweigt.)* Glauben Sie, dass es Ihnen gelingt? Hoffen Sie, dass man darüber schreiben kann? Ja, hoffen Sie das? Ja … nun ja … Sie hoffen es … Ich nicht – nein.

Manchmal wachte ich nachts auf … rief nach meiner Mutter … Auch sie lag mit offenen Augen da. »Ich war nie so glücklich wie im Alter. Und plötzlich ist Krieg.« Männer reden immer vom Krieg, sie lieben Waffen, junge Männer wie alte … Frauen dagegen reden von der Liebe … Alte Frauen erzählen, wie jung und schön sie einmal waren. Nie reden sie vom Krieg … sie beten nur für ihre Männer … Wenn Mutter zu den Nachbarn ging, kam sie jedes Mal erschrocken zurück: »In Gagra haben sie ein ganzes Stadion voller Georgier verbrannt.« »Mama!« »Außerdem habe ich gehört, dass die Georgier Abchasen kastrieren.« »Mama!« »Ein Affenkäfig wurde von einer Bombe getroffen … In der Nacht verfolgten die Georgier jemanden, sie glaubten, es sei ein Abchase. Sie verwundeten ihn, und er schrie. Als die Abchasen auf ihn stießen, glaubten sie, es sei ein Georgier. Sie verfolgten und beschossen ihn. Doch gegen Morgen sahen alle, dass es ein verwundeter Affe war. Und alle – Georgier wie Abchasen – wollten ihn retten und schlossen einen Waffenstillstand. Einen Menschen aber hätten sie getötet …« Ich konnte meiner Mutter nichts entgegenhalten. Ich betete für alle: »Sie laufen herum wie Zombies. Laufen herum und glauben, sie täten Gutes. Aber kann man mit einer Maschinenpistole und einem Messer etwa Gutes tun? Sie gehen in ein Haus, und wenn sie dort niemanden antreffen, schießen sie auf das Vieh, auf die Möbel. Wenn man hinausgeht in die Stadt – da liegt eine Kuh mit durchschossenem Euter … zerschossene Gläser mit Konfitüre … Sie schießen – die einen in die Richtung, die anderen in die andere Richtung. Bring sie zur Vernunft!« *(Sie schweigt.)* Der Fernseher funktionierte nicht mehr, nur noch der Ton … ohne Bild … Moskau war weit weg.

Ich ging oft in die Kirche … und dort redete ich … und redete … Jeden, dem ich auf der Straße begegnete, hielt ich an. Später begann ich, mit mir selbst zu reden. Mutter setzte sich neben mich, hörte zu, und plötzlich sah ich – sie schläft, sie war so erschöpft, dass sie unvermittelt einschlief. Sie wäscht Aprikosen – und schläft. Und ich war wie aufgezogen … ich erzählte und erzählte … was ich von anderen gehört … und was ich selbst gesehen hatte … Wie ein Georgier … ein junger Georgier … wie er die Maschinenpistole hinwarf und rief: »Wo sind wir denn hier! Ich bin hergekommen, um für die Heimat zu sterben, und nicht, um fremde Kühlschränke zu stehlen! Warum geht ihr in ein fremdes Haus und nehmt einen fremden Kühlschrank? Ich bin hergekommen, um für Georgien zu sterben …« Andere fassten ihn unter und führten ihn weg, strichen ihm über den Kopf. Ein anderer Georgier ging aufrecht auf diejenigen zu, die auf ihn schossen: »Abchasische Brüder! Ich will euch nicht töten, schießt auch ihr nicht auf mich.« Die eigenen Leute erschossen ihn von hinten. Und ein anderer … Ob er Russe war oder Georgier, weiß ich nicht, er warf sich mit einer Granate vor ein Militärfahrzeug. Er schrie etwas … Niemand hörte, was er schrie. Im Auto verbrannten Abchasen … auch sie schrien … *(Sie schweigt.)* Mutter … meine Mutter … Mutter hat alle Fensterbretter im Haus mit Blumen vollgestellt. Sie wollte mich retten. Sie sagte zu mir: »Schau auf die Blumen, mein Kind! Schau auf das Meer!« Meine Mutter ist ein einzigartiger Mensch, sie hat ein so gutes Herz … Sie gestand mir: »Manchmal erwache ich ganz früh am Morgen – die Sonne scheint durch die Blätter … Dann denke ich: Ich schaue gleich mal in den Spiegel – wie alt bin ich eigentlich?« Sie litt an Schlaflosigkeit, ihre Beine schmerzten, sie hat dreißig Jahre als Meisterin im Zementwerk gearbeitet, aber am Morgen weiß sie nicht, wie alt sie ist. Dann steht sie auf, putzt sich die Zähne, sieht in den Spiegel – eine alte Frau schaut sie an … Dann macht sie Frühstück und vergisst das wieder. Und ich höre sie singen … *(Sie lächelt.)* Meine Mutter … Mein Mama-Mädchen … meine Freundin … Vor kurzem hatte ich einen Traum: Ich verlasse meinen Körper … und schwebe hoch hinauf. Und ich fühle mich so wohl …

Ich weiß nicht mehr, was zuerst war und was danach … Ich erinnere mich nicht … Die ersten Tage trugen die Plünderer Masken … zogen sich schwarze Strümpfe über den Kopf. Doch bald legten sie die Masken ab. Da hat einer in einer Hand eine Kristallvase, in der anderen eine Maschinenpistole, oder auf dem Rücken einen Teppich, und vor der Brust baumelt eine Maschinenpistole. Sie schleppten Fernseher, Waschmaschinen ... Damenpelzmäntel ... Geschirr ... Nichts haben sie verschmäht, sogar Spielzeug holten sie aus den zerstörten Häusern ... Holzpferdchen, Plüschteddys ... *(Sie beginnt zu flüstern.)* Wenn ich im Laden ein ganz normales Messer sehe ... wird mir bange ... Früher habe ich nie an den Tod gedacht. Ich ging zur Schule, dann auf die medizinische Fachschule. Habe studiert und mich verliebt. Wenn ich nachts aufwachte, träumte ich. Wann ist das gewesen? Das ist so lange her ... Ich erinnere mich an nichts mehr aus jenem Leben. Ich erinnere mich an anderes ... Einem Jungen haben sie die Ohren abgeschnitten, damit er keine abchasischen Lieder hörte. Und einem jungen Mann ... na, Sie wissen schon ... das ... damit seine Frau keine Kinder von ihm bekam ... Irgendwo stehen Atomraketen, Flugzeuge und Panzer, aber sie töteten mit dem Messer. Schlitzten einander mit Heugabeln auf, erschlugen einander mit der Axt ... Wäre ich doch lieber ganz und gar verrückt geworden ... dann würde ich mich an nichts erinnern ... Ein Mädchen aus unserer Straße ... sie hat sich erhängt ... Das Mädchen liebte einen Jungen, doch er hat eine andere geheiratet. Sie wurde in einem weißen Kleid begraben. Niemand konnte es glauben – wie war das möglich ... in einer solchen Zeit aus Liebe zu sterben? Ja, wäre sie vergewaltigt worden ... Ich erinnere mich an Tante Sonja, Mutters Freundin ... Eines Nachts wurden ihre Nachbarn erstochen ... ein georgisches Ehepaar, mit dem sie befreundet war. Und zwei kleine Kinder. Tagelang lag Tante Sonja danach mit geschlossenen Augen auf dem Bett und wollte nicht hinausgehen. »Mein Kind, wozu soll ich nach so etwas noch weiterleben?«, hat sie mich gefragt. Ich flößte ihr mit einem Löffel Suppe ein, sie konnte nicht schlucken.

In der Schule hat man uns dazu erzogen, den Mann mit dem Gewehr zu lieben ... Den Verteidiger der Heimat! Aber diese ... sie waren anders ... Auch dieser Krieg war anders ... Sie alle waren Kinder, kleine Jungen mit Maschinenpistolen. Solange sie lebten, machten sie mir Angst, aber wenn sie tot waren, lagen sie so hilflos da – dann taten sie mir leid. Wie ich überlebt habe? Ich ... ich ... Ich denke gern an meine Mutter. Wie sie sich abends lange die Haare kämmte … »Irgendwann«, versprach sie mir, »erzähle ich dir von der Liebe. Aber so, als wäre das nicht mir widerfahren, sondern einer anderen Frau.« Sie und Vater haben sich geliebt. Es war eine große Liebe. Mutter hatte erst einen anderen Mann, und eines Tages bügelte sie seine Hemden, und er aß zu Abend. Und plötzlich (so etwas brachte nur meine Mutter fertig) sagte sie laut: »Ich werde kein Kind von dir bekommen.« Sie hat ihre Sachen gepackt und ist gegangen. Und dann kam mein Vater … Er lief ihr überall nach, wartete stundenlang auf der Straße, erfror sich im Winter die Ohren. Lief ihr nach und schaute sie an. Und dann hat er sie geküsst …

Kurz vor dem Krieg ist mein Vater gestorben … An einem Herzschlag. Er hat sich am Abend vor den Fernseher gesetzt – und ist gestorben. Als wäre er einfach weggegangen … »Ja, meine Tochter, wenn du mal groß bist« – mein Vater hatte große Pläne mit mir. *(Sie fängt an zu weinen.)* Nun war ich allein mit meiner Mutter. Mit meiner Mama, die Angst vor Mäusen hatte … Angst davor, allein im Haus zu schlafen. Vor dem Krieg verkroch sie sich mit dem Kopf unterm Kissen … Wir haben alles Wertvolle verkauft, das wir im Haus hatten: den Fernseher, Vaters goldenes Zigarettenetui, das ihm heilig gewesen war und das wir lange bewahrt hatten, mein goldenes Kreuz. Wir hatten beschlossen, wegzugehen, doch um aus Suchumi wegzukommen, brauchte man Schmiergeld. Für die Militärs und die Miliz, man brauchte viel Geld! Züge fuhren schon nicht mehr. Die letzten Schiffe waren längst weg, die Flüchtlinge drängten sich auf den Decks und in den Laderäumen wie die Heringe. Unser Geld reichte nur für ein Ticket … nur für ein Ticket und nur für eine Tour. Bis Moskau. Ich wollte ohne Mutter nicht weg. Einen Monat lang redete sie auf mich ein: »Geh weg von hier, mein Kind! Geh weg!« Doch ich wollte ins Hospital … Verwundete pflegen … *(Sie schweigt.)* Ins Flugzeug durfte ich nichts mitnehmen, nur meine Handtasche mit den Papieren. Weder Sachen noch Mutters Piroggen. »Begreifen Sie doch, es herrscht Kriegszustand.« Aber neben mir passierte ein Mann die Zollkontrolle, er war in Zivil, aber die Soldaten sprachen ihn mit »Genosse Major« an und luden seine Koffer ein und große Pappkartons. Kisten mit Wein und Mandarinen. Ich weinte … den ganzen Flug über habe ich geweint … Eine Frau tröstete mich, sie flog mit zwei kleinen Jungen, ihrem eigenen und dem von Nachbarn. Die Jungen waren aufgedunsen vom Hunger … Ich wollte nicht … um keinen Preis wollte ich weggehen … Mutter hat mich von sich losgerissen, mich mit Gewalt ins Flugzeug gestoßen. »Mama, wohin fahre ich?« »Du fährst nach Hause … Nach Russland.«

Moskau! Moskau … Zwei Wochen habe ich auf dem Bahnhof gelebt … Menschen wie ich … wir waren Tausende … Auf allen Moskauer Bahnhöfen – auf dem Weißrussischen, dem Sawjolowoer, dem Kiewer … Ganze Familien, mit Kindern und Alten. Aus Armenien, aus Tadschikistan … aus Baku … Sie kampierten auf Bänken, auf dem Fußboden. Dort kochten sie auch Essen. Wuschen Wäsche. Auf den Toiletten gibt es Steckdosen … und an den Rolltreppen auch … Wasser in eine Schüssel, einen Tauchsieder rein, ein paar Nudeln, Fleisch … Fertig ist die Suppe! Der Grießbrei für die Kinder! Mir scheint, alle Bahnhöfe in Moskau riechen nach Konserven und Reissuppe. Nach Plow. Nach Kinderurin und schmutzigen Windeln. Die trockneten überall auf Heizkörpern, an Fenstern. »Mama, wohin fahre ich?« »Du fährst nach Hause. Nach Russland.« Nun war ich also zu Hause. Zu Hause wurden wir von niemandem erwartet. Von keinem empfangen. Niemand beachtete uns, niemand stellte uns Fragen. Ganz Moskau ist heute ein Bahnhof, ein einziger großer Bahnhof. Eine Karawanserei. Sehr bald war mein Geld alle … Zweimal wurde ich beinahe vergewaltigt, einmal von einem Soldaten, das andere Mal von einem Milizionär. Der Milizionär störte mich mitten in der Nacht auf: »Wo sind deine Papiere?« Er schleifte mich in den Milizraum. Seine Augen waren irre … Ich schrie, und wie! Da bekam er wohl einen Schreck … Er rannte weg. »Dumme Kuh!« Tagsüber lief ich durch die Stadt … stand eine Weile auf dem Roten Platz … Abends ging ich durch Lebensmittelgeschäfte. Ich war sehr hungrig. Einmal hat mir eine Frau eine Pirogge mit Fleisch gekauft. Ich hatte nicht darum gebeten … Sie hatte gegessen, und ich hatte ihr dabei zugeschaut … Da hatte sie Mitleid mit mir. Einmal … Aber dieses eine Mal werde ich mein Lebtag nicht vergessen. Die Frau war sehr alt.

Und arm. Irgendwohin gehen ... Hauptsache, nicht auf dem Bahnhof sitzen. Nicht ans Essen denken, an Mutter. Das dauerte zwei Wochen. *(Sie weint.)* Auf dem Bahnhof konnte man in einem Papierkorb mal ein Stück Brot finden ... einen abgenagten Hühnerknochen ... So habe ich gelebt, bis Vaters Schwester kam, von der wir lange nichts gehört hatten, wir wussten nicht einmal, ob sie noch lebte. Sie ist schon achtzig. Ich hatte nur eine alte Telefonnummer von ihr. Ich rief jeden Tag dort an ... Aber es ging niemand ran, die Tante lag im Krankenhaus. Ich dachte, sie wäre schon tot.

Es geschah – ein Wunder! Ein Wunder! Ich hatte so darauf gehofft ... und es geschah ... Die Tante kam mich abholen ... »Olga ... Sie werden im Milizraum von Ihrer Tante aus Woronesch erwartet.« Alle regten sich, kamen in Bewegung ... Der ganze Bahnhof: Wer? Wie war der Name? Wir liefen zu zweit hin: Dort war noch ein Mädchen mit dem gleichen Namen, aber mit einem anderen Vornamen. Sie kam aus Duschanbe. Sie hat so geweint, dass es nicht ihre Tante war ... dass nicht sie abgeholt wurde ...

Jetzt lebe ich in Woronesch ... Ich arbeite alles Mögliche, wo man mich gerade nimmt – als Geschirrwäscherin im Restaurant, als Wächter auf einer Baustelle, eine Zeitlang habe ich bei einem Aserbaidschaner Obst verkauft, bis er mich belästigte. Jetzt bin ich Topographin. Natürlich nur aushilfsweise, leider – die Arbeit ist interessant. Mein Diplom von der medizinischen Fachschule ist mir auf dem Moskauer Bahnhof gestohlen worden. Mitsamt allen Fotos von meiner Mutter ... Ich gehe mit meiner Tante in die Kirche. Dort knie ich nieder und bitte: »Herr! Ich bin jetzt bereit! Ich will jetzt sterben!« Ich frage Ihn jedes Mal: Lebt meine Mutter noch oder nicht? Danke ... Danke, dass Sie keine Angst vor mir haben. Dass Sie nicht den Blick abwenden wie andere. Dass Sie mir zuhören. Ich habe hier keine Freundinnen, keinen Verehrer. Ich rede ... und rede ... Wie sie auf der Erde lagen ... jung, schön ... Die Augen weit offen ...

Ein halbes Jahr später bekam ich einen Brief von ihr: »Ich gehe ins Kloster. Ich will leben ... Ich werde für alle beten.«

VON EINEM KLEINEN ROTEN FÄHNCHEN UND DEM FEIXEN DES BEILS

Anna M., Architektin, 59 Jahre alt

Die Mutter

A-ach … ich? Ich kann nicht mehr … Das Letzte, woran ich mich erinnere, ist ein Schrei. Wer da geschrien hat? Ich weiß es nicht. Ich? Oder die Nachbarin, sie hat im Treppenhaus das Gas gerochen. Und die Miliz angerufen. *(Sie steht auf und geht zum Fenster.)* Es ist Herbst. Vor kurzem war er noch gelb … jetzt ist er schwarz vom Regen. Selbst tagsüber ist das Licht weit weg. Schon morgens ist es dunkel. Ich schalte immer alle Lampen ein, sie brennen den ganzen Tag. Ich brauche viel Licht …. *(Sie kommt vom Fenster zurück und setzt sich wieder mir gegenüber.)*

… Zuerst habe ich geträumt, ich wäre tot. Als Kind habe ich oft Menschen sterben sehen, aber später habe ich das wieder vergessen … *(Sie wischt sich die Tränen ab.)* Ach, warum weine ich denn? Ich weiß doch alles … Ich weiß doch alles über mein Leben … Im Traum kreisten viele Vögel über mir … flogen gegen das Fenster. Ich wachte auf und hatte das Gefühl, als stünde jemand an meinem Kopfende. Als wäre da noch jemand. Ich will mich umdrehen und nachsehen, wer es ist. Aber da war so eine Angst, eine Ahnung, dass ich das lieber nicht tun sollte. Nein! *(Sie schweigt.)* Ich wollte von etwas anderem … Nicht gleich davon … Sie haben nach meiner Kindheit gefragt … *(Sie schlägt die Hände vors Gesicht.)* Ich rieche … ich rieche den süßen Duft nach Stiefmütterchen … Ich sehe die Berge vor mir, den Wachturm aus Holz und einen Soldaten darauf – im Winter im Halbpelz, im Frühjahr im Uniformmantel. Und Eisenbetten, ganz viele Eisenbetten, dicht an dicht. Eins am anderen … Früher dachte ich, wenn ich das je einem Menschen erzählen sollte, würde ich anschließend weglaufen und denjenigen nie wiedersehen wollen. Alle diese Dinge … habe ich tief in mir begraben … Ich habe nie allein gelebt, ich habe im Straflager in Kasachstan gelebt, Karlag hieß es, und nach dem Lager in der Verbannung. Ich habe im Kinderheim gelebt, im Wohnheim … in einer Gemeinschaftswohnung … Immer waren da viele fremde Körper, fremde Augen. Mein erstes eigenes Zuhause hatte ich erst mit vierzig. Da bekamen mein Mann und ich eine Zweizimmerwohnung, unsere Kinder waren schon groß. Aus alter Gewohnheit lief ich oft zu den Nachbarn, wie im Wohnheim, etwas borgen, Salz oder Streichhölzer, deshalb mochten sie mich nicht. Aber ich hatte eben noch nie allein gelebt … und konnte mich nicht daran gewöhnen … Briefe liebte ich immer über alles. Ich war ganz verrückt danach, nach Briefen in Kuverts! Das ist noch heute so. Ich bekomme Briefe von einer Freundin, sie ist zu ihrer Tochter nach Israel gezogen. Sie fragt: Wie ist es bei euch so? Nach dem Sozialismus … Tja, wie schon? Du gehst eine vertraute Straße entlang, und da ist ein französisches Geschäft, ein deutsches, ein polnisches … Lauter fremdländische Namen. Ausländische Socken, Pullover, Stiefel … Wurst und Gebäck … Nirgends etwas Vertrautes, Sowjetisches. Ich höre von allen Seiten nur: Das Leben ist Kampf, der Starke siegt über den Schwachen, das ist ein Naturgesetz. Man braucht Hörner, Hufe und einen Panzer aus Eisen, die Schwachen kann keiner gebrauchen. Überall nur Ellbogen, Ellbogen, Ellbogen. Das ist doch Faschismus, wie unterm Hakenkreuz! Ich bin schockiert … und verzweifelt! Das ist nicht meins. Nicht meins! *(Sie schweigt.)* Wenn ich jemanden an meiner Seite hätte … irgendwen … Mein Mann? Er hat mich verlassen. Aber ich liebe ihn noch immer … *(Sie lächelt plötzlich.)* Wir haben im Frühjahr geheiratet, die Tollkirsche blühte schon, und der Flieder stand kurz davor. Verlassen hat er mich auch im Frühjahr. Aber er kommt mich besuchen … im Traum besucht er mich und mag gar nicht wieder gehen … Er redet und redet. Aber am Tag … ich werde taub von der Stille. Und blind … Die Vergangenheit ist für mich wie ein Mensch … wie ein lebender Mensch … Ich weiß noch, wie in der Zeitschrift *Nowaja shisn* Solschenizyns *Ein Tag im Leben des Iwan Denissowitsch* abgedruckt war und alle es lasen. Alle waren erschüttert! Redeten über nichts anderes! Ich verstand das gar nicht – warum dieses große Interesse und dieses Erstaunen? Ich kannte das alles, für mich war das ganz normal – Gefangene, Lager, Klokübel … Die Lagerzone.

… 1937 wurde mein Vater verhaftet, er arbeitete bei der Eisenbahn. Meine Mutter rannte sich die Hacken ab, putzte Klinken, beteuerte, dass er unschuldig, dass das Ganze ein Irrtum sei. Mich hat sie darüber ganz vergessen. Einfach vergessen. Als sie sich besann und mich wegmachen lassen wollte, war es zu spät. Sie trank alle möglichen scheußlichen Mixturen … nahm heiße Bäder. Schließlich hatte sie eine Frühgeburt … Aber ich überlebte. Merkwürdigerweise habe ich viele Male überlebt. Viele Male! Bald wurde auch meine Mutter verhaftet, und ich mit ihr, denn ich konnte ja nicht allein bleiben, ich war gerade vier Monate alt. Meine beiden älteren Schwestern hatte meine Mutter noch zu Vaters Schwester aufs Land schicken können, doch dann kam ein Schreiben vom NKWD: Sie müsse die Kinder zurückbringen nach Smolensk. Sie wurden ihr gleich am Bahnhof weggenommen. »Die Kinder kommen ins Heim. Vielleicht werden noch Komsomolzen aus ihnen.« Sie haben ihr nicht einmal die Adresse gegeben. Wir haben meine Schwestern erst wiedergefunden, als sie schon verheiratet waren und selbst Kinder hatten. Nach vielen, vielen Jahren … Im Lager blieb ich, bis ich drei wurde, bei meiner Mutter. Meine Mutter hat mir erzählt, dass kleine Kinder oft starben. Im Winter wurden die Toten in große Tonnen gesteckt, darin lagen sie bis zum Frühjahr. Die Ratten nagten an den Körpern. Im Frühling wurden die toten Kinder dann begraben … das, was von ihnen noch übrig war … Mit drei wurden die Kinder den Müttern weggenommen und kamen in die Kinderbaracke. Mit vier, nein, eher mit fünf, setzt meine Erinnerung ein … Einzelne Episoden … Morgens sahen wir durch den Stacheldrahtzaun unsere Mamas: Sie wurden gezählt und zur Arbeit gebracht. Nach draußen, wo wir nicht hindurften. Wenn mich jemand fragte: »Woher kommst du, Kleine?«, antwortete ich: »Aus dem Lager.« »Draußen«, das war eine andere Welt, etwas Unbegreifliches, Erschreckendes, etwas, das für uns nicht existierte. Wüste, Sand und trockenes Gras. Ich glaubte, die Wüste dort draußen reiche bis zum Horizont und ein anderes Leben als unseres gebe es nicht. Wir wurden von unseren Soldaten bewacht, und wir waren stolz auf sie. Sie hatten einen roten Stern an der Mütze ... Ich hatte einen kleinen Freund, Rubik Zirinski ... Er brachte mich oft durch ein Loch unterm Stacheldrahtzaun zu den Mamas. Wenn sie antraten, um in den Speisesaal zu gehen, versteckten wir uns hinter der Tür. »Du magst doch sowieso keine Kascha, oder?«, fragte Rubik. Dabei war ich immer hungrig und aß sehr gern Kascha, aber um meine Mama zu sehen, war ich zu allem bereit. Wir schlichen uns in die Baracke der Mütter, doch sie war leer, die Mütter waren alle bei der Arbeit. Das wussten wir, aber wir schlichen uns trotzdem hin und rochen an allem. Die Eisenbetten, die eiserne Trinkwassertonne, die Becher mit der Kette daran – alles roch nach den Mamas. Nach Erde ... und nach Mamas. Ja, so roch es ... Manchmal sahen wir dort Mamas, die im Bett lagen und husteten. Eine Mama hustete Blut ... Rubik sagte, das sei die Mama von Tomotschka, das war unsere Kleinste. Diese Mama starb bald. Dann starb auch Tomotschka, und ich überlegte lange, wem wir nun sagen sollten, dass Tomotschka gestorben war. Ihre Mama war doch auch tot ... *(Sie verstummt.)* Jahre, viele Jahre später habe ich meiner Mutter davon erzählt ... Sie glaubte mir nicht. »Du warst doch erst vier.« Ich sagte, sie habe immer Segeltuchschuhe mit Holzsohlen getragen und aus lauter kleinen Flicken große Wattejacken genäht. Sie staunte wieder und weinte. Ich erinnere mich ... Ich erinnere mich, wie das Stück Zuckermelone roch, das meine Mutter mir einmal mitgebracht hatte, es war nicht größer als ein Knopf, sie hatte es in einen Lappen gewickelt. Und daran, wie die Jungen mich einmal gerufen haben, sie hätten eine Katze zum Spielen, und ich nicht wusste, was eine Katze ist. Die Katze hatte jemand von draußen mitgebracht, im Lager gab es keine Katzen, sie überlebten dort nicht, weil es nie Essensreste gab, wir sammelten alles auf. Wir schauten ständig auf den Boden, ob da vielleicht etwas Essbares lag. Wir aßen Gräser und Wurzeln und leckten Steine ab. Wir wollten die Katze gern füttern, aber wir hatten nichts, also fütterten wir sie nach dem Essen mit unserem Speichel – und sie – sie hat ihn aufgeleckt! Ja! Ich erinnere mich, wie meine Mutter mir einmal ein Bonbon geben wollte. »Hier, Anetschka, ein Bonbon!«, rief sie mir über den Stacheldraht zu. Die Wachleute jagten sie weg … sie fiel hin … sie schleiften sie an ihren langen schwarzen Haaren über den Boden … Ich hatte Angst, und ich hatte keine Ahnung, was ein Bonbon war. Keines von uns Kindern kannte Bonbons. Alle waren erschrocken, sie meinten, sie müssten mich verstecken, und schubsten mich in die Mitte. Die Kinder nahmen mich immer in die Mitte. »Weil unsere Anetschka manchmal umfällt.« *(Sie weint.)* Ich weiß gar nicht, warum … warum weine ich? Ich weiß das doch alles … Ich weiß doch alles über mein Leben … So … Jetzt habe ich vergessen, was ich erzählen wollte. Ich habe meinen Gedanken nicht zu Ende gebracht … Oder? Das habe ich doch nicht?

Es gab nicht nur eine Angst … Es gab viele Ängste, große und kleine. Wir hatten Angst vorm Größerwerden, Angst davor, fünf zu werden. Mit fünf wurden wir fortgebracht, ins Kinderheim, und wir wussten, das war ganz weit weg … Weit weg von unseren Mamas … Ich kam, das weiß ich noch wie heute, in das Kinderheim Nummer acht in der Siedlung Nummer fünf. Alles dort hatte Nummern, und die Straßen hießen Linie: Erste Linie, Zweite Linie … Wir wurden in einen LKW verladen und fortgebracht. Die Mamas liefen hinterher, klammerten sich an die Bordwände, schrien und weinten. Ich erinnere mich, dass die Mamas immer weinten, doch wir Kinder weinten selten. Wir waren nicht bockig, wir machten keine Streiche. Wir lachten nie. Weinen lernte ich erst im Kinderheim. Im Kinderheim wurden wir schlimm geprügelt. Sie sagten zu uns: »Euch darf man schlagen, ja sogar totschlagen, denn eure Mamas sind Feinde.« Papas kannten wir nicht. »Deine Mama ist böse.« Ich erinnere mich nicht an das Gesicht der Frau, die das immer wieder zu mir sagte. »Meine Mama ist lieb. Meine Mama ist schön.« »Deine Mama ist böse. Sie ist unser Feind.« Ich erinnere mich nicht, ob sie wirklich »totschlagen« sagte, aber so etwas in der Art … solche Worte fielen. Schlimme Worte … Solche Worte … ja … Ich scheute mich sogar, sie mir zu merken. Wir hatten keine Erzieher und keine Lehrer, diese Begriffe kannten wir nicht, bei uns gab es nur Kommandeure. Kommandeure! Sie hatten immer lange Lineale in der Hand … Sie schlugen uns für irgendwas und auch einfach so … schlugen uns einfach … Ich wünschte mir, dass von den Schlägen Löcher blieben, dann würden sie mich nicht mehr schlagen. Löcher bekam ich nicht, aber eitrige Geschwüre am ganzen Körper. Ich freute mich darüber … Meine Freundin Oletschka hatte Metallklammern in der Wirbelsäule, deshalb durfte sie nicht geschlagen werden. Sie wurde von allen beneidet … *(Sie schaut lange aus dem Fenster.)* Ich habe das alles nie jemandem erzählt. Aus Angst … Wovor eigentlich? Ich weiß es nicht … *(Sie denkt nach)* Wir mochten die Nacht … Wir sehnten die Nacht herbei. Die dunkle, dunkle Nacht. Nachts kam Tante Frossja, die Nachtwächterin. Sie war lieb, sie erzählte uns Märchen, von Aljonuschka und von Rotkäppchen, sie hatte immer eine Handvoll Grieß in der Tasche und verteilte ein paar Körnchen an diejenigen, die weinten. Am meisten von uns allen weinte immer Liletschka, sie weinte morgens und abends. Wir alle hatten Hautausschlag mit dicken roten Flechten auf dem Bauch, aber Liletschka hatte außerdem Eiterbeulen unter den Armen, die aufplatzten. Ich erinnere mich, dass die Kinder einander denunzierten, das wurde belohnt. Am eifrigsten war Liletschka … Das kasachische Klima ist rau, im Winter vierzig Grad Kälte, im Sommer vierzig Grad Hitze. Liletschka starb im Winter … Wenn sie noch bis zum ersten Grün durchgehalten hätte … Im Frühling wäre sie nicht gestorben … Nein … *(Sie verstummt mitten im Wort.)*

Im Schulunterricht … Da brachte man uns vor allem bei, den Genossen Stalin zu lieben. Den ersten Brief unseres Lebens schrieben wir an ihn – in den Kreml. Das war so … Als wir alle Buchstaben gelernt hatten, bekam jeder von uns ein weißes Blatt Papier, und dann schrieben wir nach Diktat an unseren allergütigsten, geliebten Führer Stalin. Wir liebten ihn sehr, wir glaubten, er würde uns eine Antwort schicken und Geschenke. Viele Geschenke! Wir sahen uns sein Bild an, und er erschien uns sehr schön. Der schönste Mensch der Welt! Wir wetteiferten sogar darin, wer wie viele Jahre seines Lebens für einen Tag Leben des Genossen Stalin hergeben würde. Für den Ersten Mai bekamen wir alle rote Fähnchen, die schwenkten wir dann am Feiertag freudig. Ich war die Kleinste, ich stand immer ganz hinten und hatte Angst, dass für mich kein Fähnchen mehr übrig sein könnte.

Wenn sie nun nicht reichten! Uns wurde immer gesagt: »Die Heimat ist eure Mutter. Die Heimat ist eure Mama!« Doch wir fragten jeden Erwachsenen, dem wir begegneten: »Wo ist meine Mama? Wie ist meine Mama?« Niemand kannte unsere Mamas ... Die erste Mama, die zu uns kam, war die von Rita Melnikowa. Sie hatte eine wunderschöne Stimme. Sie sang uns ein Wiegenlied vor: »Schlafe, mein Kindchen, schlaf ein, es ruhn Schäfchen und Vögelein, im Haus sind die Lichter schon aus, hinterm Ofen schläft friedlich die Maus ...« So ein Lied kannten wir nicht, und wir lernten es sofort. Wir wollten es immer wieder hören. Ich weiß nicht, wie lange Ritas Mama weitersang, wir sind dabei eingeschlafen. Sie sagte uns, unsere Mamas seien lieb, unsere Mamas seien schön. Alle Mamas seien schön. Und alle unsere Mamas, sagte sie, singen dieses Lied. Wir warteten ... Und dann erlebten wir eine furchtbare Enttäuschung – sie hatte uns angelogen. Andere Mamas, die zu uns kamen, waren hässlich und krank und konnten nicht singen. Und wir weinten, wir weinten bitterlich ... Wir weinten nicht aus Freude über das Wiedersehen, sondern vor Enttäuschung. Seitdem habe ich etwas gegen Unwahrheit ... und gegen Träume ... Es war nicht recht, uns mit der Unwahrheit zu trösten, zu lügen: Deine Mama lebt, deine Mama ist nicht tot. Denn später stellte sich heraus, dass die Mama überhaupt nicht schön war oder gar nicht mehr lebte ... Nein! Wir redeten alle sehr wenig. Ich kann mich an keine Gespräche erinnern ... aber an Berührungen ... Wenn meine Freundin Valja Knorina mich berührte, wusste ich genau, woran sie gerade dachte, denn wir alle dachten an das Gleiche. Wir wussten die intimsten Dinge voneinander: Wer nachts einnässte, wer im Schlaf schrie, wer das R nicht richtig rollen konnte. Ich zum Beispiel presste immer einen Löffel gegen einen Zahn, damit er gerade wurde. Vierzig Eisenbetten in einem Raum ... Abends kam das Kommando: Hände unter die Wange, und auf die rechte Seite drehen! Das mussten wir alle zusammen machen. Alle! Wir waren eine Gemeinschaft, wenn auch eine primitive, animalische, wie Kakerlaken, aber so wurde ich erzogen. So bin ich noch heute ... *(Sie dreht sich zum Fenster, damit ich ihr Gesicht nicht sehe.)* Wenn wir im Bett lagen, fingen wir nach einer Weile an zu weinen ... Alle zusammen ... »Die guten

Mamas waren alle schon hier …« Ein Mädchen sagte einmal: »Ich mag meine Mama nicht! Warum kommt sie nicht zu mir?« Auch ich war böse auf meine Mama. Doch am Morgen sangen wir im Chor … *(Sie singt leise.)* »Seht die alten Kremltürme glühn im Morgensonnenbrand. Frühling schlug die Winterstürme, Sonne füllt das weite Land …«[1] Ein schönes Lied … Ich finde es noch immer schön.

Der Erste Mai! Diesen Feiertag mochten wir am liebsten. Da bekamen wir einen neuen Mantel und neue Kleider. Alle die gleichen Mäntel und die gleichen Kleider. Jeder versah seine Sachen mit einem Zeichen, wenigstens einer kleinen Schleife oder einer Falte, damit sie etwas Eigenes bekamen, etwas von dir selbst … Uns wurde gesagt, die Heimat sei unsere Familie, sie kümmere sich um uns. Vor dem Appell zum Ersten Mai wurde eine große rote Fahne auf den Hof gebracht. Dazu wurde getrommelt. Einmal, o Wunder!, besuchte uns sogar ein General und beglückwünschte uns. Wir teilten alle Männer ein in Soldaten und Offiziere, und das war sogar ein General! Seine Hose hatte rote Streifen an der Seite. Wir stiegen auf das hohe Fensterbrett, um zuzuschauen, wie er ins Auto stieg und uns zuwinkte. »Weißt du vielleicht, was ein Papa ist?«, fragte mich Valja Knorina am Abend. Ich wusste es nicht. Sie auch nicht. *(Sie schweigt.)* Wir hatten einen Jungen bei uns, Stjopka … Der schlang immer die Arme so ineinander, als hielte er jemanden, und tanzte durch den Flur. Tanzte mit sich selbst. Wir lachten, aber er beachtete uns gar nicht. Eines Morgens ist er gestorben, dabei war er gar nicht krank gewesen. Er starb urplötzlich. Wir mussten noch lange an ihn denken … Es hieß, sein Vater sei ein hoher Militär gewesen, ein sehr hoher, auch ein General. Später bekam ich wie Liletschka Eiterbeulen unter den Armen, die dann aufplatzten. Das tat so weh, dass ich weinte. Igor Koroljow küsste mich, im Schrank. Wir gingen in die fünfte Klasse. Ich wurde langsam wieder gesund. Und überlebte …. Wieder einmal! *(Plötzlich schreit sie fast.)* Wen interessiert das heute noch? Ich frage Sie, wen interessiert das? Das will doch schon lange keiner mehr wissen. Unser Land gibt es nicht mehr, das kommt nie wieder, aber wir sind noch da … alt und abstoßend … mit schrecklichen Erinnerungen und gehetztem Blick … Wir sind noch da! Aber was ist denn noch übrig von unserer Vergangenheit? Nur, dass Stalin dieses Land in Blut getränkt hat, dass Chruschtschow darauf Mais gepflanzt hat und dass über Breschnew alle gelacht haben. Und unsere Helden? Über Soja Kosmodemjanskaja[2] schreiben die Zeitungen heute, dass sie angeblich schizophren war, seit sie als Kind eine Meningitis gehabt hatte, und gern Häuser anzündete. Dass sie geisteskrank gewesen sei. Und Alexander Matrossow[3] soll sich nur vor das deutsche MG geworfen haben, weil er betrunken war, nicht, um seine Kameraden zu retten. Auch Pawel Kortschagin gilt heute nicht mehr als Held … Alles sowjetische Zombies! *(Sie beruhigt sich allmählich.)* Und ich träume bis heute vom Lager … Ich kann bis heute keine Schäferhunde sehen und habe Angst vor jedem Uniformierten … *(Unter Tränen.)* Ich kann nicht mehr … Ich habe den Gasherd aufgedreht … alle vier Flammen … Habe die Fenster geschlossen und die Vorhänge vorgezogen. Ich hatte nichts mehr … das mich … dass mir der Tod Angst gemacht hätte … *(Sie schweigt.)* Wenn einen noch irgendetwas hält … Vielleicht der Geruch eines Babyköpfchens … Von meinem Fenster aus sehe ich nicht einmal Bäume … Nur Dächer … *(Sie schweigt.)* Ich habe einen Blumenstrauß auf den Tisch gestellt … Das Radio angemacht … Und das Letzte … Ich lag da … lag schon auf dem Fußboden … und alle Gedanken kamen von dort … Noch immer … Ich gehe zum Lagertor hinaus … es ist ein großes Eisentor, krachend fällt es hinter mir zu. Ich bin frei, ich bin entlassen. Ich gehe fort und sage mir: Nur nicht umdrehen! Ich hatte furchtbare Angst, dass man mich gleich einholen und zurückbringen würde. Dass ich wieder zurückmüsste. Als ich ein Stück gegangen war, sah ich am Wegrand eine Birke … eine einfache Birke … Ich lief hin, umarmte sie, presste mich mit dem ganzen Körper daran, daneben stand ein Busch, und ich umarmte auch ihn. Das erste Jahr war so voller Glück! Über alles! *(Sie schweigt lange.)* Eine Nachbarin hat das Gas gerochen … Die Miliz brach die Tür auf … Als ich im Krankenhaus zu mir kam, war mein erster Gedanke: Wo bin ich? Bin ich wieder im Lager? Als hätte ich nie ein anderes Leben gehabt, als hätte ich nichts anderes gehabt. Zuerst kamen die Geräusche wieder … dann die Schmerzen … Alles tat weh: jede Bewegung, schlucken, den Arm bewegen, die Augen öffnen. Mein Körper war die ganze Welt. Dann wurde die Welt größer und höher: Ich sah eine Krankenschwester im weißen Kittel ... die weiße Decke ... Das Zurückkehren dauerte sehr lange ... Neben mir lag ein Mädchen im Sterben, mehrere Tage lang, überall hingen Schläuche aus ihr raus, auch aus dem Mund, sie konnte nicht einmal schreien. Sie konnte nicht gerettet werden. Und ich sah diese Schläuche und stellte mir das alles ganz genau vor: Da liege ich nun ... ich bin tot ... aber ich weiß nicht, dass ich tot bin. Ich war schon dort ... *(Sie hält inne.)* Haben Sie noch nicht genug? Nein? Sonst sagen Sie Bescheid ... Dann höre ich auf ...

Meine Mutter ... Meine Mama kam mich abholen, als ich in die sechste Klasse ging. Zwölf Jahre hatte sie im Lager gesessen, drei Jahre waren wir zusammen gewesen, neun Jahre getrennt. Nun wurden wir in die Verbannung geschickt und durften zusammen dorthin fahren. Es war Morgen ... Ich ging über den Hof ... Jemand rief: »Anetschka! Anjutotschka!« So nannte mich niemand, niemand nannte mich bei meinem Vornamen. Ich sah eine Frau mit schwarzen Haaren und schrie: »Mama!« Sie umarmte mich mit einem ebenso lauten Schrei: »Papotschka!«, denn als Halbwüchsige sah ich meinem Vater sehr ähnlich. Was war das für ein Glück! So viele Gefühle, so viel Freude! Einige Tage lang war ich vor Glück ganz außer mir, noch nie hatte ich ein solches Glück erlebt. So viele verschiedene Gefühle ... Aber bald ... sehr bald stellte sich heraus, dass Mutter und ich einander nicht verstanden. Wir waren uns fremd. Ich wollte so schnell wie möglich in den Komsomol eintreten, um gegen die versteckten Feinde zu kämpfen, die unser Leben, das beste Leben auf der Welt, zerstören wollten. Und meine Mutter sah mich an und weinte ... und schwieg ... Sie hatte die ganze Zeit vor irgendetwas Angst ... In Karaganda erhielten wir Papiere und wurden zur Verbannung in die Stadt Belowo geschickt. Das liegt weit hinter Omsk. Im tiefsten Sibirien ... Einen ganzen Monat waren wir unterwegs. Wir fuhren und fuhren, warteten, stiegen um und fuhren weiter. Unterwegs mussten wir uns immer beim NKWD melden und wurden angewiesen, weiterzufahren. Wir durften uns nicht in der Nähe der Grenze ansiedeln, nicht in der Nähe von Rüstungsbetrieben, von großen Städten – es war eine lange Liste, wo wir überall nicht leben durften. Bis heute mag ich die abendlichen Lichter in den Häusern nicht sehen. Nachts wurden wir immer aus dem Bahnhof gejagt und liefen durch die Straßen. Bei Frost und Schneesturm. In den Häusern brannte Licht, dort lebten Menschen, sie saßen im Warmen, machten sich Tee. Wir mussten an Türen klopfen … das war das Schlimmste … Niemand wollte uns bei sich übernachten lassen … »Wir riechen nach Lager«, sagte meine Mutter. *(Sie weint. Und bemerkt nicht, dass sie weint.)* In Belowo wohnten wir »zur Untermiete« – in einer Erdhütte. Später lebten wir wieder in einer Erdhütte, aber diesmal allein. Im September … Alle Kinder gingen wieder in die Schule, doch ich konnte nicht laufen. Ich hatte Tuberkulose bekommen, ich konnte mich vor Schwäche nicht mehr auf den Beinen halten und hustete fürchterlich. Ich wurde ins Krankenhaus gebracht. Ich erinnere mich, dass im Krankenhaus ständig jemand starb. Sonetschka, Wanetschka, Slawik … Die Toten machten mir keine Angst, aber ich wollte nicht sterben. Ich konnte sehr schön sticken und malen, alle sagten: »Was für ein begabtes Mädchen. Du musst unbedingt weiterlernen.« Und ich dachte: Warum soll ich dann sterben? Und wie durch ein Wunder habe ich überlebt … Eines Tages öffnete ich die Augen, und auf meinem Nachtschrank stand ein Fliederstrauß. Von wem? Aber ich wusste: Ich werde leben … Ja, ich würde leben! Ich kehrte zurück nach Hause, in unsere Erdhütte. Meine Mutter hatte inzwischen einen weiteren Schlaganfall erlitten. Ich habe sie gar nicht erkannt … Sie war eine alte Frau geworden. Noch am selben Tag wurde sie ins Krankenhaus gebracht. Ich fand nichts zu essen im Haus, gar nichts, es roch nicht einmal nach etwas Essbarem. Ich genierte mich, das irgendwem zu sagen … Sie fanden mich auf dem Fußboden liegend, ich atmete kaum noch. Jemand brachte mir einen Becher warme Ziegenmilch … Alles, alles … alles … Alles, woran ich mich erinnere, ist … Das ist, wie ich sterbe … und überlebe … wie ich sterbe … *(Sie dreht sich wieder zum Fenster.)* Allmählich kam ich wieder zu Kräften … Das Rote Kreuz kaufte mir eine Fahrkarte und setzte mich in den Zug. Sie schickten mich in mein Smolensk – ins Kinderheim. So kehrte ich nach Hause zurück … *(Sie weint.)* Ich weiß gar nicht, warum … warum weine ich? Ich weiß das doch ... Ich weiß doch alles über mein Leben ... *(Sie schweigt.)* Im Kinderheim wurde ich sechzehn ... Ich hatte Freunde, auch die ersten Verehrer ... *(Sie lächelt.)* Hübsche Kerle interessierten sich für mich. Erwachsene. Aber ich war seltsam: Sobald ich jemandem gefiel, bekam ich Angst. Angst, weil sich jemand für mich interessierte, mich bemerkt hatte. Mit mir war nichts anzufangen, zu jedem Rendezvous nahm ich eine Freundin mit. Wenn mich jemand ins Kino einlud, ging ich nie allein hin. Auch zur ersten Verabredung mit meinem späteren Mann bin ich mit zwei Freundinnen gegangen ... Das hat er später immer wieder erzählt ...

Stalins Tod ... An diesem Tag musste das ganze Kinderheim zum Appell antreten, die rote Fahne wurde gehisst. Solange die Beerdigung dauerte, so lange mussten wir nach dem Kommando »Stillgestanden!« ausharren, sechs oder acht Stunden lang. Manche fielen in Ohnmacht ... Ich weinte ... Wie ich ohne Mutter leben sollte, wusste ich schon. Aber ohne Stalin? Wie sollte ich ohne ihn leben? Ich weiß nicht, warum, aber ich fürchtete, dass es Krieg geben würde. *(Sie weint.)* Meine Mutter ... Nach vier Jahren, ich ging schon auf die Architekturfachschule ... da kam meine Mutter aus der Verbannung zurück. Endgültig. Mit einem Sperrholzkoffer, darin waren ein Schmortopf aus Zink (den besitze ich noch immer, ich kann mich nicht davon trennen), zwei Aluminiumlöffel und ein Haufen zerrissener Strümpfe. »Du bist eine schlechte Hausfrau«, schimpfte meine Mutter, »du kannst nicht stopfen.« Ich konnte stopfen, aber diese Löcher in ihren Strümpfen waren einfach nicht mehr zu stopfen. Und wenn man noch so geschickt war! Ich bekam ein Stipendium – achtzehn Rubel, Mutter Rente – vierzehn Rubel. Das war für uns das Paradies, wir konnten uns an Brot satt essen, und es reichte sogar noch für Tee. Ich besaß einen Trainingsanzug und ein Kattunkleid, das ich selbst genäht hatte. In die Schule ging ich winters wie sommers im Trainingsanzug. Und ich fand ... so sah ich das eben ... Ich fand, dass wir alles hatten. Wenn ich in ein normales Zuhause kam, in eine normale Familie, war ich ganz eingeschüchtert – wozu die vielen Sachen? So viele Löffel, Gabeln, Tassen. Die einfachsten Dinge brachten mich in Verlegenheit ... Wozu, zum Beispiel, zwei Paar

Schuhe? Bis heute sind mir materielle Dinge gleichgültig. Gestern rief meine Schwiegertochter an: »Ich suche einen braunen Gasherd.« Nach der Renovierung soll in ihrer Küche alles braun sein, Möbel, Vorhänge, Geschirr. Wie in einem ausländischen Hochglanzmagazin. Stundenlang hängt sie am Telefon. Die ganze Wohnung ist voller Werbeprospekte und Zeitungen, sie liest alle An- und Verkaufsanzeigen. »Das will ich haben! Und das ...« Früher waren alle einfach eingerichtet, damals lebten überhaupt alle einfach. Und heute? Der Mensch ist nur noch Magen ... Bauch ... Haben! Haben! Haben! *(Sie winkt ab.)* Ich besuche meinen Sohn selten ... Bei ihnen ist alles neu und teuer. Wie in einem Büro. *(Sie schweigt.)* Wir sind uns fremd ... fremde Verwandte ... *(Sie schweigt.)* Ich möchte mich gern an meine Mutter als junge Frau erinnern. Aber so habe ich sie nicht mehr in Erinnerung ... nur als kranke Frau. Wir haben uns nie umarmt, uns nie geküsst, einander nie zärtliche Worte gesagt. Jedenfalls erinnere ich mich nicht daran ... Unsere Mütter haben uns zweimal verloren: das erste Mal, als man ihnen die kleinen Kinder wegnahm, und das zweite Mal, als sie, alt geworden, zurückkehrten zu ihren Kindern, die inzwischen erwachsen waren. Die Kinder waren ihnen fremd geworden ... Man hatte ihre Kinder ausgetauscht ... Eine andere Mutter hatte sie erzogen. »Die Heimat ist eure Mutter ... Eure Mama ...« »Junge, wo ist dein Papa?« »Noch im Gefängnis.« »Und deine Mama?« »Schon im Gefängnis.« Unsere Eltern konnten wir uns nur im Gefängnis vorstellen. Irgendwo weit weg ... nie bei uns ... Eine Zeitlang wollte ich von meiner Mutter weglaufen, zurück ins Kinderheim. Natürlich! Natürlich ... Sie las keine Zeitung, ging nicht zu den Demonstrationen an Feiertagen, hörte kein Radio. Sie mochte die Lieder nicht, die mein Herz höherschlagen ließen ... *(Sie singt leise.)* »Und kein Feind wird dich jemals bezwingen, stolz erhebst du dein goldenes Haupt, ich werde dich immer besingen, du mein Moskau, du goldene Stadt ...«[4] Mich zog es hinaus auf die Straße. Ich ging zu Militärparaden, ich liebte Sportfeste. Noch heute erinnere ich mich an dieses Hochgefühl! Du läufst zusammen mit allen anderen, du bist Teil von etwas Großem, Gewaltigem ... Dort war ich glücklich, bei meiner Mutter nicht. Und das kann ich nie wiedergutmachen.

Meine Mutter ist bald gestorben. Umarmt und gestreichelt habe ich sie erst, als sie tot war. Sie lag schon im Sarg, und da empfand ich auf einmal eine solche Zärtlichkeit! Eine solche Liebe! Sie hatte ihre alten Filzstiefel an, sie besaß weder Halbschuhe noch Sandaletten, und meine Schuhe waren zu klein für ihre geschwollenen Füße. Ich sagte so viele zärtliche Worte zu ihr, machte ihr so viele Geständnisse – ob sie es wohl gehört hat? Ich habe sie immer wieder geküsst. Ihr gesagt, wie sehr ich sie liebte … *(Sie weint.)* Ich fühlte, dass sie noch da war. Das glaubte ich …

Sie geht in die Küche. Nach einer Weile ruft sie mich: »Das Essen steht auf dem Tisch. Ich bin sonst immer allein, ich möchte gern einmal mit jemandem zusammen essen.«

Man sollte nie zurückkehren … weil … ja … Aber ich wollte es so sehr! Aber ich wollte immer wieder zurück! Fünfzig Jahre lang … fünfzig Jahre lang kehrte ich immer wieder dorthin zurück … In Gedanken war ich Tag und Nacht dort …

Der Winter dort … meist träumte ich vom Winter … Draußen war es so kalt, dass kein Hund und kein Vogel sich blicken ließen. Die Luft war wie aus Glas, und der Rauch aus den Schornsteinen stieg kerzengerade zum Himmel. Oder der Spätsommer … Das Gras wuchs nicht weiter und war mit einer schweren Staubschicht bedeckt. Also, ich … ich beschloss, noch einmal hinzufahren. Es war schon Perestroika. Gorbatschow … Kundgebungen … Alle liefen durch die Straßen. Freuten sich. Schreib, was du willst, schrei heraus, was du willst und wo du willst. Freiheit! Freiheit! Was immer uns auch erwarten mochte, die Vergangenheit war vorbei. Niemand wollte mehr so leben wie zuvor. Es herrschte die Erwartung von etwas Neuem … und Ungeduld … Und wieder war da die Angst. Lange Zeit schaltete ich morgens voller Angst das Radio ein: Womöglich war alles wieder vorbei! Außer Kraft gesetzt? Ich war lange misstrauisch. Vielleicht würden sie in der Nacht kommen und mich in ein Stadion bringen. Wie damals in Chile … Ein Stadion für die »Neunmalklugen« würde genügen, die Übrigen würden von selbst verstummen. Aber sie kamen nicht … brachten mich nicht fort … In den Zeitungen erschienen Erinnerungen von Gulag-Häftlingen. Mit Fotos. Diese Augen! Was hatten die Menschen darauf für Augen! Blicke aus dem Jenseits … *(Sie schweigt.)* Und ich beschloss: Ich will … ich muss dorthin fahren! Wozu? Das wusste ich selbst nicht … aber ich musste … Ich nahm Urlaub … Eine Woche verging, eine zweite … ich konnte mich nicht entschließen, fand immer neue Ausreden: Ich muss zum Zahnarzt, ich muss die Balkontür erst fertigstreichen. Lauter Unsinn. Eines Morgens … das war am Morgen … Ich strich die Balkontür und sagte zu mir: »Morgen fahre ich nach Karaganda!« Ja, das weiß ich noch, ich sagte es laut – und da wusste ich, dass ich fahren würde. Ja, ich fahre! Was ist das – Karaganda? Kahle, nackte Steppe, Hunderte Kilometer, im Sommer vollkommen verbrannt. Unter Stalin entstanden in dieser Steppe Dutzende Straflager: Steplag, Karlag, ALShIR*, Pestschanlag … Hunderttausende Gefangene wurden dorthin geschafft … Sowjetische Sklaven. Nach Stalins Tod wurden die Baracken abgerissen, der Stacheldraht abmontiert – und fertig war die Stadt. Die Stadt Karaganda … Da fuhr ich hin … Ich fuhr hin! Eine weite Reise … Im Zug lernte ich eine Frau kennen … eine Lehrerin aus der Ukraine. Sie wollte das Grab ihres Vaters suchen und fuhr schon das zweite Mal nach Karaganda. »Hab keine Angst«, sagte sie zu mir, »dort ist man daran gewöhnt, dass merkwürdige Leute aus aller Welt kommen und mit den Steinen reden.« Sie hatte einen Brief von ihrem Vater dabei, seinen einzigen Brief aus dem Lager. »… und doch gibt es nichts Schöneres als die rote Fahne …« So endete der Brief … mit diesen Worten *(Sie denkt nach.)* Diese Frau … Sie erzählte, warum ihr Vater ein Geständnis unterschrieb, dass er ein polnischer Spion sei. Der Ermittler hat einen Hocker umgedreht, in ein Bein einen Nagel eingeschlagen, ihren Vater gezwungen, sich darauf zu setzen, und ihn um die eigene Achse gedreht. So hat er erreicht, was er wollte. »Ja, ich bin ein Spion.« Der Ermittler fragte: »Und was für ein Spion?« Der Vater fragte zurück: »Was für welche gibt es denn?« Er durfte es sich aussuchen –

* *ALShIR – Akmolinski lager shon ismennikow rodiny.* Akmolinsker Lager für Frauen von Vaterlandsverrätern.

ein deutscher oder ein polnischer. »Schreiben Sie, ein polnischer.« Er kannte gerade mal zwei polnische Wendungen: »Bardzo dziękuje«* und »wzystko jedno«**. Mehr nicht … Und ich … Ich weiß gar nichts über meinen Vater … Einmal ist meiner Mutter etwas herausgerutscht … Vater habe im Gefängnis durch die Folter den Verstand verloren. Er habe dort die ganze Zeit gesungen … Mit uns im Abteil saß ein junger Mann. Die Lehrerin und ich redeten die ganze Nacht. Und weinten … Am Morgen sah der junge Mann uns an und sagte: »Was für ein Horror! Das ist ja der reinste Thriller!« Er war achtzehn oder neunzehn. Mein Gott! Wir haben so viel durchgemacht, aber wem sollen wir das erzählen? Wir erzählen es uns gegenseitig …

Dann erreichten wir Karaganda. Ein Witzbold rief: »Raustreten! Mit Sachen raustreten!« Manche lachten, andere weinten. Auf dem Bahnhof … Das Erste, was ich hörte, waren Worte wie »Schlampe … Nutte … Bullen …« Der vertraute Häftlingsjargon. Sofort fielen mir alle diese Worte wieder ein … Sofort! Ich bekam Schüttelfrost. Ich konnte mich nicht beruhigen, die ganze Zeit, während ich dort war, zitterte ich innerlich. Die Stadt selbst habe ich natürlich nicht wiedererkannt, aber gleich dahinter, hinter den letzten Häusern, lag die vertraute Landschaft. Ich erkannte alles wieder … Das gleiche trockene Gras, der gleiche weiße Staub … und ein Adler hoch oben am Himmel … Auch die Namen der Siedlungen klangen vertraut: »Wolny***, Sangorodok**** … Alles ehemalige Lagerpunkte. Ich dachte, ich hätte das alles vergessen, aber nein, ich erinnerte mich. Im Bus setzte sich ein alter Mann neben mich, er sah, dass ich von außerhalb kam. »Wen suchen Sie denn?«, fragte er. »Also, ich …«, begann ich. »Hier war früher ein Lager …« »Ach, die Baracken? Die wurden vor zwei Jahren abgerissen. Aus den Barackenziegeln haben sich die Leute hier Schuppen und Banjas gebaut. Das Land wurde aufgeteilt, für Datschas. Die Gemüsegärten haben die Leute mit Stacheldraht eingezäunt. Mein

* *bardzo dziękuje* – poln. »vielen Dank«.

** *wzystko jedno* – poln. »ganz egal«.

*** *Wolny* – russ. »frei«, Lagerbereich, in dem die Freigänger lebten.

**** *Sangorodok* – russ. »Sanitätsstädtchen«.

Sohn hat dort ein Grundstück ... Nicht sehr angenehm, wissen Sie ... Auf dem Kartoffelbeet kommen im Frühjahr vom Schnee und vom Regen ständig Knochen hoch. Das stört niemanden, alle haben sich daran gewöhnt, die ganze Erde hier ist voll davon wie anderswo mit Steinen. Die Leute werfen sie an den Feldrain und zertrampeln sie mit den Stiefeln. Stampfen sie fest. Sie haben sich daran gewöhnt. Sobald man den Boden beackert, ein bisschen umgräbt ...« Mir stockte der Atem. Ich war wie ohnmächtig. Der Alte wandte sich zum Fenster und zeigte hinaus. »Da drüben, hinter dem Laden, da haben sie einen Friedhof zugeschüttet. Und hinter dem Stadtbad auch.« Ich hielt den Atem an. Aber was hatte ich erwartet? Dass hier Pyramiden stehen würden? Ruhmeshügel? »Die Erste Linie ... jetzt eine Straße mit einem Namen ... die Zweite Linie ... Ich schaute aus dem Fenster und sah nichts, ich war blind vor Tränen. An den Haltestellen verkauften Kasachinnen Gurken, Tomaten, eimerweise Johannisbeeren ... »Frisch vom Beet. Aus dem eigenen Garten.« O Gott! Mein Gott ... Ich muss sagen, ich ... Ich bekam kaum Luft, irgendetwas geschah dort mit mir ... In den paar Tagen bekam ich ganz trockene Haut, und meine Fingernägel brachen ab. Mein ganzer Körper war in Aufruhr. Ich wünschte mir, ich könnte mich auf den Boden werfen und liegen bleiben. Nie wieder aufstehen. Die Steppe ... sie ist wie das Meer ... Ich lief und lief, bis ich mich schließlich tatsächlich fallen ließ ... Vor einem kleinen Kreuz aus Eisen, das bis zum Querbalken in den Boden gesunken war. Ich schrie, ich war wie von Sinnen. Ringsum keine Menschenseele ... nur Vögel ... *(Sie macht eine kurze Atempause.)* Ich wohnte im Hotel. Abends im Restaurant Zigarettenqualm und Wodka in Strömen. Einmal habe ich dort gegessen ... An meinem Tisch stritten sich zwei Männer, bis sie heiser waren ... Der eine sagte: »Ich bin und bleibe Kommunist. Wir mussten schließlich den Sozialismus aufbauen. Wer hätte sonst Hitler das Genick gebrochen, ohne Magnitka und Workuta?« Der andere darauf: »Ich habe mich mit den alten Männern hier unterhalten ... Sie waren alle im Lager beschäftigt, haben dort gedient oder gearbeitet, keine Ahnung, wie man das nennen soll – als Köche, Aufseher, NKWD-Leute. Andere Arbeit gab es hier nicht, und die im Lager war einträglich, sie bekamen gutes Gehalt, Sonderversorgung und eine Uniform. Ja, sie reden von ihrer ›Arbeit‹. Das Lager war für sie einfach eine Arbeit! Ein ganz normaler Dienst! Und Sie reden von Verbrechen! Von Seele und Sünde. Die im Lager saßen, das war nicht irgendwer, das war das Volk, und die Aufseher, das war auch das Volk, kein fremdes von weit her, nein, dasselbe Volk. Unser Volk. Heute, da hüllen sich alle in Häftlingskleider. Heute sind alle Opfer. Schuld an allem ist allein Stalin. Aber überlegen Sie doch mal ... das ist doch simple Arithmetik ... Millionen Gefangene, die musste doch irgendwer jagen, verhaften, verhören, auf Transport bewachen, auf sie schießen, wenn einer aus der Reihe trat ... Irgendwer tat doch das alles ... Millionen Vollstrecker ...« Der Kellner brachte ihnen eine Flasche Wodka, bald darauf eine zweite. Ich hörte zu, und wie ich zuhörte! Die beiden Männer tranken immer mehr und wurden nicht betrunken. Ich saß da wie gelähmt und konnte nicht weggehen ... Der eine sagte: »Ich hab gehört, als die Baracken schon leer waren, das Lager schon geschlossen, da hat angeblich der Wind von dort Schreie und Stöhnen herübergeweht ...« Und der andere: »Ein Mythos. Jetzt entstehen lauter Mythen. Aber unser ganzes Unglück ist doch, dass die Henker und die Opfer bei uns die gleichen Leute sind.« Und: »Als Stalin Russland übernahm, kannte es nur den Hakenpflug, als er starb, besaß es die Atombombe ...« Ich habe drei Tage und Nächte kein Auge zugetan. Tagsüber lief ich durch die Steppe, bis ich nicht mehr konnte. Bis es dunkel wurde und die Lichter angingen.

Einmal nahm mich ein Mann mit zurück in die Stadt, er war um die fünfzig, vielleicht auch älter, so wie ich. Er war angetrunken. Gesprächig. »Sie suchen nach Gräbern? Ich verstehe ... Wir leben ja hier sozusagen auf einem Friedhof. Aber wir ... Kurz, keiner hier erinnert sich gern an die Vergangenheit. Ein Tabu! Die Alten sind tot, unsere Eltern, und wer noch lebt, der schweigt. Sie wurden noch unter Stalin erzogen, wissen Sie. Gorbatschow, Jelzin ... das ist heute. Aber wer weiß, was morgen sein wird? Wie sich das Blatt noch wendet ...« Ein Wort gab das andere, und ich erfuhr, dass sein Vater Offizier gewesen war. Unter Chruschtschow wollte er weg aus Karaganda, aber er durfte nicht. Alle hatten sich schriftlich zu Stillschweigen verpflichten müssen, zur Bewahrung des Staatsgeheimnisses – diejenigen, die gesessen hatten, und diejenigen, die andere eingesperrt hatten. Und bewacht. Niemand durfte hier weg, sie alle wussten zu viel. Nicht einmal die, so hatte er gehört, die die Gefangenentransporte begleitet hatten. Angeblich hatten sie sich hier vor dem Krieg verkrochen, doch aus dem Krieg hätten sie heimkehren können, von hier dagegen durften sie nicht mehr weg. Das Lager … dieses System … das hat sie restlos aufgesaugt. Nach der Lagerhaft konnten nur Kriminelle weg von hier. Banditen. Alle anderen lebten anschließend hier zusammen, manchmal in einem Haus, in einem Hof. »Ach, unser Leben, unser verfluchtes Leben«, sagte er immer wieder. Er erzählte von einem Vorfall aus seiner Kindheit: Ehemalige Häftlinge hatten sich zusammengetan und einen Aufseher getötet … er war ein brutaler Kerl gewesen … ein Vieh … Wenn sie betrunken waren, prügelten sie sich oft, gingen in Gruppen frontal aufeinander los. Sein Vater war ein Trinker. Wenn er betrunken war, weinte er. »Ach, verdammt! Das ganze Leben hier festgenagelt! Wir sind nur Sandkörner …« Nacht. Steppe. Nur wir beide – die Tochter eines Opfers und der Sohn eines … wie soll ich ihn nennen … eines Henkers, ja? Eines kleinen Henkers … Aber die großen Henker brauchen die kleinen. Viele, die die Drecksarbeit erledigen … Tja, da waren wir uns also begegnet … Und worüber redeten wir? Darüber, dass wir nichts über unsere Eltern wissen, denn die haben geschwiegen, bis zu ihrem Tod. Haben ihre Geheimnisse mit ins Grab genommen. Aber ich hatte den Mann offenbar getroffen, ihn aufgewühlt. Er erzählte mir, dass sein Vater nie Fisch aß, weil Fische, so meinte er, Menschenfleisch fressen. Wenn man einen nackten Menschen ins Meer wirft, sind nach ein paar Monaten nur noch die bloßen Knochen übrig. Schneeweiße Knochen. Das wusste sein Vater … woher wohl? Wenn er nüchtern war, schwieg er, und wenn er betrunken war, schwor er, er habe nur mit Papieren zu tun gehabt. Seine Hände seien sauber … nicht mit Blut befleckt … Sein Sohn wollte ihm gern glauben. Aber warum aß er dann keinen Fisch? Ihm wurde übel von Fisch … Nach dem Tod des Vaters fand der Sohn Papiere, die besagten, dass dieser einige Jahre am Ochotskischen Meer gedient hatte. Dort waren auch Lager gewesen … *(Sie schweigt.)* Der Mann war betrunken … und hat sich verplaudert … Und dann schaute er so, schaute mich so an, dass er plötzlich wieder nüchtern wurde. Nüchtern und erschrocken. Ja, das sah ich, er war erschrocken. Plötzlich schrie er böse … irgendwas wie: Wozu die Leichen ausbuddeln, es ist genug! Genug! Ich verstand … Sie … die Kinder … sie mussten sich nicht zur Geheimhaltung verpflichten, aber sie wussten selbst, dass sie ihre Zunge besser im Zaum hielten. Zum Abschied reichte er mir die Hand. Aber ich habe sie nicht genommen … *(Sie weint.)*

Ich habe bis zum letzten Tag gesucht und gesucht … Am letzten Tag sagte mir jemand: »Gehen Sie zu Katerina Demtschuk. Sie ist fast neunzig, aber sie erinnert sich an alles.« Ich ließ mich hinbringen. Ein Ziegelhaus mit hohem Zaun davor. Ich klopfte an die Gartenpforte … Eine Frau kam heraus … uralt, halb blind. »Man hat mir gesagt, Sie hätten im Kinderheim gearbeitet?« »Ich war Lehrerin.« »Bei uns gab es keine Lehrer, nur Kommandeure.« Sie antwortete nicht. Sie ließ mich stehen und wässerte mit dem Gartenschlauch ihre Beete. Aber ich ging nicht, ich ging einfach nicht weg! Da nahm sie mich widerwillig mit ins Haus. In der Diele hing ein Kruzifix, in einer Ecke eine Ikone. Ich erkannte ihre Stimme … das Gesicht nicht, aber die Stimme … »Deine Mama ist ein Feind. Man darf euch schlagen, ja, sogar totschlagen.« Ich erkannte sie! Oder wollte ich sie nur gern erkennen? Es war sinnlos, danach zu fragen, aber ich tat es trotzdem: »Vielleicht erinnern Sie sich an mich? Vielleicht …« »Nein, nein … ich erinnere mich an niemanden. Ihr wart alle klein, ihr seid sehr langsam gewachsen. Und wir haben auf Anweisung gehandelt.« Sie kochte Tee, stellte Kuchen auf den Tisch … Ich saß da und hörte mir ihre Klagen an: Der Sohn Alkoholiker, auch die Enkel trinken. Der Mann schon lange tot, die Rente gering. Der Rücken tut weh. Das Leben im Alter ist trostlos. Ja, so ist das! Ich dachte: Ja, so ist das … Ja! So begegnen wir uns nach fünfzig Jahren also wieder … Ich hatte mir gesagt, sie sei diejenige … stellte es mir vor … Wir waren uns also wiederbegegnet – und? Auch ich habe keinen Mann mehr und nur eine kleine Rente. Mein Rücken tut weh. Ein trostloses Alter und sonst nichts. *(Sie schweigt lange.)*

Am nächsten Tag bin ich abgereist ... Was ist von der Reise geblieben? Ich war verwirrt ... und fühlte mich gekränkt ... Ich weiß nur nicht, von wem. Aber von der Steppe träume ich noch immer, mal ist sie ganz verschneit, mal voller roter Mohnblumen. An einer Stelle, wo früher Baracken standen, ist heute ein Café, an einer anderen Datschas. Kuhweiden. Ich hätte nicht dorthin zurückkehren sollen. Nein! Wir weinen so bitterlich, leiden so sehr – und warum? Warum ist das alles passiert? Tja, noch zwanzig oder fünfzig Jahre, dann ist das alles zu Staub zertrampelt, als hätte es uns nie gegeben. Dann bleiben nur zwei Zeilen im Geschichtsbuch davon übrig. Ein Absatz. Solschenizyn kommt schon jetzt aus der Mode und auch seine Geschichtsschreibung. Früher wurde man für den *Archipel Gulag* eingesperrt. Die Leute lasen das Buch heimlich, tippten es ab, reichten es von Hand zu Hand. Ich glaubte ... ich glaubte, wenn Tausende Menschen es gelesen hätten, würde sich alles ändern. Es würde Reue geben, Tränen. Und was ist passiert? Alles, was früher für die Schublade geschrieben wurde, ist nun gedruckt, alles, was früher nur heimlich gedacht wurde, ist laut ausgesprochen worden. Und!? Diese Bücher liegen an Bücherständen haufenweise herum und verstauben. Die Leute laufen daran vorbei ... *(Sie schweigt.)* Wir sind noch da ... und sind doch nicht mehr da ... Selbst die Straße, in der ich früher gewohnt habe, gibt es nicht mehr. Sie hieß mal Leninstraße. Alles ist heute anders: die Sachen, die Menschen, das Geld. Früher hieß es »Genosse«, heute »Herr«, aber dieses »Herr« passt nicht recht zu uns. Alle suchen in ihrer Familie nach adligen Wurzeln. Das ist Mode! Plötzlich gibt es wieder Fürsten und Grafen. Früher war man stolz, dass die Vorfahren Arbeiter oder Bauern waren. Heute lassen sie sich taufen und fasten. Und erörtern im Ernst, ob die Monarchie Russland retten könnte. Sie verehren den Zaren, über den 1917 jede Gymnasiastin gelacht hat. Dieses Land ist mir fremd. Ein fremdes Land! Wenn wir uns früher gegenseitig besuchten, sprachen wir über Bücher und Theateraufführungen ... Und heute: Wer hat sich was angeschafft? Wie stehen die Wechselkurse? Und Witze werden erzählt. Nichts bleibt verschont, über alles wird gelacht. Alles ist zum Lachen. »Anfrage an *Radio Jerewan*: Was hat Stalin hinterlassen? Antwort: Zwei Garnituren Unterwäsche, ein Paar Stiefel, mehrere Uniformjacken, davon eine Paradejacke, vier Rubel und vierzig Kopeken Sowjetgeld. Und ein gigantisches Imperium.« »Zweite Frage: Wie hat es der russische Soldat bis Berlin geschafft? Antwort: Der russische Soldat hat nicht genug Mut zum Rückzug.« Ich gehe niemanden mehr besuchen. Auch auf die Straße gehe ich selten. Was sehe ich dort schon? Den Triumph des Mammons! Es gibt keine Werte mehr außer dem Geldsack. Und ich? Ich bin bettelarm, wir alle sind bettelarm. Meine ganze Generation … wir ehemaligen Sowjetmenschen … Keine Bankkonten, keine Immobilien. Alles, was wir besitzen, ist sowjetisch – dafür würde niemand auch nur eine Kopeke geben. Wo ist unser Kapital? Alles, was wir haben, sind unsere Leiden, das, was wir erlebt haben. Ich besitze zwei Bescheinigungen auf gewöhnlichen Seiten aus einem Schulheft: »… rehabilitiert … wegen fehlenden Straftatbestands …« Für beide Eltern. Früher einmal … Früher war ich mal stolz auf meinen Sohn *(Sie schweigt.)* Er war Militärpilot, hat in Afghanistan gedient. Und jetzt … Jetzt steht er auf dem Markt … Ein Major. Mit zwei Kampforden! Und nun ist er ein Krämer! Früher nannte man das Spekulantentum, heute heißt das Business. Er bringt Wodka, Zigaretten und Skier nach Polen und von dort Kleidung hierher. Billiges Zeug! Nach Italien bringt er Bernstein, von dort holt er Sanitärtechnik: Toilettenbecken, Wasserhähne, Ventile. Pfui Teufel! In unserer Familie hat es nie Krämer gegeben! Die wurden immer verachtet! Ich mag ein übriggebliebener Sowok sein … Aber das ist besser als dieses Kaufen-Verkaufen, Kaufen …

Ich will Ihnen etwas gestehen … Früher gefielen mir die Menschen besser … Die Menschen damals … die waren mir vertraut. Ich habe die ganze Geschichte jenes Landes miterlebt. Aber dieses jetzt ist mir gleichgültig, das ist nicht mein Land … *(Ich sehe, dass sie erschöpft ist. Ich schalte das Diktiergerät aus. Sie gibt mir einen Zettel mit der Telefonnummer ihres Sohnes.)* Sie haben darum gebeten … Mein Sohn wird Ihnen etwas anderes erzählen … er hat seine eigene Geschichte … Das weiß ich … Zwischen uns liegt ein Abgrund, als wären Jahrhunderte vergangen. Zwischen uns … *(Unter Tränen.)* Und jetzt lassen Sie mich bitte allein. Ich möchte allein sein.

Der Sohn

Er ließ mich lange nicht das Diktiergerät einschalten. Dann sagte er plötzlich: »Das jetzt nehmen Sie ruhig auf … Das ist Geschichte, das ist nicht der übliche Familienkonflikt zwischen Vätern und Söhnen. Aber nennen Sie nicht meinen Namen. Ich habe keine Angst, aber es ist mir unangenehm.«

… Sie wissen ja Bescheid … Aber … was können wir schon über den Tod sagen? Nichts Klares … Nur Gestammel. Ein absolut unbekanntes Gefühl …

Ich sehe noch immer gern sowjetische Filme, sie haben etwas, das man in den modernen Filmen nicht findet. Dieses »Etwas« habe auch ich geliebt. Seit meiner Kindheit. Aber was das eigentlich war, weiß ich nicht. Ich habe mich für Geschichte interessiert, habe viel gelesen … über die Tscheljuskin-Expedition[5] und über Tschkalow[6] … über Gagarin und Koroljow[7] … Aber ich wusste lange nichts über das Jahr 1937 … Einmal habe ich meine Mutter gefragt: »Wo ist eigentlich Großvater gestorben?« – da ist sie in Ohnmacht gefallen. Vater hat gesagt: »Frag Mama nie wieder danach.« Ich war Pionier, es spielte keine Rolle, ob ich daran glaubte oder nicht. Vielleicht glaubte ich ja daran? Ich dachte vermutlich nicht darüber nach … Beim Komsomol sangen wir am Lagerfeuer: »Ist dein Freund plötzlich nicht mehr Freund, noch Feind …«[8] Und so weiter. *(Er zündet sich eine Zigarette an.)* Mein Traum? Ich wollte zum Militär. Fliegen! Ein angesehener und schöner Beruf. Alle Mädchen wollten gern einen Offizier heiraten. Mein Lieblingsschriftsteller war Kuprin. Offizier! Eine schöne Uniform … Heldentod! Unter Männern zusammensitzen und trinken. Freundschaft. Das gefiel mir, das weckte meine jugendliche Begeisterung. Meine Eltern unterstützten mich. Sie hatten mich nach sowjetischen Büchern erzogen, mit den üblichen Phrasen: »Der Mensch ist das Höchste«, »Ein Mensch, wie stolz das klingt«. Sie redeten von einem Menschen, den es so nicht gab … nirgendwo … Das verstehe ich bis heute nicht – warum gab es damals so viele Idealisten? Heute gibt es keine mehr. Idealismus ist ein Fremdwort für die Generation Pepsi[9]. Wir sind Pragmatiker. Nach der Militärfachschule habe ich auf Kamtschatka gedient. An der Grenze. Da gab es nur Schnee und Berge. Das Einzige, was mir an meinem Land immer gefiel, ist die Natur. Die Landschaft. Die ist toll! Nach zwei Jahren schickten sie mich an die Militärakademie, und ich schloss mit Auszeichnung ab. Wieder ein paar Sternchen mehr! Ich machte Karriere. Ich hätte ein Begräbnis mit Ehrensalut bekommen … *(Herausfordernd:)* Und heute? Kulissenwechsel … Aus dem sowjetischen Major ist ein Businessman geworden. Ich verkaufe italienische Sanitärtechnik … Hätte mir das einer vor zehn Jahren prophezeit – ich hätte diesen Nostradamus nicht einmal verprügelt, nein, ich hätte ihn ausgelacht. Ich war absolut sowjetisch: Liebe zum Geld ist verwerflich, lieben muss man seinen Traum. *(Er zündet sich eine Zigarette an.) Schade* … man vergisst schon so vieles … Weil sich alles viel zu schnell verändert. Wie ein Kaleidoskop. Erst war ich begeistert von Gorbatschow, dann enttäuscht. Ich ging auf Demonstrationen und rief zusammen mit den anderen: »Jelzin – ja! Gorbatschow – nein!« Ich rief: »Nieder mit Artikel sechs!«[10] Ich habe sogar Plakate geklebt. Wir haben ununterbrochen geredet und gelesen, gelesen und geredet. Was wollten wir eigentlich? Unsere Eltern wollten alles sagen und alles lesen können. Sie träumten von einem humanen Sozialismus … von einem Sozialismus mit menschlichem Antlitz … Und wir jungen Leute? Wir … Wir träumten auch von Freiheit. Aber was das ist, da hatten wir nur vage Vermutungen. Wir wollten leben wie im Westen. Ihre Musik hören, uns genauso kleiden, die Welt bereisen. »Zeit, dass sich was ändert …«, sang Viktor Zoi[11]. Aber wohin wir strebten, das wussten wir nicht. Alle träumten … Und in den Lebensmittelläden standen nur Dreilitergläser mit Birkensaft und Sauerkraut. Tüten mit Lorbeerblättern. Auf Marken gab es Nudeln, Butter, Reis, Grieß … Tabak … In einer Schlange nach Wodka konnte man erschlagen werden! Aber der verbotene Platonow[12] wurde endlich gedruckt … Grossman[13] … Unsere Truppen wurden aus Afghanistan abgezogen. Ich war noch am Leben, ich dachte, wir alle, die dort gewesen waren, wir wären Helden. Wir kehrten zurück in die Heimat, doch die Heimat gab es nicht mehr! Statt der Heimat war da auf einmal ein anderes Land, und das pfiff auf uns! Die Armee zerfiel, die Militärs wurden öffentlich geschmäht, verleumdet. Mörder! Wir Verteidiger waren plötzlich Mörder. Uns wurde alles angelastet: Afghanistan, Vilnius und Baku. Jedes Blutvergießen. Abends in Uniform durch die Stadt zu laufen war riskant, man konnte verprügelt werden. Die Leute waren wütend, weil es nichts gab, keine Lebensmittel, keine Klamotten. Keiner kapierte irgendwas. In unserem Regiment blieben die Flugzeuge am Boden, weil kein Treibstoff da war. Die Besatzungen saßen rum, spielten Karten, soffen Wodka. Für einen Offizierssold bekam man gerade mal zehn Brote. Ein Freund von mir hat sich erschossen ... dann noch einer ... Die Offiziere verließen die Armee, liefen weg, egal wohin. Alle hatten Familie ... ich hatte zwei Kinder, Hund und Katze ... Wie sollten wir leben? Der Hund musste von Fleisch auf Quark umsteigen, wir selber aßen wochenlang nur Kascha. Das alles gerät in Vergessenheit ... Ja, das muss festgehalten werden, solange sich noch jemand daran erinnert. Wir Offiziere ... Wir entluden nachts Güterwaggons oder arbeiteten als Nachtwächter. Asphaltierten Straßen. Mit mir zusammen schufteten promovierte Wissenschaftler, Ärzte, Chirurgen. Sogar an einen Pianisten von der Philharmonie erinnere ich mich. Ich lernte Fliesen legen und gepanzerte Türen einbauen. Und so weiter ... Jeder handelte mit irgendetwas ... Der eine importierte Computer ... ein anderer produzierte »stone-washed« Jeans. Zwei Männer verabreden: Der eine kauft ein Fass Wein, der andere verkauft es. Abgemacht! Der eine zieht los, das Geld auftreiben, der andere überlegt: Wie komme ich jetzt an ein Fass Wein? Ein Witz, aber es ist was Wahres dran. Zu mir kamen auch solche Leute – kaputte Turnschuhe, aber wollten mir einen Hubschrauber verkaufen ... *(Pause.)*

Aber wir haben überlebt! Wir haben überlebt ... Auch das Land hat überlebt! Aber was wissen wir schon von der Seele? Nur, dass es sie gibt. Ich ... meine Freunde ... uns geht es gut ... Einer hat eine Baufirma, einer einen Lebensmittelladen – Käse, Fleisch, Wurst ... einer verkauft Möbel. Der eine hat Kapital im Ausland, ein anderer ein Haus auf Zypern. Einer hat einen Doktortitel, ein anderer ist Ingenieur. Kluge, gebildete Leute. Der »neue Russe« mit einer zehn Kilo schweren Goldkette um den Hals, goldenen Stoßstangen und silbernen Rädern am Auto – das ist ein Zeitungsklischee. Folklore! Erfolgreiche Geschäftsleute sind alles Mögliche, aber keine Dummköpfe. Also, wenn wir zusammenkommen … Wir bringen teuren Kognak mit, trinken aber Wodka. Wir trinken Wodka, und gegen Morgen liegen wir uns betrunken in den Armen und grölen die Lieder unserer Jugend – »Komsomolzen, Komsomolzen, unsere Stärke liegt in unsrer Freundschaft …«[14]. Und erinnern uns an die Kartoffeleinsätze während unseres Studiums und an lustige Erlebnisse aus dem Armeedienst. Kurz gesagt, an die Sowjetzeit. Verstehen Sie? Und diese Gespräche enden immer gleich: »Heutzutage herrscht gesetzloses Chaos. Wir brauchen einen Stalin.« Obwohl bei uns, wie gesagt, alles gut läuft. Was ist das? Nehmen Sie nur mich … Für mich ist der 7. November[15] ein Feiertag. Ich feiere etwas Großes. Es tut mir leid darum, sehr leid sogar. Wenn ich ehrlich bin … Einerseits ist da Nostalgie, andererseits Angst. Alle wollen weg, abhauen aus diesem Land. Kohle machen und abhauen. Und unsere Kinder? Die wollen alle Buchhalter werden. Und fragen Sie die mal nach Stalin … Keinen Schimmer! Höchstens eine vage Vorstellung … Ich habe meinem Sohn Solschenizyn zu lesen gegeben – er hat die ganze Zeit gelacht. Ich hörte ihn lachen! Für ihn ist die Anschuldigung, dass jemand Agent dreier Geheimdienste gewesen sein soll, einfach lustig. »Papa, die Vernehmer waren ja durchweg Analphabeten, die Protokolle strotzen von orthographischen Fehlern. Nicht mal das Wort ›erschießen‹ schreiben sie richtig …« Er wird mich und meine Mutter nie verstehen, denn er hat keinen einzigen Tag in der Sowjetunion gelebt. Ich … und mein Sohn … und meine Mutter … Wir leben jeder in einem anderen Land, auch wenn das alles Russland ist. Aber wir sind ungeheuer stark miteinander verbunden. Ungeheuer! Alle fühlen sich betrogen.

… Sozialismus, das ist Alchemie. Eine alchemistische Idee. Wir sind immer vorwärtsgeeilt und wer weiß wo angekommen. »An wen muss ich mich wenden, wenn ich in die Kommunistische Partei eintreten will?« »An einen Psychiater.« Bei dem Witz lacht der ganze Saal. Sie aber … unsere Eltern … meine Mutter … sie wollen hören, dass ihr Leben groß war und nicht vergebens und dass sie an etwas geglaubt haben, woran zu glauben sich lohnt. Und was bekommen sie zu hören? Sie hören von allen Seiten, dass ihr Leben absolute Scheiße war, dass sie nichts hatten als ihre schrecklichen Raketen und Panzer. Sie waren bereit, jedem Feind zu trotzen. Und das hätten sie! Doch nun ist ohne jeden Krieg alles zusammengebrochen. Keiner versteht, warum. Darüber sollten sie nachdenken … Aber denken können sie nicht! Sie können nur Angst haben. Ich habe irgendwo gelesen, Angst sei auch eine Form von Liebe. Ich glaube, dieser Ausspruch stammt von Stalin … Die Museen sind heutzutage leer … Dafür sind die Kirchen voll, weil wir alle einen Psychotherapeuten brauchen. Psychotherapeutische Sitzungen. Meinen Sie, Tschumak und Kaschporowski[16] heilen den Körper? Sie heilen die Seele. Hunderttausende sitzen vorm Fernseher und hören ihnen wie hypnotisiert zu. Das ist eine Droge! Diese schreckliche Einsamkeit … die Verlassenheit …. Bei jedem, vom Taxifahrer und kleinen Angestellten bis zum populären Schauspieler und Akademiemitglied. Alle sind wahnsinnig einsam! Und so weiter … ja … Das Leben hat sich vollkommen gewandelt. Die Welt zerfällt nicht mehr in Weiße und Rote, nicht mehr in die, die gesessen, und die, die andere eingesperrt haben, nicht mehr in die, die Solschenizyn gelesen, und die, die ihn nicht gelesen haben, sondern in die, die kaufen können, und die, die das nicht können. Das gefällt Ihnen nicht? Natürlich nicht … klar … Mir auch nicht … mir gefällt das auch nicht. Ich und Sie wahrscheinlich auch … wir waren Romantiker … Und die naiven Aktivisten der Sechziger? Eine Sekte von Aufrechten … Sie glaubten, wenn der Kommunismus fiele, würde sich der russische Mensch voller Eifer in die Freiheit stürzen, aber er hat sich erst einmal darauf gestürzt zu leben. Zu leben! Alles auszuprobieren, zu befühlen, zu kosten. Gutes Essen, modische Kleidung, Reisen … Er wollte Palmen sehen und die Wüste. Kamele … Nicht ständig für etwas brennen und verbrennen, nicht ständig mit Fackel und Axt irgendwohin rennen. Nein … einfach leben … Wie die Menschen anderswo … In Frankreich und Monaco … Sie haben Angst, es nicht zu schaffen! Sie haben Boden bekommen, aber womöglich wird er ihnen wieder weggenommen, Handel ist jetzt erlaubt, aber vielleicht wird man dafür bald wieder ins Gefängnis gesperrt. Und die Fabrik könnte einem wieder weggenommen werden oder der kleine Laden. Diese bohrende Angst sitzt tief. Wen kümmert da die Geschichte! Man muss schnell Geld verdienen! Niemand denkt an irgendetwas Großes, Grandioses … Das haben alle satt! Die Leute wollen etwas Menschliches, Normales. Etwas ganz Gewöhnliches, ja, etwas ganz Normales, verstehen Sie? Wir sind als Erste ins All geflogen … haben die besten Panzer der Welt gebaut, aber es gab kein Waschpulver und kein Toilettenpapier. Unsere verfluchten Klobecken waren immer undicht! Plastiktüten wurden ausgewaschen und auf dem Balkon getrocknet. Ein eigenes Videogerät war so was wie ein eigener Hubschrauber. Wer Jeans trug, wurde eher bestaunt als beneidet … Das war etwas Exotisches! Das war der Preis! Das war der Preis für die Raketen und Raumschiffe. Für die große Geschichte! *(Pause.)* Ich labere Sie hier voll … Alle wollen heutzutage reden, aber keiner hört dem anderen zu …

… Im Krankenhaus … da lag neben meiner Mutter eine Frau … Wenn ich ins Zimmer kam, sah ich als Erstes diese Frau. Einmal habe ich gesehen, wie sie ihrer Tochter etwas sagen wollte, aber sie konnte nicht, nur m-ma, m-mu … Dann kam ihr Mann, und sie versuchte mit ihm zu sprechen, aber auch das klappte nicht. Sie drehte sich zu mir um mit ihrem »M-ma … m-mu …«. Und dann griff sie nach ihrer Krücke und schlug damit auf den Tropf ein … Auf das Bett … Sie merkte nicht, dass sie etwas kaputtschlug … Sie wollte reden … Doch mit wem kann man heute schon reden? Sagen Sie mir, mit wem? Aber der Mensch kann nicht im leeren Raum leben …

… Ich habe meinen Vater immer geliebt … Er ist fünfzehn Jahre älter als meine Mutter, er war im Krieg. Aber der Krieg hat ihn nicht kaputtgemacht wie viele andere, ihn nicht an sich gefesselt, der Krieg war für ihn nicht das wichtigste Ereignis im Leben. Er geht bis heute jagen und angeln. Er ist ein guter Tänzer. Er war zweimal verheiratet, beide Male mit schönen Frauen. Einmal, als ich noch klein war … Wir waren auf dem Weg ins Kino, da hielt Vater mich zurück und sagte: »Sieh nur, wie schön unsere Mama ist!« Er hat nie mit rohen Kriegserinnerungen geprahlt wie andere, in der Art: »Ich hab ihn mit einem Schuss umgepustet. Das Fleisch ist aus ihm rausgequollen wie aus einem Fleischwolf.« Er erzählt nur harmlose Sachen. Dummheiten. Wie er mit einem Freund am Tag des Sieges in ein Dorf zu den Mädchen gegangen war und sie zwei Deutsche erwischten. Die hatten sich im Klohäuschen versteckt, steckten bis zum Hals unten in der Grube. Es tat ihnen leid, die Deutschen zu erschießen – der Krieg war ja vorbei. Sie hatten genug geschossen. Aber nahe ranzugehen trauten sie sich auch nicht ... Mein Vater hat Glück gehabt, er hätte im Krieg fallen können und hat überlebt, oder er hätte vor dem Krieg verhaftet werden können, wurde es aber nicht. Er hatte einen älteren Bruder, Onkel Wanja. Bei dem ist alles anders gelaufen – in den dreißiger Jahren ... da kam er als Strafgefangener in die Erzgruben bei Workuta. Zehn Jahre ohne Briefkontakt. Seine Frau wurde von ihren Kollegen fertiggemacht und hat sich aus dem vierten Stock gestürzt. Der Sohn wuchs bei der Großmutter auf. Aber Onkel Wanja kehrte zurück ... Nach zehn Jahren kehrte er zurück, mit einem verkrüppelten Arm, ohne Zähne und mit kaputter Leber. Dann arbeitete er wieder in seinem alten Betrieb, auf demselben Posten wie vor der Haft, saß am selben Schreibtisch ... *(Er zündet sich noch eine Zigarette an.)* Und ihm gegenüber saß derjenige, der ihn denunziert hatte. Alle wussten das ... auch Onkel Wanja wusste, dass es dieser Mann gewesen war ... Wie früher gingen sie zu Versammlungen und Feiertagsdemonstrationen. Lasen die *Prawda* und befürworteten die Politik von Partei und Regierung. An Feiertagen saßen sie an einem Tisch und tranken Wodka. Und so weiter ... Das sind wir! Das ist unser Leben! So sind wir ... Stellen Sie sich vor, ein Henker von Auschwitz und sein Opfer arbeiten im selben Büro und bekommen in derselben Buchhaltung ihr Gehalt. Tragen sogar die gleichen Kriegsorden. Und bekommen jetzt die gleiche Rente ... *(Er schweigt.)* Ich bin mit dem Sohn von Onkel Wanja befreundet. Er liest nie Solschenizyn, bei ihm zu Hause gibt es kein einziges Buch über Lager. Der Sohn hat auf seinen Vater gewartet, aber der, der zurückkam, war ein anderer ... ein menschliches Wrack ... Zerknittert, gebeugt. Er ist bald erloschen. »Du weißt nicht, wie sehr man sich fürchten kann«, sagte er zu seinem Sohn. »Das weißt du nicht ...« Vor seinen Augen hat der Vernehmer ... ein kräftiger Kerl ... der hat einen Häftling mit dem Kopf in den Abortkübel gehalten, so lange, bis er ertrunken war. Und Onkel Wanja ... er wurde nackt an die Decke gehängt, und in Nase und Mund ... in sämtliche Körperöffnungen haben sie ihm Ammoniak gespritzt. Der Vernehmer hat ihm ins Ohr gepinkelt und dabei gebrüllt: »Die Köpfe ... Nenn mir die Köpfe!« Und Onkel Wanja hat es getan ... Und hat alles unterschrieben. Hätte er es nicht getan, wäre auch er mit dem Kopf im Kübel gelandet. Später hat er einige von denen, deren Namen er genannt hatte, dort wiedergetroffen ... in den Baracken ... »Wer hat uns nur denunziert?«, rätselten sie. Wer hat denunziert? Wer ... Ich kann niemanden richten ... Und auch Sie können das nicht. Nach den Verhören wurde Onkel Wanja auf einer Trage in die Zelle gebracht, voller Blut und Urin. In seiner eigenen Scheiße. Wer hat denunziert? Ich weiß nicht, wo der Mensch aufhört, Mensch zu sein ... Wissen Sie es?

... Unsere Alten tun mir natürlich leid ... Sie sammeln in den Sportstadien leere Flaschen, verkaufen nachts in der Metro Zigaretten. Wühlen im Abfall. Aber unsere Alten sind nicht unschuldig ... Ein schlimmer Gedanke! Ein aufrührerischer Gedanke ... Er macht mir selber Angst. *(Er schweigt.)* Aber darüber könnte ich mit meiner Mutter nie reden ... Ich habe es versucht ... Sie wurde hysterisch!

Er will das Gespräch beenden, überlegt es sich aber anders.

... Hätte ich das irgendwo gelesen oder gehört, ich würde es nicht glauben. Aber im Leben ... im Leben geht es manchmal zu wie in einem schlechten Krimi ... Meine Begegnung mit Iwan D. ... Seinen Namen? Wozu? Er ist tot. Aber seine Kinder? Wie heißt es doch: Der Sohn ist für den Vater nicht verantwortlich ... Übrigens sind auch seine Söhne inzwischen schon alt. Aber seine Enkel und Urenkel? Von den Enkeln kann ich nichts sagen, aber die Urenkel ... die wissen nicht einmal mehr, wer Lenin war ... Großväterchen Lenin ist vergessen. Das ist nur noch ein Denkmal. *(Pause.)* Also, diese Begegnung ... Ich wollte seine Enkelin heiraten, ich war gerade Leutnant geworden. Wir hatten schon die Ringe gekauft und das Brautkleid. Anna ... so hieß sie ... ein schöner Name, nicht? *(Die nächste Zigarette.)* Sie war seine Enkelin, seine abgöttisch geliebte Enkelin. Sie sah ihm auch ähnlich, äußerlich sah sie ihm sehr ähnlich. Ich komme aus einer normalen sowjetischen Familie, wo das Geld ein Leben lang gerade mal so bis zum nächsten Gehalt reichte, aber bei ihnen – Kristallleuchter, chinesisches Porzellan, Teppiche, ein nagelneuer Shiguli. Alles todschick! Sie hatten auch noch einen alten Wolga, den der Alte nicht verkaufen mochte. Und so weiter … Ich wohnte schon bei ihnen, morgens tranken wir zusammen Tee, mit silbernen Teeglashaltern. Es war eine große Familie – Schwiegersöhne, Schwiegertöchter … Ein Schwiegersohn war Professor. Wenn der Alte auf ihn wütend war, sagte er immer etwas sehr Merkwürdiges: »Solche wie du … Die haben bei mir ihre eigene Scheiße gefressen …« Nun ja … ein Hinweis … Aber damals habe ich das nicht verstanden … Nicht verstanden! Später fiel es mir wieder ein … danach … Oft besuchten ihn Pioniere, ließen sich seine Erinnerungen erzählen und Fotos von ihm geben für ein Museum. Als ich ihn kennenlernte, war er schon krank und saß meist zu Hause, davor hatte er oft in Schulen Vorträge gehalten und guten Schülern das rote Halstuch umgebunden. Ein hochgeehrter Veteran. Zu jedem Feiertag lag eine große Glückwunschkarte im Briefkasten, jeden Monat erhielt er ein Lebensmittelpäckchen mit Sonderzuteilungen. Einmal habe ich ihn zum Abholen begleitet. In einem Keller bekamen wir eine Zervelatwurst, ein Glas bulgarische Gurken und Tomaten, ausländische Fischkonserven, ungarischen Büchsenschinken, grüne Erbsen, Dorschleber … Alles Mangelware zu der Zeit! Ein Privileg! Mich hat er gleich herzlich aufgenommen. »Ich mag Uniformierte, ich verachte Anzugträger!« Er zeigte mir sein teures Jagdgewehr: »Das erbst du mal.« An den Wänden der ganzen riesigen Wohnung hingen Hirschgeweihe, auf den Bücherregalen standen ausgestopfte Tiere. Jagdtrophäen. Er war ein leidenschaftlicher Jäger, war zehn Jahre lang Vorsitzender des Jäger- und Anglerverbandes der Stadt gewesen. Was noch? Er redete viel vom Krieg … »Im Gefecht schießen, auf ein entferntes Ziel, das ist das eine … Da schießt jeder … Aber jemanden zur Erschießung führen … Derjenige steht nur drei Meter entfernt …« Solche Sachen sagte er dauernd … Mit ihm war es nie langweilig, ich mochte den Alten.

Ich hatte Urlaub … Die Hochzeit stand vor der Tür. Es war Hochsommer. Die ganze Familie wohnte in seinem großen Sommerhaus. Eine alte Datscha … sehr groß … Nicht die üblichen vierhundert Quadratmeter, ich weiß nicht, wie groß das Grundstück genau war, jedenfalls gehörte sogar ein Stück Wald dazu. Alte Kiefern. Hochrangige Personen bekamen solche Datschas. Für besondere Verdienste. Akademiemitglieder und Schriftsteller. Und eben er … Wenn ich aufwachte … da war der Alte schon im Garten. »Im Herzen bin ich Bauer. Ich bin in Bastschuhen aus Twer nach Moskau gekommen.« Abends saß er oft allein auf der Terrasse und rauchte. Er machte kein Geheimnis daraus, dass man ihn zum Sterben aus dem Krankenhaus entlassen hatte – inoperabler Lungenkrebs. Das Rauchen gab er nicht auf. Aus dem Krankenhaus kam er mit einer Bibel zurück: »Ich war mein Leben lang Materialist, aber jetzt vorm Tod habe ich zu Gott gefunden.« Die Bibel hatten ihm die Nonnen geschenkt, die im Krankenhaus die Schwerkranken pflegten. Er las mit einer Lupe. Vormittags las er Zeitungen, nach dem Mittagsschlaf Kriegsmemoiren. Er besaß eine ganze Bibliothek mit Memoiren: Schukow, Rokossowski … Er erinnerte sich auch selber gern … Er erzählte, dass er Gorki und Majakowski gesehen habe … die Tscheljuskin-Flieger … Er wiederholte oft: »Das Volk will Stalin lieben und den 9. Mai feiern.« Ich widersprach ihm: Die Perestroika hatte begonnen … der Frühling der russischen Demokratie … Ich war ein Grünschnabel! Eines Tages waren wir beide allein, alle anderen waren in die Stadt gefahren. Zwei Männer allein in einem Sommerhaus. Eine Karaffe Wodka. »Ich pfeife auf die Ärzte! Ich habe mein Leben gelebt.« »Soll ich einschenken?« »Schenk ein.« Und dann ging es los … Ich habe nicht gleich verstanden … Ich habe nicht gleich kapiert, dass er einen Beichtvater brauchte. Er dachte an den Tod … Ich habe nicht gleich begriffen … Erst war es ein für jene Jahre ganz normales Gespräch: der Sozialismus, Stalin, Bucharin … Lenins politisches Vermächtnis, das Stalin vor der Partei geheimgehalten hat … Alles, was damals im Gespräch war. In den Zeitungen stand. Wir tranken. Und wie wir tranken! Dann legte er plötzlich los. »Du Rotznase! Jung und dumm … Hör mir mal zu! Man darf unserem Menschen keine Freiheit geben … Dann versaut er bloß alles! Klar!« … Dann kam ein Fluch. Ein Russe muss immer fluchen, wenn er einen anderen überzeugen will. Das Fluchen lasse ich weg. »Hör mir zu …« Ich … Natürlich, ich … Ich war schockiert! Schockiert! Er kam ihn Fahrt: »In Handschellen und ab zum Bäumefällen mit diesen Schreihälsen. Eine Spitzhacke in die Hand. Angst muss sein. Ohne Angst bricht bei uns im Nu alles zusammen.« *(Eine lange Pause.)* Wir denken immer, ein Ungeheuer müsse Hörner und Hufe haben. Dann ist alles simpel … und klar. Aber da sitzt jemand vor dir … anscheinend ein ganz normaler Mensch … Putzt sich die Nase … ist krank … trinkt Wodka … Ich denke … Der Gedanke kam mir damals zum ersten Mal … Immer bleiben nur die Opfer und sagen aus, die Henker aber schweigen. Sie verschwinden spurlos, fallen in ein unsichtbares Loch … Sie haben keinen Namen und keine Stimme. Sie verschwinden spurlos, und wir wissen nichts über sie.

In den Neunzigern … Da lebten die Henker noch … und sie erschraken … In den Zeitungen tauchte der Name des Vernehmers auf, der Professor Wawilow[17] gefoltert hatte. Ich habe ihn mir gemerkt – Alexander Chwat. Und noch ein paar Namen wurden veröffentlicht. Sie befürchteten, dass man die Archive öffnen und das Siegel »geheim« aufheben würde. Sie wurden unruhig. Niemand hat das je untersucht, es existiert keine spezielle Statistik, aber es gab damals Dutzende Selbstmorde. Im ganzen Land. Man schob das alles auf den Zusammenbruch des Imperiums … auf die Verarmung … aber ich weiß von Selbstmorden durchaus gutsituierter und verdienter alter Männer. Ohne ersichtlichen Grund. Aber es gab eine Gemeinsamkeit – sie alle hatten bei den Sicherheitsorganen gearbeitet. Bei dem einen hat sich das Gewissen geregt, ein anderer hatte Angst, die Familie könnte etwas erfahren. Da kriegten sie Schiss. Ein Augenblick der Panik. Sie verstanden nicht, was los war … warum plötzlich dieses Vakuum um sie herum? Sie hatten doch treu gedient! Wie Hunde! Natürlich kriegten nicht alle das Zittern. Die *Prawda* oder der *Ogonjok*, das weiß ich nicht mehr genau, druckte den Brief eines Lageraufsehers ab. Der hatte keine Scheu! Er beschrieb alle seine Krankheiten, die er sich in Sibirien geholt habe, wo er fünfzehn Jahre lang »Volksfeinde« bewacht habe. Ohne Rücksicht auf seine Gesundheit … Der Dienst, klagte er, sei schwer gewesen: Im Sommer hätten einen die Mücken und die Hitze gequält, im Winter die Kälte. Die Mäntel der Wachsoldaten seien viel zu dünn gewesen, die Natschalniks dagegen seien in Schafpelzen und Filzstiefeln rumgelaufen. Und jetzt, schrieb er, erheben die Feinde, die nicht ausgerottet wurden, wieder das Haupt … Das sei Konterrevolution! Ein bitterböser Brief … *(Pause.)* Sofort antworteten ihm ehemalige Gefangene … Sie hatten keine Angst mehr. Schwiegen nicht mehr. Sie schrieben, dass die Wachsoldaten manchmal einen Gefangenen nackt auszogen und an einen Baum banden, und binnen vierundzwanzig Stunden zerfraßen die Mücken ihn so sehr, dass nur noch das Skelett übrig blieb. Im Winter, bei vierzig Grad Frost, übergossen sie ausgemergelte *Dochodjagi**, die die Tagesnorm nicht schafften, mit Wasser. Dutzende solcher Eisstatuen standen zur Abschreckung bis zum Frühjahr da. *(Pause.)* Und niemand wurde verurteilt! Kein Einziger! Die Henker verbrachten ihre letzten Tage als Ehrenpensionäre … Ich sage Ihnen was: Appellieren Sie nicht an die Reue. Machen Sie sich kein Phantasiebild vom Volk: wie gut es angeblich ist, unser Volk. Niemand ist bereit zu bereuen. Bereuen, das ist eine große Anstrengung. Ich selbst gehe jetzt manchmal in die Kirche, aber zur Beichte – dazu kann ich mich nicht entschließen. Das fällt mir schwer … Und wenn wir ehrlich sind – der Mensch bedauert doch nur sich selbst. Sonst niemanden. So ist das … Der Alte lief auf der Terrasse auf und ab … schrie … Mir standen die Haare zu Berge … Ja, zu Berge! Bei seinen Worten. Zu der Zeit wusste ich schon vieles … Hatte Schalamow gelesen … Und hier stand eine Schale mit Pralinen auf dem Tisch … ein Blumenstrauß … Eine vollkommen friedliche Atmosphäre. Dieser Kontrast verstärkte das Ganze noch. Ich war entsetzt und zugleich neugierig. Die Neugier war ehrlich gesagt größer als das Entsetzen. Man möchte immer gern in den Abgrund blicken. Warum? So sind wir beschaffen.

»… Als ich die Stelle beim NKWD bekam, war ich unheimlich stolz. Vom ersten Gehalt habe ich mir einen guten Anzug gekauft …

* *Dochodjagi* – von russ. »dochoditj« – »zu Ende gehen«, Lagerwort für Häftlinge, die dem Tod nahe waren.

… Diese Arbeit, das ist … Womit soll man das vergleichen? Mit dem Krieg vielleicht. Doch der Krieg war für mich Erholung. Wenn ich einen Deutschen erschoss, dann schrie der auf Deutsch. Die anderen dagegen, die schrien auf Russisch … Das waren irgendwie die eigenen Leute … Auf Litauer und Polen zu schießen war leichter. Aber die Russen, die schrien auf Russisch: ›Verräter! Idioten! Macht schon Schluss!‹ Sch…! Wir waren voller Blut … wir haben uns die Hände an den eigenen Haaren abgewischt … Manchmal bekamen wir Lederschürzen … Das war eben unsere Arbeit … Unser Dienst … Du bist noch jung … Perestroika! Perestroika! Du glaubst den Schwätzern … Sollen sie ruhig schreien: ›Freiheit! Freiheit!‹ Sollen sie auf den Plätzen rumlaufen … Das Beil liegt bereit … Das Beil überlebt seinen Herrn … Merk dir das! Sch… Ich bin Soldat. Wenn ich einen Befehl bekam, habe ich ihn ausgeführt. Habe geschossen. Wenn du einen Befehl bekommst, wirst du das auch tun. Ja, das wirst du! Ich habe Feinde getötet. Schädlinge! Es gab ein Papier: verurteilt ›zur höchsten gesellschaftlichen Schutzmaßnahme‹. Ein staatliches Urteil … Die Arbeit war kein Zuckerschlecken! Wenn einer nicht gleich tot war, fiel er um und quiekte wie ein Schwein … spuckte Blut … Besonders unangenehm war es, auf jemanden zu schießen, der lachte. Der hatte entweder den Verstand verloren, oder er verachtete dich. Gebrüllt und geflucht wurde auf beiden Seiten. Essen darf man vor einer solchen Arbeit nichts. Ich konnte es nicht … Aber man hat die ganze Zeit Durst. Wasser! Wasser! Wie nach einem Besäufnis … Sch… Am Ende der Schicht brachte man uns immer zwei Eimer – einen voll Wodka und einen voll Kölnischwasser. Den Wodka bekamen wir nach der Arbeit, nicht vorher. So was hast du vielleicht irgendwo gelesen, oder? Eben … Heutzutage schreiben sie so manches, vieles ist erfunden … Mit dem Kölnischwasser wuschen wir uns den ganzen Oberkörper ab. Blut hat einen intensiven, ganz besonderen Geruch … so ähnlich wie Sperma … Ich hatte einen Schäferhund, der ging mir immer aus dem Weg, wenn ich von der Arbeit kam. Sch… Warum sagst du nichts? Du bist noch ein Grünschnabel … Hast deine Feuertaufe noch vor dir … Hör zu! Manchmal, sehr selten, hatte ein Soldat Spaß am Töten … der wurde dann aus dem Erschießungskommando versetzt. Solche Leute mochten wir nicht. Viele von uns kamen vom Lande, wie ich, Leute vom Lande sind stärker als Städter. Sie halten mehr aus. Sie sind an den Tod gewöhnt: Sie haben zu Hause schon mal einen Eber abgestochen, ein Kalb geschlachtet, mindestens aber ein Huhn. An den Tod … daran muss man sich gewöhnen … Die ersten Tage schauten die Neuen nur zu … Schauten zu bei den Hinrichtungen oder bewachten die Verurteilten. Es passierte schon mal, dass jemand sofort verrückt wurde. Es nicht aushielt. Sch…! Du lässt den Verurteilten niederknien, dann aus nächster Nähe ein Revolverschuss in den Hinterkopf. Überm linken Ohr … Am Ende der Schicht war der Arm schlaff, wie gelähmt. Besonders strapaziert wurde der Zeigefinger. Wir hatten ja auch ein Plansoll, wie überall. Wie in jedem Betrieb. Das haben wir in der ersten Zeit nicht erfüllt. Haben es einfach physisch nicht geschafft. Da wurden die Ärzte zusammengerufen. Ein Konsilium. Die Ärzte entschieden: Zweimal in der Woche bekommt jeder Soldat eine Massage. Eine Massage des rechten Arms und des rechten Zeigefingers. Der Zeigefinger musste unbedingt massiert werden, der wird beim Schießen am meisten beansprucht. Ich bin auf dem rechten Ohr fast taub … Man schießt ja mit der Rechten …

… Wir bekamen Urkunden … ›Für die Erfüllung eines Spezialauftrags der Partei und der Regierung‹, ›der Sache der Partei Lenins und Stalins treu ergeben‹. Von diesen Urkunden, auf bestem Papier gedruckt, habe ich einen ganzen Schrank voll. Einmal im Jahr wurden wir mit unserer Familie in ein gutes Ferienheim geschickt. Ausgezeichnete Verpflegung … viel Fleisch … Kuranwendungen … Meine Frau wusste nichts von meiner Arbeit. Nur, dass sie geheim und verantwortungsvoll war. Geheiratet habe ich aus Liebe.

… Während des Krieges wurden Patronen gespart. Wenn das Meer nicht weit war … dann wurde eine Barkasse bis obenhin vollgestopft. Aus dem Laderaum drang Gebrüll, das eher wie tierisches Knurren klang: ›Der stolze Warjag ergibt sich nicht, wir brauchen keine Gnade …‹[18] Die Hände wurden mit Draht gefesselt … an die Füße ein Stein gebunden … Wenn ruhiges Wetter war … Windstille … dann sah man lange, wie sie untergingen … Was kuckst du so? Sch…! Gieß ein! Das war eben unsere Arbeit … unser Dienst … Ich erzähle dir das alles, damit du weißt: Die Sowjetmacht hat uns einiges gekostet. Wir müssen sie hüten. Bewahren! Auf dem Rückweg abends war die Barkasse leer. Totenstille. Alle hatten nur einen Gedanken: Wenn wir an Land kommen, werden sie uns … Sch…! Ich hatte jahrelang einen gepackten Sperrholzkoffer unterm Bett: Wechselwäsche, Zahnbürste, Rasierzeug. Und eine Pistole unterm Kopfkissen … Um mir eine Kugel in den Kopf zu jagen. Alle lebten damals so! Ob Soldat oder Marschall. Darin herrschte Gleichheit …

… Als der Krieg begann … Ich habe mich sofort an die Front gemeldet. Im Kampf zu sterben ist nicht so schlimm. Da weißt du, dass du für die Heimat stirbst. Da ist alles klar und einfach. Ich habe Polen befreit, die Tschechoslowakei … Sch…! Bis kurz vor Berlin bin ich gekommen. Ich habe zwei Orden und Medaillen. Wir haben gesiegt! Und dann … Nach dem Sieg wurde ich verhaftet. Die NKWD-Leute hatten fertige Listen … Für einen Tschekisten gibt es nur zwei Wege – von der Hand des Feindes zu sterben oder von der Hand des NKWD. Ich bekam sieben Jahre! Die ganzen sieben Jahre habe ich abgesessen, bis auf den letzten Tag. Bis heute … verstehst du, bis heute wache ich um dieselbe Zeit auf wie im Lager – früh um sechs. Wofür ich gesessen habe? Wofür ich gesessen habe, das hat man mir nicht gesagt. Wofür?! Sch…!«

Nervös zerknautscht er die leere Zigarettenschachtel.

Vielleicht hat er gelogen. Nein … er hat nicht gelogen … wahrscheinlich nicht … Ich denke, er hat nicht gelogen … Am nächsten Morgen habe ich mir einen Vorwand gesucht … irgendwas. Und bin abgehauen. Geflohen! Die Hochzeit fiel aus. Tja … ja … Von Hochzeit konnte keine Rede mehr sein. Ich konnte nicht mehr zurückkehren in dieses Haus. Ich konnte es nicht! Ich fuhr zu meiner Einheit. Meine Braut, die verstand das natürlich nicht, sie schrieb mir Briefe … sie litt … Ja, ich auch … Aber davon wollte ich nicht reden … nicht von der Liebe … Das ist eine andere Geschichte. Ich möchte verstehen … und auch Sie möchten das verstehen … Was waren das für Menschen?

Richtig? Trotzdem … Ein Mörder, das ist immer interessant, was immer darüber gesagt wird, ein Mörder kann kein normaler Mensch sein. Das fasziniert uns … Das Böse hypnotisiert uns … Es gibt Hunderte Bücher über Hitler und über Stalin. Wie sie als Kinder waren, in der Familie, was für Frauen sie liebten, welchen Wein und welche Zigaretten … Jede Kleinigkeit interessiert uns. Wir wollen verstehen … Tamerlan, Dschingis Khan – was waren das für Menschen? Und die Millionen, die sie kopierten … kleine Kopien, die ebenfalls schreckliche Dinge taten, und nur wenige von ihnen wurden darüber verrückt. Die meisten lebten ein ganz normales Leben. Sie küssten Frauen, spielten Schach … kauften Spielzeug für ihre Kinder … Jeder dachte: Das war nicht ich. Nicht ich habe Menschen an den Füßen aufgehängt und Leuten das Gehirn aus dem Schädel geprügelt, dass es an die Decke spritzte, nicht ich habe mit einem spitzen Bleistift Frauen in die Brustwarzen gestochen. Das war nicht ich, das war das System. Selbst Stalin … selbst er sagte immer: Das entscheide nicht ich, das entscheidet die Partei … Er belehrte seinen Sohn: Du denkst, ich bin Stalin? Nein! Stalin, das ist er! Und er zeigte auf sein Bild an der Wand. Nicht auf sich selbst, sondern auf sein Bild! Die Todesmaschine … Diese Maschine arbeitete ununterbrochen … Jahrzehntelang … Die Logik war genial: Opfer und Henker, und am Ende wird der Henker auch zum Opfer. Hat sich das wirklich ein Mensch ausgedacht? Solche Vollkommenheit gibt es nur in der Natur. Das Rad dreht sich, aber niemand ist schuld. Nein! Alle wollen bedauert werden. Alle sind Opfer. Am Ende der Kette – alle! Tjaa … Ich war damals, weil ich noch jung war, erschrocken, wie betäubt, heute würde ich mehr Fragen stellen … Ich muss das wissen … Wozu? Ich habe Angst … Nach all dem, was ich über die Menschen weiß, habe ich Angst vor mir selbst. Ich habe Angst … Ich bin ein normaler Mensch … ich bin schwach … Ich – und jeder, ob schwarz, weiß oder gelb … jeder … In der sowjetischen Schule hat man uns erzählt, der Mensch an sich sei gut … und schön; meine Mutter glaubt noch immer, dass nur schreckliche Umstände den Menschen zu etwas Schrecklichem machen. Der Mensch an sich aber sei gut! Aber das … das stimmt nicht! Ja-a-a … Der Mensch schwankt sein Leben lang zwischen Gut und Böse. Entweder du bohrst jemandem einen Bleistift in die Brustwarzen … oder jemand tut es bei dir … Entscheide dich! Entscheide! So viele Jahre sind seitdem vergangen … ich kann das nicht vergessen … Wie er schrie: »Ich schaue Fernsehen, höre Radio. Es gibt wieder Reiche und Arme. Die einen fressen Kaviar, kaufen sich Inseln und Flugzeuge, und die anderen können sich nicht mal ein Weißbrot leisten. Das wird nicht lange so bleiben! Man wird Stalin noch mal einen großen Mann nennen … Das Beil liegt noch da … das Beil überlebt seinen Herrn … Denk an meine Worte … Du hast mich gefragt … (ja, das hatte ich), ob der Mensch schnell aufhört, ein Mensch zu sein, wie lange er durchhält. Ich sage es dir: Ramm ihm ein Stuhlbein in den Hintern oder eine Ahle in die Eier, und er ist kein Mensch mehr. Haha! Kein Mensch mehr … Nur noch ein Wurm! Haha …«

(Schon beim Abschied.)

Tja, die ganze Geschichte wurde um und um gegraben … Tausende Enthüllungen, Tonnen von Wahrheit. Die Vergangenheit – für die einen ist sie eine Truhe voller Fleisch und ein Fass voll Blut, für die anderen – eine große Epoche. In den Küchen wird jeden Tag gestritten. Doch bald sind die Jungen herangewachsen … die Wolfsjungen, wie Stalin sie nannte … Bald sind sie herangewachsen …

Er verabschiedet sich noch einmal, redet aber erneut weiter.

Vor kurzem bin ich im Internet auf Amateurfotos gestoßen … Ganz normale Kriegsfotos, wenn man nicht wüsste, wer drauf ist. Ein SS-Kommando in Auschwitz … Offiziere und Soldaten. Und viele junge Mädchen. Sie haben sich auf Partys fotografiert, bei Spaziergängen. Lauter fröhliche junge Männer. *(Pause.)* Und die Fotos unserer Tschekisten im Museum? Schauen Sie sich die mal genau an: Darunter sind wirklich schöne … und leidenschaftliche Gesichter … Uns hat man früher erzählt, sie wären Heilige …

Ich würde gern weggehen aus diesem Land oder wenigstens meine Kinder rausschicken. Wir werden weggehen. Das Beil überlebt seinen Herrn … Das habe ich nicht vergessen …

Nach ein paar Tagen ruft er erneut an und verbietet mir, seinen Text zu veröffentlichen. Warum? Er weigert sich, das zu erklären. Später erfahre ich, dass er mit seiner Familie nach Kanada emigriert ist. Das zweite Mal treffe ich mich mit ihm zehn Jahre später, und er ist einverstanden mit der Veröffentlichung. Er sagt: »Ich bin froh, dass ich weggegangen bin. Eine Zeitlang waren die Russen beliebt, aber jetzt hat man wieder Angst vor ihnen. Haben Sie denn keine Angst?«

Zweiter Teil

DER REIZ DER LEERE

AUS STRASSENLÄRM UND KÜCHENGESPRÄCHEN (2002–2012)

Von der Vergangenheit

»Jelzins Neunziger … Wie wir daran zurückdenken? Das war eine glückliche Zeit … Ein verrücktes Jahrzehnt … schreckliche Jahre … eine Zeit schwärmerischer Demokratie … die verheerenden Neunziger … eine schlichtweg goldene Zeit … die Stunde großer Hoffnungen … schlimme und gemeine Zeiten … eine bunte Zeit … eine aggressive … stürmische … das war meine Zeit … das war nicht meine Zeit!«

»Die Neunziger haben wir vergeigt! Eine solche Chance wie damals kriegen wir nicht so bald wieder. Dabei hatte alles so gut angefangen 1991! Nie werde ich die Gesichter der Menschen vergessen, mit denen ich vor dem Weißen Haus stand. Wir haben gesiegt, wir waren stark. Wir wollten leben. Wir genossen die Freiheit. Aber jetzt … jetzt denke ich anders darüber … Wir waren so furchtbar naiv! Mutig, ehrlich und naiv. Wir dachten, Wurst würde aus der Freiheit erwachsen. An allem, was dann geschah, sind auch wir schuld … Verantwortlich dafür ist natürlich Jelzin, aber wir auch …

Ich denke, angefangen hat alles mit dem Oktober. Mit dem Oktober 1993 … ›Der blutige Oktober‹ … ›der schwarze Oktober‹ … ›GKTschP 2‹ – so wird er genannt … Halb Russland stürmte vorwärts, halb Russland strebte zurück. In den grauen Sozialismus. In die verfluchte Sowok. Die Sowjetmacht gab nicht auf. Das ›rote‹ Parlament verweigerte dem Präsidenten den Gehorsam. So habe ich das damals gesehen … Unsere Hauswartfrau, die aus der Gegend von Twer stammt und der meine Frau und ich mehrfach Geld geliehen und der wir alle unsere Möbel geschenkt hatten, als wir unsere Wohnung renovierten, die sagte an jenem Morgen, als das alles begann und sie das Jelzin-Abzeichen an meinem Revers sah, statt ›Guten Morgen!‹ schadenfroh: ›Bald ist es aus mit euch Burshuis‹ und wandte sich ab. Das hatte ich nicht erwartet. Woher dieser Hass auf mich? Weshalb? Es herrschte eine Atmosphäre wie 1991 ... Im Fernsehen sah ich: Das Weiße Haus brennt, Schüsse aus Panzern ... Leuchtspurgeschosse am Himmel ... Das Fernsehzentrum Ostankino wird gestürmt ... General Makaschow, ein schwarzes Käppi auf dem Kopf, brüllte unflätig: »Bald gibt es bei uns keinen *Maire,* keinen Sir und keinen Herr[1] mehr!‹ So viel Hass ... Hass ... Es roch nach Bürgerkrieg. Nach Blut. Aus dem Weißen Haus rief General Ruzkoi offen zum Krieg auf: ›Piloten! Brüder! Lasst eure Flugzeuge aufsteigen! Bombardiert den Kreml! Dort sitzt eine Bande!‹ Ganz plötzlich war die Stadt voller Militärtechnik. Voller merkwürdiger Männer in Tarnuniformen. Und da rief Jegor Gaidar ›die Moskauer, alle Bürger Russlands, denen Demokratie und Freiheit teuer sind‹, auf, zum Moskauer Stadtsowjet zu kommen. Genau wie 1991 ... Wir gingen hin ... ich ging hin ... Tausende waren dort ... Ich erinnere mich, dass ich zusammen mit allen irgendwohin rannte. Ich stolperte. Und fiel auf ein Plakat ›Für ein Russland ohne Burshuis!‹. Ich stellte mir sofort vor, was uns erwartete, wenn General Makaschow siegen würde ... Ich sah einen verletzten jungen Mann, er konnte nicht laufen, ich trug ihn. ›Für wen bist du‹, fragte er, ›für Jelzin oder für Makaschow?‹ Er war für Makaschow ... Wir waren also Feinde. ›Du kannst mich mal!‹, beschimpfte ich ihn. Was noch? Schnell waren wir wieder in ›Rote‹ und ›Weiße‹ gespalten. Neben einem Krankenwagen lagen Dutzende Verletzte ... Sie alle trugen, daran erinnere ich mich merkwürdigerweise genau, geflickte Schuhe, es waren alles einfache Menschen. Arme Menschen. Irgendwer fragte mich dort noch einmal: ›Wen bringst du uns da – gehört er zu uns oder nicht?‹ Diejenigen, die nicht ›zu uns‹ gehörten, wurden als Letzte mitgenommen, sie lagen blutend auf dem Asphalt ... ›Was soll das, seid ihr verrückt?‹ ›Aber das sind doch unsere Feinde!‹ Irgendetwas war in diesen zwei Tagen mit den Menschen geschehen, überhaupt hatte sich die Atmosphäre verändert. Neben mir standen ganz andere Menschen als die, mit denen ich zwei Jahre zuvor vor dem Weißen Haus gestanden hatte. Sie hatten angeschliffene Armiereisen in der Hand … echte Maschinenpistolen, die wurden von einem LKW herunter verteilt … Das war Krieg! Das war ernst. Neben eine Telefonzelle wurden die Toten gelegt … Auch sie trugen geflickte Schuhe … Und unweit vom Weißen Haus waren die Cafés geöffnet, dort wurde Bier getrunken, wie immer. Schaulustige standen auf den Balkons und beobachteten das Geschehen wie im Theater. Und gleich hier … Vor meinen Augen trugen zwei Männer einen Fernseher aus dem Weißen Haus, aus ihren Taschen ragten Telefonhörer … Von oben schoss jemand munter auf die Plünderer. Wahrscheinlich Scharfschützen. Auf die Menschen oder auf den Fernseher … Auf den Straßen fielen die ganze Zeit Schüsse … *(Er verstummt.)* Als alles vorbei war und ich nach Hause kam, erfuhr ich, dass der Sohn meiner Nachbarin getötet worden war. Der Junge war zwanzig. Er hatte auf der anderen Seite der Barrikade gestanden … Mit ihm in der Küche zu streiten war das eine, aber auf ihn zu schießen … das war etwas anderes … Wie ist das gekommen? Das wollte ich nicht … Das machte die Menge … Die Menge ist ein Ungeheuer, der Mensch in der Menge ist ein ganz anderer als der, mit dem du in der Küche gesessen und geredet hast. Mit dem du Wodka und Tee getrunken hast. Ich werde nirgendwohin mehr gehen und auch meine Söhne nirgendwohin lassen … *(Er schweigt.)* Ich weiß nicht, was das war: Haben wir die Freiheit verteidigt oder uns an einem militärischen Umsturz beteiligt? Heute habe ich meine Zweifel … Hunderte Menschen sind umgekommen … An sie denkt niemand mehr, nur die Angehörigen. ›Wehe dem, der eine Stadt mit Blut baut …‹[2] *(Er schweigt.)* Und wenn General Makaschow gesiegt hätte? Dann hätte es noch mehr Blut gegeben. Russland wäre zugrunde gegangen. Ich habe keine Antworten … Bis 1993 habe ich an Jelzin geglaubt …

Damals waren meine Söhne noch klein, inzwischen sind sie längst erwachsen. Einer ist sogar schon verheiratet. Ich habe mehrmals … ja … ich habe versucht … Ich wollte ihnen von 1991 erzählen … von 1993 … Das interessiert sie nicht mehr. Keine Spur. Sie haben nur eine Frage: ›Papa, warum bist du in den Neunzigern nicht reich geworden, damals war das doch so leicht?‹ Das heißt, nur Dumme und Leute mit zwei linken Händen sind nicht reich geworden. Die debilen Alten … die impotenten Küchenhocker … Die sind auf Kundgebungen gerannt. Haben die Luft der Freiheit geschnuppert, während kluge Leute Erdöl und Gas unter sich aufgeteilt haben …«

»Der Russe ist begeisterungsfähig. Er war begeistert von den Ideen des Kommunismus und setzte sie voller Eifer um, mit religiösem Fanatismus, und dann war er müde und enttäuscht. Er beschloss, sich von der alten Welt loszusagen, und schüttelte ihre Asche ab. Das ist so russisch – mit einem zerschlagenen Trog anzufangen. Und wieder sind wir berauscht von Ideen, die wir für neu halten. Vorwärts zum Sieg des Kapitalismus! Bald werden wir leben wie im Westen! Rosarote Träume …«

»Das Leben ist besser geworden.«

»Für einige sogar tausendmal besser.«

»Ich bin fünfzig Jahre alt … Ich bemühe mich, kein Sowok zu sein. Das fällt mir schwer. Ich arbeite bei einem privaten Unternehmer und hasse ihn. Ich bin nicht einverstanden mit der Verteilung des fetten Kuchens UdSSR, mit der Privatisierung. Ich mag die Reichen nicht. Im Fernsehen geben sie an mit ihren Palästen, ihren Weinkellern … Meinetwegen sollen sie in goldenen Wannen voller Muttermilch baden. Aber warum zeigen sie mir das? Ich kann nicht mit ihnen zusammenleben. Das ist kränkend. Beschämend. Und ich werde mich nicht mehr ändern. Ich habe zu lange im Sozialismus gelebt. Das Leben ist besser geworden, aber widerwärtiger.«

»Ich staune, wie viele sich noch nach der Sowjetmacht sehnen.«

»Wozu mit den Sowki diskutieren? Wir müssen warten, bis sie ausgestorben sind, und alles auf unsere Weise machen. Als Erstes die

Mumie von Lenin aus dem Mausoleum werfen. Was soll dieses Asiatentum! Die Mumie liegt da wie ein Fluch gegen uns … Ein Bann …«

»Ganz ruhig, Genosse. Wissen Sie, heute wird viel besser von der UdSSR geredet als vor zwanzig Jahren. Ich war kürzlich an Stalins Grab, da lagen Berge von Blumen. Rote Nelken.«

»Weiß der Teufel wie viele Menschen wurden umgebracht, aber angeblich war das unsere große Zeit.«

»Was heute ist, gefällt mir nicht, ich bin davon nicht begeistert. Aber in die Sowok will ich auch nicht zurück. Ich sehne mich nicht nach der Vergangenheit. Ich kann mich leider an nichts Gutes erinnern.«

»Ich will zurück. Ich will nicht die sowjetische Wurst zurück, ich will das Land zurück, in dem der Mensch Mensch war. Früher hieß es ›die einfachen Menschen‹, heute ›das gemeine Volk‹. Spüren Sie den Unterschied?«

»Ich bin in einer Dissidentenfamilie aufgewachsen … In einer Dissidentenküche … Meine Eltern waren mit Sacharow bekannt, haben Samisdat-Literatur verbreitet. Ich habe zusammen mit ihnen Wassili Grossman gelesen, Jewgenija Ginsburg, Dowlatow … Habe *Radio Swoboda* gehört. 1991 stand ich natürlich mit ihnen in der Menschenkette vor dem Weißen Haus, ich war bereit, mein Leben dafür zu opfern, dass der Kommunismus nicht zurückkommt. Keiner meiner Freunde war Kommunist. Der Kommunismus, das hieß für uns Terror, Gulag. Käfig. Wir dachten, er wäre tot. Für immer tot. Zwanzig Jahre sind vergangen … Ich komme ins Zimmer meines Sohnes und sehe: Auf seinem Tisch liegt *Das Kapital* von Karl Marx, im Bücherregal steht *Mein Leben* von Trotzki … Ich traue meinen Augen nicht! Marx kehrt zurück? Was ist das – ein Albtraum oder real? Mein Sohn studiert an der Universität, er hat viele Freunde, und ich höre ihren Gesprächen zu. Sie sitzen in der Küche, trinken Tee und streiten über das *Manifest der kommunistischen Partei* …

Der Marxismus ist wieder in, er ist Trend, ist eine Marke. Sie tragen T-Shirts mit Bildern von Che Guevara und von Lenin. *(Verzweifelt.)* Nichts hat Früchte getragen. Alles war umsonst.«

»Zur Entspannung mal ein Witz … Es ist Revolution. In einer Ecke der Kirche saufen und amüsieren sich Rotarmisten, in einer anderen fressen ihre Pferde Hafer und pissen. Der Diakon läuft zum Priester: ›Vater, was treiben sie im heiligen Tempel?‹ ›Das ist nicht so schlimm. Sie bleiben eine Weile und gehen wieder. Schlimm wird es, wenn ihre Enkel groß sind.‹ Nun sind sie groß …«

»Für uns gibt es nur einen Ausweg – zurück zum Sozialismus, aber zu einem rechtgläubigen Sozialismus. Russland kann nicht ohne Christus leben. Für den Russen hatte Glück nie mit großem Geld zu tun. Das unterscheidet die ›russische Idee‹ vom ›amerikanischen Traum‹.«

»Russland braucht keine Demokratie, sondern eine Monarchie. Einen starken und gerechten Zaren. Und die erste rechtmäßige Anwärterin auf den Thron ist das Oberhaupt des russischen Kaiserhauses, Großfürstin Maria Wladimirowna, und dann ihre Nachkommen.«

»Beresowski hat Prinz Harry vorgeschlagen …«

»Monarchie – Blödsinn … das ist uralter Quatsch …«

»Ein ungläubiges Herz ist schwach und anfällig für die Sünde. Das russische Volk wird sich durch die Suche nach der Wahrheit Gottes erneuern.«

»Die Perestroika gefiel mir, als sie anfing. Hätte uns damals jemand gesagt, dass ein KGB-Oberst Präsident unseres Landes wird …«

»Wir waren auf die Freiheit nicht vorbereitet …«

»Freiheit, Gleichheit, Brüderlichkeit – mit diesen Worten wurde ein Meer von Blut vergossen.«

»Demokratie! Ein lächerlicher Begriff für Russland. Putin, der Demokrat – das ist der kürzeste Witz.«

»In diesen zwanzig Jahren haben wir viel über uns selbst erfahren. Vieles entdeckt. Wir haben erfahren, dass Stalin unser heimlicher Held ist. Dutzende Bücher und Filme über Stalin sind erschienen. Die Leute lesen und sehen das. Streiten darüber. Das halbe Land träumt von Stalin … Wenn das halbe Land von Stalin träumt, wird er eines Tages kommen, da können Sie sicher sein. Alle üblen Toten wurden aus der Hölle gezerrt: Berija, Jeschow … Über Berija heißt es jetzt, er sei ein begabter Verwalter gewesen, er soll rehabilitiert werden, weil unter seiner Leitung die russische Atombombe gebaut wurde …«

»Nieder mit den Tschekisten!«

»Wer kommt als Nächstes – ein neuer Gorbatschow oder ein neuer Stalin? Oder das Hakenkreuz? ›*Sieg Heil*!‹* Russland hat sich von den Knien erhoben. Das ist ein gefährlicher Augenblick, Russland hätte nicht so lange erniedrigt werden dürfen.«

Von der Gegenwart

»Putins Nullerjahre … Wie waren sie? Wolkenverhangen … grau … brutal … tschekistisch … glamourös … stabil … imperial … orthodox …«

»Russland war, ist und bleibt ein Imperium. Wir sind nicht nur ein großes Land, wir sind eine besondere russische Zivilisation. Wir haben unseren eigenen Weg.«

* *Sieg Heil* – im Original deutsch.

»Der Westen hat noch immer Angst vor Russland …«

»Unsere Bodenschätze brauchen alle, besonders Europa. Schauen Sie ins Lexikon: Mit unseren Erdölvorkommen stehen wir an siebter, mit unseren Gasvorkommen an erster Stelle in Europa. Ganz vorn stehen wir auch bei Eisenerz, Uran, Zinn, Kupfer, Nickel, Kobalt … Und Diamanten, Gold, Silber, Platin … Wir haben das komplette mendelejewsche Periodensystem. Ein Franzose hat sogar mal zu mir gesagt: ›Warum gehört das alles euch, die Erde gehört doch allen?‹

»Ja, ich bin nun mal ein Imperialist. Ich möchte in einem Imperium leben. Putin ist mein Präsident! Sich liberal zu nennen ist heute peinlich, genauso wie es vor kurzem noch peinlich war, sich Kommunist zu nennen. Dafür kann man von den Männern am Bierstand eins in die Fresse kriegen.«

»Ich hasse Jelzin! Wir haben ihm vertraut, und er hat uns in eine völlig unbekannte Richtung geführt. Keineswegs in ein demokratisches Paradies. Sondern dahin, wo es noch schlimmer ist als vorher.«

»Es liegt nicht an Jelzin oder Putin, sondern daran, dass wir Sklaven sind. Sklavenseelen! Sklavenblut! Nimm nur den ›neuen Russen‹ … Er steigt aus einem Bentley, hat die Taschen voller Geld, aber er ist ein Sklave. Über ihm sitzt ein Pachan*, und wenn der sagt: ›Ab in den Stall‹, kuscht er.«

»Neulich im Fernsehen … ›Hast du eine Milliarde?‹, hat Herr Polonski gefragt. ›Nein?! Dann leck mich am Arsch!‹ Ich gehöre zu denen, die den Herrn Oligarchen am Arsch lecken können. Ich komme aus einer ganz normalen Familie: Mein Vater ist ein Säufer, meine Mutter schuftet im Kindergarten für lächerliche Kopeken. Wir sind für die Scheiße, ein Dreck. Ich gehe zu verschiedenen Versammlungen. Zu den Patrioten, den Nationalisten … Ich höre zu. Eines Tages drückt

* *Pachan* – Kriminellenjargon: Anführer in der Kriminellenhierarchie.

mir irgendwer bestimmt ein Gewehr in die Hand. Und ich werde es nehmen.«

»Der Kapitalismus wird bei uns nicht heimisch werden. Der ›Geist des Kapitalismus‹ ist uns fremd. Über Moskau hinaus hat er sich nicht verbreitet. Das Klima ist nicht danach. Und der Mensch auch nicht. Der Russe ist nicht rational, nicht merkantil, er kann das letzte Hemd hergeben, aber er kann es auch stehlen. Er ist spontan und eher Beobachter als aktiv Handelnder, er kann mit wenigem zufrieden sein, das Raffen ist nicht sein Ideal, das langweilt ihn. Er hat einen ausgeprägten Sinn für Gerechtigkeit. Ein Bolschewiken-Volk. Außerdem will der Russe nicht einfach so leben, er will für etwas leben. Er möchte an etwas Großem beteiligt sein. Bei uns findet man eher Heilige als Ehrliche und Erfolgreiche. Lesen Sie die russische Klassik …«

»Warum fügen sich unsere Leute, wenn sie ins Ausland gehen, ganz normal in das kapitalistische Leben ein? Zu Hause aber reden sie gern von der ›souveränen Demokratie‹, von einer besonderen russischen Zivilisation und davon, dass ›das russische Leben keine Basis für den Kapitalismus‹ sei.«

»Bei uns herrscht ein falscher Kapitalismus …«

»Vergessen Sie die Hoffnung auf einen anderen Kapitalismus …«

»In Russland herrscht zwar irgendwie Kapitalismus, aber es gibt keine Kapitalisten. Keine neuen Demidows oder Morosows[3] … Die russischen Oligarchen, das sind keine Kapitalisten, das sind einfach Diebe. Was für Kapitalisten können aus ehemaligen Kommunisten und Komsomolzen schon werden? Mir tut Chodorkowski nicht leid. Soll er ruhig auf einer Gefängnispritsche sitzen. Schade nur, dass er als Einziger dort sitzt. Irgendjemand müsste sich doch dafür verantworten, was ich in den Neunzigern durchgemacht habe. Bis aufs Hemd haben sie mich ausgeraubt. Mich arbeitslos gemacht. Die kapitalistischen Revolutionäre: Gaidar, dieser eiserne Pu der Bär … der rothaarige Tschubais … Sie haben mit lebendigen Menschen herumexperimentiert …«

»Ich war im Dorf bei meiner Mutter. Die Nachbarn erzählten, irgendwer habe eines Nachts den Hof eines Farmers in Brand gesteckt. Die Menschen konnten sich retten … die Tiere sind verbrannt … Das ganze Dorf hat vor Freude zwei Tage gesoffen. Und Sie reden von Kapitalismus … Bei uns leben sozialistische Menschen im Kapitalismus …«

»Im Sozialismus wurde uns versprochen, jeder würde einen Platz an der Sonne bekommen. Heute heißt es: Wir müssen nach den darwinschen Gesetzen leben, dann wird Überfluss herrschen. Überfluss für die Starken. Aber ich gehöre zu den Schwachen. Ich bin keine Kämpferin … Ich hatte meinen festen Plan, und danach habe ich gelebt: Schule, Studium, Familie. Mein Mann und ich sparten auf eine Genossenschaftswohnung, nach der Wohnung auf ein Auto … Dieser Plan wurde kaputtgemacht. Wir wurden in den Kapitalismus geworfen … Ich bin Ingenieurin, ich habe in einem Projektierungsinstitut gearbeitet, ein ›Fraueninstitut‹, da arbeiteten fast nur Frauen. Man saß da und stapelte den ganzen Tag Papiere, ich mochte diese säuberlichen, ordentlichen Stapel. Ich hätte mein ganzes Leben so verbringen können. Aber dann begannen die Stellenkürzungen … Die Männer blieben davon verschont, das waren ja nur wenige, auch die alleinerziehenden Mütter und diejenigen, die nur noch ein, zwei Jahre bis zur Rente hatten. Als die Listen aushingen, stand darauf auch mein Name … Wie sollte ich weiterleben? Ich war verwirrt. Ich habe nicht gelernt, nach Darwins Gesetzen zu leben.

Lange Zeit hoffte ich noch, Arbeit in meinem Beruf zu finden. Ich war eine Idealistin – in dem Sinne, dass ich meinen Platz im Leben nicht kannte, nicht wusste, was ich wert war. Noch heute vermisse ich die Mädchen aus meiner Abteilung, ja, die Mädchen, unsere Gespräche. Die Arbeit stand bei uns an zweiter Stelle, an erster Stelle stand das intime Gespräch. An die dreimal am Tag tranken wir Tee, und jede erzählte von sich. Wir begingen alle Feiertage zusammen, alle Geburtstage … Und heute … Ich gehe immer wieder aufs Arbeitsamt. Vergeblich. Gesucht werden Maler, Stuckateure … Meine Freundin, wir haben zusammen studiert … die putzt bei einem Geschäftsmann und führt seinen Hund aus … Wie ein Dienstmädchen. Die erste Zeit hat sie vor Demütigung geweint, jetzt hat sie sich daran gewöhnt. Aber ich kann das nicht …«

»Stimmt für die Kommunisten – das ist geil.«

»Ein normaler Mensch kann die Stalinisten nie verstehen. Hundert Jahre Russland für die Katz, und sie tönen: Hoch die sowjetischen Menschenfresser!«

»Die russischen Kommunisten sind längst keine Kommunisten mehr. Das Privateigentum, zu dem sie aufgerufen haben, und die kommunistische Idee sind unvereinbar. Ich kann über sie nur sagen, was Marx über seine Anhänger gesagt hat: ›Alles, was ich weiß, ist, dass ich kein Marxist bin.‹ Und noch besser hat es Heine ausgedrückt: ›Ich habe Drachen gesät und Flöhe geerntet.‹«[4]

»Der Kommunismus ist die Zukunft der Menschheit. Es gibt keine Alternative.«

»Am Tor des Lagers auf den Solowki-Inseln hing die bolschewistische Losung: ›Mit eiserner Hand treiben wir die Menschheit ins Glück.‹ Eines der Rezepte zur Rettung der Menschheit.«

»Ich habe überhaupt keine Lust, auf die Straße zu gehen und irgendetwas zu tun. Lieber gar nichts tun. Weder Gutes noch Schlechtes. Was heute gut ist, könnte morgen schlecht sein.«

»Am schlimmsten sind die Idealisten …«

»Ich liebe meine Heimat, aber ich werde hier nicht mehr leben. Ich kann hier nicht so glücklich sein, wie ich möchte.«

»Vielleicht bin ich dumm … Aber ich will nicht emigrieren, obwohl ich es könnte.«

»Ich gehe auch nicht weg. In Russland ist das Leben lustiger. Diesen Drive gibt es in Europa nicht.«

»Die Heimat liebt man besser aus der Ferne …«

»Man schämt sich heutzutage, Russe zu sein …«

»Unsere Eltern lebten in einem Land der Sieger, wir leben in einem Land, das den Kalten Krieg verloren hat. Darauf können wir nicht gerade stolz sein!«

»Abhauen will ich nicht … Ich hab hier mein Unternehmen. Ich kann nur sagen, dass man in Russland durchaus normal leben kann, man darf sich nur nicht in die Politik einmischen. Alle diese Kundgebungen für die Meinungsfreiheit, gegen Homophobie – die gehen mir am Arsch vorbei …«

»Alle reden von Revolution … Die Rubljowka leert sich langsam … Die Reichen hauen ab, bringen ihr Kapital ins Ausland. Sie verriegeln ihre Paläste, überall hängen Schilder: ›Zu verkaufen‹ … Sie spüren, dass das Volk entschlossen ist. Aber niemand wird freiwillig etwas herausgeben wollen. Dann werden die Kalaschnikows sprechen …«

»Die einen brüllen ›Russland für Putin!‹, die anderen ›Russland ohne Putin!‹.«

»Und was wird, wenn das Öl billiger wird oder gar nicht mehr gebraucht wird?«

»7. Mai 2012. Im Fernsehen zeigen sie: Putin fährt mit seinem Ehrengeleit zur Amtseinführung im Kreml – durch eine vollkommen leere Stadt. Keine Menschen, keine Autos. Alles beispiellos gesäubert. Tausende Polizisten, Militärs und OMON[5]-Soldaten bewachen Metro-Eingänge und Hauseingänge. Eine von den Moskauern und den endlosen Moskauer Staus gesäuberte Hauptstadt. Eine tote Stadt.

Der Zar ist eben nicht echt!«

Von der Zukunft

Vor hundertzwanzig Jahren beendete Dostojewski Die Brüder Karamasow. *Darin schreibt er über die »russischen Knaben«, die immer »über die großen, weltbewegenden Probleme [diskutieren] und über nichts anderes, sie zerbrechen sich den Kopf darüber, ob es einen Gott und eine Unsterblichkeit gibt. Und diejenigen unter ihnen, die nicht an Gott glauben, die reden halt von Sozialismus und Anarchismus, von der Umgestaltung und Erneuerung der gesamten Menschheit, was auch wieder auf denselben Teufel hinausläuft, alles dieselben Fragen, nur vom anderen Ende her gesehen.«*[6]

Das Gespenst der Revolution geht wieder um in Russland. Am 10. Dezember 2011 versammelten sich hunderttausend Menschen auf dem Bolotnaja-Platz in Moskau. Seitdem hören die Protestaktionen nicht auf. Und worüber reden die »russischen Knaben« heute? Was nehmen sie sich jetzt vor?

»Ich gehe auf Kundgebungen, weil ich es satt habe, dass sie uns für Trottel halten. Gebt uns die Wahlen zurück, ihr Mistkerle! Beim ersten Mal waren hunderttausend auf dem Bolotnaja-Platz, keiner hatte damit gerechnet, dass so viele kommen würden. Die Leute haben geduldet und geduldet, aber irgendwann war es zu viel Lüge und Willkür. Es reicht! Jetzt schauen alle Nachrichten im Fernsehen oder lesen sie im Internet. Alle reden über Politik. In der Opposition zu sein gilt als in. Aber ich habe Angst … Ich habe Angst, dass wir alle nur Schwätzer sind … Dass wir eine Weile auf dem Platz herumstehen, unseren Frust herausschreien und dann an unsere Computer zurückkehren und nur noch im Internet rumhängen. Und dass am Ende nur eines übrig bleibt: »Echt tolle Aktionen, die wir da gemacht haben!«

So etwas habe ich schon erlebt: Als Plakate für eine Kundgebung gemalt und Flugblätter ausgetragen werden sollten, waren alle ganz schnell weg …«

»Ich hab mich früher ferngehalten von der Politik. Mir reichten meine Arbeit und meine Familie, ich fand es sinnlos, auf die Straße zu gehen. Ich war mehr für die Theorie der kleinen Dinge: Ich arbeitete in einem Hospiz, und als im Sommer die Wälder um Moskau brannten, brachte ich den Brandopfern Lebensmittel und Sachen. Jeder hat eben andere Erfahrungen gemacht … Meine Mutter saß die ganze Zeit vorm Fernseher. Irgendwann hatte sie genug von all den Lügen und dem Diebsgesindel mit der Tschekisten-Vergangenheit – sie hat mir immer davon erzählt. Zur ersten Kundgebung gingen wir zusammen, dabei ist meine Mutter schon fünfundsiebzig. Sie ist Schauspielerin. Wir haben uns für alle Fälle Blumen gekauft. Sie würden doch wohl nicht auf Leute mit Blumen in der Hand schießen!«

»Ich bin nicht mehr in der UdSSR geboren. Wenn mir was nicht gefällt, gehe ich auf die Straße und protestiere. Und schwatze nicht vorm Schlafengehen davon in der Küche.«

»Ich habe Angst vor einer Revolution … Ich weiß: Das wird der typische russische Aufstand, sinnlos und ohne Erbarmen. Aber zu Hause zu sitzen fände ich auch beschämend. Ich will keine ›neue UdSSR‹, keine ›erneuerte UdSSR‹, keine ›wahre UdSSR‹. So kann man mit mir nicht umgehen, mir einfach sagen: Wir beide haben uns zusammengesetzt und beschlossen, heute ist er Präsident, morgen ich. Die Leute werden das schon fressen. Wir sind kein Vieh, wir sind das Volk. Auf Kundgebungen sehe ich Leute, die ich früher nie dort gesehen habe: kampferprobte Sechziger und Siebziger und viele Studenten, die vor kurzem noch darauf pfiffen, was uns da in der Zombiekiste eingeredet wird … Und Damen im Nerz und junge Männer, die im Mercedes zur Kundgebung kommen. Vor kurzem haben sie sich nur für Geld, Dinge und Komfort interessiert, aber dann festgestellt, dass das nicht reicht. Es ist ihnen zu wenig. Genau wie mir. Nicht die Hungrigen gehen jetzt auf die Straße, sondern die Satten. Die Plakate … die Kreativität des Volkes … ›Putin, geh selber!‹ ›Für diese Schweine habe ich nicht gestimmt, ich habe für andere Schweine gestimmt!‹ Wir wollten nicht den Kreml stürmen, wir wollten nur sagen, wer wir sind. Beim Weggehen haben wir gerufen: ›Wir kommen wieder!‹«

»Ich bin ein Sowjetmensch, ich habe vor allem Angst. Noch vor zehn Jahren wäre ich nie auf die Straße gegangen. Aber heute versäume ich keine Kundgebung. Ich war auf dem Sacharow-Prospekt und auf dem Neuen Arbat. Auch auf dem Weißen Ring. Ich lerne, frei zu sein. Ich möchte nicht als die sterben, die ich bin – so sowjetisch. Ich schütte das Sowjetische eimerweise aus mir heraus …«[7]

»Ich gehe auf Kundgebungen, weil mein Mann hingeht …«

»Ich bin nicht mehr jung. Ich möchte noch eine Weile in einem Russland ohne Putin leben.«

»Ich hab die Nase voll von Juden, Tschekisten, Schwulen …«

»Ich bin ein Linker. Ich bin überzeugt: Auf friedlichem Weg erreicht man gar nichts. Ich will Blut! Ohne Blut geht bei uns nichts Großes. Warum wir auf die Straße gehen? Ich warte darauf, wann wir den Kreml stürmen. Das ist kein Spiel mehr. Es ist längst Zeit, den Kreml zu besetzen, statt rumzulaufen und zu brüllen. Befehlt uns, zu Mistgabel und Spitzhacke zu greifen! Ich warte.«

»Ich gehe mit meinen Freunden … Ich bin siebzehn. Was ich über Putin weiß? Ich weiß, dass er Judoka ist, dass er den achten Dan hat. Ich glaube, das ist alles, was ich über ihn weiß …«

»Ich bin kein Che Guevara, ich bin feige, aber ich habe noch keine Kundgebung versäumt. Ich möchte in einem Land leben, für das ich mich nicht schämen muss.«

»Es liegt in meiner Natur, dass ich auf den Barrikaden sein muss. So wurde ich erzogen. Mein Vater ist nach dem Erdbeben in Armenien[8] als freiwilliger Helfer nach Spitak gefahren. Darum ist er früh gestorben. An einem Herzinfarkt. Ich bin nicht mit meinem Vater aufgewachsen, sondern nur mit seinem Foto. Hingehen oder nicht – das muss jeder selbst entscheiden. Mein Vater ist von sich aus hingefahren … er konnte nicht anders … Meine Freundin wollte auch mit mir auf den Bolotnaja-Platz, aber dann rief sie an: ›Verstehst du, ich habe ein kleines Kind.‹ Und ich habe eine alte Mutter. Wenn ich gehe, nimmt sie Validol. Aber ich gehe trotzdem.«

»Ich möchte, dass meine Kinder stolz auf mich sind …«

»Ich brauche das für meine Selbstachtung …«

»Man muss doch versuchen, etwas zu tun …«

»Ich glaube an die Revolution … Revolution, das ist langwierige, beharrliche Arbeit. Die erste russische Revolution endete 1905 mit Niederlage und Zerschlagung. Aber zwölf Jahre später, 1917, da hat es so gekracht, dass das Zarenregime in Scherben flog. Auch wir werden unsere Revolution erleben!«

»Ich gehe zur Kundgebung, und du?«

»Mir für mein Teil hat 1991 gereicht … und 1993 … Ich will keine Revolutionen mehr! Erstens sind Revolutionen selten samten, und zweitens habe ich die Erfahrung gemacht: Selbst wenn wir siegen, wird es enden wie 1991. Die Euphorie wird schnell vorbei sein. Das Schlachtfeld übernehmen die Plünderer. Dann kommen die Gussinskis, die Beresowskis, die Abramowitschs …«

»Ich bin gegen Anti-Putin-Kundgebungen. Die gibt's doch fast nur in der Hauptstadt. Moskau und Petersburg sind für die Opposition, die Provinz ist für Putin. Geht es uns denn schlecht? Geht es uns nicht besser als früher? Es wäre doch schlimm, das zu verlieren. Jeder weiß noch, wie wir in den Neunzigern gelitten haben. Keiner hat Lust, wieder alles kaputtzuschlagen und mit Blut zu tränken.«

»Ich bin kein Fan des Putin-Regimes. Ich hab die Nase voll von diesem ›kleinen Zaren‹, wir wollen ablösbare Regierende. Natürlich sind Veränderungen nötig, aber keine Revolution. Und Steine auf Polizisten werfen – das gefällt mir auch nicht …«

»Das wird alles von der amerikanischen Regierung bezahlt. Von den Strippenziehern im Westen. Nach ihren Rezepten haben wir die Perestroika gemacht, und was ist dabei rausgekommen? Wir sind in ein solches Loch gefallen! Ich gehe nicht zu diesen Kundgebungen, ich gehe zu den Kundgebungen für Putin! Für ein starkes Russland!«

»In den letzten zwanzig Jahren hat sich das Bild mehrmals vollkommen gewandelt. Und das Ergebnis? ›Putin, tritt ab! Putin, tritt ab!‹ Wie ein Mantra. Ich gehe nicht zu diesen Spektakeln. Angenommen, Putin tritt ab. Dann besteigt ein neuer Selbstherrscher den Thron. Geklaut werden wird nach wie vor. Nach wie vor werden die Hausflure dreckig sein, die Alten einsam und verlassen, die Beamten zynisch und die Verkehrspolizisten unverschämt … und Bestechung wird als normal gelten … Was hat es für einen Sinn, die Regierung auszuwechseln, wenn wir selbst uns nicht ändern? Ich glaube an keine Demokratie bei uns. Es ist ein orientalisches Land … Feudalismus … Popen statt Intellektuelle …«

»Ich mag die Menge nicht … Die Herde … Die Menge entscheidet nie etwas, Persönlichkeiten entscheiden. Die Regierenden haben dafür gesorgt, dass es an der Spitze keine herausragenden Persönlichkeiten gibt. Die Opposition hat keinen Sacharow und keinen Jelzin. Die ›Schneerevolution‹[9] hat keine eigenen Helden hervorgebracht. Wo bleibt ein Programm? Was wollen sie tun? Was für Steuern erheben? Sie laufen eine Weile rum und schreien … Und dann schreiben Nemzow … und Nawalny bei Twitter, dass sie jetzt Urlaub auf den

Malediven machen oder in Thailand. Oder Paris bewundern. Stellen Sie sich vor, Lenin wäre 1917 nach einer Demonstration nach Italien gefahren oder zum Skilaufen in die Alpen ...«

»Ich gehe nicht auf Kundgebungen und nicht zu Wahlen. Ich habe keine Illusionen ...«

»Habt ihr eine Ahnung, dass es außer euch noch Russland gibt? Bis nach Sachalin ... Und Russland will keine Revolutionen – keine orangefarbene, keine Rosen- und auch keine Schneerevolution. Schluss mit den Revolutionen! Lasst die Heimat in Ruhe!«

»Mir ist scheißegal, was morgen wird ...«

»Ich will nicht zusammen mit Kommunisten und Nationalisten marschieren ... und mit Nazis ... Würden Sie zu einer Demo mit Ku-Klux-Klan-Anhängern mit Kapuzen und Kreuzen gehen? Egal, was für ein wunderbares Ziel sie hätte. Wir träumen jeder von einem anderen Russland.«

»Ich gehe nicht hin ... Ich hab Angst, eins mit dem Gummiknüppel auf den Kopf zu kriegen ...«

»Beten muss man, nicht auf Kundgebungen laufen. Der HERR hat uns Putin geschickt ...«

»Mir gefallen die revolutionären Fahnen draußen nicht. Ich bin für Evolution ... für Aufbau ...«

»Ich gehe nicht hin ... Und ich werde mich nicht dafür rechtfertigen, dass ich diese Politshow nicht besuche. Diese Kundgebungen sind billige Effekthascherei. Man muss selber ehrlich leben, wie Solschenizyn es gelehrt hat. Ohne das kommen wir keinen Millimeter voran. Da laufen wir nur im Kreis.«

»Ich liebe die Heimat auch so …«

»Ich habe den Staat aus meinem Interessenfeld ausgeblendet. Meine Prioritäten sind Familie, Freunde und mein Unternehmen. Hab ich mich klar ausgedrückt?«

»Bist du vielleicht ein Volksfeind, Bürger?«

»Irgendwas wird auf jeden Fall passieren. Und zwar bald. Noch keine Revolution, aber es riecht schon nach Ozon. Alle warten: Wer, wo, wann?«

»Ich hab gerade erst angefangen, normal zu leben. Lasst mich in Ruhe leben!«

»Russland schläft. Machen Sie sich nichts vor.«

ZEHN GESCHICHTEN OHNE INTERIEUR

VON ROMEO UND JULIA …
NUR HIESSEN SIE MARGARITA UND ABULFAS

Margarita K., armenischer Flüchtling,
41 Jahre alt

Ach! Nicht darüber … Darüber will ich nicht … Ich weiß etwas anderes …

Wenn ich schlafe, verschränke ich noch immer die Arme hinterm Kopf, eine Gewohnheit aus der Zeit, als das Glück noch da war. Ich habe so gern gelebt! Ich bin Armenierin, aber geboren und aufgewachsen bin ich in Baku. Am Meer. Das Meer … mein Meer! Ich bin weg von dort, aber ich liebe das Meer; die Menschen und alles andere haben mich enttäuscht, ich liebe nur das Meer. Ich sehe es oft im Traum – grau, schwarz, violett. Und die Blitze! Die Blitze tanzen mit den Wellen. Ich schaute gern in die Ferne, wenn abends die Sonne unterging, sie ist abends so rot, dass man glaubt, es müsse zischen, wenn sie ins Meer sinkt. Die Steine, die sich am Tag erwärmt haben, die warmen Steine sind wie lebendig. Ich schaute gern aufs Meer, morgens und am Tag, abends und in der Nacht. Nachts kamen die Fledermäuse, vor denen hatte ich große Angst. Die Zikaden zirpten. Der Himmel war voller Sterne … nirgendwo sonst gibt es so viele Sterne … Baku ist meine absolute Lieblingsstadt … Meine liebste Stadt, trotz allem! Im Traum gehe ich oft im Gouverneursgarten und im Nagorny-Park spazieren … steige auf die Festungsmauer … Und von überall sieht man das Meer – Schiffe und Bohrtürme … Meine Mutter und ich gingen gern in die Teestube, roten Tee trinken … *(Sie hat Tränen in den Augen.)* Meine Mutter ist jetzt in Amerika. Sie weint und hat Heimweh. Und ich bin in Moskau …

In Baku wohnten wir in einem großen Haus … Es gab einen großen Hof, da wuchs ein Maulbeerbaum, mit gelben Maulbeeren. Die schmeckten! Wir lebten alle zusammen, wie eine Familie – Aserbaidschaner, Russen, Armenier, Ukrainer, Tataren … Tante Klara, Tante Sara … Abdullah, Ruben … Die Schönste war Silva, sie war Stewardess auf internationalen Fluglinien, sie flog nach Istanbul, ihr Mann Elmir war Taxifahrer. Sie war Armenierin, er Aserbaidschaner, aber das störte niemanden, an Bemerkungen in dieser Richtung kann ich mich nicht erinnern. Wichtig waren andere Kriterien: ob jemand ein guter Mensch war oder ein schlechter, geizig oder großzügig … ein Nachbar oder ein Gast … aus demselben Dorf … derselben Stadt … Alle hatten dieselbe Nationalität – alle waren sowjetisch, alle sprachen russisch.

Der schönste Feiertag, den alle am meisten liebten, war Nowrus. Nowrus Bairam – der Frühlingsbeginn. Auf dieses Fest warteten alle das ganze Jahr, es wurde sieben Tage lang gefeiert. Sieben Tage standen Tore und Türen offen … Tag und Nacht ohne Schlösser und Schlüssel … Überall festliche Feuer … Auf den Dächern und in allen Höfen. In der ganzen Stadt brannten Feuer! Ins Feuer wurde ein duftender Zweig geworfen, dabei bat man um Glück und sagte: »*Sarylygin sene, gyrmysylygin mene.*« »All mein Unglück dir, meine Freude mir.« »*Gyrmysylygin mene …*« Jeder wurde überall als Gast empfangen und mit Milchplow und rotem Tee mit Zimt oder Kardamom bewirtet. Und am siebten Tag, dem Haupttag des Festes, versammelten sich alle an einem Tisch … Jeder trug seinen Tisch auf den Hof hinaus, und alle zusammen bildeten eine lange, lange Tafel. Und auf dieser Tafel standen georgische Chinkali, armenische Boraki und Basturma, russische Bliny, tatarische Etschpotschmak, ukrainische Wareniki*, Fleisch mit Kastanien auf aserbaidschanische Art … Tante Klara brachte ihren berühmten Hering unterm Man-

* *Chinkali* – gefüllte Teigtaschen.
Boraki – gefüllte Teigtaschen.
Basturma – Rinderdörrfleisch.
Bliny – Hefeplinsen.
Etschpotschmak – Hefeteigtaschen mit Fleisch oder Kartoffeln und Zwiebeln
Wareniki – Nudelteigtaschen mit herzhafter oder süßer Füllung, meist Kirschen.

tel*… Und Tante Sara gefillte Fisch … Zu trinken gab es Wein, armenischen und aserbaidschanischen Kognak. Armenische und aserbaidschanische Lieder wurden gesungen. Und das russische *Katjuscha.* »Leuchtend prangten ringsum Apfelblüten … Still vom Fluss zog Nebel übers Land …«[1] Und dann kamen die Süßspeisen: Baklava, Scheker-Tschurek**… Bis heute mag ich nichts lieber! Die besten Süßspeisen bereitete meine Mutter. »Was hast du für Hände, Knarik! Was für ein leichter Teig!« So lobten die Nachbarinnen sie immer.

Mama war mit Seinab befreundet, und Seinab hatte zwei Töchter und einen Sohn, Anar, mit dem ich in eine Klasse ging. »Wenn du deine Tochter meinem Anar gibst«, meinte Seinab oft lachend, »dann sind wir verwandt.« (*Sie redet sich zu:*) Ich werde nicht weinen … Nein, nicht weinen … Als die Pogrome gegen die Armenier anfingen … Da hat unsere gute Tante Seinab zusammen mit ihrem Sohn Anar … Wir waren geflohen, versteckten uns bei guten Menschen … Da haben sie in der Nacht den Kühlschrank und den Fernseher aus unserem Haus geschleppt … den Gasherd und die nagelneue jugoslawische Schrankwand … Und einmal traf Anar mit seinen Freunden meinen Mann, und sie schlugen ihn mit Eisenstangen. »Du willst ein Aserbaidschaner sein? Du bist ein Verräter! Du lebst mit einer Armenierin zusammen, mit unserem Feind!« Ich wurde von einer Freundin aufgenommen, ich wohnte bei ihr auf dem Dachboden … Jede Nacht öffneten sie die Bodentür, gaben mir zu essen, und dann ging ich wieder hinauf, und die Tür wurde vernagelt. Fest vernagelt. Wenn sie mich gefunden hätten – sie hätten mich getötet! Als ich rauskam, war mein Haar ganz grau … *(Ganz leise.)* Zu anderen sage ich immer: Ihr müsst meinetwegen nicht weinen … Aber mir selber kommen die Tränen … In der Schulzeit hatte ich Anar gemocht, er war ein hübscher Junge. Einmal haben wir uns sogar geküsst … »Hallo, Königin!«, rief er, wenn er vor dem Tor der Schule auf mich wartete. Hallo, Königin!

* *Hering unterm Mantel* – ein Schichtsalat aus Kartoffeln, roten Rüben, Salzhering und Mayonnaise.
** *Scheker-Tschurek* – kleines Hefegebäck.

Ich erinnere mich an jenen Frühling … natürlich denke ich immer wieder daran, aber jetzt schon seltener … Nicht oft … Frühling! Ich hatte die Lehre beendet und arbeitete auf dem Telegrafenamt. Auf dem Zentralen Telegrafenamt. Die Leute stehen vorm Schalter: Die eine weint – ihre Mutter ist gestorben, eine andere lacht – sie feiert Hochzeit. Herzlichen Glückwunsch zum Geburtstag! Zur goldenen Hochzeit! Telegramme über Telegramme. Ich verbinde mit Wladiwostok, mit Ust-Kut, mit Aschchabad … Eine schöne Arbeit. Nicht langweilig. Und ich wartete auf die Liebe … mit achtzehn wartet jeder auf die Liebe … Ich dachte, die Liebe kommt nur einmal, und dass es die Liebe ist, weißt du sofort. Aber es war komisch, sehr komisch. Es gefiel mir ganz und gar nicht, wie wir uns kennenlernten. Eines Morgens gehe ich an der Wache vorbei – alle kannten mich schon, nie wollte einer meinen Ausweis sehen: »Hallo« – »Hallo«, und das war's –, da heißt es plötzlich: »Ihren Betriebsausweis bitte!« Ich war verblüfft. Vor mir steht ein großer, hübscher Bursche und lässt mich nicht rein. »Sie sehen mich doch jeden Tag …« »Zeigen Sie Ihren Ausweis.« Und ich hatte den Ausweis an diesem Tag vergessen – ich kramte in meiner Tasche – keine Papiere. Mein Chef wurde gerufen, und ich bekam eine Rüge … War ich wütend auf diesen Burschen! Und er … Ich hatte Nachtschicht, da kommt er mit einem Freund vorbei, Tee trinken. So was! Sie hatten Piroggen mit Marmelade mitgebracht, solche gibt's heute gar nicht mehr – die schmeckten! Aber man traute sich kaum, reinzubeißen – man weiß ja nie, auf welcher Seite die Marmelade rausquillt. Haben wir gelacht! Aber mit ihm hab ich nicht geredet, auf ihn war ich sauer. Ein paar Tage später kommt er nach der Arbeit und fragt: »Ich hab Kinokarten gekauft – kommst du mit?« Karten für meine Lieblingskomödie, *Mimino* mit Wachtang Kikibadse in der Hauptrolle, ich hatte den Film schon zehnmal gesehen und kannte den ganzen Text auswendig. Er auch, wie sich herausstellte. Wir liefen die Straße entlang und warfen uns Zitate zu: »Ich sag dir jetzt mal einen klugen Gedanken, aber nimm's mir nicht übel.« »Wie soll ich diese Kuh verkaufen, wo sie hier jeder kennt?« Ja … so begann die Liebe … Sein Cousin hatte große Gewächshäuser, er handelte mit Blumen. Abulfas brachte mir jedes Mal Rosen mit – weiße, gelbe, rote ... blaue und schwarze ... Es gibt sogar lila Rosen, sie sehen aus wie gefärbt, sind aber echt. Ich hatte geträumt ... ich hatte oft von der Liebe geträumt, aber ich hatte nicht gewusst, dass mein Herz so heftig schlagen kann, als wollte es aus der Brust springen. Auf den nassen Strand schrieben wir ... in den Sand ... mit großen Buchstaben: »Ich liebe dich!«, und zehn Meter weiter noch einmal: »Ich liebe dich!« Damals standen überall in der Stadt Mineralwasser-Automaten, mit einem Glas für alle. Das hat man ausgespült und dann benutzt. Wir hin zu einem Automaten – kein Glas da, und im nächsten Automaten auch nicht. Und ich hatte solchen Durst! Wir hatten so viel gesungen, geschrien und gelacht am Meer – ich hatte Durst! Lange passierten uns Wunderdinge, ganz unglaubliche Sachen, aber irgendwann nicht mehr. Oh, ich kenne das ... Wirklich! »Abulfas, ich habe Durst! Mach doch irgendwas!« Er sieht mich an, hebt die Arme zum Himmel und redet und redet, ganz lange. Und plötzlich kommt von irgendwoher ... aus dem hohen Gras vor den Zäunen und den geschlossenen Kiosken, da taucht ein Betrunkener auf und reicht mir ein Glas: »Einem schönen Mädchen geb ich's gern.«

Und dieser Sonnenaufgang ... Weit und breit keine Menschenseele, nur wir beide. Und Nebel vom Meer her. Ich laufe barfuß über den Asphalt, vom Asphalt steigt Nebel auf, wie Dampf. Und wieder ein Wunder! Plötzlich geht die Sonne auf! Ein Licht ... eine Helligkeit wie mitten an einem Sommertag ... Im Nu trocknet mein leichtes Sommerkleid am Leib, das feucht ist vom Tau und vom Nebel. »Du bist so wunderschön jetzt!« Und du ... du ... *(Sie hat Tränen in den Augen.)* Zu anderen sage ich immer, sie sollen nicht weinen ... Aber selber ... Alle Erinnerungen kommen wieder hoch ... Erinnerungen ... Aber jedes Mal sind es weniger Stimmen ... und weniger Träume ... Damals träumte ich ... Ich flog ... Nur ... Nein ...! Es gab für uns kein Happy End: weißes Kleid, Mendelssohns Hochzeitsmarsch, Ringe ... Hochzeitsreise ... Bald, sehr bald ... *(Sie hält inne.)* Ich wollte etwas sagen ... Etwas ... Ich vergesse schon die einfachsten Worte ... Ich wollte sagen, schon bald, sehr bald ... Da wurde ich in Kellern versteckt, wohnte auf Dachböden, verwandelte mich in eine Katze ... in eine Fledermaus ... Wenn Sie verstehen könnten ... wenn

Sie … wenn Sie wüssten, wie schrecklich es ist, wenn in der Nacht jemand schreit. Ein einsamer Schrei. Selbst wenn ein Nachtvogel schreit, ist es schaurig. Und wenn ein Mensch schreit? Ein einziger Gedanke hielt mich am Leben: Ich liebe … ich liebe, ja, ich liebe. Anders hätte ich es nicht geschafft, nicht ausgehalten. Es war so schrecklich! Nur nachts kam ich vom Dachboden herunter … die Vorhänge waren dick wie eine Decke … Eines Morgens wurde der Dachboden geöffnet: »Komm raus! Du bist gerettet!« Russische Truppen waren in die Stadt gekommen …

Ich denke nach … Sogar im Traum denke ich darüber nach – wann hat das alles angefangen? 1988 … Auf dem Platz versammelten sich Leute, alle in Schwarz, sangen und tanzten. Sie tanzten mit Messern und Dolchen. Das Telegrafengebäude ist gleich nebenan, alles spielte sich vor unseren Augen ab. Wir standen dicht gedrängt auf dem Balkon und schauten. »Was rufen sie?«, fragte ich. »Tod den Ungläubigen! Tod!« Das ging lange so, sehr lange … viele Monate … Wir wurden von den Fenstern weggescheucht: »Das ist gefährlich, Mädchen. Bleibt auf eurem Platz sitzen und lasst euch nicht ablenken. Arbeitet weiter.« In der Mittagspause tranken wir gewöhnlich alle zusammen Tee, aber eines Tages setzten sich die Aserbaidschanerinnen an einen Tisch, die Armenierinnen an einen anderen. Urplötzlich, verstehen Sie? Ich verstand das nicht, überhaupt nicht. Ich begriff noch gar nichts … Ich liebte … ich war mit meinen Gefühlen beschäftigt … »Mädels! Was ist denn los?« »Hast du nicht gehört? Der Chef hat gesagt, bald werden bei ihm nur noch reinblütige Musliminnen arbeiten.« Meine Großmutter hat den Armenierpogrom 1915 überlebt … Ich erinnere mich … Als ich noch ein Kind war, hat sie mir davon erzählt: »Als ich so klein war wie du, wurde mein Papa getötet. Auch meine Mama und meine Tante. Und alle unsere Schafe …« Großmutters Augen waren immer traurig. »Die Nachbarn haben sie getötet … Ganz normale Menschen waren das bis dahin gewesen, gute Menschen sogar. An Feiertagen hatten alle zusammen Wein getrunken …« Ich dachte: Das ist lange her … wie kann so etwas heute geschehen? Ich fragte meine Mutter: »Mama, hast du gesehen, die Jungs auf dem Hof spielen nicht mehr Krieg, sie spielen Armenier abstechen. Von wem haben sie das?« »Sei still, Tochter. Wenn das die Nachbarn hören.« Mama weinte die ganze Zeit. Saß da und weinte. Die Kinder schleppten eine Strohpuppe über den Hof und traktierten sie mit Stöcken und mit Kinderdolchen. »Wer ist das?«, fragte ich den kleinen Orchan, den Enkel von Mamas Freundin Seinab. »Das ist eine armenische Oma. Wir töten sie. Was bist du eigentlich, Tante Rita? Warum hast du einen russischen Namen?« Meinen Namen hat meine Mutter ausgesucht ... Meine Mutter liebte russische Namen und träumte ihr Leben lang davon, einmal Moskau zu sehen ... Mein Vater hat uns verlassen, er lebte mit einer anderen Frau zusammen, aber er blieb mein Vater. Ich ging zu ihm mit meiner Neuigkeit: »Papa, ich heirate!« »Ist er ein guter Junge?« »Sehr. Aber er heißt Abulfas ...« Vater schwieg, er wollte, dass ich glücklich bin. Doch ich liebte einen Muslim ... er hat einen anderen Gott ... Vater schwieg. Und dann kam Abulfas zu uns nach Hause. »Ich möchte um deine Hand anhalten.« »Aber warum kommst du allein, ohne Brautwerber? Ohne Verwandte?« »Sie sind alle dagegen, aber ich brauche niemanden außer dir.« Ich auch nicht ... Ich brauche auch niemanden sonst. Was sollen wir machen mit unserer Liebe?

Um uns herum sah es ganz anders aus als in uns ... Ganz anders ... völlig anders ... Nachts war es beängstigend still in der Stadt ... Menschenleer ... Was ist das nur, ich kann so nicht leben. Was ist das nur – schrecklich! Am Tag lachen und scherzen die Menschen nicht und kaufen keine Blumen mehr. Früher sah man auf der Straße immer Leute mit Blumen. Überall Menschen, die sich küssten. Und jetzt ... Dieselben Menschen ... gehen aneinander vorbei und schauen sich nicht an ... Irgendetwas schwebt über allem und allen ... eine Erwartung ...

Ich erinnere mich heute nicht mehr genau ... Es veränderte sich von Tag zu Tag ... Heute weiß jeder Bescheid über Sumgaït ... von Baku bis Sumgaït sind es dreißig Kilometer ... Dort war der erste Pogrom ... Bei uns arbeitete ein Mädchen aus Sumgaït, und nun blieb sie, wenn alle nach der Schicht nach Hause gingen, auf dem Telegrafenamt. Übernachtete in einem Abstellraum. Sie lief ganz verweint herum, ging nicht mal kurz auf die Straße hinaus, sprach mit niemandem mehr. Wenn wir sie etwas fragten, schwieg sie. Doch als sie anfing zu reden … als sie erzählte … Ich wollte sie nicht hören … Nichts hören! Nichts davon hören! Nein, was war das nur! Nein, was war das nur, was war das! »Was ist mit deinem Haus?« »Mein Haus wurde geplündert.« »Und deine Eltern?« »Mama haben sie auf den Hof hinausgeführt, sie nackt ausgezogen und aufs Feuer … Und meine schwangere Schwester musste um das Feuer herumtanzen … Und als sie sie getötet hatten, kratzten sie mit Eisenstangen das Baby aus ihr heraus …« »Sei still! Sei still!« »Meinen Vater haben sie gespalten … mit einer Axt … Die Verwandten haben ihn nur an seinen Schuhen erkannt …« »Sei still! Ich bitte dich!« »Die Männer sammelten sich, junge und alte, immer zwanzig, dreißig Mann, und drangen in die Häuser ein, wo armenische Familien lebten. Sie töteten und vergewaltigten – die Tochter vor den Augen des Vaters, die Frau vor den Augen ihres Mannes …« »Sei still! Weine lieber.« Aber sie weinte nicht … so groß war ihre Angst … »Sie haben Autos angezündet … Auf dem Friedhof haben sie Grabsteine mit armenischen Namen umgestürzt … sie hassten sogar die Toten …« »Sei still! Ist denn so etwas möglich unter Menschen?!« Wir hatten plötzlich alle Angst vor ihr. Und im Fernsehen, im Radio und in den Zeitungen – kein Wort über Sumgaït … Nur Gerüchte … Ich wurde später oft gefragt: »Wie habt ihr gelebt? Wie habt ihr nach alldem weitergelebt?« Der Frühling kam … Die Frauen zogen leichte Kleider an … Die ersten Früchte reiften … Ein solches Grauen … und ringsum war alles so schön … Verstehen Sie? Und das Meer …

Ich wollte also heiraten … Mama bat: »Töchterchen, überleg es dir.« Vater schwieg. Ich gehe mit Abulfas die Straße entlang, wir treffen seine Schwestern. »Warum hast du gesagt, sie sei hässlich? Schau nur, was für ein hübsches Mädchen.« So flüsterten sie miteinander. Abulfas! Abulfas! Ich bat ihn: »Lass uns ohne Hochzeit heiraten, wir feiern keine Hochzeit.« »Wie stellst du dir das vor? Bei uns heißt es, das Leben eines Menschen besteht aus drei Tagen: dem Tag, an dem du geboren wirst, dem Tag, an dem du heiratest, und dem Tag, an dem du stirbst.« Für ihn ging es nicht ohne Hochzeit: ohne Hochzeit kein Glück. Seine Eltern waren entschieden dagegen … entschieden!

Sie gaben ihm kein Geld für die Hochzeit, nicht einmal das, was er selbst verdient hatte. Aber alles sollte dem Brauch entsprechen … den alten Bräuchen … Die aserbaidschanischen Bräuche sind schön … ich mag sie … Beim ersten Mal kommen Brautwerber ins Haus der Braut und werden nur angehört, am zweiten Tag erhalten sie dann die Zustimmung oder Ablehnung. Dann wird Wein getrunken. Ein weißes Kleid und einen Ring zu kaufen ist Sache des Bräutigams, er bringt sie ins Haus der Braut, und zwar am Morgen … an einem sonnigen Tag … um das Glück günstig zu stimmen und die finsteren Mächte abzuwenden. Die Braut nimmt die Gaben entgegen und dankt dem Bräutigam, küsst ihn vor aller Augen. Um die Schultern trägt sie ein weißes Tuch – als Zeichen der Reinheit. Und dann die Hochzeit! Der Tag der Hochzeit! Von beiden Seiten werden viele Geschenke gebracht, ein Berg von Geschenken, sie liegen auf großen, mit roten Bändern umwundenen Tabletts. Außerdem werden Hunderte Luftballons aufgeblasen, sie schweben mehrere Tage lang über dem Haus der Braut, und je länger sie dort schweben, desto besser, das bedeutet, die Liebe ist stark und beiderseitig.

Meine Hochzeit … unsere … Alle Geschenke … von Seiten des Bräutigams und von Seiten der Braut … hat meine Mutter gekauft … Auch das weiße Kleid und den goldenen Ring … An der Tafel müssen die Verwandten der Braut vor dem ersten Trinkspruch aufstehen und das Mädchen preisen, und die Verwandten des Bräutigams preisen den jungen Mann. Für mich hat mein Großvater die Rede gehalten, und als er fertig war, fragte er Abulfas: »Und wer legt ein gutes Wort für dich ein?« »Ich selbst. Ich liebe eure Tochter. Ich liebe sie mehr als mein Leben …« Wie er das sagte, gefiel allen. Sie warfen Münzen vor unsere Türschwelle und Reis … für Glück und Reichtum … Und da … Es gibt einen Moment … Bei der Hochzeit gibt es einen Moment, da stehen die Verwandten der einen Seite auf und verneigen sich vor den Verwandten der anderen Seite und umgekehrt. Abulfas stand allein auf … als wäre er eine Waise. Ich bringe dir ein Kind zur Welt, dann bist du nicht mehr allein, dachte ich. Wie einen Schwur. Er wusste – das hatte ich ihm schon vor langer Zeit gestanden –, dass ich in meiner Jugend schwer krank gewesen war und dass das Urteil der

Ärzte lautete: Sie darf keine Kinder kriegen. Auch das hat er akzeptiert, Hauptsache, wir waren zusammen. Aber ich … Ich entschied: Ich werde ein Kind bekommen. Selbst wenn ich dabei sterben sollte, aber das Kind wird bleiben.

Mein Baku …

das Meer … das Meer … das Meer …

die Sonne … die Sonne … die Sonne …

Nicht mehr mein Baku …

… keine Türen im Hauseingang, die Löcher mit Zellophan verhängt …

… Männer oder Jugendliche, vor Entsetzen habe ich das nicht genau behalten … prügeln mit Pfählen (wo haben sie die in unserer Stadt bloß aufgetrieben?) eine Frau zu Tode … sie liegt auf dem Boden, ohne jeden Laut. Leute sehen das – und wechseln auf die andere Straßenseite. Wo ist die Miliz? Die Miliz ist verschwunden … tagelang sah ich keinen einzigen Milizionär auf der Straße … Abulfas hält es zu Hause kaum noch aus, ihm wird übel. Er ist ein guter Mensch, sehr gutherzig. Aber woher kamen die … dort draußen, auf der Straße …? Ein Mann kommt uns entgegengerannt, voller Blut … Mantel und Hände sind voller Blut … in den Händen hält er ein riesiges Küchenmesser, mit dem man Kräuter hackt … Sein Gesicht wirkt triumphierend, ja, glücklich … »Den kenne ich«, sagt ein kleines Mädchen aus der Nachbarschaft, das mit uns an der Haltestelle auf den Bus wartet.

… irgendetwas in mir ist damals verlorengegangen … irgendetwas in mir existiert nicht mehr …

… Meine Mutter kündigte … Es war zu gefährlich für sie, auf die Straße zu gehen, sie wurde sofort als Armenierin erkannt. Ich nicht. Aber ich durfte keine Papiere bei mir tragen. Keine! Wenn Abulfas mich von der Arbeit abholte und wir zusammen nach Hause gingen, ahnte niemand, dass ich Armenierin bin. Aber jeder konnte verlangen: »Zeig mal deinen Ausweis!« »Versteckt euch. Geht fort«, mahnten unsere Nachbarn, russische Omas. Die jungen Russen gingen fort, ließen ihre Wohnungen zurück, ihre guten Möbel. Nur die Omas blieben … freundliche russische Omas …

... Ich war schon schwanger ... Ich trug ein Kind unterm Herzen ...

Das Töten in Baku dauerte mehrere Wochen ... sagen die einen, andere sagen, noch länger ... Sie töteten nicht nur Armenier, sondern auch diejenigen, die Armenier versteckten. Mich versteckte eine aserbaidschanische Freundin, und sie hatte Familie – einen Mann und zwei Kinder. Irgendwann einmal ... Das schwöre ich! Da werde ich nach Baku fahren, zusammen mit meiner Tochter, und in dieses Haus gehen. »Das hier ist deine zweite Mutter, mein Kind.« Vorhänge, dick wie Decken ... wie ein Mantel, solche Vorhänge ... Die haben sie extra meinetwegen genäht. Nachts kam ich vom Dachboden herunter ... für ein, zwei Stunden. Wir unterhielten uns flüsternd, sie mussten mit mir reden. Sie wussten, dass man mit mir sprechen musste, damit ich nicht stumm wurde, nicht verrückt. Damit ich mein Kind nicht verlor und nachts nicht heulte ... Wie ein wildes Tier ...

Ich erinnere mich an unsere Gespräche, ich erinnere mich gut. Den ganzen Tag saß ich auf dem Dachboden und ging sie in Gedanken wieder und wieder durch. Ich war ganz allein ... Ein schmaler Streifen Himmel ... durch einen Spalt ...

»... Den alten Lasar haben sie auf der Straße angehalten und auf ihn eingeprügelt ... ›Ich bin Jude‹, sagte er flehend. Bis sie seinen Ausweis gefunden hatten, schlugen sie ihn zum Krüppel ...«

»... Sie töten für Geld und einfach so ... Sie suchen besonders nach Häusern, in denen reiche Armenier wohnen ...«

»... In einem Haus haben sie alle getötet ... Doch das kleinste Mädchen war auf einen Baum geklettert ... Sie schossen auf sie wie auf einen Vogel ... Nachts sieht man schlecht, sie trafen lange nicht ... Sie wurden wütend ... und zielten immer wieder ... Bis sie ihnen vor die Füße fiel ...«

Der Mann meiner Freundin war Maler. Ich mochte seine Bilder, er malte Frauenporträts und Stillleben. Und ich erinnere mich, wie er zu den Bücherregalen ging und auf die Buchrücken klopfte. »Das müsste man alles verbrennen! Verbrennen! Ich glaube nicht mehr an Bücher! Wir haben geglaubt, das Gute würde siegen – von wegen! Wir haben über Dostojewski gestritten ... Dabei sind seine Figuren immer da! Mitten unter uns. Hier!« Ich verstand nicht, wovon er sprach, ich war ein schlichtes, einfaches Mädchen. Ich habe nicht studiert. Ich konnte nur weinen … und Tränen abwischen … Ich glaubte lange, dass ich im besten Land der Welt lebte, unter den allerbesten Menschen. So hat man es uns in der Schule beigebracht. Aber er litt schrecklich, er litt sehr unter alldem. Er bekam einen Schlaganfall, danach war er gelähmt … *(Sie hält inne.)* Ich muss kurz schweigen … Ich zittere so … *(Nach ein paar Minuten redet sie weiter.)* Dann kamen russische Truppen in die Stadt … Ich konnte wieder nach Hause … Er war schon bettlägerig, nur einen Arm konnte er noch ein bisschen bewegen. Er schlang diesen Arm um mich und sagte: »Ich habe die ganze Nacht nachgedacht, Rita, über dich und über mein Leben. Viele Jahre … Mein Leben lang habe ich gegen die Kommunisten gekämpft. Aber nun habe ich Zweifel: Würden wir doch noch immer von diesen alten Mumien regiert, sollten sie sich doch gegenseitig Heldensterne an die Brust heften, würden wir eben nicht ins Ausland fahren, keine guten Bücher lesen und keine Pizza essen – die Speise der Götter. Aber jenes kleine Mädchen … sie wäre noch am Leben, keiner hätte sie abgeschossen … Wie einen Vogel … Und du hättest nicht auf dem Dachboden sitzen müssen wie eine Maus …« Er ist bald darauf gestorben … kurz danach … Viele sind damals gestorben … gute Menschen sind gestorben. Sie konnten das alles nicht ertragen.

Auf den Straßen überall russische Soldaten. Kriegsgerät. Die russischen Soldaten … blutjunge Kerle … sie fielen in Ohnmacht von dem, was sie sahen …

Ich war im achten Monat schwanger … Kurz vor der Geburt. Eines Nachts ging es mir schlecht, und wir riefen beim Notdienst an – als sie meinen armenischen Namen hörten, legten sie auf. Auch in der Entbindungsklinik nahmen sie mich nicht, weder in meinem Wohnbezirk noch woanders … Sie schlugen meinen Ausweis auf, und sofort hieß es: Kein Bett frei. Kein Platz! Nirgends, nichts zu machen! Mutter machte eine alte Hebamme ausfindig, eine Russin, die sie vor Jahren entbunden hatte … vor langer Zeit … Sie fand sie in einem Dorf am Stadtrand. Sie hieß Anna … an ihren Vatersnamen erinnere ich mich nicht. Sie kam einmal in der Woche zu uns nach Hause, untersuchte mich und sagte, es würde eine schwere Geburt werden. Eines Nachts setzten die Wehen ein … Abulfas lief nach einem Taxi, per Telefon kam er nicht durch. Das Taxi kam, der Taxifahrer sah mich: »Was – eine Armenierin?« »Sie ist meine Frau.« »Nein, ich fahre nicht.« Mein Mann fing an zu weinen. Er zog seine Brieftasche hervor und zeigte dem Taxifahrer das Geld, sein gesamtes Gehalt. »Hier … Ich geb dir alles … Rette meine Frau und mein Kind.« Wir fuhren … alle zusammen … Auch meine Mutter kam mit. Wir fuhren in den Ort, wo Anna wohnte, in das Krankenhaus, wo sie eine halbe Stelle hatte, als Zubrot zur Rente. Sie erwartete uns schon, und ich kam sofort in den Kreißsaal. Die Geburt dauerte lange … sieben Stunden … Wir waren zwei Gebärende – ich und eine Aserbaidschanerin; es gab nur ein Kissen, und das gab man ihr, mein Kopf lag ganz flach. Das war sehr unbequem und tat weh. Meine Mutter stand an der Tür … Sie wollten sie wegschicken, aber sie ging nicht … Wenn sie nun das Kind entführten … wer weiß? Alles war möglich … damals war alles möglich … Ich habe ein Mädchen geboren … Sie zeigten es mir einmal, dann brachten sie es nicht mehr zu mir. Die anderen Mütter (Aserbaidschanerinnen) bekamen ihre Kinder zum Stillen, ich nicht. Ich wartete zwei Tage. Und dann … immer an der Wand entlang … ich hielt mich an der Wand fest und schleppte mich bis zu dem Zimmer, wo die Kinder lagen. Kein einziges Kind war da, nur mein kleines Mädchen, und Türen und Fenster standen sperrangelweit offen. Ich fasste sie an – sie glühte, sie war ganz heiß. In dem Moment kam meine Mutter … »Komm, Mama, wir nehmen die Kleine und gehen. Die Kleine ist schon krank.«

Meine Tochter war lange krank. Ein alter Arzt behandelte sie, er war schon lange in Rente. Er war Jude. Aber er machte Hausbesuche bei armenischen Familien und half ihnen. »Die Armenier werden getötet, weil sie Armenier sind, wie man einst die Juden getötet hat, weil sie Juden waren«, sagte er. Er war schon sehr, sehr alt. Wir gaben unserer Tochter den Namen Ira … Wir entschieden: Sie soll einen russischen Namen haben, der schützt sie. Als Abulfas das Baby das erste Mal auf den Arm nahm, fing er an zu weinen. Er schluchzte … Vor Glück … das gab es damals auch – Glück. Unser Glück! Zu der Zeit wurde seine Mutter krank … Er ging nun oft zu seinen Verwandten. Wenn er zurückkam … ich kann gar nicht sagen … wie er von dort zurückkam. Als Fremder, mit fremdem Gesicht. Ich erschrak natürlich. Die Stadt war bereits voller Flüchtlinge – aserbaidschanische Familien, die aus Armenien geflohen waren. Sie flohen mit leeren Händen, ohne alles, genau wie die Armenier aus Baku. Und sie erzählten genau das Gleiche. Ach! Ach, ganz genau das Gleiche. Von Chodschali, wo es einen Pogrom gegen die Aserbaidschaner gegeben hatte … Wie die Armenier dort die Aserbaidschaner getötet hatten – sie haben Frauen aus dem Fenster geworfen … Köpfe abgeschnitten … auf Tote uriniert … Mich kann kein Horrorfilm mehr schrecken! Ich habe so viel gesehen und gehört … so viel! Ich konnte nächtelang nicht schlafen, ich überlegte hin und her – wir müssen weg. Wir müssen weg! Nein, so geht es nicht weiter, ich kann nicht mehr. Fliehen … fliehen, um zu vergessen. Hätte ich ausgeharrt, wäre ich gestorben … das weiß ich, ich wäre gestorben …

Meine Mutter ging als Erste weg … Dann Vater mit seiner zweiten Familie. Danach ich mit der Tochter. Mit gefälschten Papieren … in den Ausweisen standen aserbaidschanische Namen … Drei Monate lang bekamen wir keine Tickets. Solche Schlangen standen an den Schaltern! Doch als ich ins Flugzeug stieg, sah ich: Die halbe Kabine war voller Pappkartons mit Blumen – die nahmen mehr Platz ein als die Passagiere. Geschäfte! Die Geschäfte blühten! Vor uns saßen zwei junge Aserbaidschaner, die tranken die ganze Zeit Wein und sagten, sie gingen weg, weil sie nicht töten wollten. Sie wollten nicht in den Krieg ziehen und sterben. Das war 1991 … Der Krieg in Bergkarabach war in vollem Gange … Diese jungen Männer bekannten offen: »Wir wollen uns nicht vor einen Panzer werfen. Dazu sind wir nicht bereit.« In Moskau holte uns mein Cousin ab. »Und wo ist Abulfas?« »Er kommt in einem Monat nach.« Am Abend versammelten sich die Verwandten … Alle baten: »Erzähl nur, erzähle, hab keine Angst … Wer schweigt, wird krank.« Nach einem Monat begann ich zu reden, dabei hatte ich gedacht, ich würde es niemals tun. Ich würde für immer schweigen.

Ich wartete … wartete … und wartete … Abulfas kam nicht nach einem Monat … auch nicht nach einem halben Jahr, nein, er kam erst nach sieben Jahren. Nach sieben Jahren … Sieben Jahre … A-a-ach … Wäre unsere Tochter nicht gewesen, hätte ich nicht überlebt … Meine Tochter hat mich gerettet. Um ihretwillen habe ich mit aller Kraft durchgehalten. Um zu überleben, muss man wenigstens einen dünnen Faden haben … Um zu überleben … und zu warten … Und dann … Eines Morgens … An einem von vielen Morgen … Da kam er herein, umarmte mich und die Tochter. Er stand da … Er stand da … noch immer im Flur, und plötzlich sehe ich, wie er ganz langsam zusammensackt. Im nächsten Augenblick lag er schon auf dem Boden, im Mantel und mit Mütze. Wir haben ihn zum Sofa geschleppt, ihn hingelegt. Wir waren erschrocken – wir müssen einen Arzt rufen, aber wie? Wir sind nicht in Moskau gemeldet und nicht krankenversichert. Wir sind Flüchtlinge. Während wir noch so überlegten, meine Mutter weinte … und unsere Tochter saß mit großen Augen in der Ecke … Wir hatten so auf Papa gewartet … und nun ist Papa da und stirbt. Da öffnete er die Augen. »Ich brauche keinen Arzt. Es ist vorbei! Ich bin zu Hause.« Hier muss ich weinen … Hier muss ich … *(Zum ersten Mal während unseres Gesprächs weint sie.)* Daran kann ich nicht denken, ohne zu weinen … Einen Monat lang lief er auf Knien hinter mir her durch die Wohnung, küsste mir immer wieder die Hände. »Was willst du mir sagen?« »Ich liebe dich.« »Warum bist du so viele Jahre nicht gekommen?«

… Sie hatten ihm den Ausweis gestohlen … Auch den zweiten … Seine Verwandten …

… Seine Cousins waren nach Baku gekommen … Man hatte sie aus Jerewan vertrieben, wo schon ihre Väter und Großväter gelebt hatten. Jeden Abend erzählten sie … immer so, dass er es ja hörte: Dass man einem Jungen die Haut abgezogen und ihn an einem Baum aufgehängt hatte. Dass einem Nachbarn mit einem heißen Hufeisen ein Mal auf die Stirn gebrannt wurde … Dass … Dass … »Und wo willst du hin?« »Zu meiner Frau.« »Du willst zu unserem Feind. Du bist nicht unser Bruder. Nicht unser Sohn.«

… Ich rief immer wieder an. Und bekam zu hören: »Er ist nicht zu Hause.« Ihm erzählten sie, ich hätte angerufen und gesagt, ich würde heiraten. Ich rief immer wieder an. Wenn seine Schwester abnahm: »Vergiss diese Nummer. Er hat eine andere Frau. Eine Muslimin.«

... Mein Vater ... Er wollte, dass ich glücklich bin ... Er hat mir meinen Ausweis weggenommen und ihn irgendwelchen Leuten gegeben, damit sie mir einen Stempel reindrückten, dass ich geschieden bin. Einen gefälschten Stempel. Sie haben darin herumgemalt, -gewischt und -korrigiert, und jetzt ist an der Stelle ein Loch. »Papa! Warum hast du das getan? Du weißt doch: Ich liebe ihn!« »Du liebst unseren Feind.« Mein Ausweis ist verdorben ... er ist nun ungültig ...

... Ich habe Shakespeares *Romeo und Julia* gelesen ... Über die Feindschaft zwischen zwei Clans – den Capulets und den Montagues. Das ist meine Geschichte ... ich verstand jedes Wort davon ...

... Ich erkannte meine Tochter nicht wieder. Sie fing an zu lächeln ... Vom ersten Augenblick an, als sie ihn sah: »Papa! Papotschka!« Als sie noch klein war ... da hat sie oft seine Fotos aus dem Koffer geholt und geküsst. Aber so, dass ich es nicht sah ... Und nicht weinte ...

Doch das ist noch nicht das Ende ... Sie meinen, das wäre alles? Das Ende? O nein, es ist noch nicht zu Ende ...

... Auch hier leben wir wie im Krieg ... Wir sind überall Fremde. Das Meer würde mich heilen. Mein Meer! Aber hier gibt es kein Meer ...

... Ich habe in der Metro Fußböden gewischt, Toiletten geputzt. Auf dem Bau Ziegel geschleppt und Zementsäcke. Jetzt putze ich in einem Restaurant. Abulfas renoviert Wohnungen für reiche Leute. Gute Menschen bezahlen, schlechte betrügen ihn. »Hau ab, Tschutschmek*! Sonst rufen wir die Miliz.« Wir sind hier nicht gemeldet ... wir haben keine Rechte ... Solche wie uns gibt es hier wie Sandkörner in der Wüste. Hunderttausende sind aus ihrer Heimat geflohen: Tadschiken, Armenier, Aserbaidschaner, Georgier, Tschetschenen ... Nach Moskau, in die Hauptstadt der UdSSR, aber das ist jetzt die Hauptstadt eines anderen Staates. Unser Staat ist auf der Landkarte nicht mehr zu finden ...

* *Tschutschmek* – russisches Schimpfwort für Menschen aus dem Kaukasus und aus Zentralasien.

… Meine Tochter hat vor einem Jahr die Schule beendet … »Mama … Papa … Ich möchte studieren!« Sie hat keinen Ausweis … Wir leben wie auf der Durchreise. Wir sind Untermieter einer alten Frau, sie ist zu ihrem Sohn gezogen und vermietet ihre Einzimmerwohnung an uns. Manchmal klopft die Miliz an: Ausweiskontrolle … Wir verkriechen uns wie die Mäuse. Wieder wie die Mäuse … Wenn sie uns nun zurückschicken … Aber wohin zurück? Wohin sollten wir gehen? Binnen vierundzwanzig Stunden! Wir haben kein Geld, um uns loszukaufen … Und eine neue Unterkunft würden wir kaum finden. In den Anzeigen heißt es überall: »Vermieten Wohnung an eine slawische Familie …« »Vermieten … an eine orthodoxe russische Familie. Andere bitte gar nicht erst melden …«

… Abends aus dem Haus gehen ist nicht drin. Wenn mein Mann und meine Tochter sich verspäten, nehme ich Baldrian. Ich bitte meine Tochter: Mal dir nicht die Augenbrauen an, trag keine auffälligen Kleider. Da wurde ein armenischer Junge getötet, dort ein tadschikisches Mädchen … ein Aserbaidschaner mit einem Messer erstochen … Früher waren wir alle sowjetisch, heute haben wir eine neue Nationalität: »Personen kaukasischer Nationalität«. Wenn ich morgens zur Arbeit laufe, sehe ich jungen Männern nie ins Gesicht – ich habe schwarze Augen, schwarze Haare. Wenn wir sonntags auf die Straße gehen, die ganze Familie, dann bleiben wir in unserem Bezirk, in der Nähe unseres Hauses. »Mama, ich will zum Arbat. Ich will über den Roten Platz laufen.« »Dorthin gehen wir nicht, Töchterchen. Da sind Skinheads. Mit Hakenkreuzen. Ihr Russland ist nur für die Russen. Ohne uns.« *(Sie schweigt.)* Niemand weiß, wie oft ich schon sterben wollte …

… Meine Tochter … von klein auf bekommt sie zu hören: Tschutschmetschka … Tschurka … Als sie klein war, hat sie das nicht verstanden. Wenn sie aus der Schule kam, habe ich sie immer wieder geküsst, damit sie diese Wörter vergaß.

Alle Armenier aus Baku sind nach Amerika ausgewandert … Ein fremdes Land hat sie aufgenommen … Auch meine Mutter ist weggegangen und mein Vater und viele unserer Verwandten. Ich bin auch in die amerikanische Botschaft gegangen … »Erzählen Sie uns Ihre

Geschichte«, wurde ich gebeten. Ich habe ihnen von meiner Liebe erzählt … Sie haben geschwiegen, lange haben sie geschwiegen. Junge Amerikaner, blutjung. Dann haben sie miteinander geredet: An ihrem Ausweis wurde manipuliert, und es ist doch irgendwie seltsam – wieso ist ihr Mann sieben Jahre lang weggeblieben? Ist er wirklich ihr Mann? Ihre Geschichte ist zu schön und zu schrecklich, um wahr zu sein. So haben sie geredet. Ich kann ein wenig Englisch … Ich habe verstanden, dass sie mir nicht glaubten. Aber ich habe keine anderen Beweise als den, dass ich liebe … Glauben Sie mir?

»Ich glaube Ihnen«, sage ich. »Ich bin im selben Land aufgewachsen wie Sie. Ich glaube Ihnen!« *(Wir weinen beide.)*

VON MENSCHEN, DIE »NACH DEM KOMMUNISMUS« SOFORT ANDERE WURDEN

Ljudmila Malikowa, Technologin,
47 Jahre alt

Aus den Erzählungen der Tochter

Von einer Zeit, in der alle gleich lebten

Kennen Sie Moskau gut? In Kunzewo … Da haben wir gewohnt, in einem Fünfgeschosser, wir hatten eine Dreizimmerwohnung, seit wir mit meiner Großmutter zusammengezogen waren. Nach Großvaters Tod hatte sie lange allein gelebt, aber sie wurde immer schwächer, und darum zogen wir mit ihr zusammen. Ich freute mich, ich liebte meine Großmutter. Wir beide sind Ski gelaufen und haben Schach gespielt. Sie war eine tolle Großmutter! Mein Vater … Ich hatte einen Vater, aber er lebte nicht lange bei uns, er fing an, Dummheiten zu machen, trank viel mit seinen Kumpels, und Mutter bat ihn auszuziehen … Er arbeitete in einem geheimen Rüstungsbetrieb … Als ich noch ein Kind war, besuchte er uns an freien Tagen und brachte mir jedes Mal etwas mit, Konfekt oder Obst – die größte Birne, die er finden konnte, den größten Apfel. Er wollte mich überraschen: »Mach die Augen zu, Juletschka – hier!« Er hatte so ein schönes Lachen … Und dann verschwand er irgendwie … Die Frau, mit der er zusammenlebte, seit er von uns weg war – sie war Mamas Freundin –, die hat ihn auch rausgeworfen, sie hatte seine Besäufnisse satt. Ich weiß nicht, ob er noch lebt, aber wenn er noch lebte, hätte er doch nach mir gesucht …

Bis ich vierzehn wurde, haben wir ein sorgloses Leben geführt. Bis zur Perestroika … Es ging uns gut, bis der Kapitalismus begann, im Fernsehen redeten sie damals von »Marktwirtschaft«. Keiner wusste so recht, was das war, und niemand hat es erklärt. Es begann damit, dass man auf einmal auf Lenin und Stalin schimpfen durfte. Das taten vor allem die jungen Leute; die Alten schwiegen, sie stiegen aus dem Bus aus, wenn sie hörten, dass jemand auf die Kommunisten schimpfte. Bei uns in der Schule war der junge Mathematiklehrer gegen die Kommunisten, und der alte Geschichtslehrer war für die Kommunisten. Zu Hause sagte meine Großmutter: »Anstelle der Kommunisten kommen jetzt die Spekulanten.« Meine Mutter stritt mit ihr: Nein, jetzt kommt ein schönes, gerechtes Leben. Sie ging zu Demonstrationen und erzählte uns begeistert die Reden von Jelzin nach. Doch Großmutter war nicht zu überzeugen, sie sagte: »Sie haben den Sozialismus für Bananen aufgegeben. Für Kaugummi …« Der Streit begann schon am Morgen, dann ging meine Mutter zur Arbeit, und am Abend stritten sie weiter. Wenn Jelzin im Fernsehen kam, setzte sich Mutter schnell in ihren Sessel. »Ein großer Mann!« Großmutter dagegen bekreuzigte sich: »Ein Verbrecher, Gott verzeih mir.« Sie war Kommunistin bis ins Mark. Sie hat für Sjuganow gestimmt. Plötzlich gingen ja alle in die Kirche, auch Großmutter, sie bekreuzigte sich und hielt die Fasten ein, aber geglaubt hat sie nur an den Kommunismus … *(Sie schweigt.)* Sie erzählte mir gern vom Krieg … Mit siebzehn ist sie freiwillig an die Front gegangen, und dort hat sich mein Großvater in sie verliebt. Sie wollte gern Telefonistin werden, aber in ihrer Einheit wurden Köche gebraucht, also wurde sie Köchin. Auch Großvater war Koch, sie bekochten die Verwundeten im Lazarett. Im Fieber schrien die Verwundeten: »Auf! Vorwärts!« Schade – sie hat so viel erzählt, aber ich erinnere mich nur an Bruchstücke … Die Krankenschwestern hatten immer einen Eimer mit Kreide parat; wenn die Tabletten und Pülverchen alle waren, machten sie aus dieser Kreide Pillen, damit die Verwundeten sie nicht beschimpften und sie nicht mit ihren Krücken schlugen … Damals gab es noch keinen Fernseher, niemand hatte Stalin je gesehen, aber alle hätten ihn gern einmal gesehen. Auch meine Großmutter, sie hat ihn bis zu ihrem Tod verehrt: »Ohne Stalin wären wir den Deutschen in den Arsch gekrochen.« Und dann fluchte sie derb. Aber meine Mutter, die mochte Stalin nicht, sie nannte ihn einen »Schurken« und »Mörder« …

Ich würde lügen, wenn ich behauptete, dass ich mir darüber viele Gedanken gemacht hätte … Ich habe das Leben genossen. Die erste Liebe …

Meine Mutter arbeitete als Disponentin in einem wissenschaftlichen Forschungsinstitut für Geophysik. Wir verstanden uns gut. Ich weihte sie in alle meine Geheimnisse ein, selbst in solche, die man seiner Mutter normalerweise nicht erzählt. Bei meiner Mutter ging das, sie war gar keine richtige Erwachsene. Eher wie eine ältere Schwester. Sie liebte Bücher … und Musik … Das war ihr Leben. Das Sagen hatte bei uns Großmutter … Meine Mutter erzählte oft, als Kind sei ich ein richtiges Goldstück gewesen, sie habe mich nie um etwas bitten, mich nie zu etwas überreden müssen. Ja, ich habe meine Mutter abgöttisch geliebt … Es gefällt mir, dass ich ihr ähnlich sehe, je älter ich werde, desto mehr. Ich sehe fast genauso aus wie sie. Das gefällt mir … *(Sie schweigt.)* Wir waren im Grunde arm, aber es ging uns gut. Alle um uns herum waren wie wir. Oft war es sogar lustig, wenn Freunde meiner Mutter zu Besuch kamen, wurde viel geredet und gesungen. Ich erinnere mich an ein Lied von Okudshawa: »Er war Soldat, ein Recke fast und seines Standes Zier nur, ein kämpferischer Enthusiast – doch war er aus Papier nur.«[1] Großmutter stellte einen großen Teller voller Plinsen auf den Tisch oder buk wunderbare Piroggen. Viele Männer warben um meine Mutter, sie schenkten ihr Blumen, mir kauften sie Eis, und einmal hat sie mich sogar gefragt: »Hättest du was dagegen, wenn ich heiraten würde?« Ich hatte nichts dagegen, denn meine Mutter war sehr schön, und es gefiel mir nicht, dass sie allein war, ich wünschte mir eine glückliche Mutter. Auf der Straße fiel sie auf, immer wieder drehten sich Männer nach ihr um. »Was haben sie denn?«, fragte ich, als ich noch klein war. »Komm! Komm!«, sagte meine Mutter, und dann lachte sie auf eine ganz besondere Weise. Anders als sonst. Wirklich, es ging uns gut. Später, als ich allein war, ging ich oft wieder in unsere Straße und schaute zu unseren Fenstern hoch. Einmal habe ich es nicht ausgehalten und sogar an unserer Tür geklingelt – dort lebte inzwischen eine georgische Familie. Wahrscheinlich hielten sie mich für eine Bettlerin, sie wollten mir Geld geben und etwas zu essen. Ich fing an zu weinen und rannte weg …

Bald wurde Großmutter krank, sie hatte eine Krankheit, bei der sie die ganze Zeit essen wollte, alle fünf Minuten, dann lief sie hinaus ins Treppenhaus und schrie, wir würden sie hungern lassen. Sie zerschlug Teller … Meine Mutter hätte sie in einer Spezialklinik unterbringen können, aber sie wollte sie selbst pflegen, auch sie liebte Großmutter sehr. Oft holte sie Großmutters Kriegsfotos aus der Anrichte, schaute sie an und weinte. Auf den Fotos war ein junges Mädchen, das sah gar nicht aus wie Großmutter, aber das war unsere Großmutter. Als wäre sie ein anderer Mensch … So war das … ja … Bis zu ihrem Tod hat Großmutter Zeitung gelesen und sich für Politik interessiert … Aber als sie krank wurde, lag auf ihrem Nachttisch nur ein einziges Buch … Die Bibel … Manchmal rief sie mich zu sich und las mir daraus vor: »Denn der Staub muss wieder zur Erde kommen, wie er gewesen ist, und der Geist wieder zu Gott …«[2] Sie dachte ständig an den Tod. »Mir ist schon so schwer ums Herz, mein Kind. So weh.«

Und dann, an einem freien Tag … wir waren alle zu Hause … Ich schaute in Großmutters Zimmer, sie konnte schon nicht mehr gut laufen, sie lag meist im Bett, doch nun saß sie da und schaute aus dem Fenster. Ich gab ihr Wasser zu trinken. Nach einer Weile … Da ging ich wieder zu ihr hinein, sprach sie an, doch sie reagierte nicht, ich nahm ihre Hand, die war schon ganz kalt, aber ihre Augen waren offen und schauten noch immer aus dem Fenster. Bis dahin hatte ich den Tod noch nie gesehen, ich erschrak und fing an zu schreien. Meine Mutter kam angelaufen, sie fing sofort an zu weinen und schloss Großmutter die Augen. Wir mussten einen Krankenwagen rufen … Sie kamen zwar schnell, aber die Ärztin verlangte von meiner Mutter Geld für den Totenschein und für den Transport ins Leichenschauhaus. »Was wollen Sie? Wir haben Marktwirtschaft!« Wir hatten kein Geld im Haus, gar nichts … Meine Mutter hatte gerade ihre Stelle verloren, sie war schon seit zwei Monaten auf Arbeitssuche, meldete sich auf Anzeigen, doch überall standen die Leute schon Schlange. Meine Mutter hat ihr Ingenieurstudium mit Auszeichnung absolviert. Aber eine Stelle in ihrem Beruf zu finden war ausgeschlossen, Leute mit Hochschuldiplom arbeiteten als Verkäufer und Tellerwäscher. Als Putzkräfte in Büros. Alles war auf einmal anders … Ich erkannte die Menschen auf der Straße nicht wieder, es war, als wären plötzlich alle grau gekleidet. Ohne jeden Farbtupfer. So habe ich es in Erinnerung ... »An allem ist dein Jelzin schuld ... dein Gaidar ...«, klagte Großmutter, als sie noch lebte. »Was haben sie uns nur angetan? Es ist schon fast wie im Krieg.« Meine Mutter schwieg dazu, ja, zu meinem Erstaunen schwieg meine Mutter. Alles, was wir im Haus hatten, beurteilten wir nur noch so: Kann man das verkaufen? Wir hatten nichts zu verkaufen ... Großmutter hat in ihrem ganzen Leben fünftausend Rubel zusammengespart, die lagen auf einem Sparbuch, sie waren, wie sie sagte, »für einen schwarzen Tag« bestimmt und für die Beerdigung. Aber nun bekam man dafür nur noch einen Straßenbahnfahrschein ... Eine Schachtel Streichhölzer ... Von einem Tag zum anderen war das Geld futsch, bei allen. Das Volk war ausgeplündert worden ... Am meisten Angst hatte Großmutter davor, dass wir sie in einer Plastiktüte begraben würden oder eingewickelt in Zeitungspapier. Särge waren irrsinnig teuer, und die Leute begruben ihre Toten auf verschiedene Weise ... Großmutters Freundin, Tante Fenja, sie war im Krieg Krankenschwester an der Front gewesen, die wurde von ihrer Tochter in Zeitungspapier begraben ... in alte Zeitungen eingewickelt ... Ihre Medaillen wurden einfach so in die Grube gelegt ... Ihre Tochter, sie ist behindert, die wühlte in Mülltonnen nach Essbarem ... Das war alles so ungerecht! Ich ging manchmal mit meinen Freundinnen in einen nichtstaatlichen Laden, dort schauten wir uns die Würste an. Die glänzenden Verpackungen. In der Schule machten sich die Mädchen, die Leggins hatten, über diejenigen lustig, denen die Eltern keine Leggins kaufen konnten. Ich wurde verspottet ... *(Sie schweigt.)* Aber meine Mutter hatte Großmutter versprochen, sie in einem Sarg zu begraben. Das hatte sie ihr geschworen.

Als die Ärztin sah, dass wir kein Geld hatten, fuhren sie einfach wieder weg. Großmutter ließen sie bei uns ...

Eine Woche lang lebten wir mit der toten Großmutter in der Wohnung ... Meine Mutter rieb sie mehrmals am Tag mit Kaliumpermanganat ab und bedeckte sie mit einem nassen Laken. Sie hat alle Fenster abgedichtet und eine nasse Decke vor den Türspalt gestopft. Das alles hat sie allein gemacht, ich traute mich nicht in Großmutters Zimmer, ich lief nur schnell durch zur Küche und zurück. Dieser Geruch ... ja, es roch schon ... Allerdings, so schlimm das klingt, hatten wir noch Glück: Während ihrer Krankheit hatte Großmutter stark abgenommen, sie war nur noch Haut und Knochen ... Wir telefonierten unsere Verwandten ab ... Das sind viele, wir sind mit halb Moskau verwandt, aber keiner konnte helfen; das heißt, sie brachten uns Dreilitergläser mit eingemachten Zucchini, mit Gurken und Konfitüre, aber eben kein Geld. Sie saßen eine Weile bei uns, weinten und gingen wieder. Keiner hatte Bargeld. Ja, ich glaube, so war es ... Der Cousin meiner Mutter zum Beispiel bekam seinen Lohn im Betrieb in Konserven, also brachte er uns Konserven. Was er eben konnte ... Damals war es ganz normal, zum Geburtstag ein Stück Seife zu schenken oder Zahnpasta ... Wir hatten liebe Nachbarn, wirklich, das waren gute Menschen. Tante Anja und ihr Mann ... Doch sie packten gerade ihre Sachen, sie wollten zu ihren Eltern aufs Land ziehen, die Kinder hatten sie schon dorthin geschickt – ihnen stand der Sinn nicht nach uns. Tante Valja ... Wie hätte sie uns helfen können, wo doch ihr Mann trank und ihr Sohn auch? Meine Mutter hatte viele Freunde ... Aber auch sie besaßen nichts als Bücher. Die Hälfte von ihnen war inzwischen schon arbeitslos ... Das Telefon blieb stumm. Die Menschen wurden nach dem Kommunismus sofort andere. Plötzlich lebten alle hinter verschlossenen Türen ... *(Sie schweigt.)* Ich wünschte mir, ich würde einschlafen, und wenn ich aufwachte, wäre Großmutter wieder lebendig.

Von einer Zeit, da Banditen auf der Straße herumliefen
und ihre Pistolen nicht einmal versteckten

Wer waren diese Leute? Sie tauchten plötzlich auf und wussten alles. »Wir wissen Bescheid über Ihr Unglück. Wir werden Ihnen helfen.« Sie riefen irgendwo an, sofort kam ein Arzt und stellte einen Totenschein aus, und auch ein Milizionär erschien. Sie kauften einen teuren Sarg, bestellten einen Leichenwagen, besorgten viele Blumen, Blumen über Blumen – alles, wie es sich gehört. Großmutter wollte gern auf dem Chowanskoje-Friedhof begraben werden, das ist ein berühmter alter Friedhof, ohne Bestechung kriegt man da keinen Platz, aber auch für den sorgten sie und für einen Priester, der ein Gebet sprach. Alles war sehr schön. Meine Mutter und ich haben nur dagestanden und geheult. Organisiert hat das alles Tante Ira, sie war die Anführerin, sie wurde immer von muskelbepackten Männern begleitet, das waren ihre Bodyguards. Einer davon war Soldat in Afghanistan gewesen, und das hat meine Mutter irgendwie beruhigt, sie meinte, wer im Krieg war oder wer unter Stalin im Lager gesessen hat, der könne kein schlechter Mensch sein: »Nach all dem, was er durchgemacht hat!« Überhaupt war sie überzeugt, dass bei uns in der Not niemand im Stich gelassen wird – wir erinnerten uns an Großmutters Erzählungen darüber, wie die Menschen im Krieg einander halfen. Sowjetische Menschen … *(Sie schweigt.)* Aber die Menschen waren inzwischen andere. Nicht mehr ganz sowjetisch … So sehe ich das heute, damals … Wir waren in die Fänge einer Bande geraten, aber damals waren das für mich Onkel und Tanten – sie saßen in unserer Küche, tranken Tee mit uns, schenkten uns Konfekt. Tante Ira brachte Lebensmittel mit, nachdem sie unseren vollkommen leeren Kühlschrank gesehen hatte, und schenkte mir einen Jeansrock – damals waren alle verrückt nach Jeans! Etwa einen Monat lang kamen sie immer wieder, wir gewöhnten uns an sie, und dann machten sie meiner Mutter einen Vorschlag: »Was halten Sie davon, wenn wir Ihre Dreizimmerwohnung verkaufen und Ihnen eine Einzimmerwohnung kaufen? Dann hätten Sie Geld.« Mutter war einverstanden … Sie hatte damals schon Arbeit in einem Café, sie spülte das Geschirr und wischte die Tische ab, aber das Geld langte vorn und hinten nicht. Wir redeten bereits darüber, wohin wir ziehen sollten, in welchen Stadtbezirk. Ich wollte die Schule nicht wechseln. Wir suchten etwas in der Nähe.

Da tauchte eine andere Bande auf. Ihr Anführer war ein Mann … Onkel Wolodja … Er und Tante Ira führten Krieg um unsere Wohnung. »Was wollt ihr mit einer Einzimmerwohnung?«, schrie Onkel Wolodja meine Mutter an. »Ich kaufe euch ein Haus in der Nähe von Moskau.« Tante Ira kam immer mit einem alten VW, Onkel Wolodja fuhr einen schicken Mercedes. Er hatte eine echte Pistole … So waren die neunziger Jahre … Die Banditen liefen offen mit ihren Pistolen herum. Jeder, der konnte, ließ sich Stahltüren einbauen. Zu einem Nachbarn in unserem Haus kamen eines Nachts Leute mit einer Handgranate … Der Mann besaß einen Kiosk, ein paar gestrichene Bretter und Sperrholz, und dort verkaufte er alles Mögliche: Lebensmittel, Kosmetik, Kleidung und Wodka. Sie verlangten Dollar von ihm. Seine Frau wollte nichts rausrücken, da stellten sie ihr ein heißes Bügeleisen auf den Bauch – sie war schwanger … Niemand wandte sich an die Miliz, denn jeder wusste: Die Banditen haben viel Geld, die können jeden kaufen. Die Leute hatten sogar Respekt vor ihnen. Man konnte sich bei niemandem beschweren … Onkel Wolodja trank keinen Tee mit uns, er drohte meiner Mutter offen: »Wenn du mir die Wohnung nicht überlässt, schnappe ich mir deine Tochter, und du siehst sie nie wieder. Du wirst nie erfahren, was mit ihr passiert ist.« Bekannte versteckten mich, ich ging ein paar Tage nicht zur Schule. Ich weinte Tag und Nacht, ich hatte Angst um meine Mama. Die Nachbarn haben gesehen, dass die Banditen zweimal kamen und nach mir suchten, mit wilden Flüchen. Am Ende gab meine Mutter auf …

Am Tag darauf wurden wir aus der Wohnung gesetzt. Sie kamen mitten in der Nacht. »Los, Beeilung! Wir bringen euch erst mal woanders unter, bis wir ein Haus für euch gefunden haben.« Sie hatten schon Farbe und Tapeten dabei, für die Renovierung. »Los! Los!« Meine Mutter nahm vor Schreck nichts weiter mit als die Papiere, ihr polnisches Lieblingsparfüm, das sie zum Geburtstag geschenkt bekommen hatte, und ein paar Lieblingsbücher, und ich meine Schulbücher und ein zweites Kleid. Sie verfrachteten uns in ein Auto … Und brachten uns in eine quasi leere Wohnung – zwei große Betten, ein Tisch und Stühle. Wir wurden streng ermahnt, nicht rauszugehen, die Fenster nicht zu öffnen und nicht laut zu reden. Wehe, die Nachbarn hörten uns! In dieser Wohnung wechselten offenbar dauernd die Bewohner … Sie starrte vor Dreck! Wir haben mehrere Tage lang geputzt und geschrubbt. Dann weiß ich noch: Mama und ich stehen in irgendeinem offiziellen Büro, da zeigt man uns fertig ausgestellte Papiere … Scheinbar alles ganz legal … »Hier müssen Sie unterschreiben.« Mama hat unterschrieben, und ich habe geweint, bis dahin hatte ich nicht recht begriffen, aber nun war mir klar, dass sie uns in ein Dorf verfrachten würden. Ich war traurig wegen meiner Schule und wegen meiner Freundinnen, die ich nun nie mehr wiedersehen würde. Onkel Wolodja sagte: »Unterschreib schnell, sonst bringen wir dich ins Heim, deine Mama zieht so oder so ins Dorf. Dann bist du ganz allein.« Irgendwelche Leute … ich erinnere mich, da standen noch andere Leute, auch ein Milizionär war dabei … Alle schwiegen. Onkel Wolodja gab jedem Geld. Ich war ein Kind … was konnte ich schon tun … *(Sie schweigt.)*

Ich habe das lange für mich behalten … Das alles ist sehr persönlich, schlimm, aber sehr persönlich. Etwas, wovon ich niemandem erzählen möchte … Ich erinnere mich, wie ich ins Heim gebracht wurde – das war viel später, als meine Mutter nicht mehr da war. Sie führten mich in ein Zimmer und sagten: »Hier ist dein Bett. Das sind deine Fächer im Schrank …« Ich war wie erstarrt … Am Abend bekam ich hohes Fieber … Das alles erinnerte mich an unsere Wohnung … *(Sie schweigt.)* Es war kurz vor Silvester … Ein Tannenbaum mit brennenden Lichtern … Alle bastelten Masken … Für den Tanzabend … Tanz? Was war das? Ich hatte alles vergessen … *(Sie schweigt.)* Außer mir wohnten in dem Zimmer noch vier Mädchen: zwei kleine, Schwestern von acht und zehn, und zwei ältere, eine Moskauerin, die schwer an Syphilis erkrankt war, und eine andere, die sich als Diebin erwies, sie klaute mir ein Paar Schuhe. Dieses Mädchen wollte wieder zurück auf die Straße … Wovon wollte ich gerade erzählen? Ach ja, wir waren immer zusammen, Tag und Nacht, erzählten einander aber nichts … Nein, das wollten wir nicht. Ich habe lange geschwiegen … Ich fing erst an zu reden, als ich Shenka kennengelernt hatte … Aber das war viel später … *(Sie schweigt.)*

Unsere Odyssee, die von Mama und mir, fing gerade erst an … Nachdem wir die Papiere unterschrieben hatten, wurden wir ins Gebiet Jaroslawl gebracht. »Ist zwar weit weg, aber dafür bekommt ihr ein schönes Haus.« Das war gelogen … Es war kein Haus, sondern eine alte Hütte mit einem einzigen Zimmer und einem großen russischen Ofen – so etwas hatten meine Mutter und ich noch nie im

Leben gesehen. Wir hatten keine Ahnung, wie man den heizte. Die Hütte war eine Bruchbude, es zog durch alle Ritzen. Meine Mutter war schockiert. In der Hütte fiel sie vor mir auf die Knie und bat mich um Verzeihung dafür, dass sie mir dieses Leben zumutete. Sie schlug mehrmals ihren Kopf gegen die Wand … *(Sie weint.)* Wir hatten etwas Geld, aber das war rasch alle. Wir arbeiteten bei Leuten im Garten, dafür bekamen wir mal einen Korb Kartoffeln, mal ein Dutzend Eier. Ich lernte das schöne Wort »Bartergeschäft« … Mama tauschte ihr Lieblingsparfüm gegen ein gutes Stück Butter, als ich stark erkältet war … Ich war sehr dagegen gewesen, denn wir besaßen nur wenige Dinge, die uns an zu Hause erinnerten. Das weiß ich noch … Einmal schenkte mir die Leiterin der Milchfarm, eine gutherzige Frau, aus Mitleid einen Eimer Milch; ich schlich mich ängstlich durch die Gärten nach Hause, da traf ich eine Melkerin, und sie lachte mich aus. »Wieso versteckst du dich? Geh ruhig durchs Dorf. Hier klauen alle, und du hast die Milch ja geschenkt gekriegt.« Geklaut wurde alles, was nicht niet- und nagelfest war, am meisten klaute der Kolchosvorsitzende. Ganze Wagenladungen voll. Er kam immer wieder zu uns … Agitierte uns: »Kommt zu mir auf die Milchfarm! Sonst verhungert ihr noch.« Sollten wir, oder sollten wir nicht? Der Hunger zwang uns. Zum morgendlichen Melken mussten wir um vier Uhr früh aufstehen. Wenn alle noch schliefen. Ich melkte die Kühe, Mama wusch die Tröge aus, sie hatte Angst vor den Kühen, ich dagegen mochte sie. Jede Kuh hatte einen Namen … Dymka, Tscherjomucha … Ich hatte dreißig Kühe und zwei Färsen … Wir karrten Sägespäne heran, bis zu den Knien im Dung. Bis über die Stiefel. Wir hievten die Kannen auf Wagen … Die waren schwer, etliche Kilo … *(Sie schweigt.)* Bezahlt wurden wir mit Milch – und mit Fleisch, wenn mal eine Kuh sich erdrosselt hatte oder im Schlamm ertrunken war. Die Melkerinnen tranken genauso viel wie die Männer, und meine Mutter trank bald mit. Zwischen uns war es nicht mehr wie früher, das heißt, wir kamen weiter gut miteinander aus, aber ich schrie sie immer öfter an. Dann war sie beleidigt. Ganz selten mal, wenn sie gute Laune hatte, rezitierte sie für mich Gedichte … Ihre geliebte Zwetajewa: »Die Esche mit Beeren war rötlich entflammt. Es fielen die Blätter, mein Leben begann.«[3] Dann erkannte ich meine Mutter von früher wieder. Aber das war selten.

Bald kam der Winter. Es gab gleich strengen Frost. In dieser Hütte hätten wir den Winter nicht überlebt. Ein Nachbar hatte Mitleid mit uns und fuhr uns umsonst nach Moskau …

Von einer Zeit, in der »der Mensch« nicht stolz klingt, sondern sehr verschieden

Ich bin hier mit Ihnen ins Reden gekommen, dabei habe ich ganz vergessen, dass ich eigentlich Angst davor habe, mich zu erinnern … *(Sie schweigt.)* Was ich von den Menschen halte? Die Menschen sind weder schlecht noch gut, es sind einfach Menschen, mehr nicht. In der Schule wurde ich nach sowjetischen Lehrbüchern unterrichtet, andere gab es noch nicht, und da hieß es: Der Mensch – das klingt stolz.[4] Aber der Mensch, das klingt nicht stolz, das klingt verschieden. Ich bin auch verschieden, in mir ist von allem etwas … Aber wenn ich einen Tadschiken sehe, die sind ja bei uns jetzt so was wie Sklaven, Menschen zweiter Klasse, also wenn ich Zeit habe, dann bleibe ich stehen und spreche mit ihm. Geld habe ich ja keins, aber ich rede mit ihm. So ein Mensch … Das ist meinesgleichen, er ist in der gleichen Lage wie ich – ich weiß, wie es ist, wenn du für alle eine Fremde bist, wenn du vollkommen allein bist. Auch ich habe in Hausfluren gelebt, in Kellern geschlafen …

Erst hat eine Freundin meiner Mutter uns aufgenommen, sie waren nett zu uns, und mir gefiel es dort sehr. Eine vertraute Umgebung: Bücher, Schallplatten, ein Bild von Che Guevara an der Wand. Wie früher bei uns … die gleichen Bücher, die gleichen Platten … Tante Oljas Sohn war Doktorand, er hockte den ganzen Tag in der Bibliothek, und nachts entlud er auf dem Güterbahnhof Waggons. Wir hatten so gut wie nichts zu essen. In der Küche stand ein Sack Kartoffeln, das war alles. Als die Kartoffeln alle waren, hatten wir nur noch ein Brot pro Tag. Wir tranken den ganzen Tag Tee. Ohne alles. Ein Kilo Fleisch kostete dreihundertzwanzig Rubel, und Tante Olja verdiente gerade mal hundert Rubel, sie war Lehrerin an einer Grundschule. Alle strampelten sich ab, um irgendwas dazuzuverdienen. Legten sich krumm … Einmal ging der Wasserhahn in der Küche kaputt, wir ließen Klempner kommen, und die hatten einen Doktortitel. Darüber mussten wir alle lachen. Wie sagte unsere Großmutter immer: »Von Trauer kann man sich nicht ernähren.« Urlaub, das ist Luxus, kaum jemand kann sich diesen Luxus erlauben … Tante Olja fuhr in ihrem Urlaub nach Minsk, dort lebte ihre Schwester, eine Uni-Dozentin. Sie nähten Kissen aus künstlichem Fell, füllten sie zur Hälfte mit Schaumstoffflocken und stopften kurz vor der Reise in jedes Kissen einen Hundewelpen, dem sie ein Schlafmittel gespritzt hatten. Damit fuhren sie nach Polen … Mit Hundewelpen … oder Kaninchen … Auf den Flohmärkten wurde überall russisch gesprochen … In Thermosflaschen wurde Wodka gefüllt statt Tee, in Koffern lagen unter Wäsche versteckt Nägel und Schlösser … Nach Hause kam Olja mit einer Tasche voller guter polnischer Wurst. Die roch wunderbar!

In Moskau hörte man nachts Schüsse und sogar Explosionen. Überall waren Verkaufsstände … überall … Meine Mutter fand Arbeit bei einem Aserbaidschaner, er hatte zwei Stände, an einem gab es Obst, am anderen Fisch. »Viel Arbeit, keine freien Tage. Kein Ausruhen.« Aber dann stellte sich heraus: Verkäuferin zu sein war Mutter peinlich, sie schämte sich. Sie konnte es einfach nicht! Am ersten Tag packte sie das Obst auf den Ladentisch, dann versteckte sie sich hinter einem Baum und schaute von dort auf den Stand. Sie zog ihre Mütze ganz tief herunter, damit sie niemand erkannte. Am nächsten Tag schenkte sie einem kleinen Zigeunerjungen eine Pflaume … Der Besitzer hat das gesehen und sie angeschrien. Geld duldet keine Scham und kein Mitleid … Mutter blieb nicht lange dort, Verkaufen war nichts für sie … An einem Zaun entdeckte ich eine Annonce: »Putzfrau mit Hochschulbildung gesucht.« Mutter ging hin und wurde eingestellt. Die Bezahlung war anständig. Es war eine amerikanische Stiftung … Nun konnten wir einigermaßen für uns selbst sorgen, wir mieteten ein Zimmer, in einem anderen Zimmer der Dreizimmerwohnung lebten Aserbaidschaner. Junge Kerle. Sie kauften und verkauften dauernd irgendwas. Einer wollte mich heiraten und mit mir in die Türkei gehen. »Ich entführe dich. Das ist bei uns Sitte, seine Braut muss man entführen.« Ich hatte Angst, ohne meine Mutter zu Hause zu bleiben. Er schenkte mir frisches Obst und getrocknete Aprikosen … Der Wohnungseigentümer trank wochenlang, er betrank sich so, dass er total durchdrehte. »Ach, du Nutte! He du, Schlampe!« Er verprügelte seine Frau, trat sie mit Füßen … sie wurde oft mit dem Krankenwagen weggebracht … Dann wollte er nachts zu meiner Mutter. Er versuchte, unsere Zimmertür aufzubrechen …

Bald standen wir wieder auf der Straße …

Auf der Straße und ohne Geld … Die Stiftung hatte dichtgemacht, Mutter schlug sich nun mit Zufallsverdiensten durch. Wir lebten in Hausfluren … in Treppenhäusern … Manche Leute gingen einfach vorbei, andere schrien uns an, manche jagten uns auch hinaus. Sogar nachts. Bei Regen und Schnee. Niemand bot uns Hilfe an, niemand stellte uns Fragen … *(Sie schweigt.)* Die Menschen sind weder gut noch schlecht. Jeder hat seins … *(Sie schweigt.)* Morgens gingen wir zu Fuß zum Bahnhof, für die Metro hatten wir kein Geld, und dort auf der Toilette wuschen wir uns. Und unsere Wäsche. Das war unser Waschhaus … auf dem Bahnhof … Im Sommer ist es nicht so schlimm, wenn es warm ist, kann man überall leben … Wir übernachteten auf Parkbänken, im Herbst scharrten wir Laub zusammen und schliefen darauf – das war warm. Wie in einem Schlafsack. Auf dem Weißrussischen Bahnhof … daran erinnere ich mich gut … da trafen wir oft eine uralte Frau, sie saß neben der Kasse und redete mit sich selbst. Sie erzählte immer dieselbe Geschichte: Wie im Krieg oft Wölfe in ihr Dorf kamen, weil sie spürten, dass keine Männer da waren. Die Männer waren alle an der Front. Wenn Mama und ich ein wenig Geld hatten, gaben wir ihr immer etwas. Sie schlug das Kreuz über uns. »Gott schütze euch.« Dann musste ich an meine Großmutter denken …

Einmal hatte ich Mama allein auf einer Bank zurückgelassen. Als ich wiederkam, saß ein Mann neben ihr. Ein sympathischer Typ. »Macht euch bekannt«, sagte meine Mutter, »das ist Vitja. Er mag auch Brodsky.« Alles klar. Das kannte ich schon … Wenn jemand

Brodsky mochte, war das für meine Mutter wie eine Parole, das hieß, er war unseresgleichen. »Was, er hat *Die Kinder vom Arbat*[5] nicht gelesen?« Ein ungebildeter Mensch! Ein Hinterwäldler! Ein Fremder, nicht unseresgleichen. So teilte sie die Menschen immer ein, das hatte sie beibehalten. Ich dagegen hatte mich in den zwei Jahren, seit wir auf der Straße lebten, sehr verändert, ich war ernst geworden, vielleicht zu ernst für mein Alter. Ich hatte begriffen: Meine Mutter konnte mir nicht helfen, im Gegenteil, ich hatte das Gefühl, ich müsste mich um sie kümmern. Ja, das Gefühl hatte ich ... Onkel Vitja war klug, und er fragte nicht meine Mutter, sondern mich: »Na, Mädels, kommt ihr mit?« Er nahm uns mit zu sich, er hatte eine Zweizimmerwohnung. Unsere Habe trugen wir bei uns, und mit diesen unseren schäbigen karierten Taschen ... kamen wir ins Paradies ... In ein Museum! Bilder an den Wänden, eine tolle Bibliothek, eine bauchige alte Kommode ... Eine hohe Standuhr mit Pendel ... Wir waren wie erstarrt! »Na los, Mädels, legt ab!« Wir setzten uns an den Tisch und tranken Tee. Onkel Vitja erzählte von sich ... Früher sei er Juwelier gewesen, mit eigener Werkstatt. Er zeigte uns einen Koffer mit Werkzeug, Säckchen mit Halbedelsteinen, silberne Rohlinge ... Alles sehr schön, interessant, wertvoll. Wir konnten nicht glauben, dass wir dort wohnen sollten. Ein Wunder ...

Wir waren wie eine richtige Familie. Ich ging wieder zur Schule. Onkel Vitja war sehr nett, er machte für mich einen Ring mit einem kleinen Stein. Aber leider ... leider trank auch er ... Und er rauchte wie ein Schlot. Erst schimpfte meine Mutter mit ihm, aber bald tranken sie zusammen. Sie schafften Bücher ins Antiquariat, ich erinnere mich noch an den Geruch der alten Ledereinbände ... Onkel Vitja besaß auch seltene Münzen ... Sie tranken und sahen fern. Politische Sendungen. Onkel Vitja philosophierte. Mit mir redete er wie mit einer Erwachsenen ... Er fragte: »Juletschka, was lernt ihr denn jetzt in der Schule, nach dem Kommunismus? Was soll man jetzt mit der sowjetischen Literatur machen und mit der sowjetischen Geschichte – sie vergessen?« Allerdings verstand ich nur wenig ... Interessiert Sie das? Also ... Ich dachte, das wäre schon weit weg, aber nun ... fällt es mir wieder ein ...

»… Der Russe muss schlecht und elend leben, dann erhebt sich die Seele, dann erkennt sie, dass sie nicht dieser Welt gehört … Je schmutziger und blutiger, desto mehr Raum für die Seele …«

»… Modernisierung geht bei uns nur mit Knüppel und Erschießungen …«

»… Die Kommunisten … Was können die schon? Wieder Lebensmittelkarten einführen und die Baracken in Magadan wieder in Betrieb nehmen …«

»… Normale Menschen wirken heute wie Verrückte … Dieses neue Leben wirft Menschen wie mich und deine Mutter auf den Müll …«

»… Im Westen ist der Kapitalismus alt, aber bei uns ist er noch ganz frisch, bei uns hat er junge Reißzähne … Aber die Macht, die ist noch ganz und gar byzantinisch …«

Eines Nachts bekam Onkel Vitja Herzbeschwerden. Wir riefen den Notarzt. Onkel Vitja starb auf dem Weg ins Krankenhaus. Herzinfarkt. Seine Verwandten kamen. »Wer seid ihr denn? Wo kommt ihr her? Ihr habt hier nichts zu suchen.« Ein Mann schrie: »Raus mit euch Bettlerinnen! Verschwindet!« Bevor wir gingen, durchsuchte er unsere Taschen …

Wir waren wieder auf der Straße …

Wir riefen Mutters Cousin an … Seine Frau nahm ab. »Kommt her.« Sie wohnten in einem Chruschtschow-Bau in der Nähe vom Flusshafen in einer Zweizimmerwohnung, zusammen mit ihrem verheirateten Sohn. Die Schwiegertochter war schwanger. Sie entschieden: »Ihr könnt bei uns wohnen, bis Aljona entbunden hat.« Mama schlief auf einem Klappbett im Flur, ich auf einem alten Sofa in der Küche. Zu Onkel Ljoscha kamen oft Freunde … aus seinem Betrieb … Ich schlief bei ihren Gesprächen ein. Alles wiederholte sich: eine Flasche Wodka auf dem Tisch, Karten. Allerdings waren die Gespräche hier andere.

»… Alles haben sie verkackt … Freiheit … Scheiße, wo ist denn diese Freiheit? Wir fressen Graupen ohne Butter …«

»… Die Jidden … die haben den Zaren umgebracht und Stalin und Andropow … Haben diese Liberastie verbreitet … Man muss die Schrauben anziehen … Wir Russen müssen uns an den Glauben halten …«

»… Jelzin kriecht vor Amerika auf dem Bauch … Wir haben immerhin den Krieg gewonnen …«

»… Wenn du in die Kirche gehst – da bekreuzigen sich zwar alle, aber sie stehen da wie aus Stein …«

»… Bald wird's hier heiß und lustig … Die Liberalisten hängen wir als Erste an den Laternenpfählen auf, für das, was sie uns in den Neunzigern angetan haben … Wir müssen Russland retten …«

Nach ein paar Monaten kam das Baby der Schwiegertochter zur Welt. Für uns war kein Platz mehr.

Wir standen wieder auf der Straße …

… Bahnhof

… Treppenhaus

… Bahnhof

… Treppenhaus …

Auf dem Bahnhof … Die diensthabenden Milizionäre, alte wie junge, waren alle gleich: Entweder marsch raus auf die Straße, und das im Winter, oder ab zu ihnen in die Kammer … Sie hatten da hinter einem Wandschirm eine spezielle Ecke … ein Sofa … Meine Mutter ist mal auf einen Milizionär losgegangen, als er mich dahin zerrte … Sie wurde verprügelt und für ein paar Tage eingesperrt … *(Sie schweigt.)* Ich … das kam … Ich war stark erkältet. Wir überlegten und überlegten … es ging mir immer schlechter … Wir entschieden, dass ich zu Verwandten fahren sollte, während Mama auf dem Bahnhof blieb.

Nach ein paar Tagen rief sie mich an: »Wir müssen uns treffen.« Ich fuhr hin, und sie sagte: »Ich habe hier eine Frau kennengelernt, sie sagt, ich kann bei ihr wohnen. Sie hat genug Platz. Sie hat ein Haus. In Alabino.« »Ich komme mit.« »Nein, du musst erst gesund werden. Dann kannst du nachkommen.« Ich brachte sie zum Zug, sie setzte sich ans Fenster und schaute mich an, als hätte sie mich lange nicht gesehen. Ich hielt es nicht aus und sprang in den Wagen. »Was hast du?« »Mach dir keine Sorgen.« Sie winkte mir und fuhr ab. Am Abend bekam ich einen Anruf: »Sind Sie Julia Borissowna Malikowa?« »Ja.« »Hier ist die Miliz. Sie sind mit Ljudmila Malikowa verwandt?« »Das ist meine Mutter.« »Ihre Mutter wurde von einem Zug überfahren. In Alabino …«

Sie hat immer aufgepasst, wenn ein Zug kam … sie hatte große Angst … Unter einen Zug zu kommen, davor hatte sie am meisten Angst. Sie hat hundertmal nach links und nach rechts geschaut, ob auch kein Zug kommt. Und nun … Nein, das war kein Zufall … kein Unfall … Sie hat sich eine Flasche Wodka gekauft und sie ausgetrunken, gegen die Angst und gegen die Schmerzen, und sich vor den Zug geworfen … Sie war erschöpft … einfach erschöpft … Erschöpft von diesem Leben … »von sich selbst …« Das sind ihre Worte. Hinterher ist mir alles eingefallen, was sie gesagt hat … *(Sie weint.)* Der Zug hat sie lange mitgeschleift … Sie wurde ins Krankenhaus gebracht, hat noch eine Stunde auf der Intensivstation gelegen, konnte aber nicht mehr gerettet werden. So hat man es mir gesagt … Ich sah sie erst wieder, als sie angezogen im Sarg lag. Das war alles sehr schlimm … damals hatte ich Shenka noch nicht … Wäre ich noch klein gewesen, hätte sie mich nicht verlassen. Niemals … dann wäre das nicht passiert … In den letzten Tagen hatte sie oft zu mir gesagt: »Du bist schon groß. Du bist schon fast erwachsen.« Warum war ich erwachsen geworden? *(Sie weint.)* Ich war allein … So lebte ich nun … *(Sie schweigt lange.)* Wenn ich mal ein Kind habe, muss ich glücklich sein … damit es eine glückliche Mama in Erinnerung behält …

Shenka … Shenka hat mich gerettet … Ich habe immer auf ihn gewartet … Im Heim träumten wir: Noch leben wir hier, aber das ist nur vorübergehend, bald werden wir so leben wie alle, wir werden richtige Familien haben, mit Mann und Kindern. Wir werden uns Kuchen kaufen, nicht an Feiertagen, sondern wann wir wollen. Das wünschten wir uns so sehr … Dann wurde ich siebzehn … siebzehn Jahre … Der Direktor rief mich zu sich: »Wir kriegen für dich kein Geld mehr vom Staat.« Und schwieg. Mit siebzehn wurde ich aus dem Heim ins Leben geschickt. Geh! Aber wohin? Ich hatte keine Arbeit, ich hatte nichts. Auch keine Mutter mehr … Ich rief Tante Nadja an. »Wahrscheinlich werde ich zu Ihnen kommen. Sie werfen mich aus dem Heim raus.« Tante Nadja … wenn sie nicht gewesen wäre … mein Schutzengel … Sie war nicht meine richtige Tante, erst jetzt ist sie mir näher als alle Verwandten, und auch ihr Zimmer in der Gemeinschaftswohnung hat sie mir vererbt. Jetzt … ja … Sie hatte mal mit meinem Onkel zusammengelebt, doch der war schon lange tot, und sie waren nicht verheiratet gewesen, nicht offiziell. Aber ich wusste, dass sie in Liebe zusammengelebt hatten. Zu einem solchen Menschen kann man gehen … Wer die Liebe kennengelernt hat, zu dem kann man immer gehen …

Tante Nadja hatte nie Kinder gehabt, sie war ans Alleinleben gewöhnt, wieder mit jemandem zusammenzuleben fiel ihr schwer. Schrecklich! Ihr Zimmer hatte sechzehn Quadratmeter. Ich schlief auf einem Klappbett. Die Nachbarin meckerte natürlich bald. »Sie soll verschwinden.« Sie rief sogar die Miliz. Aber Tante Nadja stellte sich vor mich. »Wo soll sie denn hin?« Etwa nach einem Jahr … da fing Tante Nadja selber an: »Du hast gesagt, du kommst für zwei Monate, aber jetzt wohnst du schon ein Jahr bei mir.« Ich schwieg … und weinte … Auch sie schwieg … und weinte … *(Sie schweigt.)* Es verging noch ein Jahr … Irgendwie gewöhnten sich alle an mich … Ich gab mir Mühe … Auch die Nachbarin gewöhnte sich an mich. Tante Marina ist kein schlechter Mensch, sie hat nur ein schlechtes Leben. Sie hatte zwei Ehemänner, und beide sind am Suff krepiert, wie sie sagt. Sie bekam oft Besuch von ihrem Neffen, wir grüßten uns. Ein hübscher Junge. Und dann … Das war so: Ich saß im Zimmer und las, da kam Tante Marina rein, nahm mich bei der Hand und ging mit mir in die Küche. »Macht euch bekannt: Das ist Julia, und das ist Shenka. Und jetzt ab mit euch beiden, geht spazieren!« Von da an traf ich mich mit Shenka. Wir küssten uns auch, aber es war nichts Ernstes. Er war Kraftfahrer und viel unterwegs. Einmal kam er zurück, und ich war nicht da. Wo ist sie? Was ist los? Das war … Ich hatte schon lange hin und wieder Anfälle gehabt – mal bekam ich keine Luft, mal kippte ich vor Schwäche um … Tante Nadja bestand darauf, dass ich zum Arzt ging, und ich wurde untersucht. Die Diagnose lautete: Multiple Sklerose. Sie wissen natürlich, was das ist … Eine unheilbare Krankheit … Sie kommt vom Kummer, bei mir kommt sie vom Kummer. Meine Mama fehlte mir sehr. Sehr. *(Sie schweigt.)* Nach dieser Diagnose musste ich erst mal ins Krankenhaus. Dort kam Shenka mich regelmäßig besuchen. Jeden Tag. Mal brachte er einen schönen Apfel mit, mal eine Apfelsine … Wie Papa früher … Inzwischen war schon Mai … Eines Tages kam er mit einem Rosenstrauß – meine Güte, so ein Strauß kostete seinen halben Monatslohn. Er hatte seinen besten Anzug an … »Heirate mich.« Ich stockte. »Willst du mich nicht?« Was sollte ich darauf antworten? Lügen kann ich nicht, außerdem wollte ich ihn nicht anlügen. Ich war schon lange in ihn verliebt … »Ich möchte dich gern heiraten, aber du musst die Wahrheit wissen – ich bin krank. Bald werde ich nicht mehr laufen können, dann musst du mich tragen.« Er verstand nichts, war aber traurig. Am nächsten Tag kam er wieder und sagte: »Das macht nichts. Wir schaffen das.« Nach meiner Entlassung aus dem Krankenhaus haben wir geheiratet. Er brachte mich zu seiner Mutter. Seine Mutter ist eine einfache Bäuerin. Sie hat ihr ganzes Leben auf dem Feld gearbeitet. Kein einziges Buch im Haus. Aber ich fühlte mich wohl bei ihnen. Geborgen. Ich erzählte es auch ihr … »Das macht nichts, mein Kind.« Sie umarmte mich. »Wo Liebe ist, da ist auch Gott.« *(Sie schweigt.)*

Jetzt will ich mit aller Macht leben, weil ich jetzt Shenka habe … Ich träume sogar von einem Kind … Die Ärzte sind dagegen, aber ich träume davon … Ich wünsche mir ein richtiges Zuhause. Ich habe erfahren, dass vor kurzem ein Gesetz herausgekommen ist … Nach diesem Gesetz könnte ich unsere Wohnung zurückbekommen. Ich habe einen Antrag gestellt … Man hat mir gesagt, solche wie mich gebe es Tausende, vielen werde geholfen, aber mein Fall sei sehr kompliziert, unsere Wohnung sei schon dreimal weiterverkauft worden. Die Banditen, die uns ausgeplündert haben, liegen längst auf dem Friedhof, sie haben sich gegenseitig erschossen …

Neulich waren wir bei meiner Mutter auf dem Friedhof. Auf dem Grabstein ist ein Foto von ihr, sie sieht aus wie lebendig. Wir haben alles aufgeräumt und gesäubert. Wir standen lange da, ich konnte nicht weggehen, und einen Moment lang schien es mir, als würde sie lächeln … Als wäre sie glücklich … Aber vielleicht kam das auch nur von der Sonne …

VON EINSAMKEIT, DIE FAST AUSSIEHT WIE GLÜCK

Alissa S., Werbemanagerin,
35 Jahre alt

Ich war wegen einer anderen Geschichte nach Petersburg gefahren, kehrte aber mit dieser zurück. Im Zug war ich mit einer Mitreisenden ins Gespräch gekommen …

Meine Freundin hat sich umgebracht … Sie war stark und erfolgreich, hatte viele Verehrer. Und Freunde. Wir waren alle schockiert. Selbstmord – was ist das? Feigheit oder ein starker Schritt? Radikaler Plan, Hilfeschrei oder Selbstaufopferung? Ein Ausweg … eine Falle … eine Strafe … Ich möchte … Ich kann Ihnen erzählen, warum ich das nicht tun werde …

Liebe? Das ziehe ich gar nicht erst in Betracht … Ich habe nichts gegen all dies Schöne, Glänzende und Klingende, aber Sie sind die Erste seit bestimmt zehn Jahren, von der ich dieses Wort höre. Das 21. Jahrhundert – das ist Geld, Sex und rauchende Colts, und da reden Sie von Gefühlen … Alle hatten zum ersten Mal Zugang zu Geld … Ich wollte nicht so schnell wie möglich heiraten und Kinder in die Welt setzen, ich wollte immer Karriere machen, das stand an erster Stelle. Ich schätze mich, meine Zeit und mein Leben. Und wie kommen Sie darauf, dass Männer nach Liebe suchen? Li-iebe … Männer betrachten die Frauen als Wild, als Trophäe, als Opfer und sich selbst als Jäger. Die Regeln haben sich seit Jahrhunderten nicht geändert. Und die Frauen warten auf einen Prinzen – nicht auf einem weißen Pferd, sondern auf einem Geldsack … Einen Prinzen unbestimmten Alters … Es kann ruhig ein »Papotschka« sein … Was ist dabei? Geld regiert die Welt! Aber ich bin kein Opfer, ich bin selber eine Jägerin …

Vor zehn Jahren bin ich nach Moskau gekommen … Ich war besessen, ich war aktiv, ich sagte mir: Ich bin geboren, um glücklich zu sein, Leiden ist was für Schwache, Bescheidenheit ist die Zier der Schwachen. Ich kam aus Rostow … Meine Eltern sind beide Lehrer, mein Vater unterrichtet Chemie, meine Mutter russische Sprache und Literatur. Sie haben als Studenten geheiratet, mein Vater hatte einen einzigen anständigen Anzug, aber einen Haufen Ideen in petto, und das genügte damals, um einem Mädchen den Kopf zu verdrehen. Noch heute reden sie gern davon, dass sie lange mit nur einer Garnitur Bettwäsche, einem Kissen und einem Paar Hausschuhe ausgekommen sind. Sie haben sich nächtelang gegenseitig Pasternak-Gedichte rezitiert. Auswendig! Platz ist in der kleinsten Hütte! »Bis zum ersten Frost«, spottete ich. »Du hast keine Phantasie«, sagte meine Mutter beleidigt. Wir waren eine normale sowjetische Familie: Morgens gab es Buchweizenkascha oder Makkaroni mit Butter, Apfelsinen gab es einmal im Jahr – zu Neujahr. Ich erinnere mich sogar noch, wie die rochen. Nicht heute, sondern damals … sie rochen nach einem anderen, nach einem schönen Leben … Im Sommer fuhren wir ans Schwarze Meer. Als »wilde« Urlauber wohnten wir alle zusammen in einem Zehn-Quadratmeter-Zimmer. Aber auf manches waren wir auch stolz … ja, sehr stolz … Auf die geliebten Bücher, die unterm Ladentisch besorgt wurden, über Beziehungen, und – noch eine Freude! – auf die Premieren-Freikarten (Mutters Freundin arbeitete am Theater). Das Theater! Ein permanentes Gesprächsthema in anständiger Gesellschaft … Heute liest man oft vom »sowjetischen Lager«, vom »kommunistischen Ghetto«. Von einer blutrünstigen Welt. Ich erinnere mich an nichts Schreckliches … Ich erinnere mich, dass sie naiv war, diese Welt, sehr naiv und absurd. Ich wusste immer, dass ich nicht so leben würde! Das wollte ich nicht! Dafür wäre ich fast von der Schule geflogen. Ach! Na ja – geboren in der UdSSR – das ist eine Diagnose … Einmal! Wir hatten Hauswirtschaftsunterricht, die Jungs lernten Autofahren, die Mädchen Buletten braten, und diese blöden Buletten brannten mir immer an. Die Lehrerin, die auch unsere Klassenleiterin war, tadelte mich: »Du kannst überhaupt nichts! Wenn du mal heiratest – wie willst du deinen Mann bekochen?« Ich parierte sofort: »Ich habe nicht vor, Buletten zu braten. Ich werde eine Haushaltshilfe haben.« Das war 1987 … ich war dreizehn … Kapitalismus, eine Haushaltshilfe?! Der Sozialismus herrschte noch ungebrochen! Meine Eltern mussten zum Schuldirektor, und ich wurde auf der Klassenversammlung und im Freundschaftsrat der Schule durch die Mangel gedreht. Sie wollten mich aus der Pionierorganisation ausschließen. Pioniere, Komsomol – das waren ernste Dinge. Ich weinte sogar … Ich habe zwar nie Verse im Kopf gehabt, nur Formeln … keinen einzigen Vers … Aber wenn ich allein zu Hause war, zog ich ein Kleid meiner Mutter und Schuhe von ihr an, setzte mich aufs Sofa und las *Anna Karenina*. Mondäne Bälle, Diener, Achselschnüre … Liebesaffären … Das alles gefiel mir, bis zu dem Moment, da Anna sich unter den Zug wirft: Warum? Sie ist schön, reich … Aus Liebe? Nicht einmal Tolstoi konnte mich überzeugen … Westliche Romane mochte ich lieber, mir gefielen die Luder, die schönen Luder, derentwegen Männer litten und sich erschossen. Denen sie zu Füßen lagen. Mit siebzehn habe ich zum letzten Mal wegen einer unerwiderten Liebe geweint – die ganze Nacht, im Bad, bei aufgedrehtem Wasserhahn. Meine Mutter tröstete mich mit Pasternak-Versen … Ich weiß noch: »Das Frausein ist ein großer Schritt, den Kopf verdrehen – Heldentum.«[1] Ich mag meine Kindheit nicht, auch meine Jugend nicht, ich wartete die ganze Zeit nur, dass sie endlich vorbei waren. Ich nagte am Granit der Wissenschaft und trainierte im Kraftraum. Immer schneller, immer höher, immer stärker! Zu Hause liefen Kassetten mit den Liedern von Okudshawa: »Greift Hände fest in Hände ein, fürs Leben wolln wir uns verbünden! …«[2] Nein! Das war nicht mein Ideal.

Nach Moskau … Moskau! Für mich ist diese Stadt immer eine Art Rivalin, vom ersten Augenblick an weckte sie in mir sportliche Verbissenheit. Meine Stadt! Dieser irrsinnige Rhythmus – toll! Diese Spannweite – genau das Richtige für meine Flügel! Ich hatte zweihundert Dollar in der Tasche – zweihundert »Grüne« und ein paar Rubel. Das war alles! Die verwegenen Neunziger … Meine Eltern bekamen schon lange kein Gehalt mehr. Wir waren arm! Jeden Tag tröstete mein Vater sich und meine Mutter und mich: »Wir müssen uns gedulden. Und warten. Ich vertraue Gaidar.« Leuten wie meinen Eltern war noch nicht bewusst, dass der Kapitalismus angebrochen war. Der russische Kapitalismus ... jung und dickhäutig, der nämliche, der 1917 zugrunde gegangen war ... *(Sie überlegt.)* Ob sie es jetzt verstanden haben? Schwer zu sagen ... Eins ist sicher: Den Kapitalismus haben meine Eltern nicht bestellt. Das steht fest. Das war mein Wunsch, der Wunsch von Leuten wie mir, die nicht länger im Käfig leben wollten. Der Wunsch der Jungen und Starken. Für uns ist der Kapitalismus interessant ... ein Abenteuer, Risiko ... Nicht nur das Geld. Der Herr Dollar! Ich verrate Ihnen mal was ... Mein Geheimnis! Ich lese lieber etwas über den Kapitalismus, den modernen Kapitalismus – nicht die Romane von Dreiser[3] – als über den Gulag, über die sowjetische Mangelwirtschaft und über Spitzel. Oje! Oje! Ach, da habe ich an etwas Heiliges gerührt! Meinen Eltern darf ich davon nichts sagen. Kein Wort. O nein! Mein Vater ist ein sowjetischer Romantiker geblieben. Im August 1991 ... Ein Putsch! Im Fernsehen lief von morgens an *Schwanensee* ... und durch Moskau fuhren Panzer, wie irgendwo in Afrika ... Und mein Vater und noch an die sieben Leute, seine Freunde, die sind sofort nach der Arbeit nach Moskau gefahren. Die Revolution unterstützen! Ich hab vorm Fernseher gesessen ... Ich erinnere mich an Jelzin auf einem Panzer. Das Imperium zerbrach ... Sollte es doch ... Wir warteten auf meinen Vater, als wäre er im Krieg – er kehrte als Held heim! Ich glaube, davon zehrt er noch heute. Jetzt, etliche Jahre später, weiß ich, dass das für ihn das wichtigste Ereignis in seinem Leben war. Wie für unseren Großvater ... Der erzählte sein Leben lang davon, wie sie vor Stalingrad die Deutschen geschlagen haben. Nach dem Imperium wurde Vaters Leben öde und langweilig, er hat nichts mehr, wofür er lebt. Die meisten sind enttäuscht ... Seine Generation ... Sie haben das Gefühl einer doppelten Niederlage: Die kommunistische Idee selbst hat Schiffbruch erlitten, und das, was danach kam, verstehen sie auch nicht und akzeptieren es nicht. Sie wollten etwas anderes, wenn schon Kapitalismus, dann mit menschlichem Antlitz und mit charmantem Lächeln. Das ist nicht ihre Welt. Eine fremde Welt. Aber es ist meine Welt! Meine! Ich bin glücklich, dass ich Sowjetmenschen nur noch am 9. Mai sehe ... *(Sie schweigt.)*

Ich bin per Anhalter nach Moskau gefahren – das ist billiger, und je länger ich aus dem Fenster schaute, desto grimmiger wurde ich, ich wusste schon, dass ich aus Moskau nicht mehr heimkehren würde. Um nichts auf der Welt! Der Straßenrand rechts und links war ein einziger Basar … Die Leute verkauften Teeservice, Nägel, Puppen – sie bekamen ihren Lohn in Waren ausgezahlt. Man konnte Bügeleisen und Pfannen gegen Wurst tauschen (die Fleischkombinate zahlten in Wurst), in Konfekt oder Zucker. An einer Bushaltestelle saß eine dicke Matrone, die sich Spielzeug um den Leib gewickelt hatte wie Patronengürtel. Der reinste Trickfilm! In Moskau regnete es in Strömen, aber ich ging trotzdem auf den Roten Platz, um die Kuppel der Basiliuskathedrale zu sehen und die Kremlmauer – diese Größe, diese Wucht, und ich war hier! Mitten im Herzen! Ich humpelte, vor der Abreise hatte ich mir im Fitnesscenter einen kleinen Zeh gebrochen, aber ich trug hohe Absätze und mein bestes Kleid. Schicksal, das ist natürlich Glück, Zufall, aber ich habe ein gutes Gespür, und ich weiß, was ich will. Das Universum schenkt keinem etwas einfach so … umsonst … Da hast du! Und du! Man muss etwas sehr wollen. Und ich wollte! Meine Mutter brachte mir immer selbstgebackene Piroggen mit und erzählte von den Kundgebungen der Demokraten, zu denen sie und Vater gingen. Und auf Marken gab es im Monat pro Person zwei Kilo Grieß, Buchweizen oder Reis, ein Kilo Fleisch und zweihundert Gramm Butter. Endloses Schlangestehen und Nummern auf dem Handrücken. Ich mag das Wort »Sowok« nicht!! Meine Eltern sind keine Sowki, sie sind Romantiker! Vorschulkinder im normalen Leben. Ich verstehe sie nicht, aber ich liebe sie! Ich bin meinen Weg allein gegangen … ganz allein … das war kein Zuckerschlecken … Und ich habe allen Grund, mich zu lieben! Ohne Nachhilfelehrer, ohne Geld und ohne Protektion habe ich die Aufnahmeprüfung an der Moskauer Uni bestanden. Für die Journalistik-Fakultät … Im ersten Studienjahr verliebte sich ein Kommilitone in mich und fragte: »Bist du auch verliebt?« Ich antwortete: »Ich bin in mich selbst verliebt.« Ich habe alles ganz allein erreicht. Allein! Die Kommilitonen fand ich öde, die Vorlesungen langweilig. Wir wurden von sowjetischen Dozenten nach sowjetischen Lehrbüchern unterrichtet. Dabei war das ganze Leben ringsum schon vollkommen unsowjetisch – exotisch und verrückt! Es gab die ersten gebrauchten ausländischen Autos – toll! Der erste McDonald's in Moskau … Polnische Kosmetik … und das gruselige Gerücht, dass sie für Tote sei … Die erste Werbung im Fernsehen – für türkischen Tee. Früher war alles grau gewesen, nun gab es bunte Farben und grelle Reklame. Man wollte alles haben! Man konnte alles bekommen! Man konnte werden, was man wollte: Broker, Killer, Schwuler … Die Neunziger … das waren für mich segensreiche Jahre … unvergessliche Jahre … Die Zeit der Laborchefs, der Banditen und Abenteurer! Sowjetisch waren nur noch die Dinge, die Menschen aber hatten schon ein anderes Programm im Kopf … Wenn du dich anstrengst und auf die Tube drückst, kriegst du alles. Lenin? Stalin? Das war vorbei, und vor dir lag ein tolles Leben: die ganze Welt sehen, in einer schönen Wohnung wohnen, ein schickes Auto fahren, Elefantenfilet essen … Russland gingen die Augen über … Auf der Straße und unter Leuten lernte man schneller, darum wechselte ich zum Fernstudium. Ich fand Arbeit bei einer Zeitung. Ich genoss das Leben – vom frühen Morgen an.

Ich schaute hinauf … auf die hohe Treppe des Lebens … Ich träumte nicht davon, in einem Hauseingang oder einer Sauna gevögelt und dafür in teure Restaurants ausgeführt zu werden. Ich hatte viele Verehrer … Gleichaltrige beachtete ich gar nicht, mit denen konnte ich befreundet sein, in die Bibliothek gehen. Das war harmlos und nicht ernst. Mir gefielen ältere, erfolgreiche Männer, die ihren Weg gemacht hatten. Ihre Gesellschaft war interessant, amüsant und nützlich. Aber ich … *(Sie lacht.)* Ich galt lange als Mädchen aus guter Familie, aus einem Haus, in dem es viele Bücher gab, in dem das Wichtigste der Bücherschrank war, und deshalb interessierten sich vor allem Schriftsteller und Künstler für mich. Verkannte Genies. Aber ich hatte nicht die Absicht, mein Leben einem Genie zu widmen, das erst nach seinem Tod anerkannt und von späteren Generationen verehrt werden würde. Und dann diese Gespräche, die ich schon zu Hause sattgehabt hatte: über den Kommunismus, über den Sinn des Lebens, über das Glück für andere … über Solschenizyn und Sacharow … Nein, das waren nicht meine Helden, das waren die Helden meiner Mutter. Die Menschen, die lasen und vom Fliegen träumten wie Tschechows Möwe, waren abgelöst worden von anderen, die nicht lasen, aber fliegen konnten. Was früher als absolutes Muss galt, war nun wertlos: der Samisdat, die heimlichen Küchengespräche. Was für eine Schande – unsere Panzer waren in Prag! Ja und, sie waren auch schon in Moskau! Wen regte das noch auf? Statt Samisdat-Versen – ein Brillantring, teure Markenkleidung … Eine Revolution der Wünsche! Der Bedürfnisse! Mir gefielen … ich mag Beamte und Geschäftsleute … Mir imponierte ihr Vokabular: Offshore, Rücklauf, Tauschhandel. Netzwerk-Marketing, kreative Methoden … Auf den Redaktionssitzungen sagte der Chefredakteur: »Wir brauchen Kapitalisten. Wir wollen Jelzin und der Regierung Gaidar helfen, Kapitalisten zu kreieren. Sofort!« Ich war jung … und hübsch … Ich wurde zu diesen Kapitalisten geschickt, um sie zu interviewen: Wie sind Sie reich geworden? Wie haben Sie Ihre erste Million verdient? Sind aus sozialistischen Menschen kapitalistische geworden? Das alles sollte beschrieben werden … Besonders die Million beschäftigte die Phantasie. Eine Million verdienen! Wir waren daran gewöhnt, dass der Russe angeblich nicht reich werden wollte, sogar Angst davor hatte. Was wollte er dann? Er wollte immer nur eines: dass ein anderer nicht reich wurde. Reicher als er selbst. Rote Sakkos, Goldketten … Das sind Klischees aus Filmen … aus Fernsehserien … Die Leute, denen ich begegnete, waren anders: eiserne Logik und eisernes Zupacken. Systematisches Denken. Alle lernten Englisch. Management. Professoren und Doktoranden verließen das Land … Physiker und Lyriker … Aber diese … die neuen Helden … sie wollten nicht ausreisen, ihnen gefiel es in Russland. Das war ihre Stunde! Ihre Chance! Sie wollten reich sein, sie wollten alles. Alles!

Und da habe ich ihn kennengelernt … Ich glaube, ich habe diesen Mann geliebt. Klingt wie eine Offenbarung … Ja? Er war zwanzig Jahre älter als ich, verheiratet, hatte zwei Söhne. Und eine eifersüchtige Frau. Ein Leben wie unterm Mikroskop … Aber wir waren verrückt nacheinander, das war so ein Drang, so eine Sucht, dass er mir gestand: Um bei der Arbeit nicht loszuheulen, nehme er zwei Tabletten Oxazepam. Auch ich machte verrückte Dinge, bloß Fallschirmspringen hätte noch gefehlt. Das alles war … so etwas gibt es … die Blumen-und-Pralinen-Phase … Da spielt es noch keine Rolle, wer wen betrügt, wer wen jagt und wer was will. Ich war noch sehr jung, zweiundzwanzig … Ich war verliebt … verliebt … Jetzt weiß ich, dass die Liebe eine Art Geschäft ist, bei dem jeder ein Risiko eingeht. Bei dem man immer auf neue Kombinationen gefasst sein muss … Immer! Heutzutage vergeht kaum noch jemand vor Liebe. Alle Kraft für den Sprung! Für die Karriere! Wenn die jungen Mädchen bei uns im Raucherzimmer über eine reden, die sich ernsthaft verliebt hat, bedauern sie sie: Das Dummchen – hat sich verknallt. *(Sie lacht.)* Ein Dummchen! Ich war so ein glückliches Dummchen! Er schickte seinen Chauffeur weg, hielt ein Auto an, und wir fuhren in einem nach Benzin riechenden Moskwitsch durch die nächtliche Stadt. Und küssten uns endlos. »Ich danke dir«, sagte er, »du hast mich hundert Jahre zurückversetzt.« Flashbacks … Flashbacks … Mich verblüffte seine Energie … seine Entschlossenheit … Am Abend ruft er an: »Morgen früh fliegen wir nach Paris.« Oder: »Wir machen einen Kurztrip auf die Kanaren. Ich habe drei Tage.« Wir flogen Businessclass, wohnten im teuersten Hotel – ein Fußboden aus Glas, darunter schwammen echte Fische. Ein lebender Hai! Aber was ich nie vergessen werde … mein ganzes Leben nicht … das ist der nach Benzin riechende Moskwitsch auf den Moskauer Straßen. Und … wie wir uns küssten … wie wahnsinnig … er holte mir einen Regenbogen aus einem Springbrunnen … Ich war verliebt … *(Sie schweigt.)* Und er – er gönnte sich ein Fest. Für sich selbst … für sich … ja! Vielleicht werde ich ihn verstehen, wenn ich vierzig bin … irgendwann werde ich ihn verstehen … Er mochte zum Beispiel keine Uhren, die gingen, nur welche, die stehen geblieben waren. Er hatte sein eigenes Verhältnis zur Zeit … Tja-a-a! Ja-a-a … Ich liebe Katzen über alles. Ich liebe sie, weil sie nie weinen, niemand hat je die Tränen einer Katze gesehen. Wer mich auf der Straße sieht, denkt – die ist reich und glücklich! Ich habe alles: ein großes Haus, ein teures Auto, italienische Möbel. Und eine Tochter, für die ich schwärme. Ich habe eine Haushaltshilfe, ich brate nie selbst Buletten und wasche keine Wäsche, ich kann mir alles kaufen, was ich will … Berge von Schmuck … Aber ich lebe allein.

Und ich will allein leben! Ich fühle mich mit niemandem so wohl wie mit mir selbst ... ich rede am liebsten mit mir selbst ... vor allem über mich selbst ... Eine wunderbare Gesellschaft! Was ich denke ... fühle ... Wie habe ich etwas gestern gesehen, und wie sehe ich es heute? Früher mochte ich Blau, heute mag ich Lila ... In jedem von uns geht so viel vor. Innen drin. In einem selbst. Das ist ein ganzer Kosmos. Aber wir beachten das kaum. Alle sind mit Äußerlichkeiten beschäftigt, mit Oberflächlichem ... *(Sie lacht.)* Einsamkeit – das ist Freiheit ... Ich freue mich jeden Tag, dass ich frei bin: Ruft er an – ruft er nicht an, kommt er – kommt er nicht? Verlässt er mich – oder nicht? Nein danke! Das sind nicht meine Probleme! Nein, nein ... ich habe keine Angst vor der Einsamkeit ... Ich habe Angst ... wovor habe ich Angst? Vorm Zahnarzt habe ich Angst ... *(Überraschend bricht es aus ihr heraus.)* Die Leute lügen, immer, wenn sie von der Liebe reden ... und von Geld ... sie lügen immer, auf verschiedene Weise. Ich habe keine Lust zu lügen ... Nein, keine Lust! *(Sie beruhigt sich wieder.)* Entschuldigen Sie ... Tja, entschuldigen Sie ... Ich habe lange nicht mehr daran gedacht ...

Die Geschichte? Die ewig gleiche Geschichte ... Ich wollte ein Kind von ihm, ich wurde schwanger. Vielleicht hat ihn das erschreckt? Männer sind Feiglinge! Ob Bettler oder Oligarch – alle ohne Unterschied. Sie ziehen in den Krieg, machen Revolution, aber in der Liebe sind sie Verräter. Eine Frau ist stärker: »Sie zügelt ein rasendes Pferd, dringt ein in die Hütte gelassen, an der schon das Feuer zehrt.«[4] Und wie es das Genre so will: »Doch die Pferde rennen und rennen, und die Hütten brennen und brennen.«[5] »Ein Mann ist nie älter als vierzehn« – diesen klugen Satz hat meine Mutter mir mitgegeben. Ich weiß noch, dass ... es war so ... Ich überbrachte ihm die Neuigkeit vor einer Dienstreise, ich musste in den Donbass. Ich mochte Dienstreisen, ich mochte den Geruch der Bahnhöfe und Flughäfen. Und es war interessant, ihm nach meiner Rückkehr alles zu erzählen und alles mit ihm zu bereden. Heute weiß ich, dass er mir nicht nur eine neue Welt eröffnet hat, mich in Erstaunen versetzt, in umwerfende Boutiquen geführt und mir Geschenke gemacht hat – er hat mich außerdem denken gelehrt. Nicht, dass er das als seine Aufgabe gesehen hätte, das hat sich ganz von selbst ergeben. Ich schaute ihn an und hörte ihm zu. Selbst als ich daran dachte, mit ihm zusammenzuleben, hatte ich nicht vor, mich hinter einem breiten Rücken zu verschanzen und ein sorgloses und glamouröses Leben zu führen. Zu vergammeln. Ich hatte meinen eigenen Lebensplan. Ich liebte meine Arbeit und machte Karriere. Ich reiste viel … Und diesmal … Ich flog in eine Bergarbeitersiedlung – eine schlimme Geschichte, aber sozusagen typisch für jene Zeit: Die besten Bergarbeiter hatten zum Feiertag als Auszeichnung Kassettenrecorder bekommen, und in der Nacht wurde eine ganze Familie abgeschlachtet. Gestohlen wurde nur der Recorder. Ein Panasonic. Eine Plastikkiste! In Moskau gab es schicke Autos und Supermärkte, und jenseits des Stadtrings war schon ein Kassettengerät ein Wunder. Die lokalen »Kapitalisten«, von denen mein Redakteur immer träumte, liefen nur in Begleitung von Männern mit MPs herum. Selbst aufs Klo gingen sie nur mit einem Leibwächter. Aber wo man hinspuckte, war ein Kasino. Und auch schon mal ein privates Restaurant. Die gleichen neunziger Jahre … Ja … diese Jahre … Drei Tage war ich auf Dienstreise. Als ich zurückkam … trafen wir uns … Erst freute er sich – wir werden … wir bekommen ein Kind! Er hatte zwei Jungen und wünschte sich ein Mädchen. Aber Worte … Worte … die bedeuten noch nichts, hinter Worten kann man sich verstecken, mit Worten kann man sich schützen. Die Augen! Seine Augen … In seinen Augen stand Angst: vor der Notwendigkeit, sich zu entscheiden, sein Leben zu verändern. Und da … da gab es eine Stockung … Eine Störung. A-a-ach! Es gibt Männer, die verlassen ihre Frau sofort, packen ihre noch feuchten Socken und Hemden in einen Koffer und gehen … Und dann gibt es solche wie ihn … Bla-bla-bla … »Was möchtest du denn? Sag, was soll ich tun?«, fragte er mich. »Ein Wort von dir – und ich lasse mich scheiden. Du musst es nur sagen.« Ich habe ihn angeschaut …

Ich schaute ihn an, und meine Fingerspitzen wurden kalt, ich begann zu begreifen, dass ich mit ihm nicht glücklich werden würde. Ich war jung und dumm … Heute würde ich ihn in die Enge treiben wie einen gejagten Wolf; ich kann ein Raubtier sein, eine Pantherin. Mit Stahltrossen! Damals litt ich nur. Leiden ist ein Tanz – Gesten,

Weinen und Unterwerfung. Wie im Ballett ... Aber es gibt ein Geheimnis, ein simples Geheimnis – unglücklich zu sein ist peinlich ... demütigend ... Ich lag wieder einmal im Krankenhaus, um das Kind nicht zu verlieren. Ich rief ihn am Morgen an, er solle mich abholen, ich würde zum Mittag entlassen, doch er antwortete mit verschlafener Stimme: »Ich kann nicht. Heute kann ich nicht.« Und meldete sich nicht wieder. An diesem Tag flog er mit seinen Söhnen nach Italien zum Skilaufen. Das war am 31. Dezember ... Am nächsten Tag war Neujahr. Ich rief ein Taxi ... Die Stadt versank im Schnee, ich lief durch Schneewehen und hielt mir den Bauch. Ganz allein. Nein, das stimmt nicht! Wir waren schon zu zweit. Ich und meine Tochter ... mein Töchterchen ... Meine Tochter! Die ich abgöttisch liebe! Ich liebte sie schon damals mehr als alles auf der Welt! Habe ich ihn geliebt? Wie im Märchen: Sie lebten lange und glücklich und starben am selben Tag. Ich litt, aber ich starb nicht. »Ich kann ohne ihn nicht leben. Ohne ihn muss ich sterben.« Wahrscheinlich habe ich noch keinen solchen Mann getroffen ... um so etwas zu sagen ... Doch! Doch, doch, doch! Aber ich habe gelernt zu verlieren, ich habe keine Angst vorm Verlieren ... *(Sie schaut aus dem Fenster.)* Ich habe seitdem keine großen Beziehungen mehr ... Nur kleine Affären ... Ich habe schnell Sex, aber das ist nicht dasselbe, das ist etwas anderes. Ich mag den Geruch nach Mann, nicht den Geruch der Liebe, sondern den Geruch nach Mann. Im Bad rieche ich immer, dass ein Mann darin war ... selbst wenn er das teuerste Parfüm benutzt und teure Zigaretten raucht ... Ich schaudere bei dem Gedanken, was man alles leisten muss, wenn man jemanden ständig um sich haben will. Man muss ackern wie im Steinbruch! Nicht an sich selbst denken, auf sich selbst verzichten, sich von sich selbst lösen. In der Liebe gibt es keine Freiheit. Selbst wenn man sein Ideal findet, benutzt er das falsche Parfüm, liebt gebratenes Fleisch und lacht über deine Salate und lässt seine Socken und Hosen überall liegen. Und immer muss man leiden. Leiden?! Aus Liebe ... für dieses Arrangement ... Ich will mir diese Mühe nicht mehr machen, ich verlasse mich lieber auf mich selbst. Männer habe ich lieber als Freunde oder Geschäftspartner. Sogar zum Flirten habe ich selten Lust, ich bin zu faul, in diese Maske zu schlüpfen, dieses Spiel mitzumachen. Spa-Salon, French Manicure, künstliche Haarverlängerung, Make-up. Kriegsbemalung … Mein Gott! Mein Gott! Mädchen aus der hintersten Provinz … aus ganz Russland kommen nach Moskau! Nach Moskau! Dort warten reiche Prinzen auf sie! Sie träumen davon, vom Aschenputtel zur Prinzessin zu werden. Warten auf ein Märchen! Auf ein Wunder! Ich habe das durch … das habe ich hinter mir … Ich verstehe die Aschenputtel, aber sie tun mir leid. Es gibt kein Paradies ohne die Hölle. Das reine Paradies … das gibt es nicht … Aber das wissen sie noch nicht … in ihrer Ahnungslosigkeit …

Sieben Jahre ist unsere Trennung jetzt her … Er ruft mich manchmal an, meist nachts. Es geht ihm schlecht, er hat viel Geld verloren … er sagt, er sei unglücklich … Er hatte ein junges Mädchen, jetzt hat er wieder ein neues. Er will sich mit mir treffen … Wozu? *(Sie schweigt.)* Lange hat er mir gefehlt, ich habe das Licht ausgemacht und stundenlang im Dunkeln gesessen. Habe jedes Zeitgefühl verloren … *(Sie schweigt.)* Dann … dann hatte ich nur noch kleine Affären … Aber ich … Ich könnte mich nie in einen Mann ohne Geld verlieben, in einen aus einem Schlafbezirk. Aus einem Plattenbaughetto, aus Harlem. Ich hasse alle, die in Armut aufgewachsen sind, mit ihrer Armenmentalität – Geld bedeutet ihnen so viel, dass man ihnen nicht vertrauen kann. Ich mag keine Armen, Erniedrigten und Beleidigten. All diese Baschmatschkins[6] und Opiskins[7] … diese Helden der großen russischen Literatur … Ich vertraue ihnen nicht! Was? Irgendetwas stimmt mit mir nicht … passt nicht ins Bild? Warten Sie … Niemand weiß, wie diese Welt beschaffen ist … Ein Mann gefällt mir nicht seines Geldes wegen, nicht nur deswegen. Mir gefällt der erfolgreiche Mann an sich: Wie er geht, wie er Auto fährt, wie er redet, wie er flirtet – das alles ist bei ihm anders. Alles! Solche suche ich mir aus … Wegen dieser Dinge … *(Sie schweigt.)* Er ruft an … er ist nicht glücklich … Gibt es denn noch irgendwas, das er nicht gesehen hat und sich nicht kaufen kann? Er … und seine Freunde … Geld haben sie schon verdient! Viel Geld. Irre viel! Aber für all ihr Geld können sie sich kein Glück kaufen, keine Liebe. Liebe-Triebe. Ein armer Student hat sie, doch sie haben sie nicht. Was für eine Ungerechtigkeit! Dabei denken sie, sie könnten alles: Sie fliegen mit ihren Privatjets zu einem Fußballspiel oder zu einer Musical-Premiere nach New York. Können sich alles leisten! Sich das schönste junge Model ins Bett holen oder ein ganzes Flugzeug voller Models nach Courchevel bringen! Wir haben alle in der Schule Gorki gelesen, wir wissen, wie ein Kaufmannsgelage aussieht: Spiegel zertrümmern, mit der Visage in schwarzen Kaviar fallen … Mädchen in Champagner baden … Aber das alles ist öde – sie langweilen sich! Moskauer Touristikfirmen bieten solchen Kunden ganz besondere Vergnügungen an. Zum Beispiel zwei Tage im Gefängnis. In der Werbung heißt es: »Möchten Sie zwei Tage lang Chodorkowski sein?« Sie werden mit einem vergitterten Milizauto nach Wladimir gebracht, in das schlimmste Gefängnis, das Zentralgefängnis Wladimir, dort in einen Häftlingsanzug gesteckt, mit Hunden über den Hof gehetzt und mit Gummiknüppeln geprügelt. Mit echten! Dann stopft man sie dicht an dicht wie die Heringe in eine schmutzige, stinkende Zelle mit Klokübel. Aber sie sind glücklich. Neue Empfindungen! Oder man kann für zwei- bis fünftausend Dollar obdachlos spielen: Die Kunden werden umgezogen, geschminkt und in Moskauer Straßen ausgesetzt, wo sie dann betteln. Allerdings stehen gleich um die Ecke Leibwächter – ihre eigenen und die von der Firma. Es gibt auch noch krassere Angebote, für die ganze Familie: Die Frau ist Prostituierte, der Mann ihr Zuhälter. Ich kenne eine Geschichte … Einmal hatte die unscheinbare, ziemlich sowjetisch aussehende Frau eines stinkreichen Moskauer Konditors an einem Abend die meisten Freier. Und ihr Mann war glücklich! Und dann gibt es noch Vergnügungen, die man in keiner offiziellen Werbung findet … Die sind streng geheim … Man kann nachts Jagd auf einen lebendigen Menschen machen. Ein unglückseliger Obdachloser kriegt tausend Dollar in die Hand gedrückt – hier, die gehören dir! So viel Geld auf einem Haufen hast du noch nie gesehen! Aber dafür musst du das Wild spielen. Schaffst du es, hast du Glück, wirst du erschossen – dein Pech. Alles ganz fair! Man kann auch ein minderjähriges Mädchen für eine Nacht bekommen … Und seiner Phantasie freien Lauf lassen, seinem Unterleib, und zwar so, wie es sich nicht einmal Marquis de Sade träumen ließ! Blut, Tränen und Sperma! Das nennt sich Glück … Glück auf Russisch – zwei Tage im Gefängnis, um dann rauszukommen und sich bewusst zu sein, wie gut es einem geht. Wie wunderbar! Sich nicht nur ein Auto, ein Haus, eine Jacht und einen Abgeordnetensitz kaufen … sondern auch ein Menschenleben … Einmal Gott sein oder wenigstens ein kleiner Gott … ein Übermensch! Tja … Und sie alle! Sie alle sind in der UdSSR geboren, sie alle stammen noch von dort. Haben die gleiche Diagnose. Aber diese Welt … Diese Welt war so naiv … sie träumten davon, einen besseren Menschen zu schaffen … Sie wollten »die Menschheit mit eiserner Hand ins Glück zwingen«[8] … Ins irdische Paradies.

Ich hatte kürzlich ein Gespräch mit meiner Mutter … Sie will weg aus der Schule: »Ich suche mir eine Arbeit als Garderobenfrau. Oder als Pförtnerin.« Sie erzählt ihren Schülern von Solschenizyn … von Helden und Gerechten … Ihre Augen glänzen, doch die der Kinder nicht. Früher haben die Augen der Schüler bei ihren Worten geglänzt, aber die heutigen Kinder sagen zu ihr: »Wir finden es ja ganz interessant, wie ihr früher gelebt habt, aber wir möchten nicht so leben. Wir träumen nicht von Heldentaten, wir wollen normal leben.« Oder sie behandeln Gogols *Tote Seelen* – die Geschichte eines Schurken … So haben wir es in der Schule gelernt … Aber heute, da sitzen andere Kinder im Klassenzimmer: »Wieso ist er ein Schurke? Tschitschikow[9] hat genau wie Mawrodi[10] aus nichts eine Pyramide gebaut. Eine tolle Geschäftsidee.« Tschitschikow ist für sie ein positiver Held … *(Sie schweigt.)* Meine Tochter lasse ich nicht von meiner Mutter erziehen … Das werde ich verhindern. Wenn es nach ihr ginge, dürfte ein Kind nur sowjetische Zeichentrickfilme sehen, weil die »menschlich« seien. Aber nachdem es so einen Trickfilm geschaut hat, geht es hinaus auf die Straße. In eine völlig andere Welt. »Wie gut, dass ich schon so alt bin«, sagt meine Mutter. »Ich kann zu Hause sitzen. In meiner Burg.« Früher wollte sie immer jung sein: Sie machte sich Gesichtsmasken aus Tomatensaft, spülte ihre Haare mit Kamille …

Als ich jung war, habe ich mein Schicksal gern verändert, es herausgefordert. Jetzt nicht mehr, es reicht. Ich habe eine heranwachsende

Tochter, ich denke an ihre Zukunft. Und das heißt – Geld! Ich möchte es selbst verdienen. Ich will niemanden darum bitten, von niemandem etwas nehmen. Das will ich nicht! Ich habe von der Zeitung zu einer Werbeagentur gewechselt – die zahlen mehr. Gutes Geld. Die Menschen wollen schön leben, das ist das Wesentliche, was heute mit uns geschieht. Und das beschäftigt alle. Schalten Sie nur den Fernseher ein: Auf Kundgebungen versammeln sich zwei-, dreitausend Leute, aber schöne italienische Sanitärtechnik kaufen Millionen. Wen man auch fragt – alle renovieren ihre Wohnung oder ihr Haus. Und reisen. Das hat es in Russland noch nie gegeben. Wir bewerben nicht nur Waren, sondern auch Bedürfnisse. Wir schaffen neue Bedürfnisse – wie ein schönes Leben aussehen kann! Wir lenken die Zeit … Werbung ist der Spiegel der russischen Revolution … Mein Leben ist prall gefüllt. Heiraten will ich nicht … Ich habe Freunde, alles reiche Leute. Einer ist mit Öl reich geworden, ein anderer mit Kunstdünger … Wir treffen uns und reden. Immer in einem teuren Restaurant: Marmorfoyer, antike Möbel, teure Bilder an den Wänden … Portiers mit dem Gebaren russischer Gutsbesitzer … Ich bin gern in einer schönen Umgebung. Mein Freund lebt auch allein und will nicht heiraten, ihm gefällt es allein in seinem dreigeschossigen Haus: »Die Nacht zu zweit verbringen, aber allein leben.« Tagsüber hat er den Kopf voll mit den Londoner Börsennotierungen für Buntmetall. Kupfer, Blei, Nickel … Er hat drei Mobiltelefone, alle dreißig Sekunden klingelt es. Er arbeitet dreizehn bis fünfzehn Stunden am Tag. Ohne freie Tage und Urlaub. Glück? Was ist Glück? Die Welt hat sich verändert … Heute sind Alleinstehende erfolgreiche, glückliche Menschen, keine Schwachen und Verlierer. Sie haben alles: Geld, Karriere. Einsamkeit ist eine Entscheidung. Ich möchte unterwegs sein. Ich bin eine Jägerin, kein demütiges Wild. Ich entscheide selbst. Einsamkeit ist fast wie Glück … Klingt wie eine Offenbarung … Ja? *(Sie schweigt.)* Ich wollte das alles gar nicht so sehr Ihnen, ich wollte es vor allem mir selbst erzählen …

VOM WUNSCH, SIE ALLE ZU TÖTEN, UND DEM ENTSETZEN DARÜBER, DAS GEWOLLT ZU HABEN

Xenija Solotowa, Studentin, 22 Jahre

Zu unserem ersten Treffen kam ihre Mutter. Sie gestand: »Xjuscha wollte nicht mitkommen. Sie wollte auch mich abhalten. ›Mama, wen interessieren wir schon? Sie wollen nur unsere Gefühle, unsere Worte, wir selbst interessieren sie nicht, denn sie haben das nicht erlebt.‹« Sie war sehr erregt, stand immer wieder auf und wollte gehen: »Ich versuche, nicht daran zu denken. Es tut weh, das noch einmal durchzumachen.« Dann erzählte sie wieder, es brach aus ihr heraus, aber meist schwieg sie. Wie konnte ich sie trösten? Einerseits bitte ich sie: »Regen Sie sich nicht auf. Beruhigen Sie sich«, andererseits will ich, dass sie sich an diesen schrecklichen Tag erinnert: den 6. Februar 2004 – den Terroranschlag in der Moskauer Metro zwischen den Stationen Awtosawodskaja und Pawelezkaja auf der Samoskworezkaja-Linie. Durch die Explosion wurden 39 Menschen getötet, 122 kamen verletzt ins Krankenhaus.

Immer wieder durchmesse ich die Kreise des Schmerzes. Ich komme nicht heraus. Im Schmerz ist alles enthalten – Finsternis und Triumph, manchmal glaube ich, dass der Schmerz eine Brücke zwischen den Menschen ist, eine verborgene Verbindung, dann wieder verzweifle ich und denke: Es ist ein Abgrund.

Von dieser zweistündigen Begegnung zeugen nur ein paar Absätze in meinen Notizen:

Opfer zu sein, das ist so demütigend … Einfach beschämend. Ich möchte überhaupt mit niemandem darüber reden, ich will sein wie alle, aber es geht nicht – ich bin immer allein. Überall kann ich plötzlich in Tränen ausbrechen. Es kommt vor, dass ich durch die Stadt laufe und weine. Ein unbekannter Mann hat einmal zu mir gesagt: »Warum weinst du? Du bist so schön und weinst.« Erstens hat die Schönheit mir im Leben noch nie genützt, und zweitens empfinde ich diese Schönheit als Verrat, sie entspricht ganz und gar nicht meinem Inneren …

Wir haben zwei Töchter – Xjuscha und Dascha. Wir haben immer bescheiden gelebt, sind aber oft in Museen und ins Theater gegangen und haben viel gelesen. Als die Mädchen noch klein waren, hat sich ihr Papa Märchen für sie ausgedacht. Wir wollten sie vor dem rauen Leben beschützen. Ich dachte, die Kunst würde sie beschützen … Aber sie hat sie nicht beschützt …

In unserem Haus wohnt eine alleinstehende alte Frau, die geht in die Kirche. Einmal hielt sie mich an, ich dachte, sie wollte mir ihr Mitgefühl ausdrücken, aber sie sagte böse: »Denken Sie mal darüber nach, warum Ihnen das widerfahren ist. Ihren Kindern.« Warum … wieso hat sie das zu mir gesagt? Sie hat es dann bestimmt bereut, denke ich, hinterher hat sie es bestimmt bereut … Ich habe nie jemanden betrogen, nie jemanden verraten. Ich hatte nur zwei Abtreibungen, das sind meine beiden Sünden … *(Sie schweigt.)* Auf der Straße gebe ich oft Bettlern etwas, wenn auch wenig, so viel ich eben kann. Im Winter füttere ich die Vögel …«

Beim nächsten Mal kamen sie zu zweit – Mutter und Tochter.

Die Mutter
Vielleicht sind sie ja für irgendwen Helden? Sie haben eine Idee, sie sind glücklich, wenn sie sterben, sie denken, sie kommen ins Paradies. Sie haben keine Angst vor dem Tod. Ich weiß nichts über sie: »Ein Phantombild des mutmaßlichen Terroristen …«, das ist alles. Für sie sind wir Zielscheiben, keiner hat ihnen erklärt, dass meine Tochter keine Zielscheibe ist, dass sie eine Mutter hat, die ohne sie nicht leben kann, und einen Jungen, der in sie verliebt ist. Wie kann man einen Menschen töten, der geliebt wird? Ich finde, das ist ein doppeltes

Verbrechen. Geht in den Krieg, in die Berge, schießt dort aufeinander, aber warum schießt ihr auf mich? Auf meine Tochter? Wir werden mitten im friedlichen Leben getötet … *(Sie schweigt.)* Ich habe jetzt Angst vor mir selbst, vor meinen Gedanken. Manchmal möchte ich sie alle töten, und dann bin ich entsetzt, dass ich das wollte.

Früher einmal liebte ich die Moskauer Metro. Die schönste Metro der Welt! Ein richtiges Museum! *(Sie schweigt.)* Nach dem Anschlag … Ich habe gesehen, dass Menschen sich bei den Händen nahmen, wenn sie zur Metro hinunterstiegen. Die Angst ließ lange nicht nach … Wir hatten Angst, in die Stadt zu gehen, bei mir stieg sofort der Blutdruck an. In der Metro hielten wir Ausschau nach verdächtigen Fahrgästen. Auf der Arbeitsstelle sprachen wir über nichts anderes. Was ist nur mit uns los, mein Gott? Ich stehe auf dem Bahnsteig, neben mir eine junge Frau mit einem Kinderwagen, sie hat schwarze Haare und schwarze Augen – keine Russin. Ich weiß nicht, was sie ist – Tschetschenin, Ossetin? Was? Ich habe es nicht ausgehalten und in den Kinderwagen geschaut: Liegt da wirklich ein Kind drin? Oder vielleicht etwas anderes? Ich war verunsichert, weil ich mit ihr im selben Wagen fahren sollte. Nein, dachte ich, soll sie erst wegfahren, ich warte auf den nächsten Zug. Ein Mann trat zu mir: »Warum haben Sie in den Kinderwagen geschaut?« Ich sagte ihm die Wahrheit. »Sie also auch.«

… Ich sehe sie da liegen, ganz zusammengerollt, mein unglückliches Mädchen. Meine Xjuscha. Warum ist sie hier allein? Ohne uns? Nein, das ist unmöglich, das kann nicht wahr sein. Auf dem Kissen ist Blut … »Xjuscha! Xjuschenka!« Sie hört mich nicht. Sie hat sich eine Mütze über den Kopf gezogen, damit ich nichts sehe, nicht erschrecke. Mein kleines Mädchen! Sie hat davon geträumt, Kinderärztin zu werden, und nun kann sie nichts mehr hören … Sie war das schönste Mädchen in ihrer Klasse … Und jetzt … ihr Gesicht … Wofür? Etwas Zähes, Klebriges hüllt mich ein, mein Bewusstsein zerspringt in kleine Splitter. Meine Beine wollen sich nicht bewegen, sie sind wie aus Watte, ich werde aus dem Zimmer geführt. Der Arzt schimpft mit mir: »Nehmen Sie sich zusammen, sonst lassen wir Sie nicht mehr zu ihr.« Ich »nehme mich zusammen« … Gehe zurück ins Zimmer. Sie sieht mich nicht an, sondern an mir vorbei, als würde sie mich nicht erkennen. Der Blick eines leidenden Tieres, er ist nicht auszuhalten. Damit kann man nicht weiterleben. Jetzt versteckt sie diesen Blick, sie hat sich in einen Panzer gehüllt, aber das alles ist in ihr. Es hat sich tief in sie eingeprägt. Sie ist die ganze Zeit dort, wo wir nicht waren …

Die ganze Station war voll mit solchen Mädchen … wie sie im Waggon gesessen hatten, so lagen sie nun dort … Viele Studentinnen, Schülerinnen. Ich dachte, alle Mütter würden auf die Straße gehen. Alle Mütter mit ihren Kindern. Wir würden Tausende sein. Jetzt weiß ich, dass nur ich mich für mein Mädchen interessiere, nur wir bei uns zu Hause. Die Leute hören zu … äußern Mitgefühl … aber ohne Schmerz! Ohne Schmerz!

Dann wurde sie aus dem Krankenhaus entlassen und lag nur da, ohne jedes Gefühl. Daschenka war immer an meiner Seite, sie hatte Urlaub genommen. Sie streichelte mir den Kopf wie einem Kleinkind. Der Vater hat nicht geschrien, nicht getobt – und bekam einen Herzinfarkt. Wir waren plötzlich in der Hölle … Und wieder – wofür? Ich habe meinen Kindern immer erzählt, dass das Gute stärker sei als das Böse, dass das Gute immer siege, und hab ihnen Bücher in die Hand gedrückt, in denen das so steht. Aber das Leben ist anders als in den Büchern. Das Gebet einer Mutter holt dich vom Meeresboden herauf? Das ist nicht wahr! Ich bin eine Verräterin, ich konnte sie nicht beschützen wie früher, als sie noch Kinder waren, dabei hatten sie auf mich gehofft. Wenn meine Liebe sie beschützen könnte, wären sie gefeit gegen jedes Unglück, gegen jede Enttäuschung.

Eine Operation … eine zweite … Drei Operationen! Dann konnte Xjuscha auf einem Ohr wieder hören … konnte die Finger bewegen … Wir lebten an der Grenze zwischen Leben und Tod, zwischen dem Glauben an ein Wunder und der unfassbaren Ungerechtigkeit, und obwohl ich Krankenschwester bin, begriff ich, dass ich äußerst wenig über den Tod weiß. Ich habe ihn schon viele Male gesehen, aus nächster Nähe. Einen Tropf anlegen, den Puls fühlen … Alle denken, Mediziner wüssten über den Tod mehr als andere Menschen – nein, keineswegs. Ein Pathologe bei uns, er stand schon kurz vor der Rente, fragte mich einmal: »Was ist das – der Tod?« *(Sie schweigt.)*

Das Leben davor war plötzlich ein weißer Fleck … Ich erinnerte mich nur noch an Xjuscha … An viele Einzelheiten – wie süß und mutig sie als kleines Mädchen war, dass sie keine Angst vor großen Hunden hatte und sich wünschte, dass immer Sommer wäre. Wie ihre Augen leuchteten, als sie nach Hause kam und uns sagte, dass sie die Aufnahmeprüfungen für das Medizinische Institut bestanden habe. Ohne Schmiergeld, ohne Nachhilfelehrer. Das konnten wir uns nämlich nicht leisten, so viel Geld hatte unsere Familie nicht. Wie sie ein, zwei Tage vor dem Terroranschlag aus einer alten Zeitung vorlas: Wenn Sie in der Metro in eine Notsituation geraten, tun Sie dies und das … Was genau, habe ich vergessen, jedenfalls so eine Art Verhaltensregeln. Und als das Ganze geschah, hat sich Xjuscha, solange sie noch bei Bewusstsein war, diesen Artikel in Erinnerung gerufen. An jenem Morgen, das war so … Sie hatte schon ihren Mantel an und wollte die Stiefel anziehen, die sie gerade erst von der Reparatur abgeholt hatte, kam aber nicht hinein … »Mama, kann ich deine Stiefel anziehen?« »Ja, klar.« Wir haben die gleiche Größe. Mein Mutterherz hat mich nicht gewarnt … Ich hätte sie doch aufhalten können … Davor hatte ich von großen Sternen geträumt, von einem Sternbild. Ich war kein bisschen besorgt … Das ist meine Schuld, diese Schuld bedrückt mich …

Hätte man mir erlaubt, im Krankenhaus zu übernachten, wäre ich dort die Mama für alle gewesen. Irgendwer steht auf der Treppe und weint … Jemand braucht eine Umarmung, ein anderer jemanden, der bei ihm sitzt. Ein Mädchen aus Perm weinte – ihre Mutter war weit weg. Einer anderen hatte es das Bein zerquetscht … Ein Bein, das ist doch das Kostbarste! Am kostbarsten ist das Bein deines eigenen Kindes! Wer will mir das vorwerfen?

In den ersten Tagen nach dem Anschlag wurde in den Zeitungen viel darüber geschrieben, im Fernsehen lief eine Reportage. Als Xjuscha in einer Zeitung ihr Foto entdeckte, warf sie die Zeitung weg …

Die Tochter

… ich erinnere mich an vieles nicht … Ich behalte es nicht im Gedächtnis! Ich will es nicht! *(Die Mutter umarmt sie. Beruhigt sie.)*

… unter der Erde ist alles schlimmer. Jetzt habe ich immer eine Taschenlampe in meiner Handtasche …

… man hörte kein Weinen, keine Schreie. Es war still. Alle lagen auf einem Haufen … nein, ich hatte keine Angst … Dann begannen wir uns zu regen. Irgendwann wurde mir klar, dass wir da wegmussten, da war doch alles aus Kunststoff, und es brannte. Ich habe noch meinen Rucksack gesucht, wo meine Vorlesungsmitschriften drin waren, mein Portemonnaie … Der Schock … ich stand unter Schock … Schmerzen habe ich nicht gespürt …

… eine Frauenstimme rief: »Serjosha! Serjosha!« Serjosha antwortete nicht … Mehrere Menschen saßen in unnatürlichen Haltungen noch im Waggon. Ein Mann hing über einem Träger wie ein Wurm. Ich wagte nicht, in seine Richtung zu schauen …

… ich lief, und mir war schwindlig … Überall wurde gerufen: »Hilfe! Hilfe!« Vor mir lief jemand wie ein Schlafwandler, mal langsam vorwärts, dann wieder zurück. Wir beide wurden von allen überholt.

… oben kamen zwei Mädchen auf mich zugelaufen und drückten mir eine Art Lappen auf die Stirn. Mir war schrecklich kalt. Sie gaben mir einen kleinen Stuhl, und ich setzte mich hin. Ich sah, dass sie Fahrgäste um Gürtel und Krawatten baten und damit Wunden abbanden. Die Diensthabende der Station schrie ins Telefon: »Was wollen Sie? Die Leute kommen aus dem Tunnel und sterben, sie klettern auf den Bahnsteig hoch und sterben …« *(Sie schweigt.)* Warum quälen Sie uns? Mama tut mir leid. *(Sie schweigt.)* Alle haben sich schon daran gewöhnt. Sie schalten den Fernseher ein, hören eine Weile zu, und dann gehen sie Kaffee trinken …

Die Mutter

Ich bin in tiefsten Sowjetzeiten aufgewachsen. In der durch und durch sowjetischen Zeit. Ich stamme aus der UdSSR. Aber das neue Russland … ich verstehe es noch nicht. Ich kann nicht sagen, was schlechter ist – das, was wir jetzt haben, oder die Geschichte der KPdSU? In meinem Kopf sitzt das sowjetische Weltbild, dieses Muster, ich habe mein halbes Leben im Sozialismus verbracht. Das steckt tief in mir drin. Das kriege ich nicht raus. Ob ich es überhaupt je rauskriegen werde? Damals war unser Leben schlecht, aber jetzt ist es voller Angst. Wenn wir morgens auseinandergehen, wir zur Arbeit, die Mädchen in die Uni, rufen wir uns den ganzen Tag über andauernd gegenseitig an: »Wie sieht es aus bei dir? Wann fährst du nach Hause? Womit?« Erst wenn wir alle wieder zu Hause sind, bin ich erleichtert oder kann zumindest durchatmen. Ich habe vor allem und jedem Angst. Ich zittere. Die Mädchen schimpfen mit mir: Mama, du übertreibst immer … Ich bin ganz normal, aber ich brauche diesen Schutz, diese Hülle – mein Zuhause. Ich habe früh meinen Vater verloren, vielleicht bin ich deshalb so verletzlich, zumal mein Vater mich sehr geliebt hat. *(Sie schweigt.)* Unser Vater war im Krieg, zweimal saß er in einem brennenden Panzer … Er hat den ganzen Krieg mitgemacht – und überlebt. Dann kam er nach Hause – und wurde getötet. Im Hauseingang.

Ich wurde mit sowjetischen Büchern erzogen, wir haben ganz andere Dinge gelernt. Nur zum Vergleich für Sie … In diesen Büchern hieß es über die ersten russischen Terroristen, sie seien Helden. Märtyrer. Sofja Perowskaja[1], Kibaltschitsch[2] … Sie seien für das Volk gestorben, für eine heilige Sache. Sie haben eine Bombe auf den Zaren geworfen. Diese jungen Leute stammten häufig aus dem Adel, aus guter Familie … Warum wundern wir uns, dass es solche Menschen heute gibt? *(Sie schweigt.)* Im Geschichtsunterricht, als wir den Großen Vaterländischen Krieg behandelten, erzählte uns der Lehrer von der Heldentat der weißrussischen Partisanin Jelena Masanik, die den Gauleiter von Weißrussland Kube getötet hat; sie hat unter dem Bett, in dem er mit seiner schwangeren Frau schlief, eine Bombe angebracht. Und im Nebenzimmer lagen ihre kleinen Kinder … Stalin persönlich hat ihr den Heldenstern verliehen. Bis zu ihrem Tod ging sie in Schulen und erzählte im Wehrerziehungsunterricht von ihrer Heldentat. Weder der Lehrer noch … niemand … Niemand hat uns erzählt, dass nebenan Kinder schliefen … Die Masanik war ihr Kindermädchen … *(Sie schweigt.)* Menschen, die ein Gewissen hatten, haben sich nach dem Krieg geschämt, sich an die Dinge zu erinnern, die sie im Krieg tun mussten. Unser Vater hat darunter gelitten …

In der Metrostation Awtosawodskaja hat sich ein Junge in die Luft gesprengt – ein Selbstmordattentäter. Seine Eltern erzählten später, er habe viel gelesen. Habe Tolstoi geliebt. Er war im Krieg aufgewachsen: Bombenangriffe, Artilleriebeschuss, er hatte seine Cousins sterben sehen – und war mit vierzehn Jahren zu Chattab[3] in die Berge geflohen. Er wollte Rache. Wahrscheinlich war er ein reiner Junge mit einem heißen Herzen … Die anderen lachten ihn aus: Haha … der kleine Dummkopf … Aber bald war er der Beste im Schießen und im Handgranatenwerfen. Seine Mutter hat ihn dort weggeholt und ins Dorf zurückgebracht, er sollte die Schule fertig machen und Fliesenleger werden. Doch nach einem Jahr verschwand er wieder in den Bergen. Er lernte mit Sprengstoff umgehen und kam nach Moskau … *(Sie schweigt.)* Hätte er für Geld getötet, wäre alles klar, aber er hat nicht für Geld getötet. Dieser Junge hätte sich auch unter einen Panzer geworfen oder eine Entbindungsklinik in die Luft gesprengt …

Wer bin ich? Wir sind Menschen aus der Menge … immer in der Menge … Unser Leben ist alltäglich, unauffällig, aber wir geben uns Mühe. Wir lieben und leiden. Doch das interessiert niemanden, über uns schreibt niemand Bücher. Die Menge … die Masse. Mich hat noch nie jemand über mein Leben befragt, darum erzähle ich Ihnen das jetzt alles. »Mama, verbirg deine Seele« – das sagen meine Mädchen. Dauernd belehren sie mich. Die jungen Leute leben in einer härteren Welt, als die Sowjetwelt es war … *(Sie schweigt.)* Ich habe das Gefühl, das Leben ist nichts mehr für uns, für Leute wie uns, das Leben ist irgendwo anders. Irgendwo … Irgendetwas geschieht, aber nicht mit uns … Ich gehe nicht in teure Läden, da geniere ich mich: Dort stehen Sicherheitsleute, die mustern mich verächtlich, weil ich Kleider vom Billigmarkt trage. Massenware aus China. Ich fahre mit der Metro, ich habe Todesangst, aber ich fahre trotzdem. Die reicheren Leute fahren nicht Metro. Die Metro ist für die Armen da, nicht für alle, bei uns gibt es jetzt wieder Fürsten und Bojaren und Bediensstete. Ich weiß gar nicht mehr, wann ich das letzte Mal in einem Café gesessen habe, das kann ich mir schon lange nicht mehr leisten. Auch Theater ist jetzt Luxus, dabei habe ich früher keine Premiere versäumt. Das tut weh … sehr weh … Heute ist irgendwie alles grau, weil wir keinen Zugang haben zu dieser neuen Welt. Mein Mann holt Taschen voller Bücher aus der Bibliothek, das ist das Einzige, wovon wir noch nicht ausgeschlossen sind. Wir können noch durch das alte Moskau schlendern, zu unseren Lieblingsorten – Jakimanka, Kitaigorod, Warwarka. Das ist unser Panzer, heute legt sich jeder einen Panzer zu. *(Sie schweigt.)* Wir haben gelernt … Bei Marx steht: »Kapital ist Diebstahl.« Ich stimme ihm zu.

Ich habe die Liebe gekannt … Ich spüre immer, ob mich jemand liebt oder nicht, und mit dem, der mich liebt, fühle ich mich intuitiv verbunden. Ohne Worte. Ich musste gerade an meinen ersten Mann denken … Habe ich ihn geliebt? Ja. Sehr? Wahnsinnig. Ich war zwanzig. Den Kopf voller Träume. Wir lebten mit seiner schönen alten Mutter zusammen, sie war eifersüchtig auf mich: »Du bist genauso schön wie ich in meiner Jugend.« Die Blumen, die er mir schenkte, stellte sie in ihr Zimmer. Später habe ich sie verstanden, vielleicht erst jetzt, da ich weiß, wie sehr ich meine beiden Mädchen liebe, wie eng die Bindung zu einem Kind sein kann. Der Psychologe will mir einreden: »Ihre Liebe zu den Kindern ist übertrieben. So darf man nicht lieben.« Aber sie ist ganz normal, meine Liebe. Liebe! Mein Leben … das ist meins, nur meins … Niemand kennt ein Rezept … *(Sie schweigt.)* Mein Mann hat mich geliebt, aber er hatte seine eigene Philosophie: Man kann nicht das ganze Leben mit einer einzigen Frau verbringen, man muss auch andere kennenlernen. Ich habe viel nachgedacht … geweint … Ich habe es geschafft, ihn gehen zu lassen. Und blieb allein mit der kleinen Xjuscha. Mein zweiter Mann … Er war für mich wie ein Bruder, ich habe mir immer einen älteren Bruder gewünscht. Ich war verwirrt. Ich wusste nicht, wie ich mit ihm zusammenleben sollte, als er mir einen Heiratsantrag machte. Wenn man Kinder will, muss es im Haus nach Liebe riechen. Er nahm Xjuscha und mich zu sich. »Lass es uns versuchen. Wenn es dir nicht gefällt, bringe ich euch zurück.« Irgendwie ging es gut mit uns. Liebe kann verschieden sein, wahnsinnig oder so ähnlich wie Freundschaft. Wie ein freundschaftlicher Bund. So denke ich gern, denn mein Mann ist ein sehr guter Mensch. Auch wenn ich nicht in Samt und Seide gelebt habe …

Dann kam Daschenka auf die Welt … Wir haben uns nie von unseren Kindern getrennt, im Sommer fuhren wir zusammen zur Großmutter ins Gebiet Kaluga. Dort gab es einen kleinen Fluss. Wiesen und Wald. Die Großmutter buk Kirschkuchen, davon reden die Kinder noch heute. Wir sind nie ans Meer gefahren, das blieb ein Traum. Mit ehrlicher Arbeit verdient man bekanntlich nicht viel Geld: Ich bin Krankenschwester, mein Mann ist wissenschaftlicher Mitarbeiter an einem Institut für Röntgentechnik. Aber die Mädchen wussten immer, dass wir sie lieben.

Viele vergöttern die Perestroika … Alle hofften auf etwas. Ich wüsste nicht, wofür ich Gorbatschow lieben sollte. Ich erinnere mich an die Gespräche im Schwesternzimmer: »Wenn der Sozialismus zu Ende geht, was kommt dann?« »Der schlechte Sozialismus geht zu Ende, und dann kommt ein guter Sozialismus.« Wir haben gewartet … haben die Zeitungen gelesen … Mein Mann hat bald seine Arbeit verloren, sein Institut wurde geschlossen. Plötzlich gab es massenhaft Arbeitslose, alle mit Hochschulbildung. Kioske machten auf, dann Supermärkte, wo es alles gab, wie im Märchen, aber wir konnten es nicht kaufen. Ich ging rein und gleich wieder raus. Ich kaufte zwei Äpfel oder eine Apfelsine, wenn die Kinder krank waren. Wie soll man sich damit abfinden? Damit, dass es nun immer so sein soll? Wie? Ich stehe in der Schlange an der Kasse, und vor mir ein Mann mit einem Einkaufswagen, da liegen Ananas und Bananen drin … Das ist so verletzend für den Stolz. Deshalb sind die Menschen heute alle so müde. Wehe dem, der in der UdSSR geboren wurde und in Russland leben muss. *(Sie schweigt.)* Keinen einzigen meiner Träume habe ich verwirklichen können …

Als ihre Tochter ins Nebenzimmer gegangen ist und telefoniert, spricht sie im Flüsterton weiter.

Wie viele Jahre ist das her? Schon drei Jahre sind vergangen seit dem Anschlag … nein, mehr … Das ist mein Geheimnis … Mein Herzensgeheimnis … Ich kann mir nicht vorstellen, mich mit meinem Mann ins Bett zu legen und von ihm angefasst zu werden. Mein

Mann und ich waren seitdem nicht mehr intim miteinander, ich bin seine Frau und doch nicht seine Frau; er redet auf mich ein: »Es würde dir besser gehen.« Meine Freundin, die Bescheid weiß, versteht mich auch nicht: »Du bist so toll, du bist so unheimlich sexy. Schau in den Spiegel, wie schön du bist. Diese Haare …« Diese Haare habe ich von Natur aus, ich habe meine Schönheit vergessen. Wenn der Mensch ertrinkt, saugt er sich voll Wasser, genauso bin ich mit Schmerz getränkt. Als hätte ich meinen Körper abgestoßen, als wäre da nur noch die Seele …

Die Tochter

… lagen Tote, in ihren Taschen klingelten ständig Mobiltelefone … Niemand wagte, sie zu nehmen und ranzugehen.

… saß ein blutüberströmtes Mädchen auf dem Boden, und ein junger Mann bot ihr Schokolade an …

… meine Jacke ist nicht verbrannt, aber total zusammengeschmolzen. Die Ärztin untersuchte mich und sagte sofort: »Legen Sie sich auf die Trage.« Ich hab noch protestiert: »Ich kann selber aufstehen und zum Krankenwagen laufen«, da hat sie mich richtig angeschrien: »Legen Sie sich hin!« Im Krankenwagen hab ich das Bewusstsein verloren, erst auf der Intensivstation bin ich wieder zu mir gekommen …

… warum ich schweige? Ich war mit einem Jungen zusammen, wir haben sogar … Er hat mir einen Ring geschenkt … Ich habe ihm erzählt, was mir passiert ist … Vielleicht hat das ja gar nichts miteinander zu tun, aber wir haben uns getrennt. Das habe ich mir gemerkt, ich habe begriffen, dass Offenheit zu nichts führt. Du bist Opfer eines Sprengstoffanschlags geworden, du hast überlebt, und nun bist du noch verwundbarer und schwächer. Du trägst den Stempel des Opfers; ich will nicht, dass jemand diesen Stempel sieht …

… unsere Mutter liebt das Theater, manchmal ergattert sie billige Karten. »Komm, Xjuscha, wir gehen ins Theater.« Ich lehne ab, und dann geht sie mit Papa. Theater kann mich nicht mehr beeindrucken …

Die Mutter
Der Mensch weiß nicht, warum das gerade ihm zugestoßen ist, darum möchte er so sein wie alle. Sich verstecken. Das alles kann man nicht alles sofort abschalten …

Dieser Junge, der Selbstmordattentäter … und die anderen … Sie sind von den Bergen zu uns heruntergekommen: »Wie wir getötet werden, seht ihr nicht. Also werden wir das mal bei euch tun.« *(Sie schweigt.)*

Ich überlege … Ich möchte mich erinnern … Wann war ich glücklich? Ich muss nachdenken … In meinem Leben gab es nur eine glückliche Zeit – als die Kinder klein waren …

Wenn es an der Tür klingelt – Xjuschas Freunde … Dann bitte ich sie in die Küche. Das habe ich von meiner Mutter: Gästen muss man als Erstes etwas zu essen vorsetzen. Eine Zeitlang haben die jungen Leute nicht über Politik geredet, jetzt tun sie es wieder. Sie streiten über Putin … »Putin ist ein Klon von Stalin …« »Das ist nicht von langer Dauer …« »Damit ist das Land im Arsch …« »Es geht um Gas, um Öl …« Die Frage ist: Wer hat Stalin zu Stalin gemacht? Die Frage der Schuld …

Muss man nur die verurteilen, die erschossen und gefoltert haben, oder:

- auch den, der denunziert hat …
- den, der das Kind eines »Volksfeindes« den Angehörigen weggenommen und es ins Kinderheim gesteckt hat …
- den Fahrer, der Verhaftete gefahren hat …
- die Putzfrau, die nach den Folterungen den Boden wischte …
- den Eisenbahnchef, der Güterzüge mit politischen Häftlingen in den Norden schickte …
- die Schneider, die Pelzjacken für die Lageraufseher nähten. Die Ärzte, die den Häftlingen die Zähne gerichtet und sie kardiologisch untersucht haben, damit sie besser arbeiten konnten …
- diejenigen, die geschwiegen haben, als andere auf Versammlungen brüllten: »Die Hunde sollen wie Hunde sterben!«

Von Stalin kamen sie auf Tschetschenien … Und wieder das Gleiche: Derjenige, der tötet, der Bomben legt – ja, der ist schuldig, aber was ist mit denen, die in Fabriken die Bomben und Granaten herstellen, die Uniformen nähen, die Soldaten schießen lehren … ihnen Auszeichnungen verleihen … Sind die etwa auch schuldig? *(Sie schweigt.)* Ich hätte mich am liebsten schützend vor Xjuscha gestellt, sie gegen diese Gespräche abgeschirmt. Sie saß da, die Augen ganz groß vor Entsetzen. Schaute mich an … *(Sie dreht sich zu ihrer Tochter um.)* Xjuschenka, ich bin nicht schuldig, und auch Papa ist nicht schuldig, er unterrichtet jetzt Mathematik. Ich bin Krankenschwester. In unser Krankenhaus wurden manchmal verwundete Offiziere aus Tschetschenien eingeliefert. Wir behandelten sie, und dann fuhren sie natürlich wieder zurück. In den Krieg. Die wenigsten von ihnen wollten dorthin zurück, viele sagten offen: »Wir wollen nicht kämpfen.« Ich bin Krankenschwester, ich habe den hippokratischen Eid geschworen …

Es gibt Tabletten gegen Zahnschmerzen, gegen Kopfschmerzen, aber keine gegen meinen Schmerz. Der Psychologe hat mir einen Plan aufgestellt: Morgens auf nüchternen Magen ein halbes Glas Johanniskraut, zwanzig Tropfen Weißdornextrakt, dreißig Tropfen Gichtrose … Über den ganzen Tag verteilt. Ich habe das alles genommen. War sogar bei einem Chinesen … Es hat nicht geholfen … *(Sie schweigt.)* Die alltäglichen Dinge lenken ab, nur sie bewahren dich davor, verrückt zu werden. Die Routine ist Medizin: waschen, bügeln, stopfen …

Bei uns auf dem Hof steht eine alte Linde … Ich gehe daran vorbei – das war bestimmt schon ein paar Jahre danach – und spüre: Die Linde blüht. Der Duft … Vorher war das alles nicht so intensiv … nicht so … Die Farben waren gedämpft, die Laute … *(Sie schweigt.)*

Im Krankenhaus habe ich mich mit einer Frau angefreundet, sie saß nicht im zweiten Waggon, wie Xjuscha, sondern im dritten. Sie ging schon wieder arbeiten, schien alles überwunden zu haben. Und dann ist irgendetwas passiert – und da wollte sie vom Balkon springen, aus dem Fenster. Danach haben ihre Eltern das ganze Haus vergittert, sie lebten wie in einem Käfig. Sie hat es mit Gas versucht … Ihr Mann hat sie verlassen … Ich weiß nicht, wo sie jetzt ist. Jemand hat sie irgendwann mal in der Metrostation Awtosawodskaja gesehen. Sie lief den Bahnsteig entlang und rief: »Wir nehmen mit der rechten Hand drei Handvoll Erde und werfen sie auf den Sarg. Erde … auf den Sarg.« Sie schrie, bis Sanitäter sie abholten …

Ich dachte, das hätte mir Xjuscha erzählt … Neben ihr stand ein Mann, so nah, dass sie schon etwas sagen wollte. Sie kam nicht mehr dazu. Und dann war er ihre Deckung, hat viele Splitter abbekommen, die sonst sie getroffen hätten. Ob er wohl noch lebt? Ich denke oft an ihn … ich sehe ihn direkt vor mir … Aber Xjuscha kann sich nicht an ihn erinnern. Woher habe ich das? Wahrscheinlich habe ich ihn mir selbst ausgedacht. Irgendwer hat sie schließlich für mich gerettet …

Ich kenne die richtige Medizin … Xjuscha muss glücklich sein. Nur das Glück kann sie heilen. Sie braucht etwas ganz Besonderes … Wir waren in einem Konzert von Alla Pugatschowa – die lieben wir alle, unsere ganze Familie. Ich wollte zu ihr gehen oder ihr einen Zettel schicken: »Singen Sie für mein Mädchen. Sagen Sie, dass das nur für sie allein ist.« Damit sie sich wie eine Königin fühlt … ganz hoch erhoben … Sie hat die Hölle gesehen und muss nun das Paradies sehen. Damit ihre Welt wieder ins Gleichgewicht kommt. Meine Illusionen … meine Träume … *(Sie schweigt.)* Ich konnte mit meiner Liebe nichts ausrichten. An wen soll ich schreiben? An wen meine Bitten richten? Ihr habt am tschetschenischen Öl verdient, an den russischen Krediten, lasst mich mit ihr irgendwohin verreisen. Sie soll unter einer Palme sitzen, eine Schildkröte anschauen und die Hölle vergessen. In ihren Augen ist die ganze Zeit die Hölle. Kein Licht, ich sehe kein Licht darin.

Ich habe angefangen, in die Kirche zu gehen … Ob ich gläubig bin? Ich weiß es nicht. Aber ich möchte mit jemandem reden. Einmal hat der Pope eine Predigt gehalten, dass der Mensch in großem Leid entweder Gott näherkommt oder sich von ihm entfernt, und wenn er sich von Gott entfernt, darf man ihn nicht tadeln, denn er tut es aus Empörung, aus Schmerz. Als hätte er von mir gesprochen.

Ich betrachte die Menschen von außen, ich fühle mich ihnen nicht verwandtschaftlich verbunden … Ich schaue sie an, als wäre ich kein Mensch mehr … Sie sind Schriftstellerin, Sie werden mich verstehen: Worte haben wenig zu tun mit dem, was in einem Menschen vorgeht, früher habe ich mich selten mit meinem Innenleben beschäftigt. Jetzt lebe ich wie in einem Bergwerk … Es rumort in mir, ich denke nach … die ganze Zeit wälze ich etwas in mir herum … »Mama, verbirg deine Seele!« Nein, meine lieben Mädchen, ich will nicht, dass meine Gefühle, meine Tränen einfach so verschwinden. Ohne eine Spur zu hinterlassen, ein Zeichen. Das beunruhigt mich am meisten. Alles, was ich durchgemacht habe – das will ich nicht nur meinen Kindern hinterlassen. Ich möchte es auch an einen anderen Menschen weitergeben, damit es irgendwo liegt und jeder danach greifen kann.

3. September – Gedenktag für die Terrorismusopfer. Moskau ist in Trauer. Auf den Straßen viele Invaliden, junge Frauen mit schwarzen Kopftüchern. Kerzen brennen: auf der Soljanka, auf dem Platz vor dem Theaterzentrum in der Dubrowka, vor den Metrostationen Kulturpark, Lubjanka, Awtosawodskaja, Rishskaja …

Auch ich bin in der Menge. Ich frage und höre zu. Wie leben wir damit?

Terroranschläge gab es in der Hauptstadt in den Jahren 2000, 2001, 2002, 2004, 2006, 2010 und 2011.

»Ich war auf dem Weg zur Arbeit, der Wagen war wie immer überfüllt. Die Explosion habe ich nicht gehört, aber plötzlich war alles ringsherum orange, und mein Körper war ganz taub; ich wollte den Arm bewegen – es ging nicht. Ich dachte noch, ich habe einen Schlaganfall, da verlor ich auch schon das Bewusstsein … Als ich wieder zu mir kam, sah ich – Menschen liefen über mich drüber, ganz hemmungslos, als wäre ich tot. Ich hatte Angst, zerquetscht zu werden, und reckte die Arme in die Luft. Irgendwer hob mich auf. Blut und Fleisch – das war das Bild …«

»Mein Sohn ist erst vier. Wie soll ich ihm sagen, dass sein Papa tot ist? Er versteht doch noch nicht, was Tod bedeutet. Ich habe Angst, er könnte denken, dass sein Papa uns verlassen hat. Vorerst ist der Papa auf Dienstreise …«

»Daran denke ich oft … Vor dem Krankenhaus standen die Menschen Schlange, um Blut zu spenden, und mit Netzen voller Apfelsinen. Sie flehten die erschöpften Krankenschwestern an: ›Bitte, nehmen Sie das Obst und geben Sie es irgendwem. Und sagen Sie mir, was Sie noch brauchen.‹ Die Mädchen von meiner Arbeitsstelle kamen mich besuchen, der Chef hatte ihnen ein Auto gegeben. Aber ich wollte niemanden sehen …«

»Wir brauchen einen Krieg, dann wird es wieder Menschen geben. Mein Großvater hat immer gesagt, richtige Menschen habe er nur im Krieg gesehen. Jetzt gibt es wenig Güte.«

»Zwei unbekannte Frauen standen an der Rolltreppe, umarmten sich und weinten, ihre Gesichter waren voller Blut, ich habe nicht begriffen, dass das Blut war, ich dachte, ihre Schminke wäre zerlaufen von den Tränen. Dort, vor Ort, habe ich nichts verstanden, ich sah das Blut und konnte es nicht glauben.«

»Erst denkst du, du kannst einfach runtergehen in die Metro, du steigst mutig ein, aber nach ein, zwei Stationen springst du raus, in kalten Schweiß gebadet. Besonders schlimm ist es, wenn der Zug eine Weile in einem Tunnel stehen bleibt. Jede Minute dehnt sich, das Herz hängt an einem seidenen Faden …«

»In jedem Kaukasier sieht man einen Terroristen …«

»Meinen Sie, die russischen Soldaten hätten in Tschetschenien keine Verbrechen begangen? Mein Bruder hat dort gedient … Was der alles erzählt hat über die ruhmreiche russische Armee … Sie haben tschetschenische Männer in Gruben gehalten, wie Tiere, und von den Angehörigen Lösegeld verlangt. Sie haben gefoltert … geplündert … Jetzt trinkt er, der Junge.«

»Du wirst wohl von Amerika bezahlt? Provokateur! Wer hat denn Tschetschenien für die Russen zum Ghetto gemacht? Die Russen haben ihre Arbeit verloren, die Wohnungen und die Autos wurden ihnen weggenommen. Wer seine Habe nicht hergeben wollte, der wurde abgestochen. Russische Mädchen wurden vergewaltigt, nur weil sie Russinnen waren.«

»Ich hasse die Tschetschenen! Ohne uns Russen würden die noch heute in Berghöhlen hausen. Und die Journalisten, die für die Tschetschenen sind, die hasse ich auch! Liberalisten!« *(Ein hasserfüllter Blick in meine Richtung – ich notiere das Gespräch.)*

»Wurden die russischen Soldaten während des Vaterländischen Krieges etwa für die Morde an deutschen Soldaten verurteilt? Und sie haben auf alle möglichen Arten getötet. Die Partisanen haben gefangene Polizisten in Stücke geschnitten ... Hören Sie sich mal an, was die Veteranen so erzählen ...«

»Während des ersten Tschetschenienkrieges, unter Jelzin, wurde im Fernsehen alles ehrlich gezeigt. Wir sahen, wie tschetschenische Frauen weinten. Wie russische Mütter durch die Dörfer liefen und ihre verschollenen Söhne suchten. Niemand hat sie angerührt. So einen Hass wie heute hatte damals noch niemand – sie nicht und wir auch nicht.«

»Damals stand nur Tschetschenien in Flammen, jetzt der ganze nördliche Kaukasus. Überall werden Moscheen gebaut.«

»Die Geopolitik ist bei uns zu Hause angekommen. Russland zerfällt ... Bald ist vom ganzen Imperium nur noch das Fürstentum Moskau übrig ...«

»Ich hasse sie!!!«

»Wen?«

»Alle!«

»Mein Sohn hat noch sieben Stunden gelebt, sie haben ihn in einen Plastiksack gesteckt und in einen Bus voller Leichen gelegt … Sie schickten uns auf Staatskosten einen Sarg und zwei Kränze. Der Sarg war aus Spanplatten, dünn wie Pappe, als sie ihn anhoben, fiel er auseinander. Die Kränze waren billig, armselig. Wir haben alles selbst gekauft. Dem Staat sind wir Normalsterblichen doch scheißegal, und ich scheiße auf ihn – fuck! Ich will raus aus diesem Land. Mein Mann und ich, wir wollen auswandern nach Kanada, wir haben schon das Visum beantragt.«

»Früher hat Stalin getötet, heute töten die Banditen. Ist das Freiheit?«

»Ich habe schwarze Haare und schwarze Augen … Ich bin Russin, orthodox. Einmal ging ich mit meiner Freundin in die Metro. Miliz hielt uns an, ich wurde beiseitegeführt: ›Ziehen Sie den Mantel aus. Weisen Sie sich aus.‹ Meine Freundin interessierte sie nicht – sie ist blond. Meine Mutter sagt: ›Färb dir die Haare.« Aber das wäre mir peinlich.«

»Der Russe ruht auf drei Stützen: ›hoffentlich‹, ›vielleicht‹ und ›irgendwie‹. In der ersten Zeit haben alle vor Angst gezittert, aber als ich nach einem Monat in der Metro unter der Bank ein verdächtiges Päckchen entdeckte, konnte ich die Aufsicht nur mit Mühe bewegen, die Miliz anzurufen.«

»Am Flughafen Domodedowo haben die verdammten Taxifahrer die Preise in die Höhe geschraubt. Irrsinnig. Aus allem machen sie Geld. Scheißkerle – zerren dich aus dem Auto, und mit der Schnauze auf die Kühlerhaube!«

»Die einen lagen in einer Blutlache, und die anderen haben sie mit dem Handy gefilmt. Fotografiert. Und die Aufnahmen gleich ins Internet gestellt. Die Sesselfurzer in den Büros, die stehen auf harte Sachen.«

»Heute sie, morgen wir. Und alle schweigen, alle haben sich damit abgefunden.«

»Bemühen wir uns, so gut es geht, die Verstorbenen mit unseren Gebeten zu unterstützen. Um Gottes Gnade zu bitten …«

Auf einer improvisierten Bühne führen Schüler ein Programm auf. Sie sind mit Bussen gekommen. Ich gehe näher heran.

»Ich finde Bin Laden interessant … Al-Qaida ist ein globales Projekt …«

»Ich bin für individuellen Terror. Für punktuellen. Zum Beispiel gegen Polizisten, Beamte …«

»Terror – ist das gut oder schlecht?«

»Jetzt ist das gut.«

»Ich hab keine Lust mehr, hier rumzustehen. Wann können wir endlich hier weg?«

»Ein geiler Witz: Terroristen besichtigen Sehenswürdigkeiten in Italien. Sie kommen zum Turm von Pisa. Sie lachen: ›Dilettanten!‹«

»Terror, das ist ein Geschäft.«

»Opferung, wie in uralten Zeiten …«

»Mainstream …«

»Aufwärmübung vor der Revolution …«

»Was Persönliches …«

VON EINER ALTEN FRAU MIT SENSE UND EINEM HÜBSCHEN JUNGEN MÄDCHEN

Alexander Laskowitsch – Soldat, Unternehmer, Emigrant – 21 bis 30 Jahre alt

Der Tod ähnelt der Liebe

Als ich ein Kind war, stand bei uns auf dem Hof ein Baum ... Ein alter Ahorn ... Ich sprach oft mit ihm, er war mein Freund. Als mein Großvater starb, habe ich lange geweint. Den ganzen Tag hab ich geheult. Ich war fünf Jahre alt, und ich hatte begriffen, dass ich einmal sterben würde, dass alle sterben würden. Entsetzt fürchtete ich, alle würden vor mir sterben, und dann wäre ich ganz allein. In schrecklicher Einsamkeit. Meine Mutter bedauerte mich, doch als mein Vater dazukam, sagte er: »Wisch dir die Tränen ab. Du bist ein Mann. Ein Mann weint nicht.« Dabei wusste ich noch gar nicht, was ich bin. Ich mochte nie ein Junge sein, ich spielte nicht gern Krieg. Aber ich wurde gar nicht gefragt, das wurde über meinen Kopf hinweg entschieden ... Meine Mutter hatte sich ein Mädchen gewünscht, mein Vater wie immer eine Abtreibung gewollt.

Mit sieben wollte ich mich das erste Mal aufhängen ... Wegen einer chinesischen Schüssel ... Meine Mutter hatte in dieser Schüssel Konfitüre gekocht und sie auf einen Hocker gestellt, und mein Bruder und ich rannten unserer Katze hinterher. Muska flog wie ein Schatten über die Schüssel, wir nicht ... Mutter war noch jung, Vater war bei einer militärischen Übung. Auf dem Fußboden breitete sich eine große Konfitürelache aus ... Mutter verfluchte ihr Schicksal einer Offiziersfrau und dass sie am Arsch der Welt leben musste ... auf Sachalin ... wo im Winter der Schnee bis zu zehn Metern hoch liegt und die Kletten im Sommer so groß werden wie sie. Sie griff nach Vaters Koppel und jagte uns hinaus. »Mama, es regnet, und im Schuppen beißen die Ameisen.« »Raus! Los! Raus hier!« Mein Bruder lief zu den Nachbarn, aber ich wollte mich allen Ernstes aufhängen. Ich verkroch mich im Schuppen und fand in einem Korb einen Strick. Wenn sie am Morgen kämen, würde ich da hängen: Das habt ihr davon, ihr Schweine! Da schob sich Muska zur Tür herein … Miau-miau … »Liebe Muska! Du willst mich trösten.« Ich habe sie umarmt, sie an mich gedrückt, und so saßen wir beide bis zum Morgen da.

Mein Vater … Wie war mein Vater? Er las Zeitung und rauchte. Er war stellvertretender Politchef eines Fliegerregiments. Wir zogen von einer Garnisonsstadt in die andere und lebten in Wohnheimen. Lange Ziegelbaracken, überall gleich. Sie rochen nach Schuhwichse und dem billigen Rasierwasser Chypre. So roch auch Vater immer. Ich war acht, mein Bruder neun – Vater kommt von der Arbeit, sein Schulterriemen und seine chromledernen Stiefel knarren. In diesem Moment wünschen mein Bruder und ich, wir wären unsichtbar, seinem Blick entzogen! Vater nimmt das Buch *Der wahre Mensch*[1] von Boris Polewoi vom Regal, das ist bei uns zu Hause das Vaterunser. »Wie ging es weiter?«, fragt er zuerst meinen Bruder. »Na, das Flugzeug ist abgestürzt. Und Alexej Maresjew ist losgekrochen … Verwundet. Er hat einen Igel gegessen … ist in einen Graben gestürzt …« »In was für einen Graben denn?« »In einen Bombentrichter von einer Fünf-Tonnen-Bombe«, sage ich. »Was? Das war gestern.« Vaters Kommandeursstimme lässt uns beide zusammenzucken. »Heute habt ihr also nicht weitergelesen?« Und dann: Wir rennen um den Tisch, wie drei Clowns – ein großer und zwei kleine, wir mit heruntergelassenen Hosen, Vater mit dem Koppel in der Hand. *(Pause.)* Wir sind doch alle mit Filmen aufgewachsen, nicht? Wir sehen die Welt in Bildern … Nicht mit Büchern, sondern mit Filmen sind wir aufgewachsen. Mit Musik … Gegen die Bücher, die Vater ins Haus brachte, bin ich noch immer allergisch. Mir wird ganz schlecht, wenn ich bei irgendwem *Der wahre Mensch* oder *Die junge Garde*[2] im Regal stehen sehe. O ja! Mein Vater träumte davon, uns vor einen Panzer zu werfen … Er wollte, dass wir so schnell wie möglich erwachsen wurden und als Freiwillige in den Krieg zogen … Eine Welt ohne Krieg konnte sich mein Vater nicht vorstellen. Helden wurden gebraucht! Ein Held wird man nur im Krieg, und wenn einer von uns die Beine verloren hätte wie Alexej Maresjew, wäre Vater glücklich gewesen. Dann wäre sein Leben nicht umsonst gewesen ... Alles großartig! Ein gelungenes Leben! Und er ... ich glaube, er hätte eigenhändig das Urteil vollstreckt, wenn ich den Eid gebrochen oder im Kampf gewankt hätte. Ein Taras Bulba![3] »Ich habe dich gezeugt, ich werde dich auch töten.«[4] Vater lebte ganz für die Idee, er ist kein Mensch. Die Heimat sollte man bedingungslos lieben ... ohne Wenn und Aber ... Das hörte ich meine ganze Kindheit hindurch. Das Leben ist uns nur gegeben, um die Heimat zu verteidigen ... Aber ich war in keiner Weise auf Krieg zu programmieren, auf die hündische Bereitschaft, ein Loch in einem Damm mit dem eigenen Körper zu stopfen oder mich bäuchlings auf eine Mine zu legen. Ich liebte den Tod nicht ... Als Junge zerquetschte ich Marienkäfer, auf Sachalin gibt es im Sommer Marienkäfer wie Sand am Meer. Ich zerquetschte sie, wie es alle taten. Bis ich eines Tages erschrak: Warum habe ich so viele kleine rote Leichname gemacht? Muska warf vor der Zeit Junge ... Ich fütterte sie, wollte sie aufpäppeln. Mutter kam dazu: »Was ist – sind sie tot?« Und nach diesen Worten starben sie. Keine Tränen! »Ein Mann weint nicht ...« Vater schenkte uns Uniformmützen, und an Feiertagen legte er Platten mit Kriegsliedern auf. Mein Bruder und ich saßen da und hörten zu, und über Vaters Wange rann eine »verstohlene Mannesträne«. Wenn er betrunken war, erzählte er uns immer die gleiche Geschichte: Ein »Held« ist von Feinden umzingelt, er schießt, bis er nur noch eine Kugel übrig hat, und die jagt er sich ins Herz ... An dieser Stelle fiel Vater wie im Film um, wobei er immer mit dem Fuß gegen den Hocker stieß, der dann ebenfalls umkippte. Da mussten wir lachen. Vater wurde nüchtern und sagte beleidigt: »Es gibt nichts zu lachen, wenn ein Held stirbt.«

Ich wollte nicht sterben ... In der Kindheit ist der Gedanke an den Tod schrecklich ... »Ein Mann muss bereit sein«, »heilige Pflicht gegenüber der Heimat ...« »Was? Du weißt nicht, wie man eine Kalaschnikow auseinandernimmt und wieder zusammenbaut?« Nein, das war für meinen Vater undenkbar. Eine Schande! O ja! Am liebsten hätte ich mich mit meinen Milchzähnen in Vaters chromledernen Stiefeln festgebissen, um mich geschlagen und gebissen. Warum hat er mir den nackten Hintern versohlt, vor dem Nachbarsjungen Vitka!? Und mich dabei noch als »Mädchen« beschimpft …

Ich bin nicht für den Totentanz geboren. Ich habe klassische Ballettfüße … ich wollte Tänzer werden … Vater diente einer großen Idee. Als hätte man das ihnen allen ins Gehirn gepflanzt, waren sie stolz darauf, dass sie zwar keine anständigen Hosen besaßen, aber ein Gewehr … *(Pause.)* Wir sind inzwischen erwachsen … wir sind längst erwachsen … Mein armer Vater! Das Leben hat inzwischen das Genre gewechselt … Wo früher die *Optimistische Tragödie*[5] gespielt wurde, laufen heute Komödien und Actionfilme. »Es kriecht und kriecht und nagt Kiefernzapfen – was ist das? Alexej Maresjew.« Vaters Lieblingsheld … »Kinder spielen im Keller Gestapo, foltern zu Tode den Klempner Potapow …« Das ist alles, was von Vaters Idee übrig geblieben ist … Und Vater selbst? Er ist ein alter Mann, der in keiner Weise bereit ist für das Alter. Er sollte jede Minute genießen, den Himmel anschauen, die Bäume. Oder Schach spielen, Briefmarken sammeln … oder Streichholzschachteln … Stattdessen sitzt er vorm Fernseher: Das Parlament tagt – Linke, Rechte, Kundgebungen und Demonstrationen mit roten Fahnen. Vater ist dabei! Er ist für die Kommunisten. Wenn wir beim Abendbrot zusammensitzen … »Wir haben in einer großen Zeit gelebt!«, provoziert er mich und wartet auf meine Reaktion. Vater braucht den Kampf, anders hat das Leben für ihn keinen Sinn. Nur auf den Barrikaden und mit einer Fahne! Wir sitzen vorm Fernseher: Ein japanischer Roboter holt verrostete Minen aus dem Sand … eine … noch eine … Ein Triumph von Wissenschaft und Technik! Ein Triumph menschlichen Geistes! Vater ärgert sich allerdings, dass es nicht unsere Technik ist. Aber da … Am Ende der Reportage macht der Roboter vor unseren Augen einen Fehler und explodiert. Wie heißt es so schön? Wenn du einen Scharfschützen rennen siehst – lauf hinterher. Aber so ist ein Roboter nicht programmiert. Vater versteht das nicht: »Wieso müssen sie ausländische Technik ruinieren? Haben wir etwa nicht genug Soldaten?« Er hat sein eigenes Verhältnis zum Tod. Vater hat nur dafür gelebt, jeden

Auftrag von Partei und Regierung zu erfüllen. Ein Menschenleben war weniger wert als ein Stück Eisen.

Auf Sachalin … Wir wohnten gleich neben dem Friedhof. Fast jeden Tag hörte ich Trauermusik: War der Sarg gelb, war jemand aus der Siedlung gestorben, war er mit rotem Tuch bezogen, war der Tote ein Flieger. Die meisten Särge waren rot. Nach jedem roten Sarg brachte Vater eine Tonbandkassette mit nach Hause … Flieger kamen … Auf dem Tisch – qualmende Zigarettenstummel und funkelnde Wodkagläser. Die Kassette lief: »Hier Bord sowieso … Ein Triebwerk ist ausgefallen …« »Schalten Sie das zweite ein.« »Das versagt auch.« »Versuchen Sie, den linken Motor anzulassen.« »Geht nicht.« »Den rechten …« »Auch nicht …« »Katapultieren!« »Das Kabinendach klemmt … Scheiße!! A-a-ah …« Ich stellte mir den Tod lange als einen Fall aus großer Höhe vor. Ein junger Pilot fragte mich eines Tages: »Was weißt du schon über den Tod, Kleiner?« Ich war erstaunt. Mir schien, dass ich darüber schon immer Bescheid wusste. Ein Junge aus unserer Klasse war beerdigt worden … Er hatte ein Feuer gemacht und Patronen hineingeworfen … Das gab einen mächtigen Knall! Und dann … dann lag er im Sarg, als würde er sich nur tot stellen, und alle schauten ihn an, aber niemand konnte ihn mehr erreichen … Ich konnte den Blick nicht von ihm abwenden … als hätte ich schon immer Bescheid gewusst, als wäre ich mit diesem Wissen geboren worden. Vielleicht bin ich ja schon mal gestorben? Oder meine Mutter saß, als ich noch in ihr war, am Fenster und sah zu, wie sie zum Friedhof gefahren wurden: ein roter Sarg, ein gelber Sarg … Ich war wie hypnotisiert vom Tod, Dutzende Male am Tag dachte ich an ihn. Viele Male. Der Tod roch nach Papirossastummeln, Sprottenresten und Wodka. Der Tod ist nicht unbedingt eine zahnlose Alte mit Sense* – vielleicht ist er ja ein schönes junges Mädchen? Und ich werde es sehen.

Wenn man achtzehn ist … Da wünscht man sich alles: Frauen, Wein, Reisen … Rätsel, Geheimnisse. Ich dachte mir verschiedene Leben aus, phantasierte mir was zusammen. Und in diesem Augen-

* *zahnlose Alte mit Sense* – Das Wort *smertj* ist im Russischen weiblich.

blick wirst du eingefangen … Meine Fresse! Ich würde mich noch heute am liebsten in Luft auflösen, verschwinden, damit mich niemand findet. Ohne jede Spur. Irgendwo untertauchen – als Waldarbeiter, als Obdachloser ohne Papiere. Immer wieder überfällt mich ein und derselbe Traum: Sie holen mich zur Armee, sie haben irgendwas verwechselt, und ich muss noch einmal dienen. Ich schreie, wehre mich: »Ich habe schon gedient, ihr Schweine! Lasst mich los!« Ich werde fast verrückt! Ein schrecklicher Traum … *(Pause.)* Ich wollte kein Junge sein … Ich wollte kein Soldat sein, Krieg interessierte mich nicht. Vater sagte: »Du musst endlich ein Mann werden. Sonst denken die Mädchen noch, du wärst impotent. Die Armee ist eine Schule des Lebens.« Ich sollte töten lernen … In meiner Phantasie sah das so aus: Trommelwirbel, Schützenketten, perfekte Mordwaffen, pfeifendes heißes Blei und … zertrümmerte Schädel, ausgeschlagene Augen, abgerissene Gliedmaßen … das Heulen und Stöhnen von Verwundeten … Und das Gebrüll der Sieger … derjenigen, die besser töten konnten … Töten! Töten! Mit einem Pfeil, einer Kugel, einer Granate oder einer Atombombe – in jedem Fall töten … einen anderen Menschen töten … Ich wollte das nicht … Und ich wusste: Zum Mann machen würden mich bei der Armee andere Männer. Entweder ich wurde getötet, oder ich tötete. Mein Bruder war mit rosarotem Nebel im Kopf zur Armee gegangen, als Romantiker, und als zutiefst verschreckter Mensch war er zurückgekommen. Jeden Morgen war er ins Gesicht getreten worden. Er schlief im unteren Bett, ein Altgedienter über ihm. Ein ganzes Jahr lang ein Fußtritt ins Gesicht! Da versuch mal, du selbst zu bleiben. Und was man mit einem erst alles machen kann, wenn man ihn nackt auszieht! Zum Beispiel kann man ihn das eigene Glied lutschen lassen, und alle lachen darüber. Wer nicht lacht, lutscht als Nächster … Oder sie lassen einen mit einer Zahnbürste oder einer Rasierklinge die Soldatentoilette schrubben. »Das muss blitzen wie die Eier von einem Kater.« Meine Fresse! Es gibt Menschen, die können kein willenloses Vieh sein, und es gibt andere, die können nur das sein. Menschliche Knetmasse. Ich begriff, dass ich meine ganze Willenskraft zusammennehmen musste, um zu überleben. Ich ging in eine Sportsektion – Hatha Yoga und Karate.

Ich lernte schlagen – ins Gesicht, zwischen die Beine. Lernte, wie man jemandem die Wirbelsäule bricht … Ich zündete ein Streichholz an, legte es auf meine Hand und wartete, bis es abgebrannt war. Natürlich hielt ich das nicht aus … Ich weinte. Ich erinnere mich … ich erinnere mich … *(Pause.)* Ein Drache läuft durch den Wald. Er trifft einen Bären: »Bär«, sagt der Drache, »ich esse um acht Abendbrot. Komm um acht, dann fresse ich dich.« Er geht weiter. Ein Fuchs läuft vorbei. »Fuchs«, sagt der Drache«, »ich frühstücke um sieben. Komm um sieben, dann fresse ich dich.« Er geht weiter. Ein Hase kommt angehoppelt. »Bleib stehen, Hase«, sagt der Drache, »ich esse um zwei Mittag. Komm um zwei, dann fresse ich dich.« Der Hase hebt die Pfote. »Ich habe eine Frage.« »Bitte.« »Kann ich auch wegbleiben?« »Ja, kannst du. Dann streiche ich dich von der Liste.« Aber die wenigsten bringen es fertig, diese Frage zu stellen … Scheiße!

Der Abschied von zu Hause … Zwei Tage lang wurde gekocht, gebraten, gedünstet und gebacken. Zwei Kisten Wodka wurden gekauft. Alle Verwandten kamen. »Mach uns keine Schande, Junge!«, lautete der erste Toast meines Vaters. Und so weiter … Meine Fresse! Das übliche Gelaber: »Prüfungen bestehen« … »ehrenvoll abschneiden« … »Mut beweisen« … Am Morgen vor dem Wehrkomitee – Ziehharmonika, Gesang und Wodka aus Plastikbechern. Aber ich trinke nicht … »Bist du krank, oder was?« Vor der Abfahrt zur Bahnstation – Durchsuchung der persönlichen Sachen. Wir mussten alles auspacken, Messer, Gabeln und Essen wurden uns weggenommen. Von zu Hause hatten die meisten etwas Geld mitbekommen … Das versteckten wir tief in den Socken und Unterhosen. Meine Fresse! Künftige Verteidiger Russlands … Wir wurden in Busse verfrachtet. Die Mädchen winkten, die Mütter weinten. Und Abfahrt! Ein ganzer Waggon voller Männer. Ich habe kein einziges Gesicht behalten. Alle waren kahlgeschoren und trugen irgendwelche Lumpen. Wir sahen aus wie Häftlinge. Ich erinnere mich nur an Gesprächsfetzen: »Vierzig Tabletten … Suizidversuch … Entlassungsschein. Man muss blöd sein, um klug zu bleiben …« »Schlag mich ruhig! Schlag mich! Na und, bin ich eben ein Stück Scheiße, mir doch egal. Aber ich bin dann zu Hause, ficke mit Mädchen, und du gehst mit einem Gewehr in der

Hand Krieg spielen.« »He, Jungs, jetzt tauschen wir die Turnschuhe gegen Stiefel und verteidigen die Heimat.« »Wer Kohle hat, der geht nicht zur Armee.« Drei Tage waren wir unterwegs. Die ganze Zeit wurde getrunken. Aber ich trinke nicht … »Du Ärmster! Wie willst du bei der Armee durchhalten?« Zum Schlafen hatten wir nur unsere Socken und das, was wir am Leib trugen. Nachts zogen wir die Schuhe aus … Meine Fresse! Ein Gestank war das! Hundert Kerle ziehen die Schuhe aus … Manche wechselten die Socken nur alle zwei oder gar alle drei Tage … Ich hätte mich am liebsten aufgehängt oder erschossen. Zur Toilette durften wir nur mit einem Offizier – dreimal am Tag. Wenn man öfter musste, hieß es aushalten. Die Toilette war abgeschlossen. Vorsichtshalber … wir kamen ja frisch von zu Hause … Einer hat sich in der Nacht trotzdem erhängt … Meine Fresse!

Man kann einen Menschen programmieren … Er will das selbst. Eins, zwei! Eins, zwei! Im Gleichschritt!! Bei der Armee muss man viel laufen und viel rennen. Schnell und weit rennen; wenn du nicht mehr rennen kannst – kriech! Was kennzeichnet einen Berufskriminellen? Er treibt mit dem Tod keine Spielchen, er setzt sein ganzes Leben aufs Spiel. Wer ihm in die Quere kommt, dem jagt er eine Gabel in die Kehle! Er hat schon alles erlebt, alles niedergebrannt. So einer springt jeden an und beißt zu. Und hundert junge Männer auf einem Haufen? Das sind Tiere! Ein Rudel junger Wölfe! Im Gefängnis und bei der Armee herrschen die gleichen Gesetze. Absolute Willkür. Regel Nummer eins: Hilf nie einem Schwachen. Schwache musst du schlagen! Die Schwachen werden sofort aussortiert … Regel Nummer zwei: Du hast keine Freunde, jeder ist allein. Der eine grunzt nachts, ein anderer quakt, der Nächste ruft nach seiner Mama, einer furzt … Aber für alle gilt eine Regel: »Beuge dich, oder beuge andere.« Alles simpel, wie zwei mal zwei. Wozu nur habe ich so viele Bücher gelesen? Habe Tschechow geglaubt … Er hat geschrieben, man müsse tröpfchenweise den Sklaven aus sich herauspressen und alles am Menschen müsse schön sein: die Seele, die Kleidung und die Gedanken. Dabei ist es manchmal umgekehrt! Genau umgekehrt! Manchmal möchte der Mensch gern Sklave sein, es gefällt ihm. Und man presst tröpfchenweise den Menschen aus ihm heraus. Der Sergeant macht dir gleich am ersten Tag klar, dass du Vieh bist, eine willenlose Kreatur. Er befiehlt: »Hinlegen! Auf!« Alle stehen auf, einer bleibt liegen. »Hinlegen! Auf!« Er bleibt liegen. Der Sergeant wird gelb, dann violett. »Was soll das?« »Es ist alles eitel …« »Was?« »Der Herr lehrt: Du sollst nicht töten, du sollst nicht einmal zürnen …« Der Sergeant rennt zum Kompaniechef, der zum KGB-Offizier. Sie schauen sich die Akte des Mannes an: Er ist Baptist. Wie ist der bei der Armee gelandet?! Er wurde von allen isoliert und dann weggebracht. Er sei extrem gefährlich! Weil er nicht Krieg spielen wollte …

Die Ausbildung des jungen Soldaten: Stechschrittübungen, Dienstvorschrift auswendig lernen, die Kalaschnikow auseinander- und wieder zusammenbauen – mit geschlossenen Augen … unter Wasser … Es gibt keinen Gott! Der Sergeant ist für uns Gott, Zar und militärischer Vorgesetzter. Sergeant Valerian: »Man kann sogar Fische dressieren. Klar?« »Beim Singen müsst ihr so brüllen, dass eure Arschmuskeln zittern.« »Je tiefer ihr euch eingrabt, desto weniger werdet ihr getötet.« Folklore!! Der schlimmste Albtraum sind die Kunstlederstiefel … Die russische Armee wurde erst vor kurzem auf Schuhe umgerüstet. Ich musste noch Stiefel tragen. Damit Kunstleder glänzt, muss man dick Schuhcreme auftragen und mit einem Wolllappen kräftig polieren. Geländelauf – zehn Kilometer in Kunstlederstiefeln. Bei dreißig Grad Hitze … Die Hölle! Albtraum Nummer zwei waren die Fußlappen … Es gab zwei Sorten – für den Winter und für den Sommer. Die russische Armee hat sich als Letzte von den Fußlappen getrennt … im 21. Jahrhundert … Ich habe mir damit viele blutige Blasen geholt. Fußlappen wickelt man von der Fußspitze aus, und zwar nach außen, nie nach innen. Die Truppe tritt an. »Soldat … warum humpeln Sie? Es gibt keine zu engen Stiefel, nur falsche Füße.« Ständig wird unflätig geflucht, das ist kein Schimpfen, das ist der normale Umgangston, vom Oberst bis zum einfachen Soldaten. Etwas anderes habe ich dort nie gehört.

Das Abc des Überlebens: Der Soldat ist ein Tier, das alles kann … die Armee ist ein Gefängnis, in dem man eine von der Verfassung festgelegte Haftzeit verbringt … Mama, ich habe Angst! Ein junger Soldat … das ist ein »Frischling«, ein »Dachs«, ein »Wurm« … »He,

Dachs! Bring mir Tee.« »He … putz meine Stiefel …« He, he! »Ganz schön hochnäsig, du Arsch.« Und dann beginnen die Drangsalierungen … In der Nacht halten vier Mann einen fest, zwei verprügeln ihn … Sie haben eine Technik entwickelt, bei der keine blauen Flecke zurückbleiben. Keine Spuren. Zum Beispiel mit einem nassen Handtuch … mit Löffeln … Einmal wurde ich so vermöbelt, dass ich zwei Tage nicht reden konnte. Im Hospital gibt es gegen alles nur eine Medizin: Seljonka[6]. Wenn sie das Prügeln überhaben, »rasieren« sie einen mit einem trockenen Handtuch oder mit einem Feuerzeug. Wird auch das langweilig, füttern sie einen mit Fäkalien, mit Abfällen. »Du sollst mit den Händen reingreifen! Mit den Händen!« Diese Männer sind rohes Vieh! Sie zwingen einen, nackt durch die Kaserne zu laufen … zu tanzen … Ein junger Soldat hat keinerlei Rechte … Mein Vater: »Die Sowjetarmee ist die beste Armee der Welt …«

Und dann … da kommt ein Moment … Da kommt dir der Gedanke, ein gemeiner Gedanke: Noch wasche ich ihnen die Unterhosen und Fußlappen, aber eines Tages bin ich selber ein Vieh und lasse mir die Unterhosen waschen. Zu Hause hatte ich gemeint, ich sei lieb und nett. Hatte geglaubt, dass man mich nicht brechen und mein Ich nicht zerstören könne. Das war »davor« … *(Pause.)* Dauernd hatte ich Hunger, vor allem Süßes fehlte mir. Bei der Armee stehlen alle, und deshalb bekommt der Soldat statt der ihm zustehenden siebzig Gramm Zucker nur dreißig. Einmal waren wir eine Woche lang ohne Kascha – irgendwer hatte auf der Bahnstation einen Waggon Graupen geklaut. Ich träumte von Bäckerläden … von Kuchen mit Rosinen … Ich wurde ein Meister im Kartoffelschälen. Ein Virtuose! In einer Stunde schaffte ich drei Eimer Kartoffeln. Die Armee bekommt Kartoffeln, die nicht der Norm entsprechen … wie für Tierfutter … Du sitzt in einem Berg Kartoffelschalen … Scheiße! Beim Küchendienst kommt der Sergeant zum Soldaten: »Du schälst drei Eimer Kartoffeln.« Der Soldat: »Die Menschen fliegen längst ins All, aber eine Kartoffelschälmaschine haben sie noch nicht erfunden.« Der Sergeant: »Die Armee, Soldat, hat alles. Auch eine Kartoffelschälmaschine – das bist nämlich du. Das neueste Modell.« Die Soldatenkantine ist ein wahres Wunderland … Zwei Jahre lang Kascha, Sauerkraut,

Makkaroni und Suppe aus Fleisch, das für den Kriegsfall in Depots gelagert war. Wie lange mag es dort gelegen haben? Fünf Jahre, zehn Jahre … Und alles wurde mit synthetischem Speisefett angemacht, aus großen orangefarbenen Fünfliterkanistern. Zu Neujahr wurde gezuckerte Kondensmilch über die Makkaroni gegossen – eine Köstlichkeit! Sergeant Valerian: »Kuchen könnt ihr zu Hause essen, mit euren Nutten …« Gabeln und Teelöffel stehen dem Soldaten laut Dienstvorschrift nicht zu. Nur ein Esslöffel. Einmal bekam jemand von zu Hause ein paar Teelöffel geschickt. Mein Gott! Mit welchem Genuss wir unseren Tee damit umrührten! Eine zivile Freude! Sie halten uns hier wie Schweine, und auf einmal haben wir Teelöffel. Mein Gott! Ich habe ja irgendwo ein Zuhause … Der diensthabende Hauptmann kam herein … Sah die Teelöffel: »Was soll das? Was ist das! Wer hat das erlaubt? Sofort raus mit diesem Dreck!« Löffel! Ein Soldat ist kein Mensch. Er ist ein Ding … ein Gerät … ein Mordwerkzeug … *(Pause.)* Dann die Entlassung. Wir … etwa zwanzig Mann … wir wurden mit einem Auto zur Bahnstation gefahren und abgeladen. »Na dann – macht's gut! Macht's gut, Jungs! Viel Glück im Zivilleben.« Wir stehen da. Nach einer halben Stunde stehen wir noch immer da. Eine Stunde vergeht … Und wir stehen da! Schauen uns um. Warten auf einen Befehl. Irgendwer muss uns befehlen: »Im Laufschritt marsch! Zur Kasse, Fahrkarten kaufen!« Aber es kommt kein Befehl. Ich weiß nicht mehr, wie viel Zeit verging, bis wir kapierten, dass es keinen Befehl geben würde. Dass wir selbst entscheiden mussten. Meine Fresse! In den zwei Jahren hatten sie uns das Gehirn kaputtgemacht …

Umbringen wollte ich mich an die fünf Mal … Aber wie? Aufhängen? Dann hängst du vollgeschissen da, mit raushängender Zunge … die stopft dir keiner in den Mund zurück … Wie jener Junge im Zug, auf der Fahrt zu unserer Einheit. Verfluchen werden sie dich … die eigenen Kameraden … Vom Wachturm springen – da wirst du ein Haufen Matsch! Dir beim Wachdienst mit der MP in den Kopf schießen – der platzt auseinander wie eine Melone. Das wollte ich meiner Mutter nicht antun. Der Kommandeur hatte gesagt: »Wenn ihr euch umbringen wollt, dann bitte nicht durch Erschießen. Menschen kann man leichter abschreiben als Patronen.« Das Leben eines Soldaten ist weniger wert als eine Dienstwaffe. Ein Brief von einem Mädchen … Das bedeutet bei der Armee sehr viel. Da zittern jedem die Hände. Briefe durften nicht aufbewahrt werden. Bei der Nachtschrankkontrolle: »Eure Weiber überlasst mal uns. Ihr müsst noch dienen wie die Kupferkessel. Schmeiß dein Altpapier ins Klo.« Du greifst dir Rasiermesser, Kugelschreiber und Notizblock. Dann sitzt du auf dem Klo und liest zum letzten Mal: »Ich liebe dich … Küsse …« Scheiße! Vaterlandsverteidiger! Ein Brief von meinem Vater: »Es ist Krieg in Tschetschenien … Du verstehst mich!!« Vater erwartet einen Helden zurück … Ein Fähnrich bei uns, der war in Afghanistan, als Freiwilliger. Der Krieg hat seinem Kopf übel mitgespielt. Er erzählte nichts darüber, nur »afghanische« Witze. Meine Fresse! Alle brüllten vor Lachen … Ein Soldat schleppt einen schwer verwundeten Freund, der ist am Verbluten. Er muss sterben. Er bittet: »Erschieß mich! Ich kann nicht mehr!« »Ich hab keine Patronen mehr. Sind alle.« »Dann kauf dir welche.« »Wo soll ich denn welche kaufen? Hier sind nur Berge, keine Menschenseele.« »Kauf mir welche ab.« *(Er lacht.)* »Genosse Offizier, warum haben Sie sich für Afghanistan gemeldet?« »Ich will Major werden.« »Nicht General?« »Nein, General werde ich nicht – der General hat selber einen Sohn.« *(Pause.)* Von uns hat sich keiner freiwillig nach Tschetschenien gemeldet. Ich erinnere mich an keinen einzigen Freiwilligen … Vater erschien mir im Traum: »Du hast doch den Eid abgelegt? Hast unter der roten Fahne gestanden: ›Ich schwöre … heilig zu erfüllen … strikt einzuhalten … mutig zu verteidigen … Und sollte ich diesen meinen feierlichen Eid brechen, so möge mich eine strenge Strafe treffen … allgemeiner Hass und Verachtung …‹« Im Traum floh ich, und er zielte auf mich … er zielte …

Ich schiebe Wache. Eine Waffe in der Hand. Und da ist nur ein Gedanke: Nur ein, zwei Sekunden, und du bist frei. Einfach weg. Dann kommt ihr nicht mehr an mich ran, ihr Schweine! Keiner … Keiner! Wenn ihr nach dem Grund sucht, fangt da an, wo meine Mutter ein Mädchen wollte und mein Vater wie immer eine Abtreibung. Der Sergeant hat gesagt, du bist ein Sack voll Scheiße … ein Loch im Raum … *(Pause.)* Die Offiziere waren verschieden: Einer war ein dem

Suff verfallener Intellektueller, sprach englisch, aber die meisten waren stumpfsinnige Säufer. Sie soffen, bis sie weiße Mäuse sahen … Manchmal jagten sie nachts die ganze Kaserne aus dem Bett und ließen die Soldaten über den Platz rennen, bis sie umfielen. Die Offiziere hießen bei uns Schakale. Ein schlechter Schakal … ein guter Schakal … *(Pause.)* Wer wird Ihnen schon erzählen, wie ein Mann von zehn anderen vergewaltigt wird … *(Er lacht böse.)* Das ist kein Spaß und keine Literatur … *(Pause.)* Mit einem Kipper wurden wir wie Vieh auf die Datscha des Kommandeurs geschafft. Dort schleppten wir schwere Betonplatten … *(Er lacht böse.)* Trommler! Spiel uns die Hymne der Sowjetunion!

Ich wollte nie ein Held sein. Ich hasse Helden! Ein Held muss entweder viele Menschen töten … oder einen schönen Tod sterben … Du musst den Feind um jeden Preis töten: Erst benutzt du deine Waffe, und wenn dir Patronen und Granaten ausgehen, nimm ein Messer, den Gewehrkolben, einen Pionierspaten. Oder deine Zähne. Sergeant Valerian: »Du musst mit dem Messer umgehen lernen. Die Hand ist gut – da musst du reinstechen, nicht schneiden … von hinten … So … und so … Halt die Hand unter Kontrolle, geh hinter den Gegner … keine zu komplizierten Bewegungen … Sehr gut! Sehr gut! Jetzt dem Gegner das Messer entwinden … So … und so … Ja, du hast ihn getötet. Du hast ihn getötet! Schrei: ›Stirb, du Hund!‹ Warum schreist du nicht?« *(Er hält inne.)* Ständig wird einem eingebläut: Eine Waffe, das ist schön … Schießen ist echt männlich … Wir lernten an Tieren töten, sie brachten uns extra streunende Hunde und Katzen, damit unsere Hand später beim Anblick von menschlichem Blut nicht zitterte. Wie die Fleischer! Ich hielt das nicht aus … ich weinte nachts … *(Pause.)* Als Kinder spielten wir oft Samurais. Ein Samurai musste auf echt japanische Art sterben, er durfte nicht mit dem Gesicht nach unten fallen und nicht schreien. Ich schrie immer … Die anderen ließen mich nicht gern mitspielen … *(Pause.)* Sergeant Valerian: »Merkt euch … eine MP funktioniert so: eins, zwei, drei – und du bist tot …« Ach, leckt mich alle … Eins, zwei …

Der Tod hat Ähnlichkeit mit der Liebe. In den letzten Augenblicken – Dunkelheit … heftige, unschöne Krämpfe … Vom Tod kann man nicht zurückkehren, aber aus der Liebe kehren wir zurück. Und können uns daran erinnern, wie es war … Wären Sie einmal fast ertrunken? Ich ja … Je mehr man sich wehrt, desto weniger Kraft hat man. Man muss sich abfinden und untergehen. Und dann … Wenn du leben willst, durchstößt du den Wasserhimmel und kommst zurück. Aber erst musst du untergehen bis zum Grund.

Aber dort? Dort gab es kein Licht am Ende des Tunnels, auch Engel habe ich keine gesehen. Nur Vater, der an einem roten Sarg saß. Der Sarg war leer.

Über die Liebe aber wissen wir zu wenig

Einige Jahre später war ich wieder in der Stadt N (den Namen nenne ich auf Bitten meines Protagonisten nicht). Wir telefonierten und trafen uns. Er war verliebt, er war glücklich – und redete über die Liebe. Ich dachte nicht einmal gleich daran, das Diktiergerät einzuschalten, um diesen Moment des Übergangs nicht zu verpassen, wo das Leben, das normale Leben zu Literatur wird – auf diesen Moment warte ich immer, ich höre ihn in jedem Gespräch heraus, ob unter vier Augen oder in größerer Runde, aber manchmal bin ich nicht wachsam genug, dabei kann ein »Stück Literatur« überall aufblitzen, an den überraschendsten Stellen. Wie diesmal. Wir wollten nur zusammen einen Kaffee trinken, da bot das Leben eine Weiterentwicklung der Geschichte. Dies hier habe ich davon festgehalten …

Ich bin der Liebe begegnet … ich verstehe sie jetzt … Bis dahin hatte ich gedacht, Liebe, das seien zwei Dummköpfe mit erhöhter Temperatur. Bloßer Fieberwahn … Über die Liebe wissen wir zu wenig. Aber wenn man das mal aufräufelt … Krieg und Liebe kommen quasi aus demselben Feuer, das ist ein und derselbe Stoff, ein und dieselbe Materie. Der Mann mit dem Gewehr, derjenige, der den Elbrus besteigt, der, der bis zum Sieg an der Front gekämpft hat, und der, der am sozialistischen Paradies gebaut hat – das ist alles die gleiche Geschichte, der gleiche Magnet, die gleiche Spannung. Verstehen Sie?

Man kann irgendwas nicht, kann irgendwas nicht kaufen oder kann nicht im Lotto gewinnen … Aber man weiß, dass es das gibt, und man will es unbedingt … Und weiß nicht, wie man es suchen soll. Und wo.

Das ist fast wie eine Geburt … Es beginnt wie mit einem Donnerschlag … *(Pause.)* Aber vielleicht sollte man diese Geheimnisse nicht erforschen? Scheuen Sie sich nicht davor?

Der erste Tag …

Ich komme zu einem Bekannten, da ist eine ganze Truppe versammelt, ich ziehe an der Garderobe meinen Mantel aus, jemand kommt aus der Küche, ich muss ausweichen, drehe mich um – sie! Das war wie eine Art Kurzschluss, als wäre plötzlich im ganzen Haus das Licht aus. Und das war's. Normalerweise bin ich nicht um Worte verlegen, aber da habe ich mich nur hingesetzt und geschaut, ich habe nicht einmal sie angeschaut, das heißt, nicht dass ich sie nicht angesehen hätte, aber ich habe lange durch sie hindurchgeschaut, wie in den Tarkowski-Filmen: Jemand gießt Wasser aus einem Krug, es läuft neben die Tasse, dann dreht es sich ga-a-anz langsam mit der Tasse zusammen um. Das Ganze spielte sich viel schneller ab, als ich es jetzt erzähle. Wie ein Blitz! An jenem Tag habe ich etwas erfahren, das alles andere unwichtig erscheinen ließ, ich wusste nicht einmal recht, wieso. Es war passiert, und Schluss. Und es war unumstößlich. Ihr Bräutigam begleitete sie nach Hause, ich erfuhr, dass sie bald heiraten wollten, aber das war mir egal, und auf dem Heimweg war ich nicht mehr allein, sie war bei mir, sie war schon in mir. Wenn die Liebe beginnt … dann hat alles um einen herum plötzlich eine andere Farbe, es gibt mehr Stimmen, mehr Geräusche … Das ist unmöglich zu verstehen … *(Pause.)* Ich gebe es nur annähernd wieder …

Am Morgen erwachte ich mit dem Gedanken, dass ich sie finden müsse, dabei wusste ich weder ihren Namen noch ihre Adresse oder ihre Telefonnummer, aber es war passiert, etwas Wichtiges war in meinem Leben passiert. Sie war mir begegnet. Das war, als hätte ich etwas vergessen gehabt … und mich nun wieder daran erinnert … Verstehen Sie, wovon ich rede? Nein? Wir können das nicht ausdrücken … alle Worte wären künstlich, nur eine Kopie … Wir sind gewöhnt zu denken: Die Zukunft ist uns verborgen, aber das, was war, kann man erklären. Ist es wirklich geschehen oder nicht … das ist für mich die Frage … Vielleicht war ja gar nichts? Vielleicht ist es nur ein Film, der läuft … Ich kenne solche Momente in meinem Leben, die quasi nicht passiert sind. Aber sie sind passiert. Zum Beispiel war ich mehrfach verliebt … glaubte, verliebt zu sein … Ich besitze noch viele Fotos. Aber das alles ist aus meiner Erinnerung verschwunden, fortgeschwemmt. Es gibt Dinge, die nicht verschwinden, die man behalten muss. Aber alles andere … Erinnert sich der Mensch etwa an alles, was mit ihm war?

Der zweite Tag …

Ich kaufte eine Rose. Geld hatte ich so gut wie keins, doch ich fuhr auf den Markt und kaufte die größte Rose, die ich finden konnte. Und auch da … Wie soll ich das erklären? Eine Zigeunerin sprach mich an: »Komm, mein Lieber, lass dir wahrsagen. Ich sehe an deinen Augen …« Ich bin weggelaufen. Wozu sollte ich mir wahrsagen lassen? Ich wusste selber, dass das Geheimnis schon vor der Tür stand. Das Geheimnis, das Mysterium, die Entdeckung … Erst erwischte ich die falsche Wohnung – ein betrunkener Mann in einem ausgeleierten T-Shirt öffnete, sah mich mit meiner Rose und erstarrte. »Scheiße!« Ich stieg eine Etage höher … Hinter der Kette musterte mich eine merkwürdige alte Frau mit einem Strickhut. »Lena, Besuch für dich.« Später spielte sie uns etwas auf dem Klavier vor und erzählte vom Theater. Eine alte Schauspielerin. Sie hatten einen großen schwarzen Kater, der war ein richtiger Haustyrann und konnte mich aus irgendeinem Grund auf Anhieb nicht leiden, aber ich versuchte, ihm zu gefallen … Ein großer schwarzer Kater … Wenn dir das Mysterium der Liebe widerfährt, geschieht das quasi ohne dein Zutun. Verstehen Sie, wovon ich rede? Man muss nicht Kosmonaut, Oligarch oder ein Held sein – glücklich sein und etwas Phantastisches erleben kann man auch in einer ganz normalen Zweizimmerwohnung – achtundfünfzig Quadratmeter mit Bad, inmitten alter sowjetischer Sachen. Es wurde zwölf Uhr nachts, zwei … Ich musste gehen, aber ich wusste nicht, warum ich dieses Haus verlassen sollte. Ich fühlte mich, als wäre eine Erinnerung lebendig geworden … wie soll ich das ausdrücken … Als erinnerte ich mich plötzlich an all das, als hätte ich es lange vergessen gehabt und es nun wiedergefunden. Als wäre ich wieder zusammengefügt. Etwas in der Art … denke ich … so ähnlich empfindet wohl jemand, der viele Tage in einer Klosterzelle gelebt hat. Er entdeckt die Welt plötzlich in unendlich vielen Details. In vielfältiger Gestalt. Man kann das Mysterium zwar begreifen, wie etwas Gegenständliches, wie eine Vase zum Beispiel, aber um zu verstehen, muss man Schmerz empfinden. Wie soll man sonst etwas verstehen, wenn es nicht wehtut? Es muss wehtun …

… Über die Frauen aufgeklärt wurde ich zum ersten Mal mit sieben, von meinen Freunden, die im gleichen Alter waren, ich erinnere mich, wie sie sich freuten, dass sie Bescheid wussten und ich nicht – wir erklären dir gleich mal alles. Und dann zeichneten sie mit Stöcken etwas in den Sand …

… Dass eine Frau etwas anderes ist, fühlte ich zum ersten Mal mit siebzehn, nicht durch Bücher, sondern über die Haut, ich spürte ganz nah etwas unendlich anderes, einen riesigen Unterschied, und ich war zutiefst erschüttert, dass dies so anders war. Irgendetwas lag darin verborgen, im weiblichen Gefäß, das für mich unerreichbar war …

… Stellen Sie sich eine Kaserne vor … Es ist Sonntag. Es gibt nichts zu tun. Zweihundert Männer sitzen mit angehaltenem Atem da und schauen Aerobic: Auf dem Bildschirm lauter Mädchen in enganliegenden Trikots … Die Männer sitzen da wie die Ölgötzen. Wenn der Fernseher kaputtgeht, ist das eine Katastrophe, derjenige, der daran schuld ist, kann glatt getötet werden. Verstehen Sie? Auch das hat mit Liebe zu tun …

Der dritte Tag …

Ich stand am Morgen auf, ich hatte es nicht eilig – ich wusste, dass es sie gab, dass ich sie gefunden hatte. Die Sehnsucht war weg … Ich war nicht mehr allein … Plötzlich entdeckst du deinen Körper … die Hände, die Lippen … bemerkst draußen vorm Fenster den Himmel und die Bäume, und alles ist dir ganz nah gerückt, fast beengend nah. So etwas gibt es nur im Traum … *(Pause.)* Über eine Annonce in der Abendzeitung fanden wir eine unmögliche Wohnung in einem unmöglichen Bezirk. Ganz am Stadtrand, in einem Neubaugebiet.

An Feiertagen brüllten die Männer draußen von morgens bis abends obszön herum und spielten um eine Flasche Wodka Domino oder Karten. Nach einem Jahr wurde unsere Tochter geboren … *(Pause.)* Und jetzt will ich Ihnen vom Tod erzählen … Gestern hat die ganze Stadt einen Klassenkameraden von mir begraben … er war Milizleutnant … Der Sarg wurde aus Tschetschenien gebracht und nicht geöffnet, die Mutter durfte den Sohn nicht noch einmal sehen. Was mag da drin gewesen sein? Es gab Salutschüsse und so weiter. Ruhm den Helden! Ich war dort. Zusammen mit meinem Vater … Die Augen meines Vaters schimmerten feucht … Verstehen Sie, wovon ich rede? Auf das Glück ist der Mensch nicht vorbereitet, er ist vorbereitet auf Krieg, auf Kälte und Hagel. Glückliche Menschen habe ich außer meiner drei Monate alten Tochter noch nie … noch nie getroffen … Der russische Mensch bereitet sich nicht auf das Glück vor. *(Pause.)* Alle normalen Menschen bringen ihre Kinder ins Ausland. Viele meiner Freunde sind weg … sie rufen mich an, aus Israel, aus Kanada … Früher habe ich nie an Auswanderung gedacht. Weg hier … weg … Dieser Gedanke kam mir erst, nachdem meine Tochter geboren war. Ich möchte diejenigen, die ich liebe, schützen. Mein Vater wird mir das nicht verzeihen. Das weiß ich.

Russische Gespräche in Chicago

Wir trafen uns noch einmal – in Chicago. Seine Familie hatte sich am neuen Ort schon ein wenig eingelebt. Einige Russen waren zusammengekommen. Eine russische Tafel und russische Gespräche, in denen zu den ewigen russischen Fragen – Was tun und Wer ist schuld[7] *– eine weitere hinzugekommen war: auswandern oder nicht auswandern?*

»Ich bin weggegangen, weil ich Angst bekommen hatte … Bei uns endet jede Revolution damit, dass die Leute das Durcheinander nutzen und sich gegenseitig ausrauben und dass den Juden die Fresse poliert wird. In Moskau herrschte regelrecht Krieg, jeden Tag wurde irgendwer mit einer Bombe oder sonstwie getötet. Abends konnte man sich ohne Kampfhund nicht auf die Straße trauen. Ich habe mir extra einen Bullterrier angeschafft …«

»Als Gorbatschow den Käfig aufgemacht hat, sind wir gleich raus. Was habe ich dort zurückgelassen? Eine beschissene Zweizimmerwohnung in einem Chruschtschow-Bau. Ich bin lieber Zimmermädchen mit einem guten Gehalt als Ärztin mit dem Geld einer Obdachlosen. Wir sind alle in der UdSSR aufgewachsen: Wir haben in der Schule Schrott gesammelt und liebten das Lied *Tag des Sieges*. Wir wurden mit den großen Märchen von Gerechtigkeit erzogen, mit russischen Zeichentrickfilmen, wo klar gezeigt wurde: Hier ist das Gute, da das Böse. Eine Welt, in der sozusagen alles richtig war. Mein Großvater ist bei Stalingrad für die sowjetische Heimat gefallen, für den Kommunismus. Aber ich wollte in einem normalen Land leben. Ich wollte Vorhänge an den Fenstern haben und Kissen, ich wollte, dass mein Mann, wenn er von der Arbeit nach Hause kommt, für die Familie da ist. Mit der russischen Seele ist bei mir nicht viel los, die ist bei mir nicht sehr ausgeprägt. Ich bin abgehauen in die Staaten. Ich esse im Winter Erdbeeren. Wurst gibt es hier in Massen, und sie ist kein Symbol für irgendwas …«

»Die neunziger Jahre waren lustig und ein bisschen wie ein Märchen … Wenn man aus dem Fenster schaute: An jeder Ecke eine Demonstration. Aber bald war es nicht mehr märchenhaft und lustig. Ihr wolltet den freien Markt – bitte sehr! Mein Mann und ich sind Ingenieure, aber Ingenieur war bei uns das halbe Land. Für uns hieß es ohne große Umstände: Ab auf den Müll! Dabei waren wir es, die die Perestroika gemacht und den Kommunismus begraben hatten. Und nun wurden wir nicht mehr gebraucht. Ich mag gar nicht daran zurückdenken … Unsere kleine Tochter hatte Hunger, aber es war nichts im Haus. In der ganzen Stadt hingen Annoncen: kaufe … kaufe … ›Kaufe ein Kilo Lebensmittel‹ – nicht Fleisch oder Käse, nein, irgendwas zu essen. Man freute sich über ein Kilo Kartoffeln, auf dem Markt wurde Ölkuchen verkauft, wie im Krieg. Der Mann unserer Nachbarin wurde im Hauseingang erschossen. Ein Kioskbesitzer. Einen halben Tag lag er da, mit Zeitungspapier zugedeckt. In einer Blutlache. Im Fernsehen: Da wurde ein Bankier getötet, dort ein Geschäftsmann … Am Ende besaß eine Bande von Dieben alles. Nicht mehr lange, und das Volk wird zur Rubljowka[8] ziehen. Mit Äxten …«

»Nicht die Rubljowka werden sie stürmen, sondern die Pappkartons auf den Märkten, in denen die Gastarbeiter* hausen. Die Tadschiken und Moldawier werden sie töten …«

»Also, mir ist das alles scheißegal! Sollen sie doch alle krepieren. Ich lebe für mich …«

»Ich habe beschlossen zu emigrieren, als Gorbatschow aus Foros zurückkam und sagte, vom Sozialismus würden wir uns nicht abkehren. Dann ohne mich! Ich will nicht im Sozialismus leben! Das war ein trostloses Leben. Schon als Kinder wussten wir: Wir werden Oktoberkinder, Pioniere, Komsomolzen. Das erste Gehalt – sechtzig Rubel, dann achtzig, am Ende hundertzwanzig … *(Sie lacht.)* Unsere Klassenlehrerin drohte: ›Wenn ihr *Radio Swoboda* hört, dürft ihr nie Komsomolzen werden. Wenn nun unsere Feinde davon erfahren?‹ Das Lustigste daran: Sie lebt inzwischen selber in Israel …«

»Früher brannte auch ich für die Idee, da war ich keine simple Spießerin. Mir kommen noch heute die Tränen … beim Gedanken an den Putsch!! Panzer im Zentrum von Moskau – das war ein schlimmer Anblick. Meine Eltern kamen von der Datscha zurück, um sich mit Lebensmitteln einzudecken, falls es einen Bürgerkrieg geben würde. Diese Bande! Diese Junta! Sie dachten, sie müssten nur mit Panzern anrollen, und damit wäre alles entschieden. Sie dachten, die Leute wollten nur eines: Dass es wieder was zu essen gebe, und dann wären

* *Gastarbeiter* – das deutsche Wort Gastarbeiter hat sich in den letzten Jahren in Russland eingebürgert für die Lohnarbeiter aus den ehemaligen Sowjetrepubliken, die in Moskau arbeiten.

sie mit allem einverstanden. Das Volk strömte auf die Straße … das Land war aufgewacht … Das war nur ein kurzer Moment, eine Sekunde … Als wäre ein Knoten geplatzt … *(Sie lacht.)* Meine Mutter ist im Grunde eine oberflächliche Person, sie macht sich nie über irgendwas groß Gedanken. Politik liegt ihr fern, ihr Prinzip lautet: Das Leben vergeht, man muss jetzt alles nehmen, was man kriegen kann. Eine hübsche junge Frau. Aber selbst sie ist zum Weißen Haus gezogen, mit einem Schirm unterm Arm …«

»Hahaha … Statt Freiheit haben wir Vouchers bekommen. So haben sie das große Land aufgeteilt: Öl, Gas … Wie soll ich es ausdrücken … Der eine kriegt die Brezel, der andere das Loch in der Brezel. Die Vouchers hätte man in Unternehmensaktien investieren müssen, aber damit kannte sich kaum jemand aus. Geld machen hat im Sozialismus keiner gelernt. Mein Vater brachte Werbezettel mit nach Hause: ›Moskauer Immobilien‹, ›Öl-Diamant-Invest‹, ›Norilsker Nickel‹ … Er stritt sich in der Küche mit Mutter, und am Ende verscherbelten sie alles an einen Typen in der Metro. Von dem Erlös kauften sie mir eine modische Lederjacke. Das war der ganze Gewinn. In dieser Jacke bin ich nach Amerika gekommen …«

»Bei uns liegen sie noch immer rum. In dreißig Jahren werde ich sie an ein Museum verkaufen …«

»Ihr könnt euch nicht vorstellen, wie sehr ich dieses Land hasse … Ich hasse die Siegesparade! Mir wird übel von den grauen Plattenbauten und den Balkons voller Gläser mit eingemachten Tomaten und Gurken … und alter Möbel …«

»Dann begann der Tschetschenienkrieg … Unser Sohn hätte ein Jahr später zur Armee gemusst … Hungrige Bergarbeiter kamen nach Moskau und klapperten auf dem Roten Platz mit ihren Helmen. Vor dem Kreml. Keiner wusste, wohin das alles führen würde. Die Menschen dort sind großartig, wunderbar, aber leben kann man da nicht. Wir sind der Kinder wegen weggegangen, wir haben ihnen hier einen

Start bereitet. Und nun sind sie erwachsen und schrecklich weit weg von uns …«

»… äh … wie heißt das auf Russisch? Ich vergesse die Sprache langsam … Emigration ist inzwischen normal, der Russe kann leben, wo er will, wo er es interessant findet. Der eine zieht von Irkutsk nach Moskau, der andere von Moskau nach London. Die ganze Welt ist eine Karawanserei geworden …«

»Ein wahrer Patriot kann Russland nur eine Okkupation wünschen. Dass irgendwer das Land besetzt …«

»Ich hatte eine Weile im Ausland gearbeitet und war nach Moskau zurückgekehrt … In mir stritten zwei Gefühle: Ich wollte in einer vertrauten Umgebung leben, in der ich wie in meiner eigenen Wohnung mit geschlossenen Augen jedes Buch auf dem Regal finde, und zugleich wollte ich in die weite Welt hinaus. Weggehen oder bleiben? Ich konnte mich nicht entscheiden. Das war 1995 … Ich weiß noch, ich ging die Gorkistraße entlang, vor mir unterhielten sich laut zwei Frauen … und ich verstand sie nicht … Dabei sprachen sie russisch. Ich war total verblüfft! Wie gelähmt … Lauter neue Wörter, und vor allem – die Intonation. Sehr viel südlicher Dialekt. Und ein anderer Gesichtsausdruck … Ich war nur wenige Jahre fort gewesen und war schon fremd. Die Zeit raste damals förmlich. Moskau war schmutzig, nichts mehr vom Glanz der Hauptstadt! Überall Müllhaufen. Der Müll der Freiheit: Bierdosen, bunte Etiketten, Apfelsinenschalen … Alle aßen Bananen. Heute ist das vorbei. Die Leute haben sich gesättigt. Ich begriff, dass es die Stadt, die ich so geliebt und in der ich mich so wohlgefühlt hatte, dass es diese Stadt nicht mehr gab. Die echten Moskauer saßen verschreckt zu Hause oder waren ausgewandert. Das alte Moskau war weg. Eine neue Bevölkerung hatte es eingenommen. Ich hätte am liebsten sofort meinen Koffer gepackt und wäre geflohen. Nicht einmal während des Augustputsches hatte ich eine solche Angst verspürt. Damals war ich begeistert! Zusammen mit meiner Freundin brachte ich mit meinem alten Shiguli Flugblätter zum

Weißen Haus, die hatten wir in unserem Institut gedruckt, da gab es ein Xerox. Auf dem Hin- und Rückweg fuhren wir an Panzern vorbei, und ich weiß noch, wie ich staunte, als ich auf den Panzern Flicken entdeckte. Quadratische Flicken, mit Schrauben befestigt …

In all den Jahren, während ich weg gewesen war, hatten meine Freunde in totaler Euphorie gelebt: Die Revolution ist vollbracht! Der Kommunismus ist gefallen! Irgendwie waren alle überzeugt, dass nun alles gut werden würde, weil es in Russland ja so viele gebildete Menschen gab. Es ist ein reiches Land … Aber Mexiko ist auch reich … Für Öl und Gas kann man keine Demokratie kaufen, und man kann sie auch nicht importieren wie Bananen oder Schweizer Schokolade. Nicht per Präsidentenerlass befehlen … Dafür braucht es freie Menschen, und die gab es nicht. Die gibt es auch heute nicht. In Europa wird die Demokratie seit zweihundert Jahren so sorgfältig gepflegt wie der Rasen. Zu Hause weinte meine Mutter. ›Du sagst, Stalin ist schlecht, aber mit ihm haben wir gesiegt. Und du willst die Heimat verraten …‹ Ein alter Freund von mir kam zu Besuch. Wir tranken in der Küche Tee. ›Was weiter wird? Nichts Gutes, solange wir nicht alle Kommunisten erschießen.‹ Wieder Blutvergießen? Ein paar Tage später reichte ich die Papiere für die Auswanderung ein …«

»Mein Mann und ich hatten uns scheiden lassen … Ich verklagte ihn auf Alimentenzahlung, aber er zahlte und zahlte nicht. Unsere Tochter ging auf eine private Hochschule, das Geld reichte hinten und vorn nicht. Meine Freundin kannte einen Amerikaner, der in Russland eine Firma gegründet hatte. Er suchte eine Sekretärin, aber kein Model mit Beinen bis zum Hals, sondern eine zuverlässige Person. Meine Freundin empfahl ihm mich. Er interessierte sich sehr für unser Leben, verstand aber vieles nicht. ›Warum tragen alle eure Geschäftsleute Lackschuhe?‹ ›Was bedeutet ›schmieren‹? Solche Dinge. Aber er hatte große Pläne: Russland ist ein riesiger Markt! Er wurde auf ganz banale Weise ruiniert. Mit einem simplen Trick. Für ihn bedeutete ein Wort etwas – er glaubte, was man ihm sagte. Er verlor viel Geld und beschloss, nach Hause zurückzukehren. Und dann … Vor seiner Abreise lud er mich ins Restaurant ein, ich dachte, er wollte sich verabschieden, und das war's. Doch er hob sein Glas und sagte: ›Trinken wir – weißt du, worauf? Geld verdient habe ich hier nicht, aber dafür habe ich eine gute russische Frau gefunden.‹ Seit sieben Jahren leben wir inzwischen zusammen …«

»Früher haben wir in Brooklyn gewohnt … Überall russische Laute, russische Geschäfte. Man kann in Amerika von einer russischen Hebamme auf die Welt geholt werden, in eine russische Schule gehen, bei einem russischen Unternehmer arbeiten, zu einem russischen Priester zur Beichte gehen … Es gibt Wurstsorten wie Jelzinskaja, Stalinskaja, Mikojanskaja[9] … und Speck in Schokolade … Die alten Männer auf den Bänken spielen Domino und Karten. Und diskutieren endlos über Gorbatschow und Jelzin. Es gibt Stalinisten und Antistalinisten. Im Vorbeigehen hört man Dinge wie: ›War Stalin notwendig?‹ ›Ja, war er.‹ Aber ich wusste schon als kleines Mädchen Bescheid über Stalin. Ich war fünf … Meine Mutter und ich standen an der Bushaltestelle, ganz in der Nähe des KGB-Gebäudes unseres Bezirks, wie ich heute weiß, ich war bockig und weinte. ›Hör bitte auf zu weinen‹, sagte meine Mutter, ›sonst hören uns die bösen Menschen, die deinen Opa und viele andere gute Menschen geholt haben.‹ Dann erzählte sie von Großvater … Sie musste mit irgendwem darüber reden … Als Stalin gestorben war, mussten wir im Kindergarten alle dasitzen und weinen. Nur ich habe nicht geweint. Als Großvater aus dem Lager heimkehrte, fiel er vor Großmutter auf die Knie – sie hatte sich die ganze Zeit für seine Entlassung eingesetzt …«

»Jetzt laufen auch in Amerika viele junge Russen in T-Shirts mit einem Stalinbild herum. Auf die Kühlerhaube ihres Autos malen sie Hammer und Sichel. Und sie hassen die Schwarzen …«

»Wir kommen aus Charkow … Von dort aus erschien uns Amerika wie das Paradies. Das Land des Glücks. Der erste Eindruck, als wir herkamen: Wir wollten den Kommunismus aufbauen, und die Amerikaner haben es geschafft. Eine Freundin ging mit uns zu einem Ausverkauf, denn als wir ankamen, hatten mein Mann und ich jeder nur ein Paar Jeans, wir brauchten was zum Anziehen. Wir sahen: Ein Rock drei Dollar, eine Jeans fünf … Lächerliche Preise! Es roch nach Pizza … nach gutem Kaffee … Am Abend machten mein Mann und ich eine Flasche Martini auf und rauchten Marlboro … Unser Traum war Wirklichkeit geworden! Aber wir mussten mit vierzig Jahren ganz von vorn anfangen. Hier fällt man gleich zwei, drei Stufen tiefer, man muss vergessen, dass man Regisseur ist, Schauspielerin oder an der Moskauer Universität studiert hat … Am Anfang habe ich als Pflegerin im Krankenhaus gearbeitet: Nachttöpfe raustragen, Fußböden wischen. Das hielt ich nicht lange aus. Dann habe ich für zwei alte Leutchen Hunde ausgeführt. Später war ich Kassiererin im Supermarkt … Am 9. Mai, dieser Feiertag bedeutet mir am meisten, denn mein Vater hat den ganzen Krieg mitgemacht … da erzählte ich davon … Und die Chefkassiererin sagte: ›Wir haben den Krieg gewonnen, aber ihr Russen seid auch toll. Ihr habt uns geholfen.‹ So lernen sie das hier in der Schule. Ich wäre fast vom Stuhl gefallen! Was wissen sie schon über Russland? Die Russen trinken Wodka aus Wassergläsern, und bei ihnen liegt viel Schnee …«

»Wir sind wegen der Wurst hergekommen, aber die Wurst ist nicht so billig, wie wir gedacht hatten …«

»Die Gehirne verlassen Russland, stattdessen kommen Hände … Gastarbeiter … Meine Mutter schreibt, ihr Hauswart, ein Tadschike, hat seine ganze Sippe nach Moskau geholt. Jetzt arbeiten sie alle für ihn, und er ist der Herr, hat das Kommando. Seine Frau ist ewig schwanger. An ihren Feiertagen schlachten sie auf dem Hof einen Hammel. Direkt unter den Fenstern der Moskauer. Und braten Schaschlik …«

»Ich bin ein rationaler Mensch. Das sentimentale Gerede über die Sprache der Großeltern – das sind nur Emotionen. Ich habe mir verboten, russische Bücher zu lesen und ins russische Internet zu gehen. Ich will alles Russische aus mir austreiben. Ich will kein Russe mehr sein …«

»Mein Mann wollte unbedingt raus … Wir haben zehn Kisten russische Bücher mitgebracht, damit die Kinder die russische Sprache nicht vergessen. In Moskau hat der Zoll alle Kisten aufgemacht und nach Antiquarischem durchsucht, aber wir hatten nur Puschkin, Gogol … Die Zöllner haben sehr gelacht … Ich höre noch immer den Radiosender *Majak*, die russischen Lieder …«

»Russland, mein Russland … Mein geliebtes Piter!* Wie gern würde ich heimkehren! Ich fange gleich an zu weinen … Es lebe der Kommunismus! Nach Hause! Selbst die Kartoffeln schmecken hier scheußlich. Und die russische Schokolade ist einfach wunderbar!«

»Und Unterhosen auf Bezugsschein finden Sie auch noch gut? Wenn ich daran denke, wie ich wissenschaftlichen Kommunismus pauken und eine Prüfung darin ablegen musste …«

»Die russischen Birken … und die Birken später …«

»Der Sohn meiner Schwester … Er spricht ausgezeichnet englisch. Er ist Computerspezialist. Er hat ein Jahr in Amerika gelebt und ist zurückgegangen. Er sagt, in Russland ist es jetzt interessanter …«

»Ich will auch mal was sagen … Vielen geht es jetzt auch dort gut, sie haben alles: Arbeit, ein Haus, ein Auto. Aber sie haben trotzdem Angst und wollen weg. Ihr Unternehmen könnte ihnen weggenommen werden, man könnte sie einsperren … oder sie eines Abends in ihrem Hauseingang zum Krüppel schlagen … Keiner hält sich an die Gesetze – weder oben noch unten …«

»Ein Russland mit Abramowitsch und Deripaska[10] … mit Luschkow[11] … Ist das etwa Russland? Dieses Schiff wird untergehen …«

* *Piter* – umgangssprachliche Bezeichnung für Sankt Petersburg.

»Kinder, man sollte in Goa leben … Und in Russland Geld verdienen …«

Ich gehe hinaus auf den Balkon. Hier stehen die Raucher und reden über das Gleiche: Verlassen heute die Klugen Russland oder die Dummen? Ich traue meinen Ohren nicht, als ich höre, wie drinnen am Tisch jemand die Moskauer Abende *anstimmt, unser beliebtes Lied:* Wenn es Abend wird in der großen Stadt, wenn die ersten Lichter erglühn, ja, dann denke ich noch so oft daran, wie es einst mit uns zwein begann.[12]

… Ich gehe zurück ins Zimmer – nun singen alle. Ich auch.

VON FREMDEM LEID, DAS GOTT EUCH AUF DIE SCHWELLE EURES HAUSES GELEGT HAT

Rawschan, Gastarbeiter, 27 Jahre alt

Gafchar Dshurajewa, Vorsitzende der Moskauer Stiftung »Tadschikistan«

»Ein Mensch ohne Heimat ist wie eine Nachtigall ohne ihren Garten …«

Ich weiß viel über den Tod. Irgendwann werde ich noch verrückt von all dem, was ich weiß …

Der Körper ist das Gefäß unseres Geistes. Sein Haus. Nach muslimischem Brauch muss der Körper so schnell wie möglich begraben werden – möglichst am selben Tag, an dem Allah die Seele holt. Im Haus des Verstorbenen wird ein weißes Stück Stoff an einen Nagel gehängt, das bleibt vierzig Tage lang hängen. Nachts kommt die Seele und setzt sich darauf. Sie hört die vertrauten Stimmen, freut sich und fliegt zurück.

Rawschan … Ich erinnere mich gut an ihn … Die übliche Geschichte … Sie hatten ein halbes Jahr lang keinen Lohn ausgezahlt bekommen, er hatte vier Kinder im Pamir, sein Vater war schwer krank. Rawschan ging ins Baukontor, bat um einen Vorschuss und wurde abgewiesen. Das war der letzte Tropfen. Er ging hinaus und schnitt sich mit einem Messer die Kehle durch. Ich bekam einen Anruf … Ich fuhr ins Leichenschauhaus … Dieses unglaublich schöne Gesicht … Das kann ich nicht vergessen. Sein Gesicht … Die Tadschiken sammelten Geld. Es ist für mich bis heute ein Rätsel, wie das geht: Keiner hat auch nur eine Kopeke, aber wenn jemand gestorben ist, wird sofort die nötige Summe gesammelt, jeder gibt das Letzte, damit der Tote zu Hause begraben wird, damit er in seiner Heimaterde liegt. Nicht in der Fremde. Den letzten Hundertrubelschein geben sie. Wenn man sagt, man muss nach Hause, gibt keiner was, wenn das Kind krank ist, auch nicht, aber für einen Toten – bitte sehr. Sie kamen zu mir und legten mir eine Plastiktüte mit diesen zerknitterten Hundertrubelscheinen auf den Tisch. Damit ging ich zur Aeroflot-Kasse. Zum Chef. Die Seele fliegt allein nach Hause, aber einen Sarg mit dem Flugzeug zu schicken ist teuer.

Sie nimmt Papiere vom Tisch. Liest vor.

… Polizisten kamen in eine Wohnung, in der Gastarbeiter lebten, eine schwangere Frau und ihr Mann, und sie verprügelten den Mann vor den Augen der Frau, weil sie nicht gemeldet waren. Sie bekam Blutungen und starb, zusammen mit dem ungeborenen Kind …

… In einem Vorort von Moskau verschwanden drei Personen – zwei Brüder und ihre Schwester … Verwandte, die aus Tadschikistan angereist waren, wandten sich an uns. Wir riefen in der Bäckerei an, wo die drei gearbeitet hatten. Beim ersten Mal hieß es: »Kennen wir nicht.« Beim zweiten Mal war der Besitzer selbst am Telefon. »Ja, bei mir haben Tadschiken gearbeitet. Ich habe sie für drei Monate bezahlt, und sie sind am selben Tag gegangen. Keine Ahnung, wohin.« Da wandten wir uns an die Polizei. Alle drei wurden gefunden – man hatte sie mit einem Spaten erschlagen und im Wald verscharrt. Der Besitzer der Bäckerei rief bei unserer Stiftung an und drohte uns: »Ich habe überall meine Leute. Ich mach euch auch fertig.«

… Zwei junge Tadschiken wurden mit einem Krankenwagen von einer Baustelle ins Krankenhaus gebracht … Sie lagen die ganze Nacht in der kalten Aufnahme, und niemand kümmerte sich um sie. Die Ärzte hielten mit ihrer Meinung nicht hinterm Berg: »Was wollt ihr Schwarzärsche denn alle hier?«

… Angehörige der Sondertruppen holten eines Nachts fünfzehn tadschikische Hauswarte aus einem Keller, warfen sie in den Schnee und prügelten auf sie ein, traten sie mit stahlbeschlagenen Schuhen. Ein fünfzehnjähriger Junge starb …

… Eine Mutter bekam ihren Sohn tot aus Russland zurück. Ohne innere Organe … Auf dem Moskauer Schwarzmarkt kann man alles kaufen, was ein Mensch so hat: Nieren, Lungen, Leber, Netzhaut, Herzklappen, Haut …

Das sind meine Brüder und Schwestern … Auch ich bin im Pamir geboren. Ich stamme aus den Bergen. Der Boden ist bei uns Gold wert, Weizen wird nicht in Säcken gemessen, sondern in Mützen. Ringsum gigantische Berge, gegen die jedes von Menschenhand geschaffene Wunder wie Kinderkram wirkt. Wie Spielzeug. Man lebt dort mit den Füßen auf der Erde und mit dem Kopf in den Wolken. So hoch oben, als wäre man nicht mehr auf dieser Welt. Das Meer ist etwas ganz anderes, das Meer lockt den Menschen, die Berge aber vermitteln ein Gefühl von Geborgenheit, sie schützen dich. Wie ein zweites Haus. Die Tadschiken sind keine Krieger; wenn ein Feind in ihr Land kam, gingen sie in die Berge … *(Sie schweigt.)* Mein tadschikisches Lieblingslied ist eine Klage über die verlassene Heimat. Ich muss immer heulen, wenn ich es höre … Es gibt für einen Tadschiken nichts Schlimmeres, als seine Heimat zu verlassen. Fern von der Heimat zu leben. Ein Mensch ohne Heimat ist wie eine Nachtigall ohne ihren Garten. Ich lebe seit vielen Jahren in Moskau, umgebe mich aber ständig mit Dingen von zu Hause: Wenn ich in einer Zeitschrift Berge sehe, schneide ich das Foto aus und hänge es an die Wand, genauso Fotos von blühenden Aprikosenbäumen oder von weißer Baumwolle. Im Traum ernte ich oft Baumwolle … Ich öffne die Kapsel, die Ränder der Kapsel sind sehr scharf, und darin liegt ein weißes Knäuel, wie Watte, es wiegt fast nichts, und das muss man herausholen, ohne sich dabei die Hände zu zerkratzen. Morgens wache ich dann ganz erschöpft auf … Auf den Moskauer Märkten suche ich immer nach tadschikischen Äpfeln, unsere Äpfel sind am süßesten, und nach tadschikischen Weintrauben, die sind süßer als Zucker. Als Kind habe ich immer davon geträumt, einmal den russischen Wald zu sehen, Pilze im Wald … Dort hinzufahren und diese Menschen zu sehen. Das ist der zweite Teil meiner Seele: eine russische Hütte, ein Ofen, Piroggen. *(Sie schweigt.)* Ich wollte von unserem Leben erzählen … Von meinen

Brüdern … Für euch sehen sie alle gleich aus: schwarze Haare, ungewaschen, feindselig. Aus einer fremden Welt. Fremdes Leid, das Gott euch auf die Schwelle eures Hauses gelegt hat. Aber sie haben nicht das Gefühl, zu Fremden zu kommen, denn ihre Eltern haben in der UdSSR gelebt, Moskau war die Hauptstadt aller. Und heute finden sie hier Arbeit und ein Dach über dem Kopf. Im Orient heißt es: Spuck nicht in den Brunnen, aus dem du Wasser holst. In der Schule träumen alle tadschikischen Jungen davon, zum Geldverdienen nach Russland zu gehen … Das Geld für die Fahrkarte borgen sie sich im ganzen Kischlak zusammen. Wenn die russischen Zöllner sie an der Grenze fragen: »Zu wem fährst du?«, dann antworten sie: »Zu Nina« … Für sie heißen alle russischen Frauen Nina … Russisch lernen sie in der Schule nicht mehr. Jeder bringt einen Gebetsteppich mit …

Wir unterhalten uns in der Stiftung. Sie hat mehrere kleine Räume. Die Telefone stehen nicht still.

Gestern habe ich ein Mädchen gerettet … Sie hat mich aus einem Auto angerufen, als Polizisten mit ihr in den Wald fahren wollten, sie rief an und flüsterte: »Sie haben mich auf der Straße eingefangen und bringen mich aus der Stadt raus. Sie sind alle betrunken.« Sie nannte mir die Autonummer … Die betrunkenen Polizisten hatten vergessen, sie zu durchsuchen und ihr das Telefon abzunehmen. Das Mädchen war erst kürzlich aus Duschanbe gekommen … ein hübsches Mädchen … Ich bin Orientalin, schon als kleines Mädchen haben meine Großmutter und meine Mutter mir beigebracht, wie man mit Männern umgehen muss. »Feuer besiegst du nicht mit Feuer, nur mit Weisheit«, sagte meine Großmutter. Ich rief auf der Polizeiwache an. »Hör mal, mein Lieber, da ist etwas Seltsames im Gange. Eure Jungs fahren mit einem Mädchen von uns irgendwie in die falsche Richtung, und sie sind betrunken. Ruft sie an, bevor noch was Schlimmes passiert. Wir wissen die Autonummer.« Am anderen Ende der Leitung – wüste Flüche: Diese »Tschurki«*, diese »schwarzen Affen«,

* *Tschurki* – abwertend für Menschen aus Zentralasien und dem Kaukasus.

die haben gestern noch auf Bäumen gesessen, was verschwenden Sie Ihre Zeit mit denen? »Mein Lieber, hör mir zu, ich gehöre selber zu den ›schwarzen Affen‹ … Ich könnte deine Mutter sein …« Da war er sprachlos. Er ist schließlich auch ein Mensch … Darauf hoffe ich immer … Ein Wort gab das andere, wir redeten. Nach einer Viertelstunde kehrte der Wagen um … Das Mädchen wurde zurückgebracht … Sie hätten sie vergewaltigen können, sogar töten. Schon mehrmals … schon mehrmals habe ich solche Mädchen im Wald stückchenweise aufgesammelt … Wissen Sie, was ich bin? Ich bin eine Alchemistin … Wir sind eine gemeinnützige Stiftung, wir haben kein Geld und keine Macht, wir haben nur gute Leute. Unsere Helfer. Wir helfen, wir retten Hilflose. Wir haben nichts, unser Ziel erreichen wir nur dank unserer Nerven, durch Intuition, mit orientalischer Schmeichelei, mit so einfachen Worten wie »mein Lieber«, »mein Guter, du«, »Ich wusste, dass du ein richtiger Mann bist und einer Frau helfen wirst.« Jungs, sage ich zu den Sadisten in Uniform, ich glaube an euch. Ich glaube daran, dass ihr Menschen seid. Mit einem Polizeigeneral habe ich mich lange unterhalten … Er war kein Idiot, kein Kommisskopf, sondern ein gebildet wirkender Mann. »Wissen Sie«, sagte ich zu ihm, »bei Ihnen arbeitet ein echter Gestapo-Mann. Ein richtiger Foltermeister, alle haben vor ihm Angst. Die Obdachlosen und Gastarbeiter, die ihm in die Hände fallen, macht er zu Invaliden.« Ich dachte, er würde entsetzt sein oder erschrocken, würde die Standesehre verteidigen. Doch er sah mich nur an und lächelte. »Nennen Sie mir seinen Namen. Ein toller Mann! Wir werden ihn befördern, ihn auszeichnen. Solche Kader muss man sich warmhalten. Ich werde ihm eine Prämie zahlen.« Ich war sprachlos. Und er fuhr fort: »Ich sage Ihnen ganz offen … Wir machen die Bedingungen für euch hier absichtlich unerträglich, damit ihr möglichst schnell wieder verschwindet. In Moskau gibt es zwei Millionen Gastarbeiter, so viele Zugereiste kann die Stadt nicht verkraften. Ihr seid zu viele.« *(Sie schweigt.)*

Moskau ist eine schöne Stadt … Als wir beide durch Moskau gegangen sind, haben Sie ständig gesagt: »Wie schön Moskau geworden ist! Eine richtige europäische Hauptstadt!« Ich aber habe kein Gefühl für diese Schönheit. Wenn ich die neuen Gebäude sehe, denke ich:

Hier sind zwei Tadschiken umgekommen, vom Baugerüst gefallen … hier ist einer im Zement eingemauert worden … Ich denke daran, für welchen Hungerlohn sie hier geschuftet haben. An ihnen verdienen alle: Beamte, Polizisten, die Leute von der Wohnungsverwaltung … Ein tadschikischer Hauswart unterschreibt, dass er dreißigtausend Rubel bekommt, in Wirklichkeit kriegt er siebentausend ausgezahlt. Den Rest teilen die diversen Natschalniks unter sich auf … die Natschalniks der Natschalniks … Die Gesetze sind wirkungslos, anstelle des Gesetzes herrschen Geld und Gewalt. Der kleine Mann ist am machtlosesten, sogar ein wildes Tier im Wald ist besser geschützt als er. Die Tiere sind bei euch durch den Wald geschützt, bei uns durch die Berge … *(Sie schweigt.)* Ich habe den größten Teil meines Lebens im Sozialismus verbracht und denke oft daran zurück, wie wir den Menschen idealisiert haben; ich habe damals gut von den Menschen gedacht. In Duschanbe habe ich an der Akademie der Wissenschaften gearbeitet. Als Kunsthistorikerin. Ich dachte, die Bücher … das, was der Mensch über sich geschrieben hat, das sei die Wahrheit … Aber nein, das ist nur ein winziger Teil der Wahrheit … Ich bin schon lange keine Idealistin mehr, ich weiß inzwischen viel zu viel … Zu mir kommt oft ein junges Mädchen, sie ist krank … Bei uns war sie eine berühmte Geigerin. Warum ist sie verrückt geworden? Vielleicht, weil man zu ihr gesagt hat: »Sie spielen Geige – wozu? Sie beherrschen zwei Sprachen – wozu? Sie sollen putzen und fegen. Ihr seid hier Sklaven.« Dieses Mädchen spielt nicht mehr Geige. Sie hat alles vergessen.

Dann war da noch ein junger Mann … Polizisten hatten ihn irgendwo bei Moskau aufgegriffen und ihm alles Geld abgenommen, aber er hatte nur wenig. Sie wurden wütend. Brachten ihn in den Wald. Verprügelten ihn. Es war Winter, es war sehr kalt. Sie zogen ihn bis auf die Unterhose aus … Hahaha … Sie zerrissen alle seine Papiere … Das alles erzählte er mir. Ich fragte: »Wie hast du dich gerettet?« »Ich dachte, ich würde sterben, ich bin barfuß durch den Schnee gelaufen. Und plötzlich, wie im Märchen, entdeckte ich eine Hütte. Ich hab ans Fenster geklopft, und ein alter Mann kam raus. Dieser Alte gab mir einen Schafpelz zum Wärmen, stellte mir Tee hin und Konfitüre. Er gab mir was zum Anziehen. Am nächsten Tag brachte er mich ins nächste große Dorf und fand einen LKW, der mich nach Moskau fuhr.«

Dieser alte Mann ... auch das ist Russland ...

Aus dem Nebenzimmer ruft jemand: Gafchar Kandilowna, hier möchte jemand zu Ihnen.« Ich warte, bis sie zurückkommt. Ich habe Zeit, und ich erinnere mich an verschiedene Gespräche in Moskauer Wohnungen.

In Moskauer Wohnungen

»Alle kommen sie her ... Die gutmütige russische Seele ...«

»Das russische Volk ist überhaupt nicht gut. Das ist ein großer Irrtum. Es ist mitleidig und sentimental, aber nicht gut. Letztens hat irgendwer einen Hund abgestochen und das auf Video aufgenommen – da war das ganze Internet in Aufruhr. Am liebsten hätten sie die Täter gelyncht. Aber als auf dem Markt siebzehn Gastarbeiter verbrannten – ihr Arbeitgeber hatte sie nachts in einem Container eingesperrt, zusammen mit der Ware –, da haben sich nur die Menschenrechtler aufgeregt. Leute, deren Aufgabe es ist, alle zu verteidigen. Aber die allgemeine Stimmung war: Sind die gestorben, kommen wieder neue. Gesichtslose, Sprachlose ... Fremde ...«

»Das sind Sklaven. Moderne Sklaven. Ihr ganzer Besitz ist ihr Schw...z und ein Paar Turnschuhe. Zu Hause geht's ihnen noch dreckiger als im schlimmsten Moskauer Keller.«

»Ein Bär kommt nach Moskau und überwintert dort. Er ernährt sich von Gastarbeitern. Wer vermisst die schon ... Hahaha ...«

»Vor dem Zerfall der UdSSR waren wir eine große Familie ... das erzählte man uns im Politunterricht ... Damals waren sie ›Gäste der

Hauptstadt‹, jetzt nennt man sie ›Tschurki‹ oder ›Chatschi‹*. Mein Großvater hat mir erzählt, wie er mit Usbeken zusammen bei Stalingrad gekämpft hat. Sie glaubten: Wir sind Brüder für immer!«

»Ich muss mich über Sie wundern … Die haben sich doch selber abgespalten. Wollten ihre Freiheit haben. Haben Sie das vergessen? Denken Sie daran, wie sie in den Neunzigern die Russen abgeschlachtet haben. Ausgeplündert und vergewaltigt. Überall haben sie sie verjagt. Klopften mitten in der Nacht an die Tür … Und stürmten hinein – mit Messern oder Maschinenpistolen. ›Verschwinde aus unserem Land, russisches Vieh!‹ Fünf Minuten zum Packen … Und kostenloser Abtransport zum nächsten Bahnhof. Die Menschen rannten in Hausschuhen aus ihrer Wohnung … So war das …«

»Wir erinnern uns genau an die Demütigungen unserer Brüder und Schwestern! Tod den Tschurki! Der russische Bär ist nicht so leicht zu wecken, aber wenn er einmal aufsteht, dann fließt viel Blut.«

»Der Kaukasus hat mit russischen Gewehren auf die Schnauze gekriegt. Und jetzt – wer ist der Nächste?«

»Ich hasse die Glatzen! Die können nur eins: Mit Baseballschlägern oder einem Hammer einen tadschikischen Hauswart totschlagen, der ihnen nichts getan hat. Auf Demonstrationen brüllen sie: ›Russland den Russen, Moskau den Moskauern.‹ Meine Mutter ist Ukrainerin, mein Vater Moldauer, meine Großmutter mütterlicherseits ist Russin. Und was bin ich? Nach welchem Prinzip wollen sie Russland von den Nichtrussen ›säubern‹?«

»Drei Tadschiken ersetzen einen Kipper. Hahaha …«

* *Chatschi* – Mz. von *Chatsch*, vom verbreiteten armenischen Namen Chatschaturjan abgeleitete abfällige Bezeichnung ursprünglich für Menschen aus dem Kaukasus, jetzt für alle aus den südlichen ehemaligen Sowjetrepubliken.

»Mir fehlt Duschanbe. Ich bin dort aufgewachsen. Habe Persisch gelernt. Die Sprache der Dichter.«

»Keiner würde sich trauen, mit einem Plakat durch die Stadt zu laufen, auf dem steht: ›Ich mag die Tadschiken‹. Dem würde man sofort die Fresse polieren.«

»Bei uns ist gleich nebenan eine Baustelle. Da wuseln lauter Chatschi rum, wie die Ratten. Ihretwegen traut man sich abends nicht mehr zum Einkaufen raus. Für ein billiges Handy kann man ermordet werden …«

»Ach herrje! Ich wurde zweimal ausgeraubt, von Russen, in meinem eigenen Hauseingang hätten sie mich fast erschlagen – Russen. Ich hab die Schnauze gestrichen voll von diesem Gottesträger-Volk.«

»Würden Sie denn wollen, dass Ihre Tochter einen Migranten heiratet?«

»Das hier ist meine Heimatstadt. Meine Hauptstadt. Und die kommen her mit ihrer Scharia. Zu Kurban-Bayram schlachten sie unter meinem Fenster Hammel. Warum nicht gleich auf dem Roten Platz? Die armen Tiere schreien, das Blut fließt in Strömen … Wenn man in die Stadt geht, sieht man immer wieder rote Pfützen auf dem Asphalt … Mein Kind fragt mich: ›Mama, was ist das?‹ An diesem Tag ist die ganze Stadt voller ›Schwarzer‹.[1] Dann ist das nicht mehr unsere Stadt. Da quellen sie zu Hunderttausenden aus den Kellern … Die Polizisten drücken sich vor Angst an die Häuserwände …«

»Ich bin mit einem Tadschiken zusammen. Er heißt Saïd. Er ist schön wie ein junger Gott! Bei sich zu Hause war er Arzt, hier arbeitet er auf einer Baustelle. Ich bin bis über beide Ohren in ihn verliebt. Was soll ich tun? Wenn wir uns treffen, gehen wir in Parks spazieren oder fahren irgendwohin ins Grüne, um keinen meiner Bekannten zu treffen. Ich habe Angst vor meinen Eltern. Mein Vater hat mich gewarnt:

›Wenn ich dich mit einem ›Schwarzen‹ sehe, erschieße ich euch beide. Mein Vater? Er ist Musiker … hat am Konservatorium studiert …«

»Wenn ein ›Schwarzer‹ mit einem Mädchen geht … mit einem von unseren Mädchen … Kastrieren sollte man den.«

»Wofür sie gehasst werden? Wegen ihrer braunen Augen, wegen der Form ihrer Nase. Man hasst sie einfach so. Bei uns hasst jeder irgendwen: seine Nachbarn, die Bullen, die Oligarchen … die blöden Amis … Wen auch immer! Es liegt viel Hass in der Luft … man bekommt keinen Kontakt zu einem Menschen …«

Gafchar Dshurajewa

»… Der Aufstand des Volkes, den ich gesehen habe,
hat mir einen Schreck fürs ganze Leben eingejagt.«

Es ist Mittagszeit. Gafchar und ich trinken Tee aus tadschikischen Teeschalen und unterhalten uns weiter.

Irgendwann werde ich noch mal verrückt von dem, woran ich mich erinnere …

Das Jahr 1992 … Statt der Freiheit, auf die wir alle gewartet hatten, begann ein Bürgerkrieg. Leute aus Kulob töteten Pamirer, Pamirer töteten Kulober … Die Karateginer, die Hissorer, die Garmer[2] – alle sonderten sich ab. An den Häuserwänden hingen Plakate: »Russen, Hände weg von Tadschikistan!« »Kommunisten, haut ab in euer Moskau!« Das war nicht mehr mein geliebtes Duschanbe … Durch die Straßen zogen Horden mit Eisenstangen und Steinen in der Hand … Vollkommen friedliche, stille Menschen wurden zu Mördern. Noch gestern waren sie andere gewesen, hatten in der Tschaichana* friedlich Tee getrunken, und nun liefen sie mit Eisenstangen

* *Tschaichana* – Teestube.

herum und schlitzten Frauen den Bauch auf … Zertrümmerten Läden und Kioske. Ich ging auf den Basar … An den Akazien hingen Hüte und Kleider, auf der Erde lagen Tote, alle durcheinander: Menschen und Tiere … *(Sie schweigt.)* Ich erinnere mich … Es war ein schöner Morgen. Ich dachte nicht mehr an den Krieg. Ich glaubte, alles würde wieder wie früher. Da blühte ein Apfelbaum, eine Aprikose … Es gab keinen Krieg. Dann machte ich das Fenster auf und sah eine schwarze Menschenmenge. Sie marschierten schweigend. Plötzlich drehte sich einer um, unsere Blicke trafen sich … Der Junge war offensichtlich arm, und sein Blick sagte mir: Ich könnte jetzt in dein Haus kommen und machen, was ich will, das ist meine Stunde … Das sagten seine Augen … Ich erschrak … Ich wich vom Fenster zurück, zog die Gardinen und die Vorhänge zu, rannte los, schloss alle Türen ab und verkroch mich im hintersten Zimmer. In diesen Augen hatte etwas Wildes gelegen … Eine Menge hat immer etwas Satanisches. Ich fürchte diese Erinnerungen … *(Sie weint.)*

Ich habe gesehen, wie auf dem Hof ein russischer Junge erschlagen wurde. Niemand kam raus, alle hatten die Fenster geschlossen, ich lief im Bademantel hinaus. »Lasst ihn in Ruhe! Er ist doch schon tot!« Er lag reglos da … Sie gingen weg. Aber bald kamen sie wieder und schlugen ihn weiter, genauso junge Kerle wie er selber. Jugendliche … noch halbe Kinder … Ich rief bei der Miliz an – sie kamen, sahen, wer da verprügelt wurde, und fuhren wieder weg. *(Sie schweigt.)* Vor kurzem habe ich in Moskau bei Bekannten jemanden sagen gehört: »Ich liebe Duschanbe. Das war eine so interessante Stadt! Ich vermisse diese Stadt.« Ich war diesem Russen so dankbar! Die Liebe ist unsere einzige Rettung. Auf das Böse des Betenden hört Allah nicht. Allah lehrt: Du sollst keine Tür öffnen, die du nachher nicht wieder schließen kannst … *(Pause.)* Ein Freund von uns wurde getötet … Er war Dichter. Die Tadschiken lieben Verse, in jedem Haus gibt es Bücher mit Versen, wenigstens eins oder zwei; ein Dichter ist bei uns ein Heiliger. Den darf man nicht anrühren. Und dieser Dichter wurde getötet! Vorher hatten sie ihm die Arme gebrochen … Für das, was er geschrieben hat … Kurze Zeit später wurde ein anderer Freund getötet … Er hatte keinen einzigen blauen Fleck am Körper, sie hatten nur auf den Mund geschlagen … Für das, was er gesagt hatte … Es war Frühling. Es war so sonnig und warm, und die Menschen töteten einander … Wir wären am liebsten in die Berge gegangen.

Alle gingen weg. Um sich zu retten. Freunde von uns lebten in Amerika. In San Francisco. Wir sollten zu ihnen kommen. Sie mieteten eine kleine Wohnung für uns. Es war so schön dort! Der Pazifik … Wohin man auch geht, er ist überall. Ich saß tagelang am Meer und weinte, ich konnte nichts dagegen tun. Ich war aus einem Krieg gekommen, in dem man wegen einer Tüte Milch getötet werden konnte … Ein alter Mann kam den Strand entlang, die Hosenbeine hochgekrempelt, in einem bunten T-Shirt. Er blieb bei mir stehen. »Was hast du?« »In meiner Heimat ist Krieg. Der Bruder tötet den Bruder.« »Bleib hier.« Er sagte, der Ozean und die Schönheit würden den Schmerz heilen … Lange tröstete er mich. Und ich weinte. Das war meine einzige Reaktion auf gute Worte – Ströme von Tränen, gute Worte brachten mich heftiger zum Weinen als die Schießereien zu Hause. Das Blutvergießen.

Aber ich konnte nicht in Amerika leben. Es zog mich zurück nach Duschanbe, und wenn das zu gefährlich war, wollte ich wenigstens näher an zu Hause sein. Also zogen wir nach Moskau … Einmal besuchte ich dort eine Dichterin. Es wurde endlos gemeckert: Gorbatschow ist ein Schwätzer … Jelzin ein Säufer … das Volk ist hirnloses Vieh … Wie oft hatte ich das schon gehört? Tausende Male! Die Gastgeberin wollte meinen Teller abräumen und abwaschen, aber ich ließ sie nicht – ich kann alles von einem Teller essen. Ob Fisch oder Kuchen. Ich kam aus dem Krieg … Bei einem anderen Schriftsteller war der Kühlschrank voll mit Käse und Wurst – die Tadschiken hatten schon vergessen, was das ist –, und wieder hörte ich den ganzen Abend Gemecker: Die Regierung ist schlecht, die Demokraten sind genau wie die Kommunisten … der russische Kapitalismus ist menschenfeindlich … Doch niemand tut etwas. Alle warten auf eine Revolution, die jeden Moment ausbrechen muss. Ich mag diese Küchenrebellierer nicht. Ich gehöre nicht zu ihnen. Der Volksaufstand, den ich gesehen habe, hat mir einen Schreck fürs ganze Leben eingejagt, ich weiß, was Freiheit in den Händen von Unerfahrenen bedeutet. Geschwätz endet immer mit Blutvergießen. Der Krieg ist ein Wolf, der auch in euer Haus kommen kann ... *(Sie schweigt.)*

Haben Sie die Videos im Internet gesehen? Die haben mich total fertiggemacht. Ich hab eine Woche lang im Bett gelegen ... Diese Videos ... Sie haben getötet und das gefilmt. Sie hatten ein richtiges Drehbuch, mit festgelegten Rollen ... Wie beim echten Film. Nun brauchten sie Zuschauer. Und wir schauen uns das an ... sie zwingen uns das auf ... Da geht ein Junge die Straße entlang, ein junger Tadschike ... Sie rufen ihn heran, er geht zu ihnen, und sie werfen ihn zu Boden. Dann prügeln sie mit Baseballschlägern auf ihn ein, erst wälzt er sich am Boden, dann ist er still. Sie fesseln ihn und werfen ihn in den Kofferraum eines Autos. Im Wald binden sie ihn an einen Baum. Man sieht, dass derjenige, der filmt, nach einem besonders effektvollen Winkel sucht. Dem Jungen wird der Kopf abgeschnitten. Woher haben sie das? Das Kopfabtrennen ... Das ist ein orientalisches Ritual. Kein russisches. Wahrscheinlich aus Tschetschenien. Ich erinnere mich ... In einem Jahr töteten sie einfach mit Schraubenschlüsseln, dann kamen Dreizacks, danach Eisenrohre und Hämmer ... Der Tod trat immer durch Schläge mit einem stumpfen Gegenstand ein. Und nun diese neue Mode ... *(Sie schweigt.)* Diesmal wurden die Täter gefunden. Sie werden vor Gericht gestellt. Alles junge Männer aus guten Familien. Heute werden Tadschiken getötet, morgen vielleicht Reiche oder Menschen, die zu einem anderen Gott beten. Der Krieg ist ein Wolf ... Er ist schon hier ...

In Moskauer Kellern

Wir wählten ein Haus aus – einen Stalin-Bau im Zentrum von Moskau. Diese Häuser wurden unter Stalin für die bolschewistische Elite gebaut, darum heißen sie Stalin-Bauten, sie werden auch heute noch sehr geschätzt. Stalinscher Prunkstil: Stuckelemente und Reliefs an den Fassaden, Säulen, Wohnungen mit drei bis vier Meter hohen Decken. Die Nachkommen der einstigen Führer sind verarmt, hier ziehen jetzt »neue Russen« ein. Auf dem Hof stehen Bentleys und Ferraris. Im Erdgeschoss glitzern die Schaufenster teurer Boutiquen.

Oben herrscht ein Leben, unter der Erde ein anderes. Zusammen mit einem befreundeten Journalisten steige ich hinunter in den Keller ... Lange irren wir zwischen rostigen Rohren und schimmligen Wänden herum, hier und da versperren uns gestrichene Eisentüren mit Schlössern und Plomben den Weg, aber das ist nur zum Schein. Auf ein bestimmtes Klopfzeichen hin wird geöffnet. Der Keller ist voller Leben. Ein langer, beleuchteter Flur: Zu beiden Seiten Zimmer – Sperrholzwände und bunte Vorhänge statt Türen. Die Moskauer Keller sind zwischen Tadschiken und Usbeken aufgeteilt. Wir sind bei Tadschiken. In jedem Raum leben siebzehn bis zwanzig Personen. Eine Kommune. Irgendwer erkennt meinen »Reiseführer« – er ist nicht zum ersten Mal hier – und lädt uns zu sich ein. Wir betreten das Zimmer: Am Eingang Kinderwagen und ein Berg Schuhe. In der Ecke ein Herd, eine Gasflasche, dicht daneben Tische und Stühle von nahe gelegenen Müllkippen. Den gesamten übrigen Raum nehmen selbstgebaute Doppelstockbetten ein.

Es ist Abendbrotzeit. Etwa zehn Personen sitzen am Tisch. Wir machen uns bekannt: Amir, Churschid, Ali ... Die Älteren, die noch eine sowjetische Schule besucht haben, sprechen akzentfrei russisch. Die Jüngeren sprechen es nicht mehr. Sie lächeln nur.

Alle freuen sich über die Gäste.

»Wir essen gleich etwas«, lädt uns Amir, einstiger Lehrer und hier so etwas wie ein Ältester, zu Tisch. »Probieren Sie unseren tadschikischen Plow. Der schmeckt himmlisch! Das ist Brauch bei uns Tadschiken: Triffst du in der Nähe deines Hauses einen Menschen, musst du ihn zu dir einladen und ihm eine Schale Tee anbieten.«

Das Diktiergerät kann ich nicht einschalten – sie haben Angst. Ich greife zum Stift. Hier kommt mir ihr bäuerlicher Respekt vor dem Schreibenden zugute. Manche von ihnen kommen aus Kischlaks, andere aus den Bergen. Und sind nun in einer gigantischen Megapolis gelandet.

»Moskau ist gut, es gibt viel Arbeit. Aber das Leben hier macht Angst. Wenn ich allein die Straße entlanggehe … Sogar am Tag … Dann schaue ich jungen Männern nicht in die Augen – sie könnten mich töten. Man muss jeden Tag beten …«

»In der Vorortbahn wurde ich von drei Männern angesprochen … Ich kam von der Arbeit. ›Was machst du hier?‹ ›Ich fahre nach Hause.‹ ›Wo ist denn dein Zuhause? Wer hat dich hierher eingeladen?‹ Sie schlugen mich. Sie schlugen auf mich ein und brüllten: ›Russland den Russen! Es lebe Russland!‹ ›Jungs, warum tut ihr das? Allah sieht alles.‹ ›Dein Allah sieht dich hier nicht. Wir haben unseren eigenen Gott.‹ Sie haben mir Zähne ausgeschlagen … mir eine Rippe gebrochen … Der Wagen war voll besetzt, aber nur ein junges Mädchen hat sich eingemischt: ›Lasst ihn in Ruhe! Er hat euch nichts getan.‹ ›Was willst du? Ist doch bloß ein Chatsch.‹

»Raschid wurde getötet … Dreißig Messerstiche. Kannst du mir mal sagen, warum gleich dreißig Stiche?«

»Alles ist Allahs Wille … Einen armen Mann beißen die Hunde auch auf einem Kamel.«

»Mein Vater hat in Moskau studiert. Jetzt trauert er Tag und Nacht der UdSSR nach. Er wollte unbedingt, dass ich in Moskau studiere. Aber hier werde ich nur verprügelt, von Polizisten, vom Arbeitgeber … Und ich lebe im Keller wie eine Katze.«

»Mir tut es nicht leid um die UdSSR … Onkel Kolja, unser Nachbar … er war Russe … Er schrie meine Mutter immer an, wenn sie ihm auf Tadschikisch antwortete. ›Sprich normal. Auch wenn das euer Land ist – wir haben hier die Macht.‹ Dann weinte meine Mutter immer.«

»Ich hatte heute Nacht einen Traum: Ich gehe unsere Straße entlang, die Nachbarn verbeugen sich: ›Salam aleikum.‹ ›Salam aleikum‹ … In unseren Kischlaks gibt es nur noch Frauen, Alte und Kinder.«

»Zu Hause habe ich fünf Dollar im Monat verdient … Ich habe eine Frau und drei Kinder … In den Kischlaks kriegen die Leute jahrelang keinen Zucker zu sehen …«

»Ich war noch nie auf dem Roten Platz. War noch nie bei Lenin. Immer nur Arbeit! Arbeit! Spaten, Spitzhacke, Trage. Den ganzen Tag bin ich vor Schweiß triefnass wie eine Melone.«

»Ich hab einem Major Geld gezahlt für Papiere. ›Möge Allah dir Gesundheit schenken. Du bist ein guter Mensch!‹ Aber die Papiere waren gefälscht. Ich wurde in den ›Affenkäfig‹ gesperrt. Wurde geschlagen und getreten.«

»Ohne Papiere bist du kein Mensch …«

»Ein Mensch ohne Heimat ist wie ein streunender Hund … Jeder kann ihn drangsalieren. Die Polizisten halten mich zehnmal am Tag an: ›Deine Papiere.‹ Das eine Papier ist da, ein anderes fehlt. Wenn du ihnen kein Geld gibst, schlagen sie dich.«

»Was sind wir hier? Bauarbeiter, Packer, Hauswarte, Tellerwäscher … Wir arbeiten hier nicht als Manager …«

»Meine Mutter ist zufrieden, ich schicke ihr Geld. Sie hat ein hübsches Mädchen für mich gefunden, ich habe sie noch nicht gesehen. Meine Mutter hat sie ausgewählt. Wenn ich heimkomme, werde ich heiraten.«

»Ich hab den ganzen Sommer in einem Vorort bei einem Reichen gearbeitet, und am Ende hat er mich nicht bezahlt. ›Hau ab! Hau ab! Ich hab dich schließlich durchgefüttert.‹«

»Wenn du hundert Hammel besitzt, hast du recht. Dann hast du immer recht.«

»Mein Freund hat seinen Arbeitgeber um Geld für seine Arbeit gebeten. Die Polizei hat dann lange nach ihm gesucht. Sie haben ihn im Wald ausgebuddelt … Seine Mutter hat aus Russland einen Sarg zurückbekommen …«

»Wenn sie uns rausschmeißen … Wer soll dann Moskau weiterbauen? Die Straßen fegen? Für das Geld, das wir kriegen, geht kein Russe arbeiten.«

»Wenn ich die Augen schließe, sehe ich Aryks* und blühende Baumwolle, sie blüht zartrosa, wie ein Blumengarten.«

»Weißt du, dass bei uns ein großer Krieg war? Gleich nach dem Zerfall der UdSSR begannen die Schießereien … Gut dran war nur, wer eine Maschinenpistole hatte. Ich ging noch zur Schule … Jeden Tag habe ich zwei, drei Leichen gesehen. Meine Mutter ließ mich nicht mehr in die Schule. Ich saß zu Hause und las Omar Khayyam[3]. Bei uns lesen alle Omar Khayyam. Kennst du ihn? Wenn du ihn kennst, bist du meine Schwester.«

»Nur Ungläubige wurden getötet …«

»Allah entscheidet selbst, wer ein Gläubiger ist und wer ein Ungläubiger. Er wird selbst urteilen.«

»Ich war noch klein … Ich habe nicht geschossen. Meine Mutter hat mir erzählt, wie sie vor dem Krieg lebten: Auf einer Hochzeit wurde tadschikisch, usbekisch und russisch gesprochen. Wer wollte, betete, wer nicht wollte, ließ es bleiben. Sag mir, Schwester, warum haben die Leute so schnell gelernt, sich gegenseitig zu töten? Sie haben in der Schule alle Khayyam gelesen. Und Puschkin.«

* *Aryks* – Wassergräben zur Bewässerung und Luftbefeuchtung in Zentralasien.

»Das Volk ist eine Karawane von Kamelen, die mit der Peitsche angetrieben wird …«

»Ich lerne Russisch … Schöner Medchen, Brott, Geld … Chef schlecht …«

»Ich bin schon fünf Jahre in Moskau, und mich hat noch nie jemand gegrüßt. Die Russen brauchen uns ›Schwarze‹, damit sie sich als ›Weiße‹ fühlen und auf jemanden herabsehen können.«

»Wie es nach jeder Nacht einen Morgen gibt, so hat auch jede Trauer ein Ende.«

»Unsere Mädchen sind schöner. Nicht umsonst werden sie mit Granatäpfeln verglichen …«

»Alles ist Allahs Wille …«

Wir steigen aus dem Keller wieder hinauf. Jetzt sehe ich Moskau mit anderen Augen – seine Schönheit erscheint mir nun kalt und beunruhigend. Moskau, ist es dir denn ganz egal, ob du geliebt wirst oder nicht?

VOM HUNDSGEMEINEN LEBEN UND VON HUNDERT GRAMM LEICHTEM SAND IN EINER KLEINEN WEISSEN VASE

Tamara Suchowej, Kellnerin, 29 Jahre alt

Das Leben ist hundsgemein! Das kann ich dir sagen … Es macht einem keine Geschenke. Ich hab in meinem Leben nichts Gutes und Schönes gesehen. Ich kann mich nicht erinnern … Und wenn du mich totschlägst – ich kann mich nicht erinnern! Ich hab's mit Gift versucht und mit Aufhängen. Drei Selbstmordversuche … Diesmal hab ich mir die Venen aufgeschlitzt … *(Sie zeigt mir ihren verbundenen Arm.)* Hier … an dieser Stelle … Gerettet hat mich, dass ich eine ganze Woche geschlafen habe. Ich hab einfach geschlafen und geschlafen. So ist mein Körper … Eine Psychiaterin kam zu mir … Genau wie du jetzt hat sie mich gebeten: Erzähl, erzähl … Was soll ich erzählen? Der Tod macht mir keine Angst … Du bist umsonst hergekommen. Umsonst! *(Sie dreht sich zur Wand und schweigt. Ich will gehen, aber sie hält mich zurück.)* Na schön, hör zu … Das ist alles wirklich wahr …

… Als ich noch klein war … Da kam ich eines Tages aus der Schule, hab mich hingelegt, und am Morgen konnte ich nicht aufstehen. Sie brachten mich zum Arzt – er konnte nichts feststellen. Also zu einer weisen Frau … einer Heilerin … Wir bekamen eine Adresse … Die Alte legte Karten und sagte zu meiner Mutter: »Wenn Sie nach Hause kommen, schlitzen Sie das Kissen auf, auf dem Ihre Tochter schläft. Dort werden Sie ein Stück von einem Halstuch finden und Hühnerknochen. Den Stoff hängen Sie an ein Kreuz am Wegesrand, die Knochen geben Sie einem schwarzen Hund. Dann wird Ihre Tochter aufstehen und wieder gehen. Das Mädchen wurde verhext.« Ich hab in meinem Leben nichts Gutes und Schönes gesehen … Das mit den Venen, das ist Scheiße, ich war bloß das Kämpfen leid … Seit meiner Kindheit sieht mein Leben so aus – nichts als Wodka im Kühlschrank. Bei uns im Dorf trinken alle ab zwölf. Guter Wodka ist teuer, also trinken sie Selbstgebrannten, Eau de Cologne, Fensterputzmittel und Azeton. Machen Schnaps aus Schuhwichse und aus Klebstoff. Die jungen Männer sterben, am Schnaps natürlich, weil sie sich vergiften. Ich weiß noch, unser Nachbar, wenn der betrunken war, schoss er mit Schrotkugeln auf den Apfelbaum. Zu Hause ließ er die ganze Familie antreten und richtete das Gewehr auf sie … Auch unser Großvater hat bis ins hohe Alter getrunken. Mit siebzig konnte er an einem Abend zwei Flaschen leeren. Darauf war er stolz. Er war mit Medaillen aus dem Krieg heimgekehrt. Ein Held! Er lief noch lange im Uniformmantel herum, trank, feierte, amüsierte sich. Und Großmutter arbeitete. Aber Großvater war ein Held … Großvater prügelte Großmutter brutal, ich flehte ihn auf Knien an, sie nicht anzurühren. Er jagte uns mit einer Axt … Wir übernachteten reihum bei verschiedenen Nachbarn. Im Schuppen. Den Hund hat er mit der Axt erschlagen. Nach Großvater hasste ich alle Männer. Ich wollte allein leben.

Dann kam ich in die Stadt … Ich hatte Angst vor allem: vor den Autos und vor den Menschen. Aber alle gingen in die Stadt, also ging auch ich. Meine ältere Schwester lebte da, sie holte mich zu sich: »Du gehst auf die Fachschule, wirst Kellnerin. Du bist schön, Tomka. Such dir einen Offizier als Mann. Einen Flieger …« Na klar … einen Flieger … Mein erster Mann war klein und hinkte. Meine Freundinnen redeten auf mich ein: »Was willst du mit dem? Wo so tolle Kerle hinter dir her sind!« Aber ich schwärmte immer für Kriegsfilme, in denen die Frau auf ihren Mann wartete, der an der Front war, egal, wie er heimkehrte – ohne Beine, ohne Arme, Hauptsache, lebend. Großmutter hat erzählt: In unser Dorf war einer ohne beide Beine heimgekehrt, und seine Frau trug ihn auf den Armen herum. Doch er trank und randalierte. Wenn er in einen Graben fiel, holte sie ihn heraus, badete ihn im Waschtrog und setzte ihn aufs saubere Bett. Ich dachte, genau das wäre Liebe … Ich weiß nicht, was Liebe ist … Ich hatte Mitleid mit ihm, war zärtlich zu ihm. Wir bekamen drei Kinder, dann fing er an zu trinken, bedrohte mich mit dem Messer. Er ließ mich nicht im Bett schlafen … ich lag auf dem Fußboden … Ich bildete einen Reflex aus wie der pawlowsche Hund: Wenn der Mann ins Haus kam, lief ich mit den Kindern hinaus. Egal, woran ich mich erinnere – ich muss immer weinen … Oder ich möchte alles zum Teufel wünschen! Ich habe im Leben nichts Schönes gesehen, nur im Kino. Im Fernsehen. Sich einfach mal mit jemandem hinsetzen und zusammen träumen, sich freuen …

Ich war schon mit dem zweiten Kind schwanger … Da kam aus dem Dorf ein Telegramm: »Komm zur Beerdigung. Mutter.« Davor hatte mir eine Zigeunerin auf dem Bahnhof wahrgesagt: »Du hast eine weite Reise vor dir. Du wirst deinen Vater begraben und lange weinen.« Ich habe ihr nicht geglaubt. Mein Vater war gesund und ein ruhiger Mensch. Mutter trank, sie goss sich schon am Morgen was ein, und er melkte die Kuh, kochte Kartoffeln – alles machte er allein. Er hat sie sehr geliebt, sie hat ihn behext, mit irgendeinem Zaubertrank. Ich fuhr nach Hause … Ich saß am Sarg und weinte. Das kleine Mädchen der Nachbarn flüsterte mir zu: »Die Oma hat den Opa mit dem Schmortopf erschlagen, aber sie hat gesagt, ich soll den Mund halten. Sie hat mir Schokolade dafür versprochen …« Mir wurde ganz elend, mir wurde übel – vor Angst … Vor Entsetzen … Als ich allein in der Hütte war, als alle weggegangen waren, zog ich meinen Vater aus und suchte nach blauen Flecken. Ich fand keine, nur eine große Schramme auf dem Kopf. Ich zeigte sie meiner Mutter, und sie sagte, Vater sei beim Holzhacken ein Scheit an den Kopf geflogen. Ich heulte die ganze Nacht … ich saß bei meinem Vater und hatte das Gefühl, dass er mir etwas sagen wolle … Mutter wich mir nicht von der Seite, sie blieb die ganze Nacht nüchtern und ließ mich nicht aus den Augen. Am Morgen sehe ich – unter Vaters Wimpern quillt eine blutige Träne hervor. Eine … dann noch eine … Die Tränen flossen wie bei einem Lebenden … Das war schaurig! Es war Winter. Die Erde auf dem Friedhof musste mit der Spitzhacke bearbeitet werden, mit einem Feuer aus Birkenscheiten und Autoreifen wurde die Grube aufgetaut. Die Männer verlangten eine Kiste Wodka. Kaum war Vater unter der Erde, betrank sich meine Mutter. Ganz fröhlich wurde sie. Und ich weinte … Noch heute muss ich losheulen … Meine leibliche Mutter … sie hat mich geboren … Sie sollte mir der liebste Mensch auf Erden sein … Sobald ich abgereist war, hat sie das Haus verkauft und den Schuppen abgefackelt, um die Versicherung zu kassieren, und kam zu mir in die Stadt. Hier hat sie einen Neuen gefunden … Sehr schnell … Er hat seinen Sohn samt Schwiegertochter aus dem Haus gejagt und die Wohnung meiner Mutter überschrieben. Sie fesselte die Männer an sich, sie kannte da irgendein geheimes Mittel … einen Zauber … *(Sie wiegt ihren verletzten Arm wie ein Baby.)* Mein Mann jagte mich immer mit einem Hammer in der Hand, zweimal hat er mir ein Loch in den Kopf geschlagen. Er griff sich eine Flasche Wodka, steckte eine Gurke in jede Tasche, und weg war er. Wohin bloß? Die Kinder waren immer hungrig … Wir lebten nur von Kartoffeln, an Feiertagen gab es Kartoffeln mit Milch oder mit Sprotten. Aber wehe, ich sagte was, wenn er zurückkam: ein Glas ins Gesicht, einen Stuhl gegen die Wand … Nachts besprang er mich wie ein Tier … Ich habe im Leben nichts Gutes gesehen, nicht ein bisschen. Zur Arbeit kam ich verprügelt und verheult, aber ich musste lächeln, mich verbeugen. Einmal rief mich der Direktor des Restaurants in sein Büro: »Deine Tränen kann ich hier nicht gebrauchen. Ich hab selber genug Kummer, meine Frau ist schon das zweite Jahr gelähmt.« Und grapschte mir unter den Rock …

Keine zwei Jahre hat meine Mutter mit meinem Stiefvater zusammengelebt … Dann rief sie an: »Komm her … Hilf mir, ihn zu begraben. Wir bringen ihn ins Krematorium.« Vor Schreck wäre ich fast in Ohnmacht gefallen. Dann kam ich wieder zu mir – ich muss hin. Dabei hatte ich nur einen Gedanken: Wenn sie ihn nun getötet hat? Getötet, um die Wohnung für sich allein zu haben, um ungestört trinken und feiern zu können? Wie? Und jetzt hat sie es eilig, ihn ins Krematorium zu bringen. Ihn zu verbrennen. Bevor seine Kinder kommen … Wenn sein ältester Sohn, er ist Major, aus Deutschland kommt … ist nur noch ein Häufchen Asche da … Hundert Gramm leichter Sand in einer kleinen weißen Vase … Durch all diese Erschütterungen blieb meine Regel aus, zwei Jahre lang. Als sie wiederkam, bat ich die Ärzte: »Schneiden Sie mir alle weiblichen Organe raus, operieren Sie mich, ich will keine Frau mehr sein! Auch keine Geliebte mehr! Keine Ehefrau und keine Mutter mehr!« Meine leibliche Mutter … sie hat mich geboren … Ich wollte sie lieben … Als ich noch klein war, bat ich sie oft: »Mamotschka, gib mir einen Kuss.« Aber sie war immer betrunken … Wenn Vater zur Arbeit gegangen war, hatte sie das Haus voller betrunkener Kerle. Einer hat mich mal ins Bett gezerrt … Da war ich elf … Ich habe es meiner Mutter gesagt, aber sie hat mich nur angeschrien. Sie trank … und trank … Sie hat ihr Leben lang getrunken und sich amüsiert. Und dann sollte sie auf einmal sterben! Sie wollte nicht. Um keinen Preis wollte sie sterben. Sie war 59 Jahre alt, ihr wurde eine Brust entfernt, sechs Wochen später auch die zweite. Aber sie hatte sich einen jungen Liebhaber zugelegt, fünfzehn Jahre jünger als sie. »Bringt mich zu einer Heilerin«, schrie sie, »rettet mich!« Es ging ihr immer schlechter … Der junge Mann pflegte sie, trug den Nachttopf raus, wusch sie. Sie dachte nicht daran zu sterben. »Aber sollte ich doch sterben«, sagte sie, »hinterlasse ich alles ihm. Die Wohnung und den Fernseher.« Damit wollte sie mich und meine Schwester verletzen … Sie war böse … Und sie hing am Leben. Richtig lebensgierig war sie. Wir brachten sie zu einer weisen Frau, trugen sie aus dem Auto zu ihr. Die Alte betete, legte Karten. »Ach so?«, sagte sie und stand auf. »Schafft sie weg! Ich werde sie nicht behandeln …« Mutter schrie uns an: »Geht raus. Ich will mit ihr allein sein …« Aber die Alte ließ uns nicht weg … Sie schaute die Karten an. »Ich werde sie nicht behandeln. Sie hat schon mehr als einen Menschen ins Grab gebracht. Als sie krank wurde, ist sie in die Kirche gegangen und hat zwei Kerzen aufgestellt …« Mutter: »Für die Gesundheit meiner Kinder …« Die Alte: »Für ihr Seelenheil hast du sie aufgestellt. Um den Tod deiner Kinder hast du gebetet. Du hast gedacht, wenn du sie Gott opferst, bleibst du selbst am Leben.« Nach diesen Worten blieb ich nie mehr mit meiner Mutter allein. Ich zitterte vor Angst. Ich wusste, dass ich schwach bin, dass sie mich besiegen würde … Ich nahm immer meine älteste Tochter mit, und Mutter wurde wütend, wenn die Kleine etwas zu essen haben wollte: Sie lag im Sterben, und ein anderer aß etwas, würde weiterleben. Mit einer Schere zerschnitt sie den neuen Bettüberwurf und die Tischdecke, damit niemand sie bekam, wenn sie nicht mehr war. Sie zerschlug Teller; alles, was sie konnte, zerstörte und zertrümmerte sie. Ich schaffte es nie, sie zur Toilette zu tragen – sie machte absichtlich auf den Boden, ins Bett … damit ich das saubermachen musste … Sie rächte sich dafür, dass wir weiterleben würden. Dass wir herumliefen, uns unterhielten. Sie hasste alle! Wenn ein Vogel am Fenster vorbeiflog, hätte sie auch den am liebsten umgebracht. Es war Frühling … Ihre Wohnung lag im Erdgeschoss … Der Flieder duftete wie verrückt … Sie atmete den Duft ein, konnte nicht genug davon kriegen. »Hol mir einen Zweig von draußen«, bat sie mich. Ich brachte ihn ihr … Sie nahm ihn in die Hand, und er vertrocknete augenblicklich, rollte die Blätter ein. Da sagte sie zu mir: »Gib mir deine Hand …« Doch die weise Frau hatte mir gesagt, ein Mensch, der Böses getan hat, sterbe lange und qualvoll. Man müsse entweder die Zimmerdecke aufmachen oder alle Fenster rausnehmen, sonst könne die Seele nicht hinaus, könne den Körper nicht verlassen. Und man dürfe dem Sterbenden auf keinen Fall die Hand geben – dann würde die Krankheit auf einen selbst übergehen. »Wieso willst du meine Hand halten?« Sie schwieg, zog sich zurück. Es ging schon zu Ende … Trotzdem verriet sie uns nicht, wo die Kleider waren, in denen sie begraben werden wollte. Und wo das Geld lag, das sie für die Beerdigung gespart hatte. Ich hatte Angst, sie könnte meine Tochter und mich in der Nacht mit einem Kissen ersticken. Wer weiß … Ich schloss die Augen nur halb und schaute: Wie wird ihre Seele sie verlassen? Wie sah sie aus … diese Seele? War es ein Licht oder eine Wolke? Die Leute erzählen und schreiben ja alles Mögliche, aber niemand hat die Seele je gesehen. Am Morgen lief ich einkaufen und bat die Nachbarin, so lange bei meiner Mutter zu sitzen. Die Nachbarin nahm ihre Hand, und Mutter starb. Im letzten Augenblick schrie sie noch etwas Unverständliches. Rief nach jemandem … Rief jemanden beim Namen … Wen? Die Nachbarin wusste es nicht mehr. Sie kannte den Namen nicht. Ich habe Mutter gewaschen und angezogen, ohne jedes Gefühl, wie ein Ding. Wie einen Topf. Ich hatte keine Gefühle, die Gefühle hatten sich verkrochen. Ja, wirklich wahr … Ihre Freundinnen kamen, klauten das Telefon … Alle Verwandten reisten an, auch meine mittlere Schwester aus dem Dorf. Mutter lag da … Meine Schwester öffnete ihr die Augen. »Warum rührst du die tote Mutter an?« »Weißt du noch, wie sie uns als Kinder immer verhöhnt hat? Sie mochte es, wenn wir weinten. Ich habe sie gehasst.«

Die Verwandten versammelten sich und stritten … Schon in der Nacht fingen sie an, die Sachen aufzuteilen, da lag sie noch im Sarg. Der eine packte den Fernseher ein, der Nächste die Nähmaschine … die goldenen Ohrringe nahmen sie der Toten ab … Sie suchten nach Geld, fanden aber keins. Ich saß da und heulte. Irgendwie tat sie mir sogar leid. Am nächsten Tag wurde sie eingeäschert … Wir wollten die Urne in unser Dorf bringen und sie neben unserem Vater begraben, obwohl sie das nicht gewollt hatte. Sie hatte gesagt, wir sollten sie nicht bei Vater begraben. Sie hatte Angst. Gibt es ein Jenseits oder nicht? Irgendwo werden sie und Vater sich doch wiedertreffen … *(Sie hält inne.)* Ich habe nicht mehr viele Tränen … Ich staune selbst, wie gleichgültig mir inzwischen alles ist. Der Tod wie das Leben. Schlechte Menschen wie gute. Ja, ich pfeife darauf … Wenn das Schicksal dich nicht mag, bist du verloren. Deinem Los entgehst du nicht … Ja, ja … Meine ältere Schwester, bei der ich wohnte, heiratete ein zweites Mal und zog nach Kasachstan. Ich liebte sie … und ich hatte so ein Gefühl … Mein Herz sagte: Sie darf ihn nicht heiraten. Aus irgendeinem Grund mochte ich ihren zweiten Mann nicht. »Er ist gut. Er tut mir leid.« Mit achtzehn war er im Straflager gelandet – bei einer betrunkenen Prügelei war ein anderer Junge erstochen worden. Er hatte fünf Jahre bekommen, nach dreien war er wieder draußen. Er besuchte uns oft, brachte Geschenke. Wenn seine Mutter meine Schwester traf, redete sie auf sie ein, bat für ihren Sohn. Sie sagte: »Ein Mann braucht immer ein Kindermädchen. Eine gute Ehefrau ist ihrem Mann immer ein bisschen eine Mutter. Allein wird ein Mann zum Wolf … da isst er bald vom Fußboden …« Meine Schwester glaubte ihr! Sie ist eine mitfühlende Seele, genau wie ich. »Bei mir wird er ein Mensch werden.« Ich saß mit den beiden eine ganze Nacht am Sarg meiner Mutter. Er war so lieb zu meiner Schwester, so zärtlich, ich habe sie sogar beneidet. Zehn Tage später kam ein Telegramm: »Tante Toma, kommen Sie. Mama ist gestorben. Anja.« Das hatte ihre Kleine geschickt, sie war elf. Kaum hatten wir einen Sarg aus dem Haus getragen, stand schon der zweite da … *(Sie weint.)* Er hatte ihr betrunken eine Eifersuchtsszene gemacht. Hat sie getreten und mit einer Gabel erstochen. Und die Tote vergewaltigt … Er war besoffen oder bekifft … keine Ahnung … Am nächsten Morgen sagte er auf seiner Arbeit, seine Frau sei gestorben, und bekam Geld für die Beerdigung. Das gab er seiner Tochter, er selber ging zur Miliz und zeigte sich an. Die Kleine lebt jetzt bei mir. Lernen mag sie nicht, mit ihrem Kopf stimmt was nicht, sie kann sich nichts merken. Sie ist sehr ängstlich … traut sich nicht aus dem Haus … Und er … Er wurde zu zehn Jahren verurteilt, er wird noch zu seiner Tochter zurückkommen. Der liebe Papa!

Nach der Scheidung von meinem ersten Mann dachte ich, nie wieder sollte mir ein Mann ins Haus kommen. Keiner! Ich hatte genug davon, dauernd zu heulen und mit blauen Flecken rumzulaufen. Die Miliz? Die kommen einmal, wenn man anruft, beim nächsten Mal sagen sie: »Das ist Ihre Familienangelegenheit.« Einen Stock höher … in unserem Haus … Da hat ein Mann seine Frau erschlagen, da kamen sie an – mit Blaulicht auf den Autos, haben ein Protokoll aufgesetzt und den Mann in Handschellen abgeführt. Aber davor hat er seine Frau zehn Jahre lang misshandelt … *(Sie schlägt sich an die Brust.)* Ich mag die Männer nicht. Ich habe Angst vor ihnen. Wie ich zum zweiten Mal heiraten konnte, verstehe ich selber nicht. Er war aus Afghanistan heimgekehrt, mit einer Kopfverletzung, zweimal verwundet. Fallschirmjäger! Das gestreifte Soldatenunterhemd trägt er noch heute. Er wohnte mit seiner Mutter im Haus gegenüber. Er saß oft auf dem Hof, spielte Ziehharmonika oder ließ einen Kassettenrecorder laufen. Ganz traurige Afghanistan-Lieder … Ich dachte oft an den Krieg … ich hatte immer Angst vor diesem verfluchten Atompilz … Es gefiel mir, wenn junge Paare, Braut und Bräutigam, nach dem Standesamt mit Blumen zum Ewigen Feuer gingen. Das liebte ich! Das war so feierlich! Einmal setzte ich mich zu ihm auf die Bank und fragte ihn: »Was ist Krieg?« »Krieg, das ist, wenn man leben will.« Er tat mir leid. Er hatte nie einen Vater gehabt, seine Mutter war von Kindheit an behindert. Hätte er einen Vater gehabt, wäre er nicht nach Afghanistan geschickt worden. Ein Vater hätte sich für ihn eingesetzt, hätte ihn freigekauft, wie andere. Aber er und seine Mutter … Als ich in ihre Wohnung kam … In seinem Zimmer gab es nur ein Bett und Stühle, an der Wand eine Afghanistan-Medaille. Ich hatte Mitleid mit ihm, an mich selber dachte ich nicht. Wir zogen zusammen. Mit einem Handtuch und einem Löffel zog er zu mir. Seine Medaille brachte er auch mit. Und die Ziehharmonika.

Ich habe mir eingeredet … mir zusammenphantasiert, er sei ein Held … ein Verteidiger … Ich habe ihm eine Krone aufgesetzt und auch den Kindern erzählt, er sei ein König. Wir leben mit einem Helden zusammen! Er hat seine Soldatenpflicht erfüllt und sehr gelitten. Ich wollte ihm Wärme geben … ihn retten … Mutter Theresa! Ich bin nicht tief gläubig, ich bitte immer nur: »Herr, vergib uns.« Liebe, das ist so ein Kummer … Man hat Mitleid … wenn man liebt, hat man Mitleid … Das Erste … Im Schlaf »rannte« er: Seine Beine lagen still, aber die Muskeln waren in Bewegung wie bei jemandem, der läuft. Manchmal lief er die ganze Nacht. Und schrie: »*Duschary, Duschary!*« (So nannten sie die *Duchi,* die afghanischen Mudschaheddin.) Er rief nach seinem Kommandeur, nach seinen Freunden: »Von der Flanke her umgehen!«, »Granaten einsatzbereit!«, »Nebelbomben!«. Einmal hätte er mich fast erschlagen, als ich ihn weckte: »Kolja, Kolja, wach auf!« Wirklich wahr … Ich begann ihn sogar zu lieben … Ich lernte viele afghanische Wörter: *Sindan, Botschata, Duwal … Barbuchaika** … »*Chudo Chafes!*« – »Leb wohl, Afghanistan!«. Ein Jahr lang lebten wir gut zusammen. Ja, wirklich wahr! Wenn er ein wenig Geld hatte, brachte er Büchsenfleisch mit – sein Lieblingsessen. Noch von Afghanistan her. Wenn sie in die Berge gingen, nahmen sie immer Büchsenfleisch mit und Wodka. Er brachte uns bei, wie man Erste Hilfe leistet, welche Pflanzen essbar sind und wie man Tiere fängt. Schildkröten, sagte er, schmecken süß. »Hast du auch auf Menschen geschossen?« »Da hat man keine Wahl: du oder sie.« Weil er so vieles erlitten hatte, verzieh ich ihm alles … Ich habe mir diese Bürde selbst aufgeladen …

* *Sindan – Gefängnis.*
Botschata – Jungen.
Duwal – Lehmhütte.
Barbuchaika – afghanischer Lastwagen.

Und jetzt … Seine Freunde schleppen ihn nachts nach Hause und legen ihn mir vor die Tür. Ohne Uhr, ohne Hemd … mit nacktem Oberkörper liegt er da … Die Nachbarn klingeln bei mir: »Hol ihn rein, Tamara! Er holt sich noch den Tod bei der Kälte.« Ich ziehe ihn in die Wohnung. Er weint, heult, wälzt sich am Boden. Keine Arbeit behält er lange – er war Wachmann, Nachtwächter … Ständig braucht er was zu trinken – zum Betrinken oder zum Ausnüchtern. Alles hat er vertrunken … Ich weiß nie: Ist was zu essen im Haus oder nicht? Er beschimpft mich wüst oder hockt sich vor den Fernseher. Die Nachbarn haben einen Untermieter … einen Armenier … Der hat mal irgendwas gesagt, das meinem Mann nicht gefallen hat. Am Ende lag der Armenier am Boden, voller Blut, mit ausgeschlagenen Zähnen und gebrochener Nase. Auf den Markt traue ich mich mit ihm nicht, die Händler dort sind ja meist Usbeken und Aserbaidschaner. Beim geringsten Anlass … da hat er einen Spruch parat: »Für jedes schwarze Arschloch findet sich ein Bolzen mit Gewinde.« Die Händler geben ihm Preisnachlass, wollen sich nicht mit ihm anlegen. »Ach, ein ›Afghane‹ … ein Irrer … Teufel!« Er schlägt die Kinder. Der Kleine liebte ihn sehr, er hängte sich ständig an ihn, doch dann hat ihn der Vater einmal fast mit einem Kissen erstickt. Jetzt rennt der Kleine, sobald der Vater die Tür aufmacht, schnell in sein Bett und macht die Augen zu, damit er ihn nicht schlägt, oder er versteckt alle Kissen unterm Sofa. Ich kann nur heulen … oder … *(Sie zeigt auf ihren verbundenen Arm.)* Am Tag des Fallschirmjägers … da versammeln sie sich … er und seine Freunde … alle im gestreiften Soldatenunterhemd, wie er … Sie lassen sich volllaufen. Und pinkeln mir auf dem Klo alles voll. Sie sind nicht ganz richtig im Kopf … Sie leiden an Größenwahn: Wir waren im Krieg! Wir sind die Größten! Ihr erster Trinkspruch: »Die ganze Welt ist Scheiße, alle Menschen sind Nutten, und die Sonne ist eine verfickte Lampe.« So geht das bis zum Morgen: »auf das Seelenheil«, »auf die Gesundheit«, »auf den Orden«, »auf dass alle krepieren« … Ihr Leben ist verpfuscht … Ich kann dir nicht sagen, was daran schuld ist – der Wodka oder der Krieg. Sie sind böse wie die Wölfe! Sie hassen die Kaukasier und die Juden. Die Juden, weil sie Christus getötet und die Sache Lenins zugrunde gerichtet haben. Zu

Hause fühlen sie sich nicht mehr wohl: aufwachen, waschen, essen – das ist öde! Sie würden auch jetzt noch sofort nach Tschetschenien gehen. Die Helden spielen! Sie sind sauer, sauer auf alle: auf die Politiker und auf die Generäle, auf die, die nicht dort waren. Auf die besonders … auf die vor allem … Viele haben keinen Beruf, genau wie meiner. Sie haben nur eines gelernt: mit einer Pistole rumlaufen. Sie sagen, sie trinken aus Kummer … Oje-oje! Sie haben auch dort getrunken, daraus machen sie gar keinen Hehl: »Ohne hundert Gramm Wodka schafft es der russische Soldat nicht bis zum Sieg«, »Wirf einen Russen in der Wüste ab – nach zwei Stunden ist er betrunken, aber Wasser findet er nicht«. Sie tranken Methylalkohol und Bremsflüssigkeit … Aus Dummheit und im Suff traten sie auf Minen … Dann kamen sie nach Hause: Einer hat sich aufgehängt, einer wurde bei einem Streit erschossen, einer zum Krüppel geprügelt … einer hat den Verstand verloren und ist im Irrenhaus gelandet … Das sind nur die, von denen ich gehört habe. Weiß der Geier, was noch alles … Die Kapitalisten … na ja, diese neuen Russen … die stellen die Exsoldaten an, bezahlen sie dafür, dass sie ihnen beim Schuldeneintreiben helfen. Diese Männer schießen ohne Bedenken, sie kennen kein Mitleid, wenn sie sehen: So ein Milchbubi – hat mit zwanzig einen Haufen Geld, und sie haben nur ihre Medaillen. Obendrein Malaria und Hepatitis … Warum sollten sie mit so einem Knaben Mitleid haben? Mit ihnen hatte ja auch niemand Mitleid … Sie wollen schießen … Schreib das nicht auf … Ich habe Angst … Sie machen kurzen Prozess: An die Wand! Nach Tschetschenien würden sie gern gehen, weil dort Freiheit herrscht … und weil sie finden, dass man dort die Russen schlecht behandelt … und weil sie ihren Frauen Pelzmäntel mitbringen wollen. Und goldene Ringe. Meiner wollte auch hin, aber Trinker nehmen sie nicht. Sie können genug gesunde Männer kriegen. Jeden Tag höre ich dasselbe: »Gib mir Geld.« »Nein.« »Bei Fuß, du Hündin!« Dann haut er mir eine rein. Hinterher sitzt er da und heult. Wirft sich mir an den Hals: »Verlass mich nicht!« Ich hatte lange Mitleid mit ihm. *(Sie weint.)*

Dieses verfluchte Mitleid … Ich werde es nicht mehr zulassen … Spekuliere nicht auf mein Mitleid! Löffele deine Kotze mit deinem eigenen Löffel aus. Selber! Vergib mir, Herr, wenn es dich wirklich gibt. Vergib mir.

Wenn ich abends von der Arbeit nach Hause komme ... Dann höre ich ihn schon. Wie er unseren Sohn trainiert. Ich kenne das alles auswendig: »Stopp! Merk dir: Du schleuderst die Handgranate ins Fenster – dann rollst du dich hierher. Auf die Erde. Dann hinter die Säule ...« Meine Güte! »Vier Sekunden, und du bist auf der Treppe, du trittst die Tür ein, feuerst mit der MP nach links. Der Erste fällt ... Der Zweite rennt vorbei ... Der Dritte gibt Deckung ... Stopp! Stopp!!« Stopp ... *(Sie schreit.)* Ich habe Angst! Wie kann ich meinen Sohn retten? Ich laufe zu meinen Freundinnen ... Die eine sagt: »Du musst in die Kirche gehen. Bete.« Eine andere ist mit mir zu einer weisen Frau gegangen ... Wohin auch sonst? Die Frau war uralt, wie das Gerippe Unsterblich[1]. Sie sagte, ich solle am nächsten Tag wiederkommen und eine Flasche Wodka mitbringen. Mit dieser Flasche ist sie durch ihre Wohnung gelaufen, dabei hat sie geflüstert und die Hände darüber kreisen lassen, dann gab sie sie mir zurück. »Der Wodka ist verhext. Gieß ihm davon zwei Tage lang ein Gläschen ein, am dritten wird er keinen mehr wollen.« Tatsächlich hat er einen Monat nicht getrunken. Aber danach ging es wieder los: Er kam nachts stockbetrunken nach Hause getorkelt, polterte in der Küche mit Töpfen herum, verlangte was zu futtern ... Ich ging zu einer anderen weisen Frau ... Die legte mir Karten und goss geschmolzenes Blei in eine Tasse mit Wasser. Sie brachte mir einige einfache Beschwörungen bei – mit Salz, mit einer Handvoll Sand. Nichts half! Vom Wodka und vom Krieg kann man keinen kurieren ... *(Sie wiegt ihren verletzten Arm.)* Ach, ich bin so müde! Ich habe mit keinem mehr Mitleid ... nicht mit den Kindern, und auch nicht mit mir selber ... Ich rufe nicht nach meiner Mutter, aber sie erscheint mir im Traum. Jung und fröhlich. Immer ist sie jung und lacht. Ich verscheuche sie ... Oder ich träume von meiner Schwester, sie ist ernst und fragt mich immer ein und dasselbe: »Denkst du, du kannst dich selber ausschalten, wie eine Lampe?« *(Sie hält inne.)*

Wirklich wahr ... Ich habe in meinem Leben nichts Schönes gesehen. Und ich werde auch nichts Schönes mehr sehen. Gestern war er hier im Krankenhaus: »Ich hab den Teppich verkauft. Die Kinder haben Hunger.« Meinen geliebten Teppich. Das war das einzige gute Stück im Haus ... das noch geblieben war ... Ein ganzes Jahr hatte ich dafür gespart. Kopeke für Kopeke. So sehr hatte ich mir diesen Teppich gewünscht ... aus Vietnam ... Und er hat ihn einfach so vertrunken. Die Mädchen von meiner Arbeit waren hier: »Oje, Tomka, du musst schnell wieder nach Hause. Der Kleine geht ihm auf die Nerven – er schlägt ihn. Und die Große (die Tochter meine Schwester), die ist doch schon zwölf ... Du weißt ja selber ... im Suff ...«

Nachts liege ich wach. Ich kann nicht schlafen. Dann falle ich in einen Abgrund, als würde ich fliegen. Und ich weiß nicht, wie ich am Morgen erwachen werde. Ich habe schreckliche Gedanken ...

Beim Abschied umarmt sie mich überraschend.

Behalt mich in Erinnerung ...

Ein Jahr später unternahm sie einen weiteren Selbstmordversuch. Diesmal mit Erfolg. Ihr Mann, erfuhr ich, hatte bald eine neue Frau. Ich rief sie an. »Er tut mir leid«, sagte sie. »Ich liebe ihn nicht, aber ich habe Mitleid mit ihm. Schlimm ist nur, dass er wieder angefangen hat zu trinken, aber er hat versprochen, aufzuhören.«

Ahnen Sie, was sie weiter sagte?

VON DER UNEMPFINDLICHKEIT DER TOTEN UND DER STILLE DES STAUBS

Olesja Nikolajewa – Unteroffizierin der Miliz, 28 Jahre alt

Aus der Erzählung der Mutter

Ich sterbe bald an meinen Geschichten ... Warum erzähle ich sie Ihnen? Sie werden mir nicht helfen. Schön, Sie schreiben es auf, veröffentlichen es ... Gute Menschen werden es lesen und weinen, doch die schlechten ... auf die es ankommt ... die werden es nicht lesen. Wozu sollten sie?

Ich habe das schon so viele Male erzählt ...

Am 23. November 2006 ...

Die Nachricht kam im Fernsehen ... Alle Nachbarn wussten schon Bescheid. Es verbreitete sich wie ein Summen in der ganzen Stadt ...

Ich und Nastenka, meine Enkelin ... wir waren zu Hause. Bei uns lief nicht der Fernseher, er war alt und seit langem kaputt. Wir hofften: »Wenn Oleska zurückkommt, kaufen wir einen neuen.« Wir machten an diesem Tag Hausputz und große Wäsche. Dabei waren wir sehr fröhlich, haben gelacht und gelacht. Dann kam meine Mutter ... unsere Oma ... aus dem Garten. »Ach, Mädchen, ihr seid gar zu fröhlich. Passt auf, dass ihr nicht bald weinen müsst.« Mir stockte das Herz ... Wie ging es wohl Oleska? Aber wir hatten ja erst am Vortag mit ihr telefoniert, das war ein Feiertag gewesen, der Tag der Miliz ... Sie hatte eine Auszeichnung bekommen, das Ehrenabzeichen des Innenministeriums »Für ausgezeichneten Dienst«. Wir hatten ihr gratuliert. »Ach, ich hab euch alle so lieb«, hatte sie gesagt. »Ich möchte recht bald meine Heimat wiedersehen.« Die Hälfte meiner Rente ging damals fürs Telefonieren drauf, denn wenn ich ihre Stimme hörte ... dann konnte ich die nächsten zwei, drei Tage überleben. Bis zum nächsten Anruf … »Mama, du musst nicht weinen«, hat sie mich oft beruhigt, »ich trage eine Waffe, aber ich schieße nicht. Einerseits ist hier zwar Krieg, aber andererseits ist die Lage ruhig. Heute früh habe ich einen Mullah singen gehört, ein Gebet. Die Berge hier sind richtig lebendig, bis zum Gipfel mit Gras und Bäumen bewachsen.« »Mama, der ganze tschetschenische Boden ist ölgetränkt. Du kannst in jedem Garten graben – überall ist Öl. Wirklich, der ganze Boden ist hier voller Öl.«

Warum hat man sie dorthin geschickt? Sie kämpften dort nicht für die Heimat, sondern für Bohrtürme. Ein Tropfen Öl kostet heutzutage so viel wie ein Tropfen Blut …

Eine Nachbarin kam angelaufen … eine Stunde später die nächste … Was ist los mit ihnen?, dachte ich. Sie kamen ohne jeden Grund vorbei. Saßen eine Weile bei mir und gingen wieder. Da war die Nachricht schon mehrmals im Fernsehen gekommen …

Bis zum Morgen wussten wir nicht Bescheid. Am Morgen rief mein Sohn an: »Mama, bist du jetzt zu Hause?« »Wieso? Ich will einkaufen gehen.« »Warte auf mich. Ich komme zu dir, wenn Nastja weg ist.« »Ich will sie lieber zu Hause behalten. Sie hat Husten.« »Wenn sie kein Fieber hat, schick sie in die Schule.« Mir stockte das Herz, ich zitterte am ganzen Leib. Ich hatte Schüttelfrost. Kaum war Nastenka losgelaufen, ging ich auf den Balkon. Ich sah meinen Sohn kommen, aber nicht allein, sondern mit der Schwiegertochter. Ich konnte nicht mehr warten, bis sie oben waren, die zwei Minuten – das war zu viel! Ich rannte ins Treppenhaus und schrie hinunter: »Was ist mit Oleska?« Ich habe wohl so geschrien … aus tiefster Seele, dass sie zurückschrien: »Mama! Mama!« Sie stiegen aus dem Fahrstuhl und standen vor mir. Sagten kein Wort. »Ist sie im Krankenhaus?« »Nein.« Vor meinen Augen drehte sich alles. Wie ein Karussell. Danach … ich erinnere mich kaum … Plötzlich waren viele Menschen da … Alle Nachbarn hatten die Türen geöffnet, wollten mir vom Zementboden hochhelfen, redeten auf mich ein. Doch ich kroch auf dem Boden herum, griff nach ihren Beinen, küsste ihre Schuhe. »Gute Menschen … ihr Lieben … sie kann doch Nastenka nicht verlassen haben … ihren Sonnenschein … ihr Licht im Fenster … Ihr Lie-ben …« Ich schlug mit der Stirn auf den Boden. In den ersten Minuten glaubt man es nicht, klammert sich an die bloße Luft. Nein, sie ist nicht tot, sie kommt zurück, als Krüppel. Ohne Beine … blind … Egal, Nastenka und ich werden sie an die Hand nehmen und führen. Hauptsache, sie lebt! Irgendwen möchte man darum bitten, irgendwen … auf Knien darum anflehen …

Viele, viele Menschen … das ganze Haus war voller fremder Menschen … Sie pumpten mich mit Medikamenten voll – ich lag da, kam zu mir – und sie riefen wieder den Notarzt. Ich hatte den Krieg bei mir zu Hause … Doch die anderen hatten ihr eigenes Leben. Niemand versteht fremdes Leid, mit Gottes Hilfe begreift man gerade mal das eigene. Oh-h-h … Alle dachten, ich schliefe, aber ich lag da und hörte alles. Es war bitter, so bitter …

»Ich hab zwei Söhne. Sie gehen noch zur Schule. Ich spare, um sie vom Armeedienst freizukaufen …«

»Unser Volk ist geduldig, das ist Fakt. Der Mensch ist Kanonenfutter … Der Krieg ist ein Job …«

»Die Euro-Renovierung* hat uns eine Stange Geld gekostet. Gut, dass wir die italienischen Fliesen schon vorher gekauft hatten, noch zum alten Preis. Wir haben uns Plastikfenster einbauen lassen. Und gepanzerte Türen …«

»Die Kinder werden größer … Man hat seine Freude an ihnen, solange sie klein sind …«

»Dort ist Krieg, und hier ist auch Krieg … Jeden Tag wird geschossen. Man hat Angst, wenn man im Bus sitzt, und man traut sich kaum, in die Metro zu steigen …«

* *Euro-Renovierung* – umgangssprachliche Bezeichnung für Renovierung nach westlichem Standard.

»Der Sohn meiner Nachbarin war arbeitslos, hat getrunken. Er hat sich als Vertragssoldat anwerben lassen. Nach einem Jahr kam er zurück, mit einem Koffer voll Geld – hat sich ein Auto gekauft, seiner Frau einen Pelzmantel und einen goldenen Ring. Hat mit seiner Familie Urlaub in Ägypten gemacht … Ohne Geld bist du heutzutage ein Nichts. Und wo kannst du schon welches verdienen?«

»Sie plündern Russland aus … reißen es in Stücke … Ein großer Kuchen!«

Dieser elende Krieg! Er war irgendwo weit weg gewesen … weit weg … Und plötzlich war er bei mir zu Hause. Ich hatte Oleska ein Kreuz um den Hals gehängt … Es hat sie nicht geschützt. *(Sie weint.)*

Am nächsten Tag brachten sie uns Oleska … Der Sarg troff … er war klitschnass … Wir haben ihn mit Laken abgewischt. Die Natschalniks: »Los, los, sie muss rasch unter die Erde.« »Nicht aufmachen – da drin ist alles Matsch.« Aber wir haben den Sarg trotzdem aufgemacht. Wir hofften noch immer, es sei vielleicht ein Irrtum. Im Fernsehen hatte es geheißen: Olesja Nikolajewa … einundzwanzig Jahre alt … Das Alter stimmte nicht. Vielleicht war es ja eine andere Olesja? Nicht unsere. »Da drin ist alles Matsch …« Sie drückten uns eine Bescheinigung in die Hand: »… vorsätzliche Selbstverletzung durch einen Schuss aus der Dienstwaffe in die rechte Kopfseite …« Doch was bedeutete mir schon ein Papier! Ich wollte sie selbst sehen, sie berühren. Sie mit eigenen Händen streicheln. Als wir den Sarg aufmachten – ihr Gesicht war wie lebendig, schön … und auf der linken Seite war ein kleines Loch … Ganz klein … winzig … wie von einer Bleistiftspitze. Auch das stimmte nicht, genau wie das Alter – das Loch war links, nicht rechts, wie es im Bericht hieß. Sie war mit einer gemischten Einheit von Milizionären aus ganz Rjasan nach Tschetschenien gegangen, und bei der Beerdigung half uns das Milizrevier, wo sie vorher gearbeitet hatte. Ihre Kameraden. Sie sagten alle einhellig: Das soll Selbstmord sein? Das war kein Selbstmord, der Schuss wurde aus zwei, drei Metern Entfernung abgegeben … Ein Schuss!? Die Natschalniks hatten es sehr eilig. Sie sorgten dafür, dass es schnell ging. Am späten Abend war sie gebracht worden, und am nächsten Tag um zwölf wurde sie schon begraben. Auf dem Friedhof ... Oh-h-h ... Ich hatte Kräfte ... der Mensch kann ungeheuer stark sein ... Sie nagelten den Sargdeckel zu, und ich riss ihn wieder auf ... ich hätte die Nägel auch mit den Zähnen rausgerissen. Von den Natschalniks war keiner auf dem Friedhof. Alle hatten sich von uns abgewandt ... der Staat als Erster ... Der Priester wollte keine Totenmesse für sie lesen: Sie sei eine Sünderin gewesen ... Gott würde eine solche verwirrte Seele nicht annehmen ... Wieso ... Wieso nur? Ich gehe jetzt oft in die Kirche ... stelle eine Kerze auf ... Einmal habe ich den Priester gefragt: »Liebt Gott etwa nur die schönen Seelen? Wenn das so ist, wozu brauchen wir Ihn dann?« Ich habe ihm alles erzählt ... Ich habe das schon so viele Male erzählt ... *(Sie schweigt.)* Der Priester hat geweint. »Dass Sie da noch am Leben und nicht im Irrenhaus sind! Gott schenke ihr himmlischen Frieden!« Er hat für meine Tochter gebetet ... Die Leute erzählten alles Mögliche: Wegen eines Mannes habe sie sich erschossen. Betrunken. Jeder wisse doch, dass sie da rund um die Uhr saufen würden. Männer wie Frauen. Ich habe jede Menge Kummer geschluckt ... *(Sie weint.)*

Als sie damals ihren Koffer packte ... Da hätte ich am liebsten alles zerrissen und zertrampelt. Ich biss mir in die Hände, um mich zu beherrschen. Ich konnte nicht schlafen. Alle Knochen taten mir weh, ich hatte Krämpfe im ganzen Körper. Ich schlief nicht richtig ... aber ich hatte seltsame Träume ... In einem war ewiges Eis, ewiger Winter. Alles silbrig blau ... In einem anderen laufen Oleska und Nastenka über Wasser, sie laufen und laufen und können das Ufer nicht erreichen. Überall nur Wasser ... Ich sehe Nastenka, doch Olesja verliere ich bald aus den Augen ... Sie ist weg ... Ich erschrecke im Traum und rufe: »Oleska! Oleska!« Sie taucht auf. Aber nicht wie lebendig, sondern wie ein Bild ... wie ein Foto ... und links hat sie einen blauen Fleck. Genau an der Stelle, wo später die Kugel eingedrungen ist ... *(Sie schweigt.)* Da packte sie gerade erst ihren Koffer ... »Mama, ich fahre. Ich habe schon ein Gesuch eingereicht.« »Du ziehst allein ein Kind groß. Sie dürfen dich nicht dorthin schicken.« »Mama, sie entlassen mich, wenn ich nicht gehe. Du weißt doch, bei uns ist alles freiwilliger Zwang. Aber du musst nicht weinen ... Dort wird nicht mehr geschossen, dort wird jetzt aufgebaut. Ich werde den Aufbau schützen. Ich gehe hin und werde Geld verdienen wie die anderen.« Vor ihr waren schon andere Milizmädchen dort gewesen, und ihnen war nichts passiert. »Und danach fahren wir beide nach Ägypten, schauen uns die Pyramiden an« – das war so ein Traum von ihr. Sie wollte ihrer Mutter eine Freude machen. Wir waren arm ... lebten von ein paar Kopeken ... Wenn man in die Stadt geht, sieht man überall Werbung: Kauf dir ein Auto ... auf Raten ... Kauft! Kauft! In jedem Geschäft steht mitten im Verkaufssaal ein Tisch, manchmal auch zwei: Wenn du jetzt kein Geld hast, nimm einen Kredit auf. Vor den Tischen steht immer eine Schlange. Die Menschen haben die Armut satt, alle möchten gern schön leben. Doch ich wusste manchmal nicht, was ich zu essen machen sollte, selbst die Kartoffeln gingen zur Neige. Und die Nudeln. Oft reichte es nicht mal für die Busfahrt. Nach der Berufsschule war Olesja an die pädagogische Hochschule gegangen, an die psychologische Fakultät, aber sie studierte nur ein Jahr lang – wir hatten nicht das Geld für die Gebühren. Sie wurde exmatrikuliert. Meine Mutter hat umgerechnet hundert Dollar Rente, und ich bekomme genauso viel. Die da oben ... die fördern Öl und Gas ... aber von diesen Dollars kriegen wir nichts ab, die stecken sie sich in die eigene Tasche. Die einfachen Leute wie wir, die gehen durch die Geschäfte wie durch Museen, die können sich nichts kaufen. Und im Radio, das ist die reinste Provokation, als wollten sie das Volk mit Absicht wütend machen, im Radio tönen sie: Liebt die Reichen! Die Reichen sind unsere Rettung! Sie werden uns Arbeit geben ... Im Fernsehen zeigen sie, wie die Reichen Urlaub machen ... was sie essen ... Sie haben Häuser mit Swimmingpool ... Einen eigenen Gärtner, einen eigenen Koch ... Wie früher die Gutsbesitzer ... unterm Zaren ... Das sieht man abends, wenn man den Fernseher anmacht – einfach widerlich –, da gehe ich lieber schlafen. Früher haben viele Menschen für Jawlinski[1] gestimmt und für Nemzow[2] ... Früher habe ich mich auch engagiert, bin zu jeder Wahl gegangen. Ich war eine Patriotin. Nemzow gefiel mir, weil er jung war und gut aussah. Doch dann war klar, dass auch die Demokraten vor allem ein schönes Leben wollten. Darüber haben sie uns vergessen. Der Mensch ist Staub … ein Staubkorn … Das Volk hat sich wieder den Kommunisten zugewandt … Unter denen gab es keine Milliardäre, alle hatten wenig, aber es reichte für alle. Jeder fühlte sich als Mensch. Ich war wie alle.

Ich bin ein Sowjetmensch, auch meine Mutter ist ein Sowjetmensch. Wir haben für den Aufbau des Sozialismus und des Kommunismus gearbeitet. Den Kindern wurde beigebracht: Handel treiben ist eine Schande, und Geld macht nicht glücklich. Ernährt euch redlich und gebt euer Leben für die Heimat. Mein Leben lang war ich stolz darauf, ein Sowjetmensch zu sein, aber jetzt ist das beinahe peinlich, als wäre man kein vollwertiger Mensch mehr. Wir hatten die Ideale des Kommunismus, jetzt herrschen die Ideale des Kapitalismus: »Nimm auf niemanden Rücksicht, denn auf dich nimmt auch keiner Rücksicht.« »Mama«, sagte Oleska oft, »du lebst in einem Land, das es schon lange nicht mehr gibt. Du kannst mir nicht helfen.« Was haben sie mit uns gemacht? Was ist los mit uns … *(Sie hält inne.)* Ich möchte Ihnen so viel erzählen! So viel! Aber vor allem – ja, was? Nach Oleskas Tod … Da fand ich unter ihren Sachen ein Schulheft mit einem Aufsatz: »Was ist das Leben?« »Ich stelle mir ein Ideal vom Menschen vor …«, hat sie geschrieben. »Ein Lebensziel ist etwas, das dich bewegt, aufwärts zu streben …« Das habe ich sie gelehrt … *(Sie schluchzt.)* Als sie in den Krieg ging … sie konnte keine Maus töten … Alles war anders, als es hätte sein sollen, aber wie es war – das weiß ich nicht. Sie verbergen es vor mir … *(Sie schreit.)* Meine Tochter ist spurlos gestorben. Das darf nicht sein! Meine Mutter war im Vaterländischen Krieg zwölf Jahre alt, sie wurden nach Sibirien evakuiert. Dort arbeiteten die Kinder … in der Fabrik … sechzehn Stunden am Tag, genau wie die Erwachsenen. Für eine Essensmarke der Kantine, wo sie eine Schüssel Nudeln und ein Stück Brot bekamen. Brot! Sie produzierten Granaten für die Front. Manche starben neben ihrer Werkbank, weil sie noch so klein waren. Warum die Leute einander damals töteten – das verstand meine Mutter, doch warum sie heute töten, das versteht sie nicht. Niemand versteht das. Dieser elende Krieg! Argun … Gudermes … Chankala[3] … Wenn ich das höre, schalte ich den Fernseher aus …

Ich habe ein Papier in der Hand: »… vorsätzlich … Schuss aus der Dienstwaffe …« Und ich habe Nastenka … neun Jahre alt ist Nastenka … Ich bin jetzt ihre Oma und ihre Mama. Krank, wie ich bin, dreimal von Chirurgen aufgeschnitten. Drei Operationen. Meine Gesundheit ist dahin, ja, gesund bin ich nicht mehr, wie auch? Ich bin in der Region Chabarowsk aufgewachsen. Ringsum nur Taiga. Wir lebten in Baracken. Apfelsinen und Bananen kannten wir nur von Bildern. Wir ernährten uns von Nudeln … von Milchpulver und Nudeln … ab und zu gab es mal Büchsenfleisch … Meine Mutter hatte sich nach dem Krieg in den Fernen Osten anwerben lassen, als die Jugend aufgerufen wurde, den Norden zu erschließen. Wie an die Front. Zu den Großbaustellen gingen nur Habenichtse wie wir. Leute, die nichts besaßen, kein Haus und keinen Hof. »Und ich träume nur vom Nebel und der Taiga süßem Duft«[4] – so hieß es in Liedern … in Büchern … wir aber waren ganz aufgedunsen vom Hunger. Der Hunger trieb uns zu Heldentaten. Als ich ein bisschen älter war … da ging ich auch auf die Baustelle … Meine Mutter und ich haben an der BAM gebaut, ich besitze eine Medaille »Für den Bau der Baikal-Amur-Magistrale« und einen Packen Urkunden. *(Sie schweigt.)* Woran kann ich mich noch erinnern? Im Winter um die fünfzig Grad minus, die Erde fror bis zu einem Meter tief zu. Weiße Bergkuppen … so weiß unterm Schnee, dass sie selbst bei schönem Wetter nicht mehr zu sehen waren. Nicht auszumachen. Diese Bergkuppen habe ich von ganzem Herzen liebgewonnen. Jeder Mensch hat eine Heimat … eine große Heimat … und eine kleine. Jeder Mensch … Meine kleine Heimat, die ist dort. Die Barackenwände waren dünn … die Toilette war draußen … Aber wir waren jung! Wir glaubten an die Zukunft … immer glaubten wir. Das Leben wurde tatsächlich von Jahr zu Jahr besser: Erst hatte niemand einen Fernseher … keiner! Und plötzlich tauchten welche auf. Wir lebten in Baracken … Und plötzlich bekamen die Ersten eine eigene Wohnung. Uns wurde versprochen: »Die jetzige Generation Sowjetmenschen wird im Kommunismus leben.« Also – ich … ich würde im Kommunismus leben?? *(Sie lacht.)* Ich nahm ein Fernstudium auf, wurde Ökonomin. Für das Studium musste man nicht zahlen wie heute. Wie hätte ich mir das sonst leisten können?

Dafür bin ich der Sowjetmacht dankbar. Ich habe in der Kreisverwaltung gearbeitet, in der Abteilung Finanzen. Ich kaufte mir einen Schaffellmantel … und ein flauschiges Wolltuch, darin wickelte ich mich im Winter ein – da schaute nur die Nase raus. Ich fuhr über die Dörfer, in den Kolchosen wurden Zobel, Blaufüchse und Nerze gezüchtet. Es ging uns schon ganz gut. Ich habe auch meiner Mutter einen Pelzmantel gekauft … Da verkündeten sie uns den Kapitalismus … Versprachen, wenn erst die Kommunisten weg wären, dann würde alles gut werden. Unser Volk ist misstrauisch. Durch Leid erfahren. Die Leute rannten sofort los und kauften Salz und Streichhölzer. Das Wort »Perestroika« klang in ihren Ohren wie »Krieg«. Vor unseren Augen wurden die Kolchose geplündert … die Betriebe … Und dann für ein paar Kopeken aufgekauft. Was wir unser ganzes Leben lang aufgebaut hatten, das wurde nun zu Schleuderpreisen verscherbelt. Das Volk bekam Vouchers … es wurde betrogen. Diese Vouchers liegen bei mir noch heute in der Anrichte. Die Bescheinigung für Oleska … und diese Papiere … Ist das Kapitalismus, oder was? Die russischen Kapitalisten, die habe ich gesehen, bis zum Überdruss, das waren nicht alles Russen, auch Armenier waren darunter und Ukrainer. Sie haben beim Staat hohe Kredite aufgenommen und das Geld nicht zurückgezahlt. Diese Leute hatten ein gieriges Glitzern in den Augen … Wie Kriminelle. Dieses typische Glitzern, das kenne ich nur zu gut. Dort in Sibirien waren ja überall Lager und Stacheldraht. Wer hat denn den Norden erschlossen? Häftlinge und wir Habenichtse. Das Proletariat. Aber so sahen wir uns damals nicht …

Meine Mutter entschied schließlich … Es gab nur einen Ausweg – zurück nach Rjasan. Dorthin, woher wir stammten. Auf der Straße wurde schon geschossen – die UdSSR wurde aufgeteilt. Zerrissen … in Stücke geteilt … Die Banditen waren plötzlich die Herren, und die Klugen waren die Dummen. Wir hatten das alles aufgebaut und es diesen Banditen überlassen … So ist es doch, oder? Wir selbst gingen mit leeren Händen fort, mit unserem Hausrat. Und sie bekamen die Betriebe … die Gruben … Zwei Wochen waren wir mit dem Zug unterwegs, mitsamt unserer Habe – Kühlschrank, Bücher, Möbel … Fleischwolf, Geschirr … so was eben … Zwei Wochen lang schaute ich aus dem Fenster: russische Erde ohne Ende und ohne Grenze. Unser Mütterchen Russland ist zu »groß und reich«, um darin Ordnung zu schaffen. Das war 1994 … Schon unter Jelzin … Und was erwartete uns zu Hause? Lehrer arbeiteten als Handlanger bei aserbaidschanischen Händlern, verkauften Obst und Pelmeni. In Moskau reichten die Marktstände vom Bahnhof bis zum Kreml. Plötzlich gab es Bettler. Dabei waren wir alle sowjetisch! Sowjetisch! Lange schämten sich alle.

Auf dem Markt in der Stadt bin ich mal mit einem Tschetschenen ins Gespräch gekommen … Seit fünfzehn Jahren herrscht bei ihnen Krieg, deshalb suchen sie hier Schutz. Sie sind über ganz Russland verstreut … in verschiedenen Ecken des Landes … Doch es ist Krieg … Russland führt Krieg gegen sie … Ein »Sondereinsatz« … Doch was ist das für ein Krieg? Der Tschetschene war noch jung. »Ich kämpfe nicht, gute Frau. Meine Frau ist Russin.« Ich habe mal eine Geschichte gehört … ich kann sie Ihnen erzählen … Ein tschetschenisches Mädchen hatte sich in einen russischen Piloten verliebt. Einen hübschen Kerl. In beiderseitigem Einverständnis, sie hatten das so abgesprochen, entführte er sie von zu Hause und brachte sie nach Russland. Sie heirateten. Alles, wie es sich gehört. Sie bekamen einen Jungen. Doch sie weinte und weinte, ihre Eltern taten ihr leid. Also schrieben sie ihnen einen Brief: Verzeiht uns … wir lieben uns … Sie übermittelten auch Grüße von der russischen Mutter. Doch die Brüder der Tschetschenin hatten ihre Schwester all die Jahre gesucht, sie wollten sie töten, weil sie Schande über die Familie gebracht hatte – sie hatte einen Russen geheiratet, schlimmer noch, einen Russen, der Bomben auf sie geworfen hatte. Der getötet hatte. Mit dem Absender auf dem Brief fanden sie die Schwester rasch … Sie hatten ja nun die Adresse … Ein Bruder erstach sie, und später kam ein zweiter Bruder, um sie nach Hause zu holen. *(Sie schweigt.)* Dieser elende Krieg … dieses Unglück … ist zu mir nach Hause gekommen. Ich sammle nun alles … ich lese alles über Tschetschenien, was ich finde. Stelle Fragen … Ich würde gern dorthin fahren. Und dort getötet werden … *(Sie weint.)* Dann wäre ich glücklich … Das wäre mein Mutterglück … Ich kenne eine Frau … Von ihrem Sohn ist nicht einmal ein Schuh übrig geblieben, eine Granate hatte ihn voll getroffen. »Ich wäre glücklich«, sagte sie zu mir, »wenn er in Heimaterde begraben wäre. Wenigstens ein kleines Stück von ihm …« Das wäre für sie schon Glück … Der junge Tschetschene hat mich gefragt: »Gute Frau, hast du einen Sohn?« »Ich habe einen Sohn, aber meine Tochter ist in Tschetschenien umgekommen.« »Ihr Russen, ich frage euch: Was ist das für ein Krieg? Ihr tötet uns, macht uns zu Krüppeln, und dann behandelt ihr uns in euren Krankenhäusern. Ihr bombardiert und plündert unsere Häuser, und dann baut ihr sie wieder auf. Ihr redet uns ein, Russland sei unser Zuhause, aber ich muss wegen meiner tschetschenischen Visage jeden Tag die Miliz schmieren, damit sie mich nicht zu Tode prügeln. Mich nicht ausrauben. Ich sage ihnen immer wieder, dass ich nicht zum Töten hergekommen bin und nicht ihr Haus in die Luft sprengen will. Ich hätte in Grosny getötet werden können … aber hier kann ich auch getötet werden …«

Solange mein Herz schlägt … *(Verzweifelt.)* So lange werde ich nachforschen. Ich will wissen, wie meine Tochter gestorben ist. Ich glaube niemandem.

Sie öffnet die Anrichte, wo neben Kristallgläsern Papiere und Fotos liegen. Sie nimmt sie heraus und breitet sie auf dem Tisch aus.

Meine Tochter war ein hübsches Mädchen … Und in der Schule immer eine Anführerin. Sie lief gern Schlittschuh. Ihre Leistungen waren mittelmäßig … normal … In der neunten Klasse verliebte sie sich in Romka … Ich war natürlich dagegen, er war sieben Jahre älter als sie. »Aber wenn es doch Liebe ist, Mama?« Eine wahnsinnige Liebe war das, wenn er sich mal nicht meldete, dann rief sie ihn an … »Warum rufst du ihn an?« »Aber wenn es doch Liebe ist, Mama?« Romka – sie sah nur noch ihn. Ihre Mutter hatte sie völlig vergessen. Gleich nach dem Abschlussball haben sie geheiratet. Dann kam schon das Kind. Romka trank, prügelte, und sie weinte. Ich hasste ihn. Ein Jahr lebten sie so zusammen. Er schnitt ihr die Kleider vom Leib, gute Kleider – aus Eifersucht. Er packte ihre Haare, wickelte sie um seine Hand – und schlug ihren Kopf gegen die Wand. Sie ertrug das alles, immer wieder … Auf ihre Mutter hörte sie nicht. Bis … Bis sie doch … Ich weiß nicht, wie … Bis sie doch weg ist von ihm. Wohin? Zur Mutter … »Mama, rette mich!« Da kam er einfach an und zog zu uns. Eines Nachts wache ich auf … von einem Schluchzen … Ich mache die Badtür auf, da steht er über ihr, ein Messer in der Hand … Ich das Messer gepackt, in die Hände hab ich mich geschnitten dabei. Ein andermal hatte er eine Pistole, eine Gaspistole, dachte ich, keine echte. Ich ziehe Oleska von ihm weg, da richtet er die Pistole auf mich: »Gleich bist du still!« Sie weinte und weinte, bis sie sich endlich trennten. Ich hab ihn rausgeworfen … *(Sie schweigt.)* Es verging … na, kein halbes Jahr … Eines Tages kommt sie von der Arbeit: »Romka hat geheiratet.« »Woher weißt du das?« »Er hat mich in der Stadt ein Stück mitgenommen.« »Und?« »Nichts weiter.« Er hat sehr schnell wieder geheiratet. Aber für sie war er die große Kinderliebe. Die man nie vergisst. *(Sie zieht ein Blatt Papier aus dem Stapel.)* Hier steht: »… vorsätzliche Selbstverletzung …« Der Rechtsmediziner schreibt von einem Schuss in die rechte Kopfseite, aber das Loch war links. Ein ganz kleines Loch … Vielleicht hat er die Tote gar nicht gesehen? Hat einfach hingeschrieben, was sie ihm befahlen. Weil er gut dafür bezahlt wurde.

Ich hoffte … Ich wartete auf die Rückkehr ihrer Einheit. Ich wollte sie befragen … mir ein Bild machen … Das Loch links, doch im Papier steht – rechts. Ich musste es wissen … Inzwischen war schon Winter. Es fiel Schnee. Früher einmal mochte ich den Schnee … Auch Oleska liebte den Schnee, sie holte immer gleich ihre Schlittschuhe raus und fettete sie ein. Früher einmal … das ist lange, lange her. Es ist bitter, so bitter … Ich schaute aus dem Fenster: Die Menschen bereiteten sich auf Weihnachten vor, trugen Geschenke unterm Arm, Spielzeug. Tannenbäume. Und bei mir in der Küche lief ständig das Radio. Unser Lokalsender. Die Lokalnachrichten. Ich wartete. Endlich die langersehnte Nachricht: »Die Milizionäre aus Rjasan sind von ihrem Einsatz in Tschetschenien zurückgekehrt …« »Unsere Milizionäre haben ihre soldatische Pflicht ehrenhaft erfüllt …« »… uns keine Schande gemacht.« Sie wurden auf dem Bahnhof feierlich empfangen. Ein Orchester, Blumen. Sie bekamen Auszeichnungen überreicht und Sachgeschenke. Einer einen Fernseher, einer eine Armbanduhr. Sie waren Helden ... Als Helden waren sie zurückgekehrt! Über Oleska kein Wort ... niemand erwähnte sie ... Ich wartete ... hielt mir das Radio direkt ans Ohr ... Sie mussten sie doch erwähnen! Dann kam Werbung ... Werbung für ein Waschpulver ... *(Sie weint.)* Mein Mädchen war vergessen. Das durfte nicht sein! Oleska ... Sie war die Erste ... der erste »tschetschenische« Sarg in der Stadt. Nach einem Monat kamen noch zwei Särge – ein älterer Milizionär und ein ganz junger. Von ihnen nahmen die Einwohner im Theater Abschied. Es gab eine Ehrenwache. Einen Kranz von der Stadt ... vom Bürgermeister ... Reden. Beerdigt wurden sie an der Heldenallee, wo die »afghanischen« Jungs liegen ... und jetzt auch die »tschetschenischen«. Auf unserem Friedhof gibt es zwei Alleen – die Heldenallee und eine andere – die Leute nennen sie die Banditenallee. Die Banditen führen Krieg gegeneinander und schießen sich gegenseitig tot. Perestroika – Perestrelka*. Die Banditen haben die besten Plätze auf dem Friedhof. Särge aus Mahagoni mit Goldintarsien und mit elektronischer Kühlung. Und Ruhmeshügel statt einfacher Grabsteine. Für die Helden stellt der Staat Grabsteine auf. Soldatische Grabsteine, na ja, bescheidene. Und auch das nicht für alle. Die Vertragssoldaten bekommen keine. Ich weiß von einer Mutter, die war deswegen im Wehrbezirksamt, da wurde sie abgewiesen: »Dein Sohn hat für Geld gekämpft.« Meine Oleska ... sie liegt getrennt von allen, sie ist ja bloß eine Selbstmörderin ... Uh-h-h *(Sie kann nicht weitersprechen.)* Und unsere Nastenka ... Sie bekommt eine Rente für ihre Mutter – tausendfünfhundert Rubel, umgerechnet fünfzig Dollar im Monat. Wo ist da die Wahrheit? Die Gerechtigkeit? Die Rente ist so klein, weil ihre Mama keine Heldin ist! Ja, wenn ihre Mama jemanden getötet hätte, jemanden mit einer Granate in die Luft gesprengt hätte ... Aber ihre Mama hat sich selbst getötet ... sonst niemanden ... Sie ist keine Heldin! Wie erklärt man das einem Kind? Was soll ich ihr sagen? In einer Zeitung stand etwas, das Oleska angeblich gesagt hat: »Meine Tochter wird sich nicht für mich schämen müssen.« Die ers-

* *perestrelka* – russ. »Schießerei«.

ten Tage nach der Beerdigung ... Nastenka saß ganz abwesend da, als wäre sie gar nicht vorhanden oder als wüsste sie nicht, wo sie ist. Niemand konnte sich entschließen ... Ich habe dann zu ihr gesagt: »Oleska ist ... deine Mama ist nicht mehr da ...« Sie stand vor mir und schien mich gar nicht zu hören, ich habe geweint, aber sie hat nicht geweint. Und später ... wenn ich Oleska irgendwie erwähnte ... dann schien sie das gar nicht zu hören. Das ging lange so, ich ärgerte mich sogar darüber. Ich ging mit ihr zu einem Psychologen. Er sagte: Das Kind ist normal, aber es hat eine starke Erschütterung erlebt. Auch bei ihrem Papa waren wir. Ich habe ihn gefragt: »Nimmst du das Kind zu dir?« »Wo soll ich denn hin mit ihr?« Er hat dort in seiner neuen Familie auch schon ein Kind. »Dann verzichte auf die Vaterschaft.« »Wieso denn? Vielleicht brauche ich ja im Alter mal Unterstützung. Ein paar Kopeken ...« So ein Papa ist das ... Hilfe bekommen wir von ihm keine. Nur Oleskas Freunde besuchen uns ... Zu Nastenkas Geburtstag sammeln sie immer ein bisschen Geld und bringen es uns. Einen Computer haben sie ihr gekauft. Die Freunde denken an sie.

Ich wartete auf einen Anruf. Ihre Einheit war zurückgekehrt – der Kommandeur und die Kameraden, mit denen sie dort gewesen war. Sie würden mich doch anrufen ... Ganz bestimmt! Das Telefon schwieg ... Da habe ich mich selbst auf die Suche gemacht ... Namen, Telefonnummern. Der Kommandeur hieß Klimkin ... Seinen Namen wusste ich aus der Zeitung. Alle! Alle Zeitungen haben über sie geschrieben – über die russischen Recken! Die Recken von Rjasan. In einer Zeitung stand sogar ein Artikel von Klimkin, in dem er der Einheit für den guten Dienst dankte. Sie haben, schrieb er, ihre Pflicht ehrenvoll erfüllt ... Auch noch ehrenvoll ... Ich rief in seinem Milizrevier an. »Verbinden Sie mich bitte mit Major Klimkin.« »Wer möchte ihn denn sprechen?« »Ljudmila Wassiljewna Nikolajewa, die Mutter von Olesja Nikolajewa.« »Er ist nicht da.« »Er hat zu tun.« »Er ist verreist.« Du als Kommandeur ... du solltest selbst zur Mutter gehen und ihr erzählen, wie es war. Solltest sie trösten. Ihr danken. So sehe ich das ... *(Sie weint.)* Ich weine, aber es sind Tränen der Wut ... Ich wollte Oleska nicht weglassen, ich habe sie angefleht, aber meine Mutter sagte: »Wenn es sein muss, soll sie gehen.« Es muss sein! Heute hasse ich diesen Satz! Ich bin nicht mehr dieselbe … Wofür soll ich denn die Heimat lieben? Sie hatten uns versprochen: Demokratie, das ist, wenn es allen gut geht. Wenn es gerecht zugeht. Ehrlich. Das ist Lug und Trug … Der Mensch ist Staub … ein Staubkorn … Nur dass die Läden jetzt voll sind mit allem. Greif zu! Greif zu! Im Sozialismus gab es das nicht. Was wollte ich sagen? Ja, ich bin natürlich nur eine einfache sowjetische Frau … Mir hört niemand zu, denn ich habe ja kein Geld. Wenn ich Geld hätte, ja, dann wäre es etwas anderes. Dann hätten sie Angst vor mir … die Natschalniks … Heute regiert das Geld …

Als Oleska wegging … Da freute sie sich: »Olga Kormtschaja kommt auch mit.« Sie waren zwei Frauen in der Einheit. Olga Kormtschaja … Ich habe sie auf dem Bahnhof gesehen, beim Abschied. »Das ist meine Mama«, sagte Oleska. Es gab einen Moment beim Abschied … Vielleicht scheint mir das nur in der Erinnerung so bedeutsam. Nach allem, was geschehen ist. Die Busse sollten jeden Augenblick abfahren … Die Hymne ertönte – alle weinten. Ich stand auf der einen Seite und lief plötzlich hinüber auf die andere Seite, Oleska hatte mir durchs Fenster etwas zugerufen, und ich hatte verstanden, dass sie wenden würden. Darum lief ich auf die andere Seite, um sie noch einmal zu sehen, ihr zu winken. Aber sie fuhren geradeaus, und ich sah sie nicht noch einmal. Mir wurde beklommen ums Herz. Und der Griff ihrer Handtasche war abgerissen … im letzten Augenblick … Vielleicht nehme ich das alles auch erst jetzt im Nachhinein so schwer … Mein Herzblut … *(Sie weint.)* Im Telefonbuch fand ich die Nummer von Olga Kormtschaja … Ich rief sie an. »Ich bin Olesjas Mutter … Ich möchte mich mit Ihnen treffen.« Sie schwieg lange, dann sagte sie irgendwie gekränkt, fast wütend: »Ich habe so viel durchgemacht … Wann lasst ihr mich endlich alle in Ruhe!« Und legte auf. Ich rief noch einmal an. »Bitte! Ich muss wissen … Ich flehe Sie an!« »Hören Sie auf, mich zu quälen!« Ich habe noch einmal angerufen … etwa einen Monat später … Ihre Mutter war dran: »Meine Tochter ist nicht zu Hause. Sie ist nach Tschetschenien gefahren.« Wieder! Nach Tschetschenien!? Wissen Sie, auch im Krieg kann man sich gut einrichten. Manche haben Glück … Der Mensch denkt ja nicht an den Tod – heute sterben müssen, das macht Angst, aber irgendwann später – das ist halb so schlimm. Für das halbe Jahr Dienst dort hat jeder sechzigtausend Rubel bekommen. Genug für ein gebrauchtes Auto. Und das Gehalt lief natürlich weiter. Oleska hatte vor ihrer Abreise eine Waschmaschine und ein Mobiltelefon auf Kredit gekauft … »Wenn ich zurückkomme, zahle ich es ab«, sagte sie. Nun müssen wir es abzahlen. Wovon? Die Zahlungsaufforderungen … wir sammeln sie … Nastenkas Turnschuhe sind ihr zu klein, sie kommt aus der Schule und weint, weil ihr die Zehen weh tun. Meine Mutter und ich legen unsere Renten zusammen, rechnen hin und her, und am Ende des Monats bleibt nichts übrig. Aber eine Tote hört keine Klagen …

Zwei Menschen waren in den letzten Minuten bei ihr … Zwei Zeugen. Auf dem Kontrollposten … Eine kleine Bude – zwei mal zweieinhalb Meter. Nachtdienst. Sie waren zu dritt. Den Ersten habe ich gefunden … »Na ja, sie war bei uns«, erzählte er am Telefon, »wir haben zwei, drei Minuten miteinander geredet …« Dann ist er angeblich rausgegangen, weil er mal musste oder weil ihn jemand gerufen hatte. Er hörte drinnen einen Knall, kam gar nicht gleich darauf, dass das ein Schuss war. Er ging wieder rein, und da lag sie. Wie ihre Stimmung war? Gut war ihre Stimmung … ganz normal war sie davor. »Hallo.« »Hallo.« Sie hätten zusammen gelacht. Hihi, haha … Der zweite Zeuge … Ich rief auf seiner Arbeitsstelle an … zu einem Treffen kam er nicht, und seine Vorgesetzten ließen mich nicht an ihn ran … Er war bei ihr, als sie schoss, hatte sich aber angeblich genau in diesem Augenblick abgewandt. Genau in der Sekunde … Eine zwei-mal-zweieinhalb-Meter-Bude, und er hat nichts gesehen. Hatte sich abgewandt … Glauben Sie das? Ich habe die beiden angefleht: Erzählen Sie es mir … ich muss es wissen … Ich trage es bestimmt nicht weiter. Ich beschwöre Sie! Sie flohen vor mir, als hätte ich sie verbrüht. Sie hatten den Befehl zu schweigen. Die Ehre ihrer Uniform zu schützen. Man hat ihnen mit Dollars den Mund gestopft … *(Sie schluchzt.)* Von Anfang an, als sie zur Miliz gegangen ist, hat mir das missfallen: meine Oleska – und Milizionärin? Nein, das gefiel mir nicht! Das gefiel mir überhaupt nicht … Daran war so etwas … An

Ausbildung hatte sie ja nur die Berufsschule und ein Jahr Studium. Sie konnte lange keine Arbeit finden. Aber bei der Miliz wurde sie sofort genommen. Ich hatte Angst … Miliz – das heißt Business … Mafia … Die Leute haben Angst vor den Milizionären, in jeder Familie hat irgendwer unter der Miliz gelitten. Bei unserer Miliz werden Menschen gefoltert, zu Krüppeln geprügelt. Die Milizionäre sind gefürchtet wie Kriminelle. Gott bewahre! Immer wieder steht in der Zeitung: Ungeheuer in Uniform … haben jemanden vergewaltigt … ermordet … So etwas hat es früher … zu Sowjetzeiten … Nein, niemals! Und selbst wenn es so etwas gegeben hat … Über vieles wurde ja nicht geredet … und geschrieben … Und wir fühlten uns sicher. *(Sie überlegt.)* Die Hälfte der Milizionäre war im Krieg. In Afghanistan oder in Tschetschenien. Sie haben getötet. Ihre Psyche ist gestört. Sie haben dort auch gegen die friedliche Bevölkerung gekämpft. Solche Kriege sind das heute: Soldaten kämpfen nicht nur gegen Soldaten, sondern auch gegen Zivilisten. Gegen ganz normale Menschen. Für sie sind auf einmal alle Feinde: Männer, Frauen, Kinder. Und hier, zu Hause, wenn sie hier einen Menschen töten, wundern sie sich, dass sie das erklären müssen. In Tschetschenien mussten sie nichts erklären … »Mama«, wandte Oleska dagegen ein, »du hast unrecht. Alles hängt vom Einzelnen ab. Eine Frau als Milizionär, das ist schön. Das blaue Hemd, die Schulterstücke …«

Am letzten Abend kamen Freunde sie besuchen, sie verabschieden. Jetzt fällt mir das wieder ein … alles fällt mir wieder ein … Sie redeten die ganze Nacht …

»Russland ist ein großes Land, kein Gasrohr mit Hahn dran …«

»Die Krim ist weg … weggegeben … Tschetschenien führt Krieg gegen uns … Tatarstan regt sich … Ich will weiter in einem großen Land leben … Im Luftraum über Riga bleiben wir die Sieger …«

»Russland wird zur Sau gemacht wegen Tschetschenien. Und die tschetschenischen Banditen gelten als Helden. Menschenrechte!? Und dort? Da kommen sie mit MP in ein russisches Haus – haut ab, oder wir bringen euch um. Ein guter Tschetschene sagt erst: ›Hau ab!‹ und tötet dann, ein böser tötet gleich. Also Koffer packen, ab zum Bahnhof, nach Russland. An den Zäunen steht geschrieben: ›Kauft von Mascha kein Quartier, bald gehört uns alles hier‹, ›Russen, geht nicht weg – wir brauchen Sklaven‹.«

»Zwei russische Soldaten und ein Offizier wurden von den Tschetschenen gefangen genommen. Den Soldaten haben sie die Köpfe abgeschnitten, den Offizier ließen sie laufen: ›Geh und verlier den Verstand.‹ Ich habe Videos gesehen … Sie schneiden die Ohren ab … hacken Finger ab … In Kellern halten sie russische Sklaven – Gefangene. Das sind Tiere!!«

»Ich gehe hin! Ich brauche Geld für die Hochzeit. Ich will heiraten. Ein hübsches Mädchen … die wird nicht lange warten …«

»Ich habe einen Freund … Wir waren zusammen bei der Armee. Er lebte in Grosny. Sein Nachbar war Tschetschene. Sie waren befreundet. Eines schönen Tages sagt der Tschetschene zu ihm: ›Bitte geh weg!‹ ›Warum?‹ ›Weil wir euch bald alle abschlachten werden.‹ Sie haben ihre Dreizimmerwohnung dort verlassen, jetzt leben sie in Saratow im Wohnheim. Sie durften nichts mitnehmen: ›Soll doch Russland euch alles neu kaufen‹, haben die Tschetschenen gebrüllt.«

»Russland ist in die Knie gegangen, aber noch ist es nicht besiegt. Wir sind russische Patrioten! Wir müssen unsere Pflicht gegenüber der Heimat erfüllen! Kennt ihr den: Genossen Soldaten und Offiziere, wenn ihr euch in Tschetschenien bewährt, dann schickt euch die Heimat auf Urlaub nach Jugoslawien. Nach Europa! … Verdammte Scheiße!!«

Mein Sohn hatte lange Geduld mit mir, bis er es nicht mehr aushielt. Er schimpfte: »Mama, du wirst gar nichts erreichen, du bekommst höchstens einen Schlaganfall.« Er hat mich ins Sanatorium geschickt. Mit Gewalt sozusagen, mit einem Krach. Im Sanatorium habe ich eine liebe Frau kennengelernt, ihre Tochter war an einer Abtreibung gestorben, und wir weinten viel zusammen. Wir wurden Freundinnen. Vor kurzem habe ich bei ihr angerufen – sie ist gestorben. Ist eingeschlafen und nicht mehr aufgewacht. Ich weiß, dass sie am Kummer gestorben ist ... Warum sterbe ich nicht? Ich wäre glücklich zu sterben, aber ich sterbe nicht. *(Sie weint.)* Als ich aus dem Sanatorium zurückkam ... »Mein Kind, sie werden dich einsperren«, war das Erste, was meine Mutter zu mir sagte. »Sie werden dir nicht verzeihen, dass du die Wahrheit wissen willst.« Was war los gewesen? Ich war kaum weg, da bekam sie einen Anruf von der Miliz: »Binnen vierundzwanzig Stunden ... in Zimmer soundso einfinden ... Bei Nichterscheinen ... Strafe ... fünfzehn Tage Arrest ...« Meine Mutter ist verängstigt, bei uns sind alle Menschen verängstigt. Zeigen Sie mir einen älteren Menschen, der nicht verängstigt ist. Doch das war noch nicht alles ... Sie kamen ins Haus und befragten die Nachbarn: Was wir für Menschen seien ... wie wir uns verhielten ... Auch nach Oleska fragten sie ... Ob sie mal betrunken gesehen worden sei ... Ob sie Drogen genommen habe ... Aus der Poliklinik forderten sie unsere Patientenakten an. Um zu überprüfen, ob vielleicht eine von uns mal in psychiatrischer Behandlung war. Ich war so gekränkt! Und wütend! Ich griff zum Hörer ... Rief bei der Miliz an: »Wer hat meiner Mutter gedroht ... sie ist über achtzig ... Aus welchem Grund wurde sie vorgeladen?« Das Ganze endete damit, dass ich zwei Tage später eine Vorladung bekam: »... Zimmer soundso ... Name des Beamten ...« Meine Mutter weinte: »Sie werden dich einsperren.« Ich hatte vor nichts mehr Angst. Pfui über sie! Stalin müsste aus dem Grab auferstehen! Ich bitte ihn, aus dem Grab aufzuerstehen! Das ist mein Gebet ... Er hat viel zu wenige unserer Natschalniks eingesperrt und erschossen. Viel zu wenige! Sie tun mir nicht leid. Ich will ihre Tränen! *(Sie weint.)* Ich kam in dieses Büro ... der Beamte hieß Fedin ... Ich bin gleich auf ihn los: »Was wollen Sie von mir? Meine Tochter wurde mir in einem nassen Sarg zurückgebracht ... Reicht Ihnen das nicht?« »Sie sind eine ungebildete Frau ... Ihnen ist wohl nicht klar, wo Sie sich befinden. Hier stellen wir die Fragen ...« Erst war er allein ... dann holte er Oleskas Kommandeur dazu ...

Klimkin … Endlich sollte ich auch ihn zu Gesicht bekommen! Er kam rein … Ich zu ihm: »Wer hat meine Tochter getötet? Sagen Sie mir die Wahrheit …« »Ihre Tochter war dämlich … Sie war verrückt!« Ach, das war so … Ich kann das gar nicht … Er wurde krebsrot … Er brüllte und stampfte mit den Füßen. Ach! Sie provozierten mich … Sie wollten, dass ich schrie und um mich schlug. Dass ich kratzte wie eine Katze. Das hätte bedeutet – ich bin verrückt, und meine Tochter war auch verrückt. Sie wollten mich mundtot machen … Uh-h-h …

Solange mein Herz schlägt … So lange werde ich nach der Wahrheit suchen … Ich habe vor niemandem Angst! Ich bin kein Scheuerlappen, keine Laus. Ich lasse mich nicht wieder in eine Schachtel einsperren. Sie haben mir meine Tochter in einem nassen Sarg gebracht …

Neulich saß ich in der Vorortbahn … Ein Mann setzte sich mir gegenüber. »Na, Mutter, dann mal los, was? Machen wir uns bekannt …« Er stellte sich vor: »Ehemaliger Offizier, ehemaliger Kleinunternehmer, ehemaliger ›Jablotschnik.‹[5] Jetzt arbeitslos.« Und ich – egal, wonach ich gefragt werde, ich rede immer nur von einem: »Meine Tochter ist in Tschetschenien umgekommen … sie war Unteroffizierin der Miliz …« Er bat: »Erzähl es mir …« *(Sie schweigt.)* Er hat mir zugehört und mir seine Geschichte erzählt …

»Ich war auch dort. Nun bin ich zurück, und mein Leben funktioniert nicht mehr wie früher. Ich kann mich nicht in diesen Rahmen pressen. Arbeit finde ich nicht, keiner will mich nehmen: ›A-a-ah – aus Tschetschenien?‹ Ich habe Angst vor fremden Menschen … Mir wird übel von fremden Menschen … Aber wenn ich jemanden treffe, der in Tschetschenien war, ist er für mich wie ein Bruder …

… Ein alter Tschetschene stand an der Straße und schaute uns an – ein ganzes Auto voller Demobilisierter. Ich begriff: Er sah uns an und dachte: Ganz normale russische Jungs, aber gerade noch waren sie MP-Schützen, Maschinengewehrbesatzungen, Scharfschützen … Wir trugen alle nagelneue Jacken und Jeans. Von welchem Geld? Von dem, was wir dort verdient hatten. Und was war unser Job? Der Krieg … Das Schießen … Auch wenn dort Kinder und schöne Frauen waren. Aber nimm einem Soldaten die Waffe weg, steck ihn in Zivil … Dann ist er Traktorist, Lehrer, Busfahrer, Student …

… Wir lebten hinter Stacheldraht. Umgeben von Wachtürmen und Minenfeldern. Eine enge, abgeschottete Welt. Wie ein Gefängnis. Raus konnten wir nicht – das war der sichere Tod. Wir waren Besatzer. Alle tranken, tranken bis zur Besinnungslosigkeit. Tag für Tag sieht man zerstörte Häuser, sieht, wie Sachen rausgeschleppt und Menschen getötet werden. Da bricht es auf einmal aus einem heraus. Man darf auf einmal viel mehr … Man darf sehr vieles … Man ist ein besoffenes Vieh, und man hat eine Waffe in der Hand. Und nichts als Sperma im Kopf …

… Unser Job war Henkersdienst … Wir starben für die Mafia, die uns nicht einmal bezahlte. Sie hat uns betrogen. Aber ich habe doch nicht hier, nicht hier auf der Straße habe ich Leute getötet, sondern im Krieg. Ich habe ein russisches Mädchen gesehen, das hatten diese Schakale vergewaltigt. Sie hatten ihr mit glühenden Zigaretten die Brust verbrannt, damit sie heftiger stöhnte …

… Ich kam mit viel Geld zurück … Ich habe mit meinen Freunden Wodka getrunken … mir einen gebrauchten Mercedes gekauft …«

(Sie wischt sich die Tränen nicht mehr ab.) Ja, da war meine Oleska also gewesen … Dorthin war sie geraten … Dieser elende Krieg … Er war weit weg gewesen … irgendwo weit weg … und nun ist er bei mir zu Hause. Zwei Jahre … zwei Jahre schon klopfe ich an Türen, laufe von Instanz zu Instanz. Ich schreibe an die Staatsanwaltschaft … im Kreis, im Bezirk … An den Generalstaatsanwalt. *(Sie zeigt auf einen Stapel Briefe.)* Überall werde ich abgewiesen … Ein Berg von Abweisungen! »Hinsichtlich des Todes Ihrer Tochter teilen wir Ihnen mit …« Und alle lügen: Sie sei am 13. November gestorben, dabei war es in Wirklichkeit der 11.; Blutgruppe 0, dabei hatte sie B; mal heißt es, sie sei in Uniform gewesen, dann ist von Zivil die Rede, von einem Kleid. Das Loch war in der linken Schläfe, und sie schreiben – rechts … Ich habe eine Eingabe an unseren Abgeordneten in der Staatsduma geschrieben – ich habe ihn gewählt, ich habe für ihn gestimmt. Damals hatte ich noch Vertrauen in unsere Regierung! Ich

bekam einen Termin bei ihm. Dann stand ich unten im Gebäude der Staatsduma … Ich machte große Augen … Da war ein Juwelierladen: goldene Ringe mit Brillanten, goldene und silberne Ostereier … Kettenanhänger … Ich habe mein Lebtag nie so viel Geld verdient, wie dort der kleinste Brillantring kostete. Ein einziger Ring … Unsere Abgeordneten … Volksdeputierte … woher haben sie so viel Geld? Ich besitze einen Stapel Urkunden … und meine Mutter auch … Und sie – sie besitzen Gasprom-Aktien. Wir haben Papier, und sie haben Geld. *(Sie schweigt wütend.)* Wozu bin ich dorthin gegangen … habe dort geweint … Holt Stalin zurück … Das Volk wartet auf Stalin! Sie haben mir meine Tochter genommen und mir einen Sarg zurückgebracht. Einen nassen Sarg … Und niemand will mit der Mutter reden … *(Sie weint.)* Ich könnte inzwischen selber bei der Miliz arbeiten … Tatortbegehung, Tathergang. Wenn es Selbstmord war, ist an der Pistole Blut … an den Händen sind Schmauchspuren … Damit kenne ich mich jetzt aus … Nachrichten im Fernsehen mag ich nicht. Alles Lüge! Aber Krimis … Morde … all so was … da lasse ich nichts aus. Morgens kann ich manchmal gar nicht aufstehen, Arme und Beine sind wie gelähmt … am liebsten würde ich liegen bleiben … Dann denke ich an Oleska … Und ich stehe auf und gehe los …

Stück für Stück hab ich mir alles zusammengesucht … Steinchen für Steinchen … Der eine hat sich betrunken verplaudert, sie waren ja siebzig Mann, ein anderer hat Bekannten gegenüber etwas angedeutet. Unsere Stadt ist klein … das ist nicht Moskau … Jetzt habe ich ein ungefähres Bild … was dort passiert ist … Sie hatten ein großes Besäufnis, zum Tag der Miliz. Sie ließen sich vollaufen und machten einen drauf … Wäre Oleska mit ihren Kameraden dort gewesen, aus ihrem Revier – aber es waren alles Fremde … Eine gemischte Einheit. Sie war bei den Leuten von der Verkehrsmiliz gelandet. Das sind die Könige, die haben die Taschen voller Geld. Sie stehen mit ihren MP an der Straße und verlangen Tribut. Und alle zahlen. Eine Goldgrube! Diese Jungs amüsieren sich gern … Töten, saufen und vögeln – das sind die drei Freuden im Krieg. Sie waren stockbesoffen, voll wie die Haubitzen … und wurden zum Vieh. Angeblich vergewaltigten sie sämtliche Mädchen dort. Ihre eigenen Kameradinnen. Aber Oleska hat sich gewehrt oder hinterher gedroht: »Ich bringe euch alle in den Knast!« Doch sie ließen sie nicht gehen.

Manche sagen auch etwas anderes ... Sie hätten Wache geschoben, Autos kontrolliert. Da rennen alle herum wie aufgezogen, jeder will absahnen. Mit allen Mitteln. Irgendwer hatte angeblich Schmuggelware dabei, was und woher – das kann ich nicht sagen, ich will nicht lügen. Drogen oder was ... Jedenfalls war alles abgesprochen. Und bezahlt. Es soll ein Niwa gewesen sein ... alle erinnern sich an einen Niwa ... Und Oleska hat sich quergestellt ... sie wollte dieses Auto nicht durchlassen. Deshalb haben sie auf sie geschossen. Sie hat sich dem großen Geld in den Weg gestellt, wollte jemandem das Geschäft vermasseln. Angeblich war ein hoher Offizier darin verwickelt ...

Meine Mutter hat von einem Niwa geträumt ... Ich war bei einer Wahrsagerin ... der hab ich dieses Foto auf den Tisch gelegt ... *(Sie zeigt es.)* »Ich sehe«, hat sie sagt, »ein Auto, einen Niwa ...«

Ich habe mich mit einer Frau unterhalten. Sie ist Krankenschwester. Ich weiß nicht, wie sie war, bevor sie nach Tschetschenien ging, vielleicht war sie einmal ein fröhlicher Mensch. Aber jetzt ist sie böse – böse, genau wie ich. Es gibt heutzutage viele verbitterte Menschen, sie schweigen, aber sie sind gekränkt. Alle wollten gewinnen im neuen Leben, aber kaum jemand hat gewonnen ... Hat das große Los gezogen ... Keiner wollte in einen Abgrund stürzen. Viele Menschen sind heute verbittert. *(Sie schweigt.)* Vielleicht wäre auch Oleska als eine andere heimgekehrt ... als eine Fremde ... Uh-h-h ... *(Sie schweigt.)* Diese Frau hat mir ganz offen ihre Geschichte erzählt ...

»Ich bin wegen der Romantik hingegangen! Deswegen haben dort alle lange über mich gelacht. Aber wenn ich ehrlich bin: Wegen einer unglücklichen Liebe habe ich zu Hause alles verlassen. Für mich war es einerlei, ob ich von einem Tschetschenen erschossen werde oder vor Kummer sterbe ...

... Wer noch nie mit Leichen zu tun hatte, der glaubt, sie wären stumm. Lautlos. Aber da sind die ganze Zeit irgendwelche Geräusche. Irgendwo entweicht Luft, irgendwo reißt innen drin ein Knochen. Oder man hört ein Rascheln. Verrückt werden kann man davon ...

… Ich habe dort keinen Mann gesehen, der nicht trank und nicht um sich schoss. Sie betrinken sich und schießen, wohin sie wollen. Warum? Das kann keiner beantworten.

… Er war Chirurg … Ich glaubte: Das ist Liebe. Bevor wir nach Hause zurückkehrten, sagte er zu mir: ›Ruf mich nicht an … schreib mir nicht … Wenn ich zu Hause fremdgehe, dann mit einer schönen Frau, mit der ich mich vor meiner Frau nicht schämen muss.‹ Ich bin keine Schönheit. Aber wir standen manchmal drei Tage hintereinander zusammen im OP. Das war ein Gefühl … stärker als Liebe …

… Jetzt habe ich Angst vor Männern … Mit denen, die im Krieg waren, mit denen kann ich nicht … Das sind Hurenböcke! Alle! … Ich packte schon meine Sachen … ich wollte dies und das nach Hause mitnehmen … Einen Kassettenrecorder, einen Teppich … Da sagte der Chef unseres Hospitals: ›Ich lasse alles hier. Ich will den Krieg nicht nach Hause mitnehmen.‹ Wir haben den Krieg trotzdem mitgebracht, nicht mit irgendwelchen Sachen, sondern in unserem Herzen …«

Sie haben mir Oleskas Sachen übergeben: ihre Jacke, ihren Rock … goldene Ohrringe, eine Kette. In einer Jackentasche lagen Nüsse und zwei kleine Tafeln Schokolade. Die hatte sie bestimmt für Weihnachten aufgehoben und wollte sie jemandem nach Hause mitgeben. Bitter ist das, bitter …

Schön, Sie schreiben jetzt vielleicht die Wahrheit … Wem macht das schon Angst? Der Staat … der ist heutzutage unangreifbar … Uns bleibt nur eines: Gewehre und Streik. Sich auf die Gleise legen. Aber es gibt keinen Anführer … Sonst hätten sich die Menschen schon längst erhoben … Aber es fehlt ein Pugatschow[6]! Wenn ich ein Gewehr in die Hand bekäme, ich wüsste, auf wen ich schießen würde … *(Sie zeigt mir eine Zeitung.)* Haben Sie das gelesen? Es gibt jetzt Touristenreisen nach Tschetschenien. Die Leute steigen in Militärhubschrauber und sehen sich das zerstörte Grosny an, die verbrannten Dörfer. Dort ist Krieg, und zugleich wird aufgebaut. Es wird geschossen und aufgebaut. Und Touristen gezeigt. Wir weinen noch, und irgendwer macht schon Geschäfte mit unseren Tränen. Macht Geschäfte damit wie mit Erdöl.

Ein paar Tage später treffen wir uns noch einmal.

Früher verstand ich unser Leben … wie wir lebten … Aber heute verstehe ich es nicht … nein …

VON TRÜGERISCHEM DUNKEL UND EINEM »ANDEREN LEBEN, DAS MAN AUS DIESEM MACHEN KANN«

Jelena Rasdujewa, Arbeiterin, 37 Jahre alt

Für diese Geschichte fand ich lange keinen »Begleiter«, Erzähler oder Gesprächspartner – ich weiß gar nicht, wie ich diejenigen nennen soll, mit deren Hilfe ich durch menschliche Welten reise. Durch unser Leben. Alle lehnten ab: »Das ist ein Fall für den Psychiater.«, »Wegen ihrer kranken Phantasie hat eine Mutter ihre drei Kinder verlassen – damit sollte sich ein Gericht befassen, keine Schriftstellerin.« »Und Medea?«, fragte ich. »Was ist mit Medea, die aus Liebe ihre eigenen Kinder tötete?« »Das ist ein Mythos, Sie dagegen haben mit wirklichen Menschen zu tun.« Aber die Wirklichkeit ist für einen Künstler kein Ghetto. Auch sie ist eine freie Welt.

Dann erfuhr ich, dass es bereits einen Film über meine Protagonistin gab: Leiden *(Filmstudio Fischka-Film). Ich traf mich mit der Regisseurin Irina Wassiljewa. Wir redeten, schauten uns den Film an und redeten wieder.*

Aus den Erzählungen der Regisseurin Irina Wassiljewa

Irgendwer hatte mir mal von Jelena Rasdujewa und ihrer Liebe erzählt ... Und mir gefiel diese Geschichte nicht, ich hatte Angst davor. Aber man redete lange auf mich ein, das würde ein großartiger Film über die Liebe werden, ich solle unbedingt hinfahren und ihn drehen. Das sei doch eine sehr russische Geschichte! Eine Frau, die einen Mann und drei Kinder hat, verliebt sich in einen Häftling, noch dazu in einen »Lebenslänglichen«, der wegen Mordes in besonders schwerem Fall zu lebenslanger Haft verurteilt wurde, und verlässt seinetwegen alles – ihren Mann, ihre Kinder, ihr Zuhause. Aber irgendetwas hielt mich zurück …

In Russland werden Sträflinge seit jeher geliebt, weil sie Sünder sind, zugleich aber auch Leidende. Sie brauchen Trost und Zuspruch. Diese Kultur des Mitleids wird sorgsam gehütet, besonders auf dem Land und in Kleinstädten. Dort leben einfache Frauen, sie haben kein Internet, aber sie benutzen die Post. Auf althergebrachte Weise. Die Männer trinken und prügeln sich, und die Frauen setzen sich abends hin und schreiben einander Briefe, die neben schlichten Geschichten aus dem Leben und diversem Alltagskram wie Schnittmustern und Rezepten am Ende stets Adressen von Gefangenen enthalten. Die eine hat einen Bruder im Gefängnis, der ihr von seinen Kameraden berichtet hat, die andere einen Nachbarn oder einen Klassenkameraden. Das geben sie untereinander weiter … Der und der hat gestohlen, getrunken, wurde eingesperrt, dann entlassen und ist wieder ins Gefängnis gekommen. Die übliche Geschichte! Hört man sich auf dem Land so um, hat die Hälfte der Männer schon gesessen oder sitzt noch. Und wir sind ja Christen, wir müssen den Unglücklichen helfen. Es gibt Frauen, die heiraten Männer, die mehrfach gesessen haben, sogar Mörder. Ich maße mir nicht an, Ihnen erklären zu wollen, was das ist … Das ist kompliziert … Aber die Männer haben ein Gespür für diese Frauen. Meist sind es unglückliche Frauen, die sich nicht verwirklichen konnten. Die einsam sind. Und nun werden sie auf einmal gebraucht, kümmern sich um jemanden. Für sie ist das eine Möglichkeit, etwas in ihrem Leben zu verändern. Eine Art Medizin …

Schließlich fuhren wir doch hin, um den Film zu drehen. Ich wollte davon erzählen, dass es auch in unserem pragmatischen Jahrhundert Menschen gibt, die nach einer anderen Logik leben. Und davon, wie schutzlos sie sind … Wir reden viel von unserem Volk. Die einen idealisieren es, die anderen halten es für stumpfes Vieh. Für das alte Sowok. Aber im Grunde kennen wir es nicht. Zwischen uns liegt eine tiefe Kluft … Ich erzähle mit meinen Filmen immer Geschichten, und jede Geschichte enthält alles. Vor allem die beiden Hauptelemente Liebe und Tod.

Ein entlegenes Dorf im Gebiet Kaluga ... Wir fuhren hin ... Ich schaute aus dem Fenster: Alles war endlos – die Felder, der Wald und der Himmel. Auf den Hügeln weiße Kirchen. Kraft und Ruhe. Etwas Archaisches. Wir fuhren und fuhren ... Irgendwann bogen wir von der zentralen Landstraße ab auf eine kleine Chaussee ... Oje, oje! Die russischen Straßen sind eine Sache für sich, da hat sogar mancher Panzer Probleme. Zwei, drei Schlaglöcher alle drei Meter – das gilt noch als gut. Rechts und links Dörfer ... Krumme und schiefe Hütten mit kaputten Zäunen, auf den Straßen laufen Hühner und Hunde herum. Schon am Morgen stehen die Alkoholiker vor dem noch geschlossenen Laden Schlange. Alles ist so vertraut, dass es einem die Kehle zuschnürt ... Im Zentrum steht nach wie vor ein gipsernes Lenin-Denkmal ... *(Sie schweigt.)* Noch aus der Zeit ... kaum zu glauben, dass es diese Zeit gegeben hat und dass wir einmal so waren wie damals ... Als Gorbatschow kam, waren wir alle verrückt vor Freude. Wir steckten voller Träume und Illusionen. Diskutierten in unseren Küchen. Wir wollten ein neues Russland ... Zwanzig Jahre später wurde uns klar: Woher sollte das kommen? Das gab es nicht und gibt es nicht. Wie irgendwer einmal treffend bemerkt hat: Im Laufe von fünf Jahren kann sich in Russland alles ändern, im Laufe von zweihundert Jahren aber ändert sich nichts. Diese endlosen Weiten und dazu die Mentalität von Sklaven ... In Moskauer Küchen kann man Russland nicht verändern. Wir haben nun wieder das Zarenwappen, aber noch immer die stalinsche Hymne ... Moskau ist russisch ... kapitalistisch ... Russland aber ist nach wie vor sowjetisch ... Die Menschen dort haben noch keine Demokraten zu Gesicht bekommen, und wenn, würden sie sie in der Luft zerreißen. Die Mehrheit will ihre staatlich garantierte Ration und einen Führer. Billiger Selbstgebrannter fließt in Strömen ... *(Sie lacht.)* Ich merke schon, wir gehören beide zur »Küchengeneration« ... Wir wollten über die Liebe reden, aber schon nach fünf Minuten sind wir bei Russland und seinen Problemen. Aber Russland schert sich nicht um uns, es lebt sein eigenes Leben ...

Ein betrunkener Mann zeigte uns, wo unsere Protagonistin wohnt. Sie trat aus der Hütte ... Sie gefiel mir sofort. Tiefblaue Augen, hochgewachsen – eine richtige Schönheit. Eine russische Schönheit! Eine solche Frau würde Glanz in jedes Haus bringen, nicht nur in eine arme Bauernhütte, sondern auch in eine schicke Moskauer Wohnung. Und dann stellen Sie sich vor – sie ist die Braut eines Mörders, wir haben ihn noch nicht gesehen, er ist zu lebenslänglicher Haft verurteilt, und er hat Tuberkulose. Sie lacht: »Das ist meine persönliche Telenovela.« Ich laufe herum und überlege, wie ich ihr beibringen kann, dass wir sie filmen wollen. Vielleicht ist sie ja kamerascheu? Aber sie sagt zu mir: »Ich bin so ein Dummchen, ich erzähle jedem Erstbesten meine Geschichte. Manche weinen, andere verfluchen mich. Wenn Sie wollen, erzähle ich sie auch Ihnen …«

Von der Liebe

Ich hatte noch nicht vor zu heiraten, aber ich träumte natürlich davon. Ich war achtzehn. Er! Er! Wie würde er sein? Einmal hatte ich einen Traum: Ich gehe über die Wiese zum Fluss bei uns hinterm Dorf, und plötzlich taucht vor mir ein hübscher großer Bursche auf. Er nimmt meine Hand und sagt: »Du bist meine Braut. Meine Braut vor Gott.« Als ich aufwachte, dachte ich: Ich darf ihn nicht vergessen … sein Gesicht … Ich behielt es im Gedächtnis wie eine Art Programm. Ein Jahr verging … ein zweites … ich begegnete keinem solchen Mann. Aber Ljoscha warb schon lange um mich, er war Schuster. Er wollte mich heiraten. Ich antwortete ihm ehrlich, dass ich ihn nicht liebte, dass ich jenen Mann liebte, den ich im Traum gesehen hatte. Irgendwann würde ich ihm begegnen, es könne nicht sein, dass ich ihm nie begegnen würde, das sei einfach unmöglich. Ljoscha lachte … auch meine Eltern lachten … Sie überredeten mich zu heiraten, die Liebe würde dann schon kommen.

Was lächeln Sie so? Alle lachen über mich … ich weiß … Wenn du lebst, wie dein Herz fühlt, dann bist du nicht normal. Sagst du die Wahrheit, glaubt dir keiner, aber wenn du lügst, dann ja! Einmal, ich buddelte gerade im Garten, da kam ein Bekannter vorbei, und ich sagte zu ihm: »Hör mal, Petja, ich hab neulich von dir geträumt.«

»O nein, bitte nicht! Nur das nicht!« Er ist vor mir weggerannt, als hätte ich die Pest. Ich bin nicht so wie alle … die meisten gehen mir aus dem Weg … Ich will niemandem gefallen, ich interessiere mich nicht für Klamotten und schminke mich nicht. Ich verstehe mich nicht aufs Flirten. Ich kann mich nur unterhalten. Eine Zeitlang wollte ich ins Kloster gehen, aber dann habe ich gelesen, dass man auch außerhalb eines Klosters Nonne sein kann. Sogar zu Hause. Das ist eine bestimmte Lebensweise.

Ich habe geheiratet. Mein Gott, Aljoscha war so gut, er war so stark, er konnte einen Schürhaken verbiegen. Ich gewann ihn sehr lieb! Ich habe ihm einen Sohn geboren. Nach der Geburt passierte irgendetwas mit mir, vielleicht war es der Schock nach der Entbindung, jedenfalls empfand ich plötzlich Abscheu gegen Männer. Ich hatte ein Kind, wozu brauchte ich noch einen Mann? Ich konnte mich mit ihm unterhalten, für ihn waschen, ihm Essen kochen und das Bett machen, aber mit ihm zusammen sein … mit ihm als Mann … Da schrie ich! Wurde richtig hysterisch! Zwei Jahre lang quälten wir uns, dann verließ ich ihn, ich nahm das Kind und ging weg. Aber ich konnte nirgendwohin. Meine Eltern waren gestorben. Meine Schwester lebt irgendwo auf Kamtschatka … Ich hatte einen Freund, Jura, er liebte mich seit der Schulzeit, hatte mir seine Liebe aber nie gestanden. Ich bin sehr groß, und Jura ist klein, viel kleiner als ich. Er hütete Kühe und las Bücher. Er kannte alle möglichen Geschichten und löste blitzschnell Kreuzworträtsel. Ich ging zu ihm. »Jura, wir beide sind Freunde. Kann ich eine Weile bei dir wohnen? Also, ich will bei dir wohnen, aber rühr mich bitte nicht an. Bitte rühr mich nicht an.« Und er sagte: »Gut.«

So lebten wir zusammen … Ich dachte bei mir: Er liebt mich, er benimmt sich so wunderbar, er verlangt nichts von mir – warum quäle ich den Mann so? Wir gingen aufs Standesamt und heirateten. Er wollte eine kirchliche Trauung, da gestand ich ihm, dass ich das nicht könne … und erzählte ihm von meinem Traum, davon, dass ich auf meine Liebe wartete … Auch Jura lachte mich aus. »Du bist wie ein Kind. Du glaubst an ein Wunder. Aber niemand wird dich je so lieben wie ich.« Ich gebar ihm zwei Söhne. Fünfzehn Jahre lebten wir zusammen, und fünfzehn Jahre lang gingen wir immer Hand in Hand. Die Leute staunten ... Viele leben ohne Liebe, sie kennen die Liebe nur aus dem Fernsehen. Aber was ist der Mensch ohne Liebe? Wie eine Blume ohne Wasser ...

Das ist bei uns so üblich ... dass Mädchen und junge Frauen Briefe ins Gefängnis schreiben. Alle meine Freundinnen und auch ich ... seit unserer Schulzeit taten wir das ... Ich habe Hunderte Briefe geschrieben und Hunderte Antworten erhalten. Und diesmal ... Alles war wie immer ... Die Postbotin rief: »Lena, ein Gefängnisbrief für dich!« Ich lief ihr entgegen ... Ich nahm den Brief: Ein Gefängnisstempel, eine Postfachadresse. Plötzlich fing mein Herz heftig an zu schlagen. Ich hatte nur die Handschrift gesehen, aber sie schien mir so vertraut, dass ich vor Aufregung gar nicht lesen konnte. Ich bin eine Träumerin, aber ich habe auch einen Sinn für die Realität. Das war schließlich nicht der erste Brief dieser Art ... Der Text war einfach: Schwester, vielen Dank für die guten Worte ... Natürlich bist Du nicht meine Schwester, aber Du bist wie eine Schwester ... Ich schrieb noch am selben Abend zurück: Schick mir ein Foto, ich will Dein Gesicht sehen ...

Dann kam die Antwort mit dem Foto. Und ich sah: Das ist er ... der Mann, den ich im Traum gesehen hatte ... Meine Liebe. Zwanzig Jahre hatte ich auf ihn gewartet. Das konnte ich niemandem erklären ... es war wie ein Märchen ... Meinem Mann gestand ich gleich: »Meine Liebe hat sich gefunden.« Er weinte. Bettelte und redete auf mich ein: »Wir haben drei Kinder. Wir müssen die Kinder großziehen.« Auch ich weinte. »Jura, ich weiß, dass du ein guter Mensch bist, bei dir sind die Kinder gut aufgehoben.« Die Nachbarn ... meine Freundinnen ... meine Schwester ... Alle verurteilten mich. Plötzlich war ich allein.

Auf dem Bahnhof kaufte ich mir eine Fahrkarte ... Neben mir stand eine Frau, wir kamen ins Gespräch. Sie fragte mich: »Wohin fährst du?« »Zu meinem Mann.« (Er war noch nicht mein Mann, aber ich wusste, dass er es bald sein würde.) »Und wo ist dein Mann?« »Im Gefängnis.« »Was hat er denn getan?« »Er hat einen Menschen getötet.« »A-ah. Muss er lange sitzen?« »Lebenslänglich.« »A-ah ... du Arme ...« »Sie müssen mich nicht bedauern. Ich liebe ihn.«

Jeder Mensch muss von jemandem geliebt werden. Wenigstens von einem einzigen Menschen. Liebe, das ist … Ich will Ihnen erzählen, was das ist … Er hat Tuberkulose, im Gefängnis haben alle Tuberkulose. Vom schlechten Essen und aus Gram. Irgendwer sagte mir, Hundefett würde helfen. Ich fragte im Dorf herum und fand welches. Dann erfuhr ich, Dachsfett sei noch besser. Ich kaufte welches in der Apotheke. Das war sauteuer! Außerdem brauchte er Zigaretten, Büchsenfleisch … Ich suchte mir Arbeit in der Brotfabrik, dort ist der Lohn höher als auf der Farm, wo ich vorher war. Die Arbeit ist schwer. Die alten Öfen werden so heiß, dass wir uns ausziehen und in BH und Unterhosen herumlaufen. Ich schleppe Mehlsäcke von fünfzig Kilo und Tragen mit Brot von hundert Kilo. Ich schreibe ihm jeden Tag …

Irina Wassiljewa
So ist sie. Sehr impulsiv und zielstrebig. In ihr brodelt es, sie will alles sofort. Alles extrem, alles im Übermaß. Nachbarn haben mir erzählt … Einmal kamen tadschikische Flüchtlinge durch ihr Dorf, sie hatten sehr viele Kinder, sie hatten Hunger und nichts anzuziehen, da holte sie aus dem Haus, was sie konnte: Decken, Kissen … Löffel … »Uns geht es so gut, und sie haben nichts.« Dabei gibt es in ihrer Hütte kaum mehr als Tisch und Stühle … Jura und sie sind im Grunde arm, ernähren sich vor allem von ihrem Gemüsegarten – von Kartoffeln und Zucchini. Und von Milch. »Halb so schlimm«, beruhigte sie Jura und die Kinder, »wenn die Datschniki im Herbst wegfahren, lassen sie uns bestimmt was da.« Viele Moskauer haben dort ihren Sommersitz, es ist eine herrliche Gegend, besonders beliebt bei Malern und Schauspielern, sämtliche verlassenen Häuser sind inzwischen verkauft. Im Herbst sammeln die Dorfbewohner alles auf, was die Datschniki dagelassen haben, bis hin zu Plastiktüten. Das Dorf ist arm, voller alter Leute und Trinker … Ein anderes Mal … Eine Freundin von ihr hatte ein Kind bekommen, und sie besaß keinen Kühlschrank. Lena schenkte ihr den eigenen. »Meine Kinder sind schon groß, und sie hat ein Baby.« Hier! Nimm! Sie besitzt nichts und kann trotzdem noch so viel weggeben. Das ist jener russische Typus … jener russische Typus, die »weite russische Seele«, die schon Dosto-

jewski verändern wollte, aber ich weiß, dass sie sich nie verändern wird. Das hat der Sozialismus nicht geschafft, und das schafft auch der Kapitalismus nicht. Das können weder Reichtum noch Armut. Drei Männer sitzen vorm Laden, haben sich für eine Flasche zusammengetan. Worauf trinken sie? »Sewastopol ist eine russische Stadt! Sewastopol wird wieder uns gehören!« Sie sind stolz darauf, dass ein Russe einen Liter Wodka trinken kann, ohne betrunken zu werden. Wenn sie an Stalin denken, dann nur an eines: dass sie unter ihm die Sieger waren …

Am liebsten hätte ich das alles gefilmt … Ich zügelte mich, ich fürchtete, mich heillos zu verzetteln … Jedes Schicksal war eine Hollywood-Geschichte! Ein fertiges Drehbuch. Zum Beispiel Lenas Freundin Ira … Eine ehemalige Mathematiklehrerin, die wegen des miserablen Gehalts die Schule verlassen hat. Sie hat drei Kinder, und sie baten oft: »Komm, Mama, wir gehen zur Brotfabrik. Da riecht es so gut nach Brot.« Sie gingen abends hin, damit sie niemand sah. Jetzt arbeitet Ira genau wie Lena in der Brotfabrik und freut sich, dass ihre Kinder nun wenigstens genug Brot essen können. Sie stiehlt … Alle dort stehlen, nur so können sie überleben. Ihr Alltag ist hart und unmenschlich, aber ihre Seele ist lebendig. Sie sollten mal hören, worüber diese Frauen reden … Sie würden es nicht glauben … Sie reden über die Liebe. Ohne Brot kann man leben, aber nicht ohne Liebe … das wäre das Ende … Ira las die Briefe, die Lena von ihrem Häftling bekam, und ließ sich anstecken. Sie fand im nächstgelegenen Gefängnis einen Taschendieb. Der kam bald raus … Weiter entwickelte sich die Geschichte nach den Gesetzen der Tragödie … Schwüre: Liebe bis ans Grab! Hochzeit! Dann begann dieser Tolja … wieder zu trinken. Ira, die schon drei Kinder hatte, bekam noch zwei von ihm. Er randaliert, jagt sie durchs Dorf, doch wenn er morgens wieder nüchtern ist, schlägt er sich an die Brust und bereut. Ira … auch sie ist eine Schönheit! Und klug! Aber der russische Mann ist nun mal so beschaffen, dass er sich immer als Herr der Welt fühlt …

Doch nun muss ich Ihnen von Jura erzählen … Das ist Lenas Mann … Im Dorf heißt er nur »der lesende Hirte«, er hütet die Kühe und liest. Ich habe bei ihm viele Werke russischer Philosophen gesehen … Man kann sich mit ihm über Gorbatschow unterhalten und über Nikolai Fjodorow[1], über die Perestroika und über die Unsterblichkeit … Andere Männer trinken, er liest. Jura ist ein Träumer … von Natur aus ein Beobachter … Lena ist stolz darauf, dass er jedes Kreuzworträtsel blitzschnell löst … Aber Jura ist klein … Als Kind war er sehr schnell gewachsen, deshalb brachte ihn seine Mutter, als er in die sechste Klasse ging, in eine Klinik in Moskau, und dort bekam er eine Spritze in die Wirbelsäule. Sie stoppte das Wachstum, und er ist noch heute so groß wie in der sechsten Klasse – einen Meter fünfzig. Er ist zwar ein gutaussehender Mann, doch neben seiner Frau sieht er aus wie ein Zwerg. In unserem Film haben wir uns bemüht, das möglichst zu kaschieren, ich habe den Kameramann gebeten, ihn geradezu angefleht: »Lass dir um Gottes willen was einfallen!« Die Zuschauer sollten auf keinen Fall zu dem simplen Schluss kommen: Wegen eines gutaussehenden Supermanns hat sie den Zwerg verlassen. So sind die Frauen eben! Aber Jura … er ist weise, er weiß, dass das Glück viele Farben hat. Er ist mit jeder Bedingung einverstanden, Hauptsache, Lena bleibt bei ihm, wenn nicht als seine Frau, so doch als Freundin. Zu wem läuft sie mit den Briefen aus dem Gefängnis? Zu ihm … Sie lesen die Briefe gemeinsam … Jura blutet das Herz, aber er hört zu … Liebe duldet lange … Liebe kennt keinen Neid … sie hadert nicht mit dem Schicksal und hat nichts Böses im Sinn … Es ist natürlich nicht alles so schön, wie ich es jetzt erzähle … Ihr Leben ist keine rosa Seifenblase … Jura wollte sich erschießen … wollte fortgehen, weit fort … Es gab ganz reale blutige Szenen. Aber Jura liebt sie …

Vom Beobachten

Ich habe sie immer geliebt … Seit der Schulzeit. Irgendwann hat sie geheiratet und ist in die Stadt gezogen. Aber ich liebte sie.

Dann eines Morgens … Meine Mutter und ich saßen am Tisch und tranken Tee. Ich schaute aus dem Fenster und sah Lena kommen, mit dem Kind auf dem Arm. Ich sagte zu meiner Mutter: »Mama, da kommt meine Lena. Ich glaube, sie kommt für immer zu mir.« Von diesem Tag an war ich heiter und glücklich und sogar … schön … Als wir geheiratet hatten, war ich im siebten Himmel vor Glück. Ich küsste meinen Ehering, den ich schon am nächsten Tag verlor. Das war seltsam, denn er hatte so fest am Finger gesessen, aber bei der Arbeit schüttelte ich meinen Handschuh aus, und als ich ihn dann wieder überstreifen wollte, sah ich, dass der Ring weg war – ich suchte danach und konnte ihn nicht finden. Lena dagegen trug ihren Ring lange, und obwohl er recht locker saß, hat sie ihn nie verloren, bis sie ihn dann abnahm …

Wir waren immer zusammen … Es war ein gutes Leben! Wir gingen gern zu zweit zur Quelle, ich trug die Eimer, und sie lief neben mir. »Komm, ich unterhalte dich ein bisschen.« Und dann erzählte sie mir etwas … Mit dem Geld sah es bei uns nicht rosig aus, aber Geld ist Geld, und Glück ist Glück. Sobald es Frühling wurde, standen bei uns immer Blumen auf dem Tisch, erst brachte nur ich welche mit, und als die Kinder größer waren, brachten auch sie welche. Alle liebten Mama. Unsere Mama war immer fröhlich. Sie spielte Klavier – sie hatte eine Musikschule besucht – und sang. Sie dachte sich Märchen aus. Wir hatten auch einmal einen Fernseher geschenkt bekommen. Die Jungs klebten förmlich am Bildschirm, waren kaum davon loszureißen und wurden irgendwie aggressiv und fremd. Da goss sie einfach Wasser in den Fernseher, als wäre er ein Aquarium, und er brannte durch. »Kinder, schaut euch lieber die Blumen und Bäume an. Und redet mit Papa und Mama.« Unsere Kinder waren nicht beleidigt, denn das kam ja von ihrer Mama …

Die Scheidung … Der Richter fragte: »Warum wollen Sie sich scheiden lassen?« »Wir haben verschiedene Vorstellungen vom Leben.« »Trinkt Ihr Mann? Schlägt er Sie?« »Er trinkt nicht, und er schlägt mich nicht. Mein Mann ist überhaupt ein wunderbarer Mensch.« »Warum wollen Sie sich dann scheiden lassen?« »Ich liebe ihn nicht.« »Das ist kein triftiger Grund.« Sie gaben uns ein Jahr Bedenkzeit … damit wir es uns noch einmal überlegten …

Die anderen Männer lachten über mich. Sie rieten mir: Schmeiß sie raus … bring sie in eine psychiatrische Klinik … Was fehlt ihr denn?

So was hat doch jeder schon erlebt. Die Wehmut überfällt jeden mal. Du sitzt im Zug, schaust aus dem Fenster, und plötzlich überkommt dich Wehmut. Alles ist wunderschön, eine Augenweide, aber dir laufen die Tränen runter, du kannst nichts dagegen tun. Ja, die russische Wehmut … Selbst wenn ein Mensch anscheinend alles hat, fehlt ihm trotzdem irgendetwas. Aber er lebt weiter. Irgendwie ertragen das alle. Sie dagegen: »Jura, du bist ein guter Mensch, du bist mir der beste Freund. Und er hat sein halbes Leben im Gefängnis gesessen, aber ich brauche ihn. Ich liebe ihn. Wenn du mich nicht gehen lässt, sterbe ich. Ich werde weiter alles tun, was sich gehört, aber ich werde tot sein.« Das Schicksal, das ist so eine Sache …

Sie verließ uns und ging fort. Die Kinder vermissten sie sehr, sie weinten lange, besonders der Kleine. Unser Matwejka … Sie warteten ständig auf ihre Mama, sie warten noch jetzt auf sie. Auch ich warte. Sie hat uns geschrieben: »Verkauft nur das Klavier nicht.« Das einzige teure Stück in unserem Haus, sie hat es von ihren Eltern geerbt. Ihr geliebtes Klavier … Abends saßen wir oft zusammen, und sie spielte für uns … Wie könnte ich das Klavier verkaufen? Auch sie kann mich nicht aus ihrem Leben streichen, als hätte es mich nicht gegeben, das ist unmöglich. Wir haben fünfzehn Jahre zusammengelebt, wir haben Kinder. Sie ist ein guter Mensch, aber sie ist anders. Irgendwie nicht von dieser Welt … Wie schwerelos … ja, schwerelos … Ich dagegen bin ein irdischer Mensch. Ich bin einer … einer, der am Boden haftet …

In der Lokalzeitung erschien ein Artikel über uns. Dann wurden wir nach Moskau eingeladen, ins Fernsehen. Das war so: Du sitzt da, wie auf einer Bühne, erzählst von dir, und rundherum sitzen Zuschauer. Danach wird diskutiert. Alle beschimpften Lena, besonders die Frauen: »Psychopathin! Sexbesessene!« Sie hätten sie am liebsten gesteinigt. »Das ist krank, das ist nicht recht.« Dann stellten sie mir Fragen … Ein Knockout nach dem anderen … »Sie ist eine läufige Hündin, sie hat Sie und die Kinder verlassen, sie ist Ihren kleinen Finger nicht wert. Sie sind ein Heiliger. Im Namen aller russischen Frauen verneige ich mich tief vor Ihnen …« Ich wollte antworten … fing an … Da hieß es: »Ihre Zeit ist um.« Ich fing an zu weinen. Alle dachten, ich weinte, weil ich verletzt sei und vor Wut. Aber ich weinte, weil sie, die doch so klug und gebildet sind und in der Hauptstadt leben, weil sie nichts verstanden.

Ich werde auf sie warten, solange es nötig ist. Solange sie will … Ich kann mir keine andere Frau an meiner Seite vorstellen. Aber manchmal … da überkommt mich plötzlich ein Begehren …

Aus Dorfgesprächen

»Lena ist ein Engel …«

»Früher hat man solche Frauen in die Kammer gesperrt oder einen Strick genommen und …«

»Wäre sie zu einem Reichen gegangen, könnte man das ja verstehen. Das Leben mit einem Reichen ist interessanter. Aber eine Beziehung mit einem Banditen? Noch dazu mit einem Lebenslänglichen? Zwei Besuche im Jahr, das ist alles. Das ist die ganze Liebe.«

»Eine romantische Natur. Soll sie ruhig zu ihm fahren.«

»Das liegt uns im Blut – das Mitleid mit den Unglücklichen. Mit Mördern und Trinkern. Da tötet einer einen Menschen, aber er hat Augen wie ein Baby. Und tut einem leid.«

»Ich traue den Männern generell nicht, und Häftlingen schon gar nicht. Die langweilen sich im Gefängnis, da amüsieren sie sich auf ihre Weise und schreiben reihenweise Briefe: Mein weißer Schwan, ich träume von Dir, mein Licht im Fenster … Irgendein Dummchen fällt darauf rein und will ihn retten, schleppt ihm Riesenpakete hin, schickt ihm Geld. Wartet auf ihn. Dann wird er entlassen, kommt zu ihr, isst und trinkt, leiert ihr Geld aus dem Kreuz – und eines schönen Tages macht er sich aus dem Staub. Und ciao, ciao!«

»Mädels, das ist so eine Liebe! Wie im Kino!«

»Sie hat einen Mörder geheiratet und dafür ihren guten Mann verlassen. Außerdem hat sie doch Kinder ... drei Jungs ... Allein so eine Fahrkarte zu kaufen, sie muss ja an den Arsch der Welt fahren – wo nimmt sie denn das Geld dafür her? Sie stiehlt es ihren Kindern vom Munde weg. Wenn sie im Laden steht, muss sie immer überlegen: Kaufe ich ihnen Brötchen oder nicht?«

»Die Frau soll ihren Mann fürchten ... Sie gehen zusammen zu Gott. Aber einfach so ... bloß so – wozu? Ohne dieses Ziel – wozu?«

»Ohne mich, sagt der Herr, könnt ihr nichts tun. Sie aber versucht, aus eigenem Willen zu handeln. Das ist Hochmut. Wo die Demut fehlt, da ist immer eine andere Kraft am Werk. Da wirkt der Teufel.«

»Sie sollte ins Kloster gehen, den Weg der Erlösung suchen. Der Mensch findet Erlösung in der Trauer. Man sollte die Trauer sogar suchen ...«

Irina Wassiljewa erzählt weiter.
Auch ich habe sie gefragt: »Lena, ist dir klar, dass du ihn nur zweimal im Jahr besuchen kannst?« »Na und? Das genügt mir. Ich werde in Gedanken bei ihm sein. Mit meinen Gefühlen.«

Um ihn zu besuchen, muss man weit in den Norden fahren. Auf die Feuerinsel. Im 14. Jahrhundert gingen Schüler von Sergius von Radonesch[2] dorthin und erschlossen die nördlichen Wälder. Als sie sich durchs Dickicht schlugen, erblickten sie einen See und mitten im See Flammenzungen – so erschien ihnen der Heilige Geist. Mit Booten schafften sie Erde herbei, schütteten an dieser Stelle eine Insel auf und bauten darauf ein Kloster. Die Mauern sind anderthalb Meter dick. In diesem alten Kloster befindet sich heute ein Gefängnis für besonders gefährliche Mörder. Für zum Tode Verurteilte. An jeder Zellentür hängt ein Schild, darauf stehen die Verbrechen des Insassen: Erstach mit einem Messer die sechsjährige Anja ... die zwölfjährige

Nastja … Wenn man das liest, empfindet man Grauen, doch dann geht man hinein – und der einen begrüßt, wirkt wie ein ganz normaler Mensch. Er bittet um eine Zigarette, und man gibt sie ihm. »Was gibt's Neues draußen? Hier drin wissen wir nicht mal, wie das Wetter ist.« Sie sind eingemauert. Ringsum Wälder und Sümpfe. Von dort ist noch nie jemand geflohen …

Das erste Mal fuhr Lena dorthin, ohne daran zu denken, dass man ihr die Besuchserlaubnis verweigern könnte. Sie klopfte an das Fenster, wo die Besuchsscheine ausgegeben werden, da hörte man sie gar nicht an. »Da kommt der Chef. Reden Sie mit ihm.« Sie rannte zum Chef. »Erlauben Sie mir einen Besuch.« »Zu wem wollen Sie denn?« »Zu Wolodja Podbuzki.« »Wissen Sie denn nicht, dass hier gemeingefährliche Verbrecher sitzen? Bei uns herrschen strengste Regeln: Zwei dreitägige Besuche im Jahr und drei Kurzbesuche von zwei Stunden. Zugelassen sind nur die engsten Angehörigen: Mutter, Ehefrau, Schwester. In welchem Verhältnis stehen Sie zu ihm?« »Ich liebe ihn.« Klar – eine Verrückte. Der Chef wollte sich abwenden, doch sie hielt ihn fest. »Verstehen Sie, ich liebe ihn.« »Sie sind für ihn eine vollkommen Fremde.« »Dann lassen Sie mich ihn wenigstens sehen.« »Was denn, Sie haben ihn noch nie gesehen?« Alle amüsieren sich schon, auch die Wachposten sind dazugekommen – was ist das denn für eine Irre? Haha … Da erzählt sie ihnen von ihrem Traum, den sie mit achtzehn hatte, von ihrem Mann und den drei Kindern und davon, dass sie ihr ganzes Leben nur diesen Mann liebt. Ihre Aufrichtigkeit und Reinheit können Steine erweichen. In ihrer Gegenwart wird sich der Mensch bewusst, dass etwas in seinem ach so richtigen Leben nicht stimmt – dass er ein grober Klotz ist, ohne feinere Gefühle. Der Gefängnischef ist nicht mehr jung, und die Arbeit dort … er hat schon alles Mögliche erlebt … Er versetzte sich in ihre Lage. »Da Sie nun schon mal den weiten Weg gemacht haben, gebe ich Ihnen sechs Stunden für einen Besuch, aber es muss ein Aufseher dabei sein.« »Meinetwegen zwei! Ich werde sowieso nur für ihn Augen haben …«

All ihre übermäßigen, maximalistischen Gefühle ergoss sie über diesen Wolodja. »Stell dir vor, wie glücklich ich bin … Ich habe das ganze Leben auf dich gewartet, und nun sind wir endlich zusammen.«

Der war darauf natürlich nicht vorbereitet. Er bekam regelmäßig Besuch von einer Baptistin, hatte ein Verhältnis mit ihr. Das war eine klare Sache – eine ganz normale, unglückliche junge Frau. Sie wollte einen Mann und einen Stempel im Ausweis: verheiratet. Doch nun – dieser gewaltige Gefühlssturm! Vor einer derart besitzergreifenden Energie erschrickt jeder. Er war fassungslos … »Ich bitte dich«, sagte Lena, »erlaube mir, dich zu heiraten.« »Aber du bist doch verheiratet?« »Ich lasse mich scheiden. Ich liebe nur dich.« Sie hatte eine Tasche mit seinen Briefen dabei, die mit kleinen Hubschraubern und Blumen bemalt waren. Sie konnte sich keinen Augenblick davon trennen. Diese Briefe waren der Gipfel ihres Glücks. Sie hatte ihr Leben lang nach dem Absoluten gestrebt, doch das Absolute existiert nur in schriftlicher Form, nur auf dem Papier wird es erreicht. In der Wirklichkeit, im Bett existiert es nicht. Dort gibt es nichts Absolutes. Alles, was mit anderen Menschen zu tun hat – Familie, Kinder –, ist ein Kompromiss.

Es ist, als würden sie von etwas angetrieben … Was ist das für eine Kraft? Von welcher Art ist dieser Traum?

Auch wir waren auf der Feuerinsel. Dafür brauchten wir viele Papiere und Genehmigungen mit runden Stempeln. Viele Telefonate. Dann waren wir da … Wolodja empfing uns feindselig. »Was soll diese Show?« Er hatte viele Jahre in Einsamkeit verbracht, er war keine Menschen mehr gewöhnt. Er war argwöhnisch, traute niemandem. Gut, dass Lena mitgekommen war, sie nahm seine Hand, sagte »Wolodenka«, und er wurde sanft wie ein Lamm. Gemeinsam konnten wir ihn zu einem Gespräch überreden – aber vielleicht hatte er es sich auch selbst überlegt, er ist ja ein gescheiter Bursche: Nach fünfundzwanzig Jahren gibt es in Ausnahmefällen eine Begnadigung, und wenn ein Film über ihn gedreht wird, dann wird er eine lokale Berühmtheit, das könnte hilfreich sein … Alle dort wollen leben … sie reden nicht gern über den Tod …

Genau da setzten wir an …

Von Gott

Ich saß in Einzelhaft und wartete auf die Erschießung. Ich dachte viel nach … Wer hilft dir schon in diesen vier Wänden? Die Zeit existierte nicht mehr, sie war nur noch abstrakt. Ich empfand eine solche Leere … Und eines Tages brach es aus mir heraus: »Wenn es dich gibt, Herr, dann hilf mir! Lass mich nicht allein! Ich bitte dich nicht um Wunder, aber hilf mir zu verstehen, was mit mir geschehen ist.« Ich fiel auf die Knie und betete. Der Herr lässt niemanden lange warten, der sich an Ihn wendet …

Lesen Sie meine Akte – ich habe einen Menschen getötet. Ich war achtzehn Jahre alt. Ich hatte gerade die Schule beendet, ich schrieb Gedichte. Ich wollte nach Moskau gehen, studieren. Dichter wollte ich werden. Meine Mutter war mit mir allein. Wir hatten kein Geld, mein Studium musste ich mir selbst verdienen. Ich suchte mir Arbeit in einer Autowerkstatt. Abends ist im Dorf oft Tanz … Na, und da verliebte ich mich in ein hübsches Mädchen. Ich war total verknallt. Eines Abends kamen wir vom Tanz … Es war Winter … es lag Schnee … In den Fenstern leuchteten schon Tannenbäume, es war kurz vor Silvester. Ich war nicht betrunken. Wir liefen und unterhielten uns. Haha … hihi … Sie fragte: »Liebst du mich wirklich?« »Ich liebe dich mehr als mein Leben.« »Was würdest du für mich tun?« »Ich würde mich töten.« »Dich selber, klar. Aber würdest du für mich den Erstbesten töten, der dir begegnet?« Vielleicht war das ein Scherz … vielleicht war sie einfach ein Luder … Ich erinnere mich nicht mehr an sie, nicht mal an ihr Gesicht; sie hat mir kein einziges Mal ins Gefängnis geschrieben. Könntest du töten? Das fragte sie und lachte. Und ich war schließlich ein Held! Ich musste ihr meine Liebe beweisen. Ich riss einen Pfahl aus einem Zaun … Es war Nacht. Stockfinster. Ich stand da und wartete. Sie auch. Lange ließ sich niemand blicken, dann kam endlich irgendwer auf uns zu. Ich schlug ihn auf den Kopf. Bumm! Einmal, noch einmal … Er fiel hin. Als er am Boden lag, schlug ich weiter zu, bis er tot war … mit diesem Pfahl … Es war unser Lehrer …

Erst wurde ich zum Tode verurteilt … Nach einem halben Jahr

wurde die Todesstrafe in lebenslänglich umgewandelt. Meine Mutter sagte sich von mir los. Meine Schwester schrieb mir eine Zeitlang, dann nicht mehr. Ich bin schon lange allein … In dieser Zelle sitze ich nun schon siebzehn Jahre hinter Schloss und Riegel. Siebzehn Jahre! Ein Baum zum Beispiel oder ein Tier – die wissen nichts von der Zeit. Für sie denkt Gott. So geht es auch mir … Schlafen, essen, Spaziergang … Den Himmel sehe ich nur durch ein Gitter. In der Zelle – ein Bett, ein Hocker, eine Blechtasse, ein Löffel … Andere leben von ihren Erinnerungen … Aber woran soll ich mich erinnern? Ich habe ja nichts, ich habe ja noch gar nicht richtig gelebt. Wenn ich zurückschaue – da ist nichts als Dunkelheit, nur ab und zu ein kleines Licht. Meistens sehe ich meine Mutter … am Herd oder am Küchenfenster … Aber sonst – alles dunkel …

Ich fing an, die Bibel zu lesen … ich konnte mich nicht losreißen … Ich zitterte am ganzen Leib. Ich sprach mit Gott: »Wofür hast Du mich so bestraft?« Der Mensch dankt dem Herrn für die Freude, aber wenn es ihm schlechtgeht, schreit er: »Wofür?« Anstatt den Sinn der ihm gesandten Prüfung zu verstehen. Und sein Leben in Gottes Hand zu legen …

Und plötzlich tauchte Lena auf … Sie kam her und sagte: »Ich liebe dich.« Da tat sich vor mir eine ganze Welt auf … Ich konnte mir alles Mögliche vorstellen … eine Familie, Kinder … Aus völliger Dunkelheit war ich in hellstes Licht geraten … ich war von Licht umgeben … Die Situation ist natürlich nicht normal: Sie hat einen Mann und drei Kinder und gesteht einem fremden Mann ihre Liebe, schreibt ihm Briefe. Wäre ich an der Stelle ihres Mannes … Ich würde …! »Bist du etwa verrückt?« »Es gibt keine Liebe ohne Selbstaufopferung. Was ist das sonst für eine Liebe?« Ich wusste nicht … Woher sollte ich wissen, dass es solche Frauen gibt? Woher denn – im Gefängnis? Es gibt Menschen, und es gibt Schweine, das ist alles. Sooft du den Menschen vertraust – hinterher stellt sich doch heraus, dass mehr Misstrauen besser gewesen wäre. Doch dann ist da plötzlich ein Mensch, wegen dem du nachts kein Auge zutun kannst … Nein, was es für Menschen gibt! Sie kommt her und weint und lacht. Und ist immer schön.

Bald heirateten wir. Dann beschlossen wir, uns auch vor Gott trauen zu lassen ... im Gefängnis gibt es einen Andachtsraum ... Vielleicht würde ein Schutzengel seinen Blick auf uns richten ...

Bis ich Lena begegnete, habe ich alle Frauen gehasst, ich dachte, die Liebe, das seien nur Hormone. Körperliches Begehren ... Doch sie hat keine Angst vor dem Wort Liebe, sie sagt oft: »Ich liebe dich! Ich liebe dich!« Dann sitze ich da und rühre mich nicht. Doch das alles ... wie soll ich es sagen ... Ich bin kein Glück gewöhnt. Manchmal glaube ich ihr. Ich möchte gern glauben, dass das alles wahr ist – dass man mich lieben kann, dass der einzige Unterschied zwischen mir und anderen Menschen der ist, dass sie sich für gut halten, aber der Mensch kennt sich selbst nicht, würde er sich richtig kennenlernen, wäre er entsetzt. Ich hätte ja von mir auch nicht gedacht, ich könnte ... Was für ein Tier aus mir herausbrechen könnte ... Niemals! Ich dachte, ich wäre ein guter Mensch. Bei meiner Mutter liegen noch Hefte mit meinen Gedichten, wenn sie die nicht verbrannt hat. Und manchmal ... Da habe ich Angst ... Ich habe zu lange allein gelebt, ich stecke in diesem Zustand fest. Das normale Leben ist weit weg. Ich bin böse und menschenscheu geworden ... Wovor ich Angst habe? Ich habe Angst, dass unsere Geschichte – dass das nur ein Film ist, und das will ich nicht. Ich habe vielleicht gerade erst zu leben angefangen ... Wir wollten ein Kind ... Sie wurde schwanger. Und hatte eine Fehlgeburt. So hat Gott mich an meine Sünden erinnert ...

Ich habe Angst ... Solche Angst, dass ich manchmal mich selbst töten möchte, manchmal ... »Ich habe Angst vor dir«, sagt sie. Aber sie geht nicht weg ... Da haben Sie Ihren Film! Ja ...

Aus Gefängnisgesprächen

»Sie ist verrückt! Verrückt! Die Dame braucht einen Psychologen ...«

»Von solchen Frauen habe ich früher nur gelesen, von den Frauen der Dekabristen ... Na ja, das ist Literatur! Aber im Leben ... Lena ist der einzige Mensch dieser Art, den ich kenne. Und natürlich habe ich anfangs gedacht: Vielleicht ist sie ja nicht normal? Aber dann ist etwas in mir umgeschlagen … Jesus wurde auch für verrückt gehalten. Nein, sie ist normaler als alle Normalen!«

»Einmal konnte ich ihretwegen eine ganze Nacht nicht schlafen. Ich musste daran denken, dass ich auch einmal eine Frau hatte, die mich sehr liebte …«

»Das ist ihr Kreuz. Sie hat es auf sich genommen und trägt es. Eine echte russische Frau!«

»Ich kenne Wolodja … Den Bräutigam! Er ist genau so ein Bastard wie ich. Ich habe Angst um sie. Sie ist nicht so eine, die heiratet, und aus – leb du, wie du willst. Sie wird sich bemühen, eine gute Ehefrau zu sein. Aber was kann er ihr geben? Wir können niemandem etwas geben. Uns hüpfen ›blutige Knaben vor den Augen‹[3]. Wir können nur eines: nicht nehmen, kein Opfer annehmen. Der ganze Sinn unseres Lebens besteht nur noch darin, nichts anzunehmen. Wenn man doch etwas nimmt, beraubt man wieder jemanden …«

»Sie ist ein glücklicher Mensch. Und sie scheut sich nicht, glücklich zu sein.«

»Also, in der Bibel … Da heißt Gott nicht Güte und nicht Gerechtigkeit … Er heißt Liebe …«

»Sogar unser Priester … Wenn er kommt und mir durchs Gitter die Hand gibt, zieht er sie so schnell wie möglich wieder zurück; er merkt das gar nicht, aber ich sehe es. Ist ja auch verständlich – ich habe Blut an den Händen … Doch sie ist die Frau eines Mörders geworden, hat sich ihm anvertraut, will alles mit ihm teilen. Und jetzt denkt jeder von uns: Also ist noch nicht alles vorbei. Hätte ich nie von ihr erfahren, wäre es für mich viel schwerer hier.«

»Was haben sie denn für eine Zukunft? Dafür würde ich keiner Wahrsagerin auch nur einen Groschen geben …«

»Idioten! Als ob es Wunder gäbe! Das Leben ist kein weißes Boot mit weißen Segeln. Das Leben ist ein Haufen Scheiße mit Schokoladenguss.«

»Das, was sie sucht, was sie braucht, kann kein Mensch auf Erden ihr geben – nur Gott.«

Sie wurden im Gefängnis getraut. Alles war so, wie Lena es sich vorgestellt hatte: Kerzen, goldene Ringe … Der Kirchenchor sang Jesaja, freue dich!

Priester: Hast du, Wladimir, den guten und ungezwungenen Willen und den festen Vorsatz, diese Jelena, welche du hier bei dir siehst, zur Gattin zu nehmen?

Bräutigam: Ja, ehrwürdiger Vater!

Priester: Hast du dich keiner anderen Braut versprochen?

Bräutigam: Nein, ehrwürdiger Vater!

Priester: Hast du, Jelena, den guten und ungezwungenen Willen und den festen Vorsatz, diesen Wladimir, den du hier bei dir siehst, zum Gatten zu nehmen?

Braut: Ja, ehrwürdiger Vater!

Priester: Hast du dich keinem anderen Manne versprochen?

Braut: Nein, ehrwürdiger Vater.

Segne, Gebieter …

Ein Jahr später traf ich mich erneut mit Irina Wassiljewa.

Irina Wassiljewa
Unser Film lief im zentralen russischen Fernsehen … Es kamen Briefe von Zuschauern. Ich freute mich … aber … Es stimmt etwas nicht mit der Welt, in der wir leben. Wie es in einem Witz heißt: Unsere Menschen sind gut, aber unser Volk ist böse. Ich erinnere mich an Dinge wie: »Ich bin für die Todesstrafe – für die Verwertung menschlicher Abfälle.« »Solche Bastarde wie Ihren Protagonisten, den Supermann und Mörder, sollte man auf dem Roten Platz öffentlich

vierteilen und in den Pausen Snickers-Werbung einblenden.« »… solche sollte man für Organspenden … an denen sollte man neue Medikamente und chemische Stoffe testen …« Laut *Dahls Wörterbuch*[4] kommt das Wort *dobrota** von *dobrowatj* – im Überfluss leben, begütert … das bedeutet Stabilität und Würde … Das alles fehlt bei uns. Das Böse kommt nicht von Gott. Wie sagt Antonius der Große[5]: Gott ist nicht der Urheber des Bösen. Er hat dem Menschen den Verstand gegeben, die Fähigkeit, Gut und Böse zu unterscheiden … Aber es gab auch … ich erinnere mich auch an schöne Briefe wie diesen: »Seit Ihrem Film glaube ich an die Liebe. Es gibt wohl doch einen Gott …«

Ein Dokument ist ein Impuls … und eine Falle … Für mich hat die dokumentarische Gattung einen sozusagen angeborenen Fehler: Wenn der Film abgedreht ist, geht das Leben weiter. Meine Protagonisten sind nicht ausgedacht, es sind lebendige, reale Menschen, und sie hängen nicht von mir ab – von meinem Willen, meinen Vorstellungen oder meiner Professionalität. Meine Anwesenheit in ihrem Leben ist zufällig und zeitlich begrenzt. Ich bin nicht so frei wie sie. Wenn ich könnte … Dann würde ich das ganze Leben eines einzelnen Menschen filmen. Oder einer Familie. Tag für Tag. Wie sie mit ihrem Kind an der Hand die Straße entlanglaufen … wie sie auf die Datscha fahren … wie sie Tee trinken und sich unterhalten, heute über das eine, morgen über etwas anderes … wie sie sich streiten … eine Zeitung kaufen … wie ihr Auto kaputtgeht … wie der Sommer zu Ende geht … wie jemand weint … Das erleben wir unmittelbar, aber vieles geschieht ohne unser Zutun. Unabhängig von uns. Einen Moment zu erfassen oder einen bestimmten Zeitabschnitt zu verfolgen ist mir zu wenig. Zu wenig! Ich kann nicht … es fällt mir schwer, mich zu trennen … Ich bin mit meinen Protagonisten befreundet, ich schreibe ihnen, rufe sie an. Wir treffen uns ab und zu. Ich »drehe« noch lange weiter, vor meinen Augen laufen immer neue Szenen ab. So habe ich schon Dutzende Filme »gedreht«.

Einer davon ist der Film über Lena Rasdujewa. Ich habe ein Notiz-

* *dobrota* – russ. Güte.

buch mit Aufzeichnungen. Eine Art Szenarium für einen Film, den es nicht geben wird …

… Sie leidet unter dem, was sie tut, aber sie kann nicht davon lassen.

… Es dauerte einige Jahre, bis sie sich entschließen konnte, seine Akte zu lesen. Aber sie war nicht entsetzt: »Das ändert nichts, ich liebe ihn trotzdem. Jetzt bin ich seine Frau vor Gott. Er hat einen Menschen getötet, weil ich damals nicht an seiner Seite war. Ich muss ihn an die Hand nehmen und ihn von dort wegführen …«

… Dort auf der Feuerinsel sitzt ein ehemaliger Kreisstaatsanwalt, der zusammen mit seinem Bruder zwei Frauen mit einer Axt erschlagen hat – eine Buchhalterin und eine Kassiererin. Er schreibt ein Buch über sich. Nicht einmal zum Spaziergang geht er hinaus, weil er keine Zeit verlieren will. Sie haben damals eine ganz unbedeutende Summe erbeutet. Warum haben sie das getan? Er weiß es nicht … Oder der Schlosser, der seine Frau und seine beiden Kinder getötet hat … Bis zur Haft hat er nie etwas anderes in der Hand gehalten als einen Schraubenschlüssel, und jetzt hängen überall im Gefängnis Bilder, die er gemalt hat. Jeder von ihnen hat seine eigenen Dämonen, jeder will sich aussprechen. Mord ist für die Täter genauso ein Mysterium wie für die Opfer …

… ein dort zufällig mitgehörtes Gespräch … »Glaubst du, es gibt einen Gott?« »Wenn es Ihn gibt, dann ist der Tod noch nicht das Ende. Ich möchte nicht, dass es Ihn gibt.«

… Was ist Liebe? Wolodja ist groß und sieht gut aus, Jura dagegen ist ein Zwerg … Sie hat mir gestanden, dass Jura sie als Mann mehr befriedigt … Aber sie müsse … Sie habe nun einmal so einen Mann, dem ein Unglück widerfahren sei. Sie müsse seine Hand halten …

… Die erste Zeit lebte sie noch im Dorf bei ihren Kindern. Zweimal im Jahr fuhr sie Wolodja besuchen. Dann verlangte er, sie solle alles verlassen und zu ihm ziehen. »Du betrügst mich, ich fühle es, dass du mich betrügst.« »Aber Wolodja, wie soll ich denn meine Kinder verlassen? Matwejka ist noch ganz klein, er braucht mich rein körperlich noch.« »Du bist Christin … Du musst gehorsam sein und deinem Mann folgen.« Da hat sie sich ein schwarzes Kopftuch umgebunden und lebt nun in der Nähe des Gefängnisses. Arbeit hat sie keine, aber der Priester der Kirche am Ort hat sie aufgenommen. Sie putzt dort. »Und Wolodja ist ganz in der Nähe … Ich spüre es … ich spüre, dass er ganz in der Nähe ist …« »Hab keine Angst, schreibe ich ihm, ich bin bei Dir …« Seit sieben Jahren schreibt sie ihm jeden Tag …

… Sobald sie verheiratet waren, verlangte er von ihr, sie solle an alle Instanzen schreiben: Er sei ein kinderreicher Vater, er müsse sich um die Kinder kümmern. Das sei seine Chance, freizukommen. Aber Lena ist ein reines Wesen … Sie setzt sich hin, will schreiben, aber sie kann nicht. »Er hat doch einen Menschen getötet. Eine schlimmere Sünde gibt es nicht.« Dann macht er ihr wütende Szenen. Er brauche eine andere Frau. Eine, die reich sei und Beziehungen habe. Diese verdammte Idealistin habe er längst satt …

… Er ist mit achtzehn ins Gefängnis gekommen … Damals gab es die Sowjetunion noch, das sowjetische Leben. Und die sowjetischen Menschen. Es herrschte Sozialismus. Er hat keine Ahnung, was für ein Land das heute ist. Wenn er rauskäme, würde er über dieses neue Leben heftig stolpern! Es würde ihn mit aller Wucht treffen – er hat keinen Beruf, seine Angehörigen haben sich von ihm abgewandt. Und er ist voller Wut. Im Gefängnis hat er sich einmal bei der Arbeit mit seinem Kollegen gestritten und hätte ihm fast die Kehle durchgebissen. Lena weiß, dass sie mit ihm fortgehen müsste, weit weg von den Menschen. Sie träumt davon, mit ihm in einem Forstbetrieb zu arbeiten. Im Wald zu leben. Wie sie sagt: Unter Bäumen und stummen Tieren …

… Sie hat mehrfach zu mir gesagt: »Seine Augen sind so kalt geworden, so leer. Irgendwann wird er mich töten. Ich weiß, wie seine Augen aussehen werden, wenn er mich tötet.« Aber es zieht sie dorthin, dieser Abgrund zieht sie an. Warum? Habe ich so etwas nicht auch an mir selbst beobachtet? Das Dunkle zieht uns an …

… Als wir uns das letzte Mal trafen, sagte sie zu mir: »Ich will nicht mehr leben! Ich kann nicht mehr!« Sie war wie im Koma – weder tot noch lebendig …

Wir beschlossen, gemeinsam zu Lena zu fahren. Aber sie ist plötzlich verschwunden. Sie meldet sich bei niemandem. Es geht das Gerücht, sie lebe jetzt in einer abgeschiedenen Einsiedelei. Zusammen mit Drogenabhängigen und Aids-Kranken … Dort legen viele ein Schweigegelübde ab.

VOM MUT UND DANACH

Tanja Kuleschowa, Studentin, 21 Jahre alt

Chronik der Ereignisse

Am 19. Dezember fanden in Weißrussland Präsidentschaftswahlen statt. Niemand rechnete mit ehrlichen Wahlen, das Ergebnis stand von vornherein fest: Gewinner wird Präsident Lukaschenko, der das Land bereits seit sechzehn Jahren regiert. Im Internet wird er als »Kartoffeldiktator« und »Toller Mops« verspottet, doch das Volk ist seine Geisel. Der letzte Diktator Europas … Er verhehlt nicht, dass er Sympathien für Hitler hegt – auch der wurde ja lange nicht ernst genommen und nur der »Korporal« und der »böhmische Gefreite« genannt.

Am Abend protestierten auf dem Oktoberplatz, dem zentralen Platz in Minsk, Zehntausende gegen Wahlfälschungen. Die Demonstranten verlangten, dass die offiziell verkündeten Wahlergebnisse für ungültig erklärt würden, und forderten Neuwahlen ohne Lukaschenko. Die friedliche Protestaktion wurde von Sondertruppen und OMON brutal niedergeschlagen. In den Wäldern um Minsk standen einsatzbereite Truppen …

Über siebzig Demonstranten wurden verhaftet, darunter sieben ehemalige Präsidentschaftskandidaten, die noch Immunität genossen …

Seit den Wahlen haben die weißrussischen Sicherheitsdienste Tag und Nacht zu tun. Im ganzen Land begannen politische Repressionen: Verhaftungen, Verhöre, Durchsuchungen von Wohnungen, Redaktionen oppositioneller Zeitungen und Büros von Menschenrechtsorganisationen, Beschlagnahme von Computern und anderer Bürotechnik. Vielen der Inhaftierten im Gefängnis Okrestino und im

KGB-Gefängnis drohen zwischen vier und fünfzehn Jahren Haft wegen »Organisation von Massenunruhen« und »versuchten Staatsstreichs« (so bewertet die weißrussische Regierung heute die Teilnahme an einer friedlichen Protestaktion). Aus Angst vor Verfolgung und einer Verschärfung der Diktatur verlassen Hunderte Menschen das Land …

Aus Zeitungsberichten. Dezember 2010 – März 2011

Chronik der Gefühle

»Wir waren fröhlich und unbeschwert …«

Ich nenne Ihnen nicht meinen Namen, sondern den meiner Großmutter. Ich habe Angst … natürlich … Alle wollen Helden sehen, aber ich bin keine Heldin. Dafür bin ich nicht gemacht. Im Gefängnis dachte ich nur an meine Mutter, an ihr krankes Herz. Wie mochte es ihr gehen? Sollten wir siegen, wird das in den Geschichtsbüchern stehen … Aber die Tränen unserer Angehörigen? Ihr Leid? Ideen sind eine starke, gewaltige Sache, eine immaterielle Kraft, die man nicht messen kann. Sie hat kein Gewicht … es ist eine andere Materie … Plötzlich ist etwas wichtiger als die eigene Mutter. Du musst dich entscheiden. Aber du bist nicht bereit … Jetzt weiß ich, wie es ist, wenn du in dein Zimmer kommst, in dem KGB-Leute herumgewühlt haben, in deinen Büchern … dein Tagebuch gelesen haben … *(Sie schweigt.)* Als ich heute zu Ihnen aufbrechen wollte, rief meine Mutter an. Ich sagte ihr, dass ich mich mit einer bekannten Schriftstellerin treffen würde, da fing sie an zu weinen. »Sag nichts. Erzähl ihr nichts.« Unterstützung bekomme ich von Fremden, nicht von meinen Angehörigen, von meiner Familie. Aber sie lieben mich …

Vor der Kundgebung … Wir versammelten uns am Abend im Wohnheim und stritten. Über das Leben und darüber, wer zur Kundgebung gehen würde und wer nicht. Soll ich davon erzählen, ja? Worüber wir redeten?

»Gehst du hin?«

»Ich gehe nicht. Sonst werfen sie mich aus dem Institut und holen mich zur Armee. Dann muss ich mit einer MP rumlaufen.«

»Wenn ich rausgeschmissen werde, verheiratet mich mein Vater sofort.«

»Es wurde genug geschwatzt, es ist Zeit, etwas zu tun. Wenn alle Angst haben …«

»Ich soll ein Che Guevara werden?« (Das war mein Exfreund, von ihm erzähle ich noch.)

»Ein Schluck Freiheit …«

»Ich gehe, weil ich es satt habe, in einer Diktatur zu leben. Sie halten uns doch für hirnloses Vieh.«

»Na, ich bin kein Held. Ich will studieren und Bücher lesen.«

»Ein Witz über den Sowok: Er ist bissig wie ein Hund, aber stumm wie ein Fisch.«

»Ich bin ein kleiner Mann, von mir hängt gar nichts ab. Ich gehe nie zur Wahl.«

»Ich bin ein Revolutionär … ich gehe hin. Revolution, das ist total geil!«

»Was sind denn deine revolutionären Ideale? Die neue lichte Zukunft – der Kapitalismus? Es lebe die lateinamerikanische Revolution!«

»Mit sechzehn habe ich meine Eltern verurteilt, weil sie ständig vor irgendetwas Angst hatten, wegen Vaters Karriere. Ich dachte: Sie sind blöd, aber wir sind toll! Wir werden auf die Straße gehen! Wir werden alles sagen. Heute bin ich genau so ein Konformist wie sie. Ein richtiger Konformist. Laut Darwin überleben nicht die Stärksten, sondern diejenigen, die sich am besten an ihre Umgebung anpassen. Die Mittelmäßigkeit überlebt und sorgt für die Erhaltung der Art.«

»Hingehen ist dumm, nicht hingehen ist noch schlimmer.«

»Wer hat euch blöden Hammeln denn gesagt, Revolution sei Fortschritt? Ich bin für die Evolution.«

»Ob Weiße oder Rote … Mir sind alle scheißegal!«

»Ich bin ein Revolutionär …«

»Sinnlos! Wenn Militärfahrzeuge mit kahlgeschorenen Jungs anrücken, kriegst du eins mit dem Gummiknüppel über den Schädel, und das war's dann. Die Macht muss eisern sein.«

»Der ›Genosse Mauser‹[1] kann mich mal. Ich habe niemandem versprochen, ein Revolutionär zu werden. Ich will mein Studium beenden und ein eigenes Geschäft aufziehen.«

»Mir platzt der Schädel!«

»Angst ist eine Krankheit …«

Wir waren fröhlich und unbeschwert. Wir haben viel gelacht und gesungen. Alle mochten einander sehr. Die Stimmung war phantastisch. Manche hatten ein Plakat dabei, andere eine Gitarre. Freunde riefen uns auf dem Handy an und erzählten uns, was im Internet berichtet wurde. Wir waren auf dem Laufenden … So erfuhren wir: Die Höfe im Stadtzentrum sind voller Militärfahrzeuge mit Soldaten und Miliz. Vor der Stadt wurden Truppen zusammengezogen … Wir glaubten das und glaubten es auch nicht, die Stimmung schwankte, aber Angst hatte niemand. Die Angst war plötzlich weg. Erstens, weil wir ja so viele waren … Zehntausende! Ganz unterschiedliche Leute. Noch nie waren wir so viele gewesen. Ich kann mich nicht erinnern … Und zweitens waren wir ja zu Hause. Das war schließlich unsere Stadt. Unser Land. In der Verfassung standen unsere Rechte: Versammlungs-, Demonstrations- und Kundgebungsfreiheit … Freiheit des Wortes … Es gab Gesetze! Wir waren die erste Generation, die nicht verschreckt war. Die keine Prügel bezogen, die keinen Krieg und keine Erschießungen erlebt hatte. Und wenn sie uns für fünfzehn Tage einsperrten? Na und! Dann hätten wir was zu schreiben im *Livejournal**. Die Regierung sollte nicht glauben, wir seien eine Herde, die blind ihrem Hirten folgt! Dass der Fernseher uns das Gehirn ersetzte. Ich hatte für alle Fälle eine Tasse dabei, denn ich wusste: Im Gefängnis gibt es nur eine Blechtasse für zehn Leute. Außerdem hatte ich einen warmen Pullover im Rucksack und zwei Äpfel. Während der Demonstration fotografierten wir uns gegenseitig, um eine Erinnerung an diesen Tag zu haben. In Mützen, mit lustigen leuchtenden Hasenohren … Weihnachtsmützen aus China. Weihnachten stand ja vor der Tür … Es schneite … Das war so schön! Ich habe keinen einzigen Betrunkenen gesehen. Hatte jemand eine Bierdose in der Hand, wurde ihm die sofort abgenommen und ausgeschüttet. Auf einem Dach entdeckte jemand einen Mann. »Ein Scharfschütze! Ein Scharfschütze!« Alle amüsierten sich darüber. Wir winkten ihm zu. »Komm zu uns! Spring runter!« Das war toll. Früher war ich der Politik gegenüber apathisch, ich hätte nie gedacht, dass es solche Gefühle gab und dass ich sie einmal empfinden würde. So etwas fühlte ich nur, wenn ich Musik hörte. Musik ist mein Ein und Alles, sie ist unentbehrlich. Es war unglaublich aufregend. Neben mir lief eine Frau … Warum habe ich sie nicht nach ihrem Namen gefragt? Dann hätten Sie über sie schreiben können. Ich war mit anderem beschäftigt – es war alles so schön, alles war neu für mich. Diese Frau hatte ihren Sohn dabei, er mag etwa zwölf gewesen sein. Noch ein Schulkind. Ein Milizoberst beschimpfte die Frau ziemlich derb durchs Me-

* *Livejournal* – Internetblog.

gaphon, sie sei eine schlechte Mutter. Und verrückt. Da klatschten alle ihr und ihrem Sohn Beifall. Ganz spontan. Das ist so wichtig … es ist so wichtig, das zu wissen … Wir hatten uns ja die ganze Zeit geschämt. Die Ukrainer hatten ihren Maidan, ihren Platz der Unabhängigkeit, die Georgier ihre Rosenrevolution. Über uns aber hatten alle gelacht: Minsk ist eine kommunistische Hauptstadt, Weißrussland die letzte Diktatur in Europa. Jetzt lebe ich in dem Bewusstsein: Wir sind auf die Straße gegangen. Hatten keine Angst. Das ist das Wichtigste … das ist das Allerwichtigste …

Wir standen uns gegenüber: wir und sie. Hier ein Volk, dort ein anderes. Das sah seltsam aus … Die einen mit Plakaten und Bildern, die anderen in Kampfformation, mit Schilden und Gummiknüppeln. Breitschultrige junge Männer. Gutaussehende Burschen! Wie sollten die uns schlagen? Mich schlagen? Sie waren so alt wie ich, Verehrer von mir. Tatsache! Jungs aus meinem Dorf waren bestimmt auch dabei. Viele aus unserem Dorf sind nach Minsk gezogen und dienen bei der Miliz: Kolka Latuschka, Alik Kasnatschejew … Ganz normale Jungs. Junge Leute wie wir, nur mit Schulterstücken. Und die sollten uns angreifen? Das glaubten wir nicht … Nein, auf keinen Fall … Wir lachten, alberten herum. Wir agitierten sie: »He, Jungs, wollt ihr etwa gegen das Volk kämpfen?« Es schneite immer weiter. Und dann … Wie bei einer Parade … Da kam das Kommando: »Die Menge auflösen! In Reih und Glied bleiben!« Das Gehirn schaltete nicht gleich auf die Realität um, nicht sofort … denn das konnte doch nicht sein … »Die Menge auflösen …« Einen Augenblick lang herrschte Stille. Und gleich darauf – das Dröhnen von Schilden … das rhythmische Dröhnen von Schilden … Sie liefen los … In Reihen rückten sie vor und schlugen mit den Gummiknüppeln auf die Schilde, wie bei einer Treibjagd. Wie Jäger, die eine Beute hetzen. Sie liefen und liefen. Ich hatte noch nie so viele Militärs gesehen, nur im Fernsehen. Später erfuhr ich von den Jungs aus meinem Dorf … Man bringt ihnen bei: »Das Schlimmste, was euch passieren kann, ist, wenn ihr in den Demonstranten Menschen seht.« Sie werden abgerichtet wie Hunde. *(Sie schweigt.)* Schreie … Weinen … Schreie: »Sie schlagen zu! Sie schlagen zu!« Ich sah es – sie schlugen zu. Und wissen Sie was? Sie schlugen voller Eifer. Mit Freude. Ich erinnere mich, dass sie voller Eifer schlugen … als wäre es nur ein Training … Ein Mädchen kreischte: »Was tust du, du Bastard!« Mit ganz hoher Stimme. Dann brach der Schrei ab. Ich hatte solche Angst, dass ich für einen Moment die Augen schloss. Ich trug eine weiße Jacke und eine weiße Mütze. Ich war ganz in Weiß.

»Schnauze in den Schnee, du Sau!«

Der Häftlingstransporter … Das ist ein wahres Wundergefährt. Ich habe es dort zum ersten Mal gesehen. Ein spezielles Auto für den Transport von Häftlingen. Ganz mit Stahl ausgekleidet. »Schnauze in den Schnee, du Sau! Eine Bewegung, und ich knall dich ab!« Ich lag auf dem Asphalt … Nicht allein, wir alle lagen da … mein Kopf war leer … ohne jeden Gedanken … Die einzige reale Empfindung war die Kälte. Mit Fußtritten und Knüppelhieben jagten sie uns hoch und trieben uns in die Transporter. Am meisten bekamen die Männer ab, sie wurden vorzugsweise zwischen die Beine geschlagen. »Schlag auf die Eier, auf die Eier! Auf den Pimmel!« »Hau auf die Knochen!« »Mach sie platt!« Während sie prügelten, gaben sie Kommentare ab: »Eure Revolution ist im Arsch!« »Für wie viel Dollar hast du die Heimat verkauft, du Schwein?« Ein Transporter von zwei mal fünf Metern ist für zwanzig Personen gedacht, sagen Leute, die sich auskennen, doch wir wurden zu fünfzigst hineingepresst. Kein Spaß für Herzkranke und Asthmatiker! »Nicht aus dem Fenster sehen! Kopf runter!« Unflätige Beschimpfungen … Wegen uns »unterbelichteten Schwachköpfen«, die sich »an die Amis verkauft haben«, verpassten sie heute das Fußballspiel. Sie hatten den ganzen Tag in geschlossenen Autos gesessen. Unter Zeltplanen. Sie hatten in Plastiktüten und Präservative pinkeln müssen. Als sie rausgelassen wurden, waren sie hungrig und wütend. Vielleicht waren sie an sich keine schlechten Menschen, aber sie waren Henkersknechte. Ganz normal aussehende Jungs. Kleine Rädchen im System. Schlagen oder nicht schlagen, das entschieden nicht sie, aber sie waren es, die schlugen … Erst schlugen sie, dann dachten sie nach, aber vielleicht dachten sie auch gar nicht nach. *(Sie schweigt.)* Wir fuhren lange, ziemlich weit, dann wendeten wir und fuhren wieder zurück. Wohin? Wir hatten keine Ahnung. Als die Türen geöffnet wurden, bekamen wir auf die Frage »Wohin werden wir gebracht?« die Antwort: »Nach Kuropaty.« Dort ist ein Massengrab von Opfern stalinscher Verfolgungen. Das waren so ihre sadistischen Späßchen. Wir fuhren lange kreuz und quer durch die Stadt, weil fast alle Gefängnisse überfüllt waren. Die Nacht verbrachten wir im Transporter. Draußen herrschten minus zwanzig Grad, und wir saßen in einer Stahlkiste. *(Sie schweigt.)* Ich müsste sie hassen. Aber ich will niemanden hassen. Dazu bin ich nicht bereit.

Im Laufe der Nacht wechselte die Wache mehrfach. An die Gesichter erinnere ich mich nicht, in Uniform sehen alle gleich aus. Aber einer … Ihn würde ich noch heute auf der Straße erkennen, an den Augen würde ich ihn erkennen. Er war weder alt noch jung, einfach ein Mann, nichts Besonderes. Wissen Sie, was er tat? Er riss die Türen des Transporters weit auf und ließ sie lange offen – es gefiel ihm, dass wir vor Kälte anfingen zu zittern. Wir alle hatten dünne Jacken an und billige Stiefel mit Kunstpelz. Er sah uns an und lächelte. Er handelte nicht auf Befehl, sondern aus eigenem Antrieb. Von sich aus. Ein anderer Milizionär hingegen steckte mir ein Snickers zu. »Hier, nimm. Wieso bist du bloß auf den Platz gegangen?« Es heißt, um zu verstehen, müsse man Solschenizyn lesen. Als ich noch zur Schule ging, habe ich mir in der Bibliothek mal *Archipel Gulag* ausgeliehen, aber damals konnte ich damit nichts anfangen. Ein dickes und langweiliges Buch. Nach fünfzig Seiten legte ich es wieder weg … Das war so weit weg wie der Trojanische Krieg. Stalin war ein abgedroschenes Thema. Ich und meine Freunde – wir interessierten uns kaum dafür …

Das Erste, was dir im Gefängnis passiert … Sie kippen alle Sachen aus deiner Tasche auf den Tisch. Das ist ein Gefühl … Als ob sie dich ausziehen … Auch buchstäblich wird man ausgezogen: »Unterwäsche ausziehen. Beine auf Schulterbreite auseinander. Vorbeugen.« Was haben sie in meinem Anus gesucht? Sie behandelten uns wie

Kriminelle. »Gesicht zur Wand! Kopf runter!« Wir mussten die ganze Zeit zu Boden schauen. Sie konnten es gar nicht leiden, wenn man ihnen in die Augen sah. »Gesicht zur Wand! Was hab ich gesagt – Gesicht zur Wand!« Und immer in Reih und Glied ... Auch zur Toilette: »In einer Reihe hintereinander antreten.« Um das alles auszuhalten, errichtete ich innerlich eine Barriere: Hier wir – da sie. Verhör, Ermittler, Aussagen ... Beim Verhör: »Du sollst schreiben: Ich bekenne mich vollumfänglich schuldig.« »Was wirft man mir denn vor?« »Na hör mal! Das weißt du nicht? Du hast dich an Massenunruhen beteiligt ...« »Das war eine friedliche Protestaktion.« Er setzte mich unter Druck: Man werde mich exmatrikulieren und meine Mutter entlassen. Mit einer solchen Tochter könne sie schließlich nicht weiter als Lehrerin arbeiten. Meine Mutter! Ich dachte die ganze Zeit an sie ... Das merkten sie, und jedes Verhör begann mit den Worten »Deine Mutter weint«, »Deine Mutter ist im Krankenhaus«. Und wieder: Nenn uns Namen ... Wer lief neben dir? Wer hat die Flugblätter verteilt? Unterschreib ... nenn uns Namen ... Sie versprechen, niemand werde davon erfahren und sie würden einen dann gleich nach Hause schicken. Man muss sich entscheiden ... »Ich unterschreibe nichts.« Doch nachts weinte ich. Meine Mutter war im Krankenhaus ... *(Sie schweigt.)* Man kann leicht zum Verräter werden, weil man seine Mutter liebt ... Ich weiß nicht, ob ich noch einen weiteren Monat durchgehalten hätte. Sie lachten und spotteten: »Na, wie sieht's aus, Soja Kosmodemjanskaja?« Fröhliche junge Männer. *(Sie schweigt.)* Ich habe Angst ... Wir kaufen in denselben Läden ein, sitzen in denselben Cafés, fahren mit derselben Metro. Wir begegnen uns überall. Im normalen Leben existiert keine klare Grenze zwischen »uns« und »ihnen«. Wie soll man sie erkennen? *(Sie schweigt.)* Früher lebte ich in einer guten Welt, aber die gibt es nicht mehr, und die wird es nicht mehr geben.

Einen ganzen Monat in einer Zelle ... Während dieser Zeit habe ich kein einziges Mal einen Spiegel gesehen. Ich hatte einen kleinen Spiegel dabeigehabt, aber der war nach der Durchsuchung der Handtasche verschwunden. Genau wie das Portemonnaie mit dem Geld. Ich hatte die ganze Zeit Durst. Unerträglichen Durst! Zu trinken bekamen wir nur zum Essen, ansonsten hieß es: »Trinkt aus dem Klo!« Dabei wieherten sie laut. Und tranken Fanta. Ich dachte, ich würde mich nie wieder satt trinken und zu Hause den ganzen Kühlschrank mit Mineralwasser füllen. Wir alle stanken ... wir konnten uns ja nirgends waschen ... Eine von uns hatte einen kleinen Flakon Parfüm mit, den reichten wir herum und rochen daran. Währenddessen saßen unsere Freunde in der Bibliothek, fertigten Konspekte an, legten Prüfungen ab. Ich dachte an lauter belanglose Dinge ... An das neue Kleid, das ich noch kein einziges Mal getragen hatte ... *(Sie lacht.)* Ich habe gelernt, dass Kleinigkeiten Freude machen können, zum Beispiel Zucker oder ein Stück Seife. Wir waren siebzehn in einer Zelle für fünf Personen, auf zweiunddreißig Quadratmetern. Wir mussten lernen, mit zwei Quadratmetern auszukommen. Besonders schlimm war es nachts, es war furchtbar stickig. Wir lagen lange wach und redeten. In den ersten Tagen über Politik, später nur noch über die Liebe.

Gespräche in der Zelle

»Ich möchte nicht denken, dass sie das alles freiwillig tun.«

»Das läuft immer nach dem gleichen Szenario ... Es ist ein Kreislauf. Das Volk ist eine Herde. Eine Herde Antilopen. Und die Macht ist eine Löwin. Die Löwin wählt ein Opfer aus der Herde aus und tötet es. Die übrigen Antilopen grasen weiter, schielen zu der Löwin, die sich das nächste Opfer sucht, und atmen erleichtert auf, wenn die Löwin das Opfer niederstreckt: ›Nicht ich! Nicht ich! Ich kann weiterleben!‹«

»Ich mochte die Revolution im Museum ... Ich war ein romantisches Mädchen. Ich habe Märchen gespielt. Ich bin von mir aus auf den Platz gegangen, mich hat niemand dazu aufgefordert. Ich wollte sehen, wie eine Revolution gemacht wird. Dafür wurde ich mit dem Gummiknüppel auf Kopf und Nieren geschlagen. Auf der Straße waren vor allem junge Leute, es war eine ›Revolution der Kinder‹, so wurde sie genannt. So heißt es heute. Unsere Eltern waren zu Hause geblieben. Sie saßen in den Küchen und redeten darüber, dass wir hinausgegangen waren. Machten sich Sorgen. Sie hatten Angst, aber wir sind ja ohne sowjetische Erfahrungen aufgewachsen. Die Kommunisten kannten wir nur aus Büchern, wir hatten keine Angst. In Minsk leben zwei Millionen Menschen, und wie viele waren auf die Straße gegangen? Rund dreißigtausend … Und zugesehen haben uns noch mehr: Die Leute standen auf den Balkons, Autofahrer hupten grüßend, spornten uns an: Los, Kinder! Los! Immer sind die in der Überzahl, die mit einer Dose Bier vorm Fernseher sitzen. Darum ist das alles … Solange nur wir intellektuellen Romantiker auf die Straße gehen, ist es keine Revolution …«

»Meinen Sie, die Basis für das alles sei die Angst? Die Miliz mit ihren Gummiknüppeln? Sie irren sich. Der Henker kann sich mit seinem Opfer einigen. Das war zu den kommunistischen Zeiten so, und das ist so geblieben. Es gibt eine Art stilles Übereinkommen. Einen Vertrag. Einen großen Pakt. Die Menschen verstehen alles, aber sie schweigen. Dafür wollen sie ein anständiges Einkommen haben, sich einen gebrauchten Audi kaufen und Urlaub in der Türkei machen. Da versuch mal, mit ihnen über Demokratie und über Menschenrechte zu reden … Das sind böhmische Dörfer! Diejenigen, die die Sowjetzeit erlebt haben, erzählen dir sofort: ›Unsere Kinder dachten, Bananen würden in Moskau wachsen. Und schau dir an, wie es jetzt ist … Hundert Sorten Wurst! Welche Freiheit brauchen wir noch?‹ Viele wollen noch heute die Sowjetunion zurück, aber mit jeder Menge Wurst.«

»Ich bin zufällig hierhergeraten … Ich war mit Freunden auf dem Platz, ich wollte dabei sein, inmitten all der Luftballons und Plakate. Na ja, ehrlich gesagt … da war ein Typ, der mir gefiel. Eigentlich bin ich eine gleichgültige Zuschauerin. Ich habe jegliche Politik aus meinem Kopf verbannt. Echt, ich hab genug von diesem Kampf zwischen Gut und Böse …«

»Sie scheuchten uns in eine Baracke. Die ganze Nacht standen wir da, mit dem Gesicht zur Wand. Am Morgen hieß es: ›Auf die Knie!‹ Wir knieten uns hin. Dann: ›Auf! Hände hoch!‹ Mal Arme hinter den Kopf, mal hundert Kniebeugen. Oder auf einem Bein stehen … Warum machten sie das? Wozu? Wenn du sie fragst, kriegst du keine Antwort. Sie durften es … sie hatten plötzlich Macht … Einigen Mädchen wurde schlecht, sie fielen in Ohnmacht. Als sie mich das erste Mal zum Verhör holten, lachte ich dem Ermittler ins Gesicht, bis er sagte: ›Pass auf, Kleine, ich fick dich gleich in alle Löcher, und dann werf ich dich zu Kriminellen in die Zelle.‹ Ich habe Solschenizyn nicht gelesen, und der Ermittler bestimmt auch nicht. Aber wir kannten das alles …«

»Mein Ermittler war ein gebildeter Mann, er hat an derselben Uni studiert wie ich. Wir fanden heraus, dass wir die gleichen Bücher mögen: Akunin, Umberto Eco … ›Was habe ich mit dir zu schaffen? Ich war für Korruption zuständig. Eine schöne Sache! Da weiß man, woran man ist. Aber mit euch …‹ Er erledigte seinen Job widerwillig, voller Scham, aber er erledigte ihn. Es gibt Tausende wie ihn: Beamte, Ermittler, Richter. Die einen prügeln, andere schreiben Zeitungsartikel, die Nächsten verhaften Leute oder fällen Urteile. Es braucht so wenig, um die stalinsche Maschinerie in Gang zu setzen.«

»In unserer Familie wird ein altes Heft aufbewahrt. Darin hat mein Großvater für seine Kinder und Enkel seine Lebensgeschichte aufgeschrieben. Hat erzählt, wie er die Stalinzeit erlebt hat. Er wurde verhaftet und gefoltert: Sie haben ihm eine Gasmaske aufgesetzt und die Luftzufuhr blockiert, sie haben ihn ausgezogen und ihm einen Eisenstab oder eine Türklinke in den Anus geschoben … Ich ging in die neunte Klasse, als meine Mutter mir dieses Heft zu lesen gab. ›Du bist jetzt ein großes Mädchen. Du musst das wissen.‹ Doch ich verstand nicht – wozu?«

»Wenn es wieder Lager geben sollte, finden sich auch Wachleute. Sogar jede Menge! An einen erinnere ich mich gut … Wenn ich ihm in die

Augen schaute, wirkte er wie ein ganz normaler junger Mann – aber er hatte Schaum vorm Mund. Sie bewegten sich wie Schlafwandler, wie in Trance. Sie prügelten wild drauflos. Ein Mann fiel hin, da legten sie einen Schild auf ihn und tanzten darauf herum. Große Kerle ... an die zwei Meter groß ... Achtzig bis hundert Kilo Lebendgewicht, sie werden extra auf Kampfgewicht rausgefüttert. OMON und Sondertruppen – das sind ausgewählte Jungs ... wie die Opritschniki bei Iwan dem Schrecklichen[2]. Ich möchte nicht denken, dass sie das alles freiwillig tun, das möchte ich auf keinen Fall denken. Auf gar keinen Fall. Es ist eben ihr Job, von irgendwas müssen sie ja leben. So ein Junge ... Er hat nichts als die Schule und die Armee hinter sich, verdient aber mehr als ein Unidozent. Und später ... da wird es sein wie immer ... ganz bestimmt ... Später werden sie sagen, sie hätten nur Befehle ausgeführt, sie hätten nichts gewusst, sie hätten nichts damit zu tun. Sie finden schon heute tausend Rechtfertigungen: ›Wer soll denn meine Familie ernähren?‹ ›Ich habe einen Eid geleistet.‹ ›Ich konnte doch nicht aus dem Glied raus, selbst wenn ich es gewollt hätte.‹ Das kann man mit jedem Menschen machen. Zumindest mit vielen ...«

»Ich bin erst zwanzig. Wie soll ich weiterleben? Ich habe das Gefühl, wenn ich in die Stadt gehe, werde ich nicht wagen, den Blick zu heben ...«

»Bei euch ist ja vielleicht Revolution,
aber hier bei uns ist Sowjetmacht.«

Freigelassen wurden wir mitten in der Nacht. Journalisten, Freunde – alle warteten vor dem Gefängnis, doch wir wurden mit einem Häftlingstransporter an den Stadtrand gebracht und dort hinausgesetzt. Ich landete irgendwo in Schabany. An einer Baustelle. Ich hatte wirklich Angst. Ich stand verwirrt da und ging auf Lichter zu. Ich hatte kein Geld, der Akku meines Mobiltelefons war längst leer. In meinem Portemonnaie lag nur eine Zahlungsaufforderung, die hatten wir alle erhalten – für den Aufenthalt im Gefängnis. Die Summe war so hoch wie mein Stipendium für einen ganzen Monat ... Ich weiß gar nicht ... Meine Mutter und ich kommen gerade so über die Runden. Mein Vater ist gestorben, als ich in die sechste Klasse ging, da war ich zwölf. Mein Stiefvater vertrinkt regelmäßig sein gesamtes Gehalt. Er ist Alkoholiker. Ich hasse ihn, er hat mir und meiner Mutter das ganze Leben versaut. Ich bemühe mich ständig, etwas dazuzuverdienen: Ich trage Werbung aus, im Sommer verkaufe ich an einem Stand Obst und Eis. Mit diesen Gedanken lief ich durch die Nacht ... Hunde streunten herum ... nirgendwo ein Mensch ... Ich war irrsinnig froh, als neben mir ein Taxi hielt. Ich nannte die Adresse meines Wohnheims, sagte aber: »Ich habe kein Geld.« Der Taxifahrer wusste sofort Bescheid. »Aha, eine Dekabristin*.« (Wir waren ja im Dezember verhaftet worden.) »Steig ein. Ich hab schon so eine wie dich aufgesammelt und nach Hause gefahren. Wieso entlassen sie euch mitten in der Nacht?« Er fuhr mich zum Wohnheim und hielt mir eine Standpauke: »Das ist doch alles Blödsinn! Absoluter Blödsinn! Ich habe 1991 in Moskau studiert und bin auch auf Demonstrationen gegangen. Wir waren mehr als ihr. Wir haben gesiegt. Und wir bildeten uns ein, jeder würde eine Firma aufmachen und reich werden. Und was ist jetzt? Unter den Kommunisten war ich Ingenieur, und jetzt fahre ich Taxi. Die einen Schweine haben wir vertrieben, und an ihrer Stelle sind andere gekommen. Ob Schwarze, Graue oder Orange – die sind alle gleich. Macht verdirbt bei uns jeden. Ich bin Realist. Ich glaube nur an mich und an meine Familie. Während die nächsten Idioten die nächste Revolution machen, muss ich Geld verdienen. Diesen Monat brauchen meine Töchter neue Jacken, nächsten Monat braucht meine Frau ein Paar Stiefel. Du bist ein hübsches Mädchen. Such dir lieber einen anständigen Kerl und heirate.« Wir erreichten die Stadt. Musik, Lachen, Pärchen, die sich küssten. Die Stadt lebte weiter, als wären wir nicht vorhanden.

Ich wollte unbedingt mit meinem Freund reden. Ich konnte es kaum erwarten. Wir waren schon drei Jahre zusammen gewesen, hatten Pläne gemacht. *(Sie schweigt.)* Er hatte mir versprochen, auch

* Dekabristin – von russ. *dekabr* – Dezember.

zur Kundgebung zu kommen, war aber nicht erschienen. Ich erwartete von ihm eine Erklärung. Tja, und dann kam er angetrabt. Die anderen Mädchen aus meinem Zimmer ließen uns allein. Erklärungen?! Lächerlich! Ich war, wie sich herausstellte, »einfach blöd«, »ein deutlicher Beweis«, eine »naive Revolutionärin«. Er habe mich vorher gewarnt – ob ich das vergessen hätte? Er habe mir klargemacht, dass es unvernünftig sei, sich in Dinge einzumischen, die man nicht beeinflussen könne. Es gebe ja Leute, die für andere lebten, aber davon halte er nichts, er wolle nicht auf einer Barrikade sterben. Das sei nicht seine Berufung. Sein wichtigstes Ziel sei die Karriere. Er wolle einmal viel Geld haben. Ein Haus mit Swimmingpool. Man müsse einfach leben und lächeln. Es gebe heutzutage so viele Möglichkeiten … mehr als genug … Man könne die ganze Welt bereisen, tolle Kreuzfahrten machen, aber das sei teuer, man könne sich sogar einen Palast kaufen, aber das sei teuer, man könne im Restaurant Elefantenfleisch oder Schildkrötensuppe essen … Aber für das alles brauche man Geld. Geld! Geld! Unser Physiklehrer hat mal gesagt: »Liebe Studenten! Geld kann alles lösen, sogar Differenzialgleichungen.« Das ist die harte Wahrheit. *(Sie schweigt.)* Und die Ideale? So etwas gibt es also nicht? Vielleicht können Sie mir das ja sagen? Sie schreiben doch Bücher … *(Sie schweigt.)* Auf einer Institutsversammlung wurde ich exmatrikuliert. Alle hoben die Hand und stimmten dafür, bis auf meinen alten Lieblingsprofessor. Er wurde am selben Tag mit dem Notarztwagen aus dem Institut abgeholt. Meine Freundinnen trösteten mich im Wohnheim, als es niemand sah. »Sei uns nicht böse, der Dekan hat gedroht, er würde uns aus dem Wohnheim werfen, wenn …« A-ach! Schöne Heldinnen!

Ich kaufte mir eine Fahrkarte für die Heimreise. In der Stadt habe ich immer Sehnsucht nach dem Dorf. Allerdings weiß ich nicht, nach welchem Dorf ich mich sehne, wahrscheinlich nach dem Dorf meiner Kindheit. Nach dem Dorf, in dem Vater mich mitnahm, wenn er die schweren Honigwaben aus dem Bienenstock holte. Erst beräucherte er den Stock, damit die Bienen uns nicht stachen. Als ich klein war, glaubte ich, die Bienen seien kleine Vögel … *(Sie schweigt.)* Ob ich das Dorf noch immer liebe? Die Leute dort leben genau wie früher,

Jahr für Jahr. Sie buddeln in ihrem Garten die Kartoffeln mit dem Spaten aus, kriechen auf Knien in ihren Beeten herum. Sie brennen Schnaps. Abends trifft man keinen einzigen nüchternen Mann, sie trinken jeden Tag. Sie stimmen für Lukaschenko und sehnen sich nach der Sowjetunion zurück. Nach der unbesiegbaren Sowjetarmee. Auf der Heimfahrt setzte sich im Bus ein Nachbar neben mich. Er war betrunken. Und redete über Politik: »Ich würde jedem dieser Demokratenbastarde persönlich die Fresse polieren. Ihr seid noch zu gut weggekommen. Ehrenwort! Erschießen sollte man solche Leute. Meine Hand würde nicht zittern. Das wird alles von Amerika bezahlt … von Hillary Clinton … Aber wir sind ein starkes Volk. Wir haben die Perestroika überlebt, wir überleben auch die Revolution. Ein kluger Mann hat mir erzählt, dass sich die Juden die Revolution ausgedacht haben.« Der ganze Bus unterstützte ihn. »Wenn es nur nicht schlimmer wird als jetzt. Wenn man den Fernseher anmacht – überall Bomben und Schießereien.«

Dann war ich zu Hause. Ich öffnete die Tür. Meine Mutter saß in der Küche und putzte Dahlienknollen, sie hatten im Keller Frost gekriegt und waren angefault, sie sind nämlich empfindlich, sie vertragen keine Kälte. Ich half Mutter. Wie früher als Kind. »Was ist los bei euch in der Hauptstadt?«, war Mutters erste Frage. »Im Fernsehen haben sie einen Haufen Leute gezeigt, die gegen die Regierung geschrien haben. O mein Gott! Das macht einem ja Angst! Wir hatten Angst, dass es Krieg gibt: Manche haben Söhne beim OMON, die Kinder von anderen sind Studenten, die waren auf dem Platz und haben geschrien. In der Zeitung steht, das seien ›Terroristen‹ und ›Banditen‹. Die Leute hier glauben der Zeitung. Bei euch ist ja vielleicht Revolution, aber hier bei uns ist Sowjetmacht.« Im Haus roch es nach Baldrian.

Ich erfuhr die dörflichen Neuigkeiten … Jurka Schwed, ein Farmer, war eines Nachts von zwei Männern in Zivil mit einem Auto abgeholt worden, wie unser Großvater 1937. Sie haben das ganze Haus durchsucht und den Computer beschlagnahmt. Die Krankenschwester Anja N. wurde entlassen – sie hatte in Minsk an einer Kundgebung teilgenommen und war in eine oppositionelle Partei eingetreten. Sie hat ein kleines Kind. Ihr Mann hat sich betrunken und sie verprügelt:

verfluchte Oppositionelle! Und die Mütter der Jungs, die in Minsk bei der Miliz dienen, erzählen stolz herum, dass ihre Söhne große Prämien bekommen und ihnen Geschenke mitgebracht hätten. *(Sie schweigt.)* Sie haben das Volk gespalten … Ich war im Klub, beim Tanz, aber ich wurde den ganzen Abend kein einziges Mal aufgefordert. Weil ich … weil ich eine Terroristin bin … Die Leute hatten Angst vor mir …

»Aber Orange kann zu Rot werden …«

Ein Jahr später trafen wir uns zufällig im Zug von Moskau nach Minsk wieder. Alle schliefen längst, aber wir redeten.

Ich studiere jetzt in Moskau. Ich gehe mit meinen Moskauer Freunden zu Kundgebungen. Das ist so toll! Ich mag die Gesichter der Menschen, die ich dort sehe. Ich erinnere mich an solche Gesichter bei uns, als wir in Minsk auf den Platz gegangen waren und ich meine Stadt nicht wiedererkannte. Die Menschen nicht wiedererkannte. Das waren andere Menschen. Ich habe Heimweh, großes Heimweh.

Im Zug nach Minsk kann ich nie richtig einschlafen. Ich döse nur, halb wach, halb schlafend … Mal bin ich wieder im Gefängnis, mal im Wohnheim … Alles kommt wieder hoch … Stimmen von Männern und Frauen …

»… wir mussten uns hinstellen, Beine auseinander, oder auf den Bauch legen, und sie drückten uns die Beine in den Nacken …«

»Sie legten ein Blatt Papier auf die Nieren, damit es keine Spuren gab, und schlugen mit einer Plastikflasche voll Wasser zu …«

»Er zog mir eine Plastiktüte über den Kopf oder eine Gasmaske. Na, und dann … das könnt ihr euch ja vorstellen, nach ein paar Minuten verlor ich das Bewusstsein … Dabei hatte er Frau und Kinder zu Hause. Ein guter Ehemann. Ein guter Vater …«

»Sie traten zu, immer wieder … in Stiefeln, in Schnürschuhen, in Turnschuhen …«

»Meinst du, sie lernen nur Fallschirmspringen und an einer Strickleiter aus einem Hubschrauber zu klettern? Sie werden nach den gleichen Lehrbüchern ausgebildet wie unter Stalin …«

»In der Schule hat man uns gesagt: ›Lest Bunin und Tolstoi, diese Bücher retten den Menschen.‹ Wer kann mir sagen, warum nichts davon weitergegeben wird, aber eine Türklinke in den Anus und eine Plastiktüte über den Kopf – das wird weitergegeben?«

»Wenn man ihnen das Gehalt verdoppelt oder verdreifacht … Ich fürchte, dann werden sie schießen …«

»Bei der Armee ist mir klargeworden, dass ich Waffen mag. Ich, ein Professorensohn, aufgewachsen mit vielen Büchern. Ich möchte eine Pistole besitzen. Das ist ein schönes Ding! In Jahrhunderten perfekt an die Hand angepasst. Es liegt so angenehm darin. Ich würde sie gern hervorholen, putzen und ölen. Ich mag diesen Geruch.«

»Was meinst du, wird es eine Revolution geben?«

»Orange ist die Farbe von Hundepisse im Schnee. Aber Orange kann zu Rot werden …«

»Wir gehen hin …«

ANMERKUNGEN EINER NORMALBÜRGERIN

Was für Erinnerungen? Ich lebe wie alle. Als die Perestroika war … Gorbatschow … Die Postbotin machte die Gartenpforte auf: »Hast du gehört, es gibt keine Kommunisten mehr!« »Wie das?« »Die Partei hat dichtgemacht.« Keiner hat geschossen, nichts. Jetzt heißt es, das war ein großes Imperium, und nun ist alles verloren. Aber was habe ich verloren? Ich lebe genau wie früher in meinem Häuschen ohne jeden Komfort, ohne Wasser, ohne Kanalisation, ohne Gas. Ich hab mein Leben lang ehrlich gearbeitet. Hab geackert und geackert, daran war ich gewöhnt. Und hab immer nur ein paar Kopeken verdient. Ich esse genau wie früher nur Makkaroni und Kartoffeln. Mein Pelzmantel stammt noch aus Sowjetzeiten. Und wir haben hier jede Menge Schnee!

Meine schönste Erinnerung ist die an meine Hochzeit. Eine Liebesheirat. Ich weiß noch, als wir vom Standesamt zurückkamen, da blühte der Flieder. Der Flieder blühte! Und im Flieder, stellen Sie sich das vor, im Flieder sangen Nachtigallen … Daran erinnere ich mich … Ein paar Jahre lang haben wir einträchtig gelebt, unsere Tochter bekommen … Aber dann fing Wadik an zu trinken und ist am Wodka eingegangen. Er war noch jung, zweiundvierzig. Jetzt lebe ich allein. Die Tochter ist erwachsen, sie hat geheiratet und ist weggezogen.

Im Winter schneien wir ein, das ganze Dorf versinkt im Schnee – die Häuser, die Autos. Manchmal fährt wochenlang kein Bus. Was in der Hauptstadt passiert? Wir sind tausend Kilometer weit weg von Moskau. Wir sehen das Moskauer Leben im Fernsehen, das ist für uns nur Kino. Putin kenne ich und Alla Pugatschowa[1] … Sonst keinen … Kundgebungen, Demonstrationen … Wir hier leben, wie wir immer gelebt haben. Unter dem Sozialismus und unter dem Kapitalismus. »Rote« oder »Weiße«, das ist für uns gleich. Wir warten immer auf den Frühling. Pflanzen Kartoffeln … *(Sie schweigt lange.)* Ich bin sechzig Jahre alt … In die Kirche gehe ich nicht, aber man braucht doch jemanden zum Reden. Zum Reden über was anderes … Darüber, dass Altwerden nicht schön ist – nein, Altwerden ist gar nicht schön. Aber sterben werde ich auch ungern. Haben Sie meinen Flieder gesehen, wie schön der ist? Nachts gehe ich manchmal raus, da leuchtet er. Dann stehe ich da und schaue ihn an. Kommen Sie, ich breche Ihnen einen Strauß …

ANMERKUNGEN DER ÜBERSETZERIN

Aufzeichnungen einer Beteiligten (S. 9–18)

1 *Sowok,* pl. *Sowki* – verächtliches Kurzwort für *Sowjetski sojus* – Sowjetunion o. für *sowjetski tschelowek* – »sowjetischer Mensch«, für alles Sowjetische.

2 *zehn Jahre ohne Recht auf Briefwechsel* – das bedeutete in der Regel ein Todesurteil.

3 *Entkulakisierung* – von russ. *kulak* – wohlhabender Bauer. Im Zuge der Kollektivierung der Landwirtschaft wurden ab Ende der zwanziger Jahre die Kulaken enteignet und verbannt; sie sollten »als Klasse beseitigt« werden.

4 *Neulandfahrer* – Von den 1950er bis zu den 1960er Jahren war die Erschließung von Neuland in Kasachstan, an der Wolga, in Sibirien, im Ural und im Fernen Osten eines der sozialistischen Großprojekte, für die besonders die Jugend angeworben wurde.

5 *Oktoberkind* – Oktoberkinder waren die Jüngsten in der sowjetischen Pionierorganisation, ihr Abzeichen war ein kleiner roter Stern mit einem Kinderbild von Lenin, einem lockenköpfigen Knaben.

6 *Sinowjew* – Grigori Sinowjew (1883–1936), 1921–1926 Mitglied des Politbüros der Kommunistischen Partei Russlands, enger Vertrauter Stalins, 1936 im Zuge der »Säuberungen« als angebliche »Drahtzieher« einer Verschwörung hingerichtet.

7 *Warlam Schalamow* – Warlam Schalamow (1907–1982), russischer Schriftsteller und Oppositioneller, 1929 bis 1931 erste Haft und Verbannung, nach erneuter Verhaftung 1937 Lagerhaft bis 1953 – diese Zeit verarbeitete er in autobiographisch geprägten Erzählungen, die in der Sowjetunion nicht veröffentlicht wurden.

8 *»vegetarischen« Zeiten* – so bezeichnete Anna Achmatowa die Zeit vor dem großen Terror, vor dem großen Blutvergießen.

9 *Ostrowski* – Alexander Ostrowski (1823–1886), russischer Dramatiker, Meister der bürgerlichen Komödie.

10 *Saltykow-Schtschedrin* – Michail Saltykow-Schtschedrin (1826–1889), russischer Schriftsteller, Autor bis heute populärer politisch-satirischer Sittenbilder.

11 *»Warum zum Teufel müssen wir überhaupt erkennen, was gut und böse ist, wenn es uns so teuer zu stehen kommt?«* – Dieses und die nachfolgenden Zitate stammen aus den Kapiteln *Auflehnung* und *Der Großinquisitor* in Dostojewkis Roman *Die Brüder Karamasow*, deutsch von H. Röhl, Aufbau Verlag, Berlin und Weimar 1977, S. 371–394.

12 *Alexander Grin* – Alexander Grin (1880–1932), russischer Schriftsteller, Neoromantiker, schuf in seinen Werken das Phantasieland »Grinland«.

Aus Straßenlärm und Küchengesprächen (1991–2001) (S. 21–45)

1 *Jemelja* – Hauptfigur des russischen Märchens *Auf des Hechtes Geheiß* – Jemelja fängt einen Hecht, der alle Wünsche erfüllt. Doch anders als das deutsche Märchen *Vom Fischer und seiner Frau* endet dieses Märchen glücklich – Jemelja heiratet die Königstochter.

2 *Stolz* – Figur aus Iwan Gontscharows Roman *Oblomow*, Freund des Protagonisten Oblomow, deutscher Abstammung, der erfolglos versucht, Oblomow aus seiner Lethargie zu rütteln und zu Taten zu bewegen.

3 *Sechziger* – Bezeichnung für die Vertreter der sowjetischen Intelligenzija, die in den sechziger Jahren für Reformen der sowjetischen Gesellschaft eintraten und maßgeblichen Anteil an der nach dem 20. Parteitag der KPdSU begonnenen Tauwetterperiode hatten. Viele wurden später zu Dissidenten.

4 *Schießplatz Butowo* – während der »Großen Säuberungen« 1937/38 Hinrichtungsort des NKWD, dort wurden in diesen beiden Jahren über 20 000 Menschen erschossen.

5 *Awerinzew* – Sergej Awerinzew (1937–2004), russischer Literaturwissenschaftler, bekannt durch seine Arbeiten zur Altphilologie und zur Literatur des Silbernen Zeitalters der russischen Literatur.

6 *GKTschP – russ. Gosudarstwenny komitet tschreswytschainogo poloshenija* – Staatliches Komitee für den Ausnahmezustand. Mitglieder dieses Komitees waren:
Wladimir Krjutschkow, Vorsitzender des KGB

Boris Pugo, Innenminister
Dmitri Jasow, Verteidigungsminister, Marschall der Sowjetunion
Valentin Pawlow, Ministerpräsident
Weitere Mitinitiatoren des Putsches:
Gennadi Janajew, Vizepräsident der UdSSR, Vollmitglied im Politbüro der KPdSU
Walentin Warennikow, Armeegeneral, Stellvertretender Verteidigungsminister, Oberbefehlshaber der Bodentruppen
Oleg Schenin, Vollmitglied des Politbüros und Sekretär des Zentralkomitees der KPdSU
Oleg Baklanow, Sekretär des Zentralkomitees der KPdSU
Waleri Boldin, Abteilungsleiter im Zentralkomitee der KPdSU
Wassili Starodubzew, Vorsitzender des Bauernverbandes und Kolchos-Rats
Juri Plechanow, KGB-General und Leiter der Personenschutzdienste

7 *das Zuckerbrot nicht für alle reichte* – Zitat aus dem Lied *Der alte König* von Bulat Okudshawa.

8 *Burshui* – von *Bourgeois* – Spottbezeichnung für Kapitalisten aus der Zeit nach der Oktoberrevolution.

9 *nach einer Verfassung, vielleicht auch nach Stör mit Meerrettich* – Anspielung auf ein Zitat aus der Satire *Kultivierte Leute* von Michail Saltykow-Stschedrin (1826–1889).

10 *Die Herzen brennen mit dem Wort* – Zitat aus dem Gedicht *Der Prophet* von Alexander Puschkin, dt. Nachdichtung Wolfgang E. Groeger, *Alexander Sergejewitsch Puschkin. Gedichte*, Berlin 1985, S. 254.

Vom Schönen an der Diktatur und von Schmetterlingen in Zement (S. 49–90)

1 *Toljatti* – Stadt im Gebiet Samara (Stawropol), 1964 nach dem italienischen Kommunisten Palmiro Toglilatti (1893–1964) benannt; Sitz des Wolga-Automobilwerks.

2 *Heimatland, du bist auf ewig mir das liebste Land der Welt* – aus *Heimatland*, Text D. Kabalewski, Musik A. Prischelez.

3 *Wir sind Millionen, wir jungen Adler* – aus dem *Lied der jungen Pioniere*, Text Sergej Michalkow, Musik Anatoli Lepin.

4 *Uspenski* – Gleb Uspenski (1843–1902), russischer Schriftsteller, wurde durch sozialkritische Schilderungen des Lebens auf dem Lande bekannt.

5 *Korolenko* – Wladimir Korolenko (1853–1921), sozialkritischer russischer Schriftsteller.

6 *Beresowski* – Boris Beresowski (1946–2013), russischer Oligarch, in Russland wegen Korruption und Geldwäscherei gesucht, emigrierte nach Großbritannien.

7 *Potanin* – Wladimir Potanin (geb. 1961), 1996–1997 Vize-Ministerpräsident, zuständig für finanzwirtschaftliche Fragen, beförderte den Wechsel zur Privatwirtschaft, heute russischer Oligarch.

8 *Okudshawa* – Bulat Okudshawa (1924–1997), russischer Dichter, Schriftsteller und populärer Chansonnier, Mitbegründer des russischen Autorenliedes, Sprachrohr der kritischen russischen Nachkriegsgeneration.

9 *Iskander* – Fasil Iskander (geb. 1929), russisch schreibender abchasischer Schriftsteller, Autor sowjetkritischer satirischer Romane und Erzählungen.

10 *Pawel Kortschagin* – sozialistischer Musterheld des Romans *Wie der Stahl gehärtet wurde* von Nikolai Ostrowski (1904–1936).

11 *jeder Gott ist Leichenschändung* – Lenin in einem Brief an Maxim Gorki vom 14. November 1913.

12 *dicke Zeitschriften* – Literaturzeitschriften, in denen in der Sowjetunion die wichtigsten Neuerscheinungen abgedruckt wurden.

13 *Nowy mir, Snamja, Daugawa* – monatlich erscheinende russischsprachige Literaturzeitschriften.

14 *Sobtschak* – Anatoli Sobtschak (1937–2000), russischer Reformpolitiker, von 1991 bis 1996 Bürgermeister von Sankt Petersburg, politischer Ziehvater Wladimir Putins.

15 *NÖP-Leute* – NÖP – die Neue Ökonomische Politik war ein wirtschaftspolitisches Konzept in der Sowjetunion, das in den 1920er Jahren auf eine Liberalisierung in Landwirtschaft, Handel und Industrie setzte und marktwirtschaftliche Elemente zuließ; der Begriff wurde auf die Wirtschaftspolitik der 1990er Jahre übertragen.

16 *Herzen und Ogarjow* – Alexander Herzen (1812–1870) und Nikolai Ogarjow (1813–1877), russische Schriftsteller und revolutionäre Demokraten.

17 *Gavroche* – Pariser Gassenjunge aus Victor Hugos Roman *Die Elenden*, kämpft im Pariser Juniaufstand von 1832 auf den Barrikaden.

Von Brüdern und Schwestern, Henkern und Opfern … und dem Elektorat (S. 91–104)

1 *Von der Taiga bis zum britischen Meer* – aus dem Lied *Weiße Armee, schwarzer Baron* (1918), Text P. Grigorjew, Musik S. Pokrass.
2 *Lang sind die Wege übers Land* – aus dem Lied *Neulandfahrer* (1955), Text N. Solochina, Musik J. Rodygin.

Von Flüstern und Schreien … und von Begeisterung (S. 105–122)

1 *Der 7. November – ein roter Tag im Kalender* – Zitat aus dem Kindergedicht *Rund ums Jahr* von Samuil Marschak.
2 *Unsere Hauptstadt, Hauptstadt der Welt* – aus *Kolchos-Moskau*, Text G. Akulow, Musik B. Mokroussow.
3 *Er marschiert in Richtung Westen* – aus *Abschied*, Text Issakowski, Musik D. Pokrass.
4 *Vaterland, kein Feind soll dich gefährden!* – *Lied vom Vaterland*, deutsche Fassung von Erich Weinert.
5 *Dekabristen* – von russ. *dekabr*, »Dezember« – die Teilnehmer eines Aufstandes zum Sturz der Autokratie am 26. Dezember 1825 in Sankt Petersburg; liberal gesinnte junge Adlige und Gardeoffiziere. Der Aufstand wurde von Nikolaus I. niedergeschlagen, einige Dekabristen wurden hingerichtet, viele nach Sibirien verbannt.
6 *Wie Sonnenlicht die Nacht durchbricht* – Refrain des Liedes *Moskau im Mai*, Text Lebedew-Kumatsch, Musik Pokrass, dt. Nachdichtung Alexander Ott.
7 *Von Russland, dem großen, auf ewig verbündet* – Nationalhymne der UdSSR. Nachdichter unbekannt.
8 *Von Glück und von Freiheit träumten die Väter* – aus dem *Lied der jungen Pioniere*, Text Sergej Michalkow, Musik Anatoli Lepin.
9 *Stalin, das ist unser Kampfesruhm* – Refrain des *Liedes über Stalin*, Text A. Surkow, Musik M. Blanter.
10 *Ingenieur der menschlichen Seele* – so bezeichnete Stalin die Schriftsteller.
11 *Unter unserem Flugzeug, da summt vor sich hin* – aus dem Lied *Hauptsache, Freunde, das Herz altert nicht* (1963), Text N. Dobronrawow, S. Grebennikow, Musik A. Pachmutowa.
12 *Himmelblaue Städte* – populäres Lied aus den siebziger Jahren, Text L. Kuklin, Musik A. Petrow.

13 *Ich weiß, die Stadt wird werden* sowie *und an dieser Statt steht Gorod-Sad* – aus dem Gedicht *Erzählung vom Kusnezkstroi und den Leuten von Kusnezk* von W. Majakowski. Nachdichtung Hugo Huppert, zitiert nach Majakowski, *Gedichte*, Volk und Welt, Berlin 1975.

14 *Ihr meine lieben Brüder und Schwestern* – aus der Kriminellen- und Bettler-Folklore.

15 *Pawlik Morosow* – Pawel Morosow (1918–1932) war ein sowjetischer Bauernjunge und Pionier, der seinen Vater anzeigte, weil dieser Getreide nicht abgeliefert, sondern versteckt hatte. Der Vater wurde verhaftet, Pawlik Morosow wurde zur sowjetischen Heldenikone.

16 *Inessa Armand* – eigtl. Inès Elisabeth Armand (1874–1920), russische Revolutionärin französischer Herkunft, nach der Oktoberrevolution Mitglied des Zentralkomitees der Partei der Bolschewiki, Geliebte Lenins.

17 *Wir träumen nicht vom Donner der Raketen* – Zitat aus dem Lied *Gras vor dem Haus*, (1981), Text A. Poperetschny, Musik W. Migulja.

18 *Kuba, geliebtes Land* – aus dem Lied *Kuba, meine Liebe*, Text S. Grebennikow/N. Dobronrawow, Musik A. Pachmutowa.

19 *Ich ging aus dem Haus, das Gewehr in der Hand* – aus *Granada*, Text M. Swetlow, Musik V. Berkowski, Nachdichtung A. E. Toss.

20 *Dolores Ibárruri* – Dolores Ibárruri Gómez (1895–1985), Mitbegründerin der spanischen KP, von 1939 bis 1977 im Exil in Moskau, dort Generalsekretärin, später Vorsitzende der spanischen KP.

Von einem einsamen roten Marschall … (S. 123–163)

1 *Korotitsch* – Vitali Korotitsch war in der Perestroika-Zeit Chefredakteur der Zeitschrift *Ogonjok*, eines der wichtigsten gesellschaftspolitischen Presseerzeugnisse dieser Zeit.

2 *Brzeziński* – Zbigniew Brzeziński (geb. 1928), polnisch-amerikanischer Politikwissenschaftler, von 1977 bis 1981 Sicherheitsberater von US-Präsident Carter, bekannt als Hardliner in der Haltung gegenüber der Sowjetunion.

3 *Vom Amur bis fern zum Donaustrande* – aus dem *Lied vom Vaterland*, Text W. Lebedew-Kumatsch, Musik I. Dunajewski, Nachdichtung Erich Weinert.

4 *Und dann dieser Tanz der kleinen Schwäne* – am 19. August 1991, zu Beginn des Putsches, gab es im Fernsehen keinerlei Informationen, stattdessen lief *Schwanensee*.

5 *Lämmchen in Papier* – beim russischen Satiriker Saltykow-Schtschedrin (1826–1989) häufig anzutreffender, auf ältere Überlieferungen zurückgehender Ausdruck für Bestechung (das Bestechungsgeld wurde in Papier eingewickelt).

6 *Windhundwelpen* – In Gogols Theaterstück *Der Revisor* lässt sich der Beamte Ljapkin-Tjapkin mit Windhundwelpen bestechen; das wurde in Russland ebenfalls zum geflügelten Wort für Bestechung.

7 *Alexander II., der Befreier* – Alexander II. (1818–1881) regierte von 1855 bis 1888, beendete 1856 den Krimkrieg und hob 1861 die Leibeigenschaft auf.

8 *Chicago-Boys* – dieser Begriff für eine Gruppe chilenischer Wirtschaftswissenschaftler, die größtenteils in Chicago studiert hatten und unter Pinochet Reformen zur Liberalisierung der Märkte zu realisieren suchten, wurde auf die russischen Wirtschaftsreformer übertragen.

9 *Reformer in rosa Höschen* – »Jungs in rosa Höschen« sind Grünschnäbel, dem Kindergartenalter noch nicht entwachsen.

10 *wie einst Herzen und Ogarjow* – Alexander Herzen (1812–1870) und Nikolai Ogarjow (1813–1877), russische Schriftsteller und revolutionäre Demokraten, schworen sich 1827 auf den Moskauer Sperlingsbergen (den späteren Leninbergen), die revolutionäre Sache der Dekabristen fortzuführen.

11 *Marat Kasej* (1929–1944), sowjetischer Pionier und Partisan; in deutsche Umzingelung geraten, sprengte er sich und deutsche Soldaten mit einer Handgranate in die Luft.

12 *Gastello* – Nikolai Gastello (1907–1941), sowjetischer Militärpilot, lenkte sein von deutscher Flak angeschossenes, brennendes Flugzeug in eine deutsche Militärkolonne, wofür ihm postum der Titel »Held der Sowjetunion« verliehen wurde.

13 *Rosa Semljatschka* – Rosalia Semljatschka (geb. Salkind, verh. Samoilowa, 1876–1947), russische Revolutionärin, sowjetische Parteifunktionärin.

14 *Nikolai Ostrowski* – Nikolai Ostrowski (1904–1936), russischer Schriftsteller, 1928 erblindet, Autor des autobiographischen Romans *Wie der Stahl gehärtet wurde*, dessen Hauptheld Pawel Kortschagin zur Leitfigur sowjetischer Erziehung wurde.

15 *Sobtschaks und Tschubaisse … und die Nemzows* – russische Reformpolitiker, die in den neunziger Jahren den Übergang zur Marktwirtschaft durchsetzten.

16 *Makaschow* – Albert Makaschow (geb. 1938), sowjetischer Generalleutnant, unterstützte das GKTschP.

Von den Almosen der Erinnerung und der Gier nach einem Sinn (S. 164–190)

1 *Kachowka, Kachowka – geliebtes Gewehr* – Lied *Kachowka* (1935), Text M. Swetlow, Musik I. Dunajewski; aus dem gleichnamigen Film.
2 *Und ist morgen schon Krieg* – Lied aus dem Film *Wenn morgen Krieg ist* (1938), Text W. Lebedew-Kumatsch; Musik Br. Pokrass.
3 *Dem Tod schau kühn ins Angesicht* – aus dem Gedicht *Elegie* (1940) von Alexander Wwedenski.
4 *Gursuf* – kleine Stadt auf der Krim.
5 *Lew Tolstoi, »Spiegel der russischen Revolution«* – ein Ausspruch von Lenin.
6 *Tschernyschewski* – Nikolai Tschernyschweski (1828–1862), russischer Schriftsteller und revolutionärer Demokrat, Autor des frühsozialistischen Romans *Was tun?*.
7 *Dobroljubow* – Nikolai Dobroljubow (1836–1861), russischer Kritiker und Publizist, Anhänger der revolutionären Demokraten.
8 *Nekrassow* – Nikolai Nekrassow (1821–1877), russischer Dichter.
9 *Andern zu leuchten, verbrenne ich* – Zitat aus einem der letzten Gedichte von Wladimir Wyssozki.
10 *Schreit nicht in den Bergen* – Zitat aus Michail Bulgakows Roman *Der Meister und Margarita*, Übersetzung Thomas Reschke, zitiert nach Michail Bulgakow, *Der Meister und Margarita*, Volk und Welt, Berlin 1994, S. 473.
11 *Doch ich liebe dich, sanfte Heimat!* – aus dem Gedicht *Rus* von Sergej Jessenin, Nachdichtung Elke Erb, zitiert nach Sergej Jessenin, *Gesammelte Werke* Band 1, Volk und Welt, Berlin 1995, S. 53.
12 *Schnell, rettet unsre Seelen!* – aus einem Lied von Wladimir Wyssozki.
13 *Viel zu kurz. Viel zu weit. Viel zu kurz* – aus einem Lied von Wladimir Wyssozki.
14 *Abramowitsch* – Roman Abramowitsch (geb. 1966), russischer Oligarch, gilt als einer der vermögendsten Männer der Welt.

1 *Den Burshuis zum Unglück* – aus dem Poem *Die Zwölf* von Alexander Block, Nachdichtung Alfred E. Thoss, zitiert nach Alexander Block, *Ausgewählte Werke I, Gedichte, Poeme,* Verlag Volk und Welt, Berlin 1978, S. 239.

2 *Aus Liebe gibt er hin sein Leben* – Zitat aus dem Gedicht *Dichter und Bürger* von Nikolai Nekrassow (1821–1877). Nachdichtung Martin Remané, zitiert nach Nekrassow, *Gedichte und Poeme,* Aufbau Verlag, Berlin und Weimar 1965, S. 183.

3 *Niemals wird lieben lernen* – Schlusszeilen des Gedichts *Sei still nun, Muse der Rache und der Trauer!* von Nikolai Nekrassow (1821–1877).

4 *Unser kleiner Trommler, er fiel* – Zitat aus dem *Lied vom Trommler* (1930). M. Swetlow benutzte W. Wallroths populäres *Lied vom kleinen Trompeter* über den Tod des Hornisten des Rotfrontkämpferbundes Fritz Weineck als Vorlage und verlegte die Handlung in den russischen Bürgerkrieg.

5 *Koltschak* – Alexander Koltschak (1874–1920), russischer Admiral, kämpfte im Bürgerkrieg 1917–1923 gegen die Rote Armee.

6 *Tschapajew* – Wassili Tschapajew (1887–1919), Kommandeur der Roten Armee während des Bürgerkrieges.

7 *Denikin* – Anton Denikin (1872–1947), einer der Kommandeure der Weißen Armee im russischen Bürgerkrieg.

8 *Frunse* – Michail Frunse (1885–1925), einer der Kommandeure der Roten Armee während des russischen Bürgerkrieges.

9 *Pugatschow* – Jemeljan Pugatschow (1742–1775), Don-Kosak und Anführer des nach ihm benannten Bauernaufstandes von 1773 bis 1775.

10 *Ranewskaja* – Faina Ranewskaja (1896–1984), populäre russische Schauspielerin, eigtl. Faina Feldmann, ihr Pseudonym ist der Name einer Figur aus Tschechows Stück *Der Kirschgarten.*

11 *Alexandra Kollontai* – Alexandra Kollontai (1872–1952), russische Revolutionärin, Diplomatin und Schriftstellerin; setzte sich besonders für Frauenrechte ein.

12 *Tobe, Sturmwind!* – aus Maxim Gorki, *Sturmvogel,* Nachdichtung Bertolt Brecht, zitiert nach Maxim Gorki, *Werke in vier Bänden,* Band 1, Aufbau Verlag, Berlin und Weimar 1977.

13 *Iskra* – russ. »Funke«, Name der 1901–1903 von Lenin herausgegebenen revolutionären Zeitung der russischen Sozialdemokratie.

14 *Ihr wolltet Boden* – das russische Wort *semlja* bedeutet sowohl »Erde«

als auch »Boden« – die Anspielung bezieht sich auf eines der beiden ersten Dekrete der Sowjetmacht, das *Dekret über den Boden*, das die Aufteilung des Großgrundbesitzes unter die besitzlosen Bauern verfügte.

15 *Jagoda, Jeschow* – Genrich Jagoda (1891–1938) war von 1934 bis 1936 Chef der Geheimpolizei NKWD, Nikolai Jeschow (1895–1940), von 1936 bis 1938, beide wurden abgelöst und als »Verräter« verhaftet.

16 *Häuser aus Kristall und Aluminium* – Zitat aus Nikolai Tschernyschewskis Roman *Was tun?*.

Von der Grausamkeit der Flammen und der Rettung von oben (S. 215–243)

1 *BAM* – Baikal-Amur-Magistrale; der Bau dieser Eisenbahnstrecke war eine der »Großbaustellen des Kommunismus«, begonnen in den 1930er Jahren, 1984 offiziell in Betrieb genommen, doch erst 2003 endgültig fertiggestellt.

2 *Sistemny wsgljad* – Sendereihe der KPRF im »Roten Fernsehen«, heute über das Internet verbreitet.

3 *Tschubais* – Anatoli Tschubais (geb. 1955), ab 1991 Vorsitzender des staatlichen Komitees für die Verwaltung des Staatseigentums, ab 1992 Vize-Ministerpräsident, von Boris Jelzin wegen der Unbeliebtheit seiner Wirtschaftsreformen entlassen, nach dessen Wahlsieg Leiter der Präsidialverwaltung; einer der Oligarchen Russlands.

4 *Wekselberg* – Viktor Wekselberg (geb. 1957) – russischer Oligarch.

5 *Gref* – German Gref (geb. 1964), – war ab 1998 stellvertretender Minister für die Verwaltung des Staatseigentums.

6 *Von der Taiga bis zum britischen Meer* – s. S. 556 Anm. 17.

7 *Wlassow-Soldaten* – Soldaten der Armee des sowjetischen Generalleutnants Andrej Wlassow (1901–1946), der in deutscher Gefangenschaft die Seiten wechselte und mit seiner *Russischen Befreiungsarmee* gegen die Sowjetunion kämpfte.

8 *Wir hoffen auf den einen Sieg nur* – Zitat aus einem Lied von Bulat Okudshawa.

9 *Das Öfchen im Unterstand brennt* – aus dem Lied *Im Unterstand* (1941), Text A. Surkow, Musik K. Listow.

10 *Dieser Tag des Sieges* – aus dem Lied *Tag des Sieges* (1975), Text W. Charitonow, Musik D. Tuchmanow.

11 *Steh auf, steh auf, du Riesenland!* – aus dem Lied *Der heilige Krieg*

(1941), Text W. Lebedew-Kumatsch, Musik A. Alexandrow, deutsche Nachdichtung Stephan Hermlin, zitiert nach *AgitProbe II 73*, Verlag Neue Musik, Berlin 1973.

Vom süßen Leiden und dem Fokus des russischen Geistes (S. 244–274)

1 *buninsche Alleen* – Anspielung auf den Erzählungsband *Dunkle Alleen* von Iwan Bunin (1870–1953), der vor allem Liebesgeschichten enthält.
2 *Sechziger* – s. S. 554 Anm. 3.
3 *Samisdat* – russ. »Selbstverlag« – illegal verbreitete Kopien verbotener Schriften.
4 *Tamisdat* – russ. »Dortverlag« – im Westen erschienene Ausgaben in der Sowjetunion verbotener Werke.
5 *Berdjajew* – Nikolai Berdjajew (1874–1948), russischer Religionsphilosoph, strebte eine Vereinigung von Marxismus und russisch-orthodoxem Christentum an, wurde wegen seiner kritischen Haltung zur Sowjetregierung 1922 ausgewiesen, seine Werke wurden in der Sowjetunion bis zur Perestroika nicht veröffentlicht.
6 *Hayek* – Friedrich August von Hayek (1899–1992), österreichischer Ökonom und Sozialphilosoph.
7 *Ein schöner Tag mit Frost und Sonne!* – Zitat aus Alexander Puschkins Gedicht *Wintermorgen*.
8 *Sucht ich, ach, das Grab meiner Liebsten* – Georgische Volksweise *Suliko*; Nachdichtung Alexander Ott/Ernst Busch, zitiert nach Ernst Busch, *Suliko*, Aufnahme von 1949 bei *Lied der Zeit*.

Von einem kleinen roten Fähnchen und dem Feixen des Beils (S. 289–328)

1 *Seht die alten Kremltürme* – Lied *Moskau im Mai* (1937), Text Lebedew-Kumatsch, Musik Pokrass, Nachdichtung Alexander Ott, zitiert nach *Internationale Arbeiterlieder*, Lied der Zeit, Berlin 1952.
2 *Soja Kosmodemjanskaja* – Soja Kosmodemjanskaja (1923–1941), sowjetische Partisanin, zündete zusammen mit zwei Kameraden Unterkünfte der Deutschen in einem Dorf an und wurde hingerichtet, eine der Ikonen der sowjetischen Erziehung.
3 *Alexander Matrossow* – Alexander Matrossow (1924–1943) warf sich mit seinem Körper vor eine Schießscharte eines deutschen Bunkers, bekam postum den Titel *Held der Sowjetunion* verliehen.

4 *Und kein Feind wird dich jemals bezwingen – Mein Moskau* (1941), Text Lisjanski/Agranjan, Musik I. Dunajewski. Dieses Lied ist seit 1995 offizielle Hymne der Stadt Moskau.

5 *Tscheljuskin-Expedition* – eine Expedition zur Erkundung der Nordostpassage in den 1930er Jahren, benannt nach dem russischen Polarforscher Semjon Tscheljuskin (1700–1764).

6 *Tschkalow* – Valeri Tschkalow (1904–1938), sowjetischer Pilot, stellte 1937 mit einem Transpolarflug von Moskau nach Vancouver einen neuen Weltrekord für einen Flug ohne Zwischenlandung auf.

7 *Koroljow* – Sergej Koroljow (1906–1966), sowjetischer Raketenkonstrukteur, entwickelte unter anderem die Sojus-Rakete und das Sojus-Raumschiff.

8 *Ist dein Freund plötzlich nicht mehr Freund, noch Feind* – Liedzeile von Wladimir Wyssozki.

9 *Generation Pepsi* – Die sowjetischen Teenies der siebziger Jahre, die von westlichen Konsumgütern träumten; nach einem Romantitel von Viktor Pelewin.

10 *Nieder mit Artikel sechs* – Artikel in der sowjetischen Verfassung, der die führende Rolle der KPdSU festschrieb.

11 *Viktor Zoi* – populärer Rocksänger der neunziger Jahre.

12 *Platonow* – Andrej Platonow (1899–1951), russischer Schriftsteller, wegen seiner antitotalitären Haltung wurden seine großen Romane *Tschewengur* und *Die Baugrube* in der Sowjetunion erst in den sechziger Jahren veröffentlicht.

13 *Grossman* – Wassili Grossman (1905–1964), russischer Schriftsteller; seine Romane *Leben und Schicksal* über den Zweiten Weltkrieg und *Alles fließt* über die Hungerkatastrophe der 1930er Jahre in der Ukraine wurden in der Sowjetunion erst während der Perestroika veröffentlicht.

14 *Komsomolzen, Komsomolzen, unsere Stärke liegt in unsrer Freundschaft* – aus dem *Komsomollied* (1957), Text J. Dolmatowski, Musik M. Fradkin.

15 *der 7. November* – Jahrestag der Oktoberrevolution, die nach julianischem Kalender am 25. Oktober 1917 stattfand – nach gregorianischem Kalender am 7. November.

16 *Tschumak und Kaschporowski* – angebliche psychotherapeutische Wunderheiler, die 1989/90 im russischen Fernsehen auftraten und per Teleseance »therapierten«; sie hatten enorme Einschaltquoten, viele Menschen glaubten an diese Wunderheilung.

17 *Wawilow* – Nikolai Wawilow (1987–1943), russischer Botaniker und Genetiker, wurde 1940 seiner Ämter enthoben und zu zwanzig Jahren Haft verurteilt.

18 *Der stolze Warjag ergibt sich nicht* – Lied von der *WARJAG* von Rudolf Greinz (russ. Text ist eine Übersetzung der deutschen Fassung).

Aus Straßenlärm und Küchengesprächen (2002–2012) (S. 331–349)

1 *keinen* Maire, *keinen Sir und keinen Herr* – das Wort »*Herr*« ist hier doppeldeutig, da gleichklingend mit dem deftigen russischen Schimpfwort »*cher*« – Schwanz.

2 *Wehe dem, der eine Stadt mit Blut baut* – mit diesem Bibel-Zitat (s. *Habakuk 2,12, Elberfelder Bibel*) wandten sich Priester der russisch-orthodoxen Kirche nach den blutigen Ereignissen im Oktober 1993 an die Duma und verlangten eine Untersuchungskommission und die Bestrafung der Schuldigen, wobei sie sich auf den russischen altgläubigen Protopopen Awwakum (1620–1682) beriefen.

3 *Demidows oder Morosows* – Demidow: ein seit Peter I. bekanntes russisches Unternehmergeschlecht, das sich sehr früh durch Wohltätigkeit hervortat (Waisenhäuser, Kunstsammlungen, Preisstiftungen, Bildungseinrichtungen). Morosow: Sawwa Morosow (1862–1905), russischer Unternehmer und Mäzen; stiftete u. a. Preise für junge Ingenieure, unterstützte liberale Bewegungen in Russland, u. a. die Bolschewiki.

4 *Alles, was ich weiß, ist, dass ich kein Marxist bin* – dieses und das nachfolgende Zitat stammen aus einem Brief von Friedrich Engels an Paul Lafargue vom 27. August 1890; zitiert nach Karl Marx/Friedrich Engels – *Werke*. (Karl) Dietz Verlag, Berlin, S. 450.

5 *OMON* – russ. *Otrjad Mobilny Ossobogo Nasnatschenija*, »Mobile Sondereinheit« – eine Einheit der Polizei, die direkt dem Innenministerium untersteht.

6 *die russischen Knaben* – Zitat aus Fjodor Dostojewski, *Die Brüder Karamasow*, dt. von H. Röhl, Aufbau Verlag, Berlin und Weimar 1977, S. 358.

7 *Ich schütte das Sowjetische eimerweise aus mir heraus* – Anspielung auf ein berühmtes Tschechow-Zitat. In einem Brief an den Verleger und Journalisten A. Suworin vom 7. Januar 1889 rät Tschechow diesem, eine Erzählung über die Entwicklung eines Leibeigenen-Sohnes zum freien Menschen zu schreiben, darüber, wie er »den Sklaven tröpfchenweise aus sich herauspresst«.

8 *Erdbeben in Armenien* – Am 7. Dezember 1988 ereignete sich um die nordarmenische Stadt Spitak eines der schwersten Erdbeben der letzten Jahrzehnte; es forderte 25 000 Tote, 1 Million Menschen wurden obdachlos.
9 *Schneerevolution* – die Kundgebungen auf dem Bolotnaja-Platz und die Protestdemonstrationen fanden im Winter statt und wurden deshalb so genannt.

Von Romeo und Julia … nur hießen sie Margarita und Abulfas (S. 353–370)

1 *Leuchtend prangten ringsum Apfelblüten* – *Katjuscha*, Text M. Issakowski, Musik M. Blanter, Nachdichtung Alexander Ott.

Von Menschen, die »nach dem Kommunismus« sofort andere wurden (S. 371–390)

1 *Er war Soldat, ein Recke fast* – Zitat aus Bulat Okudshawas »Lied vom Papiersoldaten«, Nachdichtung Kurt Demmler, zitiert nach *Romanze vom Arbat. Bulat Okudshawa. Lieder. Gedichte.* Volk und Welt, Berlin 1985, S. 71.
2 *Denn der Staub muss wieder zur Erde kommen* – Prediger Salomo 12,7, zitiert nach Luther-Bibel.
3 *Die Esche mit Beeren* – Zitat aus dem Gedicht *Die Eberesche*, dt. von Eric Boerner, Internet; http://home.arcor.de/berick/illeguan/cvetaeva1.htm.
4 *der Mensch* – Anspielung auf ein Zitat aus Maxim Gorkis Stück *Nachtasyl*: »Der Mensch – das klingt stolz.« Im Deutschen oft auch: »Ein Mensch – wie stolz das klingt.«
5 *Die Kinder vom Arbat* – ein in der Perestroika-Zeit erschienener Roman von Anatoli Rybakow über den Beginn der Stalinzeit.

Von Einsamkeit, die fast aussieht wie Glück (S. 391–405)

1 *Das Frausein ist ein großer Schritt* – Zitat aus dem Gedicht *Erklärung* von Boris Pasternak.
2 *Greift Hände fest in Hände ein* – Zitat aus dem Lied *Altes Studentenlied* von Bulat Okudshawa, Nachdichtung Kurt Demmler, zitiert nach *Romanze vom Arbat. Bulat Okudshawa. Lieder. Gedichte.* Volk und Welt, Berlin 1985, S. 180.

3 *Dreiser* – Theodore Dreiser (1871–1945), amerikanischer Schriftsteller, Vertreter des Naturalismus.

4 *Sie zügelt ein rasendes Pferd* – aus dem Poem *Waldkönig Frost* von Nikolai Nekrassow, Nachdichtung Martin Remané, zitiert nach Nekrassow, *Gedichte und Poeme*, Aufbau Verlag, Berlin und Weimar 1965, S. 246.

5 *Doch die Pferde rennen und rennen* – Zitat aus dem Gedicht *Variation nach Nekrassow* von Naum Korshawin.

6 *Baschmatschkins* – Akaki Akakiewitsch Baschmatschkin ist die Hauptfigur in Nikolai Gogols Erzählung *Der Mantel*, ein armer, von allen verspotteter Titularrat, der sich mit viel Mühe einen neuen Mantel zusammenspart, der ihm dann sogleich gestohlen wird. Akaki Akakiewitsch wurde zur Symbolfigur des »kleinen Mannes« in der russischen Literatur.

7 *Opiskins* – Figur aus Fjodor Dostojewskis *Das Gut Stepantschikowo und seine Bewohner*; ein ehemaliger kleiner Beamter, der sich als Schriftsteller geriert und gegen seinen Gönner intrigiert.

8 *die Menschheit mit eiserner Hand ins Glück zwingen* – Losung im Straflager auf den Solowki-Inseln.

9 *Tschitschikow* – der Held von Nikolai Gogols Roman *Tote Seelen* kauft von Gutsbesitzern verstorbene Leibeigene, um als Besitzer von Leibeigenen gesellschaftlich aufzusteigen.

10 *Mawrodi* – Sergej Mawrodi (1955) – russischer Unternehmer, stürzte in den neunziger Jahren viele Russen mit seiner Finanzpyramide MMM in den finanziellen Ruin.

Vom Wunsch, sie alle zu töten, … (S. 406–424)

1 *Sofja Perowskaja* – Sofja Perowskaja (1851–1881), eines der führenden Mitglieder der Organisation »Narodnaja wolja«, Initiatorin und Organisatorin der Ermordung des Zaren Alexander II., wurde 1881 hingerichtet.

2 *Kibaltschitsch* – Nikolai Kibaltschitsch (1853–1881), russischer Revolutionär, gehörte dem terroristischen Flügel der Narodniki an. Er baute die Bombe, die den Zaren Alexander II. tötete, und wurde 1881 hingerichtet.

3 *Chattab* – Emir Ibn al-Chattab (1969–2002), islamistischer Feldkommandant, leitete ein Ausbildungslager für junge Tschetschenen.

Von einer alten Frau mit Sense und einem hübschen jungen Mädchen (S. 425–451)

1 *Der wahre Mensch* – Roman von Boris Polewoi (1908–1981), der die wahre Geschichte des Fliegers Alexej Maresjew nacherzählt, der 1942 abgeschossen wurde, in einen Wald stürzte und sich 18 Tage lang kriechend durch die russischen Wälder schleppte. Nach der Amputation beider Beine flog Maresjew mit Prothesen weiter – er wurde zum sowjetischen Vorzeigehelden.

2 *Die junge Garde* – Roman von Alexander Fadejew (1901–1956) über den sechzehnjährigen Komsomolzen Oleg Koschewoi, der in der Stadt Krasnodon einen Aufstand gegen die Wehrmacht anführte.

3 *Taras Bulba* – Titelfigur einer Erzählung von Nikolai Gogol; Taras Bulba, ein Kosakenanführer, tötet seinen Sohn, weil er ihn als Verräter betrachtet.

4 *Ich habe dich gezeugt, ich werde dich auch töten.* – Zitat aus Nikolai Gogols Erzählung *Taras Bulba.*

5 *Optimistische Tragödie* – Anspielung auf das Revolutionsstück *Optimistische Tragödie* von Wsewolod Wischnewski.

6 *Seljonka* – (von russ. *seljony* – grün) alkoholische Lösung von brillantgrüner Farbe, wird wie Jod als Antiseptikum verwendet.

7 *Was tun und Wer ist schuld* – die »ewigen russischen Fragen«: *Was tun?* ist der Titel eines sozialutopischen Romans von Nikolai Tschernyschewski, *Wer ist schuld?* der Titel eines 1846 erschienenen sozialkritischen Romans von Alexander Herzen.

8 *Rubljowka* – in der Gegend um die Rubljowo-Uspenskoje-Chaussee westlich von Moskau haben sich viele »neue Russen« angesiedelt, die Häuser sind sehr luxuriös, die Grundstückspreise extrem hoch.

9 *Mikojanskaja* – nach Anastas Mikojan (1895–1978), einem sowjetischen Politiker, der unter Stalin und Chruschtschow verschiedene Ministerposten innehatte; Bruder des Flugzeugkonstrukteurs Artjom Mikojan (1905–1970).

10 *Deripaska* – Oleg Deripaska (geb. 1968), russischer Oligarch.

11 *Luschkow* – Juri Luschkow (geb. 1936), von 1992 bis 2010 Oberbürgermeister von Moskau, wurde wegen Korruptionsvorwürfen aus dem Amt entlassen.

12 *Wenn es Abend wird in der großen Stadt* – Lied *Moskauer Abende* (1957), Text Michail Matussowski, Musik Wassili Solowjow-Sedoi, Nachdichtung Siegfried Osten.

Von fremdem Leid, das Gott euch auf die Schwelle eures Hauses gelegt hat (S. 452–469)

1 *Schwarze* – in Russland gebräuchliches Schimpfwort für Menschen aus den südlichen ehemaligen Sowjetrepubliken, besonders aus Zentralasien; bezieht sich auf deren meist schwarze Haare.
2 *Kulob, Pamir, Karategin, Hissor, Garm* – Orte bzw. Regionen in Tadschikistan.
3 *Khayyam* – Omar Khayyam (1048–1131), persischer Dichter, Philosoph, Astronom und Mathematiker.

Vom hundsgemeinen Leben … (S. 470–482)

1 *Gerippe Unsterblich* – böser Zauberer, Figur aus dem russischen Märchen *Feuer, Wasser und Posaunen.*

Von der Unempfindlichkeit der Toten und der Stille des Staubs S. (483–507)

1 *Jawlinski* – Grigori Jawlinski (geb. 1952), liberaler russischer Politiker, gründete 1993 die Oppositionspartei »Jabloko« (dt. »Apfel«), die von 1993 bis 2003 eine Duma-Fraktion stellte.
2 *Nemzow* – Boris Nemzow (geb. 1959), russischer Politiker, einer der wichtigsten Wirtschaftsreformer der 1990er Jahre.
3 *Argun … Gudermes … Chankala* – tschetschenische Städte.
4 *Und ich träume nur vom Nebel* – Lied *Vom Nebel* (1964), Text und Musik J. Kukow.
5 *Jablotschnik* – Mitglied der von Grigori Jawlinski gegründeten Partei »Jabloko«.
6 *Pugatschow* – s. S. 561 Anm. 9.

Von trügerischem Dunkel … (S. 508–531)

1 *Nikolai Fjodorow* – Nikolai Fjodorow (1829–1903), russischer Philosoph, verband christliche und philosophische Konzepte, Vater des russischen »Kosmismus«.
2 *Sergius von Radonesch* – Sergius von Radonesch (1319–1392), russischer Heiliger.
3 *blutige Knaben vor Augen* – Hinweis auf ein schlechtes Gewissen; Zitat aus Puschkins Drama *Boris Godunow*, Nachdichtung F. Loewe, zi-

tiert nach Alexander Sergejewitsch Puschkin, *Dramen, Märchen, Aufsätze*, SWA Verlag, Berlin, S. 26.

4 *Dahls Wörterbuch* – Wladimir Dahl (1801–1872), russischer Lexikograph, Autor des umfangreichsten Wörterbuchs der russischen Sprache.

5 *Antonius der Große* – Antonius der Große (um 251–356), christlicher ägyptischer Mönch, Asket und Einsiedler; ihm wird die *Regel des heiligen Antonius* zugeschrieben, eine Sammlung von Sprüchen und Anweisungen.

Vom Mut und danach (S. 532–549)

1 *Genosse Mauser* – Zitat aus Wladimir Majakowskis Gedicht *Linker Marsch;* Nachdichtung Hugo Huppert, zitiert nach Wladimir Majakowski, Gedichte, Verlag Volk und Welt, Berlin 1975.

2 *Opritschniki bei Iwan dem Schrecklichen* – eine spezielle militärische Einheit, die Iwan IV. (1530–1584; regierte ab 1547) zur Durchsetzung seiner Machtansprüche schuf und die durch Morde und Plünderungen Angst und Schrecken verbreitete.

Anmerkungen einer Normalbürgerin (S. 551)

1 *Alla Pugatschowa* – Alla Pugatschowa (geb. 1949), seit den siebziger Jahren populäre russische Popsängerin.